南开大学历史学院教育基金资助 (范曾先生捐赠)

南开大学中外文明交叉科学中心资助

南开史学家论丛
第四辑

日本社会史研究

李卓 著

中华书局

图书在版编目(CIP)数据

日本社会史研究/李卓著. —北京:中华书局,2022.11
(南开史学家论丛.第四辑)
ISBN 978-7-101-15908-0

Ⅰ.日… Ⅱ.李… Ⅲ.社会史-研究-日本 Ⅳ.K313.0

中国版本图书馆 CIP 数据核字(2022)第 172626 号

书　　名	日本社会史研究
著　　者	李　卓
丛 书 名	《南开史学家论丛》第四辑
责任编辑	刘冬雪
责任印制	管　斌
出版发行	中华书局
	(北京市丰台区太平桥西里 38 号　100073)
	http://www.zhbc.com.cn
	E-mail:zhbc@zhbc.com.cn
印　　刷	三河市中晟雅豪印务有限公司
版　　次	2022 年 11 月第 1 版
	2022 年 11 月第 1 次印刷
规　　格	开本/920×1250 毫米　1/32
	印张 15¼　插页 2　字数 470 千字
印　　数	1-1500 册
国际书号	ISBN 978-7-101-15908-0
定　　价	78.00 元

出版说明

　　新世纪伊始,南开大学历史学科魏宏运、刘泽华、张国刚等先生与著名国画大师范曾先生商定,设立"范伯子史学基金",资助出版《南开史学家论丛》第一辑,一为纪念南开史学的奠基一代,二为总结南开史学文脉一系,三为传承郑天挺、雷海宗等先生的教泽。第一辑收录了郑天挺、雷海宗、杨志玖、王玉哲、杨生茂、杨翼骧、来新夏、魏宏运等先生的文集(中国日本史、亚洲史研究的开拓者吴廷璆先生,因文集另外出版,故暂未收入),九位先生可谓南开史学在 20 世纪50 年代崛起的奠基一代,令人高山仰止。第一辑于 2002 年由中华书局出版后,产生了良好的学术和社会反响,形成了南开史学的品牌效应。

　　2003 年,《南开史学家论丛》第二辑出版,收录刘泽华、冯尔康、俞辛焞、张友伦、王敦书、陈振江、范曾先生的文集。七位先生是 20世纪 80—90 年代南开史学持续提升的学术带头人,可谓一时风流。

　　2007 年,《南开史学家论丛》第三辑出版,收录南炳文、李治安、李喜所、陈志强、杨栋梁、王晓德六位先生的文集。确定入选者朱凤瀚、张国刚、李剑鸣先生此时调离南开,王永祥先生英年早逝,四位先生的文集未及编辑。诸位先生皆是南开史学崛起的股肱帅才。

　　《南开史学家论丛》第一至三辑,共收录了自郑天挺、雷海宗先生以下二十一位南开历史学科著名学者的文集,大致可分为三代学人,他们或治中古史、或修中近史、或览欧美文化、或观东洋史实。三代衣钵相继,奠基、传承、发扬,对相关学术方向皆有重要贡献,享誉史林,才有了南开史学近百年的无上荣光。这是一份能激动人心的史学积淀,一份能催人奋进的学脉遗产。

　　有鉴于此,南开大学历史学科学术委员会决定继续出版此套丛书的第四辑，委托江沛教授主持编务，以持续梳理南开史学的学术史，总结学科名家的高水平成果，向 2023 年南开史学的百年华诞献礼。

《南开史学家论丛》第四辑入选学者是：中国史学科的郑克晟、白新良、赵伯雄、张分田、杜家骥、乔治忠、许檀、王先明、常建华，世界史学科的杨巨平、李卓教授。十一位学者在各自领域皆有公认的学术成就，其学术活跃期多在 20—21 世纪之交前后三十年间，同样是南开史学第四代的代表性学者。

从四辑的入选学者名单可以看出，南开史学历经百年发展，先有梁启超、蒋廷黻、刘崇鋐、蔡维藩等先生筚路蓝缕，继有郑天挺、雷海宗先生代表的第二代深耕根基，再经刘泽华、冯尔康先生领衔的第三代发扬光大，继有多为 20 世纪 50 年代出生学者扛鼎的第四代学人守正创新，终于成就蔚然之史学重镇。

如今，南开史学百余名教师，秉承"惟真惟新、求通致用"的院训，以高水准的人才培养、求真创新的学术成果，打造出一支公认的实力雄厚、享誉全球的史学群体，努力为探寻中华传统文化、构建人类命运共同体而全力拼搏。

2019 年，南开大学提出"4211"发展战略，其中一个"1"，即是建立十个交叉科学中心，努力实现跨学科融汇，强调人文与自然科学两大学科间贯通、协同发展，以服务于国家战略及社会发展需求，这是中外文明交叉科学中心的宗旨所在。在文科率先成立的中外文明交叉科学中心，依托历史学科建设。《南开史学家论丛》第四辑，是一个学术品牌的延续，也是中国史、世界史两大学科成果的总结，凝结了对中外历史与文明的比较及思考。故而第四辑的出版，得到了南开大学中外文明交叉科学中心的资助，在此衷心致谢。

在《南开史学家论丛》第四辑出版之际，衷心感谢著名国画大师范曾先生对本丛书连续四辑的慷慨捐赠和大力支持，他致力弘扬中华优秀传统文化、尊师重道的精神令人敬仰。希望早日迎来第五、六辑的持续出版，让南开史学始终站在历史学的潮头，共同迎接中华民族的伟大复兴。

南开大学历史学科学术委员会

2020 年 12 月 12 日

前　言

　　从研究对象来说，社会史研究的最小单元是家庭，进而扩大到性别集团、职业集团、社会集团等。通过对社会史的考察，可以更清晰地了解特定社会、特定时期的社会现状及社会发展与进步的过程，从而进一步认识政治史、经济史、文化史等其他研究领域与研究方法难以解释的历史现象与历史问题。

　　人们往往认为，文化传统相近的中日两国是在近代以后才走上不同发展道路的，但认真进行社会史的考察，会发现两国的历史发展轨迹从很早开始就显现出某些不同。大和时代的日本，孱弱的皇室与强大的豪族并存，实施族制集团式统治，以身份等级制度维持社会秩序，可以说日本在大规模吸收隋唐文化之前已经形成了社会与文化的基本格调。7世纪中期的大化改新后，日本人为改变本国的落后面貌，竭诚效仿隋唐时期中国的先进制度与文化，创造了奈良时代日本文化的繁荣。但是，大化改新后及律令时代对中国制度的模仿，并未改变旧有秩序及传统的根基。从平安时代起，日本社会逐渐脱离唐文化影响，与它原来钟情的中国制度与文化渐渐拉开了距离，回归传统的倾向日益明显。虽然与中国在文化上的联系仍在继续，但从社会发展道路上却与中国渐行渐远，越来越接近欧洲社会，进而奠定了近代以后"师徒关系"转换的社会基础。

　　在几十年的日本史教学与研究生涯中，我选择从社会史的视野考察日本，即探讨日本文化的风土——作为文化承载者的人群状况，分析日本历史上社会结构的变化及社会关系、社会群体和社会生活。研究日本社会史，会发现日本在社会组织、社会集团、社会控制、人际关系等方面表现出明显区别于中国社会与文化的特征，表现在皇权衰落、贵族政治、族制集团式统治、身份等级制度等方方面面。尽管日本历史在不同阶段一直处于外来文化的影响之下，但无论日本人怎样吸收外来文化，都不曾动摇日本社会传统文化的基础，这些固有特征一直影响日本历史过程的始终，并对日本的国民性产生深远的影响。

　　本书基于上述认识，选辑数十年研究生涯中发表的 34 篇论文（即书中各节）而成，能够忝列南开大学历史学院第四辑《南开史学家论丛》，倍感荣幸并致以衷心的谢意！此次论文收录时曾做了一些修改，但书中仍难免有疏漏与谬误之处，敬请学界同行与读者指教。

目　录

第一章　日本古代社会的原点

第一节　日本古代的访妻婚及其存在的原因

访妻婚是流行于日本历史上一千多年的招婿婚的最初形式，盛行于大和时代并延续到平安时代。这种婚姻形态对日本历史产生了深远影响，日本著名妇女史学家高群逸枝甚至据此提出日本古代社会中只存在母系制家庭、没有父系制家庭的观点。日本古代的访妻婚是何种状况？它为什么能够长期存在？这就是本文将要探讨的课题。

一、访妻婚的特征

"访妻"在日语中称"妻問"。"问"有访、访问之意，即指男女双方结婚后并不同居，而是各居母家，过婚姻生活则由男到女家造访来实现，或短期居住，或暮合朝离，因此称之为"访妻婚"。我国云南永宁纳西族聚居区在新中国成立后也存在类似的婚姻形态，称作"走访婚"①。访妻婚作为刚刚从群婚中脱胎出来的婚姻形态，带有浓厚的母系制族外婚的色彩，而且，时代越早，这一点越明显。具体说来，日本古代的访妻婚有以下几点特征。

---

① 参见严汝娴、宋兆麟：《永宁纳西族的母系制》，云南人民出版社 1983 年。

（一）女性是婚姻的主体

由于在访妻婚形式下双方分居异处，只能通过"访"才能实现"婚"，故决定了这种婚姻有主体和客体的关系，在这里，女子是婚姻的主体。首先由男子向自己意中的女子求婚，吟诗或唱歌是古代早期求婚的主要方法。女子也以诗、歌作答。每年春、秋两季，各地都有一种叫作"歌垣"（即男女青年集中到一起唱歌、跳舞）的活动，为男女交往提供了机会。男方向女方求婚，如果女方表示同意，则完成了访妻婚的第一个程序——"目合"（相亲）。可见，这种婚姻的缔结颇具自由浪漫色彩，"男女相悦者即为婚"①，而且女方择夫有相当的自主性。但是，仅有两个当事人的"目合"，这桩婚姻还不能成立，还要得到女方家长的认可。《古事记》中就有这样的故事：大国主神与须势理卖"目合"之后，须势理卖之父须佐之男命出了许多难题，对大国主神进行了十分苛刻的考验后，才许诺了这门婚事。这个故事说明，访妻婚下婚姻的缔结虽是根据男女双方的意愿，而女方家长的意见也是很重要的。男女双方结婚以后，妻子便一直居住在娘家，她所住的用来和丈夫过访妻婚生活的房间被称作"妻屋"。丈夫则或实行短期的"从妻居"，或只有晚间才到妻家与妻子同居。显然，在这种婚姻中，女性处于较为有利的主导地位，她们与娘家关系的密切程度要甚于夫妻关系，夫妻之间的支配与隶属关系还没有形成。《古事记》中有这样一段故事：垂仁天皇皇后之兄沙本毗古王欲谋反，他问胞妹："丈夫和哥哥，你更爱哪一个？"妹妹回答说："爱哥哥。"沙本毗古王于是指使妹妹在天皇睡觉时将天皇刺死，而皇后三次举刀欲刺，终因哀怜之情而不忍下手。天皇得知这一阴谋，便发兵攻打沙本毗古王，沙本毗古王建起稻城②以迎战。皇后抑制不住对哥哥的思念之情，偷偷跑进稻城，最后与哥哥同归于尽③。可见，夫妇感情虽深，却不及兄妹同胞之情，血缘关系重于婚姻关系，这些都是在访妻婚这种婚姻形态下特有的情况。

---

① ［唐］李延寿：《北史·倭传》。

② 稻城：古代日本打仗时用稻草围住的临时防御工事。

③ 太安万侣著，邹有恒、吕元明译：《古事记》，人民出版社 1979 年，第 93—95 页。

（二）一夫多妻与妻妾无别

关于访妻婚的性质，一般认为是对偶婚[①]。多妻是对偶婚的特征之一。日本古代访妻婚下一夫多妻制这一特点非常突出。《魏志·倭人传》记载邪马台国的风俗是"大人皆四五妇，下户或二三妇"，还记载"其风俗不淫"，意思是说一夫多妻并不属淫乱。此外，在《古事记》《日本书纪》的记事中，古代大王、王子几乎无一例外实行多妻制。现存奈良时代的户籍、计帐亦反映出庶民之多妻家庭不在少数。

随着私有制和阶级社会的发展，一夫多妻制越来越表现为父权家长的特权。但在访妻婚盛行的日本古代社会早期，一夫与多妻之间的奴役与被奴役的关系并不十分明显，具体表现为妻妾地位平等。有一首歌谣中是这样的：

> 宇陀高高的山城上，
> 张起罗网捕鹬，
> 我们等到的不是鹬鸟，
> 却捕着一只老鹰。
> 前妻来索肴撰，
> 稍微给她一点，
> 后妻来索肴撰，
> 随她拿多少。[②]

歌谣中所说的前妻，指先前"访"的妻，后妻则指后来"访"的妻，只表明婚姻时间的先后，而没有妻妾之别。古代日语中没有"妾"这个词，也反映出妻妾是平等的。即使是在天皇家族中，将众多妃子中的一人作为"大后"以区别于他人的做法，也是到了7世纪中期以后的事情，此前没有妻的正副之差和表示这种差别的称呼。妻妾平等的观念在后来的律令中也有体现，律令条文中屡屡将妻妾同提并记，"妾与妻同体"、"次妻与妻同"[③]便是古代日本人中通行的观念。在

---

① 高群逸枝：『日本婚姻史』，至文堂 1990 年，第 11 页。
② 西乡信纲等著、佩珊译：《日本文学史》，人民出版社 1978 年，第 19 页。
③ 《令集解·户令》。

律令制时代，妾与妻的法律地位除遗产继承份额稍有差别外，其余完全平等。

妻妾无别的根本原因在于访妻婚本身。在访妻婚下，男子很容易与数个女子保持婚姻关系，她们分居异处，互不往来，都是丈夫的妻，地位平等，自然无区别嫡妻、次妻或妻、妾的必要了。

（三）访妻婚下的通婚范围

访妻婚的缔结虽很自由，但有一定的范围，即保留了族外婚制的原则。由于在访妻婚下所生子女随母居，与父亲的关系淡漠，而生活在一起的母子母女关系、兄弟姐妹关系最受重视，所以在从族内婚发展到族外婚时，首先排除的就是同母兄弟姐妹之间的婚姻关系。如允恭天皇的长子末梨轻皇子，因与同母妹轻大娘皇女私通，而被其弟乘机夺得皇位继承权并受到严厉处罚[1]，就是同母兄弟姐妹之间通婚禁忌的反映。除此之外，则较为开放，不仅没有同姓不婚的禁忌，就是同父异母兄妹结婚也毫不奇怪，如敏达天皇的皇后就是他的异母妹、后来的推古天皇。两人的生父同是钦明天皇，按父系的观点，他俩是同父异母兄妹，不能通婚，但是，由于他们各随生母在异处生长，故虽称兄妹，实则关系甚远，与他姓之人无异，彼此通婚也就成为自然。此外，像庶母与庶子结婚、叔叔与侄女结婚、姐妹变成婆媳这类事情在当时的日本也非违反伦常之事，古代史书中多有其例[2]。除了禁止同母兄弟姐妹之间通婚以外，同姓通婚、不同辈近亲通婚的习俗无疑是母系制遗风，与访妻婚这种婚姻形态有直接关系。这是日本古代通婚圈的一大特征，对后代的影响很大，尤其是在日本皇室内，近亲通婚的习惯一直延续到近代。

根据上述情况，应该说唐人李延寿所撰《北史》中有关倭国"婚嫁不娶同姓"的记载，就未必与当时的情况相符了，至少是不全面的。

---

① 《日本书纪》雄略纪即位前纪。本书《日本书纪》内容均引自坂本太郎等校注『日本古典文学大系』67『日本書紀（上）』『日本古典文学大系』68『日本書紀（下）』，岩波书店1967年。

② 例如，开化天皇在父亲去世后以其妃为后；天武天皇娶其兄天智天皇的四个女儿为妃；持统天皇、元明天皇本是同父异母姐妹，但持统天皇是天武天皇的皇后，元明天皇是天武天皇与持统之子草壁皇子之妃。

（四）女性受到尊重

由于女子在访妻婚中处于较为有利的地位，所生子女随母方家庭生活，这些特点就造成了日本古代女性较高的社会地位。在前面提到的垂仁天皇的皇后与其兄谋刺天皇的故事中，还有这样的情节：皇后临死前派人将皇子送回天皇处，天皇坚持让皇后给孩子起名，因为"凡儿子都由母亲命名"，最后终于由皇后给孩子起了名。这一故事中值得注意的是，在日本古代，孩子的命名权属于母亲，它是根据子女由母亲养育这一习惯产生的，是母权受到尊重的象征。在日本古语中，称父母为"母父"（おもちち），母在前；称夫妻为"妻夫"（めおと），妻在前；称兄妹为"妹兄"（いもせ），妹在前。这些称谓都是女先男后。日语中"御祖"一词，其意主要是对母亲的尊称，反映出母亲高于父亲。妇女在访妻婚下对子女的较多付出，是女性赢得社会尊重的重要原因之一。

（五）母方居住父权父系制

访妻婚是日本古代社会早期（即大和时代）的主要婚姻形态，它反映出一些母系制的特征。但是，若以此论定这一时期日本仍处于母系制社会阶段则未必准确。这是因为，尽管访妻婚是以女方为主体的婚姻，但是，由于日本从原始社会向阶级社会过渡的历史进程比较特殊，故父权制的产生并不是以母权制的消亡为前提的，即使是在访妻婚最为流行的大和时代，父权制也已经产生并日益成长。史料表明，最能反映出父权制已经产生的事例，便是访妻婚下子女的世系不随母亲而随父亲。很早以前，至少是在统治者阶层，便有了父子关系是亲子关系基础的观念及基于这种观念的父系血缘观。例如，在古代神话中有这样的故事：天孙迩迩艺命对与自己仅有一夜之交的佐久夜毗卖怀孕颇有疑窦，认为"那不是我的孩子，一定是国神的孩子"。佐久夜毗卖于是发誓："如果我怀的是国神的孩子，就不能顺利地生下来，如果是天神的御子，就将顺利无阻地降生。"然后她走进没有门窗的八寻殿，用泥土封闭入口，分娩时点起火来，火势正旺时平安产下三个孩子，证实了是天孙的孩子[1]。这虽是个神话故事，但反

---

[1]　太安万侣著、邹有恒、吕元明译：《古事记》，第51页。

映了日本古代统治阶层对父系血缘的重视。当时,还存在着父祖名连称的现象,如 1968 年在埼玉县稻荷山古坟中发掘出土的大和时代铁剑的铭文中,还发现了父祖七代连称的例子。父祖名连称的现象反映了对父系血缘的宣扬,突出了父子关系。由于资料的限制,我们很难知道直到大化改新前的日本普通民众中的世系状况,但是古代天皇、豪族的世系都是按父系计算这一点是十分明显的,并在古代史书中得到体现。上述情况说明父系制与父权制在日本早已产生。这样,在日本古代就出现了居住原则与世系不统一的特殊现象,即子女随母方居住,而世系按父系计算。高群逸枝主张日本父系制家庭是室町时期以后才产生的,但她同时认为,日本自大和时代起已经进入"父系母所"阶段。和歌森太郎也认为此时期"是完全的母系制(母方居住母权母系制)向完全的父系制(父方居住父权父系制)的过渡期",在亲族构造上的特征便是"母方居住父权父系制"[1]。大概正是由于"父系母所"、"母方居住父权父系制"的互相矛盾现象,给子女所属问题带来很大混乱。所以,大化改新之际,新政府便颁布了确定子女所属的"男女之法":良男良女共所生子,配其父;若良男,娶奴所生子,配其母;若良女,嫁奴所生子,配其父;若两家奴婢所生子,配其母。这个法律明确规定良人子女随父姓,它的颁布实施非大化改新之际的一日之功,而是在此前的历史过程中父系父权制已经产生的深厚社会基础之上得以实现的。根据史书记载,"男女之法"公布后,过去持母姓的人纷纷更改为父姓。因此,"男女之法"被日本学者称作"父权制确立的宣言"[2]。

综上所述,访妻婚这种婚姻形态保留了母系制族外婚的许多特征。亲族成员的婚姻生活采取女方居住的访妻婚形式,充分反映出母系制残余对古代日本人社会生活的影响,即只有在血缘纽带重于婚姻纽带的前提下,访妻婚才会存在。当然,日本古代的访妻婚已距原始形态相去甚远,且早已处在发展变化之中,父系制与父权观念在访妻婚盛行的大和时代业已产生,尽管它受到母系制残余的束缚而发展迟缓,但一直是向着取代母权制的方向发展着。随着社会的发

---

① 家永三郎:『家族史研究』第二集,大月书店 1980 年,第 68 页。

② 大竹秀男:『家と女性の歴史』,弘文堂 1984 年,第 40 页。

展,并经过大化革新的冲击,到了奈良时代,已经是夫妻分居向夫妻同居过渡的时期。此时仍然过访妻婚生活、夫妻分居的只是那些尚不具备形成房户经济条件的一般家庭成员,而乡户主、房户主①即家长则大都实行夫妻夫方同居了,这是父权的体现。由此看来,奈良时代及其以后,访妻婚虽还存在,但已出现质变,而且,在父权制日益成长的情况下逐渐流于形式,仅作为一种婚俗被保存下来。

二、访妻婚存在的原因

从人类婚姻史的角度上说,访妻婚尚属于母系社会末期的对偶婚。伴随着氏族社会的解体,一夫一妻这种个体婚姻形态便从对偶婚中脱胎出来,并成为阶级社会的主要婚姻形态。一般说来,个体婚姻形态和一夫一妻制家庭是文明社会的产物,它对对偶婚的取代是与私有制的确立平行地完成的。然而,在日本,访妻婚这种古老的婚姻形态为什么能在阶级社会长期存在呢?

马克思主义认为,婚姻与家庭不能离开社会孤立存在,它同社会的经济基础有着密切的、内在的联系,是一定的社会制度、一定的生产力和生产关系的产物。只有对日本古代社会的经济状况、上层建筑进行综合分析,才能了解访妻婚存在的原因。

首先,历史跳跃性发展的影响是访妻婚存在的根本原因。日本是一个进入阶级社会较晚的国家,当世界几大文明古国早已渡过了它的奴隶制全盛期,日本仍是一个徘徊于人类文明圈之外的蒙昧、孤立的岛国,地理环境的闭塞性造成它在漫长的年代里只能极为缓慢地自然演进,其社会的落后数以千年计,就中日两国之间的差距而言,大概也有 2000—3000 年。从日本绳纹时代末期起,以中国为中心的亚洲大陆文化逾越了地理隔绝,打破了日本列岛上的沉滞空气。水稻栽培技术的传入使日本人跨过原始农业这一艰辛而又漫长的过程快速进入农耕时代,青铜器与铁器几乎同时传入日本,为生产力的发展开辟了广阔的道路。到公元前 3 世纪时,日本还处于原始平等、人们只知其母而不知其父的母系氏族阶段。仅仅经过几百年时间,到公元二三世纪,日本列岛上的先进地区已经进入阶级社会,并跨入

___

① 关于乡户、房户,见本书第二章第二节。

国家的门坎。这种由母系制一跃而进入阶级社会的历史跳跃性,固然缩短了它与先进国家的距离,却难免将许多旧制度的残余匆匆带入新的社会结构之中。再者,在航海甚不发达的古代,岛国的地理环境成为日本的天然屏障。大陆先进文明的影响只是生产工具与技术的接力式传入,很少有人员的交流,既无因异族征服引起的种族变化,更没有大规模的同化,牢固的氏族观念及母权制从未受过剧烈冲击,故得以在很长的历史时期内保持顽强的生命力,使婚姻、家庭形态这些上层建筑中最不活跃的因素远远落后于社会和经济的发展。因此说,访妻婚是在"直接碰到的、既定的、从过去承继下来的条件下"[1]产生的,也是只有在这种条件下才存在的。

其次,统治阶级的利用政策是访妻婚存在的重要政治条件。日本古代国家是在部落国家互相征服的基础上发展而来的。史书记载,大和国家"东征毛人五十五国,西服众夷六十六国,渡平海北九十五国"[2],反映了日本古代国家形成中的战争与征服状况。在征服之后,统治者面临着一个如何实现在被征服地的长久、稳定的统治问题。除了以武力征服这种手段外,他们大多还要以各种办法互相结盟。在生产、文化和交通、信息等都不发达的日本古代,利用人们都很熟悉的访妻婚进行联盟便成为一个十分重要的手段。日本古代史书中许多男神访女神、男酋访女酋及男王访后妃的故事,实际就是部落国家的兼并及国家形成中的征服与臣属或联盟的体现。这些故事往往采取一种模式,即某某男王通过访妻与某氏族的女性结婚,然后由妻子在妻方氏族内养育子女,并由其父在这些子女中指定自己的继承人,对该氏族进行统治。如应神天皇在淡海国与当地宇迟族首领之女宫主矢河枝比卖结婚,生了王子宇迟能和纪郎子,被立为太子,在当地建宇迟宫进行统治,死后乃葬于宇迟山的故事便是一例[3]。此外,从《古事记》、《日本书纪》所载古代诸神与大王在各地访妻后所生儿子多成为后来各地豪族祖先这一点也可以看出,以访妻婚进行联姻,的确是日本古代国家形成过程中在武力征服之外的重

---

① 马克思:《路易·波拿巴的雾月十八日》,《马克思恩格斯选集》第一卷,人民出版社 1972 年,第 603 页。

② 《宋书·夷蛮传》倭国条。

③ 高群逸枝:「日本婚姻史」,第 43 頁。

要补充手段。同样,这种婚姻的破裂,也就意味着两个部落国家联盟的决裂。古代神话中的创造国土之神伊邪那歧命和伊邪那美命离婚的时候,互相发誓:"你这样对我,我就在你国每天杀死千人","你如果这样做,我呀,就每天建立一千五百个产房。"①杀人不过是战争的体现,建立产房则有重新征服之意。至于《古事记》、《日本书纪》关于大和时代晚些时候的记事中,那些名义上是大王求婚,实为地方豪族奉献女儿于大王的事例,更明显带有地方势力向大和朝廷称臣的色彩。总之,寻求配偶只是古代统治者访妻婚的次要目的,在它的背后,都有征服和使其臣服的政治目的。高群逸枝将这种以通婚进行征服的方法称作"模拟同族化"②,它虽也伴有武力,但并不破坏被征服者的氏族组织,而以征服者所"访"之妻所生之子为中心进行统治,在此基础上设立部民制,以各地原有的氏族为社会基本单位,大和国家的社会和经济基础就这样形成了。从这个意义上说,古代上层人物的访妻婚是日本历史上最早的"政略婚姻",理所当然受到统治阶级的推崇。

前面已经谈到,奈良时代已经是由夫妻分居向夫妻夫方同居过渡的时代,访妻婚虽存在,但已退居次要地位,但这只是就庶民家庭的情况而言。而在奈良时代及平安时代,贵族家庭中仍然流行着访妻婚,不过,此时贵族中的访妻婚已不能说明贵族妇女的地位仍高,恰恰相反,反映出的是她们已沦为一夫多妻制下男性的纵欲对象。当时日本贵族社会中盛行以女儿作为缔结政略婚姻的工具,希图以婚姻关系与天皇或有势豪族发生联系,换得荣华富贵。贵族的男子可以到处寻花问柳,置妻纳妾,守定一个妻子要受到耻笑,对所生子女可以不负任何责任。而结婚女性则只能居住在娘家,被动地等待男人夜间来相会。她们的命运往往是空闺独守,并随时可能被抛弃,还要辛辛苦苦养育子女。平安时代的女性文学作品真实地描绘了这一不合理的婚姻制度下贵族妇女的不幸命运和悲惨遭遇。女作家藤原道纲母(《蜻蛉日记》作者)、紫式部(《源氏物语》作者)、和泉式部(《和泉式部日记》作者)和清少纳言(《枕草子》作者)等就是那个时

①　太安万侣著、邹有恒、吕元明译:《古事记》,第51页。
②　高群逸枝:『日本婚姻史』,第43頁。

代没有逃脱男性纵欲对象及男性附属品命运的女性,所以,她们的作品实际就是"对女性社会地位本质的绝望"[1]的流露。然而,访妻婚却可以使男子畅行无阻地行使一夫多妻的"自由",这是贵族社会的男子对访妻婚乐此不疲的根本原因。

第三,妇女仍然是生产活动的主力。除了上述两个原因外,妇女在生产活动中所处的地位是访妻婚长期存在的不可忽视的经济原因。在日本原始社会,女性被视为丰产的象征,是人们得以生存的力量之源,因而受到广泛的崇拜。在日本古代神话中,不仅哺育众生的食物之神是女性,且有关农业的起源[2]也与女性紧紧连在一起,反映出原始社会的日本女性与生产活动关系密切。随着生产力的发展,男女社会分工在日本出现,《日本书纪》继体天皇元年条中"士有当年而不耕,则天下或受其饥;女有当年而不织,则天下或受其寒,故帝王躬耕而劝农业,后妃亲蚕而勉桑序"的记录,说的就是男耕女织的场景。从表面上看,男子似乎已经成为生产领域的主要承担者,妇女退居次要地位,而实际上并非如此,妇女在生产中仍然起着举足轻重的作用。

先说"男耕"的农业生产部门。古代日本以水稻耕作为主,除去水稻耕作初期的翻地、耙地这些重体力劳动之外,从播种、插秧、中耕,到最后的收割、脱谷,都是以女性为主体来完成的。这是因为,男性的生产活动以开垦土地、兴修灌溉设施为主。此外,在弥生时代,水稻栽培一直被视为绳纹时代采集劳动的延长,故女性仍是主力,这种习惯持续到古坟时代以至后来。在《万叶集》中就有不少描写女子参加生产的和歌。如柿本人麻吕所作:"泥溅红衣上,耕田亦辛苦,无仓藏割稻,叹此仓无滨。"坂上大娘与大伴家持的赠答歌:"我把秋田穗,编成插发冠,见之吾念汝,莫作等闲看"(坂上大娘);"妹把秋田穗,编成插发冠,看之看不足,愈看愈辛酸"(大伴家持)。从这些和歌中可以看出,即使贵族女性有时也要下田劳动,或从事属下田庄农业生产的监督、管理,更何况在需要集中劳动力插秧及收割时节的庶民

---

[1]　家永三郎:『家族史研究』第二集,第 7 页。

[2]　《古事记》中有"五谷的起源"的故事,说的是食物之神(女神)死后,其尸体"头上生蚕,两眼生稻种,两耳生粟,鼻孔生小豆,阴部生大豆",这些东西被用来做种子。见太安万侣著、邹有恒、吕元明译:《古事记》,第 23 页。

女性劳动力呢。此外,日本古代人口比例呈女多男少的趋势,据对现存的古代户籍、计帐的考察,奈良时代男女人口的比例为 100：119.7[①]。本已比例失调,还有许多男子要脱离农业生产,如在律令制时代,兵役是班田农民的沉重负担,几乎每户都有一两人脱离家庭,名义上服役一年,三年轮换,实际常常是"壮年赴役,白首归乡"[②]。除兵役之外,中央政府和地方政府还要经常征调农民服各种劳役。可见,男子参加社会生产的人数远远少于妇女,妇女是当时农业生产的经常和主要的承担者。在农业生产之外,男耕女织所反映的养蚕织布这一类家庭手工业完全是女性的一统天下,作为"田调"、"户调"的绢、丝、棉、布等纺织品都是通过女性之手来完成的。管理家务、养育子女更是妇女的重要活动。上述种种因素决定了女性在生产与生活中的地位,因此,一般家庭都不愿轻易失去女性这一宝贵劳动力,访妻婚就在这种情况下得以存在下来。另外,女多男少的现象也有助于访妻婚的延续,因为只有这种婚姻方式才能弥补两性比例的失调。所有这些都说明,"无论哪一个社会形态,在它所能容纳的全部生产力发挥出来以前,是决不会灭亡的"[③]。女性居于较为自由地位的访妻婚的存在,归根到底,是由她们在生产活动中的地位所决定的。

结语

综上所述,日本古代的访妻婚是保留了浓厚的母系制残余的婚姻形态。它是由日本从母系制社会直接进入阶级社会这一特殊的历史发展进程决定的,且受到当时的生产力状况所左右,与统治者的政策有关。当然,在私有制条件下,母系制残余只能是越来越淡薄,访妻婚虽然在日本古代存在很长时间,却不得不服从父权制的发展,"母方居住父系父权制"就说明了这个问题。

访妻婚的存在,对日本古代的历史产生了深远影响。由于访妻婚下夫妻双方缺乏共同的经济生活,故日本历史上一夫一妻制个体

---

① 澤田吾一：『奈良朝時代民政経済の数的研究』,柏書房 1978 年,第 74 頁。

② 《续日本纪》元正天皇六年二月条。

③ 马克思：《政治经济学批判》序言,《马克思恩格斯选集》第二卷,人民出版社 1972年,第 83 页。

家庭产生和发展甚迟；父权家长制虽早已产生，但由于访妻婚所反映出的母系制残余的束缚与制约，彻底推翻母权制经历了很长时间，直到室町时代才最后完成。从另一个意义上说，访妻婚的存在，也赋予日本妇女以较高的社会地位。访妻婚盛行的时期是日本妇女在历史上最辉煌灿烂的时期，日本古代女性秉政的传统，"女帝的世纪"的出现及女性对文化的特殊贡献等现象，究其原因，都离不开访妻婚。

（原文刊载于《日本学刊》1994 年 2 期）

第二节　日本古代的氏族政治及其历史影响

氏族政治是日本自古代国家形成至 645 年大化改新，表现在国家统治方面的突出特征。它不仅对日本古代，而且对后来历史的发展都产生了深刻的影响。

一、血缘的、集团的氏族政治

公元 5 世纪，日本列岛由发源于本州中部的大和国家完成了统一。大和国家的最高统治者——大王最初只是大和地区的一个部落国家的首领，凭借武力及宗教权威逐渐征服了周围的小部落国家，最后将统治扩展到全国。大和国家在完成统一后依靠"氏"进行统治。

氏是大和国家的社会基本单位。氏，古训为宇迟（うじ），"上世所谓宇迟者，概其职名、家世相承为号"①，它是随着大和国家的发展，通过官职、祭祀、居住地及奴役关系结合而成的政治团体。当然，此时期的氏与原始社会自然发生的氏有着本质的不同，它是贯穿了奴隶制，体现了父家长制，又保留了血缘关系的混合体。氏的内部宛如一个父家长制大家族，以有权势家族之首长立于氏族首长之位，称氏上（うじのかみ），统治着血缘亲属（氏人）和无血缘关系的成员（部民、部曲、奴婢）。氏上在氏内主持祭祀，裁断诉讼，管理生产、生活，并负责与外交涉，代表一氏承担社会义务。有些氏的氏上还要代表氏族参加朝政，率领氏人仕奉朝廷，或担任一种固定的、世袭的职业，

---

① 　太田亮：『日本上代に於ける社会組織の研究』，邦光書房 1955 年，第 24 頁。

定期贡纳产品。氏由一家以上数个家庭组成,有数十户乃至数百户的大氏,也有不过几户的小氏。"在氏族制度下,家族从来不是、也不可能是一个组织单位"[1],尽管户是构成氏的分子,社会却不承认其存在。氏的组织是依据氏族血缘关系的原理建立的,同时,也体现出明显的模拟氏族血缘关系的原理。它不仅表现在各个氏都领有通过征服得来的部民和其他奴隶,还表现在一些大豪族常常将表示臣服或寻求庇护的氏族整体纳入本氏族的统治之下,如中央大豪族物部氏号称"物部八十氏",物部氏是否能有八十氏姑且不论,八十氏中并非都是物部氏的血缘亲属,而许多是模拟同族关系这一点则是可以肯定的,如肩野物部、播磨物部、登美物部这一类以地名命名的复姓物部都是物部氏的部民,在史书中可以找出数十个,这就是模拟同族关系的例证。他们与物部氏本宗实际上毫无血缘关系可言,只有统治与臣属关系。因此说来,氏虽然具有同族组织的外形,其内部却有着非常复杂的阶级和身份差别。

与共同体关系的天然联系,使大和国家的阶级统治实行了集团式统治——部民制,它是氏族制度赖以存在的经济基础。在大和国家刚刚统一时,大部分地区尚处于未开化状态,人们尤习于集团性生活和顺从氏族首长的统治,难于使他们脱离共同体而单个加以奴役,唯利用旧的氏族组织集体奴役被征服民符合当时的社会状况。另一方面,军事征服往往遇到地方上拥有一定势力的氏族的强烈抵抗,在臣服者中也不乏与朝廷貌合神离、甚至拥兵自重者,只有得到地方氏族组织和中小豪族的通力合作,才能保持统治的稳定。部民制在这种条件下应运而生,即把多数被征服的部落分别编成部民,将他们的共同体关系原封保存下来,使其在原来的土地上从事农业和手工业劳动,由朝廷或贵族通过伴造(多由原有的氏族首领担任)对他们进行集体奴役。除保留原有的共同体关系之外,统治者还习于模仿这种关系进行统治,即把无血缘关系的被奴役者与奴役者视为一个血缘集团,假定他们有共同的祖先和共同的信仰,如东北地区的虾夷人

---

① 恩格斯:《家庭、私有制和国家的起源》,《马克思恩格斯选集》第四卷,人民出版社1974年,第97页。

在被征服后被编为佐伯部①,臣属于大豪族佐伯氏,显然,虾夷人与佐伯氏不仅毫无血缘关系可谈,而且在阶级身份上有着天壤之别,只不过人为地造成一种血缘关系的表象,因此,部民制被称为"模拟氏族集团的隶制"②。部民制既使大和朝廷获得了大批部民(部民的数量约占生产人口的 30%)及其创造的物质财富,又使各级豪族能分享一定的利益,从而扩大了统治基础。

氏族制与部民制是日本历史上独特的政治制度之一,其存在是自身社会条件决定的。日本是阶级社会的迟到者,直到公元前 3 世纪,日本社会一直处于新石器时代——绳纹文化时代,就人类社会发展阶段而言,处于母系社会。公元前 3 世纪,正值中国的战国时代,印度的孔雀王朝时期,希腊城邦奴隶制国家已正走向衰落,也就是说,当时的世界几大文明古国社会已经相当发达,日本还只是一个孤立的岛国,长期徘徊于人类文明圈之外。然而,仅仅几百年的时间,到公元二三世纪,日本列岛就已出现了奴隶制政权,再过一二百年,大和国家就完成了对列岛的统一。在如此短的时期内能够完成由原始社会向阶级社会的过渡,显然不是日本社会内部生产力自然演进的结果。事实上,日本原始社会的解体正是在大陆先进文化的影响下实现的。再者,在外来文化传入过程中,既无因征服和被征服引起的种族变化,也没有大规模的同化,在生产关系方面像希腊、罗马那样的由家内奴隶制转为劳动奴隶制而导致氏族血缘关系解体的过程并未在日本出现,牢固的氏族观念与氏族组织从未受到剧烈冲击,得以在较长时间里保持顽强的生命力。日本人是带着原始社会自然的血缘关系的脐带进入阶级社会的,这一特点在统治实践中处处体现出来。即使在阶级分化加剧、血缘关系松弛并逐渐被取代之后,仍然保持着这种传统。比如,从公元四五世纪之交到 7 世纪,不断有大陆移民(包括汉人和朝鲜人)经由朝鲜半岛移居日本,移民所处社会发展水平远远高于当时的日本无疑,而日本人在移民到来后,仍然按照传统习惯将本不存

---

① 《日本书纪》景行纪五十一年条。

② 井上清著、天津市历史研究所译:《日本历史》上,天津人民出版社 1974 年,第 43 页。

在血缘关系或血缘关系淡薄的移民编成部民，通过移民首领对其进行集体奴役，在名称上也根据移民的祖先而称其为"汉氏"、"秦氏"、"韩氏"等等，这一事实表现出日本人对血缘关系和集团统治的崇尚与认同。

二、等级分明的氏族政治

正因为氏是大和国家的社会组织和政治组织，面对势力强大的畿内诸豪族和表面上表示臣服的地方豪族，树立和提高大王的权威，维护新的社会秩序，让"人民氏骨，各得其宜"[①]便成了大和国家的核心政治，由此产生日本独特的等级制度——氏姓制度。在中国古代，姓的作用在于区分血统和作为婚姻关系依据。而在日本古代，"其姓氏者为人之根本"[②]，姓是贵族身份尊卑的标志，即由天皇根据氏的血统、身份、实力及与皇室的亲疏关系分别赐予各个氏以不同的称呼。姓主要有以下几类，以历代天皇为祖先的所谓"皇别"的氏中，有臣、君等姓；以所谓神代史上的神为祖先的"神别"诸氏，则以连为姓；祖先为归化人（大陆移民）的"蕃别"诸氏，多姓史、村主；地方官国造多以直为姓。而姓的颁赐者天皇作为从高天原降临大地的神的后代，被置于超越一切的地位，因此提高了天皇的权威。姓是荣誉、地位的象征，在诸多姓中，臣和连是最高级别的姓，居氏姓贵族之首位，以其高贵的血统成为中央的高官显宦，人们称他们为大臣、大连，直、造、首等姓也在地方称雄一隅。姓代表着地位与荣耀，与之俱来的是莫大的荣誉和经济实利，一人得姓，则恩及全族，且世代相传，因而，往往某人蒙天皇赐姓，则一族欢呼雀跃，全部"悦赐姓而拜朝"[③]。通过氏姓制度的实施，从中央到地方的各级豪族都按照一定的秩序置于大和国家的统治之下，构成大和政权的统治基础。尤其是在氏姓制度的实施过程中，将大多数氏族都作为"神别"和"皇别"，即把大多数氏族都说成是神的后代和天皇的后代，这样，大家即可按照氏姓追

---

① 《新撰姓氏录》序文，佐伯有清：『新撰氏録研究』本文篇，吉川弘文館 1974 年，第 145 頁。

② 《令義解》卷一，职员令。

③ 《日本书纪》天武纪十一年五月条："甲辰，倭汉直等赐姓曰连……己未，倭汉直等男女悉参赴之，悦赐姓而拜朝。"

溯到某一个天皇为自己的祖先。例如,"神武天皇"的儿子神八井耳命被说成是意富臣、小子部连、坂合部连、火君、大分君、阿苏君、筑紫三家连、雀部臣、小长谷部造、都祁直等众多氏族的祖先,这种做法的用意在于力图让人们相信,即使是出自不同的氏,也能由一个共同的祖先——天照大神将大家统一起来,因此所有日本人都要精诚团结,服从皇室这个总本家的统治。在氏姓制度下,血统、世系、出身是一个人立身之根本,贵族的特权是以姓的尊卑上下为标志而确定的,在此基础上形成了僵化的等级制度,它使贵者益贵,贱者益贱,久而久之,形成一种社会生活的准则,使氏姓贵族的势力日益膨胀。因此,有革新意识的圣德太子,为了削弱氏姓贵族的势力,曾力图革除这种弊政。他制定"冠位十二阶",规定官职的任命要根据官员的能力而不是世系和血统,但不了了之。大化改新之后,日本虽然借用了中国的官僚制度,也曾学习中国的科举制,通过考试任用官员,但是由于这种制度与贵族决定一切的传统相距太远,能力主义与血统主义相背离,因而未能被日本人真正接受下来,官僚机构中的等级和职位很快就变成取决于世袭的家族地位,而不是个人的才能。所有等级、地位都由出身、世系来决定的做法形成了牢固的传统,姓仍被作为家系、门第的象征。684 年,天武天皇根据在壬申之乱中各氏族的表现,对氏姓制度进行重组,实际上得姓者多是旧氏族贵族。后来,随着皇权的衰落,属于皇裔的"真人"姓的地位也日趋下降,相反,大贵族独占的"朝臣"姓反而青云直上,至平安时代,"朝臣"被视为姓之最,变成权力的象征,像藤原氏那样居高官高位者都以此称之。

三、氏族政治与古代社会秩序

日本古代以氏族集团为基础的国家统治是在日本的历史发展条件下产生的,它给古代国家的政治和社会秩序打下了深深的烙印。

就社会组织原理而言,氏族与国家、家族组织与国家组织是根本对立的,家族血缘关系是把人们组织在一起的天然纽带,具有强烈的自闭性,"氏族一旦成为社会单位,那末差不多以不可克服的必然性(因为这是极其自然的)从这种单位中发展出氏族、胞族及部落的全部组织。这三种集团代表着不同程度的血缘亲属关系,并且它们之中每个都是闭关自守,各管各的事情"①,一旦氏族关系成为人与人之间的主要组织纽带时,那就必然对国家的政治产生巨大影响。大和国家在完成统一后基本上采取两种统治方式,第一种是直接统治,即在以武力消灭了反抗部落的首领之后,将土地与人民归大王国家所有,然后委任官吏管辖;更多的是第二种,即实行间接统治,一部分是将被征服地和被征服民分给王族和贵族领有,大王间接征收贡纳,多数的情况是各国的首领以臣属于大王的形式服从其统治,并负担贡纳及其他义务,而原有内部体制保持不变。由此可见,日本的国家在刚刚产生时,氏族是唯一的社会组织,国家所能借鉴和模仿的统治模式也是非氏族莫属。因此,大和国家不仅以氏为社会基本单位,而且,在氏的基础上建立了自己的统治机构。氏的首领或成为朝廷的官员,或成为各级地方官,从这个意义上来说,氏也是大和国家的政治组织。大和时代社会组织与政治组织相交错,显示出氏族制残余与国家统治共生的特点。在这种条件下,大和政权的初、中期,实际是由诸豪族组成的松散的联合统治体制,其脆弱性是可想而知的。

大和朝廷统治基础的核心是大和盆地原有的诸豪族,这些豪族中,有些由于在征服中与天皇家族合作,其后又与天皇结成婚姻关系,成为外戚,与他们相比,天皇最初只称"大王"(亦称"大君",读おおきみ),如同"大臣"、"大连"那样,不过是畿内的一个氏族,其势力也不过比其他最强的王略强一些而已。至于称为天皇,是在7世纪初期的事情,形成一尊之局则是在大化改新之后。而各个氏族实际上是一支支独立倾向很强的政治势力,在经济上,他们领有大量私有地和私有民,在政治上,大王不得不依靠他们进行统治,按亲疏关系让他们在朝廷担任一定的职务,有掌握朝廷军权以代行征伐的,有总揽朝廷财政的,有主持祭祀的。他们统率诸氏,仕于朝廷,使大和朝廷得到相对稳定和存续。像葛城、平群、三轮、大伴、物部、苏我等氏族都曾参与掌管朝政,论其实力,与天皇一族不相上下。这些豪族集传统势力与朝廷要员的双重身份于一身,极力扩充自己的力量。据中国史书记载,5世纪前半期,倭国"赞死,弟兴立,遣使贡献,自称使

---

① 恩格斯:《家庭、私有制和国家的起源》,《马克思恩格斯选集》第四卷,第92页。

持节、都督倭、百济、新罗、任那、秦韩、慕韩诸军事、安东大将军、倭国王,表求除正",同时,"求除正倭随等十三人平西、征虏、冠军、辅国等将军号"①,从这段史料中可以看出,倭王在请求中国皇帝册封的同时,并未忘记请求承认"倭随"等十三位将军的地位,显而易见,他们之间的关系非同一般,这些人都是大豪族,很有可能是仅次于大王的副王。据日本学者对古坟的研究,公元五六世纪时天皇的坟墓与豪族的坟墓规模相当接近,更说明这个问题。氏是大和国家赖以立国的基础,而一旦这些豪族与大王的利益发生冲突时,就会使整个政局发生动荡。事实上,氏族之间、氏族与朝廷之间的争夺一直是古代社会统治阶级内部矛盾的主线,随着大和国家政治经济的发展,贵族的势力也日益膨胀,他们在经济上,仗势兼并土地,"民部广大,充盈于国"②;在政治上,占据枢要,如苏我氏自 6 世纪前半期直到 645 年的大化改新,连续四代担任大臣,垄断朝政,虽不能取皇室而代之,但对立谁为天皇则有绝对的发言权。他们为了扩展自己的势力,在皇位继承问题上大做文章,排斥异己,拥立对自己有利的人继承皇位,并通过嫁女于天皇的形式,在日本历史上首开外戚专权之先河,甚至随意废立、杀害天皇,严重损害了王权和皇室的利益。因此,削弱贵族的势力,提高天皇的权威,就成了朝廷内有识之士发动大化改新的动因。

四、氏族政治对日本历史的影响

经过 645 年的大化改新,日本进入封建社会。在改新及其以后的一系列改革过程中,通过废除皇室、贵族的土地私有权,废除部民制,实行土地国有制,改革中央及地方的官僚制度,使过去的氏族政治失去了存在的基础。但是,氏族政治并没有就此彻底销声匿迹,它对后来的日本统治、人们的思想意识及日本文化都产生了极其深刻的影响,形成日本人"重祭祀,贵血统,以族制立国"③的传统。

---

① 《宋书·蛮夷传·倭国》。
② 《日本书纪》雄略纪二十三年条。
③ 三浦周行:『法制史の研究』上,岩波书店 1943 年,第 434 頁。

（一）重祭祀

在日本古代社会,祭祀是人们最重要的精神生活,有血缘关系的、有共同祖先与职业的大大小小的氏族,都有整个氏族共同崇拜的守护神,即氏神,氏神是氏人最高的精神权威。人们按照自己的民族宗教——古神道教的规矩一丝不苟地进行氏族之内的祭祀。在一些规定的日子里,氏族成员集合到供奉守护神的神社里,由氏族首领率领着进行祭祀,感谢神的恩惠,祈求神的祝福。直到今天,在农村中还保留着这种宗教仪式。可见,日本人自古以来就是虔诚的祖先崇拜者。

随着社会生产力的进步和人们文化水平的提高,尤其是在日本传统家族制度形成及永久不灭的"家"观念产生之后,祭祀便被赋予了新的内容,人们对自己直接祖辈的祭祀与崇拜取代了对远古祖先的祭祀与崇拜。与中国的立宗庙、建祖宗祠堂和一系列繁琐的祭祖礼仪相比,日本人的祖先崇拜活动简洁而朴素,以自己家的佛坛为中心举行的家庭礼拜成为最普遍的祭祀活动,通常"敬祖是在家庭起居室的佛坛前进行的,这与神社完全不同,佛坛里祭奠六七位最近逝世的人。日本不管属于哪个阶级的人,每天都要在佛坛前行礼,为那些至今仍记忆犹新的已故父母、祖父母或近亲供奉食物"[1]。显然,日本人崇拜的并不是远古的祖先,而是已故的父亲、祖父这样的近亲。在日本人的心目中,已故祖父、父亲不仅是在血缘、辈分上高出自己的人,是自己的本源,还因为他们是"家"的直接开创者和传续者,是最为重要的、最该供奉的偶像,也是最好的、最可靠的、最有力的精神寄托者,因而对这些直接的祖先有着十分现实而深厚的感情,有无限的敬仰。即使在经济高速发展的今天,日本人仍然保留着敬祖、祭祖的传统,不仅逢年过节要进行祭祖活动,即使平时出门之前、回来之后或发生重大事情时,都要在牌位前默立,虔诚地与祖先之灵交谈,以求得保佑和心灵上的安慰,即使生活快节奏的大都市的人们也是如此。这些情况不能简单地用迷信或什么别的字眼来解释,它根源于日本人的祖先崇拜传统。

起源于古代氏神崇拜的祭祀祖先的传统是日本文化中的重要内

---

① ルース・ベネディクト:『菊と刀』,社会思想社 1977 年,第 62 頁。

容,不仅出于祈祷祖先亡灵赐福保佑的迷信观念,而且有着十分重要的文化价值,它反映出人们的信仰归属和文化、心理定势,反映出人们的意识趋向、内心追求和精神寄托。近代以后,这种祭祀祖先的传统被日本统治阶级利用,在《大日本帝国宪法》中明确规定"大日本帝国由万世一系之天皇进行统治",明治天皇在"宪法发布敕语"中称:"我臣民即祖宗忠良臣民之子孙。"一些御用学者也极力鼓吹"万世一系的皇统是国体的基础,其基础的基础就是祖先崇拜"①,"崇拜敬爱祖先,推而扩之,即崇拜我民族之中心的皇位"②,祭祀祖先成为维护天皇专制统治的工具。当今,日本经济高度发达,已很少有人相信祖先有灵之类的说法,但是大多数人仍然在自觉不自觉地参加各种祭祖活动,说明人们头脑中崇拜祖先的意识仍然存在,并已经沉淀在文化的深层结构中了。

（二）贵血统

日本古代氏族政治的突出特征是以氏区分贵族血统,以姓鉴别等级高下,氏姓是世系、血统的标志,是等级划分的依据,久而久之,形成人们对血统的尊重。随着社会结构的变化,人们对血统的尊重越来越表现为对家系的尊重。在氏族时代以世系、血缘为依据的等级划分在进入封建社会后很快变为按照家族式的主从、亲疏来划分。家系左右着人们的婚姻、仕途、升迁,即使在武士双方兵戎相见时,也要首先通报各自的家系,炫耀一番,然后一决雌雄,似乎家系高贵是能够克敌制胜的精神力量。久而久之,形成了一种僵化的观念:家系是人们立身的根本,贵族、武士与平民之间永远有一种不可逾越的鸿沟。

在日本封建社会,基于血统的家系门第观念自始至终支配着人们的行动。在律令时代只有贵族才能跻于公卿之列,在武将秉政时代的幕府更替之中,仍然是只有显贵才能染指将军之位,从来没有家系卑微之人通过战争或者暴力夺得政权、建立幕府的。战国武将丰臣秀吉虽然足智多谋,威望过人,基本结束了战国时代的动乱,却终

---

① 井上哲次郎:「国民道徳大意」,東京府内務部学務課編:『修身科講義録』,大空社1991年,第158頁。

② 穂積八束:「国民道徳の要旨」,文部省編:『国民道徳に関する講演』,大空社1991年,第52頁。

究未敢染指将军之职,恐怕与出身卑贱——其父只是一个"足轻"不无关系。在丰臣秀吉的政治生涯中,曾极力对自己的家系进行美化,随着他的步步得势,其家名也在不断变化,最初称木下,后改姓羽柴(因敬慕武将丹羽长秀、柴田胜家,各取二人姓之一字为姓),不久又称平秀吉、藤原秀吉,任内政大臣后,便以天皇赐姓的形式称丰臣朝臣。这一过程暴露了丰臣秀吉对自己出身的自卑,也说明他对高贵家系的崇尚。不断更名改姓表面是个人行为,实际上是当时的社会风气使然。日本封建社会的结构自始至终都是建立在权力世袭制度的基础上,尤其是在德川幕府统治的二百六十多年中,经历了世界上最严格并切实得到加强的世袭制度。

明治维新之后,"四民平等"的实现,为许多没有家系背景的人通过接受学校教育来提高自己的社会地位提供了可能。不过,在重家系门第的传统观念面前,要使这种可能变为现实是相当困难的,必须要付出巨大的努力。华族制度的制定,使旧贵族、藩主等人又获得了新的特权与荣誉,而且,不断有维新功臣、高级官僚、大资本家成为华族新成员,按其功勋可得到爵位,并可世袭,因此,门第观念仍然在很大程度上左右着人们的生活,拥有不凡的家系照样是高人一等的资本,很多人的眼光依然注视着贵族的家系。从过去的世袭制度到由教育来决定等级地位的过渡经历了很长时间,日本人真正实现不是靠继承、出身、家庭背景,而是靠个人努力和接受正规教育获得在社会上完全平等的地位,还是在战后的事情。

(三)以族制立国

在日本古代,氏族血缘关系以其特有的形式扩展到社会集团和政治统治之中,实行以血缘关系和模拟血缘关系为基础的集团式统治。随着社会的发展,氏族制度虽早已解体,但从此日本人就有了实行集团式统治、重集团利益的传统。

自平安时代起,大化改新之后建立的中央集权体制便步入衰落、瓦解之途。伴随着庄园的出现,武士阶级兴起,经过几个世纪大小武士团之间的蚕食、混战,终于衍成以幕府成立为标志的武家统治的结局。家与国同构,是幕府政治的突出表现,武士阶级自产生之日起,就表现出它的家族关系与政治关系互相渗透的特征。武士团是武士阶级产生后最初的组织形态,有一党、一门、一流、一族之称,实际上是广义上的族的结合。当时族的概念相当宽泛,不仅包括具有血缘关系的直系亲属和像甥、侄、堂兄弟这样的旁系亲属,还包括各种姻亲,由收养关系结成的模拟亲族关系更是一族的重要组成部分。除上述有血缘关系(包括模拟血缘关系)的成员和姻亲之外,还有从族外人中挑选出来的有能力的从者(称郎等或郎从)。一族之内,族长称"总领",由他统制被称为庶子的其他族内成员(包括血缘家族成员及家臣),对幕府的义务也由总领负责完成。武士团的结合正是大化改新之前以氏上、氏人秩序为中心的氏族结合在新的社会条件下的再现,因而被称为"古代氏族制度的复活"①。这种以血缘、家族关系为纽带相结合的主从关系是日本武士阶级的一个显著特征,也是构成武士团的基本因素,与缺乏血缘同族色彩、各级附庸之间没有纵向联系、"我的附庸的附庸不是我的附庸"的西欧封建社会的主从关系相比,最大的作用就在于可以组成一个个强大的军事集团,并能形成一支独立的政治力量。这一事实再次印证了氏族传统在人们政治生活中的作用。武士团的族的结合,虽然是基于家族关系的原理,但实际上,血统关系已相对淡化,现实的利害关系具有重要意义。源赖朝打败平氏后建立起来的镰仓幕府,就是这种武士团的联合体。从镰仓幕府后期开始到江户幕府建立的数百年间,日本社会动荡,内乱频仍,很难出现长治久安的局面。德川家康建立江户幕府后集战国时代以来诸大名统治经验之大成,建立了一套严格的主从关系体制,武家社会所有的人在通过向主君尽忠—"奉公"而领取俸禄之外,别的一无所有,并以家为单位被固定在各个大领主(藩)的统属之下。家是幕藩体制的基础,不仅是各级领主、武士赖以生存的场所,也是构成幕藩体制的政治单位和经济实体。在家集团基础之上的幕府的统治秩序体现出幕府将军—藩主大名—普通藩士这种等级序列,它不过是"家"制度中的本家—分家—孙分家的序列在政治结构中的重演。近七百年的幕府统治就是建立在"一种立足于与同族观念、血缘观念联系在一起的深厚的人性关系,从时间上看是一种祖先以来代代相继的牢固关系"②的基础之上。

---

① 豊田武:『武士団と村落』,吉川弘文館 1963 年,第 15 页。

② 坂本太郎著、汪向荣、武寅等译:《日本史概说》,商务印书馆 1992 年,第 175 页。

作为一个武士，终生要处于两种束缚之内，一是家族关系的束缚，一是主从关系的束缚，这是以族制立国的另一涵义。家族关系的束缚，是指在武家社会中，超脱出家的个人并不存在，立足于某一家的个人才会被社会所承认。家是人们赖以生存的主体，对于某个人关系重大，而家中的某个人则无足轻重，无数的家组成了国家，国家是家的代表，君臣一体，国家如一。因此，家族关系被政治化，如江户幕府将军德川家康将家比作人的身体，称"心是主君，眼耳鼻口是家老，手足是武士，身躯则是领地内百姓"[1]，即把家视为一个社会的有机体，其内部有着严格的等级区别和秩序，亲子关系直接影响到主从关系，达到家族伦理与政治的统一。正是这种基于家族关系的牢固的主从关系构成了幕府存在的实际基础，成为封建社会的社会关系和政治关系的主干，也是武家政治得以存在数百年的基础。

结语

在整个日本历史发展过程中，氏族政治存在的时间虽不是很长，但是自古以来，氏族、家族血缘关系就左右着人们的政治生活与精神生活，对集团利益的尊重，在日本民族心理当中占有重要地位。家族关系被纳入国家统治的系统之中，通过同构效应与国家统治相互依存、强化而成为一种普遍的社会制度，从而达到了家与国家的统一，在生生不息的历史演变中形成家族主义的基本精神，并在有史以来的历史发展过程中一以贯之。

（原文刊载于南开大学日本研究中心《日本研究论集》第 1 辑，南开大学出版社 1996 年）

第三节　部、部民及其区别

部民制，既是大和时代的政治制度，也是当时的社会组织，同时具有经济职能。由于它把大和时代奉仕王权的体制——部与隶属于

---

① 『東照宮御遺訓附録』，第一勧銀経営センター：『家訓』，中経出版 1979 年，第 157 頁。

部的被奴役者部民混杂在一起,给我们认识日本古代社会带来很大难度。但是,当我们摆脱了以阶级斗争为主的史学思维以后,再来观察部民制度,可以发现这种日本历史上最早的集团式统治形态,恰恰是"认识大化改新前日本社会的一把钥匙"①。

一、部的原始形态及其演变

部,日语古训为とも,也写成"伴"。例如,《古事记》与《日本书纪》对所谓天孙降临时的五个随从的记载就是如此:

> 天儿屋命、布刀玉命、天宇受卖命、伊斯许理度卖命、玉祖命并五伴绪。(《古事记》)
> 中臣上祖天儿屋命,忌部上祖太玉命,猿女上祖天钿女命、镜作上祖石凝姥命、玉作上祖玉屋命,凡五部神,使配侍焉。(《日本书纪》)

《古事记》与《日本书纪》对这些神分别称为"部"与"伴",说明两者是相通的,其意为大王与王室成员的随臣和伴随者,充任侍从、守卫、服务工作,史书中多有其例:

> 彦火火出见尊,取妇人为乳母、温母、及饭嚼、汤坐,凡诸部(とものを)备行,以奉养焉。
> 天皇即亲临于神浅茅原,会诸王卿及八十诸部(とものを)。
> 五十琼敷命,居于茅渟菟砥川上宫,作剑一千口,因名其剑,谓川上部(とも),亦名裸伴(とも)。②

可见,早期的部(伴)与统治者有密切联系,不论称之为部,还是称之为伴,均是大王的随从,集团的含义还不甚明显。所以,《日本书纪》对早期历史有关部的记载均训读为"とも",与其称之为部,莫如称之为伴更贴切。

部(伴)虽早已存在,但真正发展并在朝廷内外发挥重要作用是公元4世纪末期以后,这是日本古代史上的重要历史时期。大和王

---

① 王金林:《日本古代部民的性质——兼论日本未经历奴隶制社会》,《历史研究》1981年3期。

② 《日本书纪》神代纪,崇神纪七年条,垂仁纪三十九年条。

权在完成了统一列岛的大业之后,面临着一系列政权建设问题。随着国家统治范围的扩大,内政、外交等各种行政事务日益增多,在征战时代扈从式的组织形式已经过时,仅有大臣、大连等亦无法应付杂乱纷繁的政务,尤其是大王、豪族们在结束了戎马生涯以后,开始追求物质享受,需要多方面的供给。建立什么样的统治机构,对于刚刚在部落联盟这一孱弱基础上建立起来的国家来说,实属一片空白。此时,恰逢许多大陆移民经由朝鲜半岛移居日本,大陆的先进制度与文化随之源源流入,其中百济的部司制对大和王权新的统治秩序的建立产生了很大影响。

部司制即在政府的主管部门之下设有各种部,分司政务,分内官与外官。内官有前内部、榖部、肉部、内椋部、外椋部、马部、刀部、功德部、药部、木部、法部、后官部;外官有司军部、司徒部、司空部、司寇部、点口部、客部、外舍部、绸部、日官部、都市部。① 这种部与日本固有的伴颇有相似之处,因此,古老的伴制被赋予新的生命力,迅速发展成为大和王权的统治机构和朝廷内的服务性机构——部。除保留了侍从、随臣的职能以外,部的范围扩大到管理朝廷事务,供养大王、王室的生活。从佐政理财到祭祀裁判,从供膳缝衣到吹笛养鸟,事无巨细,悉由部为之。其数量随着大和国家的发展及大王、王族需求的提高而逐步增多。一般来说,历代大王都要设立新部,如应神天皇时期置衣缝部、山守部;安闲天皇时期置犬养部,至于秦部、汉部、史部、鞍部、陶部等掌握文化、技术的部更是在大陆移民渡日后根据他们的业务专长而随时设立的。

大和朝廷究竟有多少部? 据《日本书纪》记载,推古天皇(592—628 年在位)时期,圣德太子与苏我马子共同商议"录天皇记及国记、臣连伴造国造百八十部并公民等本记",7 世纪中期孝德天皇升坛即祚之时,"百官臣连国造伴造百八十部,罗列匝拜"②。很明显,至大化改新前,大和朝廷除了"臣连伴造国造"之外,已有一百八十部。

需要搞清的是,这一百八十部的"部"在此依然训读为"とも",即位于臣连伴造国造之下、公民之上的朝廷各司官吏,并不是一般的部

---

① 《周书·百济传》。
② 《日本书纪》推古纪二十八年条,孝德纪即位前纪。

民。那么，在日本古代史籍中为什么会出现以一个"部"字表达多种含义的混乱？有一种观点认为，从语言文字学来考察，"部"并不是日本固有的语言，由于许多东渡日本的大陆移民在大和朝廷内担任文书记录工作，对日本文字的形成发挥了重要作用，他们感到伴（とも）制与熟悉的部制很相似，"部"使用起来更方便，因而，逐渐以"部"这种外来语取代了"伴"这一日本古语。①《日本书纪》与《古事记》均由汉字写成，容易给人造成错觉，从而忽视了寓于"部"中的"伴"的含义。"伴"的表达形式虽有变化，但作为服务于大王家和朝廷的官员这一实质没有变，一百八十部实为一百八十伴。

一百八十伴中，可按职业分为四大类（为了引用史料及叙述的方便，姑且仍用"部"来表述）：

第一类，参政型的部。这类部在"大臣"、"大连"领导下，直接从事朝廷内各种政务。如祝部主要是"为祭主赞辞"，卜部则"灼龟占吉凶"②，史部的职责是在天皇周围"记言事达四方志"。还有掌管国家财政的藏部，专门对罪犯实施各种刑罚的神刑部、物部和"掌鞫问谱第争讼"、"掌问穷争讼"的解部③等等。

第二类，内廷型的部。这是专门服侍大王一族日常生活的部。例如，起源于中国东汉时期的采女制至迟于4世纪中期已在日本出现，采女部以仕奉大王、王后、嫔妃为职责。此外，为王室供膳的膳部，供水的水部，负责乘辇的车持部，提供娱乐的笛吹部、犬养部、鸟养部均属此类。

第三类，近侍型的部。这类部在宫廷内外担任侍从、守卫，主要有"左右杂使"于大王、王族的舍人部，看守宫门的门部，充当大王亲卫军的韧负部、大刀佩部等等。

第四类，生产型的部。其主要任务是为宫廷生产各种生活用品，如酿酒的酒部，衣着方面的服部、锦部、衣缝部、狛染部，祭祀装具用的镜作部、玉作部，生产武器的弓削部、矢作部、盾部，生产陶器的陶部、土师部、泥部等等。

---

① 津田左右吉：『日本上代史の研究』，岩波書店1972年，第35頁。

② 《令集解·职员令》。

③ 《令集解·职员令》。

　　总之,日本古代的部由伴发展而来,在部民制未产生之前,部
(伴)只是从事各种职务之官吏的职务称呼,与部民毫不相干。

二、部民制的产生

　　部民制是日本古代特有的制度,它将被征服的居民以集团的形
式组织起来,从事某一固定的职业,分别从属于大王或豪族。部民是
大和国家的主要生产者,据日本学者考证,部的种类达三百种,大和
时代全社会人口有一半是部民[1]。

　　日本古代为什么会出现部民制? 人们固然要先从历史条件与社
会基础方面找原因。日本是开化甚迟的国家,刚刚统一时除社会经
济相对发达的畿内、九州岛外,大部分地区尚存氏族统治,人们尤习
于集团式生活。许多被征服民并不安于大和朝廷的统治,如虾夷人
被打败之后,朝廷曾打破其原有的氏族组织,以一部分人服务于神宫
和朝廷,而他们似群龙无首,"昼夜喧哗,出入无礼",甚至"伐神山树,
叫呼邻里,而胁人民"[2]。显然,如果无视这种现实,对被征服民加以
单个奴役,必然与社会发展水平相悖,不利于统治的稳定,因此,唯有
利用旧的氏族组织,集体奴役被征服民符合当时的社会状况。

　　按照辩证唯物主义的观点,在事物发展过程中既包含必然性因
素,也包含偶然性因素,必然性通过大量偶然性表现出来。由于氏族
组织依然存在,大和国家实行集团式统治是必然的,但这种集团式统
治采取什么形式则完全取决于某种偶然性,这就是部(伴)发展的需
要。由于众多的部(伴)服务或供职于大王家及朝廷,世袭地从事某
一专职,如舍人、采女终日仕奉于大王、后妃身边,养犬、养鸟的官员
要随时提供犬、鸟供王室成员取乐、消遣。那些参政型的部(伴)更要
应付繁忙的政务,尤其是他们均属统治阶级成员,不可能去躬事农
桑,自给自足,必须对他们生活的各方面实行有效的供给。若再给他
们一定利益,让其全心全意从事自己的工作,竭诚服务于朝廷,将大
大有利于大和王权的统治。因此,大和国家的统治者利用氏族组织

---

　　① 福富正实、加藤喜久代编:『早川二郎著作集』第二卷『日本古代史研究と時代区
分論』,未来社 1977 年,第 165 頁。
　　② 《日本书纪》景行纪五十一年条。

不易打破这一现实条件,将被征服的居民以集团的形式分别配给各部(伴)之下,称某某部的部民。在这种隶属关系下,边供养各伴的生活,边为大王及朝廷生产各种产品。例如,垂仁天皇为了敦赏臣下汤河板举捕鹄之功,除对其赐姓鸟取造之外,"亦定鸟取部、鸟养部、誉津部"①,毫无疑问,鸟取部、鸟养部、誉津部是隶属于鸟取造的部民。履中天皇时期,朝廷"始建藏职,因定藏部",说明藏部系为藏官而设。应神天皇时期,"处处海人,讪唬之不从命",遂派阿昙连之祖大滨宿祢"平其讪唬",并"为海人之宰",即对海人进行统治,两年后还设立了海人部。② 显然,这是朝廷在平定"海人"的反叛之后,设专人对其管理,并设海人部对海人进行统治的稳定人心的措施。

这种编民成部、由伴进行统治的做法既保留了旧有的氏族组织,便于贯彻朝廷的统治,也可以保障大王、朝廷官员们的生活,还能通过各部(伴)掌控广大部民,掌握大量人口及其创造的物质财富,一举多得。朝廷统治者与豪族在奴役部民的实践中深深感到这种形式有利可图,颇值得推广,因此,部民之设逐渐越过职业部范围,在中央与地方迅速扩大,名目繁多。如设立名代、子代于诸国领内,借传大王一族成员之功名,行扩大王家势力之实;在各地设立王家领地——屯仓,以田部进行耕种,派田令监督生产,同收增加大王家收入与牵制地方豪族力量之益。各地中小豪族亦纷纷仿效,肆意增加部曲之民。诸如此类,各种名目之下的被奴役者均称为部民,他们身份相同,隶属关系各异,使部民制变得复杂化。尽管如此,应当看到,在众多部民之中,最重要的还是各种职业部的部民,它种类最多,直接供养大王家与朝廷官吏,其经营如何关系重大。因此可以说,职业部之部民是部民的主体,也是本文论及部民时的核心所在。

总之,先有部(伴)制,后有部民,这是一种先后顺序,也是一种因果关系。部民制是氏族存在导致集团式统治形成这一必然因素与部制需要完善这一偶然因素相结合的产物,缺一则不能产生部民制,如果只有前者而无后者,集团式统治很可能表现为其他形式;反之,如果只有后者而无前者,部民制则失去了存在的基础。过去,人们在研

---

① 《日本书纪》垂仁纪二十五年条。
② 《日本书纪》履中纪六年,应神纪三年条。

究部民制产生的原因时，往往偏重于后者，忽视了前者，这是不全面的。

三、部(伴)的特点

通过了解部与部民制的产生与发展过程，可知部由两个阶层组成，即伴与部民，伴的首领称"伴造"。以海人部为例，处于最上层的是"海人之宰"——海部连(阿昙连)，其次是海人，最底层是海部部民。由于古代史籍记载模糊所致，"部"既表示"伴"，也表示"部民"，很容易使人们产生错觉，或简单地认为部就是部民，或将伴与部民混为一谈。因此，必须澄清这种混乱。针对以往的研究，本文着重阐述伴的特点。

其一，部(伴)是在朝廷从事各种职务的官吏，与部民的关系是管理与被管理、奴役与被奴役的关系。忽视这个区别，就会对这两种阶层的人混淆不彰，甚至容易将藏部、史部、舍人部、采女部这样的直接供职于朝廷的部笼统界定为统治阶级营垒的一份子。殊不知，在藏部、史部、舍人部、采女部中有资格担任各种政务并堪称统治阶级营垒一份子的只是藏官、诸史、舍人、采女，其身份均属部中之伴，而不是各部部民。以藏官与藏部为例，"三藏"(斋藏、内藏、大藏)是大和国家的财政管理机构，是至关重要的经济部门。除了以大臣、大连"检校三藏"以外，还分设出纳、记录、主镒三种藏官。藏官多由有文化的大陆移民之上层人物担任。藏部之设，绝无以部民担任藏官之意，只不过是让他们供养藏官的生活罢了。史官与史部亦如此，如同"周礼有史官，掌邦国四方之事，达四方志"[1]，与闻国家大事，传达诏救命令，起草国书，宣读外国使臣表文，乃至出使外国，均系诸史所为，而专为诸史设立的"史户"、"史部"只是给予史官的封民，丝毫不能染指史官之职。再如舍人与舍人部，在古代被称为"近习舍人"、"近侍舍人"、"左右舍人"，舍人部则是资养舍人的部民。出云国有一舍人乡，即因在钦明天皇时供养仓皇子的舍人日置臣志毗而得名。[2]由于每代天皇都要有许多舍人护卫，故为舍人而设的舍人部也是最

---

① 《周礼·天官》。
② 『出雲風土記』，竹内理三編：『寧楽遺文』下，東京堂 1944 年，第 801 頁。

多的,如桧前舍人部、勾舍人部、金刺舍人部、河上舍人部,分别是宣化天皇、安闲天皇、钦明天皇、雄略天皇时所设的。

这种特点同样表现在其他为朝廷服务的各种部(伴)。如海人部的统治者海人,主要任务是供应朝廷足够的海产品。《日本书纪》中记载,海人经常"赍鲜鱼之苞苴"献于宫廷,甚至参与谋害皇太子的阴谋。① 可见海人与朝廷关系之密切,而海人部的部民唯有终日捕捞渔猎,不可能接近朝廷。

其二,伴出身于社会上层。与部民的被奴役身份截然相反,伴的出身非豪族也是社会上层。如物部氏的祖先是传说中的天神之子,曾忠心仕奉神武天皇,所以,物部氏在朝廷中占有特殊地位,是世袭地掌管军事、刑罚的大贵族,如朝廷的最高执政官。史书中还有这样的记载,在显宗天皇时,朝廷以来目部小楯为山官,"赐姓山部连氏,以吉备臣为副,以山守部为民"②。由于这个来目部小楯是前播磨国国司,所以才有资格担任"山官"。近侍舍人大都出自国造家庭,大化改新后仍然坚持这一原则。"选郡司子弟强干便于弓马者,郡别一人"充当舍人,一个叫做他田日奉部神护的人从 729 年到 748 年一直担任中宫舍人,其原因就是他出身于一个三代国造之家,颇得朝廷的信任③。此外,采女虽主要由采女部供养,但绝非出身于采女部,而都是"郡少领以上姊妹及子女形容端正者"④。

大和时代,有不少大陆移民出身的部(伴),他们的情况如何呢?请看下例:

汉部。据《续日本纪》记载,有坂上刈田麻吕者,自称是中国后汉灵帝曾孙阿智王之后,阿智王(也称阿知使主)于应天神皇时(公元 3 世纪)渡日,系汉部祖先。⑤

秦部。始祖弓月君,相传是秦始皇三世孙孝武王之后,率百二十县百姓"归化"日本,其后裔曾被赐姓为"秦酒公"。

① 《日本书纪》仁德即位前纪、履中即位前纪。

② 《日本书纪》显宗纪元年条。

③ 正倉院文書:「人人啓状」,竹内理三:『寧楽遺文』下,第 947 頁。

④ 《日本书纪》孝德纪大化二年条。

⑤ 《续日本纪》桓武天皇延历四年条。

锦部。"三善宿祢同祖，百济国速古大王之后也。"①

史部。荟萃大陆移民中重要人物的部，雄略天皇"唯所爱宠"的两个大陆移民之一、多次受命出使南朝刘宋的史部身狭村主青乃是"吴孙权男高之后也"②，教应神天皇的太子习诸典籍，使其莫不通达的百济博士王仁也号称汉高帝的后代。

上述几例的共同特点是这些大陆移民悉出自王族。当然，这里包含移民渡日后为抬高自己的地位而伪造世系的因素，未可尽信。但至少可以反映出这些人是移民中的上层人物，在本国时具有一定身份和相当的地位，是移民群的核心，因而才能担任伴的职务，在大和国家的政治、经济中发挥作用。

其三，部（伴）的地位有高低之分。由于部（伴）所从事的职务各不相同，有的直接供职朝廷，有的间接服务于大王，有的工作事关国政大计，有的负责吃喝玩乐，其地位必然依此区别而有高有低。

参政型的部（伴）受到天皇与朝廷的格外重视，这是因为他们工作的重要。例如，各种祭祀活动是人们生活中头等重要的大事，在中臣氏与忌部氏的直接掌管之下，神部、祝部、卜部等各伴直接从事朝廷的祭祀。根据《令集解》可知，直至律令时代，从仲春到季冬，神祇官"依常典"主持的祭祀活动有十九次之多。③ 在人们心目中，"神祇者是人主之所重，臣下之所尊，祈福祥，求永贞，无所不归神祖之德，故以神祖官为百官之首"④。大和朝廷以收纳官物的"三藏"（斋藏、内藏、大藏）掌握国家的经济命脉，"欲登天下之位，先取大藏之官"⑤成为治国的经验之谈。身居要职使得参政型的部（伴）诸如掌管军事、刑罚的物部氏、掌管祭祀的中臣氏、掌管财政的苏我氏等取得大臣、大连等政治上的最高地位。诸史虽比不得大臣、大连的地位，但是他们"奕世继业，或为史官，或为博士"，在朝廷内待遇也不低。在

---

① 『新撰姓氏録』河内諸藩条、左京諸藩条，引自坂本太郎等校注：『日本古典文学大系』68『日本書紀』，岩波書店 1993 年，补注第 634 页。

② 『新撰姓氏録』左京諸藩条，引自坂本太郎等校注：『日本古典文学大系』68『日本書紀』，补注第 633 页。

③ 《令集解·神祇令》。

④ 《令集解·职员令》。

⑤ 《日本书纪》清宁即位前纪。

经济上,这些部(伴)势力雄厚,一部(伴)之下拥有众多部民,如物部氏一向以物部八十氏自诩,甚至在几百年之后的 8 世纪,仍然"各因居地行事,别为百八十氏"①,数字难免夸张,但能说明问题。在朝廷中掌管与祭祀有关如祭具制作、宫殿营造的忌部氏的部民也遍布赞岐、阿波、安房、伊势、纪伊、出云等地。这类部(伴)位高势众,大有左右朝政之势。

其他类型的部(伴)因其职务不涉及朝廷枢要,地位要逊于参政型的伴,但具体情况各有不同。一般来讲,所谓"神别"、"皇别"出身的部(伴),与大王及王室有较长时间的臣属关系,故这类部(伴)获赐"臣"与"连"姓,经济力量也很雄厚。例如,相传土师部的远祖是天照大神之弟素盏鸣尊的儿子,玉作部的远祖是天孙降临时的五个随从之一,所以,土师部、玉作部的首领都被赐以连姓,并有许多私有民。② 膳夫虽是宫廷内的服务人员,因其工作性质的特殊也得到臣姓。有幸侍于大王、后妃身边的舍人、采女中,得宠的大有人在。例如,市边押磐皇子(履中天皇长子,显宗、仁贤天皇之父,安康、雄略天皇之从兄弟)与舍人帐内佐伯部仲子过从甚密,大泊濑皇子(后来的雄略天皇)为争夺王位,将二人同时杀死于近江的蚊屋野,就地埋于同穴。显宗天皇即位后,辗转找到父亲的坟墓,于蚊屋野中造起双陵,"相似如一,葬仪无异"。仁贤天皇时期,又"普求国郡散亡佐伯部,以佐伯部仲子之后,为佐伯造"③。此类举动充分反映出这个舍人异乎寻常的地位。在采女中也不乏得势并拥有私地、私民者。④相形之下,生产型的部(伴)与其他服务性的部(伴)的地位有明显差距,多数持造姓、首姓,如百济造、鸟取造、鹈养部首,他们或是被征服地的首领,或是来自"诸藩"的大陆移民,或负责粗鄙的工作,没有高贵的出身世系,更无接近大王与王室成员的机会,因此,他们是伴中地位较低者。

其四,部(伴)在律令制下依然存在。大化改新之际,"罢昔在天

① 《续日本纪》桓武天皇延历九年条。

② 《日本书纪》雄略纪十七年条。

③ 《日本书纪》雄略即位前纪,显宗纪元年条,仁贤纪五年条。

④ 《日本书纪》雄略纪九年五月,采女大海为感谢大伴室屋大连为其丈夫纪小弓宿祢修冢墓,"特献私有民六口"。

皇等所立子代之民,处处屯仓及别臣连伴造国造村首所有部曲之民、处处田庄",部民从此成为律令国家的公民。然而,部(伴)制并未消亡,而作为律令体制下中央集权国家政府部门的下设机构。如神祇官下属的祝部、神部,画工司的画部;治部省的解部;诸陵寮的土部;囚狱司的物部;大藏省的藏部;扫部司的扫部;漆部司的漆部;缝部司的缝部;锻冶司的锻部;土工司的泥部;其他诸官省的文部、史部、药部、膳部等等。这些机构虽仍冠以"部"字,其意义已经简单化——只表示部(伴)而没有部民之意,以下几例就是明证:

> 杂工部,谓友造也,锻冶司唯习此,自余诸司伴部等,告直称友造耳。
>
> 泥部者,古言波多加此乃友造。
>
> 马造等仕寮者,为伴部。[1]
>
> 伴部谓诸司友御造也。[2]

各部之下,分设杂户,从事各种工作与生产,如百济手部专门"掌杂缝作事",狛部"掌杂革染作"。由此可见,律令时代的部从形式到机能都是前代伴的延续,这一侧面更说明部(伴)与部民具有本质区别。

四、区分伴与部民的意义

部是古代日本在固有的伴制基础上吸收大陆政治制度的产物,由此而产生的部民制构成大和国家的经济基础。将部(伴)与部民加以区分不仅是为了澄清日本古代史上的一个重要历史事实——部(伴)作为朝廷机构而存在,更有助于阐明部民的性质。与部(伴)密切相关的部民是部民制的主体,他们情况如何,能够反映部民的性质。

在以往的研究中,人们往往根据部民从事的职业不同而认定部民的地位有高有低,处境有好有坏。如有一种观点认为部民中大陆移民手工业者地位最高,被贬的罪犯地位最低,并将按此观点难以解释的藏部、史部等统统归纳为"杂部",使部民制问题复杂化。实际上这是一种误解,问题的关键在于没有分清部(伴)与部民的区别。部

---

① 《令集解·赋役令》。

② 《令集解·赋役令》。

(伴)之所为,或在朝廷秉笔理财,出使外国;或近侍警卫,裁判执法;或专管大王、王族的吃喝起居,养鸟、养狗、养马;或负责手工生产,贡献方物,职务的差别使他们在政治上和经济上享有不同待遇,他们有升进的希望,也有被贬的可能,其荣辱盛衰完全取决于对大王尽忠的程度。然而,即使部(伴)与部(伴)之间差别再大,也与部民毫无关系。应当承认,大陆移民中确实有地位较高者,但只是极少数,且只是作为部(伴)而存在,跻身于统治者阶层,而多数移民渡日后景遇不佳,被编为部民,更有沦为"高丽奴"、"韩奴"者。再者,通常所说的以大陆移民组成的部,只是以移民充当部中之伴,让他们传播技术,指导生产,部民则多是日本人,例如汉衣缝部,从名称上看似乎是由大陆移民组成,实际上只是其创始人为一个叫弟媛的来自吴国的技术工人,衣缝部的部民则完全是日本人。① 至于有的部民是被贬的罪犯,不等于说某个部的部民都是被贬的罪犯。《日本书纪》中有"鸟官之禽,为菟田人狗所吃死,天皇瞋,黥面而为鸟养部"②的记载,说的是对罪犯处以黥刑后降为鸟养部民,并非因鸟养部民地位低贱可以随意黥面。黥刑是日本古代常用的刑罚,使用对象是触犯了大王与朝廷利益的罪人,不能视为部民地位的标志。即使各种部民的直接统治者——伴享受怎样的荣华富贵,但部民终究是部民。不论来自藏部、物部还是来自舍人部、锻冶部,不论是大陆移民还是被贬的罪犯,区别只是他们的服务对象、从事的职业有所不同,其受剥削的程度、社会地位是完全相同的。

　　首先,各种职业的部民都是集体居住于乡间,他们绝不可能与朝廷发生任何直接的联系,而是通过伴造、伴而受朝廷的奴役,主要从事农业生产,以供给伴和朝廷足够的粮食或其他生活物资为第一任务。生产型的部民,还要在伴的率领下生产各种手工业品。其次,各种职业的部民主要采用贡纳制经营方式,他们耕种朝廷拨给的土地,定期贡纳生产品,但不能将这种贡纳制与封建制下的实物地租混为一谈。农奴缴纳实物地租,是因为他们与土地所有者以土地为纽带结成依附关系,是土地的附属物,而部民要用别人的生产条件来劳

① 《日本书纪》雄略纪十四年三月条。
② 《日本书纪》雄略纪十一年十月条。

动,他们生产的粮食等产品,除了留下维持生命的那部分以外,全部由伴享用并归朝廷所有。第三,部民没有人身自由,连他们本身都是大王的财产,一切要听从朝廷的调动,这些都体现了奴隶的特征。

结语

　　伴与部民共处于部之中,这是日本古代史上一个不容忽视的历史事实。他们的性质、职能、社会地位迥然不同,只有对二者全面了解并严加区分才能对大化改新前日本的社会性质有比较清楚的认识。日本学者井上清称部民制是"模拟氏族集团的奴隶制"①,指出部民制的两大特征:第一,部民是奴隶;第二,部(伴)制是模拟氏族的集团式统治。这种制度的产生是由日本社会现实条件所决定的,对后来日本的历史产生了深远影响。

　　　　　　　　　　　　(原文刊载于《外国问题研究》1986 年 2 期)

第四节　日本古代的皇位继承

　　著名的大化改新后仅仅十几年,日本便发生了古代史上最大的一次内乱。671 年年底,天智天皇(668—672 年在位)去世,转年 6 月,已经出家隐居的皇弟大海人皇子先发制人,集结近万兵力,矛头直指天智天皇的继承人大友皇子。大军所到之处,"旗帜蔽野,埃尘连天。钲鼓之声闻数十里,列弩乱发矢下如雨"②。大友皇子兵败溃散,"走无所入",绝望之中自缢而死。大海人皇子取得胜利,遂登基成为天武天皇。这就是在日本历史上颇有影响的壬申之乱。天智天皇与天武天皇本是同胞兄弟,天武天皇与其侄兵戎相见的目的是夺取皇位。然而诸如此类的同室操戈,在日本古代史上又何止一个壬申之乱? 在日本早期历史上虽有应神天皇之子莵道稚郎子与大鹪鹩兄弟互让王位的动人传说,但史书中展现在人们面前更多的是阴谋、杀戮、尔虞我诈、拼死争夺。本文仅就至大化改新之前的日本古代王

────────────

　　①　井上清:《日本历史》上,第 43 页。
　　②　《日本书纪》天武纪元年七月条。

位继承的纷争略作叙述。

一、混乱的皇位继承制

有关古代日本皇位继承之争，要从当时的继承制度去考察。在中国古代一夫多妻的情况下，王位继承人的选择要本着"立嫡以长不以贤，立子以贵不以长"的原则，日本古代在相似的背景下情况如何呢？

据《日本书纪》所载，从所谓初代天皇神武天皇到第17代天皇履中天皇的继承情况均是直系的父子继承。由于《日本书纪》中有关日本早期的历史充满了虚构与杜撰，皇位的直系继承是不足信的。从后来的皇位继承情况来推断，在刚刚迈进国家门槛，母权制残余大量存在的情况下，不可能实行严格的父子继承。中国的史书《宋书·蛮夷传》中的"倭国"条记载了源自倭国使臣所述的公元5世纪倭国王权更迭情况，这是研究日本古代王权继承最早的、可信的资料，且与《日本书纪》对同时期的记载相符，从而提高了《日本书纪》中有关记载的史料价值。

《宋书·蛮夷传》记载，倭国王赞（即《日本书纪》中的履中天皇，一说是仁德天皇）于公元421、425年两次派遣使者朝贡。及"赞死，弟珍立，遣使贡献"，珍即反正天皇。443年，"倭国王济遣使奉献，复以为安东将军，倭国王"。此时正值允恭天皇时代，济当是《日本书纪》中的允恭天皇。济与赞、珍的关系在《宋书》中未得反映，但《日本书纪》明确记载允恭是反正天皇的同母弟①。《宋书》还记载，"济死，世子兴遣使贡献"，"兴死，弟武立"。兴和武分别是安康天皇和雄略天皇。按照上述记载，倭五王的继承关系是：

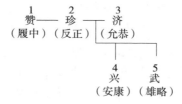

----

① 《日本书纪》允恭纪即位前纪。

上图所见倭五王的四次王位变动中,只有一次是父死子继,其余都是兄弟相承,这种情况是与当时日本社会发展水平相适应的。如果我们把目光从 5 世纪的"倭五王时代"扩大到奈良时代的圣武天皇①,这期间 29 代天皇的皇位继承情况大致是这样的:

(1)子承父位 7 人:履中、安康、清宁、武烈、安闲、敏达、弘文;

(2)弟承兄位 10 人:反正、允恭、雄略、显宗、继体、宣化、钦明、用明、崇俊、天武;

(3)兄承弟位 1 人:仁贤;

(4)弟承姐位 1 人:孝德;

(5)子继母位 1 人:天智;

(6)女帝 5 人(6 代):推古、皇极(重祚齐明)、持统、元明、元正;

(7)孙继祖母位 2 人:舒明、文武;

(8)侄继姑位 1 人:圣武。

上述继承情况让人眼花缭乱,看不出章法,表现在:

皇位继承不分嫡庶。在子承父位的七人中,嫡子有履中、安康、武烈、敏达四人,嫡长子仅履中、武烈两人,其中武烈还是以唯一男性后嗣身份即位。敏达是在长兄去世的情况下即位,也算顺理成章,如果再加上子继母位的天智天皇,嫡长子继承只有四人。看来当时的人们更注重长幼之序,如仁德天皇的三个儿子与钦明天皇的三个儿子均按长幼顺序即位,是为履中、反正、允恭和敏达、用明、崇俊。钦明本是继体的嫡子,却没有优先,而是在两个庶兄后才继承王位。

既然不取决于嫡庶,那么长幼之序是不是唯一的原则呢? 也不尽然。如安康就是允恭的第三子。在天武天皇众多的皇子中,高市皇子是最年长的,且在壬申之乱中功绩卓著,天武仍欲以唯一的嫡子、才能平庸且体弱多病的草壁皇子为继承人。这是因为继承人的选择既要根据在位天皇的意愿,也受继承人实力的影响,且与当时的政局关系密切。在兄终弟及盛行的情况下,也有仁贤继显宗之后即位这种弟先兄后的情况,这看似例外,但在古代传说中继承皇位的不少是次子乃至末子(如神话中的琼琼杵尊、彦火火出见尊、神武天皇等都是以末子身份继承),说明日本古来就有末子

---

① 藤原氏嫁女于天皇,所生皇子立为天皇之始。

继承的传统。

女性继承王位,是古代日本王位继承的特殊之处。从6世纪末的推古天皇到8世纪中期的元正天皇,仅仅一百五十年左右的时间里,竟然有五名女帝六次出现在历史舞台上。如果将时间再拉长一些,直到8世纪后半期,还有孝谦(重祚称德)天皇是女帝。本书另有《日本历史的女帝》一节,故在此不赘。

尽管日本古代皇位继承看似无章可循,诸种形式交织在一起,但从实质上说,基本上可以归纳为两种形态:子承父位与兄弟相承。由于日本从人类历史的野蛮阶段向文明时代过渡这一历程因得益于大陆文化而大大缩短,其间缺乏社会内部的深刻变革,故氏族社会的残余大量遗留下来,在皇位继承问题上,肇始于母系社会的兄终弟及制表现得非常明显。而直系的子承父位代表了父权制取代母权制的社会发展趋势,虽然这个过程比较曲折,且表现为多种形式,却逐渐向父权制发展。如皇极天皇最终将皇位传给了她与舒明天皇的嫡子中大兄皇子,持统天皇即位则使天武天皇之孙文武天皇得以继承皇位,实际上体现了子承父位的原则。

由于古代王位继承错综复杂,代表父权的直系继承与反映母权的兄终弟及同时存在,再加上其他因素,可以想象,当时的王权是多么脆弱,嫡庶相争,诸子相争,互相残杀,内乱不绝,皇权更迭频繁是必然的结局。

二、皇室成员的婚姻

天皇的婚姻历来是个复杂的问题,与皇位继承关系密切。考察古代皇室的婚姻是了解皇位继承制的前提。

到奈良时代中期,日本人的婚姻关系仍处在比较原始的水平。

一是一夫多妻的现象广泛存在。如据正仓院现存户籍所见,大宝二年(702年)御野国味蜂间郡春部里的28户居民中,9位户主有妾;加毛郡半布里54户居民中,有妾的户主7人;养老五年(721年)下总国葛饰郡大岛乡28户中,有妾的11人[①];筑前国川边里任郡大

---

① 新见吉治:「中古時期の族制」,『史学雑誌』1909年12編2号。

领职的肥君猪手有妻妾 4 人①。奈良时代的民间尚且如此，那么，若要提前几个世纪，皇室成员中一夫多妻更是平常之事。当时一般有多位"后"（キサキ），其地位是平等的，天皇即位后才将一位立为"大后"（オオキサキ），说明"后"的地位只比嫔妃略高。实际上嫔妃中也有不少皇族，有些还是皇后的亲姐妹，因此皇后地位很难确立，嫡子的地位也就比庶子高不出多少，庶子在继承上的地位并不比嫡子低多少，嫡子继承也就很难形成优势，从而使王位继承复杂化。按当时实行访妻婚的习惯，天皇的后、妃都在娘家生活，怀孕后也在娘家待产、分娩，其子女由娘家抚养，所以，同父异母子女虽为兄弟姐妹，实则关系甚远，很难培养同胞手足之情，血缘关系并没有形成维系亲情的纽带，所以兄弟反目、同室相煎、大动干戈之事屡屡发生。

二是族内婚是占主导地位的婚姻形态。在日本古代，由于社会发展的滞后，更由于人类学知识的欠乏，近亲通婚是非常流行的习惯。尤其在皇族和贵族社会内，近亲通婚的现象更为普遍。即使到了律令时代，除去同父同母子女间的婚姻之外，几乎所有的近亲婚都被社会所承认。像弟弟娶哥哥的四个女儿为后妃（天武天皇）、姐妹变成婆媳（持统天皇与元明天皇）这样的难以置信的情况就发生在 7 世纪的日本皇室。这种落后的婚姻形态同以中国为样板建立起来的律令制国家形成鲜明的反差。仍以从 17 代天皇履中天皇（有较可信的资料记载之始）到 45 代天皇圣武天皇（立非皇族出身女子为皇后之始）之前的 22 代男天皇中，除一人无偶、四人有偶而未立后、一人配偶出身不详外，有 16 代天皇的皇后都是在皇族中产生的（见"古代天皇皇后关系一览表"），而且很多为近亲。

古代天皇皇后关系一览表②

代数	天皇名	皇后名	皇后之父名	与天皇关系	备注
17	履中	草香幡梭皇女	应神天皇	姑姑	
18	反正	未立后			夫人津野媛
19	允恭	忍坂大中姬命	稚渟毛二派皇子	堂妹	

---

① 竹内理三：『寧楽遺文』上，東京堂 1943 年，第 95 頁。
② 参照儿玉幸多：『日本史小百科・天皇』，近藤出版社 1978 年制作。

（续）

代数	天皇名	皇后名	皇后之父名	与天皇关系	备注
20	安康	中蒂姬命	履中天皇	堂妹	
21	雄略	草香幡梭姬皇女	仁德天皇	姑姑	
22	清宁	无偶			
23	显宗	难波小野王	丘稚子王	远房侄女	
24	仁贤	春日大娘皇女	雄略天皇	远房妹	
25	武烈	春日娘子	不详	不详	
26	继体	手白香皇女	仁贤天皇	远房妹	
27	安闲	春日山田皇女	仁贤天皇	远房姑姑	
28	宣化	橘仲姬皇女	仁贤天皇	远房姑姑	
29	钦明	石姬皇女	宣化天皇	侄女	
30	敏达	额田部皇女	钦明天皇	同父异母妹	皇后为推古女帝
31	用明	穴穗部间人皇女	钦明天皇	同父异母妹	
32	崇俊	未立后			妃大伴小手子
34	舒明	宝皇女	茅渟王	侄女	皇后为皇极、齐明女帝
36	孝德	间人皇女	舒明天皇	堂妹	
38	天智	倭姬王	古人大兄皇子	侄女	
39	弘文	未立后			妃十市皇女
40	天武	鸬野赞良皇女	天智天皇	侄女	皇后为持统女帝
42	文武	未立后			夫人藤原宫子
45	圣武	藤原安宿媛			

注:本表中未纳入的第33代(推古)、35代(皇极)、37代(齐明)、41代(持统)、43代(元明)、44代(元正)天皇为女天皇。

归纳起来,这16位天皇与皇后的关系是:

(1)天皇与姑姑二人:履中、雄略;

(2)天皇与远房姑姑二人:安闲、宣化;

(3)天皇与同父异母妹二人:敏达、用明;

(4)天皇与堂妹三人:允恭、安康、孝德;

(5)天皇与侄女四人:钦明、舒明、天智、天武;

(6)天皇与远房妹二人:仁贤、继体;

(7)天皇与远房侄女一人：显宗。

这种族内婚颇具恩格斯在《家庭、私有制和国家的起源》一书中谈到的"普那路亚"家庭的色彩。母系社会遗风长期不绝，影响着日本人的生活习惯，出现上述现象不足为奇。当时唯一的禁忌是同父同母兄妹之间的婚姻关系。据《日本书纪》载，允恭天皇的太子木梨轻皇子因与同母妹轻大娘皇女发生了性关系而受到了严厉惩罚，其弟乘机夺得了皇位继承权①。

皇室成员互通婚姻，除去当时社会发展水平低这一因素外，还有政治上的原因。虽然后妃的地位没有悬殊的差别，但是，皇后必须在皇女中产生，最好是前代或前两代的皇女，不允许非皇族女子染指皇后之位，反正天皇、崇俊天皇、文武天皇未立后，可能与他们的配偶是非皇族出身有关。这样做的目的，无非是以此维系皇室的尊严与血统的纯正。在皇位继承纷争激烈、嫡庶均有权继承的情况下，皇室内部通婚还具有互相吞并、减少政敌的作用②，同时以内部通婚来化解和缓和皇室内部的矛盾。例如，天智天皇在以谋反罪诛杀了庶兄古人大兄皇子之后，又将其女立为皇后，免除了遭受报复的后患。

"婚姻者和两姓之好，上以事宗庙，下以继后世"③，这是中国最古老的、也是最典型的关于婚姻的定义。但在古代日本，皇室成员婚姻的目的除了在于皇室的延续和祖先的祭祀之外，还是保持皇室与豪族之间势力平衡的一种工具。对于天皇来说，"结婚是一种政治的行为，是一种借新的联姻来扩大自己势力的机会，起决定作用的是家世的利益，而绝不是个人的意愿"④。在国家建立之初，皇权不甚强大，豪族众多，在这种情况下，天皇的婚姻必须遵循扩大皇家势力这一宗旨，与豪族联姻就是既依靠豪族治国，又牵制其势力发展的一种重要手段。例如，履中、反正、允恭三位天皇的母亲就是大豪族葛城袭津彦的女儿；显宗、仁贤天皇之母亦出身于葛城氏。6 世纪之前，历代天皇的母亲绝大多数是豪族出身。在苏我氏从登上历史舞台到

---

① 《日本书纪》允恭纪二十四年条。

② 辜燮高：《苏格兰、日本、英格兰和中国的兄终弟及制》，《世界历史》1983 年 1 期。

③ 《礼记·昏义》。

④ 恩格斯：《家庭、私有制和国家的起源》，《马克思恩格斯选集》第四卷，第 74 页。

逐步战胜大伴氏、物部氏等豪族而成为左右朝政的政治力量的过程中，天皇频频以苏我氏出身的女儿为妃，从钦明天皇开始到孝德天皇为止的六代男天皇中，只有敏达一人未娶苏我氏的女儿，但皇后额田部皇女（即后来的推古天皇）却是苏我氏的外孙女。作为皇室与豪族联姻的结果，拥立豪族女儿与天皇所生之子继承王位的局面，直到7世纪中期的大化改新后才得以改变。

三、日本古代皇位继承纷争

皇帝、国王是权力的象征，那些充满贪欲与权力野心的政治集团都极力加强对皇位的角逐和对君主的控制，古今中外皆如此。在古代日本，围绕皇位的继承，皇室内部父母、子女、兄弟、夫妇之间，互相倾轧，阴谋弑杀屡屡发生，豪族、外戚、权臣之间争权夺利之争史不绝书。统治阶级内部矛盾不断爆发和尖锐化，直至衍成大规模动乱。内乱不断是日本古代史的突出特点。

（一）皇室内部之争

《古事记》、《日本书纪》神话中有不少争夺皇位的内容。例如神武天皇死后，皇子手研耳命"苞藏祸心，图害二弟"，反被其弟所杀。垂仁天皇的皇后与兄密谋杀害垂仁而夺皇位，因事情败露而被烧死。① 这些传说告诉人们，皇位争夺之剧，古来如此。在此不妨仅从《日本书纪》中摘拮几例。

短命的安康天皇 5世纪中期，第19代天皇允恭天皇去世后，本应继承王位的"容姿佳丽"的木梨轻皇子因与其同父同母妹私通，犯了大忌，国人谤之，群臣不服。允恭天皇的次子穴穗皇子趁机派兵包围了兄长的住处，逼其自裁（《古事记》记载为流放），从而登上了皇位，是为安康天皇。安康天皇即位后，听信谗言，诛杀了叔叔大草香皇子，又将其妻中蒂姬立为皇后。正在他得意忘形，"枕皇后膝，昼醉眠卧"之时，被大草香的儿子眉轮王所杀，在位仅仅两年多，是古代短命的天皇之一。此为同胞兄弟反目之例。②

穴穗部皇子谋反 589年，第30代天皇敏达天皇去世后，兄弟

① 《日本书纪》绥靖纪即位前纪、垂仁纪四月条。

② 《日本书纪》雄略纪即位前纪。

之间争夺甚烈,敏达之弟、苏我氏女儿所生的用明继承皇位。敏达尸骨未寒,用明异母弟穴穗部皇子便开始发难,大闹殡宫,"阴谋王天下之事"。用明天皇死后,穴穗部皇子之弟泊濑部皇子被推上皇位,是为崇俊天皇。穴穗部皇子再次与重臣物部守屋密谋以武力夺得皇位,因消息泄露,苏我马子奉敏达天皇皇后、后来的推古天皇(也是穴穗部皇子的异母姐)之诏将其诛杀。是为异母兄弟相争之例。

古人大兄皇子之死　古人大兄皇子与发动大化改新的中大兄皇子是同父异母兄弟,父亲是舒明天皇,外祖父是苏我马子。苏我马子之孙、大臣苏我入鹿曾想拥立古人大兄皇子在皇极天皇(女帝,第35代和第37代天皇)之后继承皇位,可见他们之间关系之密切。645年6月,舒明天皇嫡长子中大兄皇子与中臣镰足趁三韩使者进献之际,杀专擅朝廷苏我入鹿(是为"乙巳之变"),失去后盾的古人大兄皇子遁入吉野(大和国的南部,现奈良县南部),出家修佛。尽管如此,古人大兄皇子与中大兄皇子都感到对方的存在对自己有威胁。645年9月,中大兄皇子以其密谋反叛为由,派兵讨伐古人大兄皇子。其结果,古人大兄皇子与妃妾皆自尽。至此,中大兄皇子除掉了他继承皇位的最大障碍。是为嫡庶相争之例。

上宫王家的悲剧　上宫王家指的是圣德太子及其一族。圣德太子是第31代天皇用明天皇的嫡长子,自幼"习内教于高丽僧慧慈,学外典于博士觉哿,并悉达矣",用明甚爱之,"令居宫(池边宫)南上殿",故称上宫王。他在推古朝以皇太子身份摄政30年,进行了一系列改革。天皇"以万机悉委焉",颇得朝野人士爱戴。然而,圣德太子死后,厄运便降到其子山背大兄王身上。由于推古天皇去世前对继承人的选择态度暧昧,围绕由敏达天皇之孙田村皇子继承,还是山背大兄王继承,产生激烈的争论。田村皇子与山背大兄王都是钦明天皇的曾孙,二人的祖父分别是钦明天皇的皇子敏达天皇和用明天皇,以谁来继承,实际上是钦明的后人敏达系和用明系两支后代的争夺。山背大兄王没有得到足够的支持,田村皇子继承皇位成为舒明天皇。643年,畏惧上宫王家威望的苏我入鹿派兵围困山背大兄王,迫使山背大兄王及妃妾、族人全部自杀。圣德太子去世后仅仅14年时间,其后人便被全部剪灭。此为两支互争之例。

壬申之乱　大化改新后仅仅十九年,日本便发生了古代史上最

大的一次内乱。曾经为剪除专擅朝廷的苏我氏势力而在 645 年发动
"乙巳之变"的天智天皇,最初按照传统,拟传皇位于同母弟大海人皇
子,后又决定将皇位传给自己的儿子大友皇子。天智天皇去世,被剥
夺了皇位继承权的皇弟大海人皇子愤而起兵,矛头直指天智天皇的
继承人大友皇子。最后,感叹"羞无监抚术,安能临四海"的大友皇子
兵败自尽,大海人皇子遂成为天武天皇,这就是在日本历史上少有的
叛乱者取胜的"壬申之乱"。天智天皇与天武天皇本是同胞兄弟,现
实中却上演了叔侄兵戎相见夺取皇位的悲剧。皇室中强势人物天智
天皇(中大兄皇子)当年为了顺利继承皇位,先后剪除了古人大兄皇
子等政敌,没想到自己的继承人也终究没有逃出被亲人所杀的命运。
是为叔侄相争之例。

　　古代日本皇位继承之争形形色色,但有一个基本规律。由于
皇位继承既有子承父位,又有兄终弟及,故两种继承制之争始终是
这种争夺的核心,许多皇室成员成为牺牲品。兄终弟及在执行中
有很大不确定性及含糊性,容易受人为因素干扰。这种制度的长
期存在奠定了日本古代皇位继承长期混乱的基础。表面上看,"壬
申之乱"是叔侄争夺皇位,但深层意义是皇位的父子相承对兄终弟
及传统的挑战,大海人皇子取胜,意味着父子相承对兄终弟及挑战
的失败。

　　(二)豪族对皇位继承的干涉

　　自日本古代国家形成以来,各路豪族就是与皇室共存的政治势
力。豪族们在经济上"民部广大,充盈于国";在政治上,不断挑战天
皇的权威,干涉皇室事务。他们为了扩大实力,在皇位继承问题上大
做文章,排除异己,拥立对自己有利的人继承皇位。通观日本古代
史,豪族对皇权的干涉与控制最常用的手段就是外戚干政。所谓外
戚,即君主的母族、妻族。日本的外戚专权最典型是平安时代藤原氏
通过嫁女与天皇联姻的方式,以太政大臣和外戚双重身份独揽朝政,
左右天皇的废立。

　　实际上,外戚专权在日本并非始自平安时代的藤原氏,早在大和
时代,虽然"外戚"一词还未出现,但大贵族们便开始以外戚身份登场
了。在天皇的妃妾中,有不少是豪族出身,这些豪族便以准"外戚"的
身份干涉王室事务。例如,从第 17 代天皇履中天皇到第 24 代天皇

仁贤天皇这八代天皇中,除安康天皇与葛城氏没有关系外,其他七代天皇的母亲或后妃中都有葛城氏的女儿。作为朝廷重臣的葛城氏利用与天皇的这种姻亲关系,扩大自己的军事、经济势力,整个5世纪的大和政权恰似天皇与葛城氏的双头政权。从6世纪开始,大和国家又进入苏我氏掌握实权、操控皇室的时代。从钦明天皇开始,苏我氏重演葛城氏故伎,屡屡让女儿做王妃,逐渐在朝廷中提高了地位,直至专擅朝政。用明、崇俊、推古三天皇均系苏我氏女儿所生,他们能继承皇位,无不以苏我氏的势力为靠山,苏我氏则以重臣加外戚的身份飞扬跋扈,藐视其他豪族。不仅要按他们的意志决定皇位继承人的人选,对不符合他们心愿的人,即使已经继承皇位,也要将其废掉。如钦明天皇的第十二子泊濑部皇子本无继承皇位的希望,为防止物部氏立穴穗部皇子继承皇位,苏我马子硬是将泊濑部皇子推上王位,成为崇俊天皇。然而当听说崇俊在有人进献山猪时指猪诏曰:"何时如断此猪之颈,断朕所嫌之人",借以表达对苏我马子不满时,苏我马子立即派人暗杀了崇俊天皇[1],并将外甥女额田部皇女推上皇位,成为推古天皇。推古天皇去世后,为了让平庸无为的田村皇子即位,从而达到继续专权的目的,极力排斥山背大兄王,直至迫其自杀,还杀死了自己的叔父、支持山背大兄王的境部摩理势,可见其专横程度。

苏我氏如此暴虐专权并非偶然,是长期以来豪族势力发展的结果。大和时代,豪族们在经济上"民部广大,充盈于国";在政治上,虽不能取皇室而代之,但对立谁为天皇则有绝对的发言权。他们在皇位继承上大做文章,拥立对自己有利的人继承皇位。例如,大伴氏也是一个大和时代非常活跃的豪族,曾在第22代天皇清宁天皇到第26代天皇继体天皇即位中发挥至关重要的作用。总体说来,古代日本皇室内部发生的动乱无不与豪族插手有直接联系,要想得到皇位而没有豪族的支持,只能是自取灭亡,许多血的事实都证明了这一点。

---

① 《日本书纪》崇俊纪五年冬十月条。

结语

　　从 587 年到 672 年这八十多年时间里,有八个皇子死于皇位继承纷争(仅限于《日本书纪》有明确记载者)。皇室内部互相残杀,使得自身元气大伤,更有利于豪族乘虚而入,藐视王权,扩展势力。645 年的大化改新犹如一剂强心剂,使皇权在短时间内得到巩固。然而,时隔不久,继承制的混乱与豪族专权两大痼疾再度使皇权衰落,天皇成为任幕府将军摆布的一块招牌,直到幕末也未能恢复皇室应有的地位。

　　(原文刊载于张友伦、米庆余编:《日美问题论丛》,天津教育出版社 1985 年,本书收录时有修改)

第二章　古代日本对中国制度文化的摄取

第一节　古代大陆移民的作用及其归宿

在古代，有许多中国人、朝鲜人移居日本，在繁衍的过程中，逐渐融合成为日本民族的一个组成部分，日本史书中称这些人为"归化人"。由于史料不足，我们无从得知古代大陆移民的详细数字，只能据零星记载窥其一斑。《日本书纪》的"应神纪"记载：公元3世纪时，自称是秦始皇后裔的弓月君率领一百二十七县的百姓"归化"。"汉人"的祖先阿知使主也曾率十七县人民在日本落户，在他们居住的高市郡内，"十七县人民满地而居，他姓者十而一二焉"①。一百二十七县与十七县的数字或是记载模糊，或是有意夸大，不足为据，但所谓"秦人"、"汉人"移居日本是较大规模的集体行动这一点是可信的。6世纪时，朝廷曾集中各地的大陆移民"安置国郡，编贯户籍"，仅"秦人"就有7,053户。② 平安时代初期的官撰《新撰姓氏录》，将京城与畿内属于社会上层的姓氏按出身编成名单，在所有1,182个氏族中，有皇别335氏族，神别404氏族，诸蕃326氏族以及未定杂姓117氏

---

① 《续日本纪》光仁天皇宝龟三年条。
② 《日本书纪》钦明纪三年条。

族①。"诸蕃"即来自中国或朝鲜半岛的大陆移民的子孙,占氏族总数的 28%,其中汉族最多,百济族次之。有的学者在查阅日本古代史籍时也发现,在史籍中出现的姓氏当中,将近 30%属于大陆移民系统。以上数字表明,在几个世纪里,东渡日本的大陆移民的数量是很可观的。正因为如此,有的日本学者说"不是我们的祖先把归化人同化,而归化人就是我们的祖先"②;"在每个现代日本人的血管中都或多或少流动着古代'归化人'的血液"③。这些评价未免有些夸张,却有一定道理。

一、移民渡日的原因

"归化"一词有"归顺"、"慕化"之意,反映了古代日本统治者自尊为上国的思想,故仅用"归化"来解释移民渡日之原因是不切实际的。当时东亚的历史环境及日本所处的地位才是考虑这一问题的出发点。

由于外来征服及内部纷争,朝鲜半岛在公元前后几个世纪内一直是个兵燹之地,逃避战乱,求得安居乐业乃是移民东渡日本的第一个原因。公元前 2 世纪,汉武帝派水陆大军灭掉卫氏古朝鲜,并在此设郡进行统治,从此,陆续有一些汉族人移居朝鲜半岛。公元 2 世纪以后,朝鲜半岛上新兴的高句丽、百济逐渐强大,终于在 4 世纪初吞并了中国朝廷设立的乐浪与带方郡,至此结束了维持四百年之久的汉人统治。当时两郡的汉人有的臣服于百济与高句丽,也有相当一部分人移居日本。据《续日本纪》的记载,有坂上刈田麻吕者,自称是中国后汉灵帝曾孙阿智王之后,向天皇叙述其家世说:"阿智王奏请曰,臣旧居于带方,人民男女皆有才艺,近者寓于百济、高丽之间,心怀犹豫,未知去就。伏愿天恩遣使追召之。乃赐遣臣八腹氏,分头发遣,其人民男女举落随使尽来,永为公民,积年累代以至于今,今在诸

---

① 所谓"皇别"主要是指历代皇室中被降为臣籍的氏族;"神别"主要指以神代史上的神为祖先的氏族;"诸蕃"主要指来自中国大陆以及朝鲜半岛的大陆移民的子孙;"未定杂姓"则是难以确定其先祖来源的子孙。

② 関晃:『帰化人』,至文堂 1977 年,第 3 页。

③ 中村新太郎著、张柏霞译:《日中两千年》,吉林人民出版社 1980 年,第 32 页。

国汉人亦是其后也。"①这段记载的内容未可尽信,但不少移居半岛的中国人是因避乱而东渡日本则是无疑的。

7世纪中叶,新罗统一了朝鲜半岛,三个世纪的三国鼎立局面宣告结束。被灭掉的百济和高句丽的部分居民纷纷亡命日本,尤以与日本关系密切的百济人居多。如665年,日本朝廷将百济男女四百余人安置于近江国神前郡;665年,"以百济男女两千余人居于东国";669年,又安置七百余人于近江国蒲生郡。② 这些移民中有许多人出自王族,或不甘心臣服,或避杀身之祸逃到日本,祈冀得到保护。《新撰姓氏录》中共有46个百济王族的氏名。③ 总之,因避乱而渡日是大陆移民中人数最多的一部分。看起来,他们的行动似乎出于自愿,实际上是一种被迫的选择,若非万不得已,人们绝不会远离故土,漂流异邦。

大和国家通过对朝鲜半岛的侵略战争掠夺人口,是"归化人"的另一重要来源。由于朝鲜半岛在当时是日本到中国的必经之路,大和国家历代统治者都觊觎此地,4世纪中叶,开始向朝鲜南部伸展其势力,直到6世纪新罗强大、挫其侵略锋芒才逐渐收敛兵力。掠夺人口是发动侵略的目的和最大收获。如神功皇后秉政时期,葛城袭津彦"诣新罗次于蹈鞴津,拔草罗城还之,是时俘人等,今桑原、佐糜、高宫、忍海凡四邑等之始祖也"④。在朝鲜的《三国史记》中,对4世纪至5世纪中期日本进攻朝鲜并掠夺人口的事件多有记载。《日本书纪》记载的钦明天皇时"置韩人大身狭屯仓,高丽人小身狭屯仓",这些韩人、高丽人大概就是过去战争中的俘虏。

这个时期中国及朝鲜半岛各国也曾向日本派遣过一部分知识分子与手工工匠。这部分人少于前两种移民,且只是零星、分散的,到日本后便不再回国。由于这些人都是肩负使命的且有才艺,所以受到格外重视。《日本书纪》雄略纪中就有中国派纺织、缝衣技师到日本并被妥善安置的记载。百济、高句丽向日本派佛僧、工匠比较多,

---

① 《续日本纪》桓武天皇延历四年条。
② 《日本书纪》天智纪四、五、八年条。
③ 太田亮:『新撰姓氏録と上代氏族史』,内阁印刷局1940年,第95页。
④ 《日本书纪》神功纪摄政五年条。

如百济国派的五经博士段扬尔,高丽王派的"知五经,且能作彩色及纸墨、并造碾硙"的僧人昙征到日本后都很受欢迎。① 百济、高句丽常派人赴日,是慑于新罗以中国为后盾在朝鲜扩张势力,只得与日本加强联系,以寻求支持,这是移民渡日的第三个原因。

以上所说的大陆移民,不论中国人、朝鲜人,自愿也罢,被迫也罢,之所以移居日本,重要原因还在于日本古代国家有一种学习先进文化的进取精神,实行了积极吸收大陆移民的政策。日本是一个与世隔绝的岛国,闭塞的地理环境造成了它的落后。大和国家的统治者在同中国、朝鲜的交往中,认识到自己国家的差距,因而不再满足于从大陆得到镜、玉帛等宝物或尊荣的称号,而是强烈需要掌握新技术的劳动力和有文化的人才。在日本民间流传着王仁渡日的故事。说是应神天皇时,百济王派能读经典的阿直歧到日本做皇太子的老师,而天皇为使太子"莫不通达",专门派人到百济"征王仁"②。虽然这是个传说,却表明大和国家对文化及人才的迫切需求。雄略天皇听到一个大陆来的技师说,技艺超群的带方郡汉人还有许多留在百济,便立即派人前往,责令献出这些汉人。③ 尽管这是一种以武力为背景的"招聘",但应"聘"而来的大陆人一般都被妥善安置。大和国家的这些做法颇有收效,使颠沛流离、人心思安的大陆移民将日本朝廷视为"东国圣主"④,因而多有"归化"者。

二、日本古代国家对大陆移民的政策

大陆移民到日本后,其中的上层分子受到重用,有的则以文化技术上的突出造诣而取得信任。他们或在朝廷中担任要职,成为统治阶级的一员,或在地方称雄一隅,跻身于中小豪族之列。只要略微了解日本古代国家对移民的政策,便可得知移民的地位如何了。

首先,让移民参与国家管理,利用其经验为大和国家服务。

大和国家的统治者通过赐氏姓、定官位等办法,笼络移民中的上

---

① 《日本书纪》继体纪七年条,推古纪十七年条。
② 《日本书纪》应神纪十五年条。
③ 《日本书纪》雄略纪七年条。
④ 《续日本纪》桓武天皇延历四年条:"吾闻东国有圣主。何不归从乎。若久居此处。恐取覆灭。即携母弟迁兴德。及七姓民。归化来朝。"

层分子,给他们以步入仕途的机会。氏姓是大和国家为调整内部关系而逐渐形成的等级制度。《新撰姓氏录》将姓氏细分为天神族、地祇族、天孙族、皇别氏、汉族、百济族、高丽族、新罗族、任那族及出自未定氏的杂姓十类,大陆移民占其分类的一半和总数的三分之一,此举本身即说明天皇与朝廷将移民视为统治者的组成部分。682年,当倭汉氏得到"连"姓的时候,一族老少男女全部"悦赐姓而拜朝"。这样的实例表明这些移民已融入社会上层。至于才华出众、供职于朝廷、取得官位的移民更是大有人在。移民后代坂上刈田麻吕事弓马,善骑射,宿卫朝廷,历事数朝,临死之前,已达从三位、左京大夫、右卫士督及下总守。7世纪时,又有大批百济移民来到日本,天智天皇专门派人"勘校百济官位阶级",对过去有官爵的人授予对等的官位,放手使用这些移民管理国家与朝廷事务。这些做法提高了大和王权的行政能力。在此仅举两例:

以移民管理财政。最初朝廷并没有正式的财政管理机构,只设"斋藏"管理祭祀用品。4世纪时,设立"内藏",以藏公物,后又设"大藏"管理诸国贡物。5世纪起,"三藏"成为正式管理财政的机构,当今日本政府的大藏省便可直接溯源于此。而当年,被称为"倭汉氏之祖"的阿知使主与百济博士王仁及他们的后代都曾在"三藏"内任过要职。还有的移民受命掌管船税及港湾税,被赐姓"船史",有的负责关税事务而得姓"津氏",设于吉备的白猪屯仓①十多年时间发展甚微,朝廷派遣百济移民胆津前往检定丁籍,获得成功,天皇嘉其定籍之功,赐姓"白猪史"②。移民的出色工作,促进了朝廷财政收入的增加,这正是移民政策成功之所在。

任命移民从事外交活动。与大陆国家尤其是中国建立外交联系是提高本国国际地位的重要措施,但当时能处理外交事务的人才寥寥无几,擅长文笔、语言熟悉、通晓大陆风俗人情的移民正满足了朝廷急需,许多人被委以出使大陆国家的重任。根据资料记载,倭五王时期多次派遣使臣到中国南朝,其中有的就出自大陆移民氏族。如425年大和朝廷向南朝派的使者名叫司马曹达,这是一个名字尚未

---

① 屯仓:大和时代倭王权的直辖领地。
② 《日本书纪》钦明纪十四年、二十八年、敏达纪三年条。

日本化的中国移民①。《日本书纪》雄略天皇纪中曾有两次派遣移民出使中国的记载：

> 八年春二月，遣身狭村主青、桧隈民使博德使于吴国。
>
> 十二年夏四月丙子朔己卯，身狭村主青与桧隈民使博德出使于吴。

此处的"吴国"并非三国时代的"东吴"，而是南朝的刘宋。"身狭村主青"与"桧隈民使博德"两人都供职于史部，是来自中国的大陆移民，从事倭王权的文书记录工作。由于对当时与中国南朝的外交主要依靠这两人，雄略天皇对他们偏爱有加。607年，推古天皇派小野妹子出使隋朝，以移民出身的鞍作福利担任"通事"（翻译），取得了比较满意的成果，此后出现了遣隋继而遣唐的热潮。有的移民后代被作为留学生、学问僧而回到祖国学习，为日本的繁荣做出了贡献。

其次，对于有用的人才在经济上加以扶持。

5世纪时，履中天皇"始以阿知直为藏官，并赐田地"②，这也许是移民扩大私有土地的开端，畿内、畿外都有移民的私有部曲③。朝廷还以移民上层人物为部民的首领，役使部民，既保证了移民世袭地传承文化技术，又给了移民扩充经济势力的机会。经过国家的扶持及移民自己的努力，最初一无所有的移民得以发展为有一定势力的豪族。《日本书纪》记载，雄略天皇于479年临终前，将"民部广大，充盈于国"的两位豪强贵族召到跟前，恳求他们阻止第三皇子星川篡位而扶植皇太子，两人之一便是大陆移民东汉掬直。再如，播磨国有一韩室里，即因移民"韩室首宝等上族家大富饶，造韩室"而得名，这段记载是地方小豪族之缩影。

第三，在朝廷政事中借用移民力量。

古代日本社会内各种矛盾交织混杂，朝廷内部纷争不已，旧的氏族制度日渐腐朽，既有文化又有经济实力的移民便成为一支可借用的力量。豪族苏我氏与移民联系甚密，从积极接纳安置，到任移民作官理财，得到移民的支持，因而力挟其他豪族势力，逐渐专擅朝廷。

① 《宋书·蛮夷传》。

② 太安万侣著、邹有恒、吕元明译：《古事记》，人民文学出版社1979年，第132页。

③ 部曲：也称民部，大和时代豪族私有民集团。

在 672 年的"壬申之乱"中，移民东汉直一族许多人出生入死，帮助大海人皇子战胜弘文天皇成为天武天皇，天武天皇对此念念不忘，东汉直一族得到功田、功封，并被天皇以"党族"待之。

日本古代国家重视大陆移民，究其原因有二：为了尽快摆脱被动的国际地位，争取与中、朝在东亚并驾齐驱，此其一；在中央和地方豪族极力与皇室抗争的情况下，依靠大陆移民的帮助建立中国那样的中央集权国家，此其二。每一种政策的实现都要以先进制度与文化武装，大陆移民则为此提供了最大的支持。

三、大陆移民在古代社会中的作用

移民渡口对日本古代史进程产生了深远影响，他们与当地人一道创造了日本古代物质文明与精神文明，造福于后人。

开发荒地，促进生产

大和王朝完成了统一日本列岛的历史使命绝非偶然，它统治的区域恰恰处于输入大陆文化较为便利的地带——濑户内海附近。移民到日本后，多被安排在这里，开垦荒地，修筑水利工程，推广先进的耕作技术。公元 5 世纪末至 6 世纪初，倭王权倾国家之力，在濑户内海东端修建了大型水利工程——难波津工程，通过这项工程建立了前所未有的大型港口，也使原来常常发生的河水泛滥、海潮倒灌的情况得到遏制，大和国家的生产力水平迅速提高，大和朝廷称霸日本列岛有了物质基础。在难波津工程建设中，秦氏等大陆移民集团都参与其中，成为修建水利工程的骨干。当今著名的京都松尾大社、伏见稻荷神社的建立都与纪念秦氏当年发展农业，开辟耕地、建立水利工程的功绩有关。

在史部中担任要职

日本古代国家的统治最初由大臣、大连等氏姓贵族把持。5 世纪初期，"始之于诸国置国史，记言事达四方志"①，至迟在雄略天皇时期，朝廷也设立了史部。这个重要机构的工作几乎全部由大陆移民担任。他们居于皇城左右，被称作"东西史部"，"奕世继业，或为史

---

① 《日本书纪》履中纪四年条。

官,或为博士"①。我们无从了解史部的具体情况,但这个时期与大陆国家的交往,统治机构的完备和文字传入等事实都证明史部的存在提高了行政管理水平。478 年,雄略天皇致中国南宋顺帝的表文带有明显的六朝风格,骈俪体裁,洋洋大观,毫无日本气味,完全有可能出自史部内的中国移民之手笔。他们以其突出的才能受到天皇和朝廷的信赖,其后代多继承祖先的事业,在中央与地方行政机构中担任文职官员。律令的"学令"规定,"凡大学生,取五位以上子孙及东西史部子为之",说的是史部的子弟可以拥有与五位以上官员子孙同等的进入大学寮学习,进而参加贡举考试的资格,可见其地位不低。

传播大陆文化、制度

7 世纪的日本有两件大事,一是圣德太子的改革,一是大化改新,对日本历史产生了重大影响。圣德太子的改革是大陆移民传播文化的结果。圣德太子(574—622 年)堪称有远见的政治家,他认真求教于大陆移民,"习内教于高丽僧慧慈,学外典于博士觉哿",并任命许多移民在朝廷担任职务,对汉语、佛经及中国典章制度造诣颇深,通过对中国帝王的御民之术及封建纲常、尊卑礼仪的研究,制定了"十七条宪法",打破了氏姓贵族对朝政的垄断,明确提出要树立天皇的绝对权力。"宪法十七条"文字简练、流畅,若非由移民精心传授,是难于由圣德太子"亲肇作"的。645 年的大化改新得到了大陆移民的帮忙策划,功劳最大者当首推南渊请安、高向玄理(两人都是大陆移民"汉人"的后代)、僧旻(号称曹操第三子曹植的后裔),他们都是大陆移民出身,又曾回中国长期"留学"。僧旻在中国学习 24 年,南渊请安、高向玄理在中国长达 32 年,习得高深的学问。他们目睹了隋灭唐兴的过程,稔熟于隋唐的制度与文化。大化改新的中心人物中大兄皇子与中臣镰足"俱手把黄卷,自学周孔之教于南渊先生所"。高向玄理与僧旻被任命为国博士,是政治上的最高顾问。可以想见,大化改新后一系列措施的制定是出自这两位汉人后代之手,这两位功臣与天皇友情甚笃。当孝德天皇得知僧旻病重的消息时立即赶到病榻前,执其手道:"若法师今日亡者,朕从明日亡。"僧旻去世

---

① 《令集解·学令》。

后,又为他举行了隆重的葬礼。①圣德太子的改革与大化改新中的改革,都证明经过移民的努力,大陆的制度与文化已在日本生根。

四、大陆移民的归宿

在对古代日本大陆移民进行考察时,充分肯定他们的作用及功绩是非常必要的,而客观认识大陆移民的历史作用同样也是必要的。一个重要的事实是,在日本古代国家形成过程中,尤其是古代社会、文化处在比较落后的条件下,大陆移民因掌握先进文化与技术而受到重视,在内政、外交等方面具有不可取代的作用,使自身的优势得以充分发挥。而大陆移民在缔造了古代日本文化社会繁荣的同时,由于离开母国时间日益久远,已经很难再实现知识更新,他们在文化上已经难以再有新的创造。另一方面,经过大陆移民在文化传播方面的辛勤努力,当地日本人的文化知识水平得到不断提升,加上当地人社会基础深厚,逐渐取代了大陆移民的地位,成为社会、文化的主流。同时,还应注意到,日本古代是等级严格的社会,815 年编纂的氏族名鉴《新撰姓氏录》把大陆移民作为"诸蕃"列入其中,且占全部氏族近三分之一这件事本身,既说明大陆移民数量之多,律令国家对他们不得不高度重视,同时也反映出统治阶层已经有了明确的"本国"与"蕃国"的区分观念,且"本国"的地位要高于"蕃国"。在大和时代自身文化水平很低、对大陆移民的文化技术尚有利用价值的情况下,对移民的身份可以忽略不计或相对宽松,而一旦本国人文化水平提高到可以与大陆移民比肩或大陆移民的知识技术已经老化陈旧的时候,便将大陆移民作为"诸蕃",置于"神别"、"皇别"的统制之下。奈良时代,昔日大陆移民不可取代的地位已经不复存在,其文化、技术上的优势也日渐丧失,走向没落成为历史必然。

关于大陆移民的没落,由于没有较为详细的记录,只能从史籍中分析蛛丝马迹。根据《日本古代的大陆移民研究》一书作者韩昇对《新撰姓氏录》的考察,在 7 世纪后期至 9 世纪,大陆移民通过伪造谱牒冒充日本氏族的情况相当普遍,在日本的 335 个皇别氏族、404 个神别氏

---

① 《日本书纪》孝德纪白雉四年条。

族中,由大陆移民冒充或混入的情况有一成左右。[1] 如"皇别"中有一叫做"茨田胜"的氏族,自称"景行天皇皇子息长彦人大兄瑞城命后也",而实际上,这个氏族"出自吴国王孙皓之后意富加牟枳君也。大鹪鹩天皇谥仁德御世,赐居地于茨田邑,因为茨田胜"[2]。"神别"中有一氏族"秦忌寸",从名字就可看出他们是出自大陆移民秦氏集团,却把自己说成是天孙族速日命的后裔。正因为社会上氏姓伪冒、欺诈的现象很严重,引起本地氏族的不满,才有了甄别姓氏的必要,《新撰姓氏录》就是出于这个目的而编撰的。对于大陆移民自身来说,宁可不要自己固有的身份而冒充日本人的世系,肯定是有现实需要或受实际利益驱使的,显然在此时大陆移民已经不再是值得骄傲和珍惜的身份,所以要放弃它,这恐怕是说明大陆移民走向没落的最好例证。日本学者上田正昭认为,进入奈良时代,汉氏、秦氏在政界曾经有过的地位已经不复存在,虽然也有当官的人,但基本上是中下级官员。自古以来渡日的归化系氏族大都在地方积蓄势力,作为定居在地方的豪族而存在下来。[3] 也就是说,大陆移民已经远离国家政治核心。

遣唐使中大陆移民及其后裔所占比例大大下降,也可以证明大陆移民的没落。如前所述,在大和时代,尤其是倭五王时期承担对中国外交的主要是大陆移民。到推古天皇时期,607 年随同遣隋使节小野妹子出使、作为遣隋副使入隋的吉士雄成、通事(翻译)及八名学问僧、留学生大部分都是大陆移民出身,尤其以中国移民居多。[4] 遣唐使时代初期,还能明显判定出使节中有大陆移民及其后裔,如 630年派遣的副使药师惠日、654 年派遣的押使高向玄理都是大陆移民。值得注意的是,药师惠日、高向玄理这两位大陆移民后裔,曾随同遣隋使到隋朝留学多年,是接受了新知识的新一代人才,所以才被委以遣唐使重任。实际上在遣唐使中像药师惠日、高向玄理这样的大陆移民已经不多了。这说明大陆移民在文化与外交方面的优势也已丧

① 韩昇:《日本古代的大陆移民研究》,台北文津出版社 1995 年,第 119 页。

② 栗田宽:『新撰姓氏録考証』,吉川弘文館 1900 年,第 1332 页。

③ 上田正昭:『帰化人』,中央公論社 1988 年,第 168 页。

④ 据《日本书纪》推古天皇十六年九月条,这八人是学生倭汉直福因、奈罗译语惠明、高向汉人玄理、新汉人大国;学问僧新汉人日文、南渊汉人请安、志贺汉人慧隐、新汉人广济。仅从名字即可判断其大陆移民身份。

失,他们如果想继续保持过去的地位,必须不断补充新知识,并面对与日本人的竞争。但是在世袭传统下,大陆移民往往是失败者。在遣唐使的选拔上,不仅要有修养,学识渊博,而且要有政治背景或居朝中高职,如702年作为执节使入唐的粟田真人"好读经史,解属文,容止温雅"①,并参与制定《大宝律令》,是朝廷要员,并获赐"朝臣"姓。相继于717年和733年派遣的遣唐押使多治比县守和遣唐大使多治比广成是兄弟,其父多治比岛官至左大臣,正二位。752年派遣的遣唐大使藤原清河是贵族藤原房前之子,赴唐前已官至参议,从四位下。这样的背景是大陆移民难以企及的,所以8世纪以后的遣唐使已经难觅大陆移民的踪影。

结语

客观地说,大陆移民在日本古代王权形成与发展过程中发挥了巨大作用。但是,大陆移民的文化强势是有时空限制的,由他们奠基的日本文化反而促进了自身的没落。大陆移民也不可能永远保持中国人、朝鲜人血统的纯度,其子孙最终同日本人融为一体,成为大和民族的组成部分。2001年12月23日,明仁天皇在68岁生日时发表谈话,其中谈到:"就我而言,我感觉自己与朝鲜半岛有某种亲切感。据《续日本纪》记载,桓武天皇的母亲是百济武宁王的子孙。"前首相羽田孜也曾公开表示自己是秦氏的后代。说明大陆移民虽然消失在漫漫历史长河中,但是他们对日本历史的发展与日本文化的繁荣做出的巨大贡献却为后人所景仰。

（原文题为《古代大陆移民在日本》,刊载于《历史教学》1984年9期,本书收录时有修改）

第二节 日中古代户籍制度浅议

在奈良东大寺正仓院,珍藏着大批古代文书,其中8世纪的户籍（如大宝二年御野、筑前等国户籍和养老五年下总国户籍）、计帐（如

---

① 《旧唐书》列传第一百四十九《东夷·日本》。

神龟三年山背国计帐、天平五年左右京计帐手实等）是最具有价值的部分。与现存中国唐代户籍极其相似，它不仅是研究日本古代家族、律令国家统治人民情况的依据，也是研究当时的家庭形态不可多得的参考资料。本文仅就古代日中两国户籍制度的异同作初步探讨。

一、日本户籍制度全面师承唐制

在古代，户籍是国家掌握劳动力和征收赋税的根据，户口调查、登记和管理制度，直接关系着统治的盛衰。通过编户造籍，将版图内的全体居民一个不落的登记下来，达到所谓"齐民"之目的，是中央集权统治的重要内容。中国拥有世界上最庞大的户口统计，而且有着悠久的编户造籍历史。早在西周时期，已有"料民于太原"①之例，至迟在商鞅变法时期就有了较完备的户籍。到隋唐时期，随着统治经验的积累，户籍制度日臻细密。由于受中国的影响，日本在大和时代就有了小范围的造籍之举。自推古朝开始，日本积极派使者遣隋继而遣唐，并有大量留学生、学问僧相伴。日本的统治者在与中国的文化、外交往来过程中，以及在过去本国部分实行编户造籍的经历中已经了解到实行编户造籍对维护统治的作用，认识到"籍帐之设，国家之大信"，"户口不滥，仓库有实，为民部之最"②，因而将编户造籍作为大化改新后强化中央集权的重要措施。但是，新政权初建，百制更张，进行全国性的编户造籍，何以遵循？中国现成的经验恰好可资借鉴。只要将中日两国有关户籍制度的法律稍作比较，便可知日本户籍制乃师唐制而成。

（一）严格控制户口的法律

唐律第四为"户婚律"，是关于家族、婚姻制度的法律，其中又把严格管理户籍放在首位，对包括脱漏户口、私入道及子孙别籍异财等户籍管理问题做了具体规定，其根本目的在于维护封建国家的财政收入来源。虽然日本《养老律令》中律的部分多数已经亡佚，但从江户时代国学者石原正明（1760—1821 年）以多方资料为基础而编集的《律逸》中，可以得知其大概情况。《养老律令》有律 10 卷，其中"户

① 《史记·周本纪》。
② 《续日本纪》文武天皇大宝三年条，《养老令·考课令》。

婚律"也列第四,内容基本上是对唐制的模仿。

　　凭借户籍统治人民,是中国历代王朝施政之枢要,因此,唐律"户婚律"的第一条规定:"脱户者,家长徒三年,脱口及增减年状以免课役者,一口徒一年,二口加一等","诸州县不觉脱漏增减者,县内十口笞三十,三十口加一等,过杖一百,五十口加一等,州随所管县多少,通计为罪"①。日本"户婚律"如法炮制云:"脱户者,家长徒三年,脱口及增减年状以免课役,一口徒一年,二口加一等","国郡不觉脱漏增减者,郡内十口笞三十,三十口加一等,过杖一百,五十口加一等,国随所管郡多少,通计为罪"②。

　　唐代"户令"第一条规定"百户为里,五里为乡,四家为邻,五家为保,在邑居者为坊,在田野者为村"③,并制定了以户数为基准的州县等级。日本的"户令"也规定"凡户以五十户为里",并规定了大郡、上郡、中郡、下郡、小郡的规模。有关五保制度的规定,不仅是单纯的模仿,亦有所发展,"凡户皆五家为保,一人为长,以相检察,勿造非伪。如有远客来过止宿及保内之人所行诣,并语同保知,凡户逃走者,令五保追访"④。唐令规定每里置正一人,其任务是"掌按比户口,课植农桑,检察非违,催驱赋役"。养老令规定每里置长一人,"掌检校户口,课植农桑,禁察非违,催驱赋役"。唐令规定"诸户主皆以家长为之,户内有课口者为课户,无课口者为不课户";养老令也规定"凡户主皆以家长为之。户内有课口者为课户,无课口者为不课户"。从这些规定中可以看出,日本的律令与唐代一样,首先是从户口登录开始,并以此为基础的。而且,日本之制完全出自对中国的模仿。

　　（二）关于造籍的规定

　　有关编户造籍的详细的程序、书式等基本以唐令为蓝本⑤:

　　　　诸户籍三年一造,起正月上旬,县司责手实计帐,赴州依式勘造,乡别为卷,总写三通,其缝皆注某州某县某年籍,三月三十

----

① 《唐律疏议》卷十二《户婚》。
② 《律逸》卷八。
③ 《旧唐书·食货志》上。
④ 《养老令·户令》。
⑤ 《唐会要》卷八十五;《养老令·户令》。

日讫讫,并装潢,一通送尚书省,州县各留一通,所须纸笔装潢,并皆出当户,内口别一钱,其户每以造籍年,预定为九等,便注籍脚,有析生新附者,于旧户后以次编附。(唐令)

凡户籍六年一造,起十一月上旬,依式勘造,里别为卷,总写三通,其缝皆注某国某郡某里某年籍,五月三十日内讫,二通申送太政官,一通留国,所须纸笔等调度,皆出当户,国司勘量所须多少临时斟酌,不得侵损百姓,其籍至官,并即先纳后勘,若有增减隐没不同,随状下推,国承错失,即于省籍县注事由,国亦注帐籍。(日本令)

诸户口计年将入丁老疾应免课役及给侍者,皆县亲貌形状,以为定薄,一定以后,不得更貌,疑有奸欺者,听随事貌定,以附手实。(唐令)

凡户口当造籍帐之次,计年将入丁老疾,应征免课役及给侍者,皆国造亲貌形状,以为定薄,一定以后,不须更貌,若疑有奸欺者,亦随事貌定,以附帐籍。(日本令)

诸籍应送省者,附当州庸调车送,若庸调不入京,雇脚运送,所须脚值,以官物充。(唐令)

凡应送太政官者,附当国调使送,若调不入京,专使送之。(日本令)

诸州县籍、手实、计帐,当留五比,省籍留九比,其远依次除。(唐令)

凡户籍恒留五比,其远年者依次除。(日本令)

对照而言,日本令与唐令的行文、格式是大同小异的。

(三)关于户籍的相关规定

日本统治者模仿唐制,制定了一系列与户籍有关的规定:

对户口年龄的规定。唐律规定:"以始生为黄,四岁为小,十六岁为中,二十一为丁,六十为老"[1],日本几乎照搬:"凡男女三岁以下为黄,十六岁以下为小,二十以下为中,其男二十一为丁,六十一为老,

---

[1] 《唐会要》卷八十五;《养老令·户令》。

六十六为耆。"①

　　定户。唐令规定:"凡天下人户,量其资产,定为九等,每三年,县司注定,州司复之"②,即县令必须每三年对所管之户的财产进行估量,分九等计入户籍。日本户令亦仿此条规定:"国司皆须亲知贫富强弱,因对户口,即作九等定簿。"③

　　计帐。计帐是"律令制下征收调庸杂物的总帐"④,每年制作一次。日本户令规定:"凡造计帐,每年六月三十日以前,京国官司,责所部手实,具注家口年纪……八月三十日以前,申送太政官。"⑤所谓手实,即每年都要由户主申报各户的详细情况,包括户内每个成员的体貌特征,如眉间的痣、额上的疤、有无残疾等。在此基础上制作计帐,然后据此算出一个地区户口与公课的总计。有关计帐的唐制,缺乏遗存的详细史料,只见于史书中零星记载,但我们知道中国的计帐制自汉代就已出现(初唐颜师古对汉代的上计注曰:计,若今之诸州计帐也。⑥),沿袭自唐代,"凡里有手实,岁终具民之年及地之阔狭,为乡帐……又有计帐,具来岁课役以报度支"⑦。以此观之,日本计帐之制,是基于唐制而无疑的。

　　诸如此类,日本户籍制度与唐制相似之处还有很多,正如一位日本人所说:"从日本令全体来看,很清楚的是,它非常忠实地效法了唐制。"⑧在中国,由于唐令与户籍多不存在于世,若探讨唐代户籍制度,日本的户令与现存籍帐资料便成为重要参考资料。正因如此,一些学者试图以日本令文为线索来推测亡佚的唐令原文。日本学者对于在中国敦煌和吐鲁番发现的以唐代为主的古代户籍类资料表示极大关注,因为可以从中发现日本正仓院所存古代籍帐的直接原型。中国学者在研究中国古代户籍制度时,亦充分利用日本的史料⑨,更

---

①　《唐会要》卷八十五;《养老令·户令》。

②　《旧唐书·食货志》上。

③　《养老令·赋役令》。

④　飯倉晴武編:『日本古文書学講座』,雄山閣1978年,第127頁。

⑤　《唐会要》卷八十五;《养老令·户令》。

⑥　《汉书·武帝本纪》元封五年三月条注。

⑦　《新唐书·食货志》。

⑧　池田温著、龚泽铣译:《中国古代籍帐研究》,中华书局1984年,第168页。

⑨　参见宋家钰:《唐代的手实、户籍与计帐》,《历史研究》1981年6期。

说明古代中国的户籍制度对日本的巨大影响。

二、中日户籍制度的差异

尽管日本古代户籍制度是依据唐制制定的,然而,由于两国国情不同,户籍制度实施起来,存在着不少差异,且效果欠佳。

（一）户的差异

从户的结构上看,中国被编入户籍的绝大多数是一夫一妻的小家庭,战国时代商鞅变法时就规定"民有二男以上不分异者倍其赋",又令民父子兄弟同室内息者为禁[1],隋文帝时下令州县"大索貌阅","大功以下,兼令析籍,各为户头"[2],以此杜绝户口的遗漏伪诈。商君制与一千多年后的隋制目的都在于控制更多的人口,强化经济力量与军事力量,至于"百室合户,千丁共籍"[3]乃是一定历史时期不正常的社会现象。而日本被记入户籍的是被称为"乡户"的大家族,户内包含若干一夫一妻为主的小家庭,这种小家庭被称为"房户",乡户中"一户之内,纵有十家,以户为限,不计家之多少"[4],似乎乡户内房户越多越好。据现存筑前国川道里户籍所载,在该乡可以判明的18个乡户中,有17户是两房户以上的大家族,最多的由9个房户组成。在以乡户为户籍单位的情况下,由乡户主统管一户的生产与生活,对外代表一户承担社会义务,房户无任何法律权利,只是在8世纪中期以后,才渐渐出现房户脱离乡户而独立的倾向。

从户的亲属范围看,中国的小家庭通常只包括祖父母、已婚的儿子、未婚的孙儿女,祖父母去世则同辈兄弟分居,家庭只包括父母及子女。相比之下,日本的情况要复杂得多。乡户的成员主要有以下几类:①户主;②户主配偶,有妻妾之别;③户主直系尊属与直系卑属;④户主旁系亲属,如兄弟姐妹及其配偶、子女、伯、叔、姑、从兄弟、

---

① 《史记·商君列传》。
② 《隋书·食货志》。
③ 《晋书·慕容德载记》。
④ 《令集解·户令》。

甥等等。日本模仿中国的"五服制"制定了"五等亲制"①,上至贵族,下至庶民,一律适用。需要明确的是,中国的五服制所反映的是家族的范围,凡是同一始祖的男性后代,都属同一家族团体,其意义远远超过作为户籍单位的家。户籍制下的户则指同居的亲属团体,故范围较小。而日本的五等亲往往寓于一个乡户之内,作为一个户籍单位而存在,这就与中国的户完全不同了。

从户内人口来看,中国一夫一妻为主的小家庭,一般人口都很少,战国时期法家李悝所说的"一夫挟五口,治田百亩"②是整个中国封建社会最理想的家庭。而在古代日本,由于户中有户,且户内亲属关系复杂,许多乡户人口达数十人,如御野国春部里国造族加良安一户共有 51 人,丰前国加自久也里的一户人口 87 人,最多的达到 124人。日本学者据现存奈良时代户籍推断,乡户人口平均为 27 人③。根据《旧唐书·地理志》记载,唐开元二十八年(740 年)的户平均人口 5.7 人,比较起来,奈良时代的户平均人口是唐代户平均人口的4.7 倍。

(二)日本的户籍缺乏严谨性

尽管日本古代户籍制度是模仿唐制制定的,然而,由于当时各种条件的限制,日本的户籍制度并没有取得唐朝那种编户齐民的效果。

日本的户籍制度本身显得很粗糙。例如,唐代规定三年一造户籍,这样能够及时掌握人口的变化,日本则六年一造。虽然每年按照户主手实制作计帐,但是"全户不在乡者,即依旧籍转写",说明在六年之间,浮浪户肯定不少,而且,立法者也看到了这一点。户籍制作时间间隔过长,使户籍的作用受到影响。再如有关定户的规定,唐代明确规定从一等至九等的资产标准,并规定按等级向为灾年赈济而

---

① 据养老令的"仪制令",五等亲为:一等亲:父母、养父母、夫、子;二等亲:祖父母、嫡母、继母、伯叔父姑、兄弟姊妹、夫之父母、妻妾、侄孙、子之妇;三等亲:曾祖父母、伯叔之妇、夫之侄、从父兄弟姊妹、异父兄弟姊妹、夫之祖父母、夫之伯叔父姑、侄之妇、同居继父、夫前妻妾之子;四等亲:高祖父母、从祖祖父姑、从祖伯叔父姑、夫之兄弟姊妹、兄弟之妻妾、再从兄弟姊妹、外祖父母、舅姨、兄弟之孙、从父兄弟之子、外甥、曾孙、孙之妇、妻妾前夫之子;五等亲:妻妾之父母、姑之子、舅之子、姨之子、玄孙、外孙、婿。

② 《汉书·食货志》。

③ 澤田吾一:『奈良朝時代民政経済の数的研究』,富山房 1927 年,第 77 頁。

设的义仓缴纳一定份额①,使人们有章可循。日本也规定定户九等,但几年一定没有说明,依何而定没有标准,全凭定户的实施者"差品户口之多少,占度资产之广狭"②,其结果难免掺杂水分。夫妻分居对编制户籍也是一个不利因素。日本古代由于存在访妻婚的习俗,往往夫妇别居,别居造成别籍,这样就出现了子女同时随父母附籍,即"两贯"现象,这种情况很容易造成户籍的混乱。例如,史书记载:

> 左京职言,近江国坂田郡人尾张连继主祖父比知吕,三条三坊人也。而父秋成偏随母居,已附外籍者,继主一人,男一人,删改边籍,贯附三条三坊。③

> 河内国赞良郡人相模椽从六位下广江连乙枝赐姓大枝朝臣贯右京一条四坊,乙枝者从五位下大枝朝臣永山之子也,未编籍帐,其父死亡,由是冒母氏姓,贯河内国,父族邻之,依实上请,乃蒙归本。④

当时实行夫妻分居的甚多,可以推测,类似此例由于种种原因需要更改户籍的肯定不少,这不仅带来很大麻烦,也会因不能及时处理而带来不良后果。

（三）日本的户籍制度实施不力

中国尽管疆域广阔,人口众多,但中国的封建统治者恪守把版图内的居民一个不落地登录下来的原则,故每每编造户籍,务将户与口的数字精确统计到个位数,这也是中央集权强大的表现。而对于日本律令国家来说,还不具备这个能力。日本在大化改新后,以乡户作为户籍单位这件事本身,即表明律令国家尚未建立起有效的支配小农的体制。刚刚建立不久的律令政府,论其行政能力,或文化、文字水平,断不能与中国同日而语。从事庞大繁杂的户口统计工作,并非轻易之举。政府内专司户籍统计管理的机构始终是个薄弱环节,只是在民部省设"卿一人,掌诸国户口名籍"⑤,以微薄之力承担重任,

---

① 《旧唐书·食货志》高宗永徽二年六月敕。
② 《令集解·赋役令》。
③ 《续日本后记》仁明天皇承和十年条。
④ 《续日本后纪》仁明天皇承和十二年条。
⑤ 《养老令·职员令》。

谈何容易，其结果，无疑是形同虚设，掌而不管。改中国三年一造籍为六年一造之举，即反映出国家机器还不能高速有效运转。再从政府对户籍制度的看法来观察，"籍帐之设，国家之大信，遂时变更，诈伪必起，宜以庚午年籍为定更无改易"①，户令也规定"凡户恒留五比（一比为六年），其远年者依次除，近江大津宫庚午年籍不除"。意思是说户籍经过 30 年便可废弃，但"庚午年籍"要永久保存，并在有"诈伪"发生时"以庚午年籍为定"（关于"庚午年籍"见后述）。将"庚午年籍"置于户口依据的重要位置，说明律令政府把掌握人们的身份看得比掌握人口详细情况更重要。正因如此，在户籍制度存在近三百年时间里，先后制作户籍 38 次②，竟无一次详细的全国人口数字统计，至多只是粗略掌握了乡里数。日本虽模仿中国制定了户籍之制，却缺乏严格的实施手段，本身就意味着这一制度的失败。《大宝律令》颁布刚刚六年，就出现"畿内及近江国百姓，不畏法律，容隐浮浪及逃亡仕丁等，私以驱使"③的情况。紧接着，由于农民脱籍浮逃者日众，政府连连告急："天下百姓，多背本贯，流宕他乡，规避课役"④，这固然有不堪租庸调重压的原因，而"不还本乡本主，非独百姓违慢法令，亦是国司不加惩肃"⑤则更不能忽视，充分暴露出户籍制实施中的漏洞。久而久之，户籍严重失实，国家控制的户口锐减，至 10 世纪初，"诸国大帐所载百姓，大半以上，此无身者也"⑥，影响了国家的课税收入。脱籍、浮逃百姓大多遁入私门，使各地豪强势力急剧膨胀，加上土地兼并日益严重，中央集权的经济基础——班田制彻底瓦解，被庄园制取代，户籍也因再无存在的必要，在勉强维持了一段时间后，于 11 世纪初便销声匿迹了。

---

① 《续日本纪》文武天皇大宝三年七月条。
② 飯倉晴武編：『日本古文書学講座』，第 127 頁。
③ 《续日本纪》元明天皇和铜二年条。
④ 《续日本纪》元明天皇灵龟元年条，元正天皇养老元年条。
⑤ 《日本书纪》孝德纪大化元年条。
⑥ 善相公：《十二条谏书》，柿村重松注：『本朝文粹注釈』上，内外出版 1922 年，第 276 頁。

三、关于日本开始编户造籍的时间

编户造籍是日本大化改新后实行的新制度,但早在大和时代,户籍制度的萌芽已经出现。据《日本书纪》记载,钦明天皇时期,曾"召集秦人汉人等诸藩投化者,安置国郡,编贯户籍,秦人户数总七千五十三户"。为了扭转田部部民"脱籍罢课者众"的局面,朝廷专门派遣大陆移民后裔胆津前往白猪屯仓,编制田部户籍,收到了显著效果。可见,日本最早制定户籍与大陆移民有着密切关系。公元 645 年大化改新之际,天皇下诏给新任的东国国司:"汝等之任,皆作户籍,及校田亩"①,说明日本的统治者早有进行全国性编户造籍的考虑。

那么,编户造籍究竟始于何时? 学者们多认为始于大化改新,这种看法来源于《日本书纪》中大化二年(646 年)春正月条的记载:"初造户籍、计帐、班田收授之法。"笔者认为,这个记载是不能作为史实根据的,其根据之一就是《日本书纪》的记事与《养老令·户令》中的条文有惊人的相似之处,例如:

> 凡五十户为里,每里置长一人。掌按检户口,课植农桑,禁察非违,催驱赋役。若山谷阻险,地远人稀之处,随便量置。(《日本书纪》)
> 凡户以五十户为里,每里置长一人。掌检校户口,课植农桑,禁察非违,催驱赋役。若山谷阻险,地远人稀之处,随便量置。(《养老令·户令》)

在这两段文字中,除了《养老令·户令》中在"凡户以五十户为里"这句中多了"户"和"以"字,及"检校户口"与"按检户口"稍有不同外,其他内容则完全相同。因此,有人认为大化年间造籍的记载是后人据后来的律令编造附会的。根据《日本书纪》的记载,从大化二年编户造籍以后,直到天智天皇九年(670 年)制作"庚午年籍",期间并无造籍的记载,说明造籍的制度还没有成立。670 年,根据天智天皇"造户籍,断盗贼与浮浪"的诏令在全国范围内制作了户籍,时年庚

---

① 《日本书纪》孝德纪大化元年条。

午,故名"庚午年籍"。"庚午年籍"虽然是日本大规模造籍的第一次,但此次造籍是鉴于允恭天皇时期通过"盟神探汤"的形式,鉴别贵族氏姓真伪的历史经验,以进一步严格氏姓制度为宗旨,以维护身份制度为目的。正如后人所称,"盖为姓氏之根本,遏奸欺之乱真欤"①。"庚午年籍"已亡佚,从史书的零星记载中可以窥见,它登录的是人们的身份,如姓、氏、身份良贱等,并无后来户籍中的口数、公课、受田等情况,只是进一步明确了人们的身份等级,却不能作为国家征收赋税的依据。因此严格地说,"庚午年籍"并不是意义完备的户籍。

　　笔者认为,公元 690 年"庚寅年籍"的问世,是日本模仿中国编户齐民制实行造籍之始。那么,从大化改新后新政权有造籍的考虑,到造籍的正式实施,这个过程为什么经历四十多年? 笔者认为考察这个问题离不开当时的社会环境与条件。日本的统治者对中国的户籍制度虽有一定了解,并力图将此制推广于全国,但是若要全面移植,还需要有多方面的准备和足够的时间。大化改新后的最初几代天皇都有自己的施政中心。大化改新发端于宫廷政变,孝德天皇(645—654 年在位)时期的主要任务是巩固新政权的地位,整肃朝纲。至天智天皇(668—672 年在位)时期,最初曾全力投入朝鲜半岛的战争,由于在白村江之战中的失败,元气大伤,从此将目光转向国内。天智天皇(中大兄皇子)是大化改新的发动者,但其政治倾向却比较保守,对中国先进制度持排斥态度,他在位期间恢复了大化改新时期革除的部民制,还进一步加强氏姓制度,"庚午年籍"就是为此服务的。紧接着,就是著名的"壬申之乱"。兵乱之后,大海人皇子夺取皇位,是为天武天皇,他着力建设"皇亲政治",加强天皇统治,待江山牢固之后,才开始考虑政权的建设。编户造籍的任务实际上是在持统女帝(686—697 年在位)时期完成的。之所以如此,是因为自大化改新至此,已有近四十年时间,国内外局势已经趋于稳定,中央与地方的行政机构亦逐渐健全。尤其是天智天皇时期颁布的《近江令》与天武天皇时期制定、由持统天皇颁布的《飞鸟净御原令》,反映了朝廷统治日趋成熟。国家有了根本大法,以中国为样板的各项制度至此才在日本得以贯彻,户籍制度亦如此。在各方面条件具备的前提下,689 年,持统女帝命令诸国"今冬,

_____

①　《续日本纪》淳仁天皇天平宝字八年条。

户籍可造,宜限九月,纠捉浮浪"。次年,又规定"凡造户籍者,依户令也"①。此次造籍是在庚寅年间,故称"庚寅年籍"。自此,日本在律令制度下,走上六年一造户籍,造籍两年以后实施班田的轨道。所以,690 年"庚寅年籍"问世,才堪称为日本第一部完备的户籍。

结语

由此可见,《日本书纪》关于大化改新之际"初造户籍、计帐、班田收授之法"的记载,系出自书纪编纂者的虚构杜撰,不足为据。

(原文刊载于《历史教学》1989 年 1 期)

第三节　日本班田制起讫时间考

班田制是日本在大化改新后效仿中国北魏以来实施的土地制度,它作为中央集权制度的经济基础,在日本古代史中占有重要地位,也是人们在强调中国制度对日本的影响时关注最多的内容。国内学者对班田制的实施状况关注较多,而对班田制存在的时间及它的实施效果似没有注意。这些是评价班田制度不可缺少的指标。班田制究竟在历史上存在多久? 起讫时间如何? 这个问题尚需认真考证。

一、班田制开始实施的时间

班田制自何时开始实施? 学界一般都认为大化改新是班田制之始,这种看法的根据大概来源于《日本书纪》对班田制的记载,即 646 年(大化二年)春正月,发布"改新之诏",其中第三条为"初造户籍、计帐、班田收授之法";652 年(白雉三年)春正月,"班田既讫,凡田长卅步为段,十段为町"。这是有关实施班田制的最早文字记载。这两条记载能否作为实施班田的依据,一直以来存有争议。本人以为,这两条很难作为大化改新后实施班田的依据,或者说,大化改新后班田制并未立即贯彻实施。其根据如下:

---

① 《日本书纪》持统纪三年、四年条。

首先,上述《日本书纪》关于班田的最初记载不足信。长期以来,学界一直有认为大化改新之诏是"伪书"的观点,即认为史书编撰者把后来的历史事实附会到前面的历史上。在前面谈户籍制度时已经指出,《日本书纪》中有关大化改新后编户造籍的记载与后来颁布的《养老令·户令》中的条文有惊人的相似之处,因而不排除大化年间的历史有后人据律令编造附会的成分。造籍与班田是有紧密联系的,未编户籍,也就不可能实施班田。仔细分析一下,上述两段关于班田的记载有着明显的漏洞。《日本书纪》中关于白雉三年(652年)实施班田记载的前后是这样写的:

> 三年春正月己未朔,元日礼讫,车驾幸大郡官。自正月至是月,班田既讫,凡田,长卅步为段,十段为町。三月戊午朔丙寅,车驾还官……

这一暧昧的时间记载,让学者们对日本实施班田时间的判定产生了分歧。有人认为白雉三年实施班田距646年春"初造户籍、计帐、班田收授之法",从时间上看正满六年,故应该视为大化二年实施班田的最后完成。也有人认为,按照后来颁布的《养老令·田令》中"凡田,六年一班"的规定,与大化二年(646年)正间隔六年的白雉三年(652年)班田,应该是大化改新后的第二次班田。当然,也有人指出,这是《日本书纪》的编撰者根据后来的法律规定所做的虚构的记载①。

第一种说法,显然是把"自正月至是月"中的"正月"解释为大化二年的正月了,即这次班田整整实施了六年。这种解释很难说得通,因为班田是根据人口的变化六年一班,并非实施一次需要六年的时间。再者,《日本书纪》是编年体史书,记事方式是明确标记年、月,即使有跨年度的事情存在也应予以记载。如果把"自正月至是月"理解成"自大化二年正月至是月"完全不符合常理。

第二种说法,把652年班田作为大化改新后的第二次班田,即是说646年在春正月"初造户籍、计帐、班田收授之法"后,当年就实施了第一次班田。那么就要问,在大化改新后国家机构尚不健全,行政

---

① 井上光贞等校注:『日本思想大系』3『律令』,岩波書店1976年,第318頁。

经验不足的情况下，完成手续复杂的全国性班田，这可能吗？回答当然是否定的。况且，既然六年一班制度已付诸实施，那么就应体现出它的连续性，最低也要有断断续续实行的痕迹。而从652年至692年（持统六年）整整40年内，史书中无任何班田的记载，也无可供旁证的资料。

《日本书纪》对646年实施班田的记载暧昧不清并不是一个偶然的疏忽，也不是因为事情发生年深日久而产生记忆上的差错（至《日本书纪》成书还不到70年），而是史书的编撰者有意在"自正月至是月"这句话上做文章，给人们留下似是而非、模棱两可的印象，其目的在于说明"改新之诏"的存在，尽管掩饰得很巧妙，但还是留下了杜撰的痕迹。

其次，班田是一项非常复杂的工作，只有在如实掌握全国人口的情况下才能得以实施。编户造籍是班田的先行，从对日本户籍制度的考察得知，从652年至670年（天智天皇九年）这18年间内根本无造籍的记载，说明六年一造户籍的制度此时并未确立。从后来班田制实行的情况看，基本是六年一造户籍，造籍两至三年后进行班田。例如，从"庚寅年籍"制定的690年到743年"垦田永世私财法"颁布之前，共造籍9次，而班田在两年以后实施则无一例外。可见班田之前必有造籍，班田是造籍的主要目的。这就看出《日本书纪》关于大化与白雉年间造籍记载的不实之处，大化二年造籍与班田同时进行根本不合情理，白雉三年"造籍"是在"班田"之后（班田是正月，造籍是在三月），更令人难以置信。可以断定，《日本书纪》关于大化与白雉年间造籍与班田的记载都是虚构的。

提到造籍，有必要提及670年天智天皇时期制定的"庚午年籍"，这是日本大规模造籍的第一次，但是在"庚午年籍"制定以后并没有进行班田。如同《新撰姓氏录》序文所言，"庚午年籍""盖为氏姓之根本，遏奸欺之乱真钬"，"至庚午年，编造户籍，人民氏骨各得其宜"[1]。即制定"庚午年籍"的目的是固定人们的身份，巩固氏姓制度，如出身于某氏，姓的高低，良贱与否，而没记载班田所需的详细人口情况。

---

① 《新撰姓氏录》序文，太田亮：「日本上代に於ける社会組織の研究」，邦光書房1955年，第92頁。

所以"庚午年籍"以后未有实施班田,这也从一个侧面反映出班田制在当时尚未确立。

第三,从大化改新后的社会条件来考察。实行班田制是一场巨大的社会变革,需要有多方面的准备和足够的时间。根据历史事实进行分析,大化改新后很长时间内,日本尚不具备立即进行班田的条件。大化改新以宫廷政变为发端,孝德天皇时期的主要任务是巩固它的成果,争取人心,稳定局势,排除异己,整肃朝纲。至天智天皇时期,全力投入在朝鲜的战争,在白村江之战中彻底失败,元气大伤,才转而经营国内。天智天皇在制定了《近江令》和"庚午年籍"之后,未及有新的建树便去世了。紧接着就是著名的"壬申之乱",天武天皇取胜后着力建设"皇亲政治",强化天皇统治,可见最初几代天皇都未将土地问题提到日程上来。此外,大化改新政策的实施,时时受到旧有的习惯势力的干扰。例如,大化改新过程中将所有贵族私有土地与私有民没收归公,而 664 年,又根据氏的大小"定其民部家部"[①],恢复了部民制,直到 675 年才再次被废除。这些事实都说明实施班田制的条件还不成熟。

那么究竟何时开始实施班田的呢? 笔者认为,持统天皇六年(692 年)"遣班田大夫于四畿内"当为班田之始,有三条理由。其一是自大化改新至此时已有近 50 年时间,国内外局势已稳定,中央与地方政权机构逐渐健全,尤其是《近江令》及《飞鸟净御原律令》的制定反映了朝廷统治日趋成熟,整个国家正在向律令制的方向迈进,实施班田制有了坚实的基础。其二是国家为实行班田进行了充分的准备,自 675 年天武天皇废除部民制之后,究竟实施什么样土地制度的问题亟待解决。天武朝制定的《飞鸟净御原律令》已亡佚,其内容无处可考,但从《大宝律令》的制定"大略以净御原朝廷为准正"[②]的情况看,《飞鸟净御原律令》中是可能有田令的。可以设想,天武天皇的晚期,已经有了实行班田的考虑,并在律令中做了详细的规定。可惜他生前未来得及将《飞鸟净御原律令》付诸实施。天武天皇死后,由持统皇后称制,旋即即位为持统天皇。她继承了天武天皇的事业,详

---

① 《日本书纪》天智纪三年条。
② 《续日本纪》文武天皇大宝元年八月条。

细制定了户籍,并设立了"班田大夫"一职,使班田的实施从各方面得到了保证。其三是"庚寅年籍"的制定是班田的可靠依据。689 年持统天皇命令诸国国司"今冬,户籍可造,宜限九月,纠捉浮浪",第二年又规定"凡造户籍者,依户令也"。我们虽无法考证"庚寅年籍"的具体内容,但与《飞鸟净御原律令》有继承性的《大宝律令》与《养老律令》中的户令条文对造籍的规定主要是登载户主的身份、户口的性别年龄、课口与不课口之别等与班田有密切关系这一点来看,可以推测这些内容在根据《飞鸟净御原律令》制定的"庚寅年籍"中是必不可少的。

综上所述,7 世纪末期的日本已经具备了实行班田的条件,正是在"庚寅年籍"制定两年之后的 692 年,朝廷始向大和、河内、摄津、山背"四畿内"派遣"班田大夫",正式实施全国性的班田,律令国家的公民得到"班田农民"之别称当从这时开始。

二、班田制的终结

以班田收授为核心的公地公民制是中央集权制的经济基础。在班田制实施的最初 50 年内,基本上是按照六年一造户籍,两年后班田的规律正常进行。但是,从奈良时代后期起,人口的增加与可班土地有限的矛盾显现出来,班田农民不堪繁重的租庸调负担,纷纷脱离本籍。另一方面,律令国家在实施公地公民制的同时,允许贵族、官僚、寺社等占有土地并逐渐私有化,地方上的有势者也吸纳浮浪农民开垦土地,土地私有倾向日益发展,造成国有可班土地减少。政府为了增加税收,便鼓励农民垦荒,并于 723 年(养老七年)发布了奖励垦田的"三世一身法",规定开垦土地可以归垦荒者三代私有。743 年,还未等当初垦田者的土地传至三代,便以"三世一身法"到期后把垦田收归公有会造成"农夫怠倦,开地复荒"为理由,以圣武天皇敕令的形式,发布了"垦田永世私财法",即承认个人开垦的土地永久私有化。此法令从制度上彻底破坏了班田制,成为土地私有及庄园制形成的法律依据。"垦田永世私财法"发布后,造籍与班田的间隔变为三年以上,表明班田制的实施已经遇到困难。此后,班田的难度不断加大,801 年(延历二十年),桓武天皇甚至发布了"一纪一行令"(一纪为 12 年),即把六年实施一次班田改为十二年一班,实际上,连十二年班田也难以兑现。据史料记载,公元 800 年实施的班田是最后一次全国规模的班田。此后,全国统一实施班田的做法被放弃,班田事务改为委托各国国司负责。这样一来,班田的实施更流于形式,在整个 9 世纪,只有五六次零星实施班田的记载。班田制所代表的土地国有的机能日益丧失,富豪兼并土地更加容易,土地的私有化不断加剧。据《日本三代实录》阳成天皇元庆二年(878 年)三月条记载:"自去天长五年(828 年)以来五十年不行此事。"朝廷试图在畿内再行班田,但因"畿内衰敝,仓廪虚耗","人多权豪,班给之分,若将成妨"①而难以实施,朝廷官员对此也"消却年月,无心勤行"②,此次班田拖拖拉拉搞了四年便不了了之。到最后,只有伊势国于延喜二年(902 年)实施班田的记录。自此,再无班田之事,作为律令国家经济基础的班田制就这样销声匿迹了。

造籍与班田年表(690—800 年)③

造籍间隔(年)	造籍年	间隔(年)	班田年	班田间隔(年)
	持统四年(690 年)	2	持统六年(692 年)	
6	持统十年(696 年)*	2	文武二年(698 年)*	6
6	大宝二年(702 年)	2	庆云一年(704 年)*	6
6	和铜一年(708 年)	2	和铜三年(710 年)*	6
6	和铜七年(714 年)	2	灵龟二年(716 年)*	6
7	养老五年(721 年)	2	养老七年(723 年)	7
6	神龟七年(727 年)	2	天平一年(729 年)	6
6	天平五年(733 年)	2	天平七年(735 年)*	6
7	天平十二年(740 年)	2	天平十四年(742 年)	7
6	天平十八年(746 年)	3	天平二十一年(749 年)	7
6	天平胜宝四年(752 年)	3	天平胜宝七年(755 年)	6
6	天平宝字二年(758 年)	3	天平宝字五年(761 年)	6

---

① 《日本三代实录》阳成天皇三年条。

② 《日本三代实录》阳成天皇七年条。

③ 虎尾俊哉:「班田収授法の研究」,吉川弘文館 1961 年,第 314—315 頁。

（续）

造籍间隔 （年）	造籍年	间隔 （年）	班田年	班田间隔 （年）
6	天平宝字八年（764 年）*	3	神护景云一年（767 年）	6
6	宝龟一年（770 年）*	3	宝龟四年（773 年）	6
6	宝龟七年（776 年）*	3	宝龟十年（779 年）*	6
6	延历一年（782 年）	4	延历五年（786 年）	7
6	延历七年（788 年）	4	延历十一年（792 年）	6
6	延历十三年（794 年）*	6	延历十九年（800 年）	8
6	延历十九年（800 年）			

注:有 * 号的为推定年份;800 年以后不再统一实施班田,故省略。

结语

综上所述,班田制的实行从 692 年始,以 902 年终,断断续续,零零星星,勉强存在了 210 年。

（原文刊载于《世界史研究动态》1985 年 9 期）

第四节　科举制度与日本

在废除科举百年之际,学界颇有些为科举平反的声音①。通过日本、韩国、越南都曾经仿行过科举制,说明科举对东亚和世界文明产生过重要影响,是为科举制"平反"的理由之一。本文无意评价为科举"平反"论的得失,只想就日本科举制的存否问题及无科举时代日本的社会状况加以探讨。

一、日本曾经仿行科举制

日本从公元 645 年的大化改新起,为了改变本国的落后面貌,在航海技术还很不发达的情况下,一次次派遣船队,把大批留学生送到中国,以学习唐朝的先进制度与文化。日本人对唐朝的统治思想、典章制度、科学技术几乎无所不学,科举制也是学习与模仿的对象。

---

① 以厦门大学刘海峰的文章《为科举制平反》(《基础教育》2005 年 6 期)为代表。

根据 701 年颁布的《大宝律令》和 757 年实施的《养老律令》可知,奈良时代为了培养官吏,在中央设立了由大学寮管辖的大学,并在地方各国设立了由国司管理的国学。依令,大学的定员为 400 人,其学生的入学资格为五位以上官僚的子孙及长期在朝廷从事文字记录工作的大陆移民"东西史部"的后代。一般来说,下级官僚(六位以下八位以上)子弟希望入学者,也可以入学。地方国学的学生定员则根据国之大小,大国有学生 50 人,上国 40 人,中国 30 人,小国 20 人,皆为郡司子弟。学生的年龄在 13 岁至 16 岁,每年都要进行严格的考试,在学时间最长 9 年,成绩优秀者即可参加国家的任官考试。由于当时从国学推荐而来的称"贡人",从大学推荐而来的称"举人",所以,这种国家考试被称作"贡举",与唐朝无异。

"贡举"的任务是选拔官吏,事关重大,故律令国家通过法律做出一系列具体规定。根据"考课令"的规定,贡举考试由掌管官吏考察、任命的式部省(相当于唐朝的吏部)直接主持,每年一度的考试在 10 月、11 月间进行。来自国学的贡人不仅要通过国学的考试,还要经地方长官的推荐。考试的程序是"凡试贡举人,皆卯时付策,当日对策,式部监试,不讫者,不考。毕对本司长官,定等第唱示"[1]。

贡举考试的科目及评定标准与唐朝基本相同,有秀才、明经、进士、明法等科。秀才"试方略策二条"(少于唐朝的方略策五道),"文理俱高者为上上,文高理平、理高文平为上中,文理俱平为上下,文理粗通为上中,文劣理滞皆为不第"[2]。明经科考试"试《周礼》、《左传》、《礼记》、《毛诗》各四条,余经各三条,《孝经》《论语》共三条",在总计为十条的考试中,通十为上上,通八以上为上中,通七为上下,通六为中上。进士科考试"试时务策二条"(少于唐朝的时务策五道)和帖读(即暗诵,从《文选上秩》中选七帖,《尔雅》中选三帖)。帖策全通者为甲,两策通及帖读答对六帖者为乙,以外皆为不第。明法科考试与唐朝完全相同,内容为"试律令十条",全通为甲,通八以上为乙,通七以下为不第。

按照"选叙令"的规定,要在考试合格者中选拔人才任官。选拔

---

① 《养老令·考课令》"考贡人"条。

② 《养老令·考课令》。

的原则是"凡秀才取博学高才者,明经取学通二经以上者,进士取明娴时务,并读《文选》《尔雅》者,明法取通达律令者。皆须方正清循,名行相副"①。当时,朝廷官吏任官的顺序是先叙位,后任官,考试及第者叙位依次为秀才最高,即上上合格叙正八位上,上中合格正八位下;明经科、进士科、明法科依次递减,明经科上上第正八位下,上中从八位上;进士甲第从八位下,乙第及明法甲第大初位上,乙第大初位下。

考察律令时代贡举与官吏选拔的过程,虽然有的实施细节与隋唐稍有不同,后来也曾发生一些变化,但基本原则、实施程序与唐朝大体相同。这些足以说明律令时代的日本在隋唐制度的影响下,确实实施过通过考试录用官吏的制度,故简单地说日本没有实施过科举是不符合实际的。然而,不可否认的是,日本并没有出现科举的繁荣,科举选官制度也没有在日本长期延续。据延历二十一年(802年)太政官奏文所见,从701年《大宝律令》公布,确立贡举制度后的100年间,比较受重视的秀才、明经二科的及第者只有数十人而已②。另据《类聚符宣抄》记载,从庆云年间(704—707年)到承平年间(931—937年)这二百三十多年中,经过方略试考试考取秀才者仅有65人③。1177年,大火烧毁了大学寮,这个为国家培养官僚、作为科举预备学校的专门机构自此不复存在,科举遂退出日本历史舞台。

二、日本的科举制何以未能延续?

科举制度为何没有在日本充分发展或延续下来?归根结底是由于贵族势力强大,致使日本缺乏实施科举的社会基础。在中国,科举制是在门阀世族制度走向衰落的背景下产生的,科举的出现进一步打破了世袭贵族垄断国家政权的局面,加速了门阀世族的没落并使

---

① 《养老令·选叙令》。

② 延历二十一年(802年)太政官上奏:"建法以降,殆向百岁,二色出身未及数十。"黑板胜美编:『新訂増補国史大系』23『令集解』,吉川弘文館1943年,第506页。

③ 《类聚符宣抄》卷九"方略试"承平五年(935年)八月二十五日条:"谨捡案内,我朝献策者,始自庆云之年,至于承平之日,都卢六十五人。元庆以前数十人,多是名其家者也。宽平以后,只有儒后儒孙,相承父祖之业。不依门风,偶攀仙桂者,不过四五人而已。"黑板胜美编:『新訂増補国史大系』27『類聚符宣抄』,吉川弘文館1936年,第249页。

其归于终结,给广大中小地主和平民百姓通过考试的阶梯入仕提供了公平竞争的机会,可以说科举制是具有平等性的官吏选拔制度。

日本实施科举的时代,正处于贵族势力上升的时期。自大和时代起,日本就具有强大的贵族传统,贵族势力在7世纪中期的大化改新过程中受到了削弱,但并没有被消灭,仅仅是从结构上发生了分化,从规模上由大变小而已。在大化改新后不久,贵族势力就重新开始集结,一批旧贵族消失了,又产生一批新贵族,并日益成为与皇室抗衡的力量。而律令国家的一些政策也对贵族势力的发展起到了推波助澜的作用。在这些政策中,作用最为明显的是天皇给贵族赐姓及"官位相当制"的制定。

所谓天皇赐姓,就是天皇对贵族颁赐各种不同的"姓"以表示其等级的高下,赐姓的根据是贵族的出身、世系,尤其是与皇室关系的远近。这种制度本来是大化改新前朝廷为维护氏族社会秩序而制定的,而大化改新后不久,到天武天皇时期就恢复赐姓,尽管标榜"唯序当年之劳,不本天降之绩",实际上得姓者多是旧贵族,"姓"也就成为旧贵族在新的社会条件下获取爵位、官职及经济利益的依据。

"官位相当制"是朝廷为了加强统治基础,对朝廷官员依据其功绩授予爵位,再据爵位定其官职的制度。律令国家依据"凡位有贵贱,官有高下,阶贵则职高,位贱则任下"[1]的原则,对何品位者任何官职都有明确的规定。在从最高的"正一位"到最低的"少初位下"的多达30阶的官位当中,五位以上者被称作贵族(三位以上称"贵",四位、五位称"通贵")。他们垄断了朝廷的最高官职,只有正一位、从一位者才可担当太政大臣,担任左大臣、右大臣者必须是正二位、从二位。贵族在掌握国家政治大权的同时,也享有包括俸禄、封户封地、免除课役等经济特权。

这些制度加速了贵族势力的膨胀,直接决定了科举制的命运。具有平等精神的科举制度与贵族传统存在巨大冲突,因而难以在日本生根。

首先,参加贡举者为贵族、官僚子弟。根据律令的规定,只有大学与国学的学生才有资格参加科举考试,而对大学与国学的入学者

---

[1] 《令集解·官位令》。

有着严格的身份限制："凡大学生，取五位以上子孙及东西史部子为之"，"国学生取郡司子弟为之"。一般百姓家庭的孩子连上学的资格都没有，根本谈不上作为"举人"、"贡人"参与国家的任官考试。这就从根本上堵塞了平民百姓进入仕途之路，也使日本科举的考生来源有别于中国。

其次，科举选官与荫位制直接冲突。荫位制即贵族后代可根据父亲的位阶得到相应的官位。按照"选叙令"的规定，五位以上贵族都有荫位资格，三位以上贵族更可荫及孙辈，一位至五位的贵族之子可分别荫位从五位下至从八位下，一位至三位贵族之孙可荫位正六位上至正七位上。与唐代一品官之子只可叙正七品上相比，日本贵族的待遇要优厚得多。有了位，自然就有了相应的官职及与官位相应的物质利益。根据荫位制度，"五位以上子孙者，皆当年廿一，申送太政官，准荫配色"，可以轻而易举得到较高的官位，而且是"不论业成不，皆当申送"①。相比之下，那些经过科举考试取得最好成绩的秀才最高也不过叙正八位上，对于没有贵族家庭背景的下级官僚来说，从最低的少初位下晋升到从八位下，最长的需要 32 年时间②。而贵族中最低的从五位下这一官位，是位子（六位以下八位以上低级官吏的嫡子）或无官无位的白丁出身者经过 30 年到 50 年也无法得到的③。曾有人将菅原道真（845—903 年）作为日本科举选官的例子。菅原道真于 870 年在式部省的方略试中合格，并被叙正六位上，似乎这是科举选官的结果。实际上菅原道真在 867 年已经被叙正六位下，这是由于他的祖父菅原清公是从三位，按照律令，三位可荫及孙，降子一等的规定，菅原道真得正六位下是荫位的结果，而不是科举及第的结果。对于贵族子弟来说，不需任何努力就可获取官位，还有什么必要去寒窗苦读呢？所以当时的贵族子弟都不积极入大学寮学习。为此，平城天皇曾于大同元年（806 年）敕令诸王及五位以上子孙满 10 岁者"皆入大学，分业教习"④。由此可见，在贵族制度下，不入大学寮就不能任官的唯有东西史部子弟及六位以下的下级官僚

---

① 《令集解·学令》。

② 関晃：「律令貴族論」，『岩波講座日本歴史』古代三，岩波書店 1976 年，第 50 頁。

③ 野村忠夫：『律令官人制の研究』，吉川弘文館 1967 年，第 279 頁。

④ 《日本后纪》平城天皇大同元年条。

子弟,他们即使经过刻苦学习,经过贡举考试取得好的成绩后被叙位(叙位年龄为 25 岁以上,晚于贵族子弟荫位年龄)、任官,也多是担任下级官职。有人统计,在奈良时代 74 年(710 年迁都平城京到 784 年迁都长冈京)时间里,三位以上的公卿共有 112 人,其中过去"直"、"首"等卑姓贵族出身者只有 7 人[①]。在这种社会环境下,科举制还有什么实际意义呢? 当然,贵族子弟不热衷科举,并不意味着他们都不爱学习,事实上当时许多贵族家庭非常注重教养和学问,因此在奈良、平安时代,贵族文化非常繁荣。

　　第三,官职家业化加深了贵族世袭化。日本素有"以族制立国"的传统。在大和时代,各个从事固定职业的氏姓集团既是社会基本单位,其首领——氏上也分别是朝廷和地方的官吏。大化改新后,律令国家将已经分化了的氏姓集团以"家"为单位纳入国家的统治机构,让其世袭地担任一定官职,"家"成为从事朝廷公务的机构,从而形成"官职家业化"的局面。前引《类聚符宣抄》中宽平(889—898 年)以后,只有"儒后儒孙,相承父祖之业"的记载说的就是这种社会现实。如贵族菅原氏,本是制造陶器的土师氏出身,因居住在大和国菅原伏见村而改称菅原氏,作为学者仕于朝廷,其中被后人尊为"学问神"的菅原道真官至右大臣,其子孙皆继承其衣钵,以学问、文章为家职仕奉朝廷。清原氏与中原氏几乎包揽了属于太政官少纳言局的大外记(即秘书局)一职,其中中原氏的"局务家"之家职一直持续到江户时代。藤原氏更是官职家业化的典型代表,其始祖是大化改新的功臣中臣镰足,天智天皇按其居住地的名称(大和国高市郡藤原乡)赐其藤原姓。其次子藤原不比等继承其父遗志,致力于国家的中央集权化,参与制定律令,逐渐发展成为左右朝政的重臣。到平安时代,藤原氏的势力更加强大,建立摄关政治体制,独揽朝政。有人统计,10 世纪初期到 12 世纪末的总计 395 名公卿中,有 265 人是藤原氏出身者,占 67%[②]。进入幕府时代以后,藤原氏出身者交替担任摄政关白之职,位列贵族中

---

　　① 矢木明夫:『身份の社会史』,評論社 1969 年,第 114 頁。

　　② 此外还有源氏 79 人(20%),平氏 24 人(6%),大中臣(7 人)等十家贵族总计 27 人(7%)。朧谷壽:「日本古代の貴族」,笠谷和比古:『公家と武家の比較文明史』,思文閣 2005 年,第 257 頁。

地位最高位的"五摄家"中①。律令国家的官职与官厅都由特定的贵族之家世袭包揽,科举制也就彻底丧失了存在的必要。

中国的科举制结束了贵族的历史,而日本贵族势力的强大,使科举制随同中央集权体制的瓦解而归于终结。进入幕府时代以后,武家秉政,独揽权力,等级制度日益强化,直到近世社会形成士农工商不可逾越的身份制度。在这种社会条件下,既无通过科举公开、公正选官的必要,亦全无这种可能。从这一角度而言,说日本没有科举制度也并非全无理由。

三、无科举对日本历史的意义

日本确曾存在过科举制,而日本封建社会大部分时间处于无科举时代也是不争的事实。认真分析起来,长期无科举这一点对日本历史的影响更为深远。

第一,实用主义教育的发展与无科举有关。科举制度实际上包含两个层次的功能,即考试与选官。考试是形式,选官是实质。也就是说,科举具有教育制度和选拔官吏的政治制度的双重属性,而且教育是按照选官的标准来规范与实施的,实际上教育和考试已经沦为科举的附庸。人们为了中举做官,唯有饱读四书五经,远离社会现实,科举制下的教育使人以"有用之心力,消磨无用之时文"②,马克斯·韦伯评价这种制度是"极度封闭且墨守经文的教育"③。

在日本的无科举时代,不存在通过考试改变身份和提高社会地位的预期,教育在政治方面的功利性被大大削弱。不管是作为统治阶级的武士,还是作为被统治者的普通民众,学习知识的目的在于掌握自己从事的职业所需的技能和生存能力,实用也就成为知识的最高价值。例如战国时代武将多胡辰敬在家训中历数不会写字作文的不便,"倘若有头等机密大事传书而来,我不能读,不得不请人代阅,则失秘传之义"。所以,"要趁年少,夙夜用功,手习学文"④。再如,

---

① 五摄家为近卫家、九条家、二条家、一条家、鹰司家。
② 夏东元编:《郑观应集》,上海人民出版社 1982 年,第 291 页。
③ [德]马克斯·韦伯著,洪天富译:《儒教与道教》,江苏人民出版社 2003 年,第 103 页。
④ 小泽富夫:『武家家訓遺訓集成』,ぺりかん社 1998 年,第 146—147 页。

14世纪中期成书的《庭训往来》最初只是武家子弟使用的启蒙教科书,在全部964个词汇中,绝大多数是涉及到衣食住行、职业、佛教信仰、武器、养生等方面的内容,而贵族教养、文学方面的内容只有62个。正是由于这种强烈的实用性,《庭训往来》后来也为庶民教育采纳,成为近代教科书体系成立之前最主要的教材,五百年内改版、重版达400多次。知识的实用性促进了实用主义教育的发展,到江户时代,除了幕府直辖学校、藩校这种武家子弟教育机构之外,乡校、私塾、寺子屋全面开花,尤其是在平民教育机构寺子屋中完全贯穿了实用原则,教农家子弟生产及与农业相关的知识,教商人子弟能读、能写、能打算盘。即使教学内容中有很多取自儒家经典,也只是一种对教养的期待。士农工商各阶层都有掌握知识的愿望与需求,使江户时代庶民教育事业迅速发展,江户时代后期寺子屋的数量已经达到15,506所[①],为近代教育的发展奠定了坚实的基础。

　　第二,西方文化的传播与无科举有关。科举取士立意虽好,但考试科目所及仅限制在儒学范围内,只有精通四书五经并按照儒家经典所倡导的价值规范来参与考试的人,才能获得功名地位,于是儒家经典成为知识分子必修的甚至是唯一的课程,科举的内容也就成为社会公认的学问标准,除此之外的社会科学与自然科学都受到忽视。应试者只需熟记儒家经典条文,不需要创造,价值观的高度一统化导致社会文化缺乏活力。在西学东渐的过程中,大多数科举出身的士大夫对外部世界不感兴趣甚至排斥也正因如此。魏源编写的介绍西方世界的《海国图志》从1854年至1856年在日本刊印了20多个版本,影响了幕末日本的一代知识分子,而在他的故乡却难觅知音。

　　儒家思想虽然很早就对日本产生了影响,但直到江户幕府时期才被定为官学。由于没有科举制度,人们不必为了应考而读死书,死读书,避免了将儒学形式化甚至于僵化。知识分子对儒学的关注在研究层面,即探讨如何使儒学在维护现实社会秩序中更好地发挥作用。人们从不同的角度认识、诠释或者改造儒学,各倡其说,但始终没有形成像中国那样的儒家文化长期独尊的局面。同时,也是因为不设科举及严格的身份制度存在,读书做官之途被彻底关闭,使他们

---

①　石川谦:『寺子屋』,至文堂1972年,第88頁。

可以专心从事被中国士大夫视为"末技"的科学研究。当西方文化传入日本时,知识分子们充满新鲜与好奇,进而积极钻研探索。以荷兰语与荷兰医学为中心的兰学在传入日本不久,就作为独立的学问体系发展起来,直至发展为一种极有影响的专门职业。仅就医学而言,虽然"汉方医学"是正统医术,但一些兰学家并不拘泥于此,通过荷兰人接触了欧洲的医学,并且建立了自己的研究网络。兰学家不仅翻译了大量西方医学书籍,同时也取得了重大创新性成就。兰学家的贡献使当时日本人对西方文明的认识水平远远高于同时代仍然沉溺于科举的中国人的认识水平。有了大批不为仕途所累,倾心研究西方文化、技术的知识分子的存在,本国乃至东方诸国与西方国家的差距日益被人们所认识,在幕末日本面临外来压力之际,便能很快适应西方的挑战,将兰学迅速扩展为洋学,研究西方的军事技术及政治制度,最后选择了积极开国,进而在明治维新过程中实施了一系列改革,使日本成为在亚洲率先实现近代化的国家。

第三,尚武精神的形成与无科举有关。隋唐科举制度的确立,巩固了自汉代以来封建士大夫在社会上和政治上的地位,使他们成为中国政治舞台的主角。从此,文人们便读同样的书,有同样的目标,有共同的道德标准和共同的利益,学问—科举—仕途成为他们相同的人生之路。无论是读书人还是教育,以及整个社会,都偏重文学、诗文和经学,以斯文为荣,尚武精神和军人受到冷落,以至于"好铁不打钉,好男不当兵"成为中国普遍的价值取向,这是中国长期积弱的原因之一。

日本历史上从未形成过相当于中国士大夫阶层的占统治地位的知识阶层,更早早终结了科举制度,"万般皆下品,唯有读书高"的价值观念没有市场。进入武家社会以后,以武艺为立身之本、以战争为业的武士阶级成为统治阶级。武士鄙视平安贵族的优柔文弱,崇尚武勇与忠诚,不惜为主人舍命献身。虽然他们在掌权后,尤其是在江户治世注意加强自身修养,主张兼备文武两道,很多武士蜕变为知识分子,但尚武精神始终是武家社会的主导风尚,不仅是规范武士行为的核心价值取向,也对普通日本人产生了相当大的影响。就像"花属樱花,人属武士"这句格言所反映的那样,幕府时代不到全人口十分之一的武士,成为民众崇拜与追随的对象。江户时代不少商人、地主花钱收买武士的门第，或以养子身份入继武家，以期成为一名武士。在庶民家训中，常常可以看到鼓励子弟习武的内容。近代以后，武士道非但没有因为武士阶级退出历史舞台而消失，反而随着近代军队的建立被改造成《军人训诫》中以忠实、勇敢、服从为核心的新的武士道。过去只占人口一小部分的武士阶级的生活方式对全体国民产生影响，尚武精神被全社会高度认同，男人肯当兵，女人以嫁给军人为荣。所以日本军国主义以当时的国力，敢于发动一系列对外侵略战争，社会基础和精神力量的因素不可低估。清朝末年不少中国人到日本游学时，看到满街的人手持写有"光荣战死"、"为国捐躯"、"祈战死"、"祈必胜"等字样的旗子欢送日本军人出征的情景，感到不可思议，因为除"祈必胜"外，其他字句颇不吉利①。之所以如此，也是"斯文"精神与"尚武"意识的不同吧。

第四，无科举时代的人才成长机制。科举制度是具有平等性的人才选拔制度，它向社会敞开大门，不论贫富和门第高低，都能参与其中，通过相对平等的机会，进入仕途，"朝为田舍郎，暮登天子堂"决不是空谈梦想。这种制度本来是很理性的，体现出对人才的尊重。但由于科举选才以精通儒家经典和文学辞章为唯一标准，这就使各阶层皆以"登龙门"、"金榜题名"为人生最高价值，对士农工商这种社会分工形成"士为贵，农次之，工商又次之"的普遍价值判断②，也造成中国社会各阶层盛衰兴替无常，难以形成各行各业的持续发展。

科举制在日本的终结并不是偶然现象，根本原因在于科举制的平等精神与贵族世系决定一切的传统相距太远。不论是贵族社会还是武家社会，等级至上，权力世袭是铁的原则。身份制度与世袭制度阻碍了社会精英层不断吐故纳新的过程，从制度层面来说，远远逊于具有公平性的科举制度。但日本无科举时代的"人才"呈多元化发展，身份制度的铁壁阻碍了社会流动，农工商作为庶民阶层不能改变身份，无权跻身政治领域，但经济领域是他们的专属，武士阶层很难染指，因此客观上有了发展的空间。士农工商在各自的领域都能专

---

① 曹汝霖：《一生之回忆》，春秋杂志社 1966 年，第 34—35 页。
② 《庞氏家训》，引自丛余选注：《中国历代名门家训》，东方出版中心 1997 年，第255 页。

心致志，勤奋地履行自己的职业。江户时代农业获得发展，有的农民成长为豪农，商业更是繁荣兴旺，商人掌握了巨量财富，各个领域都产生了许多出色的人才，也促进全社会形成"各得其所，各安其分"的多元追求。总之，科举是以国家的权力选官，而无科举时代的日本则是将选才的主动权留给社会，根据实际需要选择专业人才。

四、近代日本文官制度的建立与考试的价值

中国古代科举制对周边国家产生了深刻影响，朝鲜从 958 年科举兴，至 1894 年科举废，越南 1075 年开始科举考试制度，1919 年废除。与朝鲜、越南相比，日本是最早兴科举，也是最早废科举的国家。这些被称为"科举文化圈"的国家近代以来相继沦为西方列强的殖民地或半殖民地，唯有早早终结了科举制的日本摆脱了这种命运。这是否只是一种偶然，很值得创造了科举制的中国人思考。作为中国的学者，关注日本科举制之废，可能要比仅仅关注科举制之兴更重要，更有意义。

个人认为，在今天我们对科举的利弊之争中，既不能笼统地说"为科举制平反"，也不能对科举彻底否定。存在 1300 年的制度，毕竟有其合理性，这就是科举制是相对公平的制度，为社会底层提供了改变命运的可能。科举的弊病一是考试内容狭窄单一，并且越来越程式化、格式化，最终形成"八股"。考试内容不外四书五经，只能为"圣贤"作注。另一弊端是"官本位"，教育、读书的目的只是为了"做官"。所以与科考无关的知识都被视为"形下之器"，是君子不屑的"奇技淫巧"。自然科学在中国不发达的原因很多也很复杂，但科举无疑是一重要因素。剔除这些弊病，中国人创造的考试制度是非常优秀的制度，是对世界文化的重大贡献，对现代文官制度产生了深远的影响。以日本为例，虽然前近代排斥科举制度，但是进入近代，封建身份制度被否定后，反而吸收了科举制考试形式，并在此基础上建立了近代文官制度。

明治时代在建立了以天皇制为中心的近代中央集权国家之后，中央与地方政权的运转需要大批官员。1868 年 1 月 7 日，新政权建立伊始就发出太政官令，要求选拔"诸藩士及都鄙有才者"作为"征士"，任参与之职。倒幕维新的领导人木户孝允、西乡隆盛、大久保利通以及大隈重信等人，当年均以"征士"身份出任"参与"之职。同时，

又设"贡士"制度,由大藩选 3 人,中藩选 2 人,小藩选 1 人,出席议事所会议,参与议事。"征士"与"贡士"的设立,表明新政府打破门阀制度、以才任官的决心。此后明治政府的官制逐渐向考试选官的方向发展,到 1887 年(明治二十年),颁布了"文官考试、试补及见习之规定",对选拔文官的考试做出具体规定。进而于 1893 年(明治二十六年)颁布了"文官任用令"和"文官考试规则",确立了近代高等文官考试制度。"文官考试规则"宣布:年满二十岁男子均有权参加文官考试(包括行政、外交、司法三科),这就彻底摈弃了原有的身份制度原则,体现了科举的平等精神,在考试内容上,则是近代西方的学问,如外语、宪法、刑法、民法、行政法、经济学、国际法等等。近代高等文官考试是入仕的必经之路,吸引了大批青年参加考试。尽管由于教育基础的不同,实行高等文官考试后很长时间内合格者中华族、士族的比例大大高于平民,但毕竟给予平民以平等竞争的机会。日本的近代文官考试制度虽然是参考西方国家尤其是德国的文官考试制度,但是,事实已经证明,西方国家的文官制度都深受中国科举制度的影响。理论上说,考试不一定是最好的选才方式,但在无法限制不正当权力的时候,只有严格考试才最为公平。过去如此,现在也是如此。实践是检验真理的唯一标准,千百年的实践证明,考试远比其他选才方法来得公平和有效。

结语

今天我们谈日本的科举之兴、之废,或曰科举"再兴",除了说明科举文化对世界的贡献,更主要的还是希望通过对科举在日本的命运的考察,说明日本社会与中国社会结构的差异:即历史上的中国是平民社会,所以创造了具有平等性的制度;日本则以贵族传统贯穿始终,故对科举加以排斥。日本确曾存在过科举制,而日本封建社会大部分时间是无科举时代也是不争的事实。科举制度是古代中国制度的基石,日本科举之废表明皇权与文官官僚制度联合治理的政治结构未能立足。作为中国的学者,关注日本科举制之废,可能要比仅仅关注科举制之兴更重要,更有意义。

(原文刊载于《古代文明》2007 年 4 期,本书收录时有修改)

第五节　日本律令时代的家庭与婚姻

——法律与现实的悖反

　　家庭是社会的细胞,家庭的发展水平是社会发展水平的标志之一。日本自大化改新后,政治经济制度都发生了重大变化,那么,婚姻与家族制度如何? 当时的日本统治者在急于使本国成为东亚强国这一动机驱使下,如饥似渴地学习中国的制度和文化,在律令制定过程中,许多内容都效法唐制。然而,因社会发展水平与中国差距甚远,有些法律条文便不可避免地与当时的社会现实产生距离。本文拟从法律规定与实际状况两方面探讨律令时代的婚姻与家族制度,并从这一窗口观察律令时代日本的社会状况。

一、父权制问题

　　父权制,顾名思义,就是父亲在家庭、家族中拥有绝对统治权。在"天下之本在国,国之本在家"的中国封建社会,家实为国之缩影。要保证国家统治,首先要维护家长制统治,因此,维护父权家长制成为中国历代法律的重要内容。日本的律令亦体现了这一原则,其条文有的是原原本本照抄唐律令,有的则稍加修改,主要内容有:

　　设"不孝"罪列于"八虐"("八虐"为唐律"十恶"之翻版)。《唐律疏议》有云:"善事父母曰孝,既是违犯,是名不孝。"构成"不孝"罪的主要行为是:"告言诅詈祖父母、父母;祖父母、父母在别籍异财;居父母丧身自嫁娶,若作乐释服从吉;闻祖父母、父母丧匿不举哀;诈称祖父母、父母死;奸父祖妾。"[①]对"不孝"罪处刑甚重,《斗讼律》规定:"凡告祖父母、父母者绞。"

　　设"违犯教令"罪,以保障家长对子女的绝对统制权。规定子孙违犯教令,要判徒刑两年。同时,法律还承认家长对违犯教令之子孙拥有惩诫权,如规定家长将违犯教令之子孙殴杀,处刑从轻;因过失致死则无罪。由此可见,法律虽规定家长不可擅自处死卑幼,但却以

---

　　①　"名例律",井上光贞等校注:『日本思想史大系』3『律令』,岩波书店 1976 年,第 18 頁。

违犯教令罪确认了家长的权威，使家政统于家长。

确认家长的财产处分权。律令根据中国封建的伦理纲常及法律精神，赋予家长以财产处分权。家庭财产，不论田宅、杂物，都属家长名下，不经允许，不得动用。如法律规定："凡家长在，而子孙弟侄等，不得辄以奴婢、杂畜、田宅及余财物私自质举及卖"[1]，"凡同居卑幼，私辄用财者，五端笞十，五端加一等"[2]。如祖父母、父母在，子孙要另立门户分割家产，则违背了孝道，要被处以三年徒刑。法律的这些规定为保障家长凌驾于整个家庭之上的权力提供了物质基础。

除了上述维护父权家长制的法律外，律令国家的统治者还十分重视倡导从中国传来的人伦礼教关系。"孝"是中国古人行为规范的最高准则，在家庭中贯彻孝的目的是"齐家"，把它进一步扩大，就是"治国平天下"，这些深得日本统治阶级的推崇。他们强调"治国安民必以孝理，百姓之本莫先于兹"[3]，规定地方官国守的任务之一便是显彰管内孝子，并对不孝悌、悖礼乱常、不率法令者，纠而绳之，甚至在孝谦天皇时期还有"宣令天下，家藏《孝经》一本，精勤诵习，倍加教授"之举。可见中国"以孝治天下"的儒家思想已渗透到日本统治阶级的思想中。律令国家以法律维护父权家长制家庭，其本意在于巩固自大化改新以来建立的天皇制中央集权制统治。

以上是有关父权家长制的法律规定，如果仅以这些作为考察律令时代家族状况与家族制度的依据，则很容易得出在当时的日本父权制家庭已经确立的结论。然而，若进一步从律令条文之外的资料（如现存户籍、计帐及文学作品等）进行考察，就会发现上述结论失之于片面。笔者认为，律令时代父权制虽已产生，但尚未达到绝对统治的地位，主要表现是：

个体家庭尚不完整。父权制是伴随着个体家庭一起产生的，是在生产力发展的基础上，社会生产和家庭经济中男女的地位和作用发生了根本变化的结果。在个体家庭中，父亲（或祖父）就是天生的家长，是家庭财产和家庭成员的所有者。那么，律令时代家庭形态如

---

① 《令集解·杂令》。

② 《户婚律逸文》。黑板胜美编：『新訂増補国史大系』22『律·令義解』，吉川弘文館1939年，第113页。

③ 《续日本纪》孝谦天皇天平宝字元年条。

何呢？家庭是以婚姻为纽带而形成的,故搞清当时的婚姻形态是说明这一问题的关键。日本原始社会末期,在大陆文化的影响下,由母系制一跃而进入阶级社会,母权制不曾受过剧烈冲击,故恩格斯所说的母权制让位于父权制这种"女性的具有世界历史意义的失败"①在日本出现较迟。这一点的直接表现是直至大和时代,日本的婚姻形态仍然是以女子为主体的访妻婚,即男女双方结婚后各居母家,过婚姻生活则由男到女家造访才能实现,这种婚姻形态带有浓厚的母系制族外婚的色彩(见本书第一章第一节)。到了律令时代,父权制已经有了相当程度的发展,如有些乡户主及部分房户主结束了"访妻"的历史,实行从夫居,世系按父系计算等。尽管如此,访妻婚仍作为一种婚俗遗留下来,母权制残余制约着父权制的发展,主要表现为夫妻分居是律令时代较为多见的现象。夫妻分居是访妻婚制下特有的居住形态。请看《万叶集》②中几首描写夫妻离愁别绪的和歌:

> 手枕不曾眠,其间已一年,经年逢不得,念此转凄然。
> 已妻置他里,思家在远方,欲来寻一见,道路亦何长。
> 一岭为言独,孤单此独栖,云横青岭上,远处是吾妻。③

在《万叶集》中所收的 4,500 余首和歌中,恋歌占了绝大部分,其原因是在当时的访妻婚下,恋爱关系与婚姻关系没有截然区别。再者,结婚男女并非同居一处,而是由夫登门访妻,自然分别时有感伤,分别后有怀恋与思念,恋歌就是这些情感的结晶。由于《万叶集》中的和歌多是于奈良时代写成的,故可以说,这些和歌是当时的婚姻家庭形态的真实反映。此外,有关律令时代婚姻状况的更直接、更明确的资料莫过于现存于正仓院文书中的户籍、计帐等资料了。据久武绫子对大宝二年(702 年)某乡户籍的考察,在可判明的 136 户居民

---

① 恩格斯:《家庭、私有制和国家的起源》,《马克思恩格斯选集》第四卷,人民出版社1972 年,第 52 页。

② 《万叶集》,奈良时代末期成书的日本最早的和歌集。作者上自天皇、贵族,下至艺人、农民,近半数作者不详。一般认为《万叶集》经多年、多人编选传承,后由大伴家持(717—785 年)完成。

③ 杨烈译:《万叶集》,湖南人民出版社 1984 年,上册第 126 页,下册第 625、617 页。

中,有 107 户存在夫妻别籍的情况,占 79％。[1] 户籍是家庭状况的反映,夫妻别籍意味着夫妻分居,夫妻分居则表明他们尚无共同的经济利益。这种情况反映出当时以一夫一妻为主的个体家庭还不能完全独立,因此,建立在个体家庭之上的父权制也就无法确立统治。根据这一时期父权制已经产生,但母权制仍在起作用的情况,有的学者将这一时期称为"由母权、母系向父权、父系的转换期,是通过法律向父权、父系统一的时代"[2],也就是说,父权制取代母权制尚需要一个过程。

乡户制的固有矛盾束缚了父权家长制的发展。日本在大化改新以前,实行村(邑)制,村是若干氏的联合体。大化改新后,律令国家编户造籍,建立地方行政组织,实行 30 户一里制,把已经分裂了的氏作为户置于里的管辖之下,后来把里改为乡,故称这种户为乡户。乡户是律令时代的主要家庭形态,也是日本历史上最初的家庭形态。乡户制的产生,反映了律令国家既想学习中国的编户齐民制,又无法脱离氏族组织仍然存在这一现实的矛盾状况。乡户的前身就是大和时代已经分裂了的氏族,所以,尽管国家规定乡户主就是一家之长,代表一户承担各种权利与义务,并规定了一系列家长的权力,而实际上,乡户主并不具备统一支配所有家庭成员的绝对权力。这是因为乡户制本身存在着不可克服的矛盾,即乡户之中户中有户,它是由若干个已经实现了夫妻同居的一夫一妻小家庭组成的,这些被称作"房户"的小家庭在乡户主的统辖下分别进行独立经营,有不同的经济利益。如本书第三章第一节《乡户与律令体制的瓦解》所言,房户乃至户口拥有私有财产并能自由支配之,包括买卖房屋、土地、奴婢,垦田归私有,有的房户已成为课税的对象则更说明了这一问题。房户及户口拥有财产权与律令规定的家长的财产处分权及同居共财的原则是格格不入的,这种情况发展下去,使得法律所规定的户主的家长权从根本上失去了存在的基础,这也是导致乡户制瓦解的重要原因。

---

① 久武綾子:『氏と戸籍の女性史—わが国における変遷と諸外国との比較』,世界思想社 1988 年,第 24 頁。

② 中村吉治:『家の歴史』,角川書店 1957 年,第 67 頁。

总之,在家庭刚刚从氏族组织中脱胎出来的情况下,父权家长制尚不成熟是不容忽视的历史事实,尽管法律作出一系列维护父权家长制的严格规定,但实际上是很难行得通的,在资料中也很难找到这些规定得以贯彻实施的影子。

二、婚姻与女性的社会地位问题

婚姻是组成家庭的前提,男女结合建立家庭,成为社会的一个组成部分,并担负起一定的社会职能。在中国封建社会,一向把婚姻视作社会成立的基点,夫妇关系是人类伦常之始源,因而,历代统治阶级为了维护其伦理纲常和家天下的统治,总是依照封建礼教对婚姻关系的各个方面作出详细规定,并强迫人们遵守。日本的律令亦仿照中国古代法律,以法律对婚姻进行干涉。虽然律令中的"户婚律"已亡佚,但从"户令"及"户婚律"逸文中仍可知有关婚姻诸法律的大体情况。

婚姻的缔结。在中国封建社会,男女结婚不以双方感情为基础,而是遵照父母之命,且从《礼记》的时代起就强调"婚礼者,礼之本也"。日本律令对婚姻的规定虽没有唐律繁杂,但受其影响却处处可见。

首先,法律确认家长对子女的主婚权。《唐律》的"户婚律"规定:"诸卑幼在外,尊长后为定婚,而卑幼自娶妻,已成者,婚如法,未成者,从尊长,违者杖一百。"日本的"户婚律"已亡佚,是否有此规定不得而知,但"户令"中规定:"凡嫁女,皆先由祖父母、父母、伯叔父姑、兄弟、外祖父母,次及舅、从母、从母兄弟,若舅、从母、从父兄弟不同居共财及无此亲者,并任女所欲为婚主。"意思是说,女儿的婚姻首先要经家长及亲族的同意。"户令"虽未明确规定男家也要有婚主,但《令集解》中有"男自由己之祖父母,次及近亲等耳……无近亲者,任男所欲为婚主也"①的解释。可见,当时的婚姻双方都要由家长主婚。从法律规定上看,青年男女是不能婚姻自主的。

其次,关于婚姻成立的条件。在唐代,婚姻成立的必要条件一是婚约,二是聘财,如有婚约及聘财而悔者,应负刑事责任。日本律令

_____

① 《令集解·户令》。

则规定"许嫁女已受聘财而辄悔者,笞五十"①。可以看出,受聘财是婚姻成立的首要条件,既受聘财,便不能悔婚,这实际是对女方的片面约束,对男方则始终无"辄悔婚"之罪及处罚规定,只是在"结婚已定,无故三月不成及逃亡一月不还,若没落外蕃一年不还,及犯徒罪"的情况下,才允许"女家欲离者,听之"②。

从这些规定看出,法律保护男家对女家的婚姻控制权的用意是明显的。此外,法律还严禁通奸,规定"凡先奸后娶为妻妾,虽会赦,犹离之","不以礼交为奸也"③。这些规定无非是中国礼婚思想与法制的反映。

婚姻的解除。在中国古代,结婚时强调明媒正娶,六礼④俱全,而离婚则易如反掌,用不着找人裁决,但这只是对男子而言。封建礼教中丈夫弃妻的七条理由即"七出",受到法律保护,也被原原本本写进日本的律令中。"七出",依"户令"为"一无子,二淫佚,三不事舅姑,四口舌,五盗窃,六妒忌,七恶疾"。只要妻子具备其中一条,丈夫即可以用一纸休书,将其逐出家门。只有女方具备了"三不去"的条件,才能维持既存婚姻。"三不去"者,"一经持舅姑之丧,二娶时贱后贵,三有所受无所归"。看起来,"三不去"是对丈夫休妻的一种限制,但就其本意,不论中国还是日本,并不是维护妇女利益,而是维护封建礼教,况且,法律还规定,"淫佚、恶疾者不拘此令"。也就是说,"七出"中,只有五种情况受到"三不去"的限制。除"七出三不去"之外,律令还仿唐制,设"义绝"条。按照中国人的传统观念,父子为"天合",夫妻为"义合","义绝"就是夫妻二姓之好"其义已绝","义绝则离"。"义绝"的理由一般包括三方面,即丈夫殴妻之祖父母、父母及杀妻之外祖父母、伯叔父姑、兄弟姐妹;妻殴詈夫之祖父母、父母,杀伤夫之外祖父母、伯叔父姑、兄弟姐妹及欲害夫;夫妻的亲属双方自相杀。⑤"凡犯义绝者,离之,违者杖一百。"⑥实际上,"义绝"是由官

---

①　《户婚律逸文》,黑板勝美编:『新訂増補国史大系』22『律·令義解』,第 302 頁。

②　《令集解·户令》。

③　《令集解·户令》。

④　六礼:婚姻的六种程序,即纳彩、问名、纳吉、纳征、请期、亲迎。

⑤　《令集解·户令》。

⑥　《户婚律逸文》,黑板勝美编:『新訂増補国史大系』22『律·令義解』,第 119 頁。

司判决的强制离婚,这是家族利益重于夫妇关系的表现。

维护一夫一妻制。唐律规定的婚姻制度是一夫一妻制,娶妻后再娶即为重婚,要受到制裁,但允许纳妾。中国古代妻妾有明显区别,妾不是正式配偶,身份较卑贱。日本律令法基本沿用唐律的一些条文,体现出一夫一妻制的原则。如规定"凡有妻更娶者,徒一年,女家杖一百,离之"①,即对重婚不仅要追究刑事责任,而且要依法"离之",即婚姻无效,可见处罚之严。此外,还有惩治妻妾乱位的规定。

贯彻男尊女卑的原则。男尊女卑、夫唱妇随是中国封建家族秩序中的重要组成部分,受其影响,日本律令法中也充分体现出男女不平等。前述丈夫专有的休妻权便是一个突出表现。此外,还表现于男女在亲等上的不平等。日本模仿中国以丧服礼的五服作为划分亲属范围和等级标准的五服制,制定了五等亲制,虽称呼不同,但内容无甚出入。在五等亲制中,男女地位具有明显差别。如对妻子而言,夫为一等亲,夫之父母为二等亲,夫之祖父母为三等亲;但对丈夫而言,则妻为二等亲,妻之父母为五等亲,妻之祖父母在五等亲之外。说明在亲族范围中,妻方血缘成员范围远比夫方血缘成员范围窄且亲等低。此外,《丧葬令》规定,若夫死,妻要服丧一年,与父母相同。反之,若妻死,夫只服丧三个月,与曾祖父母、外祖父母相同;妻对夫之父母要服丧三个月,而夫对妻之父母则无服。由此可见律令法中男女地位的差异。男女不平等也在继承方面表现出来。律令时代的日本承唐制,实行二元主义继承,即家的继承与财产继承。家的继承指身份继承,亦称继嗣。法律规定继嗣以父系血缘为限,且以嫡长继承为原则,这样,就完全排斥了女子的继嗣权。在财产继承方面,《大宝律令》曾袭用诸子均分、嫡长优先的原则,而在《养老律令》中有了一些变化,嫡母、嫡子、继母各得二分,嫡子以外男子各一分,女儿、妾各减男子之半。与唐律中女子只能在出嫁时可享受作为嫁妆的少许家庭财产的情况相比,日本女性多少还有一点财产继承权,但总的来说,从法律规定来看,女子的地位仍在男子之下。

从上述《户婚律》逸文及《户令》和其他有关规定来看,尽管与唐律相比要简单,且唐律中有的内容因与当时日本的现状明显相悖而

① 《户婚律逸文》,黑板勝美編:『新訂增補国史大系』22『律·令義解』,第 117 頁。

未写入律令（如唐律中同姓不婚的规定就未被采纳），但就总体而言，与中国的礼法一致，干涉婚姻，在对婚姻的约束方面女方重于男方，男女不平等等情况都在律令法中表现出来，表明律令家族法的制定是以维护男性为主体的嫁娶婚，维护父权、夫权、封建家长制家庭的完整为前提的。但是，用历史唯物主义的观点进行客观分析与考察，会发现日本在婚姻与女性社会地位问题上，其法律规定与现实状况是不相符的。那么，现实中的婚姻与女性的地位如何呢？以下是笔者的看法。

招婿婚俗与婚姻自主。律令时代的婚姻状况，实际上并不是律令法所反映出的男娶女嫁的嫁娶婚，而主要是女婿上门的"招婿婚"。招婿婚是从过去的访妻婚发展而来的。与访妻婚相比，承认女婿身份的婚仪受到重视，家庭在夫妇生活中的地位越来越重要，虽然在结婚后的最初一段时间丈夫要从妇而居，但过去那种由男子登门与妻子相会、夫妻暮合朝离的"访妻"习俗仍很流行。在这种婚俗之下，婚姻的缔结在很大程度上仍保持着过去那种古朴、原始、浪漫的色彩，男子可向他的意中人直接求婚，女子择夫也有相当的自主性。当时，未婚男女的性交往是较为自由的，婚姻往往是这种交往的延续和结果，不仅如此，已婚男女也可与有妇之夫、有夫之妇往来，婚外恋并不受非议。当时的人们并无什么贞节观及通奸"罪"的意识，认为婚姻只是当事人双方自己的事，所以律令关于通奸罪的规定无异于一纸空文。这从《万叶集》的和歌中可清楚地看出，当亲子关系与男女恋情发生矛盾时，许多人都会让亲子关系服从男女恋情，私定终身。如：

> 不愿告阿母，此心已隐藏，愿随君外去，不论到何方。
> 矶畔骏河海，葛藤长海滨，我今凭信汝，违背我双亲。[1]

从中可见家长的意志在婚姻关系中并不是决定性的。当然，婚姻最终还是要征得"婚主"——女方父母的同意的，但那只不过是对事实上的婚姻予以承认的一种形式，与律令所规定的剥夺当事人的婚姻自主权、一切皆由父母包办的家长专制是根本不同的。从平安

---

[1]　杨烈译：《万叶集》下册，第 577、579 页。

时代后期起,随着父权制的逐步确立,女性地位开始下降,婚姻自主权亦日渐消失。

招婿婚的婚仪与繁缛的嫁娶婚婚仪相比较为简单。起初招婿婚仪是在普通农家举行的一种叫做"露显"的仪式,即把男女幽会的地点公诸于世。一般都是在男到女家同居的第三天,由女家做一种糯米糕让男方吃,称之为"三日饼",吃了"三日饼","露显"仪式即告结束,女婿便可到妻家公开居住。因此,"露显"不过是女方家长对女婿身份的一种承认形式。后来,农家这种简朴的婚仪在平安贵族中变得浮华、复杂,但婚仪仍以女家女主,在女家举行,这一习惯在律令时代基本没有改变。婚俗虽是招婿进门,但婚后夫从妇居的并不很多,实际的居住形态仍多以夫妻分居为主,过婚姻生活仍由男到女家造访,也就是说,律令时代人们的婚姻和家庭仍是从分居即"访妻"开始,经过一段时间,在丈夫具备了建立小家庭即房户的经济条件以后,才得以实现夫妻双方同居的。若不具备这种条件,那就要永远处于夫妻分居的状态。可见,当时的家庭是同居还是分居,是受其经济状况左右的,这种情况是发展中的父权制与母权制交杂存在的产物。

律令时代婚姻的解除也与婚姻的缔结一样是男女双方的自由,丈夫不再来"访",妻子不纳丈夫入户,都表明婚姻的终结,既有夫弃妻,也有妻休夫,反映出婚姻关系中压迫与被压迫尚不十分明显。男子再婚与女子再嫁都是理所当然的事,谁也不用为一次失败的婚姻付出终身的代价,要求女性从一而终的所谓节烈观是后来产生的。所以,当时法律规定的"七出三不去"之类的条文并没有什么实际意义。总之,当时日本男女的地位是比较平等的,婚姻自主是婚姻关系中的主流。

一夫多妻制盛行。古代日本保护一夫一妻制,禁止重婚的法律也与现实风俗脱节。律令时代多妻制较为普遍,贵族男子尤为突出,多拥有数位妻子,守定一个妻子反倒受人耻笑。考察现存古代户籍,大宝二年(702 年)御野国春部里 28 户中,有妾身份者 9 人;养老五年(721 年)下总国大岛乡 28 户中,有妾身份者 11 人[①],也就是说庶民百姓中多妻家庭也不在少数。一夫多妻制之所以存

---

① 竹内理三:『奈良遺文』上,八木書店 1943 年,第1—31 頁。

在,与访妻婚遗风不无关系,多妻是访妻婚这种对偶婚的特征之一。妻妾的地位并不像中国那样具有明显差别,在律令诞生之前,"妾"的称呼是不存在的,一个男人以数个女子为妻,只按婚姻成立时间的先后称为"前妻"或"后妻",并没有嫡庶之别,也没有差别之意。这是因为,在访妻婚下,男子多同时与数个女子保持婚姻关系,她们都是丈夫的妻,地位平等,又因分居异处,无任何往来,所以,没有区分其差别的必要,问题的实质在于父权制还未形成绝对统治。不过,无论如何,律令的制定者还是注意到一夫多妻制存在这一现实了,并力求将唐律中一夫一妻制的规定与本国一夫多妻的现状相调和,将"前妻"称为妻,将"后妻"称为妾,在形式上,日本律令与唐律得到了统一,而实际内容上,却变中国的妻妾有别为妻妾无别或差别甚小,如承认妾是夫的正式配偶,与妻同属夫的二等亲,可继承丈夫的遗产等,都是对现实中的妾的地位的确认。"妾与妻同体"、"次妻与妻同"便成了当时人们头脑中的基本概念。从上述内容看,日本律令中禁止重婚、维护一夫一妻制的规定难免有照搬唐律之嫌,由于既强调一夫一妻制,又承认妾的法律地位,自相矛盾,因而不可能得到真正的贯彻。

女性的实际地位。律令时代是日本女性在历史上最辉煌灿烂的时代。这一时期,女性在生产中具有举足轻重的地位,不仅"女织"——家庭手工业是女性的一统天下,就是在"男耕"的农业生产中,也有相当一部分是以女性为主体来完成的。在生活领域中,由于访妻婚的存在,家庭多以妻子为中心,子女由母亲抚养,家政由她们掌管。据考证,直到 10 世纪以前,日本的女性多以"刀自"、"刀自卖"相称,"刀自"意为"家政的掌管者"。所有这些,造就了女性较高的社会地位,母权受到人们的尊重。6 世纪末至 8 世纪甚至有八代、六位女天皇秉政,因而被称作"女帝的世纪"。六位女天皇即位前的身份或为皇后,或为皇女,尽管女帝的出现有比较复杂的背景,每个人继承皇位的原因也各不相同,但有一点是很明确的,即女帝现象一是与日本素有女子掌权的传统有关,二是此时贱视女性的意识还不存在或较为淡薄,因此,不能不使人对法律规定的父系血缘、嫡长继承的实际意义产生怀疑。律令时代日本女性具有较高的社会地位,还表现在女子拥有财产权,男女在经济上较为平等。如女性可通过劳动获得财产,参加垦荒获得土地私有权,从事家务劳动亦可获得经济上的报偿;在财产继承方面,女儿也有与男子同样的分割继承财产的权利,女性在娘家得到的财产,婚后并不归丈夫管辖,所有权、处分权仍在女性本人[1]。正是因为女性拥有上述财产权,才使得她们不必依附男子,即使在夫妻分居的情况下,也能独立挑起抚养子女的生活重担,这是此时期日本女性地位较高的根本原因。

结语

综上所述,日本律令有关家族制度的法律并不是当时日本社会家族与婚姻状况的真实反映,基本上是以唐律为蓝本写成的。唐律保护的是以父权为核心的家庭和以夫权为核心的婚姻,这些都是中国古代封建国家的重要基础。而日本律令时代的情况则是氏族刚刚解体,家庭尚不完整,以女性为主体的访妻婚仍很流行,整个社会处于母权制向父权制过渡的时期,父权家长制并不是至高无上的。由于这些情况的存在,使得维护父权与夫权的法律很难对人们产生约束力量。无论律令国家的统治者怎样虔诚地学习中国之制,但不可否认的是,在家国一体的中国古代,建立在父权家长制基础上的中央集权体制已经经过长期发展而走向成熟,维护这些制度的法律则是对封建统治经验的高度概括和总结。日本在大化改新后建立的中央集权体制不过是在社会发展较为落后的情况下对先进制度的模仿,而且是在固有的法律意识与法律技术极不成熟的情况下接触到中国较为成熟的法律的,因此,与中国的家族制度诸法律是维系既存制度这一出发点不同,日本家族法的制定意在确立一种新制度,即通过法律的制定与实施达到破旧立新的目的。这样,就出现了法律与现实的不符,只有充分注意到这一点,才能对律令时代的家庭与婚姻状况有全面的、清楚的了解。

(原文刊载于《日本学刊》1995 年 2 期)

---

① 日本女性史総合研究会:『日本女性史』第一巻,東京大学出版会 1982 年,第245—256 頁。

第三章 传统社会秩序的回归

第一节 乡户与律令体制的瓦解

家庭形态是衡量一个国家或地区特定时期社会进步水平的重要指标。家庭不能离开社会而孤立地存在,由于东西方古代社会形态各异,它们的家族形态亦迥然不同。在古希腊罗马,商品经济的发展与社会分工的发达使人们长期生活在商品交换之中,族权受到压抑而未得发展,一夫一妻的小家庭较早地成为独立的社会单位。在中国,氏族瓦解之后,其残余以宗法制大家族的形式保留下来,这种宗法制大家族的作用主要表现在束缚和禁锢人们的思想,它是国家统治人民权力的补充,而国家的基本户籍单位则是附属于宗族之下的一夫一妻的小家庭。战国时代法家代表人物李悝所说的"一夫挟五口,治田百亩"不仅是秦汉,也是整个封建社会小农家庭的真实写照。[①] 日本通过编户造籍来控制公民的做法原出于对中国的模仿。然而,因当时日本社会发展水平的落后,虽然以户为单位在登录造籍,但实际上,律令制时代日本的户在家庭形态、亲属关系等方面大大有异于中国。

---

① 根据官方统计数字,唐代以前户平均口数:汉平帝元始二年(公元 2 年)4.87 人;晋太康元年(280 年)6.57 人;隋大业五年(609 年)5.17 人;唐开元十四年(726 年)5.86 人。

一、律令时代的家庭——乡户

大化改新以前,以氏为社会基本单位,尽管户是构成氏的分子,社会却不承认其存在,一夫一妻制小家庭尚不能独立。一个或数个氏集中在一起,就构成了一个村。大化改新之后,律令国家编户造籍,制定新的地方制度,实行 30 户一里制,把处于分裂中的氏作为户置于里的管辖之下,后又把里扩大到 50 户。715 年,律令国家把里改为乡,故称这种户为乡户。乡户是律令时代的主要家庭形态,也是见于日本法制文书当中的最初的家庭形态。

从家庭结构上看,乡户是户中有户。在中国历史上,尽管大家庭受到提倡,但是从秦汉到明清,国家的基本户籍单位一直是小家庭。在日本,乡户的母体是氏族。氏族制度瓦解之后,取而代之的并不是以一夫一妻为主的个体家庭,而是介于氏族与个体家庭之间的乡户。乡户是由若干个被称作房户的单婚小家庭组成的大家庭。在现存奈良时代户籍、计帐中,常常可以看到在"户主某某"之下,又有"户某某"的记载方式,"户主某"即乡户主,其直辖的户是乡户中的主户,"户某"即隶属于乡户的小家庭(称房户)的户主。在法律上,乡户内的成员有"同居"与"家口"之别,即"同居"是同一户籍的乡户全体成员,"家口"则是共同起居的房户的个别成员。当时法律的解释也是:"一户之内,纵有十家,以户为限,不计家之多少。"①据现存大宝二年(702 年)筑前国川边里户籍所载,在 18 个乡户中,有 17 户是两房户以上的大家庭,最多的一个乡户由 9 个房户组成。② 在以乡户为户籍单位的情况下,由乡户主统管一户的生产与生活,对外代表一户承担社会义务,很像原来"氏上"的角色。可见,由数个房户构成的乡户乃是奈良时代的基本家庭形态。

从亲属范围上看,用社会学的用语来说,乡户的结构是典型的"联合家庭"。中国的小家庭通常只包括二至三个世代,即祖父母、已婚的儿子、未婚的孙儿女,祖父母去世则同辈兄弟分家,家庭只包括父母及子女。比较起来,乡户内的亲属关系要复杂得多,其成员主要

---

① 《令集解·户令》。
② 竹内理三:『寧楽遺文』上,第 86—104 頁。

有以下几类：

（1）户主；

（2）户主配偶，有妻有妾；

（3）户主直系尊亲属，如祖父母、父母、养父母；

（4）户主直系卑亲属，如子女、孙、外孙；

（5）户主旁系亲属，如兄弟姐妹及其配偶、子女、伯、叔、姑、从兄弟姐妹、甥、侄等等；

（6）户主的姻族、户口的姻族。

乡户内亲属关系比较复杂，但是有法律规范。日本的统治者模仿中国的“五服制”制定了“五等亲”制度，凡五等亲均可寓于一个乡户。应该明确的是，中国的五服制所反映的是家族的范围，凡是同一始祖的男性后裔及配偶都属于同一家族团体，其内涵远远超过作为户籍单位的家。所谓户，则指同居的亲属团体，范围较小，这种情况与日本的乡户大不相同。不过，现实中的乡户一般都是三等亲以上寓于一户，还达不到包罗五等亲的程度。

从每户人口规模上看，中国的小家庭一般人口都很少，符合人们通常所说的“五口之家”的说法。而在日本，如“乡户人口数字简表”所示，由于户中有户，许多乡户人口达数十人。更多的如御前国春部里国造族加良安一户共 51 人，丰前国加自久也里的一户人口 87 人，最多的达到 124 人。日本学者根据现存奈良时代户籍推断，乡户的人口平均为 27 人[1]，这个数字是中国唐代户平均人口的 4.7 倍。

乡户人口数字简表[2]

年代	国 郡 里	可判明户数	户平均口数	户口最少限
702	御野国味蜂间郡春部里	28	23	9
702	御野国本簀郡栗栖太里	21	18	11
702	御野国肩县郡肩肩里	3	45	14
702	御野国山方郡三井田里	50	18	10

[1] 澤田吾一：『奈良朝時代民政経済の数的研究』，第 77 页。

[2] 新見吉治：「中古初期に於ける族制」，『史学雑誌』1909 年 12 編 2 号。

（续）

年代	国 郡 里	可判明户数	户平均口数	户口最少限
702	御野国加毛郡半布里	54	21	8
702	筑前国嶋郡川边里	20	24	5
702	丰前国上三毛郡塔里	5	26	14
702	丰前国上三毛郡加自久也里	3	43	16
702	丰前国上仲津郡丁里	17	23	11
702	丰后国?	1	15	
702	常陆国?	2	28	21
702	因幡国?	2	17	16
721	下总国葛饰郡大岛里	14	21	4
726	山背国爱宕郡云上里	7	23	13
726	山背国爱宕郡云下里	11	20	8
733	右京?	31	17	7
735	大隅国?	4	22	10
740	越前国江沼郡山背里	2	44	39

二、乡户的经营方式

《万叶集》中有这样的和歌：

> 父母卧枕边，妻子随脚绕，围居伴我眠，优吟直达晓。
> 春日田间立，君劳实可哀，弱妻无一个，独立在蒿莱。①

这些和歌形象地勾画出以一夫一妻为中心的小家庭生产与生活的图景。乡户虽是国家户籍单位，但众多人口生活、劳动在一起有诸多不便，故在乡户主的负责之下由房户分别进行内部经营，国家也不得不在一定程度上承认了房户具有某种独立的经济，例如718年（养老元年），"遣大唐国水手以上正身一房徭役既免，不及别房"②，720年（神龟四年），"远江、常陆、美浓、武藏、越前、出羽六国免征卒及斯

---

① 杨烈译：《万叶集》上册，第 193、268 页。
② 《续日本纪》元正天皇养老元年条。

马从等调庸并房户租"①，说明乡户之内的房户是互相独立的。

乡户的经营方法一般是将口分田分成小块，由各房户分散耕种。由于国家在班田时实行小块、零散分配的办法，往往一户的口分田分散在多处。例如，越前国敦贺郡津宇乡田宫村境内一块面积仅一町的水田分别班给了五个乡户主，堀江户椋桥真公的两町四段七步口分田散居五处。② 在口分田分散异处的情况下，乡户主可以视房户人口、劳力之不同，指定耕种某块口分田。如天平十二年（740 年）远江国滨名郡输租帐反映了这种分配情况：

> 户主敢石部麻吕田一町，三段遭风损三分；户主敢石部麻吕田户敢石部荒山田一町一段二十步，六段二百八十步遭风损六分。
>
> 户主神人部安麻吕天九段一百二十步，四段二百四十步遭风损五分；户主神人部安麻吕户语部纪麻吕田六段二百四十步，四段遭风损六分。③

这些资料说明乡户内的各个房户都在自己的口分田上进行耕种，还分别计算收获量，有不同的经济利益。乡户虽是户籍单位但不是农业生产单位，房户是生产单位却不是户籍单位，这就是乡户特殊的经营方式。

乡户、房户这种大家族结构并不是固定不变的。自 8 世纪中期起，房户和户口脱离乡户而独立的现象已经出现，主要表现在房户和户口拥有私有财产并自由支配之，如买卖房屋、土地、奴婢，例如：

> 足羽郡伊农乡户主佐味智麻吕户佐味净虫女卖垦田五段为寺田，直稻一百二十束；坂田郡上丹乡户主坚井国户口息长真人卖贱二人与东大寺，价稻一千二百束。④

房户独立最明显的标志莫过于有的房户已经成为缴纳贡赋的单位，例如：

---

① 《续日本纪》圣武天皇神龟四年条。
② 竹内理三：『宁乐遗文』下，第 687、679—683 页。
③ 竹内理三：『宁乐遗文』下，第 283—284、286 页。
④ 竹内理三：『宁乐遗文』下，第 675、745 页。

天平十二年(740年),远江国滨名郡新居乡官户一百一十,
乡户五十,津筑乡官户三十八,乡户二十二,房户十六;

天平十五(743年)十月,常陆国那贺郡荒木乡户主土师部
里麻吕户雀部奈麻吕调布一端;

天平胜宝四年(752年)十月,常陆国鹿岛郡高家乡户主占
部手子户占部乌麻吕调布一端。[1]

房户独立的根本前提是生产力的发展以及技术的进步。奈良时
代耕作技术随着锹、犁、锄等铁制工具的推广使用而普遍提高,水稻
品种出现了糯、粳、早稻、晚稻的区别,又增加了桑、纻、粟、芜菁等经
济作物栽培以补充生计。这种情况使小家庭独立经营有了可能,而
小家庭的独立经营必然会给乡户中各个不同的房户带来不同的经济
利益,增加人们的私有欲望,要求摆脱大家族的束缚,久而久之,共同
劳动、共同消费的乡户大家族走向解体是必然的。

三、乡户内的阶级关系

透过户籍这一形式,揭开血缘关系的面纱,可以发现乡户内充斥
着奴役与剥削,体现出父权家长制家族的特征。恩格斯曾指出,父权
家长制家族有两个显著标志:"一是把非自由人包括在家庭以内,一
是父权。"[2]父权,即家长权,在以农业为主的社会中,家庭作为社会
细胞存在,为统御一家起见,家长权具有重大意义。家长权的出现,
绝非某一国家独创,东西方国家历史上均有之,只是存在时间长短、
权力大小之不同而已,故在谈及日本的家族制度时,家长权之存在无
特殊意义。然而,将非自由人包括在家庭之内则不是世界历史上普
遍且长期的现象,往往被人们忽视。以户籍关系掩盖阶级关系乃是
乡户的本质特征。

乡户成员中包括两部分非自由人,一种是奴婢,一种是寄口。奈
良时代,奴婢不仅存在于宫廷、寺院、权门势家,也存在于乡户当中。
如神龟三年(726年)山背国爱宕郡云上里计帐残简中能够辨别清楚

---

① 竹内理三:『寧楽遺文』上,第283、287页;『寧楽遺文』下,第785—786页。
② 恩格斯:《家庭、私有制和国家的起源》,《马克思恩格斯选集》第四卷,第52页。

的八个乡户中,有六户拥有奴婢。[①]　奴婢可以买卖,有人考证,在圣武天皇天平年间,奴与婢的价格为"奴一口准值六百文,婢一口四百文"。当时买卖奴与婢的平均价格是稻八百束(相当于钱 20 贯)与六百束(相当于钱 15 贯)。按照 20 贯钱的标准,在越前国可买田 10 町,在筑前国可换得银 20 两,在美浓买絁 30 匹[②],可见,奴婢是价值很高的财富,因此,奴婢与田宅一样是被家族成员继承的财产。由于奴婢属于不课口,但其主人可以受田,其受田份额与女性相等,故拥有奴婢的人越多,口分田也就越多,课役负担却相对减少。奴婢在主人支配下从事各种生产,耕种口分田是奴婢的重要劳动,可以说奴婢是乡户中创造财富的财富。当然,在乡户中,奴婢的存在毕竟是少数,有学者估算占乡户人口的 5.7%[③],且随着封建生产关系的发展,奴婢日益减少,被解放成为必然趋势。

寄口是乡户中身份比较特殊的人。寄口,顾名思义为依附于人的人,是"除去家人奴婢之外,在家族内的非血缘关系者及与家长称不上亲属关系的远亲"[④]。寄口与奴婢的不同之处在于具有良民身份。他们可以领取口分田,承担社会义务,但是限于经济条件,无力自成一户,只好寄人篱下,所有经济活动都在主人的支配下进行,实际是一种处于农奴地位的依附农民。寄口的出现是阶级分化的结果,其中的一部分是过去的部民,虽然在大化改新后变为律令国家的公民,但是许多人势单力薄,缺少工具,无以自立,便沦为寄口,公民的权利得而复失。更多的寄口是由于租庸调负担的重压而不断没落的班田农民,如在御野国半布里户籍中,有"县主族"、"秦人"、"汉人"、"胜"、"县"等姓的寄口,县主、胜、县过去都是地方贵族,秦人、汉人也是大陆移民中的势力雄厚者,后来由于种种原因而破落,成为依附民。最初的寄口多与户主同姓,由于阶级分化加剧日益打破血缘关系和族的界限,没落之人越来越多地离开本族,因此,实际上异姓寄口多于同姓寄口。户主与同姓寄口之间尚有一丝血缘

①　竹内理三:『寧楽遺文』上,第 144—153 頁。
②　竹内理三:『寧楽遺文』下,第 690、781、494 頁。
③　滝川政次郎:『日本奴隷経済史』,刀江書院 1972 年,第 203 頁。
④　石母田正:「古代家族の形成過程:正倉院文書所収戸籍の研究」,『社会経済史学』1942 年 6 号。

纽带的束缚,而异姓寄口则体现为赤裸裸的剥削,故异姓寄口的地位比较低。

寄口的存在体现了封建剥削。在奴婢逐渐减少的同时,寄口的地位与作用却日渐突出。从数量上看,乡户中的寄口大大多于奴婢,如在丰前国丁里,含寄口的户占84%,寄口数占乡户成员的43%(见"现存大宝二年户籍寄口情况调查表")。从作用上看,大多数乡户都以寄口充当正丁、兵士、课口,可见寄口是乡户中的主要劳动力。由于租庸调的沉重负担和间或发生的灾厄的影响,班田农民沦为寄口有增无减,有的地方甚至出现"一妪户头,十男寄口,寻彼贯属,所生不明"①的情况。寄口的增多为社会提供了依附民,逐渐代替了比较富有的乡户对奴婢的需求。班田农民破落之后按血缘纽带或乡里关系变为寄口,比那些失去人格沦为奴婢的人更有利于调动生产积极性。主人与寄口之间主从关系的出现,使公民与奴婢之间的良贱关系开始动摇,奴婢制越发没有出路。班田农民变为寄口是封建国家的公民变为私有民的第一步,其发展表明封建社会的内部结构正在发生变化,公地公民制逐渐被私地私民制取代。

现存大宝二年户籍寄口情况调查表②

里名	调查户数	含寄口户数	%	含寄口家族口数	寄口数	%
御野国春部里	28	15	53	311	73	23
御野国栗栖太里	20	11	55	164	58	35
御野国半布里	54	26	48	565	136	24
筑前国川道里	21	15	71	177	56	31
丰前国丁里	26	22	84	144	62	43

乡户上述特点可以概括为五个字:复合大家族。复合二字兼有单婚小家庭的结合,广泛血缘关系的结合和不同阶级成员的结合等多种含义,以这种大家族为国家统治的社会基本单位,在世界历史上绝无仅有。

---

① 『类聚三代格』淳和天皇天长五年条。
② 石母田正:「古代家族の形成過程:正倉院文書所収戸籍の研究」,『社会経済史学』1942 年 6 号。

四、乡户存在的历史原因

乡户的产生具有深刻的历史根源。与中国、埃及相比，日本是进入文明社会比较晚的国家，在从原始社会向阶级社会过渡的进程中，由于受益于大陆先进文化的影响而缩短了同先进国家的距离，但日本人的传统生活方式被保存下来，因此，即使进入阶级社会，其社会组织仍带有氏族的表象。直至大化改新前，大和国家的社会基本单位仍是大大小小的氏集团，它就是乡户的母体。

如前所述，氏的基础是出自同一祖先的血族集团，但与原始社会自然发生的氏族有本质不同，它是贯穿了奴隶制，体现了父权家长制，保留了血缘关系的混合体。氏内以有权势家族之首长立于氏上之位，统治着直系或旁系血缘亲属（氏人）及无血缘关系的成员（奴婢、部民、部曲），是拥有绝对权威的大家长。氏是由数个小家庭组成的，但社会却不承认小家庭的存在，在氏内，家庭成员与其说从属于一家，不如说从属于一氏。

在以私有制为基础和以阶级压迫为前提的社会中，氏不是日益扩大，而是逐渐分裂，人数递减。因为氏内人口多了，原来的栖息之地便不能容纳，欲图继续生存，唯向外发展，寻找新的生存空间，地缘关系逐渐取代了血缘关系。随着耕地私人占有和园宅地私有倾向的增长，氏内公有制因素大大削弱，旧秩序再也不能维持如旧，新的社会组织的产生势在必行。大化改新之前，乡户这种家庭形态在事实上已经出现，从一些古坟时代后期的村落遗址中可见由若干竖穴住居构成一个个住居群，每个竖穴内都有炉灶及藏穴，这是在大家族内个体生活的象征，整个住居群与每个竖穴颇似后来的乡户与房户。现存最早的大宝二年（702 年）诸国户籍所见各乡（里）都是诸氏杂居，这种现象绝不是在大化改新后短短几十年内才出现的，而是氏瓦解，家庭发展长期演变的结果。

氏解体之后，取而代之的为什么不是一夫一妻为主的小家庭，而是乡户这样的大家族呢？除了生产力的束缚之外，在婚姻形态上实行夫妇分居制乃是重要原因。

夫妇分居是日本原始社会盛行的"母处婚"的残余形态，主要表现是女子婚后不入夫家，男到女家幽会，夫妻暮合朝离。考察现存正仓院的奈良时代户籍、计帐资料,可知夫妇分居的现象仍大量存在。[1] 如在神龟三年(726 年)山背国爱宕郡出云乡计帐残简中可见,该乡两个里的 29 户居民中,只有乡户主的妻子载入计帐,其他成年男女的配偶均无记载。[2] 这绝不是说他们没有配偶或家庭,32 名成年男女(男 26、女 6)有自己的子女,而他们的配偶则住在外乡外里,不是这个家庭的正式成员,故未加记载。夫妇分居的情况在现存奈良时代户籍、计帐中屡见不鲜,许多文学作品中也有描写。夫妇分居标志着一夫一妻的小家庭尚不完整,个人与小家庭的利益要绝对服从家长和大家庭的利益,在经济与生活上也严重依赖大家庭。

尽管夫妇分居比较盛行,然而,以此论定连奈良时代的日本也处于母系制阶段则失之准确。如进一步考察,就会了解夫妇同居是社会发展方向。《魏志·倭人传》中记载公元 2 世纪前后的邪马台国"其俗国大人四五妇,下户或二三妇,妇人不淫,不妒忌"的情况,正反映了当时日本列岛的先进地区母权制已让位于父权制。在乡户内的成年男女中,实行夫妇分居的只是一般家庭成员,户主则有权实行夫妇同居,说明这种婚姻形态占主导地位。再者,在夫妇分居的情况下,有的子女随母居,但计算世系并不按母系,子女随父姓,继嗣仍是"正嫡相承",这是父权制与母权制根本不同之所在。总而言之,夫妇分居并不意味着妇女有超过男子的权力,与丈夫分居的女性虽未被置于夫权之下,却被置于父权之下,父权是主要的,夫权是次要的,这是家长权在特殊历史条件下的表现,也是乡户存在的基础。

由上可见,乡户之特殊,根源于日本历史发展的特殊条件。特殊的历史条件有可能导致一个国家的历史进程与世界历史发展规律发生某种偏离,但这种偏离是非本质、非主流的。乡户虽保持着氏族残余,但它是封建国家的社会基本单位,夫妇分居盛行,却不是母权制原封不动的存在,一夫一妻的小家庭尚未独立,可它在事实上已经出现,只是一时受制于某种权力,一旦时机成熟,小家庭的独立是必然的。

---

[1] 如现存大宝二年(702 年)御野国户籍、计帐资料所见 20 岁以上成年男子夫妇同籍率:味蜂间郡春部里 39.8%,本集郡栗栖太里 28.6%,加毛郡半布里 46.8%。南部昇:「籍帐研究史の二つの問題」,『日本史研究』1984 年 4 号。

[2] 竹内理三:『寧楽遺文』上,第 144—186 页。

五、乡户与律令体制的瓦解

日本在大化改新后建立的律令制中央集权体制,仅仅经过两个多世纪就出现了江河日下的衰势,原因何在? 除了应从生产方式的内在矛盾中进行考察之外,生活方式对生产方式的反作用亦不可忽视。在生产关系以外的其他社会关系中,家族关系与政治关系及政治制度有密切联系,"一定历史时代和一定地区内的人们生活于其下的社会制度,受着两种生产的制约,一方面受劳动的发展阶段的制约,另一方面受家庭的发展阶段的制约"[1]。乡户制采用了汉唐的编户齐民制形式,但保留了日本固有的氏族制若干内容,反映出引进的先进制度与落后的生活方式的矛盾。这种落后的生活方式带有很大惰性,甚至成为一种惯性力量,影响社会进步。乡户制大家族的存在是导致律令制中央集权体制瓦解的重要因素之一。其表现主要在以下几个方面。

首先,以乡户作为社会基本单位,表明律令制国家尚未建立起有效的支配小农的体制。一种外来的制度,尽管由于人们的贯彻而得到实施,但实施的程度归根结底取决于本国的社会发展水平。不管当时日本人多么虔诚地学习中国的制度,也无法摆脱半原始的氏族组织刚刚解体这一现实。乡户制的产生充分反映出日本的统治者既急于按中国之制编户齐民,建立"兼并天下,可使万民"[2]的中央集权统治,又难于将统治的触角伸到社会最底层,只好借助于大家长的权力维持统治。因为以乡户作为社会基本单位,所以国家通过乡(里)的首脑这些往日的氏族首长将国家的政令贯彻到乡户,再由他们催促、监督乡户主按时完纳租税与各种课役,形成国家(以国、郡为代表)—乡(里)—乡户这种统治结构。看起来乡户内的农民是被置于国家的严格控制之下,实际上这种体制恰为小农的独立发展创造了条件。随着封建生产关系的发展,乡户内独立经营的房户要求脱离乡户主的控制,他们边履行班田农民的义务,边靠自己的力量谋求小家庭与个人的利益。而国家只把乡户作为严格的控制对象,对房户

---

[1]　恩格斯:《家庭、私有制和国家的起源》,《马克思恩格斯选集》第四卷,第2页。

[2]　《日本书纪》孝德纪大化二年条。

则很少束缚,一旦逾越了乡户主这一障碍,就等于摆脱了国家的控制,从这个意义上来说,乡户内的农民是比较自由的。例如,乡户这种家庭形态与奈良时代农民的"浮浪"问题有直接关系。所谓"浮浪"与"不输课役,居住他国,不领本属"的逃亡不同,其特征是"往来他国,不弃己国,课役全出"①,实际上是农民私自迁徙的一种表现。随着乡户内人口增加,分户、迁居是必然的,但由于合法迁居受到扼制,农民不得不采取"浮浪"这种形式。"浮浪"并非举户皆迁,而是由乡户主留守原地,房户与户口单独外出谋生,三个月以上,即被编入当地户籍②,等于脱离了原乡户主的管辖。限于国家统治力薄弱,难以将浮浪农民及时纳入国家管控之下,给急于扩大势力的地方豪族提供可乘之机,以至于出现"率土百姓,浮浪四方,规避课役"③的局面,造成户籍管理的混乱,故有学者认为,"浮浪不是不堪律令制的重压,而是破坏了律令制"④。743 年,律令国家颁布"垦田永世私财法",刺激了农民垦田的积极性,但参加垦荒的农民多是房户成员。据古文书资料记载,766 年(天平神护二年),越前国足羽郡道守村垦田的农民中,乡户主只占 30%,在丹生郡椿原村,乡户主更少,只有 11%,其他则是房户或户口⑤。总之,由于乡户的结构及特殊的经营方式,乡户虽是户籍单位但不是农业生产单位,房户是生产单位却不是户籍单位,这实际上是一个固有矛盾,妨碍了户籍制度的贯彻与实施。这正说明在严格受制于国家的情况下,乡户主唯有服从国家的统治,完成各种课役,无暇顾及更多,相比起来,房户与户口只要经营好口分田,按时完成各项规定的任务,有余力者自然希望有处发挥,何况国家又没有限制,这就是房户垦田多于乡户主的原因。乡户内的小家庭一旦有了私有财产便要求独立门户,这是乡户制本身的固有矛盾,在客观上使农民扩大了活动范围,而这个范围正是封建国家鞭长莫及的。因此可以说,乡户这种家庭形态是难以控制小农的,在此基础

---

① 《令集解·户令》。

② 《续日本纪》元明天皇灵龟元年五月条:"辛巳朔,敕诸国朝集使曰:天下百姓,多背本贯,流宕他乡,规避课役,其浮浪逗留,经三月以上者,即云断输调庸,随当国法。"

③ 《续日本纪》元明天皇灵龟元年五月条、元正天皇养老元年五月条。

④ 直木孝次郎:「奈良時代史の諸問題」,塙書房 1983 年,第 12 頁。

⑤ 竹内理三:「寧楽遺文」下,第 664—674 頁。

上建立的中央集权体制如同沙滩楼阁。

第二，乡户制是班田农民产生贫困分化的根源。中国封建社会的统治者标榜编户齐民制为"齐等无贵贱"[①]，实际上不过是一种掩盖阶级矛盾的称谓。在日本，作为乡户被编入国家户籍的既有出身卑微的贫者，也有有权有势的富者。他们的法律身份相同，社会地位却各异。律令制下，农民被按照课口的多少分为九等[②]，不同等级之间财产差距极大。可以说乡户制从产生时起，就有明显的贫富差别。

一部分乡户主是大化改新前的豪族。这部分人曾经享有氏姓之尊荣，统辖整个氏族并奴役部民，仗势扩充私有财富。他们中间多有家大富饶者。大化改新对他们在经济上未剥夺殆尽，在政治上保留了一定特权，使他们日后成为强有力的乡户主，更不乏摇身变成律令国家的新贵高官者。筑前国川边里任郡大领职的乡户主肥君猪手便是典型一例。肥君猪手的户内人口共 124 人，一妻多妾，包括 26 个寄口和 37 个奴婢，偌大的乡户内，近 15 个课口，其中还有 3 人因居官位而被免除田租之外的一切负担。人口多、负担轻又有身份地位的乡户在现存奈良时代户籍、计帐中常有所见。他们是富有的，国家征收的租税、庸调等对他们并未构成压力，使他们得以有充分的余力开荒垦田，招纳破落公民扩充私门。

大部分乡户主是过去的部民和自由民。大化改新之前部民被广泛用于各个生产领域。他们从朝廷和豪族那里领取一定数量的生产资料，定期服劳役，贡纳产品。无论哪一部门的部民都处于奴隶地位，可以被转让，是氏姓贵族奴役的对象。大化改新后，部民成为律令国家的公民，例如，天平十一年（739 年），出云国大税赈给历名帐所登载的约三百个乡户中，有 40% 是过去的部民[③]。部民在被解放时一无所有，仅靠耕种口分田维持生计，与前一类乡户主的差别不啻霄壤。至于大化改新前的广大自由民，他们受氏上的奴役和朝廷的剥削，随时都有土地被侵占、人身沦为部民的风险，按其实际地位乃

---

① 《史记·平准书》注引如淳曰。

② 即上上户、上中户、上下户、中上户、中中户、中下户、下上户、下中户、下下户。

③ 石母田正：「天平十一年出雲国大税賑給歷名帳について」，『歷史学研究』1936 年 8 卷 1 号。

是"部民的后备军和部民的潜在力量"①,故自由民在大化改新后的地位与部民出身的乡户相差无几。

在同一社会阶层内有奴役者与被奴役者之分,有财产的有无、多寡之别,这是班田农民产生分化的前提。随着一系列社会因素出现(诸如统治苛刻,农民负担过重等等),分化愈演愈烈,富者益富,贫者益贫。除少数乡户地位上升,跻身于富豪之列,多数乡户生活拮据,每况愈下,需靠政府赈济维持生产与生活。有些地方等外户已达总户数的 76%(安房国)和 90%(越前国)②。其结局无非有二,一是班田农民沦为寄口的有增无减,如平安时代初年在常陆某里,寄口数已占总人口的 62%③。班田农民沦为寄口是由封建国家的公民变成私有民的第一步,寄口的增加意味着国家控制人口的减少;二是大批不堪重负的农民逃离户籍所在地,规避课役,造成户籍严重失实,直接影响到国家的收入,虽然采取一系列禁断措施,仍然"奔亡犹多,虽禁不止"④。逃亡农民绝大多数都遁入私门,使各地豪强的私自隐匿户急剧增多。加上土地兼并的发展,中央集权制度的基础——编户齐民制与班田制都处于瓦解之中。

第三,乡户与氏族组织的天然联系严重削弱了中央集权统治。编户造籍是封建国家为保证赋税来源、维持统治秩序而实施的重要措施,通过这种制度,对农民的控制之严似乎无懈可击,实际则不然。日本氏族制度存在久远,一族相怜相助,氏上统辖一族,氏族利益至高无上。大化改新后,如天智天皇曾经于 663 年"大氏之上赐大刀,小氏之上赐小刀,其伴造等之氏上干盾弓矢",天武天皇十一年(683 年)要求诸氏人等"各定氏上",实际上是承认了氏族的地位。如下列"同姓集团一览表"所示,基于地缘关系而制定的乡户制保留了浓厚的血缘关系。

---

① 井上清著、天津市历史研究所译:《日本历史》上,第 42 页。

② 竹内理三:『宁楽遗文』上,第 320 页。

③ 元島礼二:「寄口の史的意義」,『歴史学研究』1960 年 4 号。

④ 《续日本纪》元明天皇和铜十年条。

同姓集团一览表①

年代	乡里名	总户数	户主姓	同姓户数	同姓户数%
702	御野国半布里	54	县主族	20	37
702	御野国半布里	54	秦人族	21	39
702	御野国春部里	27	国造族	10	37
702	丰前国丁里	35	秦部	16	46
721	下总国大岛乡	33	孔王部	32	97
726	出云国云上里、云下里	23	出云臣族	21	91
739	出云国河内乡	37	日置族	27	73
739	出云国建部乡	30	建部	19	63
?	山背国乡里不详	5	隼人	5	100

　　这说明，封建国家虽然以乡户作为社会基本单位，但旧的氏族组织在人们的生活中仍占重要地位。这种氏族组织除了监督人们的行动，以一族的利益统一人们的意志和以祭祀氏神作为控制乡户成员的精神纽带之外，更多的是向国家的统治机构进行渗透。多数旧日的氏族首领国造被国家任命为基层地方官郡司。这些人既是地方的实力人物，有传统的号召力，又有冠冕堂皇的国家官职，集国家的代表与氏族首领的双重身份于一身。他们仰仗历来的威望与手中的权力统辖地方，挖国家墙角，役使农民垦田以为私地，蚕食国有土地为己有，成为地方的新富豪。一旦条件成熟，便摆脱中央控制，并以直接支配乡户与房户的便利条件与国家对抗，使国家对农民的统治发生严重脱节。

结语

　　生活方式归根结底受生产方式的制约，反过来又影响生活方式的变革。由于历史发展的局限性，氏族制度在日本长期存在下来，人

---

　　① 　直木孝次郎：『日本古代国家の構造』，青木書店 1959 年，第 26—27 頁。

们尤习惯于集团式生活。大化改新后的日本既不能超越历史,原封不动地照搬中国制度,更不能倒转历史车轮继续推行部民制,过氏族式生活,唯有对中国的制度加以改造性吸收才是出路。乡户制的产生就是这一矛盾的体现。以乡户这种大家族作为社会基本单位,说明律令国家对小农鞭长莫及。它保留了旧的生活方式的遗迹,以旧氏族首领为代表的地方豪族作为一种潜在的离心力量而存在。随着封建生产关系的发展,乡户发生了分化,许多小家庭从乡户内独立出来,成立地方豪强的私有民。这就是生活方式对生产方式的反作用。

(原文刊载于《南开史学》[《律令体制的瓦解与乡户》]1986 年 2 期、《日本研究》1986 年 2 期[《论乡户》])

第二节　律令制下贵族势力的成长

与拥有世界上最古老的皇室一样,日本也曾拥有世界上历史最悠久的贵族。由于日本历史上经历了近七百年的幕府统治,以及武士道在近代社会影响深远,人们对日本史关注较多的是武士,而忽视了贵族。实际上,贵族是日本历史上一个非常重要的社会阶层,其地位仅次于皇室,其存在时间远远长于武士,其贡献重在文化传承。本文仅从社会史的视野谈谈对日本古代贵族的几点观察。

一、贵族势力的发展

贵族是指依据血统与门第获得社会特权的人们及其家族,进而指这种身份。律令时代的贵族特指服务于天皇与朝廷的官僚,他们住在京畿,亦称“公家”,五位以上者被称作贵族。日本的贵族起源于大化改新前的古代豪族,在大和朝廷统一日本的过程中,得到了其他部落首领的鼎力相助,在大和国家统一日本后,这些部落首领与臣从均按昔日的战功和身份,获得政治与经济上的特权,发展成为豪族。大和政权实际上是由诸豪族组成的松散的联合体制,大王(天皇)与豪族间的博弈是日本古代史的主线。645 年,皇子中大兄及权臣中臣镰足联手发动“乙巳之变”的根本目的就是为了削弱贵族势力,加强皇权。事实上,这一努力并没有摧毁贵族传统,削弱了旧贵族又有新贵族取而代之。律令制度下新贵族是通过以下几个途径成长起来的。

第一,不少新贵族是大化改新前的氏姓贵族。氏姓制度是大和时代维护贵族社会秩序的等级制度,由天皇对豪族颁赐各种不同的"姓"以表示其等级的高下。赐姓的根据是贵族的出身、世系,尤其是与皇室关系的远近。大化改新近四十年后,684年(天武天皇十三年)10月,天武天皇下诏:"更改诸氏之族姓,作八色之姓",下诏当日便对13个原持"公"姓的贵族赐"真人"姓[1],这些贵族都是继体天皇以来历代天皇的皇子及其后代,被天武天皇置于诸姓中最高贵者的地位。11月,又对大三轮君、大春日臣等52氏赐"朝臣"姓[2]。"朝臣"姓是臣下中地位最高的姓,"朝臣"姓的设立,是为了在旧有的臣、连、首、直等姓之上置新姓,用以表彰其在"壬申之乱"中的功绩,建立天武天皇新政权的基础。12月,对大伴连、佐伯连等原出身神别、持"连"姓的50个氏赐以"宿祢"姓,转年六月,又赐大倭连、葛城连等11氏以"忌寸"姓。天武天皇赐姓合计126氏,根据《公卿补任》[3]的记载,在这些氏中,从《大宝律令》颁布到奈良时代末期,属于三位以上贵族的共有21氏[4],可见律令时代的贵族与古代豪族的渊源。

律令位阶制

位阶数	亲王	诸王	诸臣
1	一品	正一位	
2		从一位	
3	二品	正二位	
4		从二位	
5	三品	正三位	
6		从三位	

---

① 《日本书纪》天武纪十三年十月条。

② 《日本书纪》天武纪十三年十一月条。

③ 《公卿补任》:记载从"神武天皇"到明治元年历代公卿的叙位、任官情况的职员录。

④ 関晃:「律令貴族論」,『岩波講座·日本歴史』古代三,岩波书店1976年,第41页。

（续）

位阶数	亲王	诸王	诸臣
7	四品	正四位上	
8		正四位下	
9		正四位上	
10		从四位下	
11		正五位上	
12		正五位下	
13		从五位上	
14		从五位下	
15			正六位上
16			正六位下
17			从六位上
18			从六位下
19			正七位上
20			正七位下
21			从七位上
22			从七位下
23			正八位上
24			正八位下
25			正九位上
26			从九位下
27			大初位上
28			大初位下
29			少初位上
30			少初位下

　　第二，律令官僚制度促进了贵族的发展与成熟。在 701 年制定《大宝律令》时，确立了律令官位制，将原来繁杂难记的官阶（天武天

皇时期制定了官位四十八阶)改为简单明了的按照数字及"正"、"从"的表现方法,等级上也大幅缩减,从正一位到少初位下共计三十阶。同时,确定对亲王①叙一品至四品,诸王②叙正一位至从五位下。

律令官位制的突出特点是"官位相当制","职掌所事,谓之官,朝堂所居,谓之位也","凡臣事君,尽忠积功,然后得爵位,得爵位然后受官",根据"凡位有贵贱,官有高下,阶贵则职高,位贱则任下"③的原则,对官员先授爵位,再据爵位定官职,官位是任官的前提。"官位令"对处于何品位者任何种官职都做出明确的规定,如担当太政大臣的必须是正一位、从一位;担任左大臣、右大臣者必须是正二位、从二位;任大、中纳言,大宰帅者必须是三位以上,不同位阶间在各方面的待遇都有明显差距。虽然这种制度是律令制下的新规定,但获得五位以上位阶的,除了皇亲就是持"臣"姓与"连"姓的贵姓氏族的后代,再就是在"壬申之乱"中建立功勋的贵族。根据泷川政次郎的考证,奈良时代三位以上高官共 112 人,除了 18 位亲王以外,其余几乎都是大伴氏、石上氏、巨势氏等旧氏姓贵族子孙及藤原氏、纪氏等新贵族,再就是橘氏等从皇室派生出来的分支,出身于直、首等卑姓贵族的只有 7 人④。

第三,律令贵族在拥有政治特权的同时,也享有各种经济特权。如"律令官人特权对照表"所示,律令官员的特权是根据其位阶决定的:所有五位以上官员有位田、季禄、位分资人⑤;四五位有位禄;担任太政大臣、左右大臣、大纳言的正一位到正三位的还有位封、职田、职封、职分资人。这些合法的拥有使贵族轻而易举地积累了财富。

---

① 亲王:天皇的儿子及兄弟。天皇的女儿及姐妹称内亲王。
② 诸王:皇族中从二世以下至四世的王。五世王虽称王,但不包括在皇族范围之内。
③ 《令义解·官位令》。
④ 瀧川政次郎:『日本社会史』,刀江書院 1929 年,第 51—52 頁。
⑤ 资人是在贵族府第中担任护卫和勤杂事务的侍从和侍卫,一般由六位以下的有位者担任。

律令官人特权对照表①

位阶	位田（町）	位封（户）	季禄				位分资人（人）	职田（町）	职封（户）	职分资人（人）	位禄			
			绝（匹）	绵（屯）	布（端）	锹（口）					绝（匹）	绵（屯）	布（端）	锹（口）
正一位	80	300	30	30	100	140	100	40	3,000	300				
从一位	74	260	30	30	100	140	100							
正二位	60	200	20	20	60	100	80	30	2,000	200				
从二位	54	170	20	20	60	100	80							
正三位	40	130	14	14	42	80	60	20	800	100				
从三位	34	100	12	12	36	60	60		200	30				
正四位	24		8	8	22	30	40				10	10	50	360
从四位	20		7	7	18	30	35				8	8	43	300
正五位	12		5	5	12	20	25				6	6	36	240
从五位	8		4	4	12	20	20				4	4	29	180

第四，荫位制的实行促进了贵族的世袭化。荫位制度即根据父祖官位而入仕的制度，是对中国门荫制度的模仿。日本在701年制定《大宝律令》时，在"选叙令"中确定了荫位制度：五位以上贵族子弟年满21岁便可叙位并任官，亲王子从四位下，诸王子从五位下，其五世王者从五位下，如"诸臣荫位表"所示，五位以上诸臣也有荫位特权。与唐代的门荫相比，日本的荫位制给贵族带来多方更优厚的待遇（见本书第三章第三节《日本贡举的贵族化》）。这种制度，被认为是在贵族势力强大的情况下，朝廷向贵族势力妥协的一个重要标志②。

诸臣荫位表

官员	嫡子	庶子	嫡孙	庶孙
正、从一位	从五位下	正六位上	正六位上	正六位下
正、从二位	正六位下	从六位上	从六位上	从六位下
正、从三位	从六位上	从六位下	从六位下	正七位上

---

① 関晃等編：『史料による日本の歩み』古代編，吉川弘文館1960年，第136—137页。

② 早川庄八：『日本古代官僚制の研究』，岩波書店1986年，第25—26页。

（续）

官　员	嫡　子	庶　子	嫡　孙	庶　孙
正四位上、下	正七位下	从七位上		
从四位上、下	从七位上	从七位下		
正五位上、下	正八位下	从八位上		
从五位上、下	从八位上	从八位下		

上述措施的制定与实施,铺平了朝廷官僚贵族化、世袭化的道路。平安时代,公卿制度的产生进一步加剧了这种倾向。所谓公卿,指律令官制最高官职的太政大臣、左大臣、右大臣(公)与令外官的大纳言、中纳言、参议(卿)的总称,他们掌管着朝廷与宫廷事务。当时,不仅只有三位以上者才能任这些官职已成定制,而且,担当公卿的家族也趋于固定,官位升进要依靠家系、家格的制度开始形成。公卿与"公家"(贵族)几成同义语。在这种制度下,依靠个人努力而升进的可能微乎其微,让作为中国古代制度基石的科举制度传入日本后昙花一现,皇权与文官官僚联合治理的中央集权制度在短暂辉煌后终于走向衰落。

二、贵族藤原氏对皇权的挑战

随着皇族与贵族之间亲疏关系的演变,贵族之间势力的消长,贵族的构成也在发生变化。到平安时代,原有贵族被以源、平、藤、橘为顶点的新贵族所取代。在这四大姓中,藤原氏是渊源最长、资格最老的一族,也是唯一出身于人臣氏族的贵族。藤原氏的始祖是大化改新的功臣中臣镰足。在中臣镰足去世前,天智天皇按其居住地的名称(大和国高市郡藤原乡)赐其藤原姓。其次子藤原不比等继承其父遗志,致力于国家的中央集权化,参与制定律令。698 年(文武二年),文武天皇诏令藤原姓只由藤原不比等及其子孙继承,从此藤原氏脱离中臣氏,逐渐发展成为左右朝政的重臣。藤原不比等死后,其四个儿子分别建立南家(藤原武智麻吕)、北家(藤原房前)、式家(藤原宇合)、京家(藤原麻吕)。在此后的政争中,南家、式家、京家相继衰落,只有北家势力日益强大,成为权倾朝野的巨姓大族。

日本历史上从来不乏豪族巨姓,唯有藤原氏缔造了号称"藤原时代"的辉煌。从社会史的视野来考察,藤原氏对皇权提出了前所未有的挑战，用两种超乎寻常的手段，造就了藤原氏一族在日本历史上无与伦比的地位。

第一个手段是将旧有的外戚政治传统藤原氏化，通过长期垄断皇后角色而控制皇室。不要以为藤原氏利用外戚身份专权完全是阴谋手段，实际上，外戚专权也是日本历史上的一种传统，大和时代的豪族就习惯于利用与天皇的婚姻关系达到与皇室接近或控制皇室的目的。平安时代后期平氏在掌握朝廷大权后，也多次把女儿嫁给天皇，但只有藤原氏把这种传统发挥得淋漓尽致。

《大宝律令》制定时，将大和时代皇后需由皇女（内亲王）所出这一传统写进法律，据此，人臣之女至多只能成为天皇的夫人（三位以上出身）及嫔（五位以上出身）。729 年，刚获得夫人称号不久的藤原不比等的女儿光明子被立为圣武天皇（724—749 年在位）的皇后，彻底突破了上述传统与法律，首开皇族以外女子立后之先河，同时创造了空前绝后的立光明子之女阿倍内亲王为皇太子（即后来的孝谦天皇）之举。此后，天皇的皇后中，藤原氏出身者占压倒多数，从圣武天皇到后白河天皇（1155—1158 年在位）共 32 代男天皇的皇后、女御[①]中，除了少数是内亲王外，有 24 位出自藤原氏[②]。这样，位极人臣的藤原氏很少胡作非为，只要不断将自己家的女子送进皇宫当皇后，并按照皇室固有的后妃自怀孕起就回娘家待产、生养的传统，自幼养育天皇成长，血缘亲情加上言传身教，潜移默化之间，就把天皇牢牢控制在股掌之中。与天皇的外戚关系也就成为藤原氏权力的根源，如创造了藤原氏势力极盛的藤原道长（966—1028 年）最骄傲的就是"一家立三后"——先后将自己的五个女儿送入宫中，其中三个女儿立为皇后。"此世即吾世，如月满无缺"[③]，这首和歌就是藤原道长为庆祝三女威子成为后一条天皇的皇后，在邸内宴请诸公卿时即席吟诵的，表现了他权倾朝野、

①　女御：本为天皇寝所服侍的女官，始见于桓武天皇时期。令制的后宫除皇后之外的二妃、三夫人、四嫔之制最后存在于醍醐天皇（885—930 年）时期，此后主要由藤原氏女儿担任的女御的地位迅速提高，从中被选立为皇后的也不在少数。故女御成为事实上的皇后，"女御入内"之仪乃天皇的大婚典礼。

②　根据儿玉幸多：『日本史小百科·天皇』"历代天皇一览"及"皇后表"统计，近藤出版社 1978 年。

③　藤原实资：『小右记』，日本史籍保存会 1915 年，第 205 页。

志得意满的心情。藤原道长去世后，其养子藤原赖通任摄政关白长达五十多年(1017—1068年)。可惜盛极必衰，赖通将女儿(包括养女)送入宫中之后却没有生下男孩，从而未当上天皇的外祖父，藤原氏作为外戚的势力受到重创，直接导致了摄关家的衰退。

第二个手段是把摄关职变成了家职。在独家垄断了皇后所出之后，藤原氏利用从中国学来的知识，建立了独特的"摄关"体制。

中国古代在国君年幼不能亲自处理政事时，由其亲族暂代执政，叫做摄政。日本皇室的第一位摄政官是圣德太子。由于摄政不是常设官职，在律令中并没有做出规定。如前所述，在藤原氏四家中，藤原北家升进最快，到家祖藤原房前的第四代藤原良房(804—872年)时，通过迎娶嵯峨天皇皇女源洁姬，奠定了藤原北家在朝廷的地位。藤原良房作为文德天皇的舅舅、女儿明子与文德天皇所生的惟任亲王的外祖父，官运亨通，至857年(齐衡四年)被任命为律令制定后首位正式的太政大臣①。次年其外孙、9岁的清和天皇(850—880年)即位之时，身为天皇外祖父的良房总揽政务，成为事实上的摄政，进而于866年(贞观八年)在处理"应天门之变"②中，藤原良房将长期以来不满藤原氏专擅朝廷的大伴氏、纪氏等贵族排除出中央政权的核心，清和天皇下诏由藤原良房"摄行天下之政"，人臣太政大臣和人臣摄政自此产生。

关白，语出《汉书·霍光传》："诸事皆先关白光，然后奏御天子。"藤原良房死后，养子藤原基经(836—891年)就任摄政，他先后仕奉清和、阳成、光孝、宇多四位天皇，藤原氏势力继续强势发展，不仅在天皇年幼时代天皇执政，而且在光孝天皇时成为事实上的"关白"，到宇多天皇(887—897年在位)时一纸诏书"万机巨细，百官总已，皆关白于太政大臣，然后奏下"，赋予藤原氏在天皇成人后辅佐已成年天

①　律令制定之前，曾有天智天皇任命大友皇子和持统天皇任命高市皇子为太政大臣。《养老令·职员令》对太政大臣的职务规定是："师范一人，仪形四海，经邦论道，燮理阴阳，无其人则阙。"由于是"则阙之官"，地位重要，律令制定后一直未任命太政大臣。

②　应天门之变：866年，大内里的应天门失火，大纳言伴善男称与其关系不睦的左大臣源信是纵火主谋，时任太政大臣的藤原良房为源信辩护，源信被无罪释放。不久之后，伴善男父子被人揭发为纵火的嫌犯，最终被判处流放。涉事的名门望族伴氏、纪氏走向没落，藤原良房成功独揽大权。

皇处理政事的权力。930年,8岁的朱雀天皇即位,其舅舅藤原忠平(藤原基经之子)担任摄政,941年,朱雀天皇成人,又继续被任命为关白,成为同一官员在同一天皇年幼时摄政,天皇成人后任关白的第一人。从此,藤原氏北家牢牢占据了摄政和关白两个官职,成为天皇的代理人或辅助者,独揽大权。

中国历史上的外戚干政只是不同时期的个别现象,皇亲在变,外戚也在变,从未有一个外戚家族长期垄断朝政的事情。而日本平安时代摄政与关白之职始终由藤原北家垄断,外戚专权也是由藤原氏一族来实施的。这种结局显示出藤原氏的强势,藤原氏因此发展成仅次于皇室的巨姓大族,活跃在日本历史舞台一千数百年。随着世代繁衍,从"藤原"这一姓中分化而来的姓氏达400个左右,1,300万人,几占日本人口的十分之一。与中国的外戚专权是由皇帝最亲的人滥用和放大了皇权所不同的是,日本的外戚专权与摄关政治却大大弱化了皇权。摄关政治必然导致天皇与外戚的冲突,在此过程中,军事贵族集团——武士乘机崛起。平安时代后期,天皇与外戚为了巩固自身,都力图借助武士的力量在权力博弈中取胜。双方博弈的结果却是天皇和外戚在长期的冲突中两败俱伤,被双方利用的武士却在冲突中发展了势力。不仅以太政大臣和摄关家面目出现的文官官僚制度被军事贵族集团所摧毁,天皇随后也被彻底虚位化,长期被软禁于京都皇居之内,日本的政权从此被军事贵族集团所垄断。

三、"家"制的贵族源起

直到在第二次世界大战中战败为止,"家"是日本历史上重要的家族组织与社会组织。说它是家族组织,因"家"是立于以婚姻和血缘关系为纽带的具体家庭之上的生活共同体,它具有超血缘性,以家业为中心,以家名为象征,以直系的纵式延续为原则,是社会化的家族集团;说它是社会组织,因前近代社会,"家"就是社会基本单位,在近代社会,出于传统的影响及人为的利用,"家"被扩大到社会生活当中,形成社会集团的家族化,无数这样的集团构成了社会和国家,从"国铁一家""矿山一家"式的企业集团,到以天皇为家长、以国民为子女的家族国家,都是这种家族式社会集团的范例。与中国历史上宗族制度同封建制度相伴始终一样,日本历史上的"家"制也是处于人们社会生活核心的重要制度。

"家"制走向成熟是在江户时代的武家社会,但最早是在贵族社会形成的。日本素有"以族制立国"的传统。在大和时代,各个从事固定职业的氏族是社会基本单位,其首领——氏上也分别是朝廷和地方的官吏。在大化改新过程中,随着废除贵族的土地私有权、改革中央及地方的官僚机构、建立新的官位制等一系列革新措施的实施,氏族失去了存在的基础。天武天皇时期,要求"诸氏人等,各定可氏上者而申送。亦其眷族多在者,则分各定氏上,并申于官司。然后斟酌其状,而处分之。因承官判,唯因小故,而非己族者,辄莫附"①,实际上是借机分化旧有氏族,并对各个氏族重新赐姓,使其从结构上发生了分化,从规模上由大变小。如大和时代从事古坟营造和葬送礼仪事务的土师氏分化为大江氏、菅原氏、秋篠氏等。

然而,当时日本人所进行的建立中央集权的官僚制度的努力只停留在对隋唐官制的模仿,贵族传统依然存在。选官要根据出身、世系,仍然是只有贵族才能跻身公卿之列,因此律令太政官②的基础呈日益缩小的态势。奈良时代有资格参与议政的公卿尚有安倍氏、大伴氏、藤原氏、多治比氏、纪氏、巨势氏、石川氏等家族,按惯例各氏出一人作为议政官参与议政。进入平安时代,贵族社会秩序发生很大变化,源、平氏因皇室对诸皇子降为臣籍后赐姓朝臣而声名鹊起,橘、菅原、大江、中原、坂上、贺茂、小野、惟宗、清原等奈良时代不曾有名的氏族迅速提高了地位,不久,政权的核心又缩小到源、平、藤、橘等几大氏族,到9世纪末期,朝政基本上被藤原氏垄断,藤原氏成功获得世袭担任摄政、关白的特权,从此置身于贵族社会顶点。这也就意味着其他家族跻身上流贵族的道路被堵塞,迫使这些家族的人作为中下层贵族在朝廷中寻找其他生活出路。他们往往在一些特定的专业技术部门,通过自己掌握的一技之长在朝廷中立足,久而久之,也成了世袭的官职,这些特定的"家"便成为从事朝廷公务的机构。如清原氏与中原氏包揽了属于太政官少纳言局的大外记(即秘书局)一

---

① 《日本书纪》天武纪十一年十二月条。

② 太政官:主管中务省、式部省、民部省、治部省、兵部省、刑部省、大藏省、宫内省的最高机关。设长官(左大臣、右大臣、内大臣)、次官(大纳言、中纳言、参议)、判官(少纳言、左大弁、左中弁、左少弁、右中弁、右少弁)、主典(大外记、少外记、大史、少史)等四种官职。

职,其中中原氏的"局务家"之家职一直持续到江户时代。此外,诸如小槻氏的算道,贺茂氏的历道,安倍氏的阴阳道,和气氏、丹波氏的医道等都是世代相承为官,别人无法染指。这种把官职和"家"相结合的制度被日本学者称为"官司请负制"①,"请负"即"承包"之意,即由特定的家族世袭担任特定官职,特定家族世袭运营特定的官厅,实际就是官职家业化、世袭化,在 10—11 世纪间已经初步形成。

进入武家社会,尽管公卿贵族逐渐失去往日的辉煌,但"家"制却走向成熟,并形成了贵族内部严格的等级区分,这种等级区分被称为"家格"。按照地位高低的顺序,依次分摄关家 5 家,亦称"五摄家";清华家 9 家;大臣家 3 家;羽林家 66 家;名家 28 家;半家 26 家。家格是贵族社会任官的依据,如担任太政大臣及任近卫大将的家族必须出自清华家;大臣家能任大纳言并升官至左右大臣;羽林家可官至参议、大纳言,并可兼任近卫中将、少将;名家可经侍从、辨官、藏人头而升任大纳言,等等,各个等级不可逾越。这些贵族在明治维新以后,均被列为华族,并被授予公爵(摄关家)、侯爵(清华家)、伯爵、子爵(其他家格)。

从上述可以看出,贵族的"家"与以一对夫妇为中心的家是不同的概念。它虽然也以血缘为纽带,但从一开始就是以官位、官职及其运营为主要机能的"公"的机构。毫无疑问,它也具有冠婚嫁娶、生儿育女的家庭的"私"的机能,但与其"公"的机能相比,这种"私"的机能是居从属地位的。在这种情况下,贵族的继承就更重视家职的延续。"继嗣令"规定三位以上贵族的继承实行嫡子相承,据此规定,贵族家庭嫡子以外男子的出路或是去别人家当养子,或者出家做和尚②,而不许另建新家。贵族的以家业为中心、实行长子单独继承、注重纵式延续的"家"制度对后来武家社会产生了很大影响。因为有这样的制度约束,在日本提到贵族,必有特定所指,且数量有限。在 1869 年被列入华族的有公家华族 137 家,其数量远远少于武家的大名华族(270 家)。

---

① 佐藤進一:『日本の中世国家』,岩波書店 2007 年,第 27 頁。
② 田端泰子:「古代・中世的〈家〉と家族——養子を中心として」,福田アジオ、塚本学編:『日本歴史民俗論集』3『家、親族の生活文化』,吉川弘文館 1993 年,第 20 頁。

四、贵族的教养

说到贵族的教养，人们一般会将关注的目光集中到欧洲贵族身上。而若从传承之久远、文化之厚重方面来考察，东方国家日本的贵族丝毫不逊于欧洲的贵族。当欧洲的贵族还蜗居在中世纪乡野的城堡，粗鲁不堪，只关心养狗、骑马、打猎的时候，日本的贵族已经在教养方面领民众之先，创造了灿烂的贵族文化。可以说，贵族的文化与教养同武士的武勇与忠诚相结合，缔造了日本传统文化的本质内容。

人们往往会认为，不论哪个国家、哪个时代的贵族，都不事劳动，过着优裕的生活，所以有余暇和精力去舞文弄墨，写诗作赋，弹琴唱歌，游山玩水，追求高雅，其教养肯定高于终日为衣食温饱而劳碌的普通大众。其实，这些理解有一定道理，但也有失片面。在一定意义上说，教养与其生活状况有直接关系，如良好的教养首先得益于良好的教育，这就受经济条件的制约。而日本古代贵族的教养之形成首先来自于身份制度下自我意识的完善，即作为上流阶层而存在，时时事事要显示出与这一阶层相符合的行为规范及生活情趣。即使多数贵族并不像藤原氏那样权倾朝野，财富充盈，且到幕府时代生活潦倒，但他们依然警戒自己不能失去贵族的品格和修养。因此，经过律令时代数百年的陶冶，以知性、高雅为特征的贵族教养得以形成，并影响了全社会的大众，与整个历史相伴始终。

贵族的教养首先来自于教育。大和时代，日本几乎是文化沙漠，大陆移民中的文化人承担了文化传播与传承的任务，也因其文化素养而在朝廷中垄断了文书记录等工作。这对于当地贵族来说或许是一种刺激或动力，促使他们从掌握文字开始，学习中国的文学、经典、政治思想，到最后创造自己的文字和文学及文化。奈良时代是文化繁荣时代，大陆移民的地位逐渐降低，贵族的文化水平日益提高。通过派遣遣唐使及留学生、学问僧等到唐朝，直接与文人雅士交流，使贵族们加深了对文化知识的憧憬，很快表现出对教育的关注，他们尤其重视让自己的子弟具备符合贵族身份的文化、知识、礼仪、趣味与教养。由于荫位制度的存在，对于贵族来说，不进大学寮学习，不参加科举考试照样可以叙位任官，因此大学寮中枯燥的学习难以引起贵族子弟足够的学习兴趣，实际上当时的贵族更热衷于对子弟从幼小的时候开始进行家庭教育,后来贵族们开办的私人教育机构——如弘文院、劝学馆、文章院的人气甚至远远超过了大学寮。

在古代日本,由于没有科举制束缚,贵族的教育表现出很强的实用性。在文学修养方面,晦涩难懂的儒家经典似乎并没有引起贵族们的多大兴趣,人们却以会写汉诗为荣,应诏侍宴、迎接外国使节、贵族聚会等朝廷际会场合都要赋诗,因此从天皇、皇族成员到贵族、僧人,涌现出许多造诣颇深的汉诗人。在汉诗文的影响下,和歌也有了迅速发展。在当时,赋汉诗、咏和歌在贵族中蔚然成风,一个贵族男子如不具备汉诗、和歌的基本素养则难登大雅之堂。在个人兴趣方面,贵族们竞相追求高雅,涉猎各种学问与艺术,还要培养书道、绘画、抚琴、吹笛等雅趣,以在朝廷生活中独树一帜。在礼仪方面,由于受唐代制度、文化影响,在朝廷与宫中乃至各种社交场合,形成了严格而繁琐的礼仪规范,如何保持作为贵族的体面,不失身份,在当时是颇为重要的事情,因此就有了专门研究和介绍各种朝廷官员行事与礼仪、装束、典故等方面规范的学问(亦称"有职故实")的发达,源高明的《西宫记》、藤原公任的《北山抄》、大江匡房的《江家次第》三书,成了礼仪方面的必读书,还出现了以此为家业的贵族家庭①。作为贵族的一员,在朝廷内外的出言进退、行为举止、衣着打扮等方面都必须符合贵族的礼仪和规范。例如,书信往来在当时是重要的社交手段,要措辞得体、不能随便应付,由此,便有了专门教人写信的教科书《明衡往来》。《明衡往来》的作者是历任文章博士、大学头、东宫学士等职的贵族学者藤原明衡(989—1066 年),他以收集到的贵族之间的信件为范本,教授贵族子弟在正确的遣词造句中,表现贵族的礼仪与优雅。正因为《明衡往来》具有强烈的贵族性与实用性,才使得它成为启蒙教材的典范,并广为流传。

贵族社会在注重男子教养的同时,也未忽视女子的教养。在文化繁荣的奈良、平安时代,贵族们为了争权夺利,不惜以女儿作为攀附权势的工具,让女子具备一定的才学以增加其身价。在这种动机之下,贵族社会内形成让女孩子从小接受教育的传统。只不过贵族女子不能像男子一样进入大学、国学及私人教育机构接受教育,贵族

---

① 如以"有职故实"为家职的有德大寺家(九条流)、大炊御门家(御堂流)等。

家庭多由女孩子的母亲或祖母担任教师的角色，或聘请教师到家里来授课，在教其修身、礼法的同时，学习各种技艺，以培养温顺贤淑的女性为目标。贵族偏重女才的教育促进了这一时期上流社会女子在政治、文艺、宗教等各方面都很活跃的景象。除了出现多名女天皇之外，也涌现出不少像紫式部、清少纳言、赤染卫门等极富才华的名门闺秀。除此之外，公家女子所处的日常生活环境有着浓厚的文化氛围，很多贵族家学发达，贵族家的女子从小在装束、仪态到举手投足方面受到严格的规范，家庭环境的耳濡目染，使她们自然而然地受到贵族文化的熏陶。由于贵族女子独特的气质且具有教养，在贵族势力衰落的幕府时代，她们的婚姻对象不只局限在公家内部，就连幕府将军及地方大名都纷纷迎娶贵族女子为妻或侧室，她们在子女教养的培养、传播贵族文化方面是有贡献的。

由于贵族在平安时代已经形成重教育、重教养的传统，进入幕府时代，公家贵族不再像奈良、平安时代那样荣耀，生活也大多陷入拮据。在这种情况下，不少公卿家庭只好依靠世传家业补贴家用，如冷泉家的和歌，五条家的相扑，飞鸟井、难波两家的蹴鞠，大炊御门家的书道，四条家的料理，高仓家与山科家的衣纹（专司公家装束的流派），园家、植松家的插花，甘露寺家的吹笛，西园寺家的琵琶，锦小路家的医道等等，各家分别成为各艺能界的"宗家"。大概正是由于这些"宗家"的存在，为了维护他们存在的必要性，日本逐渐形成了一个习惯，即任何知识不经特定家族传授都是不正确的。这一习惯一方面让贵族们在传道授业中，获取一些收入以维持生活，同时给贫困潦倒的公家保留了仅有的文化权威，在中世武家统治的文化黑暗年代传承了传统文化，始终保持着令武家羡慕的文化优势，在不经意中使各种文化以家业的形式世代传承，对于传统文化的延续与发展发挥了不可忽视的作用。可以说，日本的贵族在文化传承上的意义要大于其执掌政权的意义。

结语

日本自古就有贵族传统，从古代豪族到律令贵族，再到幕府军事贵族，尽管体制不同，功能不同，但实行贵族统治是相同的。大化改新后打破旧有豪族专权，并模仿唐制建立起文官官僚体系，是对贵族制度的否定,但这种文官官僚体系在与贵族传统的博弈中最终败下阵来,并让位于幕府军事贵族。尽管公家贵族社会的黄金时代并不长,但贵族社会的一些制度影响到武家军事贵族,始终保持着令武家为之羡慕的文化。贵族社会的学问与教养已经形成一种文化底蕴,根植于日本传统社会当中,成为一种潜移默化的因素影响着日本历史的进程。

(原文刊载于《古代文明》2012 年 3 期)

第三节 日本贡举的贵族化

科举制度是通过考试选拔官吏的制度,是儒家伦理的制度体现,在中国历史上存在了 1300 年之久,对包括日本在内的周边国家产生了深刻影响。近年来,随着对科举制度研究的不断深入,日本不曾实施科举制度的传统看法已经改变,曾经仿行科举制成为学界的共识①,但对日本科举制并未实施长久及其终结的原因缺乏足够的关注。本文主要阐述日本科举——贡举②的贵族化特征,分析科举制度并未在日本长期存在的原因。

一、将平民屏蔽在外的制度设计

日本古代国家在以唐朝为样板建立中央集权政府的同时,也模仿唐制,通过"贡举"培养和选拔官吏。关于"贡举",作为《律令》官撰注释书的《令义解》的"职制律"中称:"贡者,依令,诸国贡人。举者,若别敕令举,及大学送官者为举人。皆取方正清循,名行相副者。"这一条显然出自《唐律疏议》卷九"职制"中的"贡举非其人"条:"依令,诸州岁

---

① 如高明士:《日本没有实施过科举吗?》,台湾《玄奘人文学报》2004 年 3 期;刘海峰:《中国对日朝越三国科举的影响》,《学术月刊》2006 年 12 期;吴光辉:《日本科举制的兴亡》,《厦门大学学报》2003 年 5 期;崔晓:《从日本汉诗看古代日本贡举制度》,《世界历史》2012 年 1 期等等,都指出日本曾经实施过科举制。

② 日本为何称"贡举"而不称"科举",与古代中日关系的变化有关。"科举"是北宋中期以后特别是南宋时期才普遍使用的词汇,在此之前一直称"贡举"(参见刘海峰:《中国科举文化》,辽宁大学出版社 2010 年,第 114—145 页)。日本贡举的实施主要处于遣唐使往来频繁的唐代,故循唐制使用"贡举"之称。从 9 世纪末期起日本终止了遣唐使的派遣,断绝了与中国的官方往来,故采用中国的制度多停留在唐制阶段,"贡举"之称的延续即如此。

别贡人。若别敕令举及国子诸馆年常送省者,为举人。皆取方正清循,名行相副。"①科举制度是中国悠久文明史的重要组成部分,是在中国古代独特而深厚的文化土壤中生长起来的,其形成经历了从汉代到隋唐长期的发展演变过程。而日本实施科举制的时代社会和文化都比较落后,有汉学基础的知识分子很少,学校刚刚建立,律令国家的行政能力也很有限。如研究科举制的著名学者宫崎市定所言:"日本制定律令的时期,虽然在绝对年代上与唐朝处于同一个时代,但就社会发展水平而言,决不能说处于相同的时代",他认为把律令时代的日本比拟为汉朝最为恰当②,也就是说至少要比中国落后七八百年的时间。按日本学者评价,是"还没有达到实施科举的阶段"③。在这种情况下模仿唐朝实施贡举,不得不做出一些改变和调整。

这种调整除了考试的内容比唐朝简单④之外,把贡举与官学融为一体是突出特征,既可以说贡举是官学教育的一部分,也可以说官学教育是贡举的必经之路。从 701 年(大宝元年)起日本始兴贡举,即在中央设立由大学寮管辖的大学⑤,在地方设立由国司管理的国学,大学及国学的学生成绩优秀者,经过推荐可以参加国家的任官考试。从国学推荐的考生称"贡人",从大学推荐的考生称"举人",故这种国家考试被称作"贡举"。贡举考试由掌管官吏考察、任命的式部省(相当于唐朝的吏部)主持,每年一度的考试在 10—11 月间进行。

唐代的贡举在理论上说人人都可以参加,除了中央和地方学校考试合格的生徒外,还有乡贡,即由州、县考送的自学成才者,可以说对参与者不设出身限制,仅以考试成绩定取舍。而日本的贡举在实施之初就设立了身份门槛,仅限于学校出身者,即参与贡举的人必须

---

① 袁文兴等注释:《唐律疏议注释》,甘肃人民出版社 2017 年,第 267 页。

② 宫崎市定著、张学锋等译:《宫崎市定亚洲史论考》中,上海古籍出版社 2017 年,第 814 页。

③ 山本七平著、崔世广等译:《何为日本人》,国际文化出版公司 2010 年,第 69 页。

④ 例如,在式部省主持的秀才、明经、进士、明法四科中,秀才科的试方略策二条,进士科试时务策二条,少于唐朝的方略策五条和时务策五条;唐朝在秀才科之外,均要考帖试,日本只有进士科考帖试。

⑤ 有关大学寮设立的时间,在《日本书纪》天智天皇十年(671 年)正月条中有"学头职"、天武天皇四年(676 年)正月条中有"大学寮诸学生"的记载,说明在《大宝律令》颁布以前大学寮已经成立。

是大学与国学的学生,普通百姓子弟皆与贡举无缘。在此仅考察大学与国学学生的入学资格,即可得知日本贡举参与者的身份状况。

（一）大学的入学资格及人数

《律令》"职员令"规定大学的定员为 400 人,其入学资格按"学令"要求是"凡大学生取五位以上子孙及东西史部子为之。若八位以上子,情愿者听"。这里涉及三个层次的人:"五位以上子孙","东西史部子",八位以上子之情愿者。"五位以上子孙"指的是贵族子弟。律令时代的贵族专指五位以上的高官高位者。依《令义解·户令》之解释:"称贵者,皆据三位以上。其五位以上者,即为通贵",即在当时从正一位到少初位下总计 30 阶的官员中,只有五位以上属于贵族,其中的"贵"——三位以上是高级贵族,"通贵"——四位和五位是中下级贵族。八位以上子之情愿者是六位以下至八位以上的子弟有入学愿望的也可以入学,居此位阶者只作为下级官员存在,没有贵族身份。应该说实施贡举之初在政策上对下级官员子弟还是网开一面的。"东西史部子"是大和时代以来经朝鲜半岛东渡日本的大陆移民的后代,他们多是为躲避战乱而来,不少人因为有文化而被朝廷重用,多从事文笔记录工作,"前代以来,奕世继业,或为史官,或为博士,因以赐姓,谓之史也","居在皇城左右,故曰东西也"①,其子弟因有文化基础而获得进入大学寮学习的资格。

那么,在律令时代究竟有多少具有进入大学资格的人呢? 据日本学者考证,在奈良时代的圣武天皇神龟年间(724—729 年),五位以上贵族共有 150 名左右,至孝谦天皇天平胜宝二年(750 年),增加至 200 名左右,称德天皇时期(764—770 年在位)达到 279 名,奈良时代末的桓武天皇时期(781—806 年在位)又减少到 263 名②。进入平安时代以后,由于官职家业化和世袭化的发展,五位以上贵族人数下降到 150 名左右③。就贵族占当时人口的比例而言,关于奈良、平安时代日本的人口由于没有留下史料记录,只能根据现存户籍、计帐

① 《令集解·学令》。
② 持田泰彦:『奈良朝貴族の人数変化について』,『学習院史学』1978 年 15 号。
③ 朧谷壽:『王朝と貴族』,集英社 1991 年,第 61 頁。

资料进行大致推算。按照日本人口学者鬼头宏的推测，725 年日本的人口大约有 451.22 万人，到平安时代中期，增至 644.14 万人[1]。我们姑且按照 200 名贵族及每户五口人计算，即奈良、平安时代贵族及其家属总计为 1,000 人左右，这个数字在奈良时代 451.22 万总人口中仅占 0.022％；平安时代人口增加，贵族不增反降，在 644.14 万人口中的比例降至 0.016％。如果把范围放大，即把六位以下的所有下级官人都计算在内，平安时代的律令官人数字大概在 1 万人左右，连同其家属共计 4 万人[2]，也仅占当时人口的 0.62％，再把受年龄因素（"学令"规定大学及国学学生"取年龄十三以上，十六以下"）以及性别因素（女性没有入学资格）限制的人群去掉，可以想见，真正能够进入大学学习并有机会参与贡举的人少而又少。

（二）国学的入学资格及人数

"职员令"规定，地方国学的学生定员按国之大小分配，"大国 50 人，上国 40 人，中国 30 人，下国 20 人"，学生"取郡司子弟为之"，普通百姓子弟只能在郡司子弟不足时，才有进国学学习的机会[3]。郡是国下面的行政单位，郡司是郡的行政官，包括大领、少领、主政、主账四级官员。根据平安时代中期汇集律令施行细则的法典《延喜式》记载，当时全国共有 68 个令制国，下辖 591 个郡[4]，郡司之设为大郡 8 人，上郡 6 人，中郡 4 人，下郡 3 人，小郡 2 人[5]，若按平均 4.6 人计算，则 591 个郡的郡司总数为 2,719 人。再按"职员令"规定的国学学生定员计算，全国 68 个令制国（大国 13 国，上国 35 国，中国 11 国，下国 9 国）的学额应为 2,580 人。2,719 位郡司，2,580 个学额，一家一人还没有达到。我们无从知道郡司的子弟究竟有多少，但远超出 2,719 这个数字是毫无疑问的，由 2,719 位郡司的诸多子弟去分享国学的 2,580 个学额，即使考虑到适龄因素及性别因素，显然也是不充分的，能有几多留给普通

---

① 鬼頭宏：『人口から読む日本の歴史』，講談社 2000 年，第 16—17 頁。

② 朧谷壽：『王朝と貴族』，第 61 頁。

③ "学令"之古记云："问，郡司子弟不得满数若为处分。答，兼取庶人子耳。"黑板勝美编：『新訂増補国史大系』23『令集解』，第 444 頁。

④ 国史大辞典编集委员会：『国史大辞典』第四卷，吉川弘文館 1984 年，第 830、988 頁。

⑤ 井上光貞等校注：『日本思想史大系』3『律令』，第 194—195 頁。

百姓子弟去填充不足呢？日本教育史学者久木幸男根据相关史料考察了 8 世纪 30 年代地处偏远地区的石见（现岛根县西部）、隐岐（现岛根县外岛）、萨摩（今鹿儿岛县）三地的国学情况，发现基本上都处于满员或接近满员的状态①，其他地区至少也应该在这个水平之上，说明普通百姓子弟基本上是与国学无缘的。以上主要是根据律令的相关规定进行的推算，从国学的实际运营来看，由于财政支持不足及郡司子弟不少是原土著国造②的后代，很难接受入学学习儒家经典这样的新事物，加上具有汉学基础的师资严重不足等原因，奈良时代大部分时间并没有做到一个令制国设一所国学，而是三四个国才有一所国学。③进入平安时代，随着中央集权制的衰落，国学一直陷于不振状态，11 世纪末至 12 世纪初便归于绝迹。这些都说明能参与贡举的人群十分有限。

通过以上对大学与国学入学资格及人数的分析，可以肯定日本贡举的制度在设计之初就将平民子弟阻挡在贡举的大门之外，将参与者局限于极少数特权阶层及地方官员子弟。这种现象的存在正是“还没有达到实施科举的阶段”就匆忙实施贡举的结果，也是日本受663 年在白村江之战中败于唐和新罗联军的刺激，转而放弃与唐朝的竞争与对抗，全面学习大唐制度与文化的具体举措。只是不顾当时的国情采用“拿来主义”，其结果必然是打了不少折扣。可以说日本贡举在起点上就摒弃了科举的平等原则，进而堵塞了普通平民子弟进入仕途之路，也使贡举制因缺乏广泛的群众基础而无法具有像中国科举那样的旺盛生命力。

二、贡举的参与者始终以贵族为核心

日本的贡举制度，其制定与实施之初就与科举之平等精神相悖。由于参与者仅限于贵族与官僚子弟，其效果并不理想。在贡举实施后不久的 730 年（天平二年）就有太政官奏文称：

> 大学生徒，既经岁月，习业庸浅，犹难博达，实是家道困穷，

---

① 久木幸男：『日本古代学校の研究』，玉川大学出版社 1990 年，第 242—243 頁。
② 国造：大和时代由地方豪族担任的地方官。
③ 桃裕行：『上代学制の研究』，目黑书店 1947 年，第 418 頁。

无物资给,虽有好学,不堪遂志,望请,选性识聪慧、艺业优长者十人以下五人以上,专精学问,以加善诱。①

奏文中所说的大学寮学生"家道困穷,无物资给",在当时的条件下似不太可信,很可能是大学寮请求朝廷增加资助的借口,但那些进了大学寮的贵族子弟,学了好几年,仍然"习业庸浅",说明贵族子弟们的学习状况不能令人满意。大学生的学习不能保证质量,就会直接影响到贡举的实施效果。为此,朝廷不得不做出调整,此前于神龟五年(728 年)在大学寮已经设置了文章博士,在原有主要教授儒家经典的明经道基础上增设了文章道,从730 年开始招募文章生 20 人及明法生 10 人,其录取原则是"简取杂任及白丁聪慧,不须限年多少者"②。"杂任"包括舍人、兵卫、资人、卫士等,是官府中的低级职员③,白丁,顾名思义为无官无位的普通百姓。应当说这项改革具有相当开放的意义,尽管招生指标很少,却是对当初以五位以上贵族子孙及东西史部子为主的入学资格的否定,为普通百姓进大学寮学习,进而参加贡举提供了机会。但从实际实施来看,真正能够进入大学寮的平民出身者并不多。研究日本古代学制的学者桃裕行在其著作《上代学制之研究》中列举了从延历五年(786 年)到仁和三年(887 年)的百年间见于史籍的58 名文章生的名字,其中并没有"杂任"及"白丁"出身者,而绝大多数是五位以上贵族子弟,仅有个别几人是六位出身④,恰如教育史学者久木幸男的评价:"杂任、白丁的入学规定,实际上并未将文、法两科向民众开放,仅给了他们解放的幻想。"⑤

如前所述,奈良时代的中下级贵族——被称为"通贵"的四位、五位贵族尚有资格参加贡举,但进入平安时代以后,随着朝廷内权力核心不断集中,朝政逐渐由三位以上贵族把持,中下级贵族上升的渠道也受到了限制。9 世纪上半期,尤其是在迷恋汉学、诗赋的嵯峨天皇

---

① 《续日本纪》圣武天皇天平二年三月条。

② 《令集解·职员令》。

③ 据《令集解·赋役令》,杂任包括舍人(官员的护卫及生活服务)、兵卫(兵卫府的士兵)、资人(贵族府第中担任护卫和勤杂事务的侍卫)、卫士(从地方诸国军团选拔的轮流上京执行宫中警卫的士兵)、仕丁(每个里征二人,交替在都城服杂役者)。

④ 桃裕行:『上代学制の研究』,第 81—86 頁。

⑤ 久木幸男:『日本古代学校の研究』,第 96 頁。

(809—823 年在位)时期,汉文学在日本达到全盛,贵族们对文章道的垄断欲也凸显出来。文章道也称纪传道,指大学寮中教授中国的史学、文学并撰写文章的课程,于 730 年开始招募文章生 20 人。如上所述,最初的招生标准是"简取杂任及白丁聪慧",允许平民百姓的子弟入学。由于当时主要以汉文书写公文,朝廷及宫中飨宴等场合流行吟诗作赋,故讲授《文选》、《尔雅》、《史记》、《汉书》等中国典籍、注重汉诗文写作的文章道引起众多贵族子弟的兴趣,很多人希望具有汉诗文方面的才能而获得更高官职,往往报名人数多而导致超员。鉴于这种情况,朝廷于弘仁十一年(820 年)对大学寮文章生的选拔制度进行了修改,一是仿照唐代"昭文、崇文两馆学生取三品已上子孙,不选凡流"[①]的做法,对文章生的录取"取良家子弟,寮试诗若赋补之"。何谓良家子弟?"偏据符文,似谓三位已上";二是在大学寮中"选生中稍进者,省更覆试,号为俊士,取俊士翘楚者,为秀才生者"[②]。这一新制简单说来就是文章生的选拔把平民子弟排除在外,仅限于"良家子弟"——三位以上贵族子弟,其中取优秀者为俊士,再从中选拔秀才生——文章得业生[③],与天平二年(730 年)"简取杂任及白丁聪慧"的原则相比是明显的倒退。这一做法的出现并非偶然,它与当时政权核心逐渐向三位以上贵族转移之趋势相一致。这一新制很快引起中下级贵族的反感,文章博士、正五位下都腹赤(789—825 年)为此上牒大学寮,进而经大学寮上解式部省,再奏太政官,批评这一做法"有妨学道"。都腹赤在牒中称:

> 大学尚才之处,养贤之地也。天下之俊咸来,海内之英并萃。游夏之徒,元非卿之子;杨马之辈,出自寒素之门[④]。高才

---

① 昭文馆、崇文馆:唐收藏、校理典籍的官署名。昭文馆设于唐武德四年(621 年),置学士,掌详正图籍,参议朝廷制度礼仪,教授生徒;崇文馆设于贞观十三年(639 年),掌经籍图书,教授诸生。

② 天长四年(827 年)六月十三日太政官符所引弘仁十一年十一月十五日官符"应补文章生并得业生复旧例事"。柿村重松注:『本朝文粹注释』上,第 212、215 页。

③ 得业生,始设于730 年,在文章生中选两名成绩优秀者,作为秀才、进士考试的候补者,后称为秀才生。一般在学习数年之后,经对策及第后任官。

④ 游夏,孔子的学生子游与子夏的并称,长于文学;杨马,指汉代文学家扬雄与辞赋家司马相如。

未必贵种,贵种未必高才。且夫王者用人,唯才是贵。朝为厮养,夕登公卿。而况区区生徒,何拘门资,窃恐悠悠后进,因此解体,又就中文章生中,置俊士五人、秀才二人。至于后年,更有敕旨,虽非良家,听补之俊士者。良家之子,还居下列。立号虽异,课试斯同。徒增节目,无益政途。又依令,有秀才、进士二科,课试之法,难易不同。所以元置文章得业生二人,随才学之浅深,拟二科之贡举。今专日秀才生,恐应科者稀矣。望请俊士永从停废,秀才生复旧号,选文章生,依天平格。谨请处分。[①]

这篇牒文反映了两个问题:第一,作为正五位下的文章博士都腹赤针对大学寮放弃早前“简取杂任及白丁聪慧”的原则(尽管并没有真正落实)、仅录取三位以上贵族子弟这一做法表示不满,这应该不仅是他个人的意见,而是代表了当时四位、五位中下级贵族的普遍心态,连这些“通贵”都感到三位以上是“贵种”,认为“贵种未必高才”,说明当时四位、五位贵族的地位已经与三位以上贵族产生了很大差距。第二,牒文中批评设俊士五人、秀才生二人的举措,是“徒增节目,无益政途”,担心参与考试者减少。他推崇原有的秀才、进士[②]“二科之贡举”,请求恢复原有的“简取杂任及白丁聪慧”的原则。都腹赤的牒文经过层层上呈,最终由太政官中纳言春宫大夫良峰安世宣布“奉敕,依请”,可以理解为是对730年“简取杂任及白丁聪慧”原则的恢复,但是在贵族当道的背景下,地位不高的杂任及白丁即使能有幸入选文章生,也很难得到官职。837年(承和四年),大学寮通过式部省向朝廷反映,尽管按照“简取杂任及白丁聪慧”的原则选拔文章生,而“今诸生等器少歧嶷,才多晚成,至应文章之选,皆及二毛之初,而人虽贤良,未必位

---

①　天长四年(827年)六月十三日太政官符“应补文章生并得业生复旧例事”,柿村重松注:『本朝文粹注释』上,第212、215页。牒:律令时代主典以上职员向上级提出的公文书;解:下级机构向上级机构提出的公文书。

②　唐代科举因秀才考试难度大,故“高宗永徽二年,始停秀才科”(《新唐书·选举志上》),此后进士科受到重视。而在中国受到追捧的进士考试在日本被认为考题难、及第者叙位低而缺乏吸引力,9世纪中期以后不再实施,但“进士”这一称呼并没有被废除,在文章道一枝独秀的局面下,作为文章生的别称继续存在,即考中文章生相当于中了进士,以至于后来逐渐演化出“进士”这一姓氏。

荫"①,意思是说白丁出身的文章生头发都熬白了,虽很有才华,却未必能够叙位、任官,也就是说他们根本无法与贵族子弟竞争。

以贵族为核心的贡举缺乏广泛的群众基础,造成日本科举不盛的必然结果。据延历二十一年(802年)太政官奏文称:"建法以降,殆向百岁,二色出身未及数十"②,意思是说,从"建法"——701年《大宝律令》确立贡举制度后的100年间,"二色"——秀才、明经二科的及第者只有数十人而已。另据成书于12世纪初期的法令集《类聚符宣抄》记载,从庆云年间(704—707年)到承平年间(931—937年)这233年中,经过方略试考取秀才者仅有65人③。平均算下来三年出不来一位秀才,选官的目的难以真正实现。

三、荫位制度削弱并瓦解了贡举

荫位制度是根据父祖官位而循例入仕的制度,也是对唐代门荫制度的模仿。不同的是,唐代科举逐渐兴盛之日,就是门荫制度走向衰颓之时。日本的贡举恰恰相反,在以贵族为核心且参与者本来就很少的情况下,荫位制度进一步削弱了贡举,甚至加速了贡举的瓦解。

根据"选叙令"规定,五位以上贵族都有荫位资格,三位以上更可荫及孙辈。一般而言,普通官员的叙位年龄是25岁以上,"唯以荫出身,皆限年二十一以上",叙位后便可根据"官位相当"的原则获任官职。与唐代的门荫相比(见"中日荫位比较表"),日本除了没有荫及曾孙这一条之外,多有优惠之处:一是荫位高于唐代同等级别,如唐代最高的一品官荫子正七品上,日本一位之子荫从五位下,唐代最低的从五品荫子从八品下,日本从五位荫子从八位上;二是日本荫位达于庶子、庶孙,即嫡庶无别,唐代只荫及子、孙、曾孙,显然不包括庶子孙;三是唐代门荫下取得散阶只是高官子弟跨入仕途的第一步,他们还要充任各种职役,经过一段时间后,通过专门选考方可任官④,日

---

① 《日本纪略》仁明天皇承和四年七月丁丑条。
② 黑板胜美编:『新訂増補国史大系』23『令集解』,第506页。
③ 《类聚符宣抄》卷九"方略试"承平五年(935年)八月二十五日条:"谨捡案内,我朝献策者,始自庆云之年,至于承平之日,都卢六十五人。"黑板胜美编:『新訂増補国史大系』27『類聚符宣抄』,第249页。
④ 参见杨西云:《唐代门荫制》,《大连大学学报》1997年1期。

本的贵族子弟年满 21 岁便可根据父祖恩荫叙位并任官，不需经过职役锻炼。对于已经在大学寮学习的贵族子孙，也是"皆当年廿一，申送太政官，准荫配色"，而且"不论业成不，皆当申送"①，即不论其学习成绩如何，都可以申报后叙位、任官。为了进一步"照顾"这些贵族子弟，"选叙令"还专门做出规定，对参与秀才、明经考试成绩合格并有荫位资格的贵族子弟可以加叙一阶官位，对于既有荫位资格又在贡举中及第这样的"两应出身"者，选择从高叙位②。正是这种对贵族传承最具实质性意义的荫位制度促进了"五位以上子孙，历代相袭，冠盖相望"③的世袭社会的形成。

中日荫位比较表④

	官人	嫡子	庶子	嫡孙	庶孙	
日本制	一位	从五位下	正六位上	正六位上	正六位下	
	二位	正六位下	从六位上	从六位上	从六位下	
	三位	从六位上	从六位下	从六位下	正七位上	
	正四位	正七位下	从七位上			
	从四位	从七位上	从七位下			
	正五位	正八位下	从八位上			
	从五位	从八位上	从八位下			
	官人	子		孙		曾孙
唐制	一品	正七品上		正七品下		从七品上
	二品	正七品下		从七品上		从七品下
	正三品	从七品上		从七品下		正八品上
	从三品	从七品下		正八品上		正八品下
	正四品	正八品上		正八品下		
	从四品	正八品下		从八品上		
	正五品	从八品上		从八品下		
	从五品	从八品下				

　　律令国家的大学寮及贡举制度之设，是为了对贵族子弟进行教

---

① 《令集解·学令》。
② 《养老令·选叙令》。
③ 《令集解·官位令》。
④ 根据《律令》及《新唐书·选举志》制作。井上光贞等校注：『日本思想史大系』3『律令』，第 280 页；宋祁、欧阳修等：《新唐书》，中华书局 1975 年，第 1172 页。

育,提高其修养,并选拔优秀者任官。但荫位制度的设立却背离了这一初衷,变成靠门第任官。在这种特权的荫庇之下,进入大学寮进而参与贡举并不是贵族子弟出人头地的唯一途径,他们不必经过数年的寒窗苦读,仅仅依靠父荫祖荫,就可以轻松拥有官位,故并不是所有贵族子弟都对进入大学寮学习有足够的兴趣,以至于朝廷曾多次督促贵族子弟进大学寮学习,例如:

圣武天皇天平十一年(739 年):"式部省荫子孙并位子等,不限年之高下,皆下大学,一向学问焉。"平城天皇大同元年(806 年):"敕诸王及五位已上子孙十岁已上,皆入大学,分业教习。"淳和天皇天长元年(824 年):"宜五位已上子孙,年廿以下者,咸下大学寮。"

可以想象,如果贵族子弟都对进大学寮学习持积极态度,何来朝廷三番五次催促甚至带有强制性地要求贵族子弟入大学寮学习?事实上,9 世纪初期,朝廷已经注意到贵族子弟中不学无才的现状,如812 年(嵯峨天皇弘仁五年)诏敕所言:

> 经国治家,莫善于文,立身扬名,莫尚于学。是以大同之初,令诸王及五位已上子孙十岁已上,皆入大学,分业教习,庶使拾芥磨玉之彦,雾集于环林,吞鸟雕虫之髦,风驰乎璧沼。而朽木难琢,愚心不移,徒积多年,未成一业。自今以后,宜改前敕,任其所好,稍合物情。[1]

这一诏敕透露出朝廷的无奈,无异于宣布对贵族子弟劝学政策的失败。贵族们既想垄断大学寮及贡举,其自身又缺乏学习动力和积极性,这是大学寮不振及贡举制实施不盛的根本原因。

另一方面,贵族的荫位特权也阻碍了杂任、白丁进入仕途,使贡举失去了通过考试选拔官吏的意义。根据荫位制度,五位以上贵族子孙,年龄 21 岁即可获取官位与官职,一位官员的嫡子可得荫阶从五位下,这是下级官员子弟或无官无位的白丁努力 30 年到 50 年也无法得到的[2]。再比如,贵族中最低的从五位官员子弟可得荫阶从八位上(嫡子)与从八位下(庶子),而经过贡举考试取得最好成绩的

---

① 《日本后纪》嵯峨天皇弘仁三年五月条。
② 野村忠夫:『律令官人制の研究』,第 279 頁。

秀才最高叙位也只是正八位上（见"《养老令·选叙令》荫位与任官考试合格者叙位比较表"）。至于没有贵族家庭背景、担任下级职务如舍人、资人、兵卫者，按照当时的考课制度，要到25岁以后才能从官位三十阶中最低的少初位下开始，经过少初位上、大初位下、大初位上，到晋升至从八位下，需要16年至32年时间[1]。荫位制带来的贵族特权使贡举始终处于一种悖论状态：有资格参与贡举的贵族子弟缺乏积极性；难得进入大学寮学习的下级官僚子弟即使经过刻苦学习，经过贡举考试取得好成绩，也只能担任下级职务，甚至出现"白丁仅得留省，有位曾无所进"，即有位无官、等待任官的情况。面对仕途不畅的现实，下级官僚子弟及白丁进大学寮学习及参与贡举的积极性难免受挫，"因兹赴学之流，无意果业，苟规容身，竟为东西"[2]，9世纪初就开始出现大学寮的学生扎堆东西两曹而不能任官，导致不再努力学习的局面，科举的平等性及选拔人才的意义日渐稀薄。

《养老令·选叙令》荫位与任官考试合格者叙位比较表[3]

应叙位阶	荫位者	考试合格者
从五位下	一位嫡子	
正六位上	一位庶子、一位嫡孙	
正六位下	二位嫡子、一位庶孙	
从六位上	二位庶子、三位嫡子、二位嫡孙	
从六位下	三位庶子、二位庶孙、三位嫡孙	
正七位上	三位庶孙	
正七位下	正四位嫡子	
从七位上	正四位庶子、从四位嫡子	
从七位下	从四位庶子	
正八位上		秀才上上
正八位下	正五位嫡子	秀才上中、明经上上
从八位上	正五位庶子、从五位嫡子	明经上中

---

① 関晃：「律令貴族論」，『岩波講座日本歴史』古代三，第50頁。
② 《令集解·选叙令》。
③ 久木幸男：『日本古代学校の研究』，第147頁。

（续）

应叙位阶	荫位者	考试合格者
从八位下	从五位庶子	进士甲
大初位上		进士乙、明法甲
大初位下		明法乙

四、门阀化与家业化促使贡举走向终结

以上所谈是贡举考生的情况，而贡举的考官——大学寮教师的门阀化、家学化更加速了日本的贡举走向终结。

由于文章道在奈良、平安时代是最受重视和欢迎的学问，在大学寮内对文章生教授汉文学及中国正史等科目的教官——文章博士的地位迅速提高。文章博士相当于唐朝的翰林学士，本来是正七位下的下级官员，在热衷汉诗赋的嵯峨天皇时期，于弘仁十二年（821年）超过被称为大学寮"笔头博士"——明经博士的正六位下，跃升至从五位下，成为大学寮中地位最高的具有贵族身份的教官。文章博士还可以利用担任天皇侍讲、皇族侍读等机会接近天皇及权力高层，不少人官至公卿，其优势地位如成书于14世纪前期的公家有职故实[①]书《职原钞》所载："纪传道儒士之撰也，异朝殊重之。居此职者必转于参政也，又诏敕等悉学士之所书。"[②]由于担任文章博士是向上晋升的捷径，故围绕文章博士的竞争相当激烈，其门阀化倾向日益严重。如著名的公卿学者、担任文章博士的菅原道真曾作古调诗《博士难》，兹录全文：

> 吾家非左将，儒学代归耕。皇考位三品，慈父职公卿。
> 已知稽古力，当施子孙荣。我举秀才日，箕裘欲勤成。
> 我为博士岁，堂构幸经营。万人皆竞贺，慈父独相惊。
> 相惊何以故，曰悲汝孤茕。博士官非贱，博士禄非轻。
> 吾先经此职，慎之畏人情。始自闻慈诲，履冰不安行。

---

① 有职故实：记载官制、官位、任官、仪式等方面的书籍。
② 北畠親房：『職原鈔』，塙保己一编：『群書類叢』5，平文社1991年，第613—614頁。

　　四年有朝议，令我授诸生。南面才三日，耳闻诽谤声。

　　今年修举牒，取舍甚分明。无才先舍者，谗口诉虚名。

　　教授我无失，选举我有平。诚哉慈父令，诚我于未萌。①

　　从这首诗中可以读出不少信息，尤其是能了解当时大学寮内复杂的人事关系。在菅原道真刚成为文章博士的时候，人们都为他出任社会地位高且待遇优厚的官职表示祝贺，唯有担任过此职务的父亲因"畏人情"而表示担忧。接下来的诗句说明任职不久的他便有了亲身体验，"南面才三日，耳闻诽谤声"，即在大学寮内刚刚开始授课不久，就有人出来指责，反映出大学寮内人际关系并不融洽。进入9世纪后，文章博士菅原是善、巨势文雄、都良香等人都利用公职带来的名利和地位来经营私塾，在菅原道真写下《博士难》的十多年前，大学寮内即"博士每各名家，更以相轻，短长在口，亦弟子异门，互有纷争"②，学生们或出于对学问的追求，或看重某些利益，往往委身某"名家"之下。表面上他们有大学寮学生的"公"的身份，私底下却与文章博士结成个人间的师徒关系，门阀宗派由此产生。当然也有个别特立独行、不搞山头门户者，如下级官员出身的文章博士春澄善绳（797—870 年），面对大学寮内的学阀之争，谨慎行事，不办私塾，"谢遣门徒，恬退自守，终不为谤议所及"，然这位学问出众的文章博士却因不搞门派团伙，最终落得"无继家风者"③的下场。

　　"教授我无失，选举我有平"，这是菅原道真对自己在文章博士任上尽职工作、公平举才的自我表白。透过诗句，可以从中了解到9世纪晚期主持贡举的文章博士有了两个特权，一是有权推举文章生晋升文章得业生即"举牒"，二是举送学生任官即"选举"。在文章得业生只有区区两个名额的情况下，能够得到教师、考官的推荐是多么难得的优遇。那些有"举牒"与"选举"权力的学阀往往只推举门人弟子，菅原道真也未能免俗。如《菅家文草》中就有如下记载：元庆三年

-----

　　① 877 年（元庆元年），时任式部少辅的从五位下菅原道真被任命为文章博士，879年，晋升从五位上，元庆四年（880 年）受命开始在大学寮授课，转年写下《博士难》。川口久雄等校注：『日本古典文学大系』72『菅家文草、菅家後集』，岩波书店 1966 年，第 175—177 頁。

　　② 《日本三代实录》清和天皇贞观十二年二月条。

　　③ 《日本三代实录》清和天皇贞观十二年二月条。

(879 年)菅原道真"举牒"推荐门生、从八位下纪长谷雄"秀才之选，诚哉斯人"；883 年(元庆七年)，又推荐"稽古唯勤，日新可待"的文章生、从八位上巨势朝臣里仁"补得业生之阙"①。而对其他人的弟子则未必做到"选举我有平"，如文章博士巨势文雄的门人三善清行于881 年参加方略试之际，巨势文雄举牒推荐"清行才名超越于时辈"，菅原道真作为考官则加以嘲笑，把"超越"二字改为"愚鲁"②，导致三善清行落第。尽管两年后改判其及第，但从此埋下三善清行与菅原道真矛盾对立的种子。或许由于自己的亲身经历，三善清行对大学寮内的门阀化深恶痛绝，在天长四年(914 年)上呈醍醐天皇的"意见十二箇条"中，痛斥大学寮内的不正之风，尤其是"博士等每至贡举之时，唯以历名荐士，尝不问才之高下、人之劳逸，请托由是间起，滥吹为之繁生"③。在门阀化日益严重的情况下，即使有资格进大学寮的贵族子弟的命运也在一定程度上被掌握在那些有"举牒"与"选举"特权的学阀手中，"贡举"也就彻底失去了其择贤选才的本来意义。

大学寮的门阀化是与家学化相辅相成的。平安中期以后，专司教育与考试的大学寮呈衰落之势，私学趁机发展起来。私学主要由贵族创办，最初是在大学寮旁边建立的专供一族子弟住宿、学习的设施，也被称作大学别曹。如式部少辅兼大学头和气广世于平安时代初期创办的弘文院、右大臣藤原冬嗣创办的劝学院(821 年)、右大臣橘氏公创办的学馆院(847 年)、治部卿在原行平创办的奖学院(881 年)等，都是当时有名的大学别曹。伴随着朝廷内官职家业化倾向的发展，在大学寮任教的博士也逐渐世袭化，各种学问成为被一家或几家垄断的家学。

但凡作为家业而存在的事情，其根本特征便是世袭。在当时世袭的官职中，菅江两家(菅原家与大江家)把大学寮文章院的掌门人变成世袭的家职最具代表性。文章院是大学寮内专为教授文章道而设的机构。据平安时代后期的诗文集《朝野群载》(编者三善为康)记载："文章院者，始祖左京大夫清公卿，遣唐归朝之后，申请公家，初立

---

① 川口久雄等校注：『日本古典文学大系』72『菅家文草、菅家後集』，第 587 頁。

② 大江匡房：『江談抄』，塙保己一編：『群書類叢』27，平文社 1993 年，第 608 頁。

③ 柿村重松注：『本朝文粹注釈』上，第 289 頁。

东西之曹司,各分菅江之门徒。"①"左京大夫清公卿"是菅原道真的祖父菅原清公(770—842 年),804 年作为遣唐判官渡唐,805 年归国后建议参照唐的昭文馆、崇文馆于 834 年前后在大学寮内设立文章院,分设东西学曹。"菅江二家为其曹主,诸氏出身之儒访道于此二家而已","尔后二百年来箕裘之业于今不绝"②,形成明显的曹主世袭之势,菅原家掌西曹,大江家掌东曹,其他氏族也逐渐固定在两家势力支配之下。虽说菅江两家平分秋色,但大江家祖大江音人(811—877 年)是菅原清公的弟子,故菅家势力及影响更胜一筹。菅原清公有"儒门之领袖"的美誉,除大江音人之外,"诗家之宗匠"小野篁及著名的公卿学者春澄善绳等"在朝之通儒"等,"上卿良吏儒士词人,多是门弟子也"③。其后人皆承其衣钵,以文章道为家职。他们一方面在大学寮担任文章博士之公职,一方面开设家塾私传弟子。菅原道真曾著《书斋记》,描述在自家宅邸内的书斋"山阴亭"招生讲学的盛况。出自此处的秀才进士"首尾略计近百人","其名弥盛","门徒数百,充满朝野",仅官至纳言者即有藤原道明、藤原扶干、橘清澄、藤原邦基等人④。或许由于菅原道真博学多才,深得宇多天皇宠信,从而升迁顺利,也或许由于菅家弟子势力过大,"累代儒家,其门人子弟半于诸氏"⑤等原因,菅原道真遭到左大臣藤原时平等人的嫉恨与诬告,于 901 被左迁至九州大宰府任大宰权帅,903 年抑郁而死。此后,大江氏在大学寮逐渐取代了菅原氏的地位,继续世袭文章博士及文章院之职务。但菅原氏后人仍长时间掌管大学寮西曹,长子高视任大学头,五子淳茂、孙在躬、为时均是文章博士⑥,因此当代

---

① 黑板勝美編:『新訂増補国史大系』29『朝野群載』上,吉川弘文館 1964 年,第 237 頁。

② 三善為康:『朝野群載』,黑板勝美編:『新訂増補国史大系』29『朝野群載』上,第 237 頁;大江匡衡:『江吏部集』,塙保己一編:『群書類叢』9,平文社 1992 年,第 218 頁。

③ 経済雑誌社編:『国史大系』6『日本逸史、扶桑略記』,経済雑誌社 1897 年,第 606 頁。

④ 『菅家伝』,川口久雄等校注:『日本古典文学大系』72『菅家文草、菅家後集』,第 75 頁。

⑤ 『善相公奉左丞相書』,柿村重松注:『本朝文粋注釈』上,第 1022 頁。

⑥ 『菅原氏系図』,塙保己一編:『群書類叢』5,第 253—254 頁。

学者称菅原氏家族为"世袭之魁"①。

　　宽平六年（894 年）日本停止了遣唐使派遣之后，来自中国的新的学问输入事实上已经终止，意味着文章道的发展要素濒于枯竭。在这样的背景下，由世袭学阀掌控下的大学寮及贡举到平安时代中后期已经流于形式，式部大辅三善清行在 914 年写的"意见十二箇条"中已指出了大学寮的式微状态："大学寮是迍邅坎壈之府、穷困冻馁之乡。遂至父母相诫勿令子孙齿学馆者也。由是南北讲堂鞠为茂草，东西曹局阒而无人。"②朝廷为振兴大学寮及贡举，在 927 年编撰完成的《延喜式》中规定："凡补文章生者，试诗赋，取丁第已上。若不第之辈，犹愿一割者，不限度数试之"③，即在文章生试评判标准甲、乙、丙、丁、不第五个档次中，只要考中丁第就算合格，还允许不第者再考，且次数不限，说明文章生的考试已经形同虚设，那么再由这些人去参加式部省贡举考试会是什么结果？只能说贡举已经名存实亡。据《类聚符宣抄》承平五年（935 年）八月二十五日条记载："宽平（889—897 年）以后，只有儒后儒孙，相承父祖之业。不依门风，偶攀仙桂者，不过四五人而已。"平安时代末期公卿藤原赖长在其日记《宇槐记抄》中也写道："近代儒士多无才者，是依父举优其子。不论才不才，给学问料是也。所望之辈奉试者，无举无才之子也。"④贵族特权、学阀垄断、家业世袭，种种因素交织在一起，贡举的考试选官之职能丧失殆尽。1177 年，大学寮毁于火灾，朝廷已无力再予复兴。此后不久日本进入武家社会，学问基本荒废，贡举制度遂退出日本历史舞台。

结语

　　科举制度是中华文明的产物，尽管在后来实施过程中出现了不少弊端，但是通过考试竞争来选拔人才的制度本身所具有的进步性及平等性是不可否认的。在中国周边国家中，日本是最早实施科举，也最早终结了科举的国家。日本的贡举从兴到亡的过程就是其贵族

① 桃裕行：『上代学制の研究』，第 341 页。
② 柿村重松注：『本朝文粋注释』上，第 285 页。
③ 经济雑志社编：『新订增补国史大系』13『延喜式』，经济雑志社 1900 年，第 606 页。
④ 桃裕行：『上代学制の研究』，第 281 页。

化的过程。有日本学者曾经这样评价："贡举是对科举的移植,这一点自不待言,但是相当简略化。"[①]在社会条件、文化基础都比较落后的条件下实施贡举,不得不根据自身条件改变其形式,把贡举与初创的官学教育结合在一起,把贡举的参与者局限在以贵族子弟及地方官员子弟为主的大学及国学的学生范围内,从一开始就设立了身份限制,摈弃了科举的平等原则。在身份限制之下,下级官员及普通百姓被阻隔在贡举大门之外,贡举的参与者始终以贵族子弟为核心。尽管曾经也有向"杂任"、"白丁"开放的政策性规定,但是在贵族势力强大的社会背景下,这些人根本无法与贵族子弟竞争。由于律令官僚制度随着天皇制中央集权制度的衰落而让位于贵族制度,维护贵族特权与世袭性的荫位制度,门阀化与官职家业化都削弱了贡举并最终导致其瓦解。

中国科举制的特点在于其相对平等性,忽略门第出身,便于在全社会范围内选拔人才,使寒门子弟也有可能步入仕途,有利于人才的不断更新。而日本的贡举制度从始至终都是服务于贵族制度的,因此仅仅存在于贵族处于辉煌时期的奈良、平安时代,最终随着贵族的衰落而走向终结。贡举在日本历史上只是短暂存在的根本原因在于科举制度的平等精神与贵族世系决定一切的传统相距太远。中国实施科举制加速了贵族的消亡,而日本恰恰相反,是贵族瓦解了科举制。可以说,日本贡举制度的存与废,是诠释日本贵族制社会结构的关键之所在。

(原文刊载于《史学集刊》2019 年 5 期)

第四节 日本贵族的演变及对国民性的影响

谈起贵族,人们往往首先想到欧洲的贵族。实际上东方国家日本也曾经拥有历史悠久的贵族,直到战后民主改革时才被废除,传承之久远远在欧洲贵族之上。要了解日本的国民性,不能忽视贵族的存在。本文对贵族的规模、构成和变动情况做一概观性介绍。

---

① 久木幸男:『日本古代学校の研究』,第 62 頁。

贵族是具有特权的社会集团或社会阶层,具有以下特征:一是其身份由血统与门第决定;二是世袭地存在;三是"在成长为贵族的过程中,还需要被赋予某种高贵性的东西,这就是官位"①。

在日本,贵族并不是后世史家赋予前人的历史概念,而是从古代一直延绵存在到日本战败的特定的社会阶层。随着社会环境的变化,在不同的历史时期有不同的贵族居于政治舞台的中心。

一、公家贵族

"贵族"一词初见日本文献是成书于 14 世纪后半期的军记物语《太平记》②中,在该书第一卷"后醍醐天皇治世事"中有"承久以来,储王摄家之间拥有相当理事安民之器之一位贵族,下镰仓,任征夷大将军,武臣皆事拜趋之礼"③,但从律令时代已经开始把居高官高位者称为"贵"了。最早具有贵族身份的是律令时代朝廷中的高官,其前身是大和时代的豪族。由于这些豪族不断挑战欠缺神圣性与权威性的天皇的权威,甚至操控天皇的废与立,皇子中大兄与权臣中臣镰足联手发动"乙巳之变",剪除专擅朝廷的苏我氏势力,并在其后实施一系列改革(大化改新),改革的根本目的就是为了削弱豪族势力,加强皇权。但如同著名东洋史学家宫崎市定所言,律令时代的日本,就社会发展水平而言,相当于汉朝。宫崎市定所表达的是,律令时代社会发展水平还相当落后。日本建立中央集权官僚制度的努力只是对唐朝制度的模仿,旧豪族并没有被消灭,有些新贵族本身即与旧豪族一脉相承,例如平安时代权倾朝廷的藤原氏就是中臣镰足的后代。在这种社会条件下,贵族在律令官僚体制下成长为制度化的特权阶层,有几项标志性的制度出现。

一是《律令》对贵族有了明确的界定。先有"名例律"之"六议"条曰:"议贵,谓三位以上"④,后有《令义解・户令》中"依律,称贵者,皆

---

① 川胜义雄著、李济沧等译:《六朝贵族制社会研究》,上海古籍出版社 2018 年,第 4 页。

② 国文学会校:『太平记』,诚之堂 1901 年,第 1 页。

③ 此处"贵族"指镰仓幕府第三代将军源实朝被暗杀后,源氏绝后,遂以关白藤原道家年仅两岁的儿子藤原(九条)赖经为第四代幕府将军。

④ 井上光贞等校注:『日本思想大系』3『律令』,第 20 页。

据三位以上。其五位以上者，即为通贵"的解释，在当时从正一位到少初位下总计三十阶的官员中，只有五位以上才被列入贵族范围，其中三位以上是高级贵族，四五位是中下级贵族，六位以下只作为下级官员存在，没有贵族身份。

二是模仿唐朝制度，颁布"衣服令"对贵族的着装做出明确规定。诸臣在重大祭祀仪式时要按位阶穿礼服，上朝公务时要穿朝服[①]。无位官人与平民在朝廷公事场合要穿制服，"皆皂缦头巾、黄袍"。据此，贵族有了区别于平民百姓的外在标志。

三是朝廷任官实行"官位相当制"。所谓官位，包括官与位，"职掌所事，谓之官，朝堂所居，谓之位"。获得官位的顺序是"凡臣事君，尽忠积功，然后得爵位，得爵位然后受官"，即先通过仕奉天皇及与天皇关系的远近获得位，再根据位得到官职。"阶贵则职高，位贱则任下。"[②]在"官位相当制"下，朝廷的重要官职完全由贵族担任[③]。

四是荫位制度，这是对贵族的传承最具实质性意义的制度。与下级官员 25 岁以上才有机会序位相比，贵族子弟年满 21 岁就能根据父祖的恩荫得到官位，贵族中最低的从五位官员的嫡子可以荫位从八位上，三位以上贵族更可荫及孙辈。如前所述，没有贵族家庭背景的下级官员从官位三十阶中最低的少初位下开始，至少需要 16 年至 32 年时间才能晋升到从八位下。"五位以上子孙，历代相袭，冠盖相望"的世袭社会因此得以形成。

那么，律令时代有多少贵族呢？据日本学者考证，在奈良时代的称德天皇时期（764—770 年），贵族人数为 279 名，是律令时期贵族人数最多的时期[④]。从平安时代起，律令官制中最高官职的太政大臣、左大臣、右大臣与令外官的大纳言、中纳言、参议等高官统称为

---

① 官员礼服："一位礼服冠，深紫衣，牙笏，白袴绦带，深缥纱褶、锦袜、乌皮舄。三位以上，浅紫衣。四位，深绯衣。五位，浅绯衣"。朝服："一品以下，五位以上，并皂罗头巾，衣色同礼服"。

② 《令集解·官位令》。

③ 如担当太政大臣的必须是正一位、从一位；担任左大臣、右大臣者必须是正二位、从二位；任大、中纳言，大宰帅者必须是三位以上；四五位官员主要担任左右大、中、少弁，少纳言、神祇伯、八省卿、弹正尹、寮头，卫府的督、佐等中央官僚，及大宰大贰，少贰，国守等要职。

④ 持田泰彦：「奈良朝貴族の人数変化について」，『学習院史学』1978 年 15 号。

"公卿",后来"公卿"与"公家"及"贵族"几乎成为同义语。到镰仓幕府时期,根据贵族内部等级确定的"家格"逐渐固定,依次分为摄关家、清华家、大臣家、羽林家、名家、半家,至安土桃山时代共有64家。

奈良、平安时代是公家贵族的黄金时代。进入武家社会后,朝廷衰落,天皇在国家政治体制中被置于无足轻重的地位,公家贵族失去往日的权力,皇室都沦落至财政困难境地,连即位大典也难以保证及时举行,公家贵族更是窘迫不堪。江户时代包括皇室、公家贵族、寺社等在内的公家的总收入只有12万—13万石,仅相当于一个中等大名①。随着德川幕府在经济上给与一定支持,皇室生活有所好转,上皇、法皇的院御所多有新设,服务于此的公卿贵族在原有64家基础上通过建立分家而增加到137家,即摄关家5家,亦称"五摄家";清华家9家;大臣家3家;羽林家66家;名家29家;半家25家②。确定家格的依据是血统、家系及与皇室、朝廷的亲疏关系。家格是不可改变的,且世袭地存在,由此产生了独具日本特色的制度——"极位极官",即某家某人能够担任的最高官位和官职。摄关家垄断公家社会的最高官职,交替担任摄政、关白;地位仅次于摄关家的清华家担任太政大臣并兼任近卫大将;大臣家任大纳言并可升官至内大臣;羽林家可担任参议、中纳言、大纳言并可兼任近卫中将、少将;名家可以经侍从、辨官、藏人头而升任大纳言;半家准照羽林家、名家而升进,可任文、武双方官职,官至大纳言。这样的家格不仅是整个封建时代任官的标准,也是明治时代对公卿华族叙爵的依据。

二、武家贵族

随着贵族制度的发展,从平安时代开始,中央政权的核心逐渐缩小,最后大贵族藤原氏一家以外戚身份在朝廷中占据压倒优势,在长达两个多世纪中专擅朝廷。平安时代晚期,藤原氏的外戚血缘链条

---

① 橋本政宣:『近世公家社会の研究』,吉川弘文館2002年,第41頁。
② 小田部雄次:『華族——近代日本貴族の虚像と実像』,中央公論新社2006年,第25頁。

出现断裂①，日本进入退位天皇作为"治天之君"继续掌握朝廷实权的"院政"时代。太上天皇依靠武士扩大自己的权势，与藤原氏抗衡，武士得以乘机崛起，从最初担任军事、警察等职务，到出入于朝廷、贵族之间，最终于12世纪前期在镰仓建立了独立于朝廷之外的幕府，在公家贵族依然存在的同时，武家成为此后近七百年中事实上的权力主宰。尽管最初的武士集团首领源氏与平氏都有贵族渊源，但是大多数武士却长期处于兵农不分的状态，直到16世纪末期丰臣秀吉推行"兵农分离"政策以后，真正意义上的职业军人集团才逐渐形成。从1615年"元和偃武"②开始，日本进入和平时期，武士的职能悄然改变。

　　德川幕府建立后，武士从过去随从主人德川氏戎马作战打天下，变成维护德川将军统治坐天下，旗本与御家人全部住在江户，担任幕府各种公职。"番方"是具有军事与警备职能的机构，负责江户城的警备与将军护卫。"役方"是处理行政、司法、财政等事务的文官机构，在老中与若年寄之下，由寺社奉行、江户町奉行、勘定奉行构成幕阁的中枢。德川家臣团在幕府建立初期以骁勇善战著称，但随着城居而逐渐都市化、贵族化，加上江户时代长时间天下太平，武士从军人转化为行政事务官员，军事素质下降，战斗意志消退，到幕府末期，其军事力量已经大大削弱。各藩的行政体系也与幕府基本相似，藩士被安置于藩都居住，管理藩内的各项行政事务。虽然江户时代天下太平，武士的军事职能已削弱，但幕府为提高权威，抑制大名的势力，在石高制基础上确定大名的军役负担量。所谓军役，即在发生战事时，大名要为幕府提供兵力、武器、马匹等等，但是自从1615年消灭了丰臣秀赖后，再无大规模战事。在以和平为主的环境里，幕府继续要求大名以准军役的形式奉公于幕府，如将军出行之时的随从与警卫；接收被改易大名的城池及

---

　　①　藤原道长先后将自己的五个女儿送入宫中，其中三个女儿立为皇后，是为藤原氏势力巅峰时期。藤原道长之后，其子藤原赖通、藤原教通送入宫中的女儿皆未顺利产下皇子，藤原氏的势力受到重创。

　　②　1615年5月，德川家康在"大坂夏之阵"中，迫使丰臣秀赖自杀，丰臣氏宣告灭亡。当年7月，朝廷下诏改年号为元和，延续近两个世纪的战乱终于结束，历史上称这一年为"元和偃武"。

新藩主到来之前的警备与管理；江户城的警卫、防火；承担城郭修建、治水工程等等。这些"军役"消耗了大名们的财力，也泯灭了武士们的战斗意志。

江户时代的武士究竟有多少人？这需要按照幕藩体制分别加以说明。

从幕府层面来说，旗本与御家人是直属于将军的武士，这两部分人被统称为"直参"。旗本的原意是本营，即战阵中大将所在之处，后具有将军旗下、守卫将军的亲卫军之意。一般将旗本定义为1万石以下、有资格谒见将军（御目见）的武士。御家人与旗本虽同是将军的直臣，但是没有谒见将军的资格。在江户时代，对于武士来说，能否谒见将军是武士身份等级的标志，御家人也被称作"御目见以下"，或直接称其为"以下"。御家人占将军直属家臣团人数的七成以上，他们在战场上是徒士（徒步作战的武士、步兵）身份，平时作为"与力"、"同心"等职员从事幕府行政部门的事务及警备工作。御家人虽然号称是1万石以下的直臣，实际上不像旗本可以得到领地收入，一般只能领到不多的禄米，老资格的御家人俸禄不过200多俵[1]，是下级武士的重要组成部分。旗本与御家人是幕府与德川将军的近卫军，在"大政奉还"和"王政复古"后由明治新政府接管的旧幕臣中，有布衣（叙六位的旗本）872人，御目见以上5,972人（旗本），御目见以下26,000人（御家人），总计32,000多人。[2]

从地方即藩的层面来说，江户时代的大名，特指持领地1万石以上者，其领地和统治机构叫做"藩"，意即幕府的屏障。要得到大名的身份，首先要得到幕府将军下发的"朱印状"，得到将军的承认。各地大名必须宣誓效忠将军，遵守幕府法规，听从调遣。在江户时代初期对原有战国大名进行大规模改易后，为了削弱地方而强大中央，将各地大名按照与德川幕府将军关系的亲疏分成等级严明的三种类型。

亲藩大名是与德川家有血缘关系的大名的藩领，即由德川将军子孙所建的藩。其中家格最高的"御三家"是初代将军德川家康

---

[1] 武士生活研究会：『図録近世武士生活史入門事典』，柏書房1991年，第129頁。

[2] 落合弘樹：『秩禄処分』，中央公论新社1999年，第41頁。

的三个儿子建立的尾张藩（位于今名古屋）、水户藩（位于今茨城县）、纪州藩（位于今和歌山县）。江户中期以后，鉴于德川宗家和御三家的血缘逐渐疏远，第八代将军德川吉宗（1716—1745年在位）模仿其祖，让自己的两个儿子分别创设了田安德川家及一桥德川家，第九代将军德川家重又让其子创立了清水德川家。此三家的家主都被朝廷授予从三位、担任相当于"卿"的官职，故被称为"御三卿"。御三卿是作为德川将军家的成员而存在的，故未单独立藩，因分别居住在江户城内的田安门、一桥门、清水门附近而得名。在德川宗家血缘中断之时，御三卿与御三家一样负有提供继承人人选的义务。在御三卿与御三家之外，还有德川将军支系的藩领，称"御家门"。御家门可以使用德川家家徽"三叶葵"，使用德川家康建立幕府前的本姓"松平"。总之，亲藩是德川将军统治的核心，作为将军的藩屏而存在，居要位、要地。到幕末，共有23家。

谱代大名是世代追随德川家的老臣的藩领。德川幕府建立后，用了半个多世纪的时间对原有的战国大名进行大改组。在改易旧大名的同时，德川家康对自己的拥趸进行论功行赏，将亲信配置在全国的主要地区，到第四代将军德川家纲时，大名的战略配置基本完成，终德川幕府，共有谱代大名145家。谱代大名是德川将军的亲信，在大名中人数最多，被分封于全国要地，以拱卫幕府将军，是幕政运营的中坚力量。但幕府对谱代大名也加以提防，不允许他们拥有强大的军事力量和经济能力，大部分谱代大名的领地都在5万石以下，尤以二三万石小大名居多。

外样大名是与德川将军关系疏远的大名的藩领。他们多是织田信长、丰臣秀吉时代的旧大名，以及关原之战后才臣服德川将军的大名，共有98家。这部分大名里不乏实力雄厚者，如第一外样大藩加贺藩前田家领加贺、越中、能登三国[①]，石高102.5万石；长州藩毛利家领长门、周防两国，领地36.9万石；萨摩藩岛津家领72万石；肥后细川家领54万石[②]。幕府对外样藩不得不给予足够的重视，承认他

---

① 此处的国是基于律令制设置的地方行政区划，从奈良时代到明治初期日本的基本地理区分单位，也称"令制国"。

② 笠谷和比古：『武士道その名誉の掟』，教育出版2001年，第58页。

们拥有的领地,并给予他们一定礼遇,如有的外样大名在江户城中的席次①甚至相对高于谱代大名。但实际上,幕府对外样大名持有深深的戒心,把有实力的外样大名都配置在偏远地区,将其严格排除在权力核心之外。

总之,德川幕府时期各类大名共计 266 家。各藩的行政体系也与幕府基本相似,大名之下按一门或家老、组头、物头、平士、徒士、足轻、中间或小者这样的序列②,安置于相应的岗位,管理藩内的各项行政事务,如外样大藩加贺藩仅在藩中担当会计工作的就有 150 人③。

从武士总体层面来说,由于江户时代没有详细的人口统计数字,武士的具体人数不得而知,但从明治初年的户籍统计资料可知,1872年武士及家属共有 1,941,241 人④,考虑到在"王政复古"后有一部分人自愿"归农"的因素,可知在江户时代约 3,000 万人口中,武士及其家属应该在 200 万人左右。也就是说,在近 270 年的时间里,不足人口 7% 的武士作为以行政职能为主的军事贵族成为立于三民之上的统治者。

三、近代华族

在明治维新过程中,最重要的社会改革任务本应是废除封建身份等级制度,建立新型人际关系。但是,倒幕运动是由改革派公卿及中下级武士联合发动的,他们后来成为明治政权的核心。在贵族传统久远、身份意识根深蒂固的背景下,不可能由他们来完成对贵族的剥夺,并废弃封建身份制度。如有学者所言:"与其说要否定以前的身份等级关系,还不如说是为了回避国内的阶级对立,进行身份关系

---

① 幕府对大名在江户登城之际的席位(伺候席)加以固定的制度。江户登城是大名谒见将军的重要机会,如每年元旦、五节句等重要的日子,滞留在江户的大名都要登江户城。在大名家发生家督继承(家长交替)之时,也要登城向将军报告。幕府根据拜谒者的家格、官位、职务把大名在江户城等待谒见将军时临时驻足的房间加以固定,对于大名家来说是家格与地位的象征。

② 笠谷和比古:『武士道その名誉の掟』,第 62 页。

③ 磯田道史:『武士の家計簿——「加賀藩御算用者」の幕末維新』,新潮社 2003 年,第 28 页。

④ 修史局:『補正明治史要附録表』,東京大学出版会復刻版 1966 年,第 29 頁。

的重组。"①这种重组的结果就是,以皇族、华族、士族、平民这样的新"四民"身份取代了旧有的士农工商"四民"身份制度,其中仅次于皇族的华族就是把前近代的贵族改头换面之后继续存在的新贵阶层。

1869 年 6 月,明治新政府在命令各藩"奉还版籍"的同时,发布行政官布告:"出于官武一途、上下协同之考虑,自今起废除公卿诸侯之称,改称华族"②,据此,142 家公卿、285 家大名,计 427 家统统被称作"华族",习惯上称公卿出身者为"公卿华族",大名出身者为"诸侯华族"。1871 年,在废藩置县前,为了彻底切断大名与各旧藩的联系,新政府命令诸侯华族全部从各地移居东京,此后公卿华族也从京都迁居东京。"华族"这一称呼本是前近代公卿贵族中"清华家"的别称,从华族诞生之日起,公卿与大名这两大曾经形同水火的贵族终于在东京互相面对,彻底告别公卿与大名身份,变成"天皇的华族"。

在华族制度成立之初,明治政府除了建立机构对华族进行管理③之外,并没有就华族在未来国家发展中居何地位有深入的考虑。面对自由民权运动中社会舆论对华族的批评以及明治十四年(1881年)政变后,政府在自由民权运动压力下承诺于 1890 年开设国会,制定宪法,为保障将来开设国会后天皇大权不落到民权派手中,明治政府深感建立以华族为主的贵族院的必要,为此专门派遣伊藤博文等人于 1882 年 3 月起专门赴欧洲进行宪法及诸制度考察,重点了解欧洲各君主国家的贵族制度。1883 年 8 月份回国后,伊藤博文在宫中设制度调查局,为实施立宪政治做准备,同时着手整顿华族制度。1884 年 7 月 7 日,明治天皇发布"授荣爵之诏",同日,宫内卿伊藤博文以"奉敕"的形式,颁布了"华族令",规定由宫内卿奉敕旨实施授爵,爵位分为公、侯、伯、子、男五等,依据"叙爵内规"予以实施。据"授荣爵之诏"及"华族令",1884 年 7 月七、八两日,共有 509 家被授予爵位,其中公爵 11 家、侯爵 24 家、伯爵 76 家、子爵 324 家、男爵 74 家④。"华族令"的颁布及 1884 年的授爵,标志着天皇制华族制度最

---

① 矢木明夫:『身份の社会史』,評論社 1969 年,第 202 頁。

② 遠山茂樹:『日本近代思想大系』2『天皇と華族』,岩波書店 1988 年,第 321 頁。

③ 如建立华族会馆(1874 年);建立华族子弟教育机关学习院(1877 年);刊行《华族类别录》(1878 年);发布《华族惩戒令》(1876 年),等等。

④ 宫内庁:『明治天皇紀』第六卷,吉川弘文館 1971 年,第 225—262 頁。

终确立。此后,到日本战败为止,先后对1,017家授予爵位[1](内容详见本书第四章第二节《近代日本华族制度的确立》)。

华族是在前近代贵族制度与等级制度基础上形成的近代新贵族。虽然在明治维新过程中旧的贵族特权被废除,但是在近代国家政权的刻意保护下,又产生了一系列新特权。如根据1889年的"贵族院令"的规定,公爵与侯爵年满25岁(1925年改为30岁)自动成为贵族院的终身议员。伯爵、子爵、男爵由同爵之间互选的方式各选出五分之一,任职期限为七年,大大超过众议院议员的四年任期;在教育方面,华族子女可以进入专设的学习院学习,如果帝国大学学生不足,还可以直接升入帝国大学,故华族可以轻易得到帝国大学的学位;在经济方面,为保证诸侯华族在秩禄处分中获得的巨额公债不流失并实现增值,专门建立了国立第十五银行(又称华族银行),颁布"华族世袭财产法"(1886年)保护华族的财产完整;发布"旧堂上华族保护资金令"(1912年)保障旧公卿华族的生活,等等。

四、贵族传统与日本的国民性

国民性,是一个国家的国民在社会化过程中,基于长期所处的历史与风俗而形成的包括价值观念、行为方式、性格特点在内的倾向性选择。国民性的形成,不仅与地理环境、政治经济制度密切相关,社会结构也会对其产生至关重要的影响。日本是贵族制社会结构的典型,在不同历史时期由不同的贵族主宰历史,因此日本的国民性不可避免地带有明显的贵族化特征。笔者过去曾就日本国民性中的"实用主义"、"集团主义"、"等级秩序"等进行过探讨[2],本文仅简要分析贵族传统对国民性的影响。

身份至上

日本的贵族中最有代表性而且历史最悠久的是公家贵族。在律令制时代,贵族凭借高贵的家系成为权力的核心,拥有政治、经济等各方面的特权,垄断了朝廷的最高官职。从延喜元年(901年)到镰仓幕府建立(1185年)的总计395名公卿中,有265人是藤原氏出身

---

[1] 森冈清美:『華族社会の「家」戦略』,吉川弘文館2002年,第29页。

[2] 李卓:《日本国民性的几点特征》,《日语学习与研究》2007年5期。

者,占 67%,居压倒优势,此外还有源氏 79 人(20%),平氏 24 人(6%),大中臣(7 人)等 10 家贵族总计 27 人(7%)①。在公家贵族鼎盛的时代,已经形成对高贵身份及高贵家系的尊崇。家格这种体现贵族等级的形式也引起其他社会阶层效仿。进入幕府时代以后,公家贵族逐渐衰落,直到幕末也基本上没有实际权力,而且生活贫困潦倒,但是幕府及武士在近七百年中并未在肉体上消灭他们,而是在身份等级制度方面以公家贵族为学习的样板。如公家贵族在不同的场合要穿特定的服装,武士也为了表明自己的身份确定自己的着装样式。武士的服装不仅区别于贵族,更与百姓完全不同,其内部还有按照不同等级的严格区别。再如律令制度下的官位在进入幕府时代后逐渐成为有名无实的虚衔,但武士们不仅要扩张自身的军事实力,也要拥有具有权威及名誉色彩的官位,借此表明自身跻身于贵族的行列。丰臣秀吉在 16 世纪末期统一天下后,不仅担任关白、从一位太政大臣,而且以律令官制为基础,授予诸国大名武家官位。丰臣秀吉去世时,拥有全国最高官位者竟然是武家出身的正二位内大臣德川家康,此后又升至从一位太政大臣。德川幕府建立后,仍然把公家官位体系作为统制大名的手段。这一做法体现出武士对身份、荣誉和地位的追求。同时,身份制度被德川幕府完整地继承下来并日益巩固、完善,身份制度和身份意识渗透到近世日本社会的每个角落。

　　明治维新以后华族制度的建立是身份制度在近代的延伸,一方面新政府需要身份制度维护统治秩序,另一方面大部分日本人并不否认身份制度的存在,"只不过是想通过自己的努力摆脱以前所属的地位,上升至更高一点的地位"②。1869 年华族初创之时,武家社会除大名之外的所有武士悉被列为士族,这引起许多下级武士出身的维新功臣的强烈不满。长州藩士出身的明治政府领导人伊藤博文认为,"封建武门之世,士族位于平民之上,教育有素,气节有为之人多出其间,应作为贵族之一部,拔其中之人与华族俱列元老,以收其报效"③,"今士族平民之有功者立于愚笨华族之下风,只望任国会(下

　　① 朧谷壽:「日本古代の貴族」,笠谷和比古:『公家と武家の比較文明史』,第 257 頁。
　　② 矢木明夫:『身份の社会史』,第 214 頁。
　　③ 春畝公追頌会:『伊藤博文伝』中,統正社 1940 年,第 230—231 頁。

院)议员,此种做法现在与今后都难得有功者之人心"①。于是在以藩阀为主的明治政府主导下,1884 年颁布"华族令"并对华族叙爵时,以伊藤博文为首的 30 名武士出身者被授予爵位。此次叙爵使士族出身者看到了跻身贵族的希望,自荐、他荐者纷至沓来,到 1888 年,又先后对 55 名士族出身者授予爵位,此举被称作"圣恩大贱卖"②。

1871 年 10 月,明治天皇召见全体华族的户主,并发布鼓励华族去海外游学的敕谕,其中指出:"华族在国民中居贵重之地位,众庶之瞩目之处,固然成其履行之标准。"③这是明治政府对华族的定位,承认华族是国民中的最上层,是近代新贵族。在战后民主改革过程中,贵族制度在外来压力下走向终结。这种终结是制度与法律上的废除,而不是对贵族肉体上的消灭,贵族后代还在,贵族意识犹存,看重世袭的权力、崇尚权威的心理在民众中根深蒂固,社会往往不是以个人能力,而是以公认的家系、身份作为判别人的社会地位、衡量人的社会价值的标准。尤其是在人事制度与政治活动中"任资唯贤"往往重于"任人唯贤",在国会选举中,政治家的后代大多数都能稳操胜券,于是就产生了独具日本特色的表现为"族议员"的世袭政治。

注重传承

近年来,随着国内对制造业"工匠精神"的讨论,作为制造业大国的日本的"工匠精神"及与此相关的长寿企业颇受推崇。日本不仅是世界上数一数二的长寿人口国,也以"企业长寿大国"闻名于世。即使在历史上屡经战乱和经济危机、大地震的打击,仍有创业至今超过百年的企业 25,321 家,超过二百年的企业 3,937 家,是世界上长寿企业最多的国家④。不独长寿企业,在文化艺术领域也有很多历史悠久的家族,如花道池坊流家元从 15 世纪中期开始到如今已达 45 代;歌舞伎市川流宗家市川家团十郎从 17 世纪后期至今传了 12 代;茶道里千家家元从 16 世纪传承至今已 16 代。

---

① 大久保利謙:『華族制度の創出』,吉川弘文館 1993 年,第 368 页。

② 浅見雅男:『華族たちの近代』,NTT 出版会社 1999 年,第 72 页。

③ 宫内厅:『明治天皇纪』第二卷,吉川弘文館 1969 年,第 559 页。

④ 后藤俊夫著、王保林等译:《工匠精神:日本家族企业的长寿基因》,中国人民大学出版社 2018 年,第 5 页。

从古到今，日本的企业及艺术流派的久远传承是通过家业的世代延续得以实现的，其根源在于日本特有的"家"制度。日本的"家"不单是男女结婚后生儿育女的具体生活集团和生活场所，还是"超越世代，经营一定的行业乃至为换取恩给和俸禄而提供服务的集团，也可以说是广义上的一个企业体"[①]，具有强烈的社会功能。家以家业为中心，以家产为基础，以家名为象征，以直系的纵式延续为原则。所谓家业，不只是指房屋土地、金银财宝，而是人们赖以谋生的技能。这种"家"制度正起源于公家贵族。在律令制时代，贵族的所有政治、经济特权都是通过家来世袭地实现的。即使是官职也是如此，9世纪开始大贵族藤原氏逐渐垄断朝政后，无法获得高官高位的中下级贵族不得不在一些特定的专业技术领域，通过一技之长在朝廷中立足，久而久之，贵族的家便成为从事朝廷公务的机构，如菅原氏、大江氏掌管文章道，安倍氏垄断阴阳道，和气氏、丹波氏把持医道。在这种情况下，贵族的继承就具有了延续家业的意义，经过人们的刻意维护，贵族的家系得以脉络清晰地延续下来。

贵族的传承最重要的莫过于采取独特的继承制度，在实行长子继承的同时，不排除没有血缘关系的人进入家庭。有学者这样评价日本的继承制度："除了天皇家族之外，几乎所有日本人的家族都有与异姓混血的历史"，"即使再出色的家族，也不可能把血缘关系上溯到数代以前，因为家系和血系是很难一致的"[②]。这里出现了"家系"和"血系"两种概念，"家系"是家业延续的系列，具有社会性；"血系"则是血缘繁衍的系列，只有家族性。在现实中，任何家族如果排斥非血缘者继承的话，都无法持续长久。一个家族家系的延续往往与数个家族血系的延续有关。由于存在养子继承的情况，不少家族即使家系延绵，而实际的血缘关系已然面目全非。

贵族的以家业为中心、实行长子单独继承、注重纵式延续的"家"制度对后来的武士家庭与町人家庭都产生了很大影响。武士的家业是为了得到赖以生存的俸禄，必须与主人结成牢固的主从关系，为主人尽忠奉公；商人的家业是指他们从事的商贾买卖及经商的经验，乃

---

① 尾藤正英著、王家骅译：《日中文化比较论》，浙江人民出版社1992年，第32页。
② 太田亮：『家系系图の合理的研究法』，立命馆大学出版部1930年，第5页。

至店铺的信誉;艺能人的家业就是所从事的技艺。所以,不论对哪个阶层的人来说,家业都是非常重要的,家业繁荣昌盛、长久延续是家的终极目的和家族成员为之奋斗的目标。日本人把家视为一个生命体,认为家是从祖先那里传到自己手中的,自己的责任是将其维护周全,再完整地交给后代。每一代继承人,都肩负着家业发展与延续的使命,为之付出,为之努力,期盼家业在自己手中发扬光大,至少也要得到有效的保护,而不能在自己手中衰落、断绝。这便是当今日本大量存在长寿企业的重要原因之一。从文化艺术领域来说,因为有人专门把某种被称为"道"的艺术作为一个家族的事业来做,珍惜它,保护它,研究它的精髓,想办法让它发展,所以,以茶道为代表的各种各样的"道"才能够相传数百年而不辍,传统文化也因此得到有效保护。

双重性格

早在战后初期,美国人类学者本尼迪克特就在《菊与刀》这本书中描绘了日本人的双重人格:生性极其好斗而又非常温和;黩武而又爱美;倨傲自尊而又彬彬有礼;顽梗不化而又柔弱善变。[①] 这种双重性人格究竟从哪里来? 在从不同角度探讨日本国民性的时候,似应注意到不同历史时期不同贵族的影响是不可忽视的因素。

由于日本历史上不推崇以暴力实现改朝换代,不仅皇室连绵延续 126 代,贵族也一直存在到 20 世纪中期日本战败。在一定意义上来说,高高在上的贵族是民众的楷模,在思想文化、价值观等方面都会对民众发生潜移默化的影响,如同"废藩置县"后明治天皇对华族中的藩知事发布敕旨所言:"华族立于四民之上,为众人之标的"[②],标的就是榜样。有学者在阐述 16 世纪以后英国贵族的情况时谈到:"贵族的'高贵'品质是由高贵的血统、优秀的品行、优越的生活方式、卓越的社会贡献等诸多因素集合而成。"[③]日本最初的贵族——公家贵族的"贵"除了体现在"高贵"的血统——家系以外,非常注意培养与贵族身份相应的教养。如 10 世纪中期的公卿藤原师辅(909—960

---

① [美]ルース・ペネティクト著、長谷川松治訳:『菊と刀』,社会思想社 1992 年,第6 頁。

② 宫内厅:『明治天皇紀』第二卷,第 559 頁。

③ 王晋新:《论近代早期英国社会结构的变迁与重组》,《东北师大学报》2002 年5 期。

年)在病逝前留下遗训,即"九条殿遗诫",其中仅就每天早晨的生活起居就定下诸多规矩:

> 起床后先默诵七次自己所属之星宿名称;
>
> 次对镜子看容姿;
>
> 次看历日知吉凶;
>
> 次用牙签清理牙齿,洗脸;
>
> 次暗诵佛名及日常尊崇之氏神;
>
> 次记录昨日发生之事;
>
> 次喝粥;
>
> 次梳头(三天一次);
>
> 次剪手足指甲(丑日剪手指甲,寅日剪脚指甲);
>
> 次择日沐浴(五天一次);
>
> 次有出仕之事,即服衣冠,不可懈怠。①

这 11 条都是早晨起床之后要做的事情,其中有 5 条与个人形象相关,说明此时贵族对此十分重视。其他几条有的涉及到神佛及阴阳道信仰;有的是通过每天写日记进行文化上的修炼;有的是对上朝时服饰着装的要求。"九条殿遗诫"在当时公家贵族中流行很广,表明贵族社会随着物质生活的丰富,精神追求也在提升。公家贵族非常重视子女的教育,尽管贵族子弟年满 21 岁即可根据荫位制度得到相应的官位,但朝廷要求"五位已上子孙,年廿以下者,咸下大学寮","令习读经史,学业足用,量才授职"②。因此,平安时代的贵族在集权力与财富于一身的同时,也创造了灿烂的贵族文化,在文学、艺术等方面达到此后很长时间内都难以超越的顶峰。

武士依靠武力在朝廷之外建立了幕府政权,从时间上看武家贵族掌握实权比公家贵族时间长,从人数上看比公家贵族多很多,从活动范围看遍及全国,与平民百姓的接触和联系远远超过偏居京都的贵族,故武家贵族的核心价值对民众的影响要超过公家贵族。与注重文

---

① 同文馆编辑局:『日本教育文库・家训篇』,同文馆 1910 年,第 61 頁。

② 柿村重松注:『本朝文粹注释』上,第 231 頁。

化和教养的公家贵族相比,长期以战争为业的武士的立身之本是精于武艺。在身份制度下,武士作为"三民之长"而存在,一直是整个社会生活的核心和尊奉的模范。不仅战争年代要精进弓马之道,即使到了天下偃武的江户时代,大部分武士成为从事行政管理的"公务员",而历史的惯性令他们依然保持着强烈的尚武精神和杀伐风气。武士出行进退,腰佩双刀,在面对平民的无礼冒犯时可以将其"斩杀后弃之不管"(斩舍),而且不需承担责任(御免)。1869 年,当有欧洲留学背景的森有礼在公议所提出要"改变粗暴杀伐恶习",建议废刀时,居然被罢免了在政府担任的职务。明治政府下达"废刀令"是迟至 1876 年的事情,反映出武士对尚武与杀伐的留恋。近代以后,武士阶级退出历史舞台,或变身政府官员、学校教员、军人和警察,或接受近代教育实现转型,成为新社会中的精英,大多数人陷落到出卖劳动力的社会底层。在此过程中,武士伦理得以扩散到全社会。尤其是在日本发动的一系列对外侵略战争中,武士的尚武精神被极力推崇,不仅自己在战争中要视死如归,也把"粗暴杀伐恶习"用于对付被侵略国家的国民,制造了无数杀人惨案,给人类和平带来巨大灾难。经过战后民主改革及对军国主义的清算,日本被改造成和平、民主的国家,但是社会及学校、家庭一直坚持对国民自幼进行各种磨难教育,其背后仍然可以看到武士的影子及对尚武精神的坚守。

结语

综上所述,贵族是日本身份等级制社会中重要的组成部分,仅次于皇室而居于社会的顶层。凭借所谓高贵的家系及优越的社会地位(公家贵族)、特有的军事功能(武家贵族),在不同历史时期掌握社会主导权,经过对贵族的重组,在近代社会依然作为上流社会而存在。在漫长的历史发展过程中,贵族的文化与教养和武士尚武精神的影响,造就了日本国民的双重性格:既有彬彬有礼、讲究礼仪的一面,也有冷酷无情、野蛮好战的另一面。

(原文刊载于《日本问题研究》2019 年 4 期)

第五节　日本"奉正朔"的虚与实

历法是根据天象变化的自然规律，推算年、月、日的时间长度和它们之间的关系，制定时间序列的法则。中国是世界上最早发明历法的国家之一，对周边国家产生过重要影响。日本历史上经历了长期使用中国历法；根据中国历法自己编撰和历；明治初期彻底放弃阴历、改行公历的过程，即从"奉正朔"到"易正朔"的过程。本文拟考察日本古代历法的更替变化，管窥所谓"奉正朔"的实象，进而探讨"奉正朔"表象下中日关系的实际状况。

一、"正朔本乎夏时"：古代日本长期使用中国历法

从古到今，历法都是很专门的学问，是科学与文明的象征。在古代，天文、数学等科技领域的发达，使中国成为世界上最早发明历法的国家之一，阴阳并用的太阴太阳历（为叙述方便，本文使用"阴历"的提法）长期被周边国家使用。"正朔"是中国历法中的重要概念，它本是阴历中的特定日子："正"，即一年之始，"朔"即每月之始。在中央王朝统治下，充满科技含量的历法被赋予极其重要的政治意义，历代王朝在政权建立之初，都要通过改历的方式证明帝王的统治权力来自"天命"，以达到政治统一的目的。如司马迁在《史记》"历书"中所言："王者易姓受命，必慎始初，改正朔，易服色，推本天元，顺承厥意。"可以说，"正朔"就是以历法为中心的朝代名号，"奉正朔"即奉行帝王的元号和历法，表示臣服其统治。周边国家使用中国的历法，则被认为是对中国王朝表示归顺，可以将其纳入统治体系，并允许其在朝贡的名义下进行交往。

日本古代早期没有文字，前言往行只能靠"贵贱老少，口口相传"，在这种情况下，不可能有高科技含量的历法。恰如《魏略》中记载，公元3世纪的倭国还处于"其俗不知正岁四节，但计春耕秋收为年纪"的状态。[①]而到7世纪30年代成书的《隋书》中，对倭国已有"每至正月一日，必射戏饮酒，其余节略与华同"[②]这样的记载，说明

---

① 《三国志·魏书三十·乌丸鲜卑东夷传》第三十（简称《魏志·倭人传》）。
② 《隋书》列传第四十六《东夷》。

中国的历法已经传入日本。

在社会发展比较落后的古代日本,通过与中国及朝鲜半岛国家的交往,对历法与人们生活的关系有了一些了解,并希望自己的国家也使用历法。有关日本使用中国的历法,有"汉历五传"之说,即日本曾经使用过五种中国的历法。这五种历法包括:

604 年开始使用的《元嘉历》(南朝宋何承天编纂)[①];

690 年开始与《元嘉历》共同使用,并于 697 年单独使用的《仪凤历》;

764 年开始使用的《大衍历》(唐僧一行编纂);

858 年开始使用的《五纪历》(唐郭献之编纂);

862 年开始使用的《宣明历》(唐徐昂编纂)。

《宣明历》是日本历史上最后使用的从中国输入的历法,到 1685 年被保井春海(1639—1715 年,也称涩川春海)编制的《贞享历》取代为止,一直使用了 823 年。

以上五种历法,除《元嘉历》之外,都是在古代中日交流最繁盛的唐代传入日本的。按照国人的传统思维,日本使用中国历法,是对中国王朝表示臣服的"奉正朔"行为,值得赞赏。如唐代大诗人王维在遣唐留学生阿倍仲麻吕(唐名"晁衡")归国时曾赋诗《送秘书晁监还日本国》送别,在其诗序中说:

> 海东诸国,日本为大。服圣人之训,有君子之风。正朔本乎夏时,衣裳同乎汉制。历岁方达,继旧好于行人。滔天无涯,贡方物于天子。[②]

在王维及他所代表的唐代朝野人士眼里,当时的日本之所以被评价为"服圣人之训,有君子之风",主要是因为"正朔本乎夏时,衣裳同乎汉制",这两点的意义似乎重于"贡方物于天子"。9 世纪末期日本终止遣唐使派遣后,民间的交流并未停止,在与中国人交往的过程中,日本人很会利用衣冠服饰及历法的相近之处拉近与中国的距离,甚至讨皇帝的欢心。如宋真宗时期,有位名叫滕木吉的日本人在被

---

① 成书于 11 世纪初期的《政事要略》载,推古天皇十二年(604 年)"始用历日"。黑板勝美编:『新訂增補国史大系』25『政事要略』,吉川弘文館 1964 年,第 99 页。

② 伊藤松辑、王宝平、郭万平编:《邻交征书》,上海辞书出版社 2007 年,第 3 页。

皇帝召见时作诗《上宋真宗皇帝》①：

> 君问吾风俗，吾风俗最淳。
>
> 衣冠唐制度，礼乐汉君臣。
>
> 玉瓮蒭新酒，金刀剖细鳞。
>
> 年年二三月，桃李一般春。

　　这首诗表达了日本风俗慕化中国的情景。"衣冠唐制度，礼乐汉君臣"，说的是日本在衣冠之制、礼仪文明方面以汉唐制度为样板，而"年年二三月，桃李一般春"则隐喻日本使用中国的历法，每年桃李盛开是与宋朝相同的时节。宋真宗当时一定是心情不错，所以"赐木吉时装钱遣还"②。这首诗后来流传很广，明代薛俊的《日本国考略》中也有日本使臣《答风俗问》一诗，内容与滕木吉诗大体相同。③ 明代更有人记载："近代商于日本、占城、吕宋、佛郎机诸国者，问以星斗河汉，皆云躔度方向，与中华毫无差别"④，可见，中国历法对包括日本在内的周边国家影响之深。

二、"奉正朔"的虚与实

　　古代日本人使用中国历法长达一千多年，说明日本与中国处于同样的时间坐标系统之中，根据阴历衍生出的岁时习俗有很多与中国相似，有的甚至影响至今⑤。这种古代日本在文化与科技上与中国的接近，造成国人从古到今的固定思维，即认为使用中国的历法就是奉中国王朝为"正朔"，是中华帝国朝贡体系之下的一员。然而，日

---

　　① 小岛宪之校注：『新日本古典文学大系』63『本朝一人一首』，岩波书店1994年，第305页。

　　② 《宋史·外国传·日本国》记载："咸平五年（1002年），建州海贾周世昌遭风飘至日本，凡七年得还，与其国人滕木吉至，上皆召见之。世昌以其国人唱和诗来上，词甚雕刻肤浅无所取……赐木吉时装钱遣还。"中华书局1977年，第14136页。

　　③ 一般认为《答风俗问》作者不详，仅把"玉瓮蒭新酒"的"蒭"换成"藏"。[明]薛俊：《日本国考略》，《四库全书存目丛书》第255册，齐鲁书社1996年，第279页。

　　④ [明]沈德符：《万历野获编》卷20《历法·日圭同异》，中华书局1959年，第528页。

　　⑤ 参见刘晓峰：《汉历东传——中国岁时文化对日本的影响》，《文史知识》2002年1期。

本长期使用中国的历法果真是为了"奉正朔"吗？对此进行由表象到实象的考察是十分必要的。

一个不争的事实是，古代早期的日本曾在较长时间内被置于大陆王朝的册封体制之下，先有公元 57 年（建武中元二年）东汉光武帝对倭奴国奉贡朝贺的使者赐以"汉委奴国王"金印，继之有 238 年（景初二年）魏明帝颁赐邪马台女王卑弥呼为"亲魏倭王"的紫绶金印，5世纪的倭五王时代，均遣使朝贡，接受中国南朝皇帝的册封。但是随着日本国力的增强，到 7 世纪初的推古天皇及圣德太子时期，已经不再满足接受中国皇帝册封的地位，产生了要把日本变成与中国对等国家的意识，于是便出现了派遣隋使携带写有"日出处天子致书日没处天子"这样的国书来隋朝，直接挑战中国皇帝权威的事件。现代日本人把这件事解释为圣德太子要"让国人意识到日本是独立国家，同时让外国也承认日本是独立国家"①。但这个"独立国家"毕竟国势不强，在此后不久的朝鲜半岛争端中，日本与唐朝的第一次正面军事交锋便大败而归（即 663 年的白村江之战）。这一仗让日本人着实认识到自己与唐朝的差距，转而放弃与唐朝的竞争与对抗，开始频频派遣遣唐使，全面学习唐代的制度与文化，但此时日本已不再通过请求唐朝皇帝册封来证明其统治的合法性和提高权威性。从唐朝的对外关系格局来看，"东至高丽国，南至真腊国，西至波斯、吐蕃及坚昆都督府，北至契丹、突厥、靺鞨，并为入番，以外为绝域，其使应给料各依式"②。这种区分的依据不仅是空间距离，更是出于对唐朝重要性的综合性考虑。显然，在唐人眼中，日本是非常遥远且并不重要的"绝域"之国，其使臣来了可以给予接待，但不必像蕃国那样定期前来朝贡。在这一前提下，"奉正朔"的政治意义就被大大削弱了。

考察日本"奉正朔"的实态，了解中国历法东传日本的过程至关重要。在古代以天朝为中心的朝贡体制下，"正朔"即历法的授受是王朝对某一地区统治秩序的确认，是古代册封体制中的重要内容，并为王朝统治者所重视。如 660 年（唐显庆五年），唐将刘仁轨受命率兵征讨百济时，"于州司请历日一卷，并七庙讳"，有人不解，刘仁轨则

---

① 内藤湖南著、储元熹译：《日本文化史研究》，商务印书馆 1997 年，第 40 页。
② ［宋］王溥：《唐会要》，中华书局 1960 年，第 1798 页。

答曰"拟削平辽海,颁示国家正朔,使夷俗遵奉焉"①,意思是说在征服该地后,令其使用唐朝历法以示臣服。一直到明代,历法的颁赐都是讲究礼仪的。"若外夷,惟朝鲜国岁颁王历一册,民历百册,盖以恭顺特优之。其他琉球占城,虽朝贡外臣,惟待其使者至阙,赐以本年历日而已"②,也就是说,只有在周边国家派遣使臣前来朝贡时才对其颁赐历法。这说明"颁正朔"是"奉正朔"的前提,在中国古代对外交往中具有重要政治意义。但考察"汉历五传"日本的过程,并没有历法授受的仪式或类似的经历。根据相关资料记载,这几种历法东传日本的情况大致是这样的:

《元嘉历》:根据《日本书纪》记载,钦明天皇十四年(553年)6月遣使百济,所携敕书中提及以前派遣来的医博士、易博士、历博士等已经到期,要求"依番上下"(即更换新人),敕书中还提到请百济送"卜书、历书、种种药物"。转年,百济应此要求派遣包括"历博士固德王保孙"在内的九人到日本。③ 又推古天皇十年(602年)十月条记载:"百济僧观勒来之,仍贡历本及天文地理书,并遁甲方术之书也。"两年后,日本"始用历日"。当时百济使用的是《元嘉历》,故自百济传入日本的当是《元嘉历》。2003年2月,在奈良县日香村石神遗址中发掘出土了写有持统三年(689年)3月与4月一部分历日的木简,证实日本当时使用的正是《元嘉历》。

《仪凤历》:《日本书纪》记载,690年(持统天皇四年)11月,"奉敕始行元嘉历与仪凤历",即两历并用④。到697年(文武天皇元年),日本弃《元嘉历》,单独使用《仪凤历》。然而令人费解的是,在唐朝不曾有过称《仪凤历》的历法。对此,一般认为《仪凤历》即唐高宗麟德

---

① 《旧唐书·列传第三十四·刘仁轨》。[后晋]刘昫等:《旧唐书》,中华书局1975年,第2795页。

② [明]沈德符:《万历野获编》卷20《历法·颁历》,第525页。

③ 《日本书纪》钦明纪十四年六月条、十五年二月条。2011年9月21日,在福冈西区元冈古坟群(7世纪中叶)出土了刻有显示公元570年的"庚寅"和"正月六日"等铭文的铁制大刀。"庚寅"是《元嘉历》的干支纪年。该考古发现证明,日本在6世纪中期已开始使用元嘉历,可以作为《日本书纪》上述记载史实的佐证。

④ 对于《元嘉历》与《仪凤历》并用,学者王勇先生解释说,这是日本对中国关系急速转型的过渡措施,"即从中介百济汲取南朝文化,转向直接学习更为先进的隋唐文化"。参见王勇:《中国历术对日本的影响》,《文史知识》1997年12期。

二年（665 年）颁行的《麟德历》，676 年，唐高宗改元"仪凤"，推测是在仪凤年间传到新罗，后经新罗再传到日本。历法名称不一致这件事本身即可作为在日本缺少"奉正朔"的政治含量的注脚。

《大衍历》：第一部得以确认的直接传入日本的中国历法。735 年，在唐朝留学 18 年的吉备真备（695—775 年）学成归国，在他带回日本并献给朝廷的诸多典籍中就有《大衍历经》及《大衍历立成》，还有侧影铁尺一枚①。由于当时缺乏通晓历学的人才，对《大衍历》这部当时非常先进的历法还不能全部理解，故一直被搁置。直到 757 年（天平宝字元年），孝谦天皇下令在阴阳寮专设历算生，以汉晋律历志、《大衍历议》等中国历法、天文、数学等书籍为教材进行研读②，其成果就是在 764 年（天平宝字八年）开始正式使用《大衍历》。

《五纪历》：779 年（宝龟十年），遣唐使成员羽栗翼（719—798 年）归国时将唐朝于 762 年启用的这部历法带回日本，并上奏朝廷："大唐今停大衍历，唯用此经。"③781 年，光仁天皇敕令"据彼经造历日"，但由于当时"无人习学，不得传业"，只好沿用过时的《大衍历》。856 年（齐衡三年），历博士真野麻吕奏请使用《五纪历》，朝廷答复"国家据大衍历经造历日尚矣，去圣已远，义贵两存，宜暂相兼，不得偏用"④，只允许从 858 年起将《大衍历》与《五纪历》同时使用。

《宣明历》：859 年（贞观元年），渤海国使臣乌孝慎抵日本，献上"大唐新用经"《宣明历》。此次日本方面的反应前所未有地迅速，历博士真野麻吕以正在使用的《大衍历》、《五纪历》与《宣明历》进行比较，"且察天文，且参时候"，又与大唐开成四年（839 年）及大中三年（849 年）的历本勘比，得出《大衍历》与《五纪历》"两经之术，渐以粗疏，令朔节气既有差"的结论。真野麻吕遂于 861 年上奏朝廷，指出"方今大唐开元以来，三改历术，本朝天平以降，犹用一经，静言事理，实不可然"，请求停旧用新，清和天皇立即准予⑤，遂于 862 年正

---

① 《续日本纪》圣武天皇天平七年四月条。
② 《续日本纪》孝谦天皇天平宝字元年十一月条。
③ 《日本三代实录》清和天皇贞观三年六月条。
④ 《日本三代实录》清和天皇贞观三年六月条。
⑤ 《日本三代实录》清和天皇贞观三年六月条。

式使用《宣明历》。

从上述"汉历五传"的过程可以看出中国历法的东传路径及古代日本人对中国王朝"正朔"的态度。

首先，东传日本的"五历"中，除了《仪凤历》传入渠道不甚明确之外，《元嘉历》《宣明历》是经过百济、渤海国间接传入日本的，《大衍历》与《五纪历》虽然是直接传入日本，却是由留学生或遣唐使利用在唐期间的方便得到后带回国的。也就是说，"五历"东传日本没有一次是中国的朝廷对日本以任何形式的颁赐后而行之，也不是日本方面作为主动请封、表示臣从的具体行动。日本作为"绝域"之国，不同于其他要向唐朝称臣纳贡的"番国"，对唐朝历法的热衷只是为了在生产生活中计算时日的方便，而"奉正朔"的政治意图并不明显。

其次，在"五历"中，只有《宣明历》在传入日本四年后就比较及时地使用，其他"四历"都与中国历法的实施存在较长的时间差。如直到 7 世纪末年的持统天皇时期，日本一直使用南朝的《元嘉历》，而事实上中国已经以唐代隋，不仅几次改朝换代，历法也多次更改。再比如，《大衍历》由留学生带回日本后，也是拖了近 30 年，在 764 年才开始实施，此时在唐朝，由于《大衍历》对月食预报不准，已经在 762 年被《五纪历》取而代之了。779 年，《五纪历》由遣唐使带入日本后被长期搁置，直到 858 年才开始使用，与 762 开始在唐朝使用的这部历法的时间差长达 96 年。这期间，唐朝不仅在 783 年（建中四年）废弃《五纪历》，启用《正元历》，而且还于 822 年开始使用《宣明历》了。时间差的存在固然有时空远隔、往来不便等因素，但也正说明因为没有册封关系的束缚，日本人并没有把使用历法与向中国皇帝称臣联系起来。

第三，古代日本人对中国历法的态度是技术重于政治，对传入日本的历法并非原封不动地照搬，而是在认真研读之后再开始使用。前述钦明天皇与推古天皇时期要求百济派历博士等到日本，是因为当时本国还没有这方面的专业人才。经过大化改新并建立律令制国家后，朝廷在中务省下设立了专司占卜、历法、天文的阴阳寮，其中有历博士、历生、天文博士、天文生、漏刻博士等专职设置，标志日本有了专业的历学人才及相应的人才培养机构。这些专业人才的水平在实践中逐渐提高,如 8 世纪后期对《五纪历》还是"无人习学,不得传业",到 9 世纪中期,已经涌现出"历术独步,能袭祖业,相传此道,于今五世"①的真野麻吕这样的历学人才。他已经能够依据自己掌握的知识,发现当时使用的《大衍历》已经过时,积极推动以《五纪历》取代《大衍历》。在从渤海国使臣处得到《宣明历》后,也是他及时敦促朝廷使用唐朝最新的历法。正是有了掌握一定历法知识的历博士的推动,才使《宣明历》在传入日本仅仅四年后就获准使用,与《五纪历》进入日本 79 年才被允许与《大衍历》同时使用相比,是明显的进步。

　　总而言之,日本使用中国的历法,重在科技成果的运用,而徒具"奉正朔"的表象。这一点在入唐求法的高僧圆仁(794—864 年)写的《入唐求法巡礼行记》中便有体现。圆仁清楚地记载,838 年他到达中国的时间是"日本国承和五年七月二日,即大唐开成三年七月二日,虽年号殊,而月日共同"②。不用中国的年号,表示日本在政治上完全独立于唐朝之外;"月日共同"则是因为使用中国的历法而与唐朝的时间序列完全一致。可见,即使是在中日交流频繁的唐代,一意追求与中国对等的日本人使用中国历法,与仿行其他唐代制度(如班田制、户籍制、科举制等)一样,是对先进的唐制度、文化的向往,其中技术层面的意义远远大于表示臣服的政治意义。

三、从汉历到和历的转换

　　中国古代将天文历法置于政治统治之下,王朝更替常常伴随改历。除此之外,古代的历法从产生起,就不断地进行修订,以保证与自然界一年四季的更替相适应,预报和反映四季气候的变化,为农业生产提供准确的时间参考和指导。《宣明历》在唐代使用了 70 年,于892 年被《崇玄历》取代,是唐代使用时间最长的历法。而从 862 年开始在日本使用的《宣明历》却在日本使用长达 823 年之久。一部历法,即使再优秀,如果长期不加修订,也会产生误差。由于长期的误

---

　　① 《文德天皇实录》天安元年春正月条。

　　② 圆仁著、广西师范大学出版社编:《入唐求法巡礼行记》,广西师范大学出版社2007 年,第 5 页。

差积累,到17世纪中期,《宣明历》已经与实际天象出了两天的偏差,日食、月食等预报也不准确[①],而且与当时中国、朝鲜使用的历法也不一致。1607年(庆长十二年)3月,丰臣秀吉率兵侵略朝鲜(朝鲜称"壬辰倭乱")后的第一批朝鲜通信使团抵达日本。朝鲜通信使记载了此行的行程:1月12日从汉城出发,经釜山出海,到日本后,从对马府中出发是3月21日,4月8日到大阪,4月12日到京都,5月24日终于到达江户。值得注意的是,朝鲜通信使对这段日程的记载特别标注是朝鲜历。[②] 为何如此,原来日本当时正在使用的《宣明历》在1607年有闰4月,而朝鲜历则是闰5月。如果这段行程按日本《宣明历》计算,当主要在闰4月当中,那么从4月12日到京都再到江户的时间就是72天时间,走了这么长时间无论如何没法向朝廷交代。而使用朝鲜历,则是花费42天左右时间,比较合理。当时朝鲜奉明朝为"正朔",其"朝鲜历"实为明朝的《大统历》。这一事例说明,即使《宣明历》是来自中国的历法,也因严重过时,致使日本孤立于东亚时间秩序之外。

17世纪中期以后,围棋世家出身的历学者安井算哲(1639—1715年,后改姓涩川,号春海)经过对历学的潜心研究,指出《宣明历》的误差,并在元代郭守敬《授时历》的基础上,根据自己二十多年的观察实测,制作了新历,命名为《大和历》。1684年,朝廷决定采用该历,于翌年开始实施,并根据当年的年号命名为《贞享历》。尽管《贞享历》是参照《授时历》编制而成的,但毕竟是日本历史上第一次出自本国人之手的历法,标志着日本历法完成了由"汉历"向"和历"的转变。

一部历法使用八百多年而不改,造成日本人热衷中国历法的假象,不仅让历史上的中国人以为日本具有"奉正朔"的诚意,也长期被作为中日文化交流史中的佳话。实际情况是否如此?要回答这个问题,需要对这八百多年间中日关系的状况进行综合考察。

首先,《宣明历》以后,中国历代王朝多次改历,为何日本再没有使用新的中国历法?这不单纯是科技与文化选择问题,更是中日关

---

① 冈田芳朗:『明治改暦「時」の文明開化』,大修館書店1994年,第83页。

② 仲尾宏:『朝鮮通信使——江戸日本の誠信外交』,岩波書店2007年,第29页。

系格局发生变化的反映。日本从 7 世纪后半期起,放弃对唐朝的敌对心态,开始向唐朝学习,产生了前所未有的奈良时代的社会经济与文化繁荣。在此过程中,沐浴唐风文化成长起来的贵族们渐渐丧失了当初的求知欲望和冒死渡海入唐的勇气。唐朝在"安史之乱"后进入中央政权衰落的时代,藩镇割据,民变迭起,盛唐时代的繁荣不复存在,对日本的吸引力也逐渐下降。894 年(宽平六年),被任命为新一届遣唐大使的朝廷重臣、汉学修养深厚的菅原道真上奏宇多天皇,以"大唐凋敝"和历届遣唐使派遣中"或有渡海不堪命者,或有遭贼遂亡身者"①的理由请求停派遣唐使,并获得批准,自 7 世纪初年开始的遣隋使、遣唐使在持续近三个世纪之后终于落下帷幕。虽然遣唐使停派后民间的商贸往来仍然存在,但中日之间的官方交往就此中断,日本对中国制度的兴趣也趋于淡化,甚至在具有浓郁日本特色的"国风文化"形成过程中,逐渐产生了脱离中国文化语境的自我优越感。到元代,忽必烈两次对日本用兵,使日本人在加深对中国敌视的同时,也产生了对中国的鄙视。"既然以前尊而崇之的中国被犬之子孙统治了,中国也没有什么了不起的","日本人以神的威力打退了灭亡中国的蒙古,日本是相当了不起的"②,这种认识的产生,表明日本民族意识进一步增强,其谋求的已不仅是与中国对等,而是要与中国抗衡。中日关系这种格局带来的结果就是,可以容许民间的经贸往来,却不再接受任何带有政治色彩的制度内容。

历史发展到明代,明王朝前期力图重新构筑朝贡体系,并获得日本官方对治理倭寇的配合,先是明太祖朱元璋册封征西府将军怀良亲王为"日本王",颁赐《大统历》(1371 年),继之有明惠帝朱允炆册封室町幕府第三代将军足利义满为"日本国王",颁赐《大统历》(1401年),这是自 5 世纪中国南朝皇帝对倭五王进行册封九百多年后第一次让日本真正有了"奉正朔"的机会。与隋唐时代日本人使用中国历法却完全忽略其政治意义不同,此时的日本人对"正朔"之事却异常敏感起来。足利义满为获得明朝统治者政治上的支持和经济上的利

---

① 菅原道真:「請令諸公卿議定遣唐使禁止状」,川口久雄等校注:『日本古典文学大系』72『菅家文草、菅家後集』,第 568 頁。

② 内藤湖南著、储元熹译:《日本文化史研究》,第 145—146 页。

益,以"日本国王"的身份向大明皇帝称臣,此举遭到国内强烈反对,朝廷方面指责曰:"日本虽小国,乃神皇相继独立之天下皇帝,人皇百余代,不受异国王号。今源义满乃武臣,是为日本耻辱,似异朝也。"①足利义满迫于压力,终于未敢使用明朝皇帝正式颁赐的《大统历》,表示了不奉明王朝为"正朔"的态度。足利义满去世后,其继任者足利义持假托神灵语言"我国自古不向外邦称臣",批评足利义满"受历受印而不却之,是乃所以招病也"②,再次选择了对明断交的政策,明确表示了脱离中国帝王支配的立场。从室町时代日本拒不使用明代皇帝颁赐的《大统历》可以看出,此时的日本已经一改此前使用中国历法但忽视"奉正朔"之政治含义的做法,开始首先基于政治立场对历法进行审视。到江户时代第五代将军德川纲吉(1680—1709 年在位)时期,由于使用了八百多年的《宣明历》与实际天象产生明显误差,1672 年(宽文十二年)根据该历预报的月食并没有发生,这对于迷信天命的朝廷与幕府来说是非常重要的事件。民间学者涩川春海提出根据元代郭守敬的《授时历》进行改历的建议,却受到朝廷内垄断阴阳道的土御门家以"《授时历》是侵略过日本的元寇的学者所作"的理由加以阻挠,明朝皇帝颁赐的被长期搁置不用的《大统历》终于被人提起。1684 年(贞享元年)3 月,朝廷下达"大统历改历诏书",拟改行《大统历》。但由于涩川春海等人已经掌握了编历知识,经过其极力向朝廷与幕府游说,介绍自己编制的《大和历》优于《大统历》,遂使朝廷收回"大统历改历诏书",宣布于翌年实施《大和历》(即《贞享历》)。从室町时代到江户时代,日本虽然仍在使用中国的历法,但从上述有关历法的动向中,能看出任何对中国王朝"奉正朔"的意愿吗?

其次,长期使用过时的《宣明历》,是日本人既不想奉中国王朝为"正朔",又在自己还没有能力制作历法情况下的无奈选择。本来,通过学习唐朝的天文历法学问,日本已经有了像前述历博士真野麻吕那样的历学人才,积累了一定专业知识。据史书记载,936 年,历博

---

① 『南方紀伝』応永十三年夏,黒川真道:『日本歴史文庫』1,集文館 1911 年,第255 頁。

② 瑞溪周鳳:『善隣国宝記』中巻,田中健夫編:『訳注日本史料·善隣国宝記、新訂統善隣国宝記』,集英社 2008 年,第 110 頁。

士葛木茂纯与大春日弘范之间曾就翌年要使用的历法发生争执,事态严重到大春日弘范编撰的历本被葛木茂纯毁坏,最后还是由朝廷重臣出面调解才了事,朝廷进而下令重编历本[①],这说明历博士们还有积极追求学问的竞争意识。进入平安时代后期,随着皇权衰落,朝廷的官职与官厅逐渐由特定的贵族把持,一些专业技术部门往往由一家或几家包揽。官职家业化带来学问研究门阀化、世袭化,天文、历学变成安倍家(天文)、贺茂家(历法)的家学,他们越来越沉迷于阴阳道。久而久之,因循守旧,人才匮乏,精通历学的人才越来越少,根本无法实现日本人独立编撰历法。在镰仓、室町幕府时期,战乱频繁,武士尚武粗野,科技事业进入空白期。直到天下偃武、社会秩序趋于稳定的江户时代,幕府推行文治政策,鼓励学问,历学界保守、沉闷的现状才被打破。无官无位的民间学者涩川春海挑战朝廷阴阳寮的权威获得成功,他不仅因为《贞享历》的编撰获得俸禄 250 石的武士身份,而且被幕府任命为首位"天文方"(天文官),开创了日本历史上使用"和历"的新纪元。对于德川幕府来说,其重要意义更在于把朝廷掌控了近千年的制订历法的权力收归幕府。从 1685 年使用《贞享历》以后,新晋天文历学人才更加认真研读中国历法,并吸收西方天文学知识,对历法科学的掌握程度突飞猛进,在到 1873 年改行公历为止的 188 年中,又先后三次改历[②]。这几次改历虽然仍以中国历法为蓝本,但不再是汉历东传日本后翻版式的模仿,而是日本人自己独立编撰,在精确程度上也有了很大提高。如"最后的和历"《天保历》一太阳年为 365.242,22 天,一朔望月为 29.530,588 天,与公历的平均太阳年 365.242,19 天和平均朔望月 29.530,589 天已经非常接近,被称为日本史上精度最高的阴阳历[③]。"和历"的使用,结束了日本不得不依赖中国历法的历史,由过去一千多年中被动使用过时

---

① 《日本纪略》朱雀天皇承平六年十月十一日条:「権暦博士葛木茂経申請被給官符,毀暦博士大春日弘範造進来承平七年謬暦事」;承平七年十月二日条:右大臣「召暦博士二人,勘問処論来年暦事処申不同由」;十三日条:「仰太宰府,応写進大唐今年来年暦本」。経済雑誌社編:『国史大系』5『日本紀略』,経済雑誌社 1897 年,第 821、822 頁。

② 即《宝历历》(1755—1797 年,安倍泰邦)、《宽正历》(1798—1843 年,高桥至时等)、《天保历》(1844—1872 年,涩川景佑)。

③ 橋本毅彦、栗山茂久等:『時刻の誕生:近代日本における時間意識の形成』,三元社 2001 年,第 216 頁。

的中国历法,变成自己制订历法,并做到随时通过改历纠正偏差。自从 7 世纪初期开始使用中国历法以来,日本迈出这一步足足花费了一千多年时间。

第三,日本刚刚能够以中国历法为基础自己编撰历法,便开始否定中国历法对日本的影响。1782 年,主张复古和国粹的国学者本居宣长(1730—1801 年)在其撰写的《真历考》中,罔顾日本一千多年来使用中国历法的事实,声称在中国历法传入日本之前,就已经使用日本固有的历法——"真历"。所谓"真历"即由皇祖神所创造,并授予万国的天地自然之历。本居宣长批评中国的历法系人为捏造之物,只有"真历"才是历经千百万年的最高贵、最优秀的历法,它没有丝毫缺陷,也没有修改的必要。[①] 本居宣长这种思想实际上是日本社会长期积累的民族主义意识的反映,尤其是 1644 年满族人取代明王朝建立清政权后,日本国内从元代即已开始滋长的鄙视中国的情绪进一步膨胀,思想界有人从不同角度否定与排斥中国文化。本居宣长鼓吹日本是"神国"、"皇国",日本民族是至高无上的民族,便凭空编造出根本不存在的"真历"。也有人刚刚接受一些兰学知识,就贬低中国的历法,如本多利明在《西域物语》中说:"欲究天地之理,穷数理推步之学,阅读西域之书可近得其理。修支那大清以来天文书,推究历法术路之起源,自不得明。大明以前之书,多臆说杜撰不足取,唯西域之书,周览彼大世界,究善美,难以一见。"本多利明进一步批评日本的现状:"日本国务本末黑暗,对天文历法一向不以为意,仅以支那山国风俗为是,未闻日本有将天文、地理、渡海之道此三类作为一理研究之人"[②],语气中充满对中国历法的不屑。总之,日本在江户时代已经产生清算中国文化影响的倾向,历法便是其中内容之一。

通过以上史实可以明确的是,在唐代仅使用 70 年的《宣明历》之所以在日本使用了 823 年,根本原因是在中日两国没有官方关系的历史条件下,孤悬海外的日本在脱离中华帝国文明圈后的被动选择,由于自身天文历法知识贫乏,只能使用过时的中国历法。"正朔"犹

---

① 本居宣長:『真暦考』,江戸須原屋茂兵衛等共同刊行,天明二年(1782 年)跋本,第 24 頁。

② 塚谷晃弘等校注:『日本思想大系』44『本多利明、海保青陵』,岩波書店 1970 年,第 104 頁。

在使用，"奉正朔"的内涵已荡然无存。

在对日本使用中国历法的情况进行考察后，会发现"奉正朔"的表象之下掩盖着日本对中国并无臣服之意及与中国渐行渐远的事实。故了解中国历法在日本的实施状况，是认识古代中日关系的重要窗口。中国人发明的阴历，是世界历史上最优秀的历法之一。从公元 7 世纪初期到 1685 年，日本使用中国的历法长达一千多年时间，即使此后日本人在不到二百年时间里使用自己编撰的历法，也没有脱离阴历的框架，说明中国历法对日本影响之深远。而古代日本使用中国的历法，"奉正朔"为虚，使用和学习中国科技为实。视日本人使用中国的历法为"奉正朔"，只不过是国人天朝大国心态下的一种自我满足，也反映出对日本人之中国观一定程度上的误判。

结语

从日本历法的演变过程，可以看出这样一条轨迹：从最初的仿华——使用中国历法，到脱华——平安时代中期开始长期使用过时的中国历法，最终以自己编制的和历取而代之。在此基础上，明治时代日本人在脱亚入欧的过程中迅速"易正朔"——放弃传统阴历，改行公历。从"奉正朔"到"易正朔"，正是日中关系逆转的一个缩影。

（原文刊载于《外国问题研究》2018 年 1 期）

第四章　近代日本的社会变化

第一节　天皇退位的历史与现实

2017 年 12 月 8 日,日本内阁会议根据国会此前通过的《关于天皇退位等皇室典范特例法》,决定日本第 125 代天皇明仁于 2019 年 4 月 30 日退位,皇太子德仁于 5 月 1 日即位为新天皇。关于天皇退位的争论终于尘埃落定,平成时代落幕,暌违二百多年的天皇退位的历史再次引起人们的关注。本文基于历史演进的视野,概览日本古代天皇退位常态化的历史并分析其原因,阐述近代以来《皇室典范》对天皇退位的制约,揭示安倍政府实现明仁天皇退位的具体过程。了解天皇退位的演变史,有助于认识象征天皇制的过去与未来。

一、古代日本常态化的天皇退位

"退位"也称"逊位",通常指世袭的君主生前将其权位让渡给后继者的行为。自古以来,君主帝王居权力的顶端,长期乃至永久在位都是梦寐以求的事情,若非战争的失败者或政治上的失势者,在位的帝王一般不会主动放弃自己的权力,因而帝王的退位并不多见。日本的情况则完全相反,"与天皇驾崩发生的皇位继承相比,让位反倒是常例"①。

---

① 帝国学士院:『帝室制度史』第三卷,吉川弘文馆 1979 年,第 438 页。

退位在日本历史上多称"让位"或者"禅位"①。直到 7 世纪中期，日本的皇位继承皆为天皇去世后由皇嗣继承皇位。首开让位先例的是皇极天皇（642—645 年在位），她原是舒明天皇的皇后。645 年舒明天皇的皇子中大兄联手心腹近臣中臣镰足发动"乙巳之变"，剿灭在朝廷专权的苏我氏一族。对这场政变毫不知情的皇极天皇在听从中臣镰足的建议之后，改变"思欲传位于中大兄"的初衷，将皇位让给其弟轻皇子（孝德天皇）②。在皇极天皇之后的数十年时间里，相继退位的都是女性天皇，随后即位的天皇绝大多数已经是成年人，皇位交替尚处在比较正常的状态。749 年，在位 25 年的圣武天皇（724—749 年在位）让位于"皇太子"阿倍内亲王（孝谦女帝）③，成为首个退位的男性天皇，从此打开天皇恣意退位的大门，天皇退位变成日本历史上屡见不鲜的事情。1817 年，江户时代后期的光格天皇（1780—1817 年在位）退位，距明仁天皇退位相隔 202 年。纵观日本历史，始自 645 年首位让位的皇极天皇，到江户时代最后一位天皇孝明天皇，在总计 87 代天皇中（不包括北朝天皇）有 58 代是生前退位的（见"日本天皇退位简表（645—1867 年）"）。

日本天皇退位简表（645—1867 年）④

年代	时间（年）	天皇数	退位天皇数	退位比例（%）
飞鸟奈良时代	149	15	8	53.33
平安时代	391	32	22	68.75
镰仓时代	148	14	12	85.71

---

① "让位"如《日本书纪》皇极天皇四年六月庚戌"让位于轻皇子"，《日本三代实录》清和天皇贞观十八年十一月廿九日壬寅（中略）"天皇让位于皇太子"；"禅位"如《续日本纪》元明天皇元年九月庚辰"天皇禅位于冰高内亲王"，元正天皇神龟元年二月甲午"天皇禅位于皇太子"。

② 《日本书纪》孝德天皇即位前纪记载："中臣镰子议曰，古人大兄，殿下之兄也。轻皇子，殿下之舅也。方今古人大兄在而殿下陟天位，便违人弟恭逊之心，且立舅以答民望，不亦可乎。"从此记载所见当时对皇位继承认同仍终弟及。

③ 孝谦天皇是日本历史上唯一一位先被立太子然后继承皇位的女性天皇。

④ 帝国学士院「讓位表」，『帝室制度史』第三卷，第 444—447 頁；「天皇の公務の負担軽減等に関する有識者会議参考資料」4「退位した天皇の退位理由一覧」。http://www.kantei.go.jp/jp/singi/koumu_keigen/dai2/sankou4.pdf[2019—02—18]

（续）

年代	时间(年)	天皇数	退位天皇数	退位比例(%)
南北朝、室町、安土桃山时代	270	11	6	54.55
江户时代	264	15	10	66.67
总计	1222	87	58	66.67

　　退位后的天皇称"太上天皇"，简称"上皇"，但这一称呼并不是一开始就有的。最早退位的皇极天皇被继任的孝德天皇称为"皇祖母尊"①，皇极天皇与孝德天皇本是同母姐弟，使用"皇祖母尊"之称并无辈分的含义，而是"表示皇统上的女性尊长的普通名词"②，只有尊敬之意。701年，文武天皇(697—707年在位)主持的《大宝律令》编撰完成，其中"仪制令"规定："太上天皇，让位帝所称。"据此，文武天皇的祖母、已经退位四年的持统女帝始被尊为"太上天皇"③。称号的变化是对退位天皇在制度上的认可，此后，天皇退位后自动称太上天皇。平安时代嵯峨天皇(809—823年在位)在让位于异母弟淳和天皇之际辞退太上天皇尊号，淳和天皇不受，在上嵯峨天皇诏书中奉上太上天皇称号，从此，新天皇即位之际下诏赠予退位天皇太上天皇尊称成为定例。由于退位比较频繁，历史上屡屡有两位以及多位太上天皇同时存在的情况，镰仓幕府后期甚至出现过最多五位上皇共存的情形④。日本历史上不少天皇笃信佛教，从897年宇多天皇(887—897年在位)让位后出家起，遁入佛门的太上天皇也被称为法皇。天皇让位的直接理由多种多样，大体说来有以下几点：

　　一是女性天皇让位于自己希望的继承人，这是最原始的让位类型，最初让位的四代天皇(皇极、持统、元正、孝谦)都是女性天皇。一般认为，在皇嗣年龄幼小或登基机会不成熟时，便由皇后或准皇后暂

---

①　《日本书纪》孝德天皇大化元年七月条："是日，奉号于丰财天皇，曰皇祖母尊。"
②　坂本太郎等校注：『日本古典文学大系』67『日本書紀』，第567页。
③　《续日本纪》文武天皇大宝元年(701年)记载："庚午，太上天皇幸吉野离宫"；大宝二年冬十月又有"甲辰，太上天皇幸参河国，令诸国无出今年田租"。
④　1301—1304年，后深草、龟山、后宇多、伏见、后伏见等五位太上天皇并立，是日本历史上同时在位太上天皇最多的时期。

时继位成为女天皇,待皇嗣成长后再将皇位让与之。从这个意义上说,女天皇也被称作"中天皇"。如持统女帝(690—697年在位)的即位与让位都与"中继"有关。天武天皇于686年去世时,其与鸬野赞良皇后所生的皇太子草壁皇子已时年25岁,但是有丰富政治经验的鸬野赞良皇后①认为草壁皇子在才能方面不及天武天皇的其他皇子,于是决定利用天武皇后的声望称制,为其子日后继承皇位奠定基础。她称制后立即以"谋反"的罪名赐死才能出众、深受天武天皇器重的大津皇子,消除了对草壁皇子继承皇位的最大威胁。但是,病弱的草壁皇子未及登基便于689年去世,留下年幼的轻皇子不足7岁,鸬野赞良皇后为嫡孙将来能够继承皇位,于690年结束称制,即位为持统天皇。697年,持统天皇让位于15岁的轻皇子(文武天皇),并继续以太上天皇的身份总揽朝政。

二是以健康状况不佳、难以继续从事公务为由的让位。在位期间主持建设平城京、开启奈良时代的元明女帝(707—715年在位)是第一位以年老体衰之由让位的天皇,如其让位诏书所言:"朕君临天下,抚育黎元……忧劳庶政,九载于兹,今精华渐衰,耄期斯倦,深求闲逸,高踏风云,释累遗尘,将同脱屣,因以此神器欲让位于皇太子。"②以患病为由的让位更不在少数,如史上最高年龄继承皇位的光仁天皇(61岁即位,770—781年在位)让位的理由是"不豫"③,其让位诏书中称"……加以元来风病,苦身体不安,复年弥高,成余命不几",于是"皇太子受禅即位"④。809年,平城天皇(806—809年在位)因"自从去春寝膳不安,遂禅位于皇太弟"⑤嵯峨天皇。据《帝室制度史》总结天皇让位的原因来看,最多的就是"不豫"。此外,还有受佛教思想影响,视死亡为污秽,天皇忌讳在位期间"驾崩",有不少病笃中的天皇匆忙履行让位手续后不久即去世之例,如平安时代的仁明天皇(833—850年在位)让位后两天、醍醐天皇(897—930年在

---

① 《日本书纪》持统天皇纪即位前纪记载:"皇后从始迄今,佐天皇定天下,每于侍执之际,辄言及政事,多所毗补。"

② 《续日本纪》元明天皇灵龟元年九月条。

③ 不豫,旧指帝王染病。

④ 《续日本纪》光仁天皇天应元年夏四月条。

⑤ 《日本后纪》平城天皇大同四年夏四月条。

位)让位后七天、一条天皇(986—1011 年在位)让位后九天即去世。
甚至还存在天皇虽然已经去世,却仍以"如在之仪"举行让位仪式的
情况,如《日本纪略》后一条天皇长元九年(1036 年)四月条有记载:
"十七日乙丑戌刻,天皇落饰,崩于清凉殿……依有遗诏,暂秘丧事,
以如在之仪,今日让位于皇太弟(后朱雀天皇)。"后一条天皇以后,在
位期间去世的后冷泉天皇、堀河天皇、近卫天皇也曾行"如在之仪"。
日本学者评价所谓"如在之仪","说到底是沿袭了让位的形式"[1]。

　　三是在发生灾异现象时为攘灾祈福的让位。古代日本人相信天
命,将灾异现象的发生归因于天意,通过宗教祭祀祈求消除灾难的同
时改元或让位时有发生。如 876 年,清和天皇(858—876 年在位)让
位于阳成天皇。根据其退位诏书,退位的理由不仅是"热病频发,御
体疲弱,不堪听朝政",还"加以比年之间,灾异繁见,天下无宁,每思
乎此,忧伤弥甚"。通过查阅资料可知,清和天皇在位的十几年间,自
然灾害频频发生,富士山火山喷发、洪水、干旱,尤其是 869 年在东北
地区发生的贞观大地震及由此引发的海啸带来巨大的人员伤亡,清
和天皇冀退位而"御病治赐,国家灾害镇息"[2]。镰仓幕府时期多次
发生因"天变中之第一变"[3]的彗星出现令天皇让位的事件。1204
年,两次出现彗星,土御门天皇在举行祈祷仪式后,接受"梦告"让位
于顺德天皇。另据镰仓时代史书《百炼抄》记载:"贞永元年(1232
年)十月四日,有让位事,依彗星之变为攘也"[4],是为后堀河天皇让
位于四条天皇。

　　四是出于天皇个人信仰、喜好的让位。奈良时代中期圣武天皇
的让位很有独断色彩,749 年 4 月,他自称"三宝之奴"而出家,并于 5
月迁居药师寺,朝廷于无奈中只好于两个月后匆忙举行女皇太
子——孝谦天皇的即位仪式。自幼笃信佛教的宇多天皇在 893 年立
皇太子后没多久便有让位之意,受右大臣菅原道真的劝阻而作罢,直

————————

　①　堀裕:「天皇の死―如在の儀を中心に―」,『史林』1998 年 1 月号。

　②　《日本三代实录》清和天皇宽平十八年十一月条。

　③　《愚管抄》承元四年九月条,经济雑誌社编:『国史大系』14『百錬抄愚管抄元亨釈
書』,经济雑誌社 1901 年,第 561 頁。

　④　经济雑誌社编:『国史大系』14『百錬抄愚管抄元亨釈書』,第 223—224 頁。

到 897 年 7 月,宇多天皇"告菅原朝臣以朕志必果之状"①,让位于 12 岁的皇太子(醍醐天皇),并在仁和寺剃度出家。

二、天皇屡屡退位原因的深层分析

回顾天皇退位历史,可以发现上述出自诏书或史书记载的退位理由是形形色色、不尽相同的。或许每位天皇退位都有其特定的具体原因,但占总数三分之二的天皇选择生前退位则非偶然,这种普遍的历史现象长期存在的背后有其复杂、深层的社会因素、政治原因。

(一)社会因素:皇位继承缺乏制度约束

天皇的即位与退位,都是皇位继承中至关重要的问题。王位继承制是古代王朝国家中最重要的制度,并与政治制度、文化传统有着密切关联。王位继承制度是否明确而严格,事关王室乃至国家的稳定。日本进入文明社会相对较晚,包括皇位继承在内的社会机制发育也相对滞后,天皇退位的普遍存在,其根源正在于继承制度的无序。

1. 兄终弟及曾长期是皇位继承的主流

在人类刚刚进入阶级社会的上古时代,最先实行的王位继承往往是兄终弟及制。所谓兄终弟及,即一国之国君死后,王位传给弟弟,而不是由儿子继承。兄终弟及制是母系氏族社会的产物,由于女性在家庭和生产中的地位高于男子,导致母权高于父权,母系血缘重于父系血缘,王权便在关系紧密的兄弟之间传递。随着私有财产的增加和社会的进步,兄终弟及制大多被父子相继制取代。在《古事记》与《日本书纪》中,从第一代神武天皇到第十六代仁德天皇的继承均是直系的父子继承。但是,由于这两部书中有关日本早期的历史充满了虚构与杜撰,这样的皇位继承情况显然是不可信的。相比而言,成书于 5 世纪末至 6 世纪初的中国史书《宋书·蛮夷传》中的"倭国"条根据倭国使臣所述记载了 5 世纪倭国王权更迭情况,反而是研究日本古代王权继承最早的、比较可信的史料,且与《日本书纪》对同时期的记载大致相符,使我们了解这一时期的皇位继承有了史料依

---

① 宇多天皇"宽平御遗诫":"东宫初立之后未经二年,朕有让位之意。"同文馆编辑局:『日本教育文库·家訓篇』,第 4 頁。

据。据《宋书·蛮夷传》记载,倭五王的四次王位变动中,只有一次是父死子继,其余都是兄终弟及。[1]

如同本书第一章第四节《日本古代的皇位继承》中所述,如果我们把目光从 5 世纪的"倭五王时代"扩大到奈良时代的圣武天皇,这期间 29 位天皇的皇位继承情况大致是这样的:

在 29 位天皇中只有 7 人是子承父位,约占四分之一。而这 7 人当中,嫡子身份的履中、安康、武烈、敏达 4 人,其中嫡长子仅有履中、武烈两人,武烈似乎还是以唯一男性后嗣身份即位,敏达是在长兄去世的情况下即位的。如果再加上子继母位的天智天皇,嫡长子继承只有 4 人,仅占 14%。这种情况说明不仅嫡长子继承制度没有确立,连直系的父子相承也不是主流。

在 29 位天皇中,有 10 位是兄终弟及[2],如果再加上兄承弟位的仁贤和弟承姐位的孝德,则占总数的四成多,远远超过父子相承。可见,当时的继承多是弟承兄位,到末弟之后再由某一位兄长之子继承,由此开始新一轮的兄终弟及循环。如 6 世纪前期的钦明天皇本是继体天皇的嫡子,却没有优先,而是在两个庶兄(安闲、宣化)之后才继承王位,说明当时的人们更注重长幼之序。

随着私有观念深入人心及父权制逐渐强大,王位的兄终弟及最终要让位于父子相承,这是世界历史的基本规律。自 6 世纪开始,日本的皇位继承中已经显现父子相承的倾向,最突出的表现就是大兄制的出现。大兄,指皇子中同母兄弟之长子,如继体天皇的儿子勾大兄皇子、钦明天皇的儿子大兄皇子、舒明天皇的儿子中大兄皇子。"大兄"之称的出现,表现出长子比次子以下儿子更受重视,说明此时"与兄弟继承不同的、天皇的长子天生就要当天皇的长子继承观念在固有法中已经存在"[3]。被称为"大兄"的人一般具有继承皇位的资格,上述勾大兄皇子、大兄皇子、中大兄皇子后来分别成为安闲天皇、

---

① 相关内容见本书第一章第四节。

② 是为履中→反正→允恭;安康→雄略;清宁→显宗;武烈→继体;安闲→宣化→钦明;敏达→用明→崇俊;天智→天武。

③ 井上光贞:『井上光贞著作集』第一卷,岩波书店 1985 年,第 185 页。

用明天皇、天智天皇,故大兄制被视为律令时代立太子制度的先行①。不过在当时实行族内婚的情况下,一位天皇一般都有后妃若干人,意味着有多位被称作"大兄"的皇子,故而围绕皇位的争夺也愈发激烈,使皇室秩序处于动荡之中。

从7世纪起,随着大陆的制度、文化传入日本,皇权观念日益增强,皇位的父子相承意识也随之滋长。作为新制度的父子相承制,冲击了长期以来占主导地位的兄终弟及制,从而引起了旧势力的不满与抵制。在两种继承制度的博弈中,兄弟之间屡屡发生为争夺皇位的杀戮,从而激化了皇室内部矛盾。672年发生的日本古代史上最大的内乱——"壬申之乱"就是这种制度相争的大爆发。曾经为剪除专擅朝廷的苏我氏势力而在645年发动"乙巳之变"的天智天皇,最初按照传统,拟传皇位于同母弟大海人皇子,但后又决定将皇位传给自己的儿子大友皇子,从而引发了大海人皇子的强烈不满。天智天皇去世后不久,672年6月,已经出家的大海人皇子集结数万兵力,矛头直指朝廷。最后,文功颇高但缺乏武略的大友皇子兵败溃散,在走投无路后自缢而死,大海人皇子遂成为天武天皇(673—686年在位)。表面上看,"壬申之乱"的根源是叔侄争夺皇位,但其深层意义是皇位的父子相承对兄终弟及传统的挑战以失败告终,这也说明直到7世纪中期,兄终弟及一直是日本皇位继承的主流形态。

2."女帝的世纪"中父子继承制的确立

促进皇位父子相承取代兄终弟及,是在公元6世纪末到8世纪飞鸟、奈良时代"女帝的世纪"中完成的。这一时期的18代天皇中,有8代(6位)是女天皇,且政绩突出。对于女帝累出的原因,自20世纪60年代史学家井上光贞提出"在皇位继承遇到困难时,由女帝暂时继承皇位"②的观点以来,"女帝中继论"一直是日本史学界的主流看法。女天皇的作用在于实现权力平稳过渡,即所谓"中天皇"。这一观点固然有一定道理,却无法解释8世纪晚期起女天皇为何不复存在(江户时代两位女帝可视为特例)。通过深入考察,处在从母

---

① 皇室事典编辑委员会:『皇室事典』,角川学艺出版2009年,第53頁。下文关于《皇室典范》的内容均引自该书。

② 井上光贞:『井上光贞著作集』第一卷,第228頁。

权制向父权制过渡的社会转型中，在皇位继承上由兄终弟及向父子相承转变，或是催生女天皇出现的重要原因。井上光贞提出"女帝中继论"的前提是他认为当时已经确立了父子相承的皇位继承制度，但考察"女帝的世纪"这段历史，可以发现这一判断过于笼统且明显超前。如前所述，父子相承制乃至长子继承制都非日本固有，历史发展的时间逻辑告诉我们，女性天皇恰恰是在兄终弟及制向父子相承制转变的过程中出现的，在兄终弟及制度下没有必要存在的"中继"作用只有在皇位从父亲传给儿子的过程中才得到凸显。皇极天皇退位并重祚齐明天皇，不仅使其子中大兄皇子有了足够的时间铲除所有政敌，也维系了舒明天皇的皇统，皇位继承制度自此开始从兄终弟及向父子相承倾斜。虽然大海人皇子（天武天皇）不满其兄天智天皇欲传位于皇子的做法，在"壬申之乱"中将亲侄赶下台，但他继承了皇位后，又欲改变既有的兄终弟及传统，传位于自己的儿子。此后鸬野赞良皇后于690年即位成为持统天皇，707年持统天皇的同父异母妹阿部皇女即位为元明天皇，以及715年元正女帝的即位等多位女帝对父子继承制度的培育与维护，都是为了维护天武天皇的皇统。可以说女帝的出现乃是父子继承制的一种特殊表现形式，在"女帝的世纪"中，大兄制已被废除，代之以立太子制，直系的父子继承制度基本确立，不仅减少了兄终弟及制下皇室内部的自相残杀，也带来政治和社会的稳定。一旦兄终弟及制被父子继承制取代以后，女帝"中继"也就没有其存在的必要了。因此，在孝谦—称德天皇以后的八百多年里，日本再无女帝出现。

3. 未形成嫡长子继承制

古代日本在兄终弟及让位于父子继承后，并没有继续向着确立嫡长子继承制的方向迈进。一般而言，嫡长子继承制能较为有效地遏制皇位继承中的冲突，进而实现皇权的稳定。但是，日本在母权制残余尚存、刚刚否定兄终弟及、实行父子继承后不久，还没有形成严格而完善的继承制度时就进入了皇权失坠的时代。制度不健全，便使强权势力干涉皇位继承有了可乘之机。根据《帝室制度史》的归纳所见，从皇极到孝明这87代天皇的继承情况既混乱又复杂，非皇子皇女（包括皇孙，兄弟姐妹，皇兄弟之子孙，皇叔父、伯父之子孙，其他远亲）继承的人数为45人（见"日本皇位继承人分类表（645—1867

年）"），比皇子皇女还多。而在皇子皇女继承的 42 人里，有 25 人是庶出皇子女，17 位嫡子女中具有嫡长子身份的仅有 6 人①。这说明嫡长子继承制度在前近代日本始终未能确立，并成为日本古代皇位继承的混乱之源。

日本皇位继承人分类表（645—1867 年）②

继承人类别	人数
皇子皇女	42
皇孙	2
兄弟姐妹	18
皇兄弟之子孙	6
皇叔父、伯父之子孙	7
其他远亲	12
总计	87

（二）政治原因：强权势力对皇位继承的干涉

作为世界上历史最悠久的皇室，日本皇室实际上长期在尴尬的处境中艰难生存。在历史上多数时间里，天皇只是作为虚君居于日本社会的顶端。从古代大和政权建立起，王权就是由诸豪族组成的松散的联合体制，欠缺神圣性与权威性，各路豪族不断挑战天皇的权威。经过 7 世纪中期的大化改新及其后模仿唐朝制度进行的一系列改革，实现了天皇亲政，创造了圣武天皇所夸耀的"有天下之富者朕也，有天下之势者朕也"③的鼎盛之势。然而，这种繁荣景象并未能长久延续，进入平安时代，天皇的权威随着中央集权制的衰落而逐渐下降，皇位成为各种政治势力博弈的焦点。与选择何人继承皇位攸关某种势力的利益同样，退位也成为操控天皇与皇室的手段之一，在不同历史阶段都被充分加以利用。

1. 外戚藤原氏专权与天皇退位

尽管大和时代的日本就存在豪族通过女儿的婚姻掌控皇室的传

---

① 是为平城天皇、后冷泉天皇、白河天皇、崇德天皇、安德天皇、四条天皇。

② 帝国学士院：「皇位継承の順位」，『帝室制度史』第三卷，第 444—447 頁。

③ 《续日本纪》圣武天皇天平十五年十月条。

统,但是"外戚"一词却直到很晚才出现。因为日本曾长期存有访妻婚传统,母方家庭的地位比父方家庭还重要。790年,桓武天皇召集来自百济的母方亲属,下诏曰:"百济王等朕之外戚也,今所以攫一两人加授爵位"①,这是"外戚"一词初见于日本史籍,是对外戚身份的正式承认。自此以后,传统因素与现实因素相结合,为外戚家族介入皇室与朝廷事务提供了机会。

平安时代皇室发生的最大变化就是逐渐扩张了势力的贵族藤原氏通过与皇室联姻并垄断皇后角色,实现了对皇室的有效控制。藤原氏无视法律与传统中皇后必须出自皇族的规定②,于729年将藤原不比等的女儿光明子立为圣武天皇的皇后,打破了皇后出于皇族的规矩。从此,藤原氏通过将自己家的女子送进宫中当皇后,并按照皇室固有的后妃自怀孕起就回娘家待产、生养的传统,自幼养育天皇成长。在母亲、舅舅、外祖父这一生活圈中,血缘亲情加上言传身教,潜移默化地把天皇牢牢控制在手中,使摄关政治具有极其现实的基础。从清和天皇以藤原良房为摄政开始,到白河天皇(1073—1087年在位)行"院政"为止的17代天皇中,有15代天皇的母亲是藤原氏出身③,天皇的舅舅或外公大多担任摄政、关白,直接掌握皇位继承。

与天皇的外戚关系成为藤原氏权力的源泉,使他们在长达两个多世纪中专擅朝廷。藤原氏为了扶植自己喜欢的皇子上台往往胁迫在位天皇退位,在17位天皇中,只有4位是病逝,13位是人为操控的生前退位。此时期一改过去既达成年才践祚的皇位继承传统,多位低龄皇子被藤原氏扶上台,如清和天皇8岁、醍醐天皇12岁、朱雀天皇7岁、圆融天皇10岁、一条天皇6岁;又强制多位天皇在年富力强之时退位,如朱雀天皇23岁、圆融天皇25岁、冷泉天皇19岁。藤原氏不仅恃摄关家权势随心所欲,甚至玩弄手段,诱骗天皇退位。花

---

① 《续日本纪》桓武天皇延历九年二月条。

② 《大宝律令》制定时,在"后宫职员令"中规定天皇可以拥有一后、两妃、三夫人、四嫔,其中后与妃要有四品以上内亲王资格,这一规定实际上是对此前皇后须出自皇女(内亲王)传统的法制化。"后宫职员令"还规定,人臣之女至多只能成为天皇的夫人(三位以上)及嫔(五位以上)。

③ 儿玉幸多:「日本史小百科・天皇」,第270—271頁。

山天皇(984—986 年在位)即位不久,摄政藤原兼家为了让自己的外孙怀仁太子及早登上皇位,在花山天皇因宠爱的女御藤原忯子去世而心情悲痛之时,鼓动其出家为僧,并乘机令人将象征皇位的神器搬至皇太子住所,在宫中安排了其外孙即位一条天皇的践祚仪式①,待花山天皇及众人醒悟后为时已晚。

2. 院政时期的朝廷内争与天皇退位

贵族藤原氏以外戚的身份长期垄断朝政,大权旁落的天皇即使不满也无力与之抗争。这种情况直到藤原氏的外戚血缘链条中断后才得以改变。藤原道长之后,其子藤原赖通、藤原教通送入宫中的女儿皆未顺利产下皇子,藤原氏的势力受到重创。1068 年,从宇多天皇以后近 170 年间首位非藤原氏所生的后三条天皇(1068—1073 年在位)即位,实施了加强皇权、遏制藤原氏势力的一些措施。1087年,后三条天皇之子白河天皇继承父志,于 34 岁时让位于 8 岁的堀河天皇,作为太上天皇在居处建立院厅,设置各种官职及保卫院厅的"北面武士",日本从此进入到近百年以太上天皇作为"治天之君"继续掌握朝廷实权的"院政"时代。"院政"时期皇室地位有所提高,但只是从摄关家专擅朝廷变为退位天皇左右朝政,在位天皇依然处于无权状态。"院政"时期白河、鸟羽、后白河三位太上天皇把持朝政,他们都在年轻有为时退位②,在他们的操纵下,天皇的年龄变得幼儿化,在 9 位天皇中有 7 位天皇是在 8 岁以下继承皇位的。此一时期皇位继承乱象迭出,如 1165 年,病重的二条天皇让位于只有 8 个月的皇子六条天皇;三年后的 1168 年,后白河上皇强行安排六条天皇禅位于叔叔高仓天皇(1168—1180 年在位),创造了继承人的年龄与辈分都高于被继承人的奇例,六条天皇也成为史上最年幼、在元服③之前退位的太上天皇。

院政是为对抗摄关政治而产生的畸形政治制度,虽然遏制了藤原氏势力,但是太上天皇对皇位的控制引发在位天皇的不满,院厅与朝廷之间的对立、以摄关家藤原氏为首的朝廷大臣与太上天皇之间

---

① 《扶桑略记》华山院宽和二年六月条,经济雑誌社编:『国史大系』16『日本逸史扶桑略記』,经济雑誌社 1897 年,第 753 页。

② 白河天皇 34 岁、鸟羽天皇 20 岁、后白河天皇 31 岁退位。

③ 元服,古代皇子的成人礼,一般在 11—16 岁之间举行。

的矛盾日益加深。太上天皇依靠武士扩大自己的权势，武士得以乘机崛起。武士首领平清盛深受后白河上皇倚重，官至太政大臣，继藤原氏专权后创造了短暂的平氏专权。院政不仅未能恢复天皇的权力，反而加剧了皇权的衰落。

3. 幕府的强力干预与天皇退位

进入武家社会以后，已经被摄关政治及院政架空权力的天皇又面临幕府日益严格的限制。在"公武水火之世"的镰仓幕府时期，随着幕府与朝廷的矛盾不断加深，1221 年，后鸟羽上皇（1180—1239年）令其子、24 岁的顺德天皇让位于不满 3 岁的皇孙仲恭天皇，然后发动讨幕的"承久之变"。在举兵失败后，皇室受到幕府的严厉惩罚，后鸟羽上皇、顺德上皇等多名皇室成员被流放，践祚仅 77 天且未及举行正式即位仪式的仲恭天皇被强制让位。从此，幕府加强了对朝廷的限制，规定天皇的废立要由幕府决定，加上朝廷内部各种势力之争，镰仓幕府 148 年历经 14 位天皇，有 12 位天皇退位，是日本皇室史上退位最频繁的时期。1333—1336 年间后醍醐天皇发动旨在恢复皇权的"建武中兴"也未能挽救朝廷的颓势。从南北朝时代起，幕府、大名、武士愈发藐视天皇，并肆意侵吞皇室领地。战国时代，天下大乱，朝廷更是无人关心。这段时间不仅是在位天皇人数最少、在位时间最长的时期，也是因没有财力举行让位仪式而成为退位最少的时期。15 世纪中期到 16 世纪中期的后土御门、后柏原、后奈良天皇均是在位期间去世的。

德川幕府甫一建立，将军德川家康就干涉皇位继承，迫使后阳成天皇（1586—1611 年在位）放弃自己喜欢的继承人而让位于德川家康属意的后水尾天皇（1611—1629 年在位）。由于幕府对朝廷事务横加干涉，江户时代大多数天皇无所作为，15 代天皇中有 10 代天皇退位，其中还有两位女天皇。当然也有敢于对抗幕府将军的天皇，如第二代将军德川秀忠强行将女儿和子嫁给后水尾天皇，欲恢复历史上的外戚专权，但因先后发生"紫衣事件"和"春日局事件"[1]，不堪幕

---

[1]　紫衣事件：1627 年，朝廷出于财政需要，敕许大德寺和妙心寺僧侣数十人穿紫色的袈裟。幕府得知后以未经幕府许可、违反法度的理由宣布敕许状无效，没收已经下赐的紫衣，使朝廷威信扫地。春日局事件：1629 年，将军德川家光遣无位无官的乳母春日局觐见后水尾天皇，朝廷方面认为这是幕府没有把朝廷放在眼里的表现，从而引起天皇不满。

府欺辱的后水尾天皇于 1629 年突然让位于年仅 5 岁的幼女兴子(明正天皇,1629—1643 年在位),这出"异例中之异例的天皇交替剧"①的结果是自奈良时代称德天皇(764—770 年在位)以来相隔 860 年再次出现女天皇,而事前未与幕府协商而让位,打破了自"承久之变"以来皇位继承人要由幕府决定的惯例,并导致幕府将军以自己的外孙继承皇位的希望破灭。②

纵观天皇退位的历史,可知天皇亲政不过百余年时间,进入幕府时代天皇已经失去对国家的控制权,到德川幕府时期,更彻底地成为政治上受幕府法律约束、经济上只有 4 万石领地收入、蜗居京都一隅的"虚君"。从贵族制下的古代天皇制到武家政权下的中、近世天皇制,皇权旁落,天皇不再是权力的代表,而只是作为精神上的最高权威而存在,即位与退位都处于不同强权势力的掌握之中。在此过程中,天皇的意志被无视,皇权被平庸化,因而出现人为左右的退位远远多于因病故而导致的皇权交替,这在其他封建帝王国家中是比较罕见的现象。相对于二战后法制上的象征天皇制,现实生活中的象征天皇制早在一千多年以前就已经存在于日本社会当中。正因为天皇没有实权,也就避免了被革命的悲剧。从历史发展进程的角度而言,尽管不少天皇退位的过程往往伴随着强权和阴谋,但总体来说退位是以和平方式实现的皇位更替,很少出现暴力杀戮及引发社会动乱,这也是日本皇统得以绵延不断、社会秩序相对稳定的重要原因之一。

三、《皇室典范》与天皇终身制的确立

日本历史上大部分天皇生前退位,使皇权丧失了至高无上的权威性。明治时代通过制定《皇室典范》,确立了否定退位的天皇终身制。战后,根据新宪法再次制定《皇室典范》时,仍然沿袭了天皇终

---

① 今谷明:『武家と天皇—王権をめぐる相剋』,岩波書店 1993 年,第 6 页。

② 元正天皇以后形成不成文惯例,即未婚皇女一旦即位便不能结婚。由于明正天皇之母德川和子所生两个皇子均夭折,明正天皇又不能结婚,从而失去具有德川血统的天皇诞生的可能性。

身制。①

（一）明治《皇室典范》的制定

幕末维新的过程中，倒幕派在"王政复古"的旗帜下将天皇与皇室重新推向历史舞台的中心。进入明治时代后，新政权为改变以往"天下人心只知有武人而不知有王室，只知有关东而不知有京师"②的局面，在政治上全方位重塑天皇作为万民之主的神统形象，经济上大力扩张皇室财产，仅仅二十多年时间，就把原本被排除在政治中心之外、权力式微的天皇打造成日本最高的统治者，使孱弱的千年皇室重新成为国家权力的核心。

关于建立皇室制度，明治初期并未引起政府领导人的足够重视。直到1875年成立元老院后，根据明治天皇"基于我国体，广泛斟酌海外各国之成法，以定国宪"的敕语③，在政府内成立了"国宪取调委员会"，才开始起草国宪草案，在1876年至1880年间，先后三次提出"国宪案"。1880年12月的"国宪案"第一章就是"皇帝""帝室继承""皇帝未成年及摄政""帝室经费"等内容。④对于元老院提出的"国宪案"，右大臣岩仓具视（1825—1883年）等人以帝室法不能与国宪混为一体的理由坚决反对。1881年（明治十四年）7月，岩仓具视提出了由担任太政官大书记官的井上毅（1844—1895年）起草的关于制定宪法的意见书"大纲"，其中指出："帝位继承法有祖宗以来的遗范，应另外以皇室之宪则载之，不要在帝国宪法中记载。"⑤实际上，早在1878年3月，岩仓具视就向内阁提出"仪制调查局设置之议"，提出面对"渐次建立立宪政体之敕命及给予臣民公然论议国政的权利，要防止固有国体发生变更"，"当权者应深谋远虑，以固帝室之基础"，"鉴于我建国之体向来非他国可比，宜审既往之得失，察将来之

---

①　为了将两部《皇室典范》相区别，一般将明治《皇室典范》称为旧《皇室典范》，将战后《皇室典范》称为新《皇室典范》。

②　福泽谕吉著、北京编译社译：《文明论概略》，商务印书馆1990年，第55页。

③　「元老院議長に国憲起創を命じる敕語」，伊藤博文编：『秘書類纂·憲法資料』下卷，秘書類纂刊行会1935年，第383页。

④　「国憲案」，伊藤博文编：『秘書類纂·憲法資料』下卷，第385—387页。

⑤　梧陰文庫研究会编：『梧陰文庫影印·明治皇室典範制定前史』，大成出版1982年，第160页。

利弊,以定帝室之典范"。岩仓具视建议设立专门机构,"汇集国典,考证祖宗之法,参以外国良制,对上自帝位继承之顺序,下至皇族岁俸调查起草之",有此帝室典范,"将能永保帝室之尊严,巩固君上之权利,臣民权利不逾越其度,上下相赖,国家安宁"①。岩仓具视当时提出的应该调查的项目包括帝位继承顺序、女帝能否践祚、太上天皇不符合上古之制是否应废除等等。岩仓具视主张在宪法之外专门制定皇室之宪则,即所谓"国法二元主义",为此后宪法与《皇室典范》的分别制定奠定了基调。"仪制调查局设置之议"及"大纲"提出的背景是社会上要求开设民选议会、制定宪法的自由民权运动风起云涌,明治政府领导人认识到随着立宪政治的发展,必须防止民权运动威胁到皇室的基础,因此通过制定皇室制度使皇室强大起来非常重要。

　　1881 年 10 月,在政府内倡导及早开设民选议会的参议大隈重信等人因与岩仓具视等人主张的"渐进主义立宪"相对立而被免职,这一被称为"明治十四年政变"的事件促使政府承诺在十年后开设国会,明治政府的领导人越发感到未来将确立的宪政体制要以天皇为中心,而开设议会之前必须建立基础牢固的皇室制度,从而加速了制定皇室法规的进程。1882 年 5 月,明治政府派遣担任参议的伊藤博文等人赴欧洲进行宪法及诸制度考察,其中特意安排贵族出身的西园寺公望等人随行,他们的任务是专门调查"立宪君治国中皇室之制度典章及贵族的相关制度"②。太政大臣三条实美提出 31 条需要考察的内容,"皇室的诸种特权""皇室及皇族财产"排在第一条"关于欧洲各国立宪君治国之宪法的渊源及沿革,了解其现行实况,研究利害得失之所在"③之后。伊藤博文一行在结束了一年多的欧洲宪法调查后于 1883 年 8 月归国,在宫内省设立制度取调局,伊藤博文就任宫内卿兼制度取调局长官,开始起草皇室法案。经过几易其稿,1888 年 5 月提出了《皇室典范》草案,再由枢密院审议后,于 1889 年 2 月

---

　　① 多田好問編:『岩倉公実紀』下巻,岩倉公旧蹟保存会印刷兼発行 1927 年,第 528 頁。

　　② 多田好問編:『岩倉公実紀』下巻,第 832 頁。

　　③ 多田好問編:『岩倉公実紀』下巻,第 830 頁。

11 日与《大日本帝国宪法》颁布同时生效。①

　　明治《皇室典范》采用了岩仓具视首次提出的天皇"万世一系"②的提法，开篇就是"享有天佑之我日本帝国之宝祚万世一系历代继承，传之于朕。惟祖宗肇国之初，一定大宪，昭如日星。当今之时，宜明征遗训，制立皇家之成典，以使丕基永远巩固。兹经枢密顾问咨询，裁定皇室典范，朕之后嗣及子孙当遵守之"。《皇室典范》由 12 章③ 62 条组成，关于皇位的继承，在第一章中明确规定：

　　　　第 1 条　大日本国皇位以祖宗皇统之男系男子继承之；

　　　　第 2 条　皇位传于皇长子；

　　　　第 3 条　皇长子不在传于皇长孙，皇长子及其子孙皆不在则传于皇次子及其子孙；

　　　　第 4 条　皇子孙继承皇位以嫡出为先，皇嫡子孙皆不在由皇庶子孙继承皇位；

　　　　第 5 条　皇子孙皆不在传于皇兄弟及其子孙；

　　　　第 6 条　皇兄弟及其子孙皆不在时传皇伯叔父及其子孙。

　　（下略）

　　明治《皇室典范》在依据所谓"皇祖"惯例的同时，参考了欧洲国家的皇室制度，是日本历史上第一部关于皇室制度的成文法，其制定的目的是使皇室制度安定化，避免皇位继承之争。从此，皇位继承有了明确的制度约束，天皇不能按照个人意愿决定继承人，也以此杜绝其他不确定因素介入皇位继承，从而保证了近代以来皇位的有序传承。

---

　　① 　明治政府对《皇室典范》采取了非常规的颁布方式，既没有正式公布，也没有大臣的副署。伊藤博文对此的解释是："皇室典范是自家制定的家法，不必正式公布于臣民，将来即使有不得已之必要更定其条章，也不必经过帝国议会之协赞，盖皇室之家法乃由祖宗传于子孙，既非君主任意所做，臣民亦不得干涉。"伊藤博文：『帝国宪法皇室典範義解』，丸善株式会社 1935 年，第 143 页。

　　② 　大塚武松、藤井甚太郎编：『岩倉具視関係文書』，日本史籍協会 1927 年，第 301 页。

　　③ 　即皇位继承，践祚即位，成年、立后、立太子，敬称，摄政，太傅，皇族，世传御料、皇室经费、皇族诉讼及惩戒、皇族会议、补则。

（二）明治《皇室典范》对天皇退位的否定

明治《皇室典范》并未明文提及让位问题，但在第二章《践祚即位》中规定"天皇驾崩之时皇嗣立即践祚承祖宗之神器"（第 10 条），意味着皇位继承仅在天皇去世时发生，实际上是否定了天皇退位。这一规定从制度上结束了 7 世纪中期以来一千多年的天皇生前退位传统。

在起草《皇室典范》过程中，天皇可否退位曾是引起争议的问题之一。1884—1886 年，制度取调局在起草皇室法典过程中，完成了作为"宫内省立案第一稿"的《皇室制规》。《皇室制规》的第 9 条是"天皇在世中不得让位，登遐之时储君立即称天皇"，第 14 条是"天皇未丁年或不堪政务时可置摄政"[1]，这些内容引起明治政府法制权威、内阁书记官长井上毅的反对。井上毅向明治政府领导人伊藤博文提交"谨具意见"，主张应该把让位的自由留给天皇，在天皇未成年或有心疾之时，与其置摄政，莫如根据时宜承认让位更无损皇室的尊严[2]。此后，赏勋局总裁兼元老院议官柳原前光（1850—1894 年）受伊藤博文的委托起草《皇室典范》，在 1887 年 3 月完成的"皇室典范再稿"中，增加了"天皇终身担当大位，当精神或身体有不治之重患之时咨询元老院后依皇位继承顺序可让其位"（第 12 条）[3]，也就是说在强调天皇终身在位的同时，认同天皇在身体有特殊原因时让位，这与井上毅的观点基本相同。

但是，认同天皇让位的主张最终被内阁总理大臣兼宫内大臣伊藤博文否决。1887 年 3 月下旬，伊藤博文召集参与起草皇室法典的柳原前光、井上毅、伊东已代治（枢密院秘书官）在其东京高轮别邸逐条讨论柳原前光起草的"皇室典范再稿"，在讨论到上述允许天皇让位的第 12 条时，伊藤博文做出如下表态："天皇终身担当大位乃理所当然，一旦践祚没有理由随意逊其位。继承的义务乃法律所定，若有精神或身体不治之重患，可不去君位而置摄政摄行百政。昔时虽非

---

① 梧陰文庫研究会编：『梧陰文庫影印・明治皇室典範制定前史』，第 262 頁。
② 梧陰文庫研究会编：『梧陰文庫影印・明治皇室典範制定前史』，第 507 頁。
③ 伊藤博文等编：『秘書類纂・帝室制度資料』上卷，秘書類纂刊行会 1936 年，第 172 頁。

无让位之例，然来自于浮屠氏流弊也。余以为与不可冒犯天子同样，天皇也不可离开天子之位。故此应删除本条。"①在讨论到第 15 条"让位后称太上天皇，依文武天皇大宝令之制"时，伊藤博文再次表示："让位之事已在前面讨论，现无必要复赘，一定坚持已登极之天子在任何场合也不可让位之主义，故本条太上天皇尊号之设没有必要。"②

伊藤博文将过去的天皇让位传统归因于"浮屠氏"即佛教的流行，于是，关于皇位继承中至关重要的退位之条被大权在握的伊藤博文否决，未能写进《皇室典范》之中。伊藤博文为何坚决反对天皇退位？在其 1889 年主持编撰出版的《皇室典范义解》中解释第 10 条"天皇驾崩之时皇嗣立即践祚承祖宗之神器"时阐明了其观点："恭按，自神武天皇迄舒明天皇，三十四代未尝有让位之事，让位之例乃始于皇极天皇，盖来自女帝临时摄政者也，至圣武天皇、光仁天皇遂为定例，此为世变之一。其后发生因权臣之强迫以至两统互立之例，南北朝之乱亦源因在此。本条于先帝驾崩后即行践祚之规定乃据上代之恒典，改中古以来让位之惯例者也。"③

伊藤博文的解释直指过去天皇频频退位的实质原因，即权臣的强迫导致皇位继承秩序紊乱，为了改变这种局面需要放弃中古以来的让位习惯，回归固有的传统。明治政权要建立以天皇为中心的中央集权体制，如果天皇的地位不稳，则有可能导致政权的核心发生动摇，故应当禁止天皇生前退位。伊藤博文力排众议否定让位在当时是很有见地的政治考量，体现了其进行宫中改革及建立近代皇室制度的决心。除了第 10 条"天皇驾崩之时皇嗣立即践祚承祖宗之神器"这一条是事实上否定让位之外，还在《皇室典范》第三章《成年、立后、立太子》中规定，"天皇及皇太子皇太孙以满 18 岁为成年"（第 13 条），即天皇必须由成年人担任，这一规定显然是为了杜绝过去常常出现幼帝继位，从而便于退位天皇及各种强权势力把持大权的现象。总之，明治《皇室典范》确定的天皇终身制，使天皇恣意退位再无可能。

---

① 梧陰文庫研究会编：『梧陰文庫影印・明治皇室典範制定本史』，大成出版 1986 年，第 494 頁。
② 梧陰文庫研究会编：『梧陰文庫影印・明治皇室典範制定本史』，第 495 頁。
③ 伊藤博文编：『帝国憲法皇室典範義解』，第 144 頁。

（三）战后《皇室典范》与天皇终身制的延续

第二次世界大战结束后，战败的日本被美国为首的同盟国实施军事占领，并实行民主化改革。天皇制被保留下来，但被削除神政性，"天皇是日本国的象征，是日本国民统合的象征，其地位以主权所属的日本国民之意志为依据"被写进战后新宪法，天皇从过去神圣不可侵犯、总揽统治权的国家元首，变为仅履行礼仪性国事职责，不得干预国政的"象征天皇"。1947 年 5 月 3 日，新制定的《皇室典范》与《日本国宪法》同日开始实施。新宪法框架下的《皇室典范》有以下几个明显变化：一是以"昭和二十二年法律第 3 号"的法令编号公布，标志着战前"典宪二元体制"①的终结，《皇室典范》只作为宪法的下位法，不再具有与宪法同格的地位，天皇也被置于宪法的约束之下；二是否定了战前的"皇室自律主义"，根据"皇位世袭，根据国会议决的皇室典范的规定继承之"的规定，《皇室典范》与其他法律一样，其制定与修改都需要通过国会实施；三是篇幅由 12 章 62 条缩减到 3 章 37 条，在象征天皇制和主权在民的理念下，旧《皇室典范》中赞美"天皇万世一系"之类的敕语、神化皇室的内容、标志皇统的祭祀、元号等内容悉被删除，削弱了皇室的特权；四是大幅缩小皇室规模②。根据新《皇室典范》及 1946 年 5 月驻日盟军总司令部发出的"关于废除皇族财产及其他特权的指令"，1947 年 10 月，非天皇直系的 11 个宫家的 51 名旧皇族成员一举被剥夺皇籍，皇室成员只剩下 15 人。以上这些变化都是战后民主改革的成果。

美国占领当局出于自己的战略需要，由最初主张废除天皇制，转变为在"象征天皇制"下保留天皇制。在此方针下，"GHQ 最关心的

---

① 明治《皇室典范》是与《大日本帝国宪法》同级的国家基本法。《大日本帝国宪法》第 74 条规定："《皇室典范》的修改无须经过帝国议会之讨论"；第 62 条规定："将来此法典有改正或修补之必要时经咨询皇族会议及枢密顾问敕定之。"即《皇室典范》不受议会约束，天皇拥有至高无上的地位。

② 战后《皇室典范》第 5 条规定："以皇后、太皇太后、皇太后、亲王、亲王妃、内亲王、王、王妃及女王为皇族"，同时规定"嫡出的皇子以及嫡男系嫡出的皇孙，男为亲王，女为内亲王，三世及三世以下的嫡男系嫡出子孙，男为王，女为女王"（第 6 条），这与明治《皇室典范》所规定的"皇子至皇玄孙，男为亲王，女为内亲王，五世及五世以下，男为王，女为女王"（第 31 条）相比，皇室的范围大幅缩小。

是皇室财产,因此制定了皇室经济法,规定皇室的财政收入归入国库,皇室相关费用列入财政预算由国会审议。而对新《皇室典范》的制定采取了出乎意料的宽容态度"①,在日本政府主持起草新《皇室典范》的过程中,皇位继承仍然沿袭了旧《皇室典范》的一些基本原则。新《皇室典范》规定"皇位由属于皇统的男系男子继承",其继承顺序为皇长子、皇长孙、皇长子的其他子孙、皇次子及其子孙、其他皇子孙、皇兄弟及其子孙、皇伯叔父及其子孙等等。新《皇室典范》把旧《皇室典范》第 10 条的"天皇驾崩之时皇嗣立即践祚承祖宗之神器"这条简化为"天皇驾崩之时皇嗣立即即位"(第 1 章第 4 条),显然是再次确认了天皇终身制的原则。据此,不论天皇处于何种状态,都没有选择生前退位的权利,这一规定成为明仁天皇退位的法律障碍。

综合上述,明治《皇室典范》与战后《皇室典范》都是在政府面临一定压力(明治时代的自由民权运动、战败后盟军的军事占领)的情况下制定的。但两者所处背景完全不同,明治《皇室典范》是在建立近代天皇制过程中为强化皇室,从而摆脱过去的皇位继承乱象而制定的;战后《皇室典范》则是在象征天皇制下天皇与皇室被削弱,为了约束皇室而制定的。在剔除旧《皇室典范》中的军国主义及神政性因素之后,两部《皇室典范》的皇位继承原则基本一脉相承。时光荏苒,世事巨变,生在战争年代、长在和平时期的明仁天皇对皇室传统提出挑战,引发了《皇室典范》制定以来前所未有的退位风波。

四、天皇退位的艰难历史回归

2016 年 8 月 8 日,时年 83 岁的明仁天皇以"不具体涉及现行皇室制度,仅表达个人心情"的态度,通过电视讲话委婉表达了退位的愿望,此举引起日本国内及国际舆论的广泛关注。9 月 23 日,安倍晋三政府成立了以经济团体联合会名誉会长今井敬为负责人,另有五位专家学者组成的"减轻天皇公务负担等有识者会议"。此后就天皇退位问题,"减轻天皇公务负担等有识者会议"经过七个月的研讨,包括召开 14 次会议及听取"有识者"意见,于 2017 年 4 月 21 日向首

---

① 笠原英彦:「皇室典範制定過程の再検討—皇位継承制度を中心に—」,『法学研究』2010 年 12 号。

相安倍晋三提出了旨在实现明仁天皇退位的《减轻天皇公务负担等有识者会议最终报告》。2017 年 5 月 19 日，内阁会议正式通过"关于天皇退位等皇室典范特例法案"，并提交国会审议。经过众议院审议表决（2017 年 6 月 2 日）、参议院审议表决（2017 年 6 月 9 日），适用于明仁天皇的《关于天皇退位等皇室典范特例法》终获通过（简称"特例法"）。根据"特例法"，明仁天皇在 2019 年 4 月 30 日退位后称"上皇"。鉴于过去曾有上皇作为"治天之君"行院政、与天皇之间产生权力斗争的历史，明仁天皇退位后的"上皇"称号并不是"太上天皇"的略称，"而是基于回避象征与权威二重性的考虑，作为在现行宪法之下表示象征天皇的新的称号"①，从而表明天皇退位的回归并非单纯的历史重演，而是具有现代意义的皇室制度变革。"特例法"突破了自明治《皇室典范》以来 130 年的天皇终身制，让明仁天皇退位的愿望得以实现，日本国民在江户时代光格天皇退位 202 年以后再次迎来天皇与上皇同时存在的局面。从 2016 年 8 月明仁天皇表明退位意愿的电视讲话，到 2019 年 4 月 30 日退位，历经两年多的时间，其间经历了相当复杂的协商过程。明仁天皇退位之事已经确定，但其背后所反映出的问题更值得关注。

（一）修改《皇室典范》势在必行

世界上君主立宪制国家的国王不乏因高龄和健康等原因退位的先例，唯有日本天皇不能自己决定退位，其依据是战后新宪法对天皇和皇室的法律定位与约束。在日本近代史上，充满神政性及家长制特征的天皇与军国主义、法西斯主义相结合，对外发动了一系列侵略战争，给包括中国在内的亚太地区人民带来深重的灾难。战后初期由占领军主导的民主化改革过程中，在削弱皇室的前提下保留了象征天皇制，也保留了旧《皇室典范》中皇位继承的基本原则。如果从明治《皇室典范》算起，至今已经过去了 133 年，有些内容已经不适应时代变化及现实需要。比如，在当初制定明治《皇室典范》的时候，伊藤博文力主否定退位是出于避免权臣插手皇位继承，以维护所谓"大

---

① 首相官邸：「天皇の公務の負担軽減等に関する有識者会議最終報告」，2005 年 11 月 24 日。http://www.kantei.go.jp/jp/singi/koumu_keigen/pdf/saisyuhoukoku.pdf [2018—12—28]。

日本帝国"最高核心稳定的政治考量。战后《皇室典范》继承了旧《皇室典范》的皇位继承基本原则,是民主化改革不彻底的表现。而今,距离日本战败已经七十多年,战前的军国主义日本被改造成和平、民主的国家,天皇被剥夺了国政实权,皇室被置于议会的监督之下,社会背景、政治经济环境、人们的思想意识与制定旧《皇室典范》时相比发生了巨大变化,但皇室制度依然循规蹈矩,固守明治时代的传统。

再比如,1989 年 56 岁即位的明仁天皇是象征天皇制下继承皇位的首位天皇,在平成时代 30 年里承担的公务量比昭和天皇时代大幅增加,加上年老及患病等原因,提出退位乃人之常情。但不仅《皇室典范》不承认天皇退位,而且按照新宪法"天皇只行使本宪法所规定的有关国事行为,无关于国政的权能"的规定,明仁天皇虽然有退位的愿望却不能直接表达,因为这有干涉国政之嫌,只能委婉表达自己的想法。难怪有人称"天皇是日本最没有人权的人"[1]。

又比如,当今皇室在明仁天皇的孙辈中只有 2006 年出生的悠仁一位男性成员,由 19 人组成的皇族中有 14 位是女性,皆已成年,根据《皇室典范》第 12 条"皇族女子与天皇及皇族以外者结婚时脱离皇族身份"的规定,随着女性皇族成员结婚,未来皇族成员将进一步减少。如何应对,是早晚要解决的问题。凡此种种,都说明已经到了应该对《皇室典范》进行修改的时候。明仁天皇在 2016 年 8 月 8 日发表电视讲话中也表示他一直在思考"处在日新月异的日本和世界之中,日本的皇室如何将传统寓于现代,使之鲜活地融于社会并回应人们的期待"[2],表明他早已认识到皇室与时代和社会脱节。当今君主立宪国家的王室大多允许国王退位,而且女性拥有继承王位的权利,日本皇室跟上时代及世界潮流,修改陈旧的《皇室典范》是必经之路。

此端拥有革新意识的明仁天皇表明退位意愿,实际上是对成规旧矩提出了挑战,进而呼吁对皇室制度进行改革。尽管最终通过的"特例法"只为明仁天皇而设,《皇室典范》并未得到根本修改,但毕竟是迈出了皇室制度改革的第一步。明仁天皇退位的实现,是修改《皇

① 初晓慧:《日媒:生前退位是没有人权的天皇争取人权》,环球网,2016 年 11 月 30 日。http://world. huanqiu. com/exclusive/2016—11/9752866. html[2018—12—24]

② 宫内庁:「象徴としてのお務めについての天皇陛下のおことば」。http:// www. kunaicho. go. jp/page/okotoba/detail/12[2018—12—27]

室典范》的突破口,必将引起人们对未来创设女性宫家,进而出现女天皇的可能性等问题进行探讨。只有把皇室制度纳入现代规范,才会使象征天皇制更有生命力。或许这才是明仁天皇退位诉求的实质目的及意义之所在。

（二）日本政府肩负改革皇室制度的责任

根据《日本国宪法》制定的新《皇室典范》与旧《皇室典范》的根本不同在于已不是作为"皇室之家法"而存在,故其修改必须经过国会的讨论和表决通过,也就是说,凡涉及皇室相关事务的改变,都要在对《皇室典范》进行相应修改后才能实施。因此,贵为天皇的明仁也无权改变皇室的规矩,他能做的只是用自己的方式敦促政府而已。在宪法的框架下,修改《皇室典范》或对皇室制度进行改革,实际落在了对议会负责、作为国家最高行政机关的日本政府肩上。对日本政府来说,由于《皇室典范》涉及种种敏感问题,对其进行修改并不是简单的事情。长期以来,日本政坛的保守势力一直拒绝对皇室制度做任何改变,使皇室制度改革阻力重重,政府领导人一般不敢轻易迈出这一步。

小泉纯一郎内阁时期自恃拥有很高的内阁支持率,曾进行过修改《皇室典范》的尝试。针对皇室近四十年间没有男性皇族成员诞生、皇位继承人严重不足的紧迫现实情况,小泉纯一郎把国民关心的皇位继承问题提上议事日程,为实现"稳定的皇位继承",决定修改《皇室典范》。2004 年 12 月成立了由 10 人组成的咨询机构"关于皇室典范之有识者会议",经过近一年的研讨,于 2005 年 11 月下旬提出了对皇室制度进行实质性改革的报告书,旨在承认女性天皇、皇位继承顺序不问男女以第一子优先为原则。尽管当时的舆论调查结果显示 83.5％的受访者接受女性天皇①,但报告书还是引起一些保守团体及国会中 1/3 议员的签名反对。在小泉内阁进退维谷之际,随着 2006 年初文仁亲王妃纪子怀孕的消息披露及当年 9 月 6 日皇子悠仁出生,小泉纯一郎只好放弃向国会提交

---

① 数据来自日本舆论调查会于 2005 年 10 月实施的调查结果。首相官邸:「皇室典範に関する有識者会議報告書」,2005 年 11 月 24 日。http：//www. kantei. go. jp/jp/singi/kousitu/houkoku/houkoku. pdf[2018—12—28]

修改《皇室典范》的计划,战后七十年间唯一一次修改《皇室典范》的尝试功亏一篑。

悠仁的出生暂时消除了皇统断绝的危机,但并没有从根本上改善皇位继承人不足的局面。待悠仁长大成人后,可能面对更加深刻的继承人危机。据此,民主党野田佳彦内阁时期,负责皇室事务的宫内厅将此作为"火急议案",要求内阁拿出对策。有了小泉内阁时期承认女性天皇的方案受到多方反对的前车之鉴,野田内阁避开了承认女性天皇这一敏感问题,仅提出就设立"女性宫家"进行探讨,以使皇族女性能够在结婚后留在皇室继续履行皇室事务。然而,随着民主党政权下台,野田内阁的方案也不了了之。

从 2012 年底开始,日本政坛进入安倍晋三时代。安倍政府在将近四年时间里未就修改《皇室典范》有任何作为,而是优先在政治上推进日本变为"正常国家"、修改和平宪法,在经济上推进"安倍经济学",这迫使明仁天皇不得不采取非常规的方式——2016 年 7 月 13日首先通过 NHK 电视台披露退位的愿望,这样做无非是想以此方式提醒安倍政府关注皇室问题。在位天皇公开表达退位意愿,是从明治《皇室典范》制定以来前所未有的严重事态,国民对天皇退位的充分支持与理解[1],以及国际舆论对退位问题的广泛关注,使安倍政府无法继续回避皇室问题,开始采取积极应对措施。在天皇退位的制度性障碍面前,安倍政府面临两种选择:或对《皇室典范》进行根本修改,或设立允许例外的"特例法"。前者具有恒久性,但需要审议的内容繁多,情况复杂,难度大;后者是制定仅适用于明仁天皇退位的特别法,与前者相比简单得多,安倍政府选择了后者。从"减轻天皇公务负担等有识者会议"的设立就显示出安倍政府在解决皇室继承危机方面采取了避重就轻的态度,魄力远远不如其前任小泉纯一郎。在"减轻天皇公务负担等有识者会议"研讨期间,仅就"退位后的立场""退位后的天皇及此后事务的组织""退位后的天皇及此后相关费用""退位后天皇的活动方式""非皇子的皇位继承顺位第一位的皇族

---

① 《日本 86.6% 民众接受天皇生前退位,称可立即推动》,中新网,2016 年 8 月 10日。http://www.chinanews.com/gj/2016/08—10/7967180.shtml[2018—11—28]

之称呼"等问题进行讨论①,不仅未采纳民进党、共产党等在野党提出的建立永久性退位制度的建议,更未涉及皇室制度的重大改革问题,如女性宫家的设立、允许女性天皇出现等。可见,安倍内阁通过"特例法"的方式解决了现任天皇退位的问题,仅仅是权宜之计,皇位继承危机实际上并未因此消失。

概而言之,从小泉内阁时期皇长孙悠仁诞生致使修改《皇室典范》之议流产,到野田内阁设立女性宫家方案半途而废,再到安倍政府主持制定非恒久性的"特例法",可以看出日本对皇室制度进行改革面临着何等艰难。适应时代的变化及皇室的现状,对《皇室典范》进行修改,使现代气息融入古老的皇室,是历史赋予这一代政治家的任务。然而保守势力束缚了政治家们的改革勇气,在政府施政层面,也缺乏深刻的政治理念和长远的政治眼光,只能在面临危机或严重事态时疲于策略上的应对。早在小泉内阁修改《皇室典范》中途告废时就有人批评这种"不思谋求恒久性解决,但求策略性过关"的做法体现了日本"实用理性"无处不在的特征。② 因此,明仁天皇退位问题不仅事关明仁天皇本身,更事关象征天皇制的未来。如何让日本的皇室跟上世界潮流,以使象征天皇制在传统的基础上更具时代感和新的气息,日本政府依然任重道远。

结语

645 年,第 35 代天皇皇极女帝在其子中大兄(后来的天智天皇)发动意在肃清豪族苏我氏势力的"乙巳之变"后退位。此后,经过"大化改新",建立了以天皇为中心的中央集权国家。但是,大化改新的成果并未持续长久,从平安时代开始便重蹈皇权衰落的覆辙,天皇退位常态化便是对此最好的诠释。天皇退位的普遍存在,既有由于社会发展相对滞后,未形成严格的制度规范造成皇位继承处于无序状态的社会

---

① 首相官邸:「天皇の公務の負担軽減等に関する有識者会議最終報告」,2005 年 11 月 24 日。http://www.kantei.go.jp/jp/singi/koumu_keigen/pdf/saisyuhoukoku.pdf [2018—12—28]

② 刘柠:《日本皇室长孙诞生,社会共识流产》,金羊网—新快报,2006 年 9 月 13 日。http://news.sina.com.cn/w/pl/2006—09—13/092410997205.shtml [2018—12—30]

原因,更有不同时期强权势力操控皇室,干涉皇位继承的政治原因。明治时代为了维护近代国家最高核心皇室的稳定,通过制定《皇室典范》使皇位继承有了明确的制度约束,天皇退位被否定,这一原则又被战后新《皇室典范》继承下来。在安倍政府主持下通过的《关于天皇退位等皇室典范特例法》,突破了实施一百三十多年的天皇终身制,使高龄的明仁天皇的退位愿望得以实现。明仁天皇退位风波在日本国内乃至国际社会都引起巨大反响,日本皇室被穿越回古代,天皇退位、上皇等历史的存在突然再现于当代社会,与民众生活离得那么近。围绕对天皇退位的关注与争论,不啻一场日本历史知识的普及,古老的皇室完全可以说是日本历史与传统文化的活化石。

（原文刊载于《日本学刊》2019 年 2 期）

第二节　近代日本华族制度的确立

　　华族是明治维新以后在“四民平等”招牌下形成的新的社会阶层,其实质是在前近代身份制度基础上形成的近代新贵族。“华族”这一称呼本是前近代公卿中“清华家”的别称,其地位仅次于皇族,并作为“皇室的藩屏”而存在,享有一系列特权。华族制度的产生既反映出明治维新改革的不彻底,也说明日本社会身份等级制度的传统根深蒂固。华族主要由三部分人组成:旧公卿贵族构成的公家华族、江户时代的大名藩主转化而来的诸侯华族、明治维新之后因各种功绩而获得荣耀的勋功华族。

一、华族制度的初创

　　华族是个仅次于皇族的新贵阶层。从人口数字来看,仅占总人口的极少数。根据日本学者的统计(见“华族人口数字表”),1936 年时,5,200 名华族在当年日本的 70,114 万总人口中,仅占 0.07％[①]。华族从 1869 年诞生,到 1947 年新宪法颁布时被废除,先后有1,017

---

　　① 「男女别人口、人口增减」,帝国书院 https://www.teikokushoin.co.jp/statistics/history_civics/index01.html

家被授予华族爵位①。华族制度的建立是逐步完成的。

华族人口数字表②

(单位：人)

年　代	数　字			
	总数	男	女	户平均
1875 年(明治七年)	2,891	1,405	1,486	6.4
1882 年(明治十五年)	3,304	1,524	1,780	6.7
1936 年(昭和十一年)	5,200	——	——	5.3

华族的成立——"奉还版籍"后安置诸侯的应急措施

推翻幕府统治，实行"王政复古"，是中下级武士联合部分公卿共同完成的，此后建立的明治政权，也是以岩仓具视、三条实美为中心的宫廷复古派及以大久保利通、后藤象二郎等人为中心的西南强藩讨幕派的联合体。新政府建立后，当务之急是废除幕藩体制，实行以天皇为中心的中央集权统治。早在"王政复古"后不久的 1868 年 2 月，作为新政府参与③的藩阀巨头、长州藩士木户孝允就提出建议书：为了行"王政复古"之实，要改变七百年来之积弊，令三百诸侯将土地与人民归还朝廷。在这个问题上，岩仓具视等公卿与大久保利通等藩阀的态度是一致的，由此，实施"奉还版籍"被提上日程。但是，如何处置旧藩主大名，是新政权面临的至关重要的问题。如果处置不利，很有可能会出现诸藩大名、藩士的动乱，导致新政失败，因此必须谨慎对待。在 1869 年 5 月 16 日召开的作为明治新政府最高决策机关的"三职"会议上，对"奉还版籍"后的地方体制、旧藩主的待遇等事宜进行了讨论，并以岩仓具视意见书的名义上奏天皇，其中提到对旧藩主的处置措施，包括任列藩藩主为州知事，令其管辖从前之领地，寓封建之姿以郡县之意；择列藩藩主一门及家老以下有学识才能者任判州事辅佐州知事参判政事；各州于州知事所在之处设本厅；以各州岁入十分之一充朝贡，将其余九份三分，一份充州知事家禄，一

---

① 森冈清美：『華族社会の「家」戦略』，第 29 页。

② 浅見雅男：『華族たちの近代』，第 16 页。

③ 参与："王政复古"后、太政官制确立之前(1868 年 6 月 11 日)"三职"之一，在此之上有总裁、议定。

份充士族之家禄，一份充政厅经费；依官武一途之旨，废停公卿诸侯之名称，普遍授予贵族之名称；等等①。此时已经明确提出废除公卿诸侯之称，只是还没有确定授予其何种称呼。此次会议一个月后的 6 月 17 日（距德川幕府末代将军德川庆喜"大政奉还"一年半时间），明治新政府向诸藩发布"奉还版籍"的命令，即把领地（版图）、领民（户籍）归还给天皇，同时发布行政官"达"（布告）第 543 号："自今起废除公卿诸侯之称，改称华族。"②根据这份行政官"达"，过去的"公卿"、"大名"等称呼被废除，将其统称为华族，共有 142 家公卿、285 家诸侯，计 427 家被列为华族。从此，公卿与诸侯这曾经形同水火的两大贵族终于在东京互相面对，成为近代新贵族。

　　华族——这个由前近代的公卿与诸侯合并而成的近代新贵族，在明治初年分别从过去不同时期历史舞台的主角转换成新的角色。但是，将公卿与诸侯合并成一个共同的新的社会阶层，在当时只不过是由于"奉还版籍"政策的实施，为了安置诸侯的一个应急措施。武士是近七百年日本社会的实际统治者，诸侯及其家臣也是江户时代政治舞台的核心。随着"王政复古"与"奉还版籍"的实施，他们已经被剥夺了政治上的权利，如果一举废除其社会组织，对其实施彻底的经济上的剥夺，将使诸侯、武士失去生活出路，可能会酿成严重的社会问题，这个仍保有战斗力的人群将是威胁新政权的最大的潜在敌人。另一方面，推翻幕府的主要力量及明治新政权的主要领导人都是旧武士出身，他们对昔日的同属怀有深深的同情，不希望对他们采取急激的革命方式。为了避免大规模的动乱，尽量缓和矛盾，便采取渐进的方式推行改革政策——让他们拥有与公卿贵族平起平坐的荣誉，使其心理上得到安慰。同时，任命各藩主为各自藩的知事，在经济上，允许"现石高收入十分之一充当家禄"③。这样，在体现了新政府改革措施——接收藩政府权力的同时，又保证了旧藩主的身份，实际上是新政府对旧藩势力的一种妥协。

　　"王政复古"后百废待兴，很多措施来不及周密安排，便匆匆付诸

---

　　①　岩倉具視：「列藩版籍奉還之処分付具視意見上奏事」，多田好問編：『岩倉公実記』中，原書房 1968 年，第 728—729 頁。

　　②　遠山茂樹：『日本近代思想大系』2『天皇と華族』，第 321 頁。

　　③　明治二年六月十七日行政官達。大久保利謙：『華族制度の創出』，第 574 頁。

实施,华族的产生就是其中之一。在前述 1869 年 5 月 16 日召开的
"三职"会议上,对废除公卿、诸侯的称呼后如何称呼他们都没有想
好,就在一个月后宣布"奉还版籍"的同时将旧公卿与诸侯合并为华
族。实际上新政府对此项制度的设立尚无全面、长远的考虑,丝毫没
有对华族的具体规定,甚至连华族的性质是什么也未必清楚。可以
说,"华族"的建立只是"奉还版籍"后安置诸侯的一项权宜之计而已。
在确立华族制度后,大部分公卿华族仍居住在远离首都的京都,诸侯
华族作为州知事,还是旧领地的实际统治者。两大已经成为"同族"
的人群毫无相通之处。如同《华族制度的创设》一书的作者大久保利
谦所说,"华族设置当初是没有实体的空名","创设华族这一新的特
权阶层并没有积极的意图"。[1]

"废藩置县"后华族的同族化

事实上,对华族的处置、华族作用的发挥,正是在实践中逐步加
深认识的。1870 年,新政府下令诸侯华族全部移居东京。1871 年 2
月,又发布太政官布告:"先般华族原武家之辈居住东京,皆可为东京
府贯属"[2],意即将原来各藩藩主、后来的藩知事迁居东京,成为东京
府府民,此举意在彻底割断诸侯与旧藩的联系。此后,公卿华族也逐
渐迁居东京。1871 年 7 月 14 日,新政府召集在东京的旧藩主,宣布
废藩置县诏书,将全国的藩合并成 3 府 302 县(同年底合并为 3 府
72 县),所有藩知事被剥夺了官职,这就意味着旧藩主彻底丧失了领
主身份,藩知事之职务也被政府派遣的县令所取代。从此,西南强藩
出身的中下级武士掌握了新政府的主导权,同时,在政府中占据要职
的公卿华族除了三条实美、岩仓具视外,全部从政权第一线退出。
"废藩置县"使日本政体从封建体制一变为天皇制中央集权,是明治
维新中最重要的改革。此项政策的实施,使公卿、大名的封建特权被
剥夺殆尽,其政治与权力欲望被彻底粉碎,仅存名义上的荣誉而已,
原有的"公卿华族"、"诸侯华族"除了家禄不同外已无任何区别。昔
日公卿诸侯顷刻间变成失业者,无疑招致这部分人的不满。如下总
国的藩知事代理人市原正义在接受废藩置县诏书和免官辞令时,无

---

① 大久保利謙:『華族制度の創出』,第 83 頁。
② 大久保利謙:『華族制度の創出』,第 575 頁。

可奈何地表示:"今日之事实在恐怖,唯以血泪洗面!"①"废藩置县"的实施,犹如晴天霹雳,这场政治大变动不啻于一次政治地震,带来社会秩序的巨大混乱。如何消除这些被革了命的人对新政权的负面影响,利用他们的特殊地位及影响,让其在稳定政局、建设近代国家中发挥"众人标的"作用,是明治政府的重要课题。

为了安抚这些落魄的公卿与诸侯,1871 年 10 月 8 日,明治天皇对华族中的藩知事发布敕旨:"方今宇内开化之时,培养实用之材最为急务,华族立于四民之上,应为众人之标的","应广闻见,研智识,为国家之御用而奋发勉励"。② 10 月 10 日,又令太政大臣三条实美向居住在东京的公卿华族传达了上述敕旨。从 10 月 22 日起,天皇连续三天在皇居召见全体公武华族的户主,并发布鼓励华族去海外游学的敕谕:

> 宇内列国称开化富强者,皆由其国民勤勉之力。而国民能开智研才致勤勉之力者,本为尽其国民之本分也。今我国更革旧制,欲与列国并驰,非国民尽一致勤勉之力,何以致之。华族居于国民中贵重之位,为众庶所瞩目,其履行固然成为标准,更需致勤勉之力,率先鼓舞之。其责亦重。是为今日朕召汝等亲告朕之期望之意所在。夫致勤勉之力,不外开智研才。开智研才则须着眼宇内开化之形势,修有用之业,或去外国留学,谋求实地之学。即使已过壮年难于留学者,一度海外周游以广闻见,亦增益知识足矣。且我邦女学之制未立,妇女多不解事理,母氏之教导之于幼童之成立实为切紧之事。今赴海外者,可携妻女或姐妹同行,晓外国所在女教之状,知育儿之法。倘人人注意于此,致勤勉之力,则不难进开化之域,立富强之基,与列国并驰。汝等能体斯意,各尽其本分,乃朕之所期。③

这份天皇敕谕对于华族制度有两个意义:第一,这是作为明治国家元首的天皇首次对全体华族发布敕谕,显示出华族彻底告别旧公卿与旧诸侯身份,成为"天皇的华族"。此后,华族作为"皇室的藩屏"

---

① 松尾正人:『廃藩置県の研究』,吉川弘文館 2001 年,第 342 頁。
② 宮内庁:『明治天皇紀』第二卷,吉川弘文館 1969 年,第 559 頁。
③ 宮内庁:『明治天皇紀』第二卷,第 565—566 頁。

的提法开始流行。在这份敕谕中称"华族在国民中居贵重之地位"，这一表述第一次对华族做出明确的、正式的定义，即承认华族是国民中的最上层，开始把华族作为近代国家建设中的新贵族来对待。第二，这个敕谕是对全体公武华族颁布的，改变了此前区别对待的做法，意味着明治政府对华族不再分公武之别，而是视其为一体，使"奉还版籍"后初创的、没有多少实际意义的华族实体化。这对于近七百年来在立场、观念、习惯等各方面都势不两立的公武两家来说都是难以想象的，他们必须放弃各自的"公家风"或"武家风"，从在东京见面开始，形成新的"同族"，并创造共同的"华族风"，这是在时代潮流面前的唯一选择。

二、明治政府对华族的措施

"废藩置县"后，明治政府开始重视华族事宜，针对华族实施了一系列具体措施。

第一，建立华族会馆。1871 年 10 月，明治天皇发布鼓励华族去海外游学的敕谕后，不少华族响应天皇的号召，带头去实践"实学精神"、"海外留学"及"女子教育"。华族河鰭实文（公卿华族、太政官三条实美之弟）、秋月种树（诸侯华族）于 1872 年在英国留学期间，注意到英国贵族的议政作用，归国后向明治政府建议设立华族的学习设施，以培养华族的议事议政能力，将来堪任议会的上院议员。同时，模仿欧美国家集会结社习惯发起成立了旨在"切磋学问"和"教育子弟"的团体——通款社。通款社的活动得到了麝香间祗侯会议①上层华族的支持，两家发起人遂于 1874 年 2 月 4 日共同拟定了"华族大会馆临时规则"，华族会馆由此成立，并于 1876 年 1 月 5 日正式开馆。华族会馆不仅是对华族进行西洋法律、各国政治沿革及风俗、华族的权利义务等方面的教育机构，也是华族的社交机关，并通过这个

---

① 麝香间祗侯会议：明治时代给与在维新中有功劳的华族在宫中的最高席次及荣誉称号。麝香间是京都御所中的一个房间，明治以前用于摄关家与将军停留；祗侯在日语中是"伺候"、"恭候"之意。1869 年 6 月 24 日，天皇令蜂须贺茂韶等六名华族作为天皇的相谈役（顾问）隔日到麝香间接受国事咨询，是为麝香间祗侯会议的由来。其成员为天皇亲任官，多为原朝廷重臣，也有部分旧藩主。根据 1879 年 12 月的太政官指令，麝香间祗侯的身份为敕任官。

机构对华族进行监督。1878 年，在岩仓具视的要求下，在华族会馆内设立了部长局职务，将全体华族分成六个部，各部置部长，在部长之上设华族督部长，由岩仓具视担任。华族督部长、部长将政府命令传达给华族，再将华族的意见书送达宫内省及东京府。设立部局长之职的目的是加强对华族的监督与控制。由于部长局基本上为以岩仓具视为首的公卿华族所控制，引起诸侯华族的强烈不满，遂于1882 年废除，改由宫内省直辖的华族局负责华族事务。

第二，建立学习院。华族会馆成立后，为了进一步实现"切磋学问"和"教育子弟"的目的，1876 年，在华族会馆内勉学局的基础上，成立了华族子弟教育机关——华族学校。明治天皇下赐东京都神田锦町的八千坪土地建立校舍，每年下拨经费 2.4 万日元。1877 年 10月，明治天皇亲临开校典礼，并将校名改为学习院。为培养华族子弟，学习院的教师不限于华族，也有士族和平民中的优秀者。学习院建立的目的是培养下一代"皇室的藩屏"，因此，让子女进学习院学习是华族的义务，如果要进其他学校学习，必须经过宫内大臣批准[①]。学习院尤其注重学生的军事教育与军事训练，要学习游泳、武术、马术等课程。从 1879 年开始，男学生始着海军士官型制服，这是日本最早的校服。1885 年，学习院学生使用双肩背书包，也是模仿军人的背囊样式而做，是为当今日本小学生统一使用的双肩背书包的起源。从 1890 年起，海军兵学校在学习院设置了海军预科。1881 年，宫内卿德大寺实则发布"奖励华族从事陆海军的朝旨"。1883 年，岩仓具视向宫内省提出"养成华族武官的请愿书"，此后，学习院更加强调军事教育。据统计，到 1927 年，学习院毕业生中共有陆军军官 97人，海军军官 235 人[②]，成为名副其实的"皇室的藩屏"。

第三，建立宗族制度。利用传统家族制度原理，对华族进行统制。首先，为了强化华族意识，实现华族关系融合与团结，于 1876 年建立了宗族制度。这里所说的"宗族"，不是自然发生的由血缘关系扩大而成的家族，而是为了推动公卿华族与诸侯华族同族化而人为

---

① 学习院 1884 年成为官立学校，同时由宫内省管辖。

② 前坂俊之：「学習院：華族の子弟教育」，別冊歴史読本『華族歴史大辞典』，新人物往来社 2007 年，第 112 頁。

制造的族制。对所有华族，不分公卿华族与诸侯华族，皆按家系与血缘，共分 76 类，同类建立一个宗族会，设置宗族长，开展祭祀祖先等活动，监督处理族内婚姻、继承等事宜。1882 年，由于华族改由直接受宫内省管辖，宗族制被废止，但从中反映出族制传统在日本根深蒂固。

第四，制作《华族类别录》。"奉还版籍"与"废藩置县"后，从理论上来说，旧公卿诸侯被剥夺了昔日的特权，对于华族来说，成为与士族、平民相等的国民，这是难以接受的现实。为了说明华族与士族、平民具有不同的祖先、不同的源流，在被明治维新切断了的旧公卿、诸侯的身份基础上重新建成与天皇关系密切的特别一族，政府着力编撰《华族类别录》。1876 年 3 月，为了编撰《华族类别录》，政府发出太政官命令，要求华族各家呈报自家系谱及履历等。在同年 8 月宫内卿给岩仓具视（时任华族督部长）的指示中，强调了编撰《华族类别录》的目的：

> 今般暂定编制华族类别录，正其家系，溯本源，以皇神外三别为序，别中又画流派，以类定众华族。依此书不忘其故旧，同姓相亲，同族相助，定各自之前途方向，可致远不坠祖先之遗业，近赞成更始之鸿业。[1]

文中提到的"皇神外三别"，是指平安时代初期编写的记录贵族家系的《新撰姓氏录》中对贵族身份的三种划分。皇别是指历代天皇的后代，神别是所谓神代各种神的后代，外别是指外国归化人的后代（《新撰姓氏录》中实际称"蕃别"，这里有意避开了"蕃"字）。在编撰《华族类别录》时，将全体华族按三种"别"区分，三别之下再分类，类即指各族，共将华族分皇别 36 类，神别 34 类，外别 6 类，各家分别配列于各类之下。每一类建一个宗族会，并在各类的宗族誓约书上签名按印，这样就完全抹杀了过去的公卿、诸侯之别，推动公武同族化、强调华族非普通国民之意图尽在其中。1878 年，《华族类别录》刊行。这显然是与时代发展相悖的做法，在 1884 年"华族令"颁布后，由于勋功华族的出现而失去了实际意义。

---

① 大久保利謙：『華族制度の創出』，第 262 頁。

第五,制定制约措施。1876 年(明治九年),岩仓具视就华族的纲纪问题上疏天皇,其中力陈当下华族中存在的不良现象:"履行贱污,不修内廷者有之,争商卖之小利,荡尽家财者有之。即使不然者,亦苟且偷间,徒费重禄。"岩仓具视提出为"使同族振起更革",要"洗除纨绔之习弊,同族叶谐,以纪律警游惰,以约束救灾厄,以议事鼓志气,以劝学研究才智,渐次振兴,面目一新"①。为了维护华族"在国民中居贵重之地位"的形象,明治政府对华族制定了一些约束措施。1876 年 5 月,政府以太政官达的形式,发布了"华族惩戒令",规定"华族居国民中之贵重地位,故对有过失或有污体面者即使未触犯法律仍惩戒之",其惩戒手段分三种:谴责(由宫内卿发出谴责书)、谨慎(禁止外出)、蛰居(归还位记、令其隐居、禁止外出)②。

三、天皇制华族制度的确立

如前所述,1869 年设立华族的时候,明治政府对华族究竟应该是什么样子,还没有明确的想法,即当初只有华族的名称,还谈不上制度的存在。"废藩置县"后,政府对华族开始重视起来,针对华族做了一些具体的事情。但是,民间对华族一直有批判的声音,认为华族存在于天皇与臣民之间,违背了"一君万民"的原则,还有的指出华族是无为座食之徒,应当废除。围绕华族问题,1880 年 9 月 11 日起,《朝野新闻》在三天之内连载了该社著名记者、自由党党员高桥基一的评论文章《贵族应废》,文中驳斥当时社会上支持贵族继续存在的观点,指出平等均一是文明社会的趋势,而日本不平等均一因素犹存,这就是贵族制度。文中强调"社会之要在于平等均一,然我国贵族存遗,则是不平等均一之元素,将来必害文明进步,或妨君民之一致,故今日必须废之"③。这表明华族也是自由民权运动中饱受批判的目标。

面对社会上对华族的批评,尤其是西南战争之后,主张打倒"有司专制"(社会对藩阀垄断政权的批判)、开设民选议会的自由民权运

---

① 遠山茂樹:『日本近代思想大系』2『天皇と華族』,第 330 頁。
② 遠山茂樹:『明治維新と天皇』,岩波書店 1992 年,第 205 頁。位记:天皇授予位阶时的公文书。
③ 遠山茂樹:『日本近代思想大系』2『天皇と華族』,第 389 頁。

动蓬勃发展,当时政府首脑也认识到对华族进行改革的重要性,开始认真对待华族的存在。改革的第一个重点是在华族内部制定上下尊卑的等级制度。1869 年设立华族时,并未立即确立爵位,虽然当时有区别华族内部等级的意见,但由于程序复杂,在短时间内根本来不及实施。"废藩置县"后,诸侯华族被解除藩知事之职,这件事不仅对当事人本身,对原有各藩的藩士都是巨大冲击,也让几百年来生活在相对稳定中的普通百姓感到不安。新政府在实施征兵制的同时,不得不考虑确立华族的身份秩序,也包括对这一新的身份制度进行荣誉性粉饰。另一重点是通过对华族制度进行改良,将士族中的优秀者纳入华族,以此扩大天皇制的统治基础。

1881 年发生"明治十四年政变"后,政府在自由民权运动压力下,承诺于九年后的 1890 年开设国会,制定宪法。为保障将来开设议会后天皇大权不落到民权派手中,巩固藩阀官僚的统治地位,明治政府高官更感到确立华族制度、建立以华族为主的贵族院的必要。向来主张以华族作为皇室的藩屏,但反对华族参与政治的维新元老、右大臣岩仓具视,此时也感到有必要对华族进行改良,遂于 1882 年 2 月与太政大臣三条实美等就开设国会的准备情况上奏天皇,认为整顿华族制度是开设国会的前提,"将来以华族组成上院,肩负着环卫皇室、维护宪章的责任,为使华族能尽此责任,应改良其旧制,去其腐朽,以换清新元素,振作其精神志气"[1]。1882 年 3 月,为制定宪法,伊藤博文率队去欧洲考察,其间尤其关注欧洲各君主国家的贵族制度。8 月份回国后,伊藤博文在宫中设制度取调局,为实施立宪政治做准备,同时着手整顿华族制度。1884 年 7 月 7 日,明治天皇发布"授荣爵之诏":"华族勋胄乃国之瞻望也。宜授予荣爵,以示宠光。文武诸臣,翼赞中兴之伟业,于国有大劳者宜均升优列,以昭殊典。兹叙五爵,其此为秩。望卿等忠贞益笃,尔等子孙世济其美。"[2]与此同时,宫内卿伊藤博文以"奉敕"的形式颁布了"华族令":

> 第一条,凡授爵,按敕旨由宫内卿奉行之;
> 第二条,爵位分为公侯伯子男五等;

---

① 宫内厅:『明治天皇纪』第六卷,吉川弘文馆 1971 年,第 222 頁。
② 遠山茂樹:『日本近代思想大系』2『天皇と華族』,第 397 頁。

第三条，爵位按男子嫡长之顺序袭之。女子不得袭爵，但现在女户主之华族将来定男继承人时，须经亲戚中同族者连署之后，经由官内卿申请授爵；

第四条，今后有爵者或户主死亡后，无男子继承者时，即失去华族之荣典；

第五条，有爵者之妇享有与其夫相等的礼遇及名称；

第六条，属于华族户主之户籍之祖父母、父母及妻及嫡长子孙及妻俱享华族之礼遇；

第七条，本人生存中，继承人不得袭爵，但由于刑法或惩戒之处分则夺爵，并削族籍，以特旨授继承人者不在此例；

第八条，华族户籍及身份由官内卿掌管之；

第九条，华族及华族子弟的婚姻及当养子，须先经官内卿许可；

第十条，华族负有让其子弟接受相当之教育的义务。[①]

以上"华族令"十条内容中，有几点值得注意之处：首先，公侯伯子男五等爵位系模仿中国古代爵位，《礼记》之王制篇云："王者之制禄爵，公侯伯子男，凡五等。"虽然明治政府法制权威井上毅以"公侯伯子男五爵乃清国三千年前之遗物，非我国之古典及习惯"[②]的理由加以反对，但对当时熟悉中国古代典籍的人并不陌生；其次，爵位由嫡长子世袭，女子不得袭爵，本人生存中，继承人不得袭爵，即户主不得让位等规定，都与日本家族制度相吻合；再次，根据1871年的户籍法，对华族、士族、平民一律平等对待，但"华族令"规定华族户籍及身份要由官内卿掌管，华族及其子弟的婚姻及当养子，须先经官内卿许可，显示出明治政府从此将华族作为与皇室具有特殊渊源的贵族来对待。

根据天皇的"授荣爵之诏"及"华族令"，1884年7月七、八两日，先后对509家华族授予爵位，包括公爵11家、侯爵24家、伯爵76

---

① 遠山茂樹：『日本近代思想大系』2『天皇と華族』，第397—398頁。

② 井上毅：「華族族叙爵意見」（1881年11月），遠山茂樹：『日本近代思想大系』2『天皇と華族』，第392頁。

家、子爵 324 四家、男爵 74 家①。

在颁布"华族令"同时,也颁布了"叙爵内规",对公侯伯子男五爵授予对象及依据做出具体规定。

叙爵内规②

爵位	授予对象
公爵	亲王诸王中列于臣位者,旧摄家,德川宗家,对国家有伟勋者
侯爵	旧清华家,德川旧三家,旧大藩知事(即现米 15 万石以上),旧琉球藩王,对国家有勋功者
伯爵	担任大纳言较多的旧堂上家,德川旧三卿,旧中藩知事(即现米 5 万石以上),对国家有勋功者
子爵	一新前起家的旧堂上家,旧小藩知事(即现米 5 万石以下)及一新前旧诸侯家,对国家有勋功者
男爵	一新后列华族者,对国家有勋功者

在 1884 年授爵中,对旧公卿贵族是按过去家格授予爵位的。家格最高的五摄家被授公爵;九家清华家被授侯爵;大臣家、羽林家、名家中的一部分(担任大纳言较多的家族)被授伯爵,其余被授子爵。明治维新后从寺院还俗的贵族子弟(亦称奈良华族)及大神社的世袭神官等被授男爵。总体来说,对旧公卿的授爵高于大名,颇有为幕府时代受武家压制的公卿贵族恢复名誉的味道。此后又陆续有原公卿的分家被叙爵位,但基本上是男爵。至战后华族制度被废除时,先后共有公卿贵族出身的华族 210 家,加上僧家、神官等在内共有 231 家③,占华族总数的 23%。

在 1884 年受爵的旧大名即诸侯华族中,仅有作为德川宗家的德川家达及因倒幕之功而"对国家有伟勋"的长州、萨摩旧藩主毛利元德、岛津久光、岛津忠义被授公爵;旧御三家及至戊辰战争时家领在 15 万石以上的旧大名被授侯爵;包括德川御三卿在内的 15 万石以下、5 万石以上者被授伯爵;5 万石未满的旧大名被授子爵。至战后

① 宫内庁:『明治天皇紀』第六巻,第 225—262 頁。
② 酒卷芳男:『華族制度の研究—在りし日の華族制度』,霞会館 1987 年,第 127—128 頁。
③ 森岡清美:『華族社会の「家」戦略』,第 29 頁。

华族被废时,先后有旧大名出身的诸侯华族 395 家①,占华族总数的 39%,远远多于公卿华族。

从 1869 年华族诞生起,到最终确立天皇制华族制度,经历了 15 年时间。这一贵族重组的过程,反映出明治政权在近代政权建设上的道路选择。在日本近代史上,一般以"华族令"的颁布为界,称之前位列华族的人为"旧华族",在此之后位列华族的人为"新华族"。

四、勋功华族——新贵中的新贵

在华族中,还有 391 家勋功华族,即《叙爵内规》规定的"一新后列华族者,对国家有功勋者"被授男爵爵位,占华族总数的 38%,基本与诸侯华族持平②,这部分人是近代新贵中的新贵。

本来,华族是具有公卿及诸侯身份的人。最初,华族这个近代新贵族将倒幕维新的主要力量士族——尤其是萨摩、长州、土佐、肥前四藩的士族排斥在外,这是有功的士族们难以接受的。明治新政权是由下级武士与有革新意识的公卿贵族建立的联合政权,在"奉还版籍"及"废藩置县"后,明治中央政府与地方政府中的公卿华族及诸侯华族皆退出权力中心,政府的实际政务由萨、长、土、肥四雄藩藩阀独占,他们自然愿意跻身新贵的行列。19 世纪 70 年代后期,面对社会舆论对华族的批评,同时,由于自由民权运动对天皇制权力的冲击,以藩阀为主的政府首脑深感将来开设议会势在必行。为了与以政党为主的国会相抗衡,有必要建立以华族为主的贵族院,以作为天皇制统治的基础与藩屏,藩阀们终于提出要将士族列入贵族的要求。针对旧公卿、大名构成的华族中缺乏适应新时代需要之人才的现状,长州藩士出身、时任内务卿的伊藤博文提出选拔士族出身的维新功臣加入华族,并授予爵位的主张。1880 年,伊藤博文就制定宪法问题提出意见时,第一条就是"请求更张元老院,选择华士族任元老议官",明确提出"士族的位置本来就应该是贵族的一部分"③。伊藤博文认为,"今士族平民之有功者立于愚笨华族之下风,只望任国会(下

---

① 森冈清美:『華族社会の「家」戦略』,第 28 页。
② 森冈清美:『華族社会の「家」戦略』,第 28 页。
③ 大久保利谦:『華族制度の創出』,第 335 页。

院)议员,此种做法现在与今后都难得有功者之人心"①。1881 年 10 月 11 日,政府召开御前会议,以伊藤博文为首的七名参议联名发表了"关于立宪政体之奏议",提出建立立宪君主国家的主张,即把以"贵族老成之士"组成元老院与帝王亲自统御的陆海军作为维护立宪君治的基础,元老院应该成为"防止急变激进之弊,永远保障宪法,辅翼王室"的机构。关于元老院之设,伊藤博文主张制定华族爵位,使其作为有爵位的贵族,同时,鉴于"封建武门之世,士族位于平民之上,教育有素,气节有为之人多出其间,应作为贵族之一部,拔其中之人与华族俱列元老,以收其报效"②。

伊藤博文的主张受到维新元老、公卿出身的岩仓具视的强烈反对,岩仓具视注重家格门第,认为士族与公卿完全是别种别族,一旦授其爵位,不仅会让华族不满,也会引起士族大众的不平,因此加以阻挠。直到 1883 年岩仓具视因患胃癌病逝,伊藤博文提出的主张才得以实施。太政大臣三条实美也对伊藤博文予以支持,1883 年 1 月,三条实美担任华族会馆馆长后,进一步强调华族的作用,指出"华族之于王室,犹如家有屏墙",同时深感华族的现状堪忧:③

> 借累叶之高贵,狃奕世之荣宠,成因袭之弊及游逸之习,其间虽有拔群之才,亦往往陷于文弱之流,难成振而有为之人,由此之势,清华门叶例不让步寒微之士。疗此弊之道,唯举有功有勋之人置新华族之列,而其贱污破廉者,虽有旧家,唯有斥之除其列。

三条实美还为明治元勋抱屈:

> 维新以来元勋之臣职位不谓不隆,恩赏不谓不厚,但华族独超然位于云霄之际,与士族以下遥不相交涉,中兴之元老虽宠光俱极优渥者,亦不得升与其列。而华族者徒居高列,勋德名望其途有二,渐至有名无实之势。伏愿陛下以断圣裁,录叙维新元功,不拘其本来出自寒微,特下优旨,升列华族,以开厚贤重劳之

---

① 佐佐木高行日記:『保古飛呂比』,引自大久保利謙:『華族制度の創出』,第368頁。
② 春畝公追頌会:『伊藤博文伝』中,第 230—231 頁。
③ 宮内庁:『明治天皇紀』第六卷,第 223—224 頁。

　　道。是以激励华族观感之所在，将来可无愧国家环卫之责。

三条实美对华族"叹其萎靡不振，思其振作"，主张将明治维新的功臣
列于华族之列①。

　　在政府高层取得一致意见的基础上，1884 年 7 月七、八两日，依
据"华族令"及"叙爵内规"，向"对国家有伟勋者"及"对国家有功勋
者"39 家授予爵位，旧公卿中本属于清华家的三条实美、属于羽林家
的岩仓具视依"伟勋"被特授公爵（如依家格，此二人该授侯爵、伯
爵）。旧萨摩主岛津忠义及其父岛津久光、旧长州藩主毛利元德也因
"伟勋"被授公爵。属于羽林家家格的东久世通禧、明治天皇的外祖
父中山忠能因尊王攘夷有功被授伯爵。下级武士出身的大久保利
通、木户孝允作为"维新三杰"之二（另一人西乡隆盛，发动士族叛乱，
于 1877 年在西南战争中兵败自杀），在授爵时已经去世，其子大久保
利和、木户正二郎"依父勋功特授侯爵"，是士族出身者获得的最高
爵位。

1884 年 7 月叙爵勋功华族名单②

姓名	出身	爵位	叙爵时职务
伊地知正治*	萨摩	伯爵	宫内省御用挂
大山岩	萨摩	伯爵	参议、陆军卿、陆军中将
川村纯义	萨摩	伯爵	参议、海军卿、海军中将
黑田清隆	萨摩	伯爵	参议、北海道开拓官、陆军中将
西乡从道	萨摩	伯爵	参议、农商务卿、陆军中将
寺岛宗则	萨摩	伯爵	宫内省制度取调局御用挂、参议、外务卿
松方正义	萨摩	伯爵	参议、大藏卿
吉井友实*	萨摩	伯爵	宫内大辅（一等侍讲）
伊东佑麿	萨摩	子爵	海军中将、海军兵学校校长
桦山资纪	萨摩	子爵	海军少将、海军大辅
高岛鞆之助	萨摩	子爵	陆军中将、西部监军部长

　　①　宫内厅：『明治天皇纪』第六卷，第 224—225 页。
　　②　浅见雅男：『華族たちの近代』，第 69 页。

（续）

姓名	出身	爵位	叙爵时职务
仁礼景范	萨摩	子爵	海军少将、海军军事部长
野津道贯	萨摩	子爵	陆军少将、东京镇台司令官
伊藤博文	长州	伯爵	参议、宫内卿
井上馨	长州	伯爵	参议、外务卿
山县有朋	长州	伯爵	参议、内务卿、陆军中将
山田显义	长州	伯爵	参议、司法卿、陆军中将
鸟尾小弥太	长州	子爵	陆军中将、统计院院长
三浦梧楼	长州	子爵	陆军中将、陆军士官学校校长
三好重臣	长州	子爵	陆军中将、东部监军部长
品川弥二郎*	长州	子爵	农商务大辅
佐佐木高行	土佐	伯爵	参议、工部卿、一等侍补
谷干城	土佐	子爵	陆军中将、学习院院长
土方久元*	土佐	子爵	内务大辅、宫内省御用挂、一等侍补
福冈孝弟	土佐	子爵	参议、参事院议长
大木乔任	肥前	伯爵	参议、文部卿
副岛种臣*	肥前	伯爵	宫内省御用挂兼一等侍补、参议、侍讲
中牟田仓之助	肥前	子爵	海军中将、东海镇守府长官
曾我佑准	柳河	子爵	陆军中将、参谋本部次长

注：＊为1884年7月17日叙爵，其他为7月7日叙爵。

在授爵位中，对旧公卿与旧诸侯的授爵是有明确的家格依据的，一般不会引起争议。而对于勋功华族的授爵则不同，"叙爵内规"中对勋功华族的规定是"对国家有伟勋者"、"对国家有功勋者"，但"伟勋"与"功勋"是并无明确家格依据和量化标准的暧昧表达，实际操作起来完全根据人为的判断与评价。依据"华族令"规定的"凡授爵，按敕旨由宫内卿奉行之"，授爵事务实际上掌握在藩阀伊藤博文等人手中，故授爵的取向没有任何悬念，即"华族令"公布时勋功华族授爵的最大特征是以藩阀为中心，完全是藩阀们自导自演而已。如"1884年7月叙爵勋功华族名单"所示，1884年7月"华族令"颁布并授予爵位时，长州藩士出身、掌握授爵实权的宫内卿伊藤博文力主对30

名士族出身者作为勋功华族授予爵位，有 29 名出身于萨摩、长州、土佐、肥前四藩[①]，明治政府的重要人物、长州藩出身的伊藤博文、山县有朋、井上馨等人，萨摩藩出身的黑田清隆、西乡从道、寺岛宗则、松方正义等人都被授予伯爵。而对政见相左、同样是藩阀出身，且在明治维新中有贡献的大隈重信（肥前藩出身）、板垣退助（土佐藩出身）却拒不授爵。如此露骨地注重藩阀，且只对高官者授爵的做法受到舆论的批评。1888 年 5 月 9 日，鉴于人们讥讽新华族"偏于在朝者"，遂"授爵之议再起"[②]，不得不对包括大隈重信（伯爵）、板垣退助（伯爵）、后藤象二郎（伯爵）、胜海舟（伯爵）、森有礼（子爵）等在内的 17 人授予爵位。此次授爵虽增加了四位其他藩的人和旧幕臣胜海舟，但仍以萨、长、土、肥藩阀占绝大多数。这次叙爵影响颇大，使很多人看到了跻身贵族的希望，纷纷毛遂自荐希望成为华族一员，作为藩阀代表的伊藤博文最大限度地满足了昔日盟友的愿望，1888 年 5 月 24 日，对"以前有功未授爵或未得诠考之文武功臣略略网罗，叙五爵，以普圣恩于朝野"[③]，再次对 34 人授予爵号，因接连对多人授爵而被批评为"圣恩大贱卖"[④]。总之，从 1884 年到 1888 年授爵的勋功华族中，有士族出身者 82 人，其中 68 人是萨、长、土、肥四藩藩士，占 83％，进而萨摩、长州两藩的藩士 51 人，占 62％[⑤]，此举将明治政府的藩阀专制特色暴露无遗。

进入 19 世纪 90 年代，勋功华族进入大量叙爵时期，尤其是甲午战争结束后的 1895 年，对 41 人授予爵位，其中 30 人是与甲午战争有关的军人，同时叙爵的 9 名官僚也都是因在甲午战争的功绩[⑥]。日俄战争后的 1907 年 9 月 21 日，再次大规模对在战争中的 75 名有功者叙爵，其中 69 人是军功人员，因日俄战争之功被授男爵的文武官员前后总计 96 人[⑦]。尤其引人注目的是海军大将东乡平八郎，因

①　大久保利謙：『華族制度の創出』，第 452—455 頁。
②　宮内庁：『明治天皇紀』第六巻，第 745 頁。
③　宮内庁：『明治天皇紀』第六巻，第 752 頁。
④　浅見雅男：『華族たちの近代』，第 72 頁。
⑤　大久保利謙：『華族制度の創出』，第 452—454 頁。
⑥　小田部雄次：『華族——近代日本貴族の虚像と実像』，第 132 頁。
⑦　学習院大学史料館編：『男爵家の成立と足跡の研究』，昭和会館 2007 年，第 284 頁。

在日俄战争中率联合舰队打败俄罗斯波罗的海舰队之功,被破格授予伯爵。在甲午战争和日俄战争两次战争中,还有不少人因功升爵。如甲午战争后,原为伯爵的伊藤博文、大山岩(陆军)、西乡从道(陆军后海军)、山县有朋(陆军)升爵为侯爵,原为子爵的桦山资纪(海军)、野津道贯(陆军)等人也因甲午战争之功升为伯爵。日俄战争后,伊藤博文又从侯爵升为公爵。这个昔日的下级武士经过日清与日俄战争,便与其旧主——长州藩主毛利元德平起平坐了。1931 年,日本发动"九一八"事变,侵占中国东北,关东军司令官武藤信义、本庄繁,陆军大将荒木贞夫,海军大将大角岑生等,均因"满洲事变"之功被授予男爵。可见勋功华族的叙爵始终与战争有着不解之缘。

由于华族被定位为"在国民中居贵重地位",所以甲午战争以前的勋功华族或者是军功人员,或者是官僚,官尊民卑显而易见。随着社会的变化与时代的发展,民间人士成为社会发展的主要力量,贡献突出者屡屡涌现,尤其是建立新兴企业的实业家对近代工业化贡献巨大,对此亦不可视而不见,于是华族队伍中终于出现了"民"的身影。1896 年 6 月 9 日,日本财阀的两大巨头三井总家长三井八郎右卫门高栋及三菱财阀总家长岩崎弥之助、岩崎久弥,因"以资财贡献于国家"之功被授予男爵。被誉为"日本资本主义之父"的涩泽荣一本来是大藏省官员,1873 年辞官进入实业界,亲自发起、创建了第一国立银行,在造纸、纺织、运输、保险、铁道等多个行业参与建立企业,成为实业家的楷模,于 1900 年被授男爵,1920 年升为子爵,成为实业家中爵位最高者。1928 年,三井合名会社理事长、日本经济联盟会会长团琢磨被授男爵。在此后不久发生的经济危机中,财阀受到人们的批判,1932 年 3 月,团琢磨被右翼团体血盟团暗杀。"九一八"事变后,日本进入战争状态,实业界人士进入华族的大门从此关闭。总之,战前华族中只有实业家 18 人,科技文化界人士 15 人[1]。

五、华族的特权

华族是在前近代贵族制度与等级制度基础上形成的近代新贵族。虽然经过明治维新,旧的贵族特权被废除,但是在近代国家政权

---

① 森冈清美:『華族社会の「家」戦略』,第 28 頁。

的刻意保护下，又产生了一系列新特权。曾经在宫内省工作 17 年、其间任过总管华族事务的宗秩寮爵位课长的酒卷芳男曾对华族的特权做出归纳：

华族的特权及法律依据①

特权	法令依据
爵位世袭	华族令第 9 条
制定家范	华族令第 8 条
叙位	叙位条例、华族叙位内则
穿着爵服	宫内省达
财产世袭	华族世袭财产法
贵族院成员	大日本帝国宪法、贵族院令
特权审议	贵族院令第 8 条
审议贵族院令的修改	贵族院令第 13 条
立后、皇族婚嫁的选择对象	皇室典范、皇室亲族令
皇族服丧的对象	皇室服丧令
进入学习院学习	华族就学规则
保有宫中席次	宫中席次令、皇室仪制令
设旧堂上华族保护资金	旧堂上华族保护资金令

在这些特权中，除了一些属于荣誉性的（如穿爵服、保有宫中席次、可以与皇族通婚）特权外，具有以下实质性内容：

第一，身份上的特权。

其中一是爵位世袭特权。在当时，华族的爵位与其他荣誉不同，是"荣誉中的荣誉"②。依据 1907 年颁布的"改正华族令"第 9 条，"爵位以男性家督继承人袭之"，体现了前近代以来的家督继承制原则。二是叙位特权，位阶由国家授给官吏个人，以表示其地位的序列与等级，也是国家授予功勋者的荣誉称号。位阶制度始自 603 年圣德太子颁布的"冠位十二阶"，根据 701 年颁布的《大宝律令》之"官位令"确定的亲王 4 品、诸王 15 阶、诸臣 30 阶的制度直到明治维新也

---

① 酒卷芳男：『華族制度の研究』，第 302 頁。
② 酒卷芳男：『華族制度の研究』，第 302 頁。

没有变化。1887 年 5 月,政府公布了新的"叙位条例","凡位叙与华族、敕奏任官及对国家有勋功或有值得表彰的有勋绩者",公爵叙从一位,侯爵授正二位,伯爵授从二位,子爵授正从三位,男爵授正从四位。对于大多数华族来说,仅凭一个旧有的公卿及大名的身份,就可获得与高等官僚及有功勋者一样的叙位荣誉。

第二,政治上的特权。

明治维新后,伴随着"奉还版籍"与"废藩置县"、"秩禄处分",旧公卿诸侯华族在领地、官职、身份等方面的特权被剥夺,但作为昔日的贵族,荣誉和部分特权仍然存在。如在法律上,1870 年颁布的《新律纲领》①规定,除去个别例外,对华族不予论罪。1873 年 6 月的《改定律例》允许华族可以赎罪②。在政治上,华族可优先就任元老院议官。1884 年通过颁布"华族令"确立的华族制度,从根本上来说是为了建立作为天皇制政权藩屏的贵族制度,进而成立与以政党为主的国会抗衡的贵族院。明治藩阀政府对华族的期待,实质上就是对贵族院的期待。

根据 1890 年实施的《大日本帝国宪法》的规定:"帝国议会由贵族院众议院两院组成,贵族院依据贵族院令决定之皇族、华族及敕任议员构成,众议院由依选举法所定之公选议员构成。"帝国宪法下的众议院与贵族院在资格与选举方法上有着很大不同。众议院议员是 30 岁以上的男子,在 1900 年以前还有直接缴纳国税 15 日元以上的限制,且必须经过选举。而根据宪法与贵族院令,贵族院由华族与皇族和敕选议员共同组成,成为凌驾于全体国民之上的政治特权阶层。1889 年的"贵族院令"规定,公爵与侯爵年满 25 岁(1925 年改为 30 岁)即自动成为贵族院的终身议员。伯爵、子爵、男爵由同爵之间互选的方式各选出五分之一,任职期限为七年,大大超过众议院议员的四年任期。在贵族院中,议员数量、议长与副议长的人选等等皆以华族优先。由于华族在贵族院中几占半数(见"贵族院构成的变化"),

---

① 《新律纲领》:明治以后公布、实施的刑法典。其内容以中国明清律令刑法为范本,并参考了江户幕府的刑法。1873 年,作为《新律纲领》的补充,又公布了《改定律例》,至 1882 年近代刑法颁布一直使用。

② 『元老院華族会議笔記』第八卷,第 64 頁,引自鈴木正幸:『近代天皇制の支配秩序』,校倉書房 1986 年,第 13 頁。

历代贵族院议长也由华族中的要员担任（见"历代贵族院议长名录"）。在政府要人中，到战败为止，担任42届内阁首相的31人（有1人多次出任首相的情况，如伊藤博文先后四次组阁）中，有21人是华族出身。从某种意义上说，在日本近代史的大部分时间里，贵族院的决议就是华族的决议，华族在左右着日本近代史的发展。《大日本帝国宪法》赋予贵族院与众议院同等权限，贵族院的任务就是在国会牵制以政党为核心的众议院。如1900年伊藤内阁时期，众议院通过的增税法案被贵族院否决，1931年在滨口内阁时期第59次帝国议会上，妇女公民权法案和承认工会合法化的法案都获得了通过，但却遭到以华族势力为核心的贵族院的否决。依据"贵族院令"的规定，如果涉及到改变华族待遇等事宜，必须经过贵族院讨论通过，因此，华族在贵族院中的特权始终无法被削弱。当年伊藤博文提出的设立元老院以"保障宪法，辅翼皇室"的目的得到真正实现。

贵族院构成的变化[1]

分类	1900 年	1910 年	1938 年
皇族	10	14	17
敕选议员	60	119	124
多额纳税人	45	45	65
学士院	——	——	4
华族议员	135	186	201
其中公爵	10	13	17
侯爵	21	30	36
伯爵	14	17	18
子爵	70	70	66
男爵	20	56	64
总数	250	364	411
华族议员比例	54%	51%	48.9%

---

[1]　小田部雄次：『華族——近代日本貴族の虚像と実像』，第184頁。

历代贵族院议长名录

序号	姓名	爵位	任期
1	伊藤博文	伯爵	1890—1891
2	峰须贺茂昭	侯爵	1891—1896
3	近卫笃麿	公爵	1896—1903
4	德川家达	公爵	1903—1933
5	近卫文麿	公爵	1933—1937
6	松平赖寿	伯爵	1937—1944
7	德川国顺	公爵	1944—1946
8	德川家正	公爵	1946—1947

第三,不经考试直接进入高等学校的特权。

前述华族子女进入学习院学习是典型的特权,还可以不经考试直接读到高中(旧制高中 7 年制),如果帝国大学学生不足,还可以直接升入帝国大学,故华族可以轻易得到帝国大学的学位。

第四,经济上的特权。

华族在经济上也受到政府的保护。明治维新后,以西南强藩士族为中心的新政府为避免社会动乱,并出于对往日幕藩体制的温存,对旧公卿大名的特权实施了渐进的、温和的剥夺方式。如前所述,在 1869 年 6 月 17 日的"奉还版籍"同时,明治政府废除了旧公卿与诸侯的称号,统称其为华族,同时保留了这部分人的部分俸禄:以各藩收入的十分之一充当被废大名的俸禄。1869 年 12 月 10 日,又对公家华族的俸禄进行改革,只保留其原有俸禄的四分之一。尽管这一改革对旧公卿大名的俸禄做了大幅度削减,但这些俸禄仍具有封建特权的性质,加上明治初期,享受政府颁布的"赏典禄"①,的主要是大名、公卿,这部分人由过去的食禄特权阶层,变成了享受"国家特别养老金"的新贵族②,由此给国家财政带来巨大负担。据大藏省编

---

① 对维新中的有功者颁赐,于 1868 年 6 月 2 日、9 月 14 日、9 月 26 日分三次颁布,分无限期支付,可以世袭的永世禄 809,070 石,只限一代的终身禄 7,050 石,一定期限内的年限禄 85,500 石。深谷博治:『華士族秩禄処分の研究』,吉川弘文館 1973 年,第 248 頁。

② 大久保利謙:『華族制度の創出』,第 119 頁。

《秩禄处分参考书》的记载，当时由国库支付的家禄与赏典禄总额几乎占国家财政支出的四分之一至三分之一，不仅是国库的巨额支出，其支出方法也沿袭封建旧制，以米价为标准计算，随着米价涨落，换算和调整的手续非常麻烦[①]。为此，经过 1873 年起实施的"家禄奉还"这一过渡性政策，1876 年 8 月 5 日，以第 108 号太政官布告的形式，颁布了"金禄公债证书发行条例"，宣布废除旧有家禄、赏典禄，从 1877 年开始，由政府发行公债的形式，对过去的家禄进行赎买，这项政策彻底废除了作为封建特权经济基础的家禄制度。

　　明治政府的秩禄处分政策并不是对华族、士族的经济剥夺，而是对旧家禄进行赎买。过去的藩主大名依靠旧有的身份与权势从政府领取了巨额公债（见"1876 年诸侯华族与公家华族金禄公债受领表"），顷刻间变身大资本家。这里举一个数字做参考：1868 年，一碗荞麦面条的价格是 5 厘钱（1 厘为 1 日元的千分之一），当时一个警察的月工资仅 4 日元，1886 年，总理大臣的月薪也就是 800 日元[②]。如"1898 年高额收入者前 20 名一览表"所示，在当年全国前 20 名高额收入者中，有一半是诸侯华族出身。他们能成为近代巨富，完全是拜封建特权之赐。

1876 年诸侯华族与公家华族金禄公债受领表[③]

顺序	姓名	身份	旧领地	爵位	家禄（石）	赏典禄（石）	金禄公债（日元）
1	岛津忠家	诸侯	鹿儿岛	公爵	31,400	12,500	1,322,845
2	前田利嗣	诸侯	金泽	侯爵	63,688	3,750	1,194,077
3	毛利元德	诸侯	山口	公爵	23,376	25,000	1,107,755
4	细川护久	诸侯	熊本	侯爵	32,968	——	780,280
5	德川庆胜	诸侯	名古屋	侯爵	26,907	3,750	738,326
6	德川茂承	诸侯	和歌山	侯爵	27,495	——	706,110

---

　　① 大藏省编：『明治前期财政经济史料集成』第八卷，明治文献资料刊行会 1963 年，第 391 页。

　　② 小田部雄次：『家宝の行方——美术品が语る名家の明治·大正·昭和』，小学馆 2004 年，第 214 页。

　　③ 石井宽治：『日本经济史』，东京大学出版会 1991 年，第 150 页。

（续）

顺序	姓名	身份	旧领地	爵位	家禄（石）	赏典禄（石）	金禄公债（日元）
7	山内丰范	诸侯	高知	侯爵	19,301	10,000	668,220
8	浅野长勋	诸侯	广岛	侯爵	25,837	3,750	635,443
9	锅岛直大	诸侯	佐贺	侯爵	21,373	5,000	603,598
10	德川家达	诸侯	静冈	公爵	21,021	——	564,429
11	黑田长知	诸侯	福冈	侯爵	23,425	——	510,015
12	峰须贺茂韶	诸侯	德岛	侯爵	19,317	2,500	508,952
13	三条实美	公卿	京都	公爵	375	1,250	65,000
14	岩仓具视	公卿	京都	公爵	278	1,250	62,298
15	九条道孝	公卿	京都	公爵	1,289	——	61,071
16	近卫笃麿	公卿	京都	侯爵	1,470		59,913

1898 年高额收入者前 20 名一览表①

（单位：日元）

姓名	所在地	收入
岩崎久弥	东京	1,213,935
三井高栋	东京	657,038
前田利嗣	石川	266,442
住友吉左卫门	大阪	220,758
岛津忠重	鹿儿岛	217,504
安田善次郎	东京	185,756
毛利元昭	东京	(185,069)
大仓喜八郎	东京	143,152
德川茂承	和歌山	132,043
松平赖聪	香川	125,856
浅野长勋	广岛	120,072
德川义礼	爱知	116,323
雨宫敬次郎	东京	110,196

---

① 石井宽治：『日本经济史』，第 147 頁。

（续）

姓名	所在地	收入
松元重太郎	大阪	110,076
锅岛直大	佐贺	109,093
细川护成	熊本	104,712
山内丰景	高知	99,804
涩泽荣一	东京	93,460
阿部彦太郎	大阪	90,453
原善三郎	横滨	87,358

注：黑体字表示为华族，（）内为1897年数字。

根据1876年颁布的"金禄公债证书发行条例"，公卿华族与诸侯华族的俸禄全部变成公债证书。这些昔日的权贵，不论是贵族公卿还是武士大名，都鄙视商卖，拙于理财，政府对此甚为担忧。为防止华族资产流失，并充分利用华族所持的公债获得金融收益，根据时任大藏大辅的松方正义的建议，1877年5月21日，在岩仓具视的倡导下，成立了以旧长州藩主毛利元德为头取（行长）、旧尾张藩主德川庆胜为副头取的第十五国立银行，世称华族银行。当时的银行资本为17,826,100元，股东总数484人，成为日本第一大银行，是居第二位的第一国立银行150万日元资本的近12倍①。第十五国立银行在一定程度上保护了华族财产的完整，同时，由于参与铁道和其他事业的建设，获利巨大，从而产生了许多近代新富豪。

"华族令"颁布以后，为了从经济上维护华族的利益，从而在政治上保证华族家格的延续，以实现天皇制统治基础的稳定，明治政府于1886年又颁布了"华族世袭财产法"。按这项法律规定，可以世袭的财产分两类：第一类包括水田、旱田、宅地、盐田、牧场、池沼等不动产，第二类是政府发行的公债证书，属于政府保证或特别监督的企业的股份、第十五银行的股票。该法律还规定，世袭财产及附属物不得买卖、转让及做抵押；不得作为负债抵偿而扣押。华族财产世袭本是华族的一项特权，为维护华族的利益而设定，但该法规定世袭财产应

---

① 小田部雄次：『華族——近代日本貴族の虚像と実像』，第95頁。

该是每年产生纯收益 500 日元以上的财产,而在当时,持有能够产生 500 日元以上纯收益财产的华族很少(1890 年在全部 562 家华族中符合此标准的有 50 家,1909 年在 919 家华族中有 241 家)[1]。所以,一旦华族因生活贫困而出现借贷时,受此法律的限制而不能用世袭财产偿还。更有无良华族滥用此特权,即使有钱也故意借贷不还,使债权者陷入被动,从而引起抗议。1916 年,对"华族世袭财产法"进行了修改,使华族在因经济困难情况下变卖家产成为可能。

由此引出关于华族经济状况的话题。在华族中,有经济实力的只是一部分旧大名华族而已。而旧公卿本来在江户时代就寒酸不堪,收入甚微,"奉还版籍"后的家禄是按照江户时代收入四分之一的标准来设定的,秩禄处分时将此全部变成公债。如前记"1876 年诸侯华族与公家华族金禄公债受领表"所示,像三条实美、岩仓具视这样的维新元老级公卿若与诸侯相比,因其旧俸禄甚低,其所得金禄公债与大名华族有着天壤之别,更遑论其他公卿。很多公卿华族徒有贵族荣誉,实际上经济上并不富裕。如曾担任昭和天皇东宫侍从的伯爵甘露寺庆长曾回忆他们这些公卿华族的生活说:"俸禄很低,相当于大名的足轻而已,简直难以想象,所以一直过着简朴的生活,与大名不同。换句话说,就是当今的普通家庭而已。"[2]正因如此,贵族院议员 800 日元的年薪(此为 1889 年的规定,1899 年增加到 2,000 日元,1920 年增加至 3,000 日元)[3]对那些子爵、男爵们是有相当吸引力的。为了帮助解决公卿华族的生活困难,明治政府于 1912 年专门颁布"旧堂上华族保护资金令",设专门资金以保障旧公卿华族的生活,但实际上并不能解决根本问题。很多人不得不依靠借债度日,连公爵级的近卫家和鹰司家也未能幸免,近卫家还发生过因借钱还不上便以家藏挂轴抵债的事情。大名华族也有的经济状况不佳,以至于出卖家产。如御三卿田安家(伯爵)的后代到 20 世纪 30 年代初,迫于生活不得不卖掉自己的房产。至于那些获男爵爵位的勋功华

---

① 小田部雄次:『家宝の行方——美術品が語る名家の明治・大正・昭和』,第 222 頁。

② 金沢誠等編:『華族:明治百年の側面史』,講談社 1968 年,第 71 頁。

③ 古屋哲夫:『帝国議会の成立——成立過程と制度の概要』。http://www.furuyatetuo.com/bunken/b/65_gikai_seiritugaiyo/03_.htm

族,本来就没有什么家产,经济负担就更重一些。在经济困难的时候,不少人家不得不出卖家中收藏的字画、茶道器皿等艺术品以接济家用。据有人对战前拍卖品目录的调查,有六分之一的华族参与过家藏品的拍卖[1],若不是生活所迫也不会如此。

结语

综上所述,近代华族是将旧公卿、大名两大不同贵族统合而成的,带有浓厚的身份制度色彩。出于巩固近代天皇制政权及日清、日俄战争的需要,官僚、军人等也因其"勋功"被列入华族行列,在前近代家格门第基础上,注入近代实力主义,从而产生了近代新贵族。在贵族重组的过程中,近200万武士被剥夺所有特权,在历史舞台上叱咤风云近七百年的武士阶级归于解体,武家贵族只有昔日大名被保留贵族身份,公卿贵族重得荣誉。华族制度的产生,实际上是明治维新后新政权对旧势力的妥协。随着时代的发展,身份色彩强烈、经济基础薄弱、徒有荣誉外表的华族日益走向没落。据1919年的统计数字(见"1919年华族职业一览表"),华族中有超过一半的人无业或依靠财产收入及恩给为生,成为寄生阶层。第二次世界大战后,战败的日本由以美国为首的同盟国实施军事占领,并实行民主化改革。1947年5月实施的《日本国宪法》规定:"全体国民在法律面前一律平等。在政治、经济以及社会的关系中,都不得以人种、信仰、性别、社会身份以及门第的不同而有所差别","对华族以及其他贵族制度,一概不予承认"。据此,华族制度连同其大本营——贵族院被废除。承载着一千多年历史的旧贵族与78年近代史的新贵族——华族彻底退出历史舞台。

1919年华族职业一览表[2]

职业	公爵	侯爵	伯爵	子爵	男爵	合计
农渔业			1	12	7	20
矿业				2	5	7

---

[1]　小田部雄次:『家宝の行方——美術品が語る名家の明治・大正・昭和』,第62頁。

[2]　小田部雄次:『華族——近代日本貴族の虚像と実像』,第141頁。

（续）

职业	公爵	侯爵	伯爵	子爵	男爵	合计
工业			2	6	13	21
交通业				2	8	10
商业		3	7	24	38	72
公务及自由业	7	13	29	85	93	227
无职业等	10	21	61	246	231	569
总计	17	37	100	377	395	926

（原文刊载于《南开日本研究》2019 年刊，天津人民出版社 2019
年）

第三节　从生活方式的变革看近代日本的社会转型

　　生活方式反映了一定时期人们的行为方式和对社会的态度，进
而标志着一个国家或民族世界观的基本倾向和社会发展水平。一个
旧时代的结束，不仅仅伴随枪炮声，还有一系列涉及人们行为及思维
方式的变化。日本在明治维新后实行文明开化的过程中，大力推行
移风易俗的变革，快速告别传统的生活方式，融入世界潮流。断发、
易服、改历是明治初年发生的生活方式的三大变革，考察其发展过
程，有助于认识近代日本社会转型。

一、幕末传统生活方式与西方文明的碰撞

　　风俗是一种社会传统，某些当时流行的时尚、习俗，久而久之，其
中不适宜的部分会随着环境的变化而改变，所谓"移风易俗"正是这
一含义。前近代日本的基本特征是处在锁国政策下的农业社会阶
段，这一特征也左右了人们的生活方式。而面对幕末西方文化的影
响，生活方式也遇到前所未有的挑战。

　　"豚尾"式发型　发型发式是人类文明程度的一种标志，不仅表现
出时代风貌和民族风格，也体现了人的文化修养与生活环境。682 年，

天武天皇发布诏书："自今以后,男女悉结发"①,此后,日本人尤其是男性就模仿唐俗结发髻于头顶。这种发型在进入武家社会后出现变化。由于武士打仗要戴头盔,导致头部闷热,于是将头顶的头发剃光,同时将脑后的头发结成发髻向前面弯曲伏在头顶,这种发髻从正面看像"丁"字,故称"丁髻"。到江户时代,除了少数公卿、神官、学者、医生等人留"总发"头(不剃发,而是将所有头发在头顶部结成发髻)以外,丁髻式发型从武士扩大到全社会,成为成年男子的基本发型。有了这种特殊的剃发习俗,男人们要像刮胡子一样频繁剃掉头顶的头发,打理这一发型是件很麻烦的事情,因此促进了结发业的发达,到江户末期,仅京都、大阪、江户三地就有大约二万五千家结发业者。②

在传统农业社会,人们对数百年间的丁髻式发型习以为常。自从与西方国家有了交往,工作与生活方式发生变化后,人们开始意识到发型的问题。19世纪中期,日本在美国军舰炮口下被迫开国,很多欧美人随后来到日本。初到日本的西洋人对日本男人的奇特发型既奇怪又紧张,奇怪的是为何发型都像猪尾巴一样,紧张的是为何日本人把手枪顶在头顶(最初西洋人认为这种发型像手枪)。最早走出国门的人也在海外因为丁髻头而遭遇难堪。1862年,榎本武扬、西周、津田真道等一行十五人受幕府派遣到荷兰留学。每当外出,他们的着装打扮就会受到当地人围观和嘲笑,为此,这些人不顾幕府对留学生在国外"不得改变衣服发容"的规定,脱下和服换上西服。而头上的发髻却比较麻烦,由于不知何时会突然被幕府召回国内,不敢轻易剪发,只好戴上帽子把丁髻遮盖起来。一次,留学生们进入剧场看剧,按习惯观众在剧场内必须脱帽,观众见到他们头顶的丁髻满场大哗,让留学生羞愧难当,当即灰溜溜退场。受到刺激的留学生终于不顾幕府禁令,在荷兰全部剪掉了发髻。在当时,剪掉丁髻是件十分冒险的事情,不仅幕府有禁令,也有受到尊王攘夷派狙击的危险。通过与外国人的交往,日本人得知西方人把丁髻称作"豚尾",并把这一信息传达给国内。1865年,热心西学的广岛藩士野村文夫(1836—

① 《日本书纪》天武纪十一年夏四月条。
② 田村敬男:『改訂增補山本覺馬伝』,京都ライトハウス1976年,第224页。

1891 年)与同伴偷渡到英国游学,在其所著《西洋闻见录》(1869 年出版)中记载:"西洋人奇称本邦男子之结发为ピキテイル,ピキテイル乃豚尾之意。"[1]把头发说成是猪尾巴,是严重的人格侮辱。透过这种嘲笑,可见在当时西方人眼中,丁髷式发型是野蛮人的象征。

除了在国外受到羞辱,在国内已经接受西式军事训练的官军和一些藩兵中,也感受到丁髷的麻烦。穿着新式军服,却头顶丁髷,随号令操练时,发髷也跟着晃动,满是滑稽和不协调感。由于有发髷,又不方便戴军帽。这些都表明,传统习俗中的"丁髷头"已经不适应新的社会生活的需要,被洋人讥讽为"豚尾"的发型已经走到了尽头。

"宽快而不轻便"的和服 衣食住行"衣"为首。在传统社会,日本人普遍穿传统的缠裹式束带和服,衣宽衫长袖肥,这种服装是农耕社会悠闲舒缓生活方式的写照。受儒家思想的影响,日本人非常重视衣冠服饰的礼仪规范,不同身份的人有不同的着装,尤其是在各种正式礼仪场合,服饰更要严守身份、等级规范。由于日本历史上经历了公家掌权与武家秉政的时代,"狩衣"、"直垂"分别成为贵族与武士的代表性服装。德川时代是严格的身份制社会,幕府前期曾六次颁布《武家诸法度》,都涉及衣装样式、质料等规范,其目的除了禁止奢侈,更在于维护身份等级区别。1861 年(文久元年)幕府发布命令:"除军舰及大船乘员且武艺修业者外,不可穿异风之筒袖,戴异样之冠物。"(一般称之为"洋服禁止令"。)[2]所谓"异风之筒袖"所指即西式服装。显然,这项命令是为了抵御 1854 年开国后西方衣冠服制的影响而制定的,当时攘夷派排斥西方文化,抵制洋装,著名兵学家佐久间象山 1864 年被暗杀,与其身穿洋式服装、骑洋鞍之马于市中招摇不无关系。这些都说明前近代日本人对传统服装的固守。

直到西风东渐及欧美列强叩关带来强烈冲击,人们才逐渐认识到和服"宽快而不轻便,适于怠慢而不适于勤劳"[3]。服装革命首先

---

① 野村文夫:『西洋聞見録』,明治十七年翻刻本,弘通書林 1869 年,第 28 頁。ピキテイル为英语 Pigtail 的日语读音。

② 石井研堂:『明治事物起原』下卷,春陽堂書店 1944 年,第 1347 頁。

③ 《1876 年李鸿章与森有礼保定会谈记录》,「朝鮮問題等に関し森公使清国政府と交渉一件」,外務省調査部編:『大日本外交文書』第 9 卷,日本国際協会 1940 年,第 177 頁。

从军服开始。中国在鸦片战争中的失败，强烈震撼了日本人。长崎町官家庭出身、曾经向荷兰人学习火炮技术的高岛秋帆（1798—1866年）率先组织西式火炮的训练，而拖沓繁缛、活动性差的和服完全不适合西式兵器的使用。为方便训练，高岛秋帆首先进行服装改革，让火炮训练队员头戴圆锥形头盔，把衣服改成上下两分，上穿窄袖"半缠"和服，下穿"立付袴"（瘦腿裙裤），用带子扎实膝部，下部做成收腿式）。[①] 此后，较早接受西式军事训练的西南各藩的武士也穿上这样的服装进行训练。在被迫开国以后，对比西方各国行动灵活、适应战事的军服，日本人进一步认识到"使用甲胄时代的服装难以运动周旋"。1867 年初，幕府下令"改换身体轻便之戎服"[②]，把筒袖上衣和仿照西式军裤的"阵股引"（细腿裤）作为海陆军士兵的军服（也称"戎服"）。也有一些留学生在国外已经换上了西服，这些都为明治初年的服装改革奠定了基础。

"最应改正"之历法　"正朔本乎夏时。"从公元 6 世纪后半期开始使用由中国南朝何承天编撰的《元嘉历》起，相继使用中国的《麟德历》（697 年，因在唐朝仪凤年间传入日本，又称《仪凤历》）、《大衍历》（764年）、《五纪历》（858 年）、《宣明历》（862 年），故有"汉历五传"之说。895年，日本停止了向唐朝派遣遣唐使，从此中断了与大陆王朝官方的联系，很长时间未能取得中国后来颁布的新历法。室町幕府时期，尽管获得了明朝皇帝颁赐的《大统历》，但因有奉明朝为"正朔"之嫌，遭到人们反对而未能实现，日本自身的科技水平也不具备独立编制历法的能力。因此，《宣明历》在日本一直使用八百多年时间。1685 年（贞享二年），围棋世家出身的历学者安井算哲在元代郭守敬《授时历》的基础上，根据自己二十多年的调查实测，制作了《贞享历》，是为日本历史上第一个由本国人编制的历法。此后，日本又先后进行了三次改历，到使用《天保历》（1844—1872 年）的时候，在精确程度上有了很大提高，但仍然是兼顾太阳、月亮与地球关系的阴阳历。

19 世纪中期，欧美诸国已大都使用以地球绕太阳公转的运动周期为基础而制定的太阳历（也称公历、格里高利历）。幕末开国以后，

---

① 有馬成甫『高島秋帆』，吉川弘文館 1989 年，第 120—121 頁。

② 石井研堂『明治事物起原』下卷，第 1359 頁。

很多欧美国家的军人、商人涌入日本,在与这些外国人的外交交涉及通商过程中,日本人已经体会到与公历存在一个月至一个半月时间差的阴历有诸多不便。在农业社会中,与农历相应的计时法的使用也带来人们时间意识的淡漠。日本历史上曾长期使用中国的"百刻制"(把一昼夜均分为100刻)与"十二时辰"并用的定时法计时,从室町时代开始,改为"不定时法",即把日出到日落、由日落再到日出各分为六等分,根据季节的变化,时间长短有所不同,白天与夜晚长度也不尽相同。这种计时法是根据日出日落判断时间,农民更是日出而作,日落而息,人们没有精确的时间概念。幕末在长崎海军传习所工作的荷兰海军军人威廉·卡特迪杰克在其《滞在日记抄》中批评日本人缺乏时间观念,其中写道"日本人的不紧不慢程度简直令人吃惊","日本人热心、谦虚,但有些地方让我失望,在时间观念上连我所希望的一半也达不到"。[1] 面对西洋文明的冲击,日本人已经认识到"使国民进入文明之域,如历法者最应改正之"。[2]

丁髷、和服、阴历,千百年来已经融入人们的生活当中。而当日本被迫开国后,进入日本的欧美列强在攫取种种殖民特权的同时,也促进日本人走进工业文明,并把西方人的生活方式带入日本。许多有识之士认识到丁髷、和服、阴历不仅不适应新的社会生活,而且为了修改在开国时被迫与欧美列强签订的不平等条约,建立拥有独立主权的近代国家,首先必须改变国家形象,对旧风俗进行改造成为必然选择。

二、明治初期生活方式的变革

明治新政权建立后,以"破旧来之陋习"为施政方针之一,把向西方国家学习,放弃旧俗,跟上世界文明潮流作为重要任务。同时,为了修改欧美列强自幕末以来强加给日本的一系列不平等条约,提高日本的国际地位,也必须改变自身的落后面貌。1871年7月,新政府宣布"废藩置县",完成了王政复古后最重要的改革,实现了政权的

---

① 橋本毅彦、栗山茂久等:『時刻の誕生・近代日本における時間意識の形成』,第3頁。

② 「権大外史塚本明毅建議」,内閣記録局編纂:『法規分類大全第一編』二,内閣記録局1891年,第52—53頁。

稳定，遂开始着手实施一系列改革，其中包括对旧风俗的改造。断发、易服、改历都是 1871—1873 年间开始实施的。文明开化是明治初期模仿西方，在社会文化生活上实施改革的风潮，在衣食住行方面的变化最直接，效果也最明显。

断发　幕末至明治初期，从海外归国的留学生及与外国人打交道的商人中有许多人率先剪掉丁髷，留"散切头"（将头发剪短并披散开）。与过去的丁髷头相比，"散切头"简便清洁，深受青年军人、学生的欢迎。在 1871 年 8 月上半年，街巷中就已经流行着这样的歌谣："敲敲半发头，发出因循姑息声；敲敲总发头，发出王政复古声；敲敲散切头，发出文明开化声。"①虽不能确定地说这是"文明开化"口号的初现，但文明开化的实施从剪掉丁髷开始是毫无疑问的，"文明开化"这一新词在加藤祐一的《文明开化》（1873 年）、福泽谕吉宣传文明开化的《文明论概论》（1875 年）出版前就开始深入人心。在剪发已被不少人接受的条件下，明治新政府于 1871 年 8 月颁布"散发脱刀令"："散发、制服、略服脱刀可随意，但穿礼服之时需带刀"②，即允许民众剪去发髷并有选择发型的自由。"散发脱刀令"虽然是政府发布的政令，但并没有强制之意。

易服　与头发革命并行的是服装革命。由于幕末已经有穿"戎服"进行西式军事训练的基础，军装的变革在服装革命中首当其冲。明治新政府沿袭幕末开始的从国外聘请军事教官指导训练的做法，从法国聘请陆军教官，从英国聘请海军教官。根据 1870 年（明治三年）12 月 22 日的太政官布告第 957 号③，分别模仿法国与英国军服样式制定了陆海军军服（陆军军服于 1886 年改为德国式）。在军装之外，明治初年服装一片混乱，《新闻杂志》记载当时的常见服装有十八种之多④。礼服作为正式社交场合穿着的服装，在一定程度上代

---

①　『新聞雑誌』，1871 年 5 月 2 日。

②　内阁官报局：『明治四年法令全書』，内阁官报局 1888 年，第 316 页。

③　内阁官报局：『明治三年法令全書』，内阁官报局 1887 年，第 673—699 页。

④　『新聞雑誌』1871 年 5 月 2 日载，十八种服装为装束（衣冠束带和服）、狩衣、直垂、铠直垂、白丁（白色素服）、上下（江户时代武士的礼装）、军服、非常服（防灾用服）、西服、羽织袴（和服外套）、平服、被布（和式披风）、雨羽织（雨天穿外套）、医者之十德（医师正装）、袈裟、代围裙细筒裤，合羽（和服外套）、以毯子裹身等等。

表了国家的形象,有着严格衣冠服饰传统的日本更是重视礼服的改革。由于"王政复古"是中下级武士联合部分公卿共同完成的,"公"、"武"双方对采用什么样的礼服争论不休。1871 年 9 月,明治天皇发布《更改服制敕谕》:

> 朕以为,风俗之移转,随逐时宜,以国体之不拔而制其势,今衣冠之制流于模仿唐制,成软弱之风,朕不胜感慨。夫神州以武治世固来久矣,天子亲为元帅,庶众仰其风,如神武创业神功征韩,绝非今日之风姿。岂能片刻以软弱示于天下耶?朕今断然更服制,使风俗一新,欲立祖宗尚武之国体,望汝臣民体朕之意。①

从这个敕谕当中可以看出明治天皇及新政府"断然更服制,使风俗一新"的意志,确立了改革服制的方针。经过一年多时间对欧美诸国礼服的一系列考察,1872 年 11 月 12 日,明治政府颁布第 339 号太政官布告:"定敕奏判官及非役有位大礼服并上下一般通常礼服,以从前之衣冠为祭服,直垂、狩衣、上下等全部废除。"②此布告的发布不仅确定了礼服的西化方针,标志传统和服结束了作为礼服的使命,也具有重要的政治意义——近七百年来在立场、观念、习惯等各方面都形同水火的公卿贵族与藩主大名由共同的着装彻底告别"公家"与"武家"的身份,成为"天皇的华族"。

改历　改历的实施晚于断发、易服一年多时间。1872 年 11 月初,时任太政官权大外史兼内务省地志课长的塚本明毅向政府提出改历建议书,历陈改历的重要性:"与各国结交以来,彼之制度文物可资补我治,而未采用者如太阳历,各国普遍用之,独我用太阴历,岂不便耶?"如改行太阳历,"不仅历法得正,亦助国民之开化"③。塚本明毅的建议立即得到政府的采纳,11 月 9 日,明治天皇发布"改历诏

---

① 「侍従ヘ服制更正ノ敕諭」(明治四年 9 月 4 日),中村定吉編集、出版:『明治詔敕輯』,1893 年,第 12—13 頁。

② 此时的大礼服系模仿欧洲宫廷制服而制作,通常礼服指定为燕尾服。明治五年太政官布告第 339 号,「大礼服及通常礼服ヲ定メ衣冠ヲ祭服ト為ス等ノ件」,内閣官報局:『明治五年法令全書』,内閣官報局 1889 年,第 237 頁。

③ 「権大外史塚本明毅建議」,内閣記録局:『法規分類大全第一編』二,第 52—53 頁。

书":

> 朕以为,我国通行之历以太阴之朔望立月,不合太阳之缠度,故二、三年间不得不置闰月。闰月之前后于节气有早有晚,终至产生推步之差。尤其历书之中下段所揭载之内容概属荒诞无稽,妨碍人智之开达。盖太阳历依太阳之缠度立月,日子虽多少有异,但无气候早晚之变,每四年置一日之闰,七千年后仅生一日之差而已,比之太阴历乃最精密,其便与不便固不俟论。自今废旧历用太阳历,令天下永世遵行之,望百官有司,体朕斯旨。[1]

根据"改历诏书",明治政府发布第 337 号太政官布告:

(1)废太阴历,颁行太阳历。以即刻到来的 12 月 3 日作为明治六年一月一日;

(2)一年 365 天,分 12 个月,每四年置一闰日;

(3)迄今时刻按昼夜长短分 12 时,今后改时辰仪,时刻昼夜平分定 24 时,子刻到午刻分 12 时,称午前几时,午刻到子刻分 12 时,称午后几时;

(4)时钟自 1 月 1 日起按此时刻更改;

(5)诸祭典等旧历月日按新历之相应日期施行。

从以上诏敕、政令来看,断发、易服、改历的实施,贯穿了明治政府向西方文明看齐,在社会风俗上弃旧图新的决心。不可否认,明治初年的文明开化存在准备不足、操之过急的情况,如在礼服制度改革方面,1871 年 9 月匆忙发布《更改服制敕谕》,但对于如何更改,并无明确考虑,经过一年多时间才确定礼服的式样。最突兀并引起混乱的就是改历(具体内容见第四章第四节《探微明治改历》)。

三、文明开化的推动力及成果

诸如穿什么样的服装、蓄什么样的发型、使用什么历法这样的社会风俗,是在漫长岁月中形成的历史现象,受到很多因素的影响和制约。因此,风俗总是相对稳定的,如果没有强有力的影响与推动则很

---

① 内閣官報局:『明治五年法令全書』,内閣官報局 1889 年,第 230—231 页。

难发生变化。

在明治初期移风易俗改革过程中，贯彻实施政府方针政策，很大程度上取决于社会精英的带头作用，其中明治天皇具有权威性的表率与示范尤其重要。1871 年 8 月颁布的"断发脱刀令"没有强制实施断发，因此并未得到及时而广泛的响应。1873 年 3 月，22 岁的明治天皇剪掉发髻，蓄新式发型。同年 10 月，御用摄影师内田九一拍摄了明治天皇蓄西式发型、穿军服端坐在洋式座椅上的照片，作为"御真影"下赐到全国所有府县的官厅、学校乃至军舰上，令民众礼拜。此举对推动断发效果极佳，"断发乃西洋文明诸国之风，天子且为之，况四民乎"[①]？于是官员、百姓纷纷断发，作为文明开化象征的"散切头"自此开始大流行，断发被称作"自上而下的文明开化"[②]，易服也同样被称作"自上而下的洋装化"[③]。

在文明开化过程中，自幕末以来有过海外经历（不论是官方派遣的还是偷渡出国的）的政府官员或积极宣传，或身体力行，其作用不可忽视。如早在 1863 年，长州藩士伊藤博文与井上馨等一行五人无视幕府禁令，打算乘英国轮船偷渡到欧洲留学。他们穿上西装，剪掉发髻，显示出向西方学习的决心，甚至在乘英国船时向英国船长承诺，如果遇到攘夷派袭击，就切腹自杀，绝不给英国船长添麻烦，大有立下生死状的悲壮。这些幕末志士是改造旧有生活方式的先行者，后来都成为新政府的成员，有效推动了生活方式的文明开化。在衣冠制度改革的示范与推动方面，不少政府官员也发挥了带头作用。明治政权中的重要人物、右大臣兼外务卿岩仓具视很有代表性。1871 年 11 月，岩仓具视作为特命全权大使率使节团出访欧美，临出发时虽距"断发脱刀令"和明治天皇的《更改服制敕谕》的发布都有了一段时间，但他仍然留着丁髻头，身着和式礼服。岩仓使节团历时一年十个月的欧美之行在修改不平等条约方面无功而返，而对西洋制度、文明等方面的考察却收获颇丰，对西式礼服的推广尤其具有重要意义。使节团首站进入美国后，其衣冠束带的着装和头顶的丁髻引

---

① 高見澤茂：『東京開化繁昌誌』第三編，天籟書屋 1874 年，第 11—12 頁。
② 芳賀登：『日本生活文化史序論』，株式会社つくばね社 1994 年，第 116 頁。
③ 増田美子：『日本衣服史』，吉川弘文館 2010 年，第 287 頁。

来无数好奇者围观,岩仓具视自信地认为这是对他们的欢迎,而他的两个在美国留学的儿子则告诉他,"之所以受欢迎是因为奇怪的发型和异国风情的和服,不过是好奇心和让人们看热闹的对象,这不值得作为代表日本的大使夸耀,相反应该感觉可耻"[①]。这种刺激使岩仓具视及使节团成员深感洋装在外交礼仪中的重要,于是,岩仓具视在芝加哥剪掉发髻,并积极推广西式礼服。使节团副使大久保利通、伊藤博文在从美国临时归国期间,特意向太政官提出制定洋式礼服制的建议。为了应付接下来对各国访问的需要,在英国专门定制了西式礼服。1872 年 1 月 25 日使节团拜见美国总统格兰特时,还是传统和服装束,但同年 11 月 5 日在英国谒见维多利亚女王时,已经用西式礼服取代了和服。

　　知识分子积极宣传文明开化,致力于变革生活方式的启蒙。如明治政府做出改历决定到最后实施,只有二十几天时间,在如此短暂的时间内放弃已经使用一千多年的阴历,民众的不解、恐慌可想而知。启蒙思想家福泽谕吉闻听"改历诏书"后,及时撰写了《改历辩》,阐述阴历与阳历的不同及使用阳历的便利,指出旧历中占卜日子吉凶的弊端,并介绍西方社会的钟表、时刻等知识。这部于西历在日本开始实施之日起发行的小册子,在很短时间内发行了十多万册,对于西历启蒙发挥了重要作用。倡导"男女同权论"、践行一夫一妻制的启蒙思想家森有礼,在 1875 年 2 月 6 日的结婚仪式上身着西式礼服,新娘则穿西式婚纱,会场装饰、议程完全按照西式程序,最后以自助餐结束,令人耳目一新,被称作"实为新奇的婚礼"[②]。

　　明治初期是社会剧烈变化的时期,生活方式的变革是文明开化的重要内容。断发、易服、改历,从表面上看只是风俗习惯的变化,而这些涉及社会各阶层人士的移风易俗的背后,反映出明治初期人们观念的改变及社会转型的特征。改变千百年来的旧俗并非一帆风顺,人们观念的转变也不可能顷刻间完成。考察断发、易服、改历的实施过程,尽管有种种曲折,但大势所趋,最终都得到国民的理解与

---

① 泉三郎:『明治四年のアンバッサドル—岩倉使節団文明開化の旅』,日本経済新聞社 1984 年,第 85 頁。

② 『読売新聞』,1875 年 2 月 9 日。

协力,从而较快实现了变革。

从断发来看,这项明治初期全民化的、从上到下的行动作为文明开化的先导,既有社会发展的需求,也有政府的政策导向①及先觉者的表率,因此得以比较从容地实施。被称作"最后的断发者"的实业家、有"矿山王"之称的古河市兵卫直到1900年才剪掉丁髷,但这样的人毕竟是极少数。这场头发革命反映出日本从上到下改变旧俗、向文明社会看齐的认识与决心。正是从这个意义上说,明治时代的日本人认为"欧美文明风暴首先在国民头上卷起大旋风,吹跑了数百年来作为国民风俗的丁髷,且不留痕迹。把发型换成清新自然的欧美风的'散切头'是明治维新的一大变革,是一个重大事件"。到1881—1882年间,除了相扑手和戏剧界人士外,已经看不见留丁髷头的人了②。

从易服来看,到1890年召开第一次帝国议会时,与会者已经全部身穿西式礼服。在社会上层普及西式礼服的同时,随着近代化事业的发展,不同行业具有职业特征、注重活动性的西式制服也先后出台。例如近代邮政事业在1870年3月开创后,邮递员最先采用了统一的制服:扁平帽子、黑色立领制服和西裤组合;1871年10月,募集以萨摩藩士为中心的三千人为"逻卒",维护东京府下的社会治安(1875年改称"巡查"),是为日本近代警察的开端,逻卒的服装为藏青色罗纱(厚地毛织物)衣裤,腰系皮带,手持三尺警棍;1872年,品川至横滨、新桥至横滨间的铁道相继开通,车站站长、车长的金色双排扣藏青制服,检票员、信号员等立领单排扣制服颇吸人眼球,铁道员工也成为人们羡慕的职业。此后,立领制服和西裤也被教师服和学生服等采用,成为制服的标准形式。经过明治初年的文明开化,穿西式服装俨然成为一种时髦,有些人觉得只有穿西服才有档次,比和服高贵,甚至还有在会议、庆典等正式场合不允许穿和服者入场的情况出现,反映出盲目追求欧化的倾向。家永三郎评价日本人之所以能很快接受西服,是"因为在近代生活中,如不穿与之相应的衣服就

---

① 如滋贺县和若松县发布"半发课税令",规定留丁髷头者每年要缴纳税费50钱,用做学校的费用;大阪府和山梨县则向结发店征税,同时对剪发店免税。

② 石井研堂:『明治事物起原』上卷,春阳堂书店1944年,第49—50頁。

不方便，碍手碍脚。这不是取决于是否穿洋装的问题。采用这种西方文化，只不过是因为日本人一旦决心搞近代化后就不能没有它，而非因为它是西方文化才加以采用"①。此评价虽有拔高之嫌，但也可说明日本人接受新事物比较快。不过，值得肯定的是，日本人接受了西服，却没有抛弃宽松舒缓、有着悠久历史的和服。根据 1872 年 11 月明治政府颁布的第 339 号太政官布告中"以从前之衣冠为祭服"的规定，明治以后的服饰格局是以西服为正式场合的着装，和服则是居家休闲及传统祭祀活动时的着装，两者共存，各取其利，使至今仍然流行的和服成为日本传统文化的符号。

　　从改历来看，尽管"粗暴的改历"饱受诟病，但是颇具集团主义根性的日本国民还是逐渐接受了现实。正在法国访问的岩仓使节团在极为震惊之后选择了默认，他们在此次欧美之行中已经深深体会到本国旧历与西历不同带来的不便。或许在他们心中，改历意味着日本向欧美国家更靠近了一步，是值得庆幸的事情。当初为减少改历带来的混乱，采纳了塚本明毅的在日历上新旧历并记的建议。直到 1910 年，日历上的旧历被完全放弃，开始使用"纯太阳历"②。在 1873 年 1 月 1 日改行西历的同时，日本也导入西洋的 24 小时制计时法，过去的时辰被精确的时、分、秒所取代，对于东方国家民众来说，这是生活方式的革命性变化。作为改历的副产品，在改历后不久，日本也对传统的休日进行了改革。当时日本"以一、六日为诸官省休假日（俗称"一六日"），休假的日数月六天，年七十二天，加上五节句、大祝祭日、寒暑的休假、其他种种因缘的休假，合起来多达一百数十日"，明治政府官员认识到"一年有半数或者至少五分之二作为休假日而消化掉，此种事情自然增长怠惰游逸之风，会波及至一般社会。且政务涩滞之弊也日益增多，终将形成国家之祸患"③。此外，自幕末以来，政府官厅、军队、学校聘请了不少外国人，他们多坚守母国周休习惯，与日本的逢一、逢六休息产生矛盾，也影响了政府部门的办事效率。面对"当时外交渐

---

　　① 家永三郎：《日本文化史》，商务印书馆 1992 年，第 190 页。

　　② 石井研堂：『明治事物起原』下卷，第 1318 页。

　　③ 大隈重信、圆城寺清：『大隈伯昔日譚』，立宪改进党党报局 1895 年，第 602—603 頁。

盛,与诸国往复交涉颇为频繁,其公务与休假之日彼我不一,则诸般谈判往往涩滞"的局面,为"洗除弊患",不至"使国家民人沉沦于不利不幸之境遇"①,1876 年 3 月 12 日,明治政府发布第 27 号太政官布告,决定"从 4 月份开始以星期日为休息日,星期六从中午12 时休息"②。从此,全国的政府部门、学校等公共机关率先实行周休制度,此后逐渐普及到企业,从而实现了在时间上与世界潮流同步。历史实践证明,1873 年的明治改历是日本"时间"近代化的开端,从短期效果来说是缓解了政府的财政困难,而长期影响是带来了日本人时间意识的根本变化。不可否认,日本人为"粗暴的改历"付出了代价,如当初塚本明毅在提出改历建议时所担心的"三月犹隆寒,月首或见满月,不免一时扰扰民间,又误耕稼之期"③都在现实中有所体现,原本密切反映自然节气转换的节日与季节感和天候拉开了距离,传统节日的文化内涵也在淡化。不过公历是文明社会中更为准确而可靠的历法系统,一百四十多年前日本在亚洲国家中率先使用国际通用纪年标准,其"革旧习,使国民进入文明之域"的意义要远远大于改革付出的代价。改历颠覆了农业社会闲散舒缓的生活节奏,不守时的习惯被彻底抛弃。西方谚语"Time is money"在启蒙思想家西周翻译英国人塞缪尔·斯迈尔斯的《自助论》(亦称《西国立志篇》)时以"光阴是钱财"首先介绍给日本人后,逐渐深入人心,到 1892 年,"时间就是金钱"已经作为教育孩童遵守时间的格言写进小学教科书当中。④

结语

人们或许认为,改变生活方式无法与变革制度相比,但如果连丑陋不便的发型、不合时宜的着装都难以改变,还谈何政治经济大变革?墨守农业社会的阴历,如何适应近代工业社会的效率精神与竞争法则? 可以说,19 世纪 70 年代初期,日本人从移风易俗开始,迈出了改

---

① 大隈重信、圆城寺清:『大隈伯昔日譚』,第 603 页。
② 内阁官报局:『明治九年法令全書』,内阁官报局 1890 年,第 290 页。
③ 「権大外史塚本明毅建議」,内阁記録局:『法規分類大全第一編』二,第 53 页。
④ 西下裕子:「子供に時間厳守を教える——小学校の内と外」,橋本毅彦、栗山茂久:『時刻の誕生:近代日本における時間意識の形成』,第 171 页。

革的步伐。如果没有这些生活方式的变化,谁会想到"二十年前还腰插双刀、徒步走在东海道上、梳着世界上独一无二的发髻、身着独特民族服装的国民拥有了西方式的国会与法律,建立了德式陆军与英式海军"①。故可以说,明治初年的断发、易服、改历不仅体现了社会的进步,更反映出人们观念的变化,这是在社会转型过程中最宝贵的。

（原文刊载于南开大学世界近现代史研究中心:《世界近现代史研究》第 12 辑,社会科学文献出版社 2015 年）

第四节　探微明治改历

1872 年(明治五年)11 月 9 日,明治天皇发布"改历诏书":"自今废旧历用太阳历,令天下永世遵行之",明治政府据此就改历发布"太政官布告",主要内容为:以即将到来的 12 月 3 日为明治六年一月一日,自此废太阴历,颁行太阳历,时钟也随之更改;把一年定为 365 天,分 12 个月,每四年置一天为闰日;实行时刻昼夜平分的 24 小时制;旧历的各项祭典等一律按照新历的相应日期施行②。这次改历是日本历史上最后一次也是规模最大的改历,史称"明治改历",是"文明开化"的标志性事件之一,考察其过程及影响对于评价明治维新的得失很有意义。

一、"旧历"在日本使用了近 1300 年

"旧历"是与现行公历相对而言的说法,在天文历法领域中指兼顾太阳、月亮与地球关系的阴阳历,主要流行在东亚国家,发明者是中国。尽管人们习惯称其为"阴历",但严格说来称"太阴太阳历"或"阴阳历"更为准确③。中国是世界上最早发明历法的国家之一,早在商代就有了"太阴太阳历"的雏形,自汉代开始有了全国统一的比较完整的历法。不仅经过此后历朝的逐渐改进、完善,直到今天仍在

---

① 司馬遼太郎:『坂の上の雲』第二卷,文芸春秋 2010 年,第 31 頁。
② 内閣官報局:『法令全書・明治五年』,内閣官報局 1889 年,第 230—231 頁。
③ 阴阳历是调和太阳、地球、月亮的运转周期的历法。既要求历法月同朔望月基本相符,又要求历法年同回归年基本相符,亦称阴阳合历。

使用,而且对周边国家产生了深远影响。

在明治改历之前,旧历在日本已经使用了近 1300 年,其间又分为使用汉历与使用和历两个阶段。

（一）汉历的使用

历法是衡量一个国家文明发展程度的重要标志。古代日本进入文明社会很晚,文化与科技水平很低,根本没有自己制订历法的能力。在与东亚大陆国家开始交往后,日本便从制度、科技、文化等方方面面,处于中国文化的影响之下,其中历法是重要的标志性存在。日本史书中最早使用历法的记载,是推古天皇十二年(604 年)"始用历日"①,这应该是在此两年前(602 年)百济僧人观勒携历本前往日本的直接成果②。此时传入日本的当是百济正在使用的《元嘉历》,而《元嘉历》是由中国南朝何承天(370—447 年)编创的,经由百济再传日本。如此可见,日本模仿实施中国的诸种制度,是以历法为开端的。

《元嘉历》的传入开启了日本使用汉历的进程。7 世纪中期的大化改新后,在新建立的律令政府当中模仿唐制设置了阴阳寮(隶属于中务省)及阴阳博士、历博士、天文博士、刻漏博士等官职,确立了历法的编纂体制。但当时由于学力不够,对来自中国的历法一直处于"无人习学,不得传业"的状态,仍然不能自己编制历法。在这种情况下,只有使用来自中国的历法。于是在与唐朝官方交流繁荣的奈良、平安时代,先后又有四种中国历法在日本实施。这四种历法是:

《仪凤历》③。690 年(持统天皇四年)11 月开始使用,但当时并未废弃《元嘉历》,而是两历并用,直到 697 年才单独正式使用。

《大衍历》④。由遣唐留学生吉备真备归国时带回日本。由于缺乏历学人才,735 年传入日本的《大衍历》直到 764 年(天平宝字八

---

① 黑板勝美编:『新訂増補国史大系』25『政事要略』,第 99 页。

② 《日本书纪》推古天皇十年十月条:"百济僧观勒来之,仍贡历本及天文地理书,并遁甲方术之书也。"

③ 《仪凤历》,一般认为是唐高宗麟德二年(665 年)颁行的《麟德历》,撰者李淳风(602—670 年)。

④ 《大衍历》,撰者张遂(僧一行,683—727 年)。

年)才开始正式使用。

《五纪历》①。遣唐使成员羽栗翼于 780 年归国时带回国内。也是由于无人能解,遂长期搁置,直到 858 年朝廷才允许与《大衍历》并用,仅使用 4 年便被《宣明历》取代,是日本历史上使用时间最短的历法。

《宣明历》②。为渤海国使臣乌孝慎 859 年(贞观元年)献给日本朝廷。此时日本已有历学人才可以解读新历,并经过比较,认为正在使用的《大衍历》与《五纪历》"两经之术,渐以粗疏,令朔节气既有差"③,遂于 862 年正式使用《宣明历》。

从《元嘉历》到《宣明历》,说明在日本古代的大部分时间里,全赖"旧历"——汉历提供人们的日常生活、农业生产以及祭祀活动的时间指导。

(二)和历的诞生

在唐朝,《宣明历》仅仅使用了 70 年,而且是使用时间最长的历法,但在日本却使用了长达 823 年,在世界天文历法史上仅次于罗马儒略历的使用时间。为何出现这种情况,主要原因是 894 年(宽平六年)日本停止派遣遣唐使后,中日之间的官方交往就此中断,没有官方渠道得到来自中国的新历法。加上朝廷衰落,历学被少数贵族家庭世袭垄断,造成事业停滞,专业人才匮乏,更由于长期战乱,无力自己制创新历法。到明代,明朝皇帝曾经赐"日本国王"《大统历》,但自恃强大的幕府将军却拒绝使用,以此表明脱离中国帝王支配的态度。无奈之下,只能使用过时的《宣明历》。

《宣明历》被认为"法制简易,台望密近,是大衍历后唐代最优秀的历法"④,但由于长期没有修改,到 17 世纪中期,已经比实际天象

---

① 《五纪历》,撰者郭献之(762—784 年)。

② 《宣明历》,唐长庆二年(822 年)开始使用,893 年为《崇玄历》取代。撰者徐昂,生卒年不详。

③ 《日本三代实录》清和天皇贞观三年六月条。

④ 张培瑜等:《宣明历定朔计算和历书研究》,《紫金山天文台台刊》1992 年 11 卷 2 期。

快了两天①,还出现了日食、月食预报不准的情况。江户时代社会秩序稳定,幕府文治政策的实施激发了人们研究学问的热情。在这种社会环境里,出身于围棋世家、精于数学的安井算哲(后改为涩川春海)开始关注《宣明历》的误差。他对元代郭守敬的《授时历》进行认真的研究,坚持进行日本各地经度、纬度的实际测量,修正了京都与中国的经度之差,经过多年的努力,制作了新历,被朝廷命名为《贞享历》,于1685年(贞享二年)开始使用。尽管《贞享历》是基于《授时历》编制而成的,但其意义在于这是第一次由日本人独自完成的改历,是第一部和历。从604年的《元嘉历》到1685年的《贞享历》,日本实现由"汉历"向"和历"的转变,足足花费了一千多年时间。

借着《贞享历》改历的成功,此前一直由朝廷掌控的颁历权被收归幕府,涩川春海因编历之功被幕府任命为首位"天文方"(天文官)。在此后的两百年时间里,日本又先后进行了三次改历,《宝历历》、《宽正历》、《天保历》相继登场②。在各种西方学问传入日本的大背景下,这些历法明显受到西方天文学的影响,如日本人引以为傲的《天保历》,直接参考了译自法国的天文学著作《拉朗德历书》③等,历算的精确程度有了很大提高。尽管如此,它并没有摆脱阴阳历的窠臼,是日本最后的太阴太阳历。

二、明治改历的表象与实象

改历是明治初期文明开化的重要成果。从政府层面最早提出改历动议的是担任太政官权大外史兼内务省地志课长、很有数学造诣的塚本明毅(1833—1885年)。1872年11月初(具体何日不详),塚本明毅向政府提出改历建议书:

> 方今国家致力百度维新,革旧习,使国民进入文明之域,如

---

① 根据《宣明历》计算的回归年长度是365.244,6天,比格里高利历的365.242,2日长0.002,4天。虽然误差很小,但八百多年的积累已达到两天,即0.002,4天×823≈2天。

② 《宝历历》,1755—1797年使用,撰者安倍泰邦;《宽正历》,1798—1843年使用,撰者高桥至时等;《天保历》,1844—1872年使用,撰者涩川景佑等。

③ 拉朗德(Joseph Jérôme Le François de Lalande,1732—1807年),法国天文学家及航海历的编撰者。江户天文学者高桥至时、间重富、涩川景佑将其天文学著作*Astronomie*(天文学)的荷兰语译本译成日文,是为《拉朗德历书》。

历法者最应改正之。夫本国通行之历乃以太阴之朔望立月，与太阳之躔度不合，故两三年间必置闰月，置闰前后终致产生季候早晚推步之差。且如时刻方面讲一日分百刻，按昼夜长短定其时，于实施百般事业甚觉不便。尤其历书中除二十四候日食月食之外，中下段所载内容概属荒诞无稽，妨碍民知之开达。盖太阳历以太阳之躔度立月，虽日子多少有异，而无季候早晚之变，每四岁置一日之闰，七千年后仅生一日之差而已，比之太阴历其便与不便固不俟论。与各国结交以来，彼之制度文物可资补我治者如未采用之太阳历，各国普遍用之，独我用太阴历，岂不便耶，故应速改历法……①

很明显，作为改历建议者及后来参与者的塚本明毅是以"革旧习，使国民进入文明之域"以及方便与各国交往（指欧美诸国）相号召推动改历事业的。塚本明毅提出改历建议书后没几天，11月9日，明治天皇便发布了"改历诏书"，而且内容与塚本明毅的改历建议书大致相同，可见政府反应迅速，对改历高度认可。接下来就是以雷厉风行的速度，把旧历的1872年12月3日变成西历的1873年1月1日，完成了从旧历到新历的转变。明治改历一反明治初年新政府办事拖沓、反复争议的行事作风②，仅仅用了23天时间，就匆匆结束了根植于民众中近1300年的使用旧历的历史。

历法是科技与文明的象征，集中了天文、数学、物理等多领域的学问，故改历是一个非常复杂的过程。本来，日本人自誉为"日本史上精度最高的太阴太阳历"——天保历仅仅使用28年，从技术层面来说并没有迫切改历的必要。诸多事实表明，明治初期新政府也没有把改历作为一项事业而加以充分考虑，从以下两方面即可说明这个问题。

一是从社会环境考察，明治初期并不具备成熟的改历条件。德川时代中期以后不仅有了天文方这样的从事编历事业的专门机构，

---

① 内閣記録録局編纂、出版：『法規分類大全第一編』二，内閣記録局1891年，第52—53頁。

② 如1869年2月森有礼在公议所首先提出"废刀议案"，直到1876年3月，明治政府才颁布"废刀令"。

还有一批精于数学、天文的技术官僚,更有德川吉宗这样的关心和热衷天文历法事业的幕府将军,所以能取得编历事业的进步。明治新政权建立后,破旧立新,百废待兴,原有的幕府机构或被解散,或被改组,天文与编历事业进入混乱期。德川幕府时期由专业人才组成,而且对西方天文学已有相当了解的天文方被解散,幕府时代后期建立的浅草天文台也被拆除,有关天文历法的一切事宜全部委任给原在朝廷中世代担任阴阳师的土御门家,成立了所谓"土御门家历局",即恢复了德川幕府任命天文方之前对编历的家族世袭掌管体制,实为历史的倒退。"土御门家历局"的成员有的是旧阴阳寮的寮官,有的是土御门家的家臣、医师,或是一些旧藩士,明显是一个拼凑的班底[1]。该历局的工作充其量只是根据当时的《天保历》编撰每年的历本,根本不具备编制新历的能力,这种情况一直持续到 1870 年底。加上明治初期对编历事业的管辖一再发生变化[2],直到 1872 年 7 月才明确天文局直属文部省。在这种混乱的局面下,很难实施改历这样复杂的事业。从政府层面来看,改历在明治初期也没有提上议事日程。如大部分政府高官作为岩仓使节团成员于 1871 年 11 月启程赴欧美考察之前,从国内稳定考虑,与留守政府商定在使节团出访期间尽量不进行改革[3]。后来的事实证明,正在法国访问的岩仓使节团在得知国内改历的消息,其反应"如晴天霹雳,委细之情实难判定"[4],显然,突发改历这样的大事,出乎所有人的意料。这些事实正说明,在 1872 年底实施改历的一年前,明治政府还丝毫没有这方面

---

① 冈田芳朗:『明治改歴「時」の文明開化』,第 94 頁。

② 明治初期,日本天文历道机构多次变化。1868 年,原来在朝廷中专管编历的土御门家(安倍家后人)重新司职编历;1870 年 2 月,编历权被收归大学(1869 年 6 月,明治新政府将原开成学校、昌平学校、医学校合并,成立大学校;同年 12 月,又将大学校称为大学,开成学校称为大学南校,医学校称为大学东校)管辖;1870 年 3 月,成立天文历道局,8 月改称星学局,1871 年 4 月改称天文局,附属于大学南校;1872 年 8 月,天文局直属文部省;1874 年,天文局被废止,编历事务移至文部省编书课。

③ "大臣参议及各省卿大辅约定书"第六款:"内地事务以大使归国后进行大改正为目标,其间尽可能不要进行新的改革,如有万不得已之事,则应照会派出的大使",国立公文书馆 https://www. digital. archives. go. jp/das/image—j/F0000000000000012167.

④ 久米邦武:『久米博士九十年回顧録』,久米邦武編、田中彰校注:『特命全権大使米欧回覧実記』第三册,岩波書店 1993 年,第 365 頁。

的考虑。

　　二是从实施细节考察，改历并不是经过深思熟虑后做出的决定。1872年3月，政府为改变各地历本发行混乱的局面，统合全国拥有历本贩卖权的历师组建了颁历商社，赋予其在全国制售日历的专卖权，并向颁历商社征收了1万日元特许费。按惯例，天文局将1873年（明治六年）的《天保历》历本下发给颁历商社，由其制版、印刷。这说明到此时为止，政府仍然没有改历的打算。经过几个月的准备，1873年的《天保历》印刷完毕，从10月1日开始在全国各地统一发售。

　　但是，到1872年11月9日，明治政府突然发布"改历诏书"，决定要把12月3日作为1873年的1月1日，从此放弃旧历，改行新历——公历。为何会出现这种突如其来的变化？据日本学者冈田芳朗的考证，这是由于留守政府的高层在1872年八九月间从天文局处获知1873年将有闰六月，于是匆忙决定实施改历。当时担任明治政府参议、在留守政府中主管财政事务的大隈重信指令当时的文部卿大木乔任秘密组织西历的推算工作，但这项任务直到10月中旬才完成[1]。此时，印刷完毕的阴历日历已经全面发售。眼看1873年即将到来，改历之事已无退路。于是，不得不在11月初抛出了塚本明毅的改历建议书。"11月初"具体是哪天，因史料中没有记载不得而知，但是到了11月9日，明治政府就推出"改历诏书"及关于改历的太政官布告。此事从动议到决断表面上看只有几天时间，看似决策果断，而实际上整个过程都是大隈重信等政府领导人在暗中操控的结果。

　　从幕末以来，在与欧美各国的外交与通商过程中，不少日本人已经体会到历法不统一带来的不便，有的开明者如兰学家大槻玄泽，从1795开始就在家中设宴"新元会"庆祝元旦。明治初期，在新政府的议事机关公议所中也有多人提出议案，呼吁改行公历，但是并没有被采纳。对于1873年的改历，在很长时间内是以"文明开化"的成果而加以颂扬的。直到二十多年后大隈重信的回忆录《大隈伯昔日谭》出版，当年匆忙改历的内幕才被揭开。

---

　　① 　冈田芳朗:『明治改暦「時」の文明開化』,第184—189頁。

　　原来,明治新政府的财政状况是导致改历的直接原因。由于旧历是根据朔望的周期定月,每隔几年就会有一个闰月。从德川时代到明治初年,公务人员的薪水是以年度计算的"年俸",也就无关平年与闰年,明治元年(1868 年)与明治三年(1870 年)也是有闰月的年份,同样按照"年俸"发放公务人员的工资。从 1871 年开始,日本的工资制度发生重大变化,即废除"年俸",改为按月发放"月给",这是明治维新后官制改革的重要内容之一。1873 年是这种改革后遇到的第一个有闰月的年份,意味着政府要给公务人员多发一个月的工资。而初建不久的明治政府财政几乎处于破产状态,以至于担任大藏大辅的井上馨及大藏省三等出仕官的涩泽荣一由于向外透露留守政府岁入不足一千万日元,负债却有 1.3 亿日元的"秘密"而受到指责,不得不在 1873 年 5 月辞职①。据大隈重信透露,"当时国库因种种事情痛告穷乏,连平年的支出额也甚难满足"。与平年支出额相比,在有闰月之年份还要增加十二分之一,如何解决这一财政难题?大隈重信想出的办法是"去掉此闰月以济财政困难,唯有断然变更历制"②。由于时间紧迫,留守政府违背了与岩仓使节团出发时的约定,顾不得与远在欧洲的政府领导人商量,擅自决定实施改历。改历的结果不仅使 1873 年由旧历的 13 个月变成了新历的 12 个月,而且只有两天的 1872 年 12 月也被从日历上抹掉,使 1872 年成为历史上空前绝后的只有 11 个月的一年。这就意味着政府可以削减公务人员两个月的工资,在很大程度上减轻了明治政府的财政负担。为了掩盖少发工资以济财政之难这一并不光明正大的行为,明治政府不得不以"文明开化"相号召,首先抛出塚本明毅的改历建议书,强调"不仅历法得正,亦助国民之开化",实际上是在冠冕堂皇的"文明开化"的口号下,兜售了明治政府见不得人的"私货"。

三、明治改历的双重影响

　　明治改历不同于过去在阴阳历框架下的修修补补,而是从阴阳历向阳历,即从旧历向新历的根本性转变,其社会影响是相当深

---

①　冈田芳朗:『明治改歴「時」の文明開化』,第 181 頁。

②　大隈重信、园城寺清:『大隈伯昔日譚』,立憲改進党党報局 1895 年,第 602 頁。

刻的。

一方面，大隈重信等高官实施改历的出发点仅仅是解决政府财政的危机，完全忽视广大民众的切身利益，且一直暗箱操作，改历的突然实施，让根本没有准备的官民顿时陷入困惑与混乱之中，批评这次改历是"粗暴的改历"。直接经济损失最惨重的是颁历商社，刚刚印好的 1873 年的旧历日历售出仅仅四成，其余部分顷刻间成为废纸，使已经缴纳了 1 万日元特许费的颁历商社蒙受巨额亏损，他们认为政府的行为无异于欺诈。为了平息颁历商社的不满及补偿其损失，政府只好免除颁历商社的特许费，并承诺其制售日历的专卖权到 1881 年（明治十四年）为止。对于广大民众来说，由于改历从公布到实施仅有 20 多天的时间，政府方面事前没有进行任何宣传及公历知识的普及，甚至还没来得及将新历印刷出来，民众中的不满与不解可想而知。连撰写《改历辩》、帮助政府对民众进行西历启蒙的福泽谕吉也认为"历法的变更是一件大事，断然改历有必要让国民知其理由，对新旧历的差异进行认真、反复的说明，让他们接受。但政府只是简单地颁布改历布告和诏书，国民不知其详情"，福泽谕吉批评政府官员"没留心，不说明"[1]。让千百年来使用旧历的百姓突然间改用公历，除了不习惯，生产与生活也都受到严重影响。塚本明毅在提出改历建议书的时候已经预见到突然改历将带来"三月犹隆寒，月首或见满月，不免一时搅扰民间，又误耕稼之期"的情况，建议暂且在西历历本下同时置阴历加以对照使用，"待两三年习惯后，再删去太阴历，下民必觉其便"。根据这一建议，从 1873 年改行公历起便同时并记旧历。但是"两三年后"民众并未习惯公历，在历面上阴阳并记的做法持续了相当长的时间。1908 年（明治四十一年）3 月，在第 24 次帝国会议上，部分议员提出在历面上废除旧历的"厉行阳历建议"，其中提到"尽管依明治五年之诏敕废太阴历，遵太阳历，而今仍多有使用太阴历者，因此产生学校的学习、交易上的纷争、裁判上的休日及神社祭礼等方面并用之弊，在风教上、经济上亦非鲜少"[2]，说明到 20

---

① 慶應義塾編：『福沢諭吉書簡集』第二卷，岩波書店 2001 年，第 173—174 頁。

② 国立国会図書館帝国議会会議録 http://teikokugikai—i.ndl.go.jp/SENTAKU/syugiin/024/7457/main.html

世纪初期,旧历仍对人们的生活具有很大影响。该"历行阳历建议"最终在帝国议会上获得通过,据此,文部省于 1908 年 9 月 30 日发布告示:"自明治四十二年(1909 年)起,日历上不再记载阴历的日月。"①在实际操作上,从 1910 年(明治四十三年)起,用以对照使用的旧历被完全削除。也就是说,在改行阳历 37 年后,日本政府又一次无视民众使用旧历的传统,通过发布政令强制推行了"纯太阳历",远远超过了塚本明毅预想的"两三年习惯"的预期。

明治改历是在日本人对太阳历缺乏全面了解的情况下仓促完成的,以至于明治政府发布的关于改历的太政官布告中的第二条"每四年置一天为闰日"的规定出现了破绽。到 19 世纪末期,人们忽然发现即将到来的 1900 年原来是儒略历的闰年,而与 1900 年不是闰年的格里高利历产生了偏差②,于是不得不在 1898 年(明治三十一年)5 月 11 日专门发布"关于闰年之件"的敕令:"神武天皇即位纪元数能被四整除之年为闰年,但纪元数减去 660 年虽能被 100 整除,却不能再被 4 整除之年为平年"③,据此,1900 年由闰年变成了平年,也可以说日本人从此才真正开始使用公历——格里高利历。

另一方面,从客观影响来看,由于公历是文明社会中更为准确而可靠的历法系统,已经成为世界观念下的国际通则,尽管明治改历极具功利色彩,但是日本政府抓住了机遇,在东方国家中率先迈出与国际时间秩序统一的步伐,实现了历法的"脱亚入欧"。改历两年多以后,为改变与欧美各国交往日益频繁,而休日与假日不一

---

① 官報第 7580 号,大藏省印刷局 1908 年,第 682 頁。国立国会图书馆 http://dl.ndl.go.jp/info:ndljp/pid/2950927/5 682

② 儒略历,格里高利历的前身。一年设 12 个月,大小月交替,四年一闰,平年 365 日,闰年于二月底增加一闰日,年平均长度为 365.25 日。由于累积误差随着时间增大,1582 年,罗马教皇格里高利颁发的改历命令中对闰年方法做出规定:凡公历年数能被 4 整除的是闰年,但当公元年数后边是带两个"0"的"世纪年"时,必须能被 400 整除的年才是闰年。

③ 官報第 4456 号,閏年ニ関スル件,大藏省印刷局 1898 年 5 月 11 日,第 121 頁。国立国会图书馆 http://dl.ndl.go.jp/info:ndljp/pid/2947745

"神武天皇即位纪年"即以所谓第一代天皇神武天皇即位元年起算,比现行西历早 660 年。该敕令突出了皇国史观,且将公历闰年规制复杂化。

致,导致"诸般谈判往往涩滞"①的局面,从 1876 年 4 月开始放弃"一六日"②休息的传统,实行周日休息制度,从而实现了在时间秩序上与西方国家全面同步。1888 年日本标准时间的设定③确立了全国统一的时间秩序,与欧美国家进一步接轨。改历带来的时间秩序的变化促进了人们以新的精神面貌进入工业化社会,过去的时辰被精确的时、分取代,生活节奏因此加快,农业社会中不守时的习惯被抛弃。改历不仅促进了近代交通事业的发展,与"时间"相关的时钟产业也在改历后迅速起步。到 1905 年,日本全国每家时钟持有率已达 72.3%④,至今日本已经成为世界上最大的钟表生产国家之一。从这些变化来看,不能否认,1873 年的明治改历是日本乃至东亚国家"时间"近代化的开端,其"革旧习,使国民进入文明之域"的意义是值得肯定的。

结语

明治改历向来被作为"文明开化"的代表性成果之一而加以评价。但是透过表象看实质,改历原来是日本在明治维新后欲尽快融入西方世界的大背景下为摆脱财政困境而孤注一掷的冒险。其结果,既节省了政府的财政支出,也收获了文明开化的好名声。而"粗暴的改历"完全无视本国千百年来的旧历传统,让民众为历法突然间的"脱亚入欧"付出了代价。改历后,根据关于改历的太政官布告中"旧历的各项祭典等一律按照新历的相应日期施行"的规定,日本人把旧的岁时节日直接嫁接到公历上,这样就不可避免地与自然的节气产生距离,也稀释了传统节日的文化内涵,这些都是大隈重信等明治政府高官在做出改历决定时始料不及的。

考察明治改历的过程,或可得到对日本的一些深层认识:

---

①　大隈重信、圆城寺清:『大隈伯昔日譚』,第 602 頁。

②　一六日:根据 1868 年 9 月的太政官布告,以每月 1 日、6 日、11 日、16 日、21 日、26 日为定休日。

③　根据 1886 年 51 号敕令"本初子午线经度计算法及标准时之件",1888 年 1 月 1 日起,将东经 135 度的时间确定为日本标准时间,以东经 135 度线为日本标准子午线。

④　内田星美:「明治時代における時計の普及」,橋本毅彦、栗山茂久:『時刻の誕生:近代日本における時間意識の形成』,第 283 頁。

第一,认识日本的实用主义。在本国历法专业人才对西历知识尚未全部掌握的情况下,大隈重信等明治政府高官得知 1873 年是闰年,需要增加政府财政支出,便完全不顾旧历传统深厚的国情,不计后果贸然实施改历。改历把日本人注重现实利益,进而具有明显的功利主义暴露无遗。

第二,认识日本人的集团主义。明治改历之所以取得成功,是日本人唯命是从的精神帮了政府的忙。不明真相的民众尽管对改历多有不满,但还是响应政府"文明开化"的号召,也听信福泽谕吉"怀疑改历者必是不学无术盲愚蠢之人,不怀疑者必是平生留心学问的有识之士"的说教①,比较平静地接受了现实,使"粗暴的改历"畅行无阻。

第三,认识中日关系的转变。中国人发明的阴阳历,是世界历史上最优秀的历法之一,日本曾使用一千多年时间,即使此后日本人在不到二百年的时间里使用自己编撰的和历,也是师承中国的阴阳历。从幕末到明治初期,随着民族主义的增长,日本人开始反感中国历法。1872 年 11 月塚本明毅在改历建议书中提出"与各国结交以来,彼之制度文物可资补我治",这里的"各国"指的是欧美各国,而对造福日本一千多年的中国历法则完全忽略不计,对中华文明的决绝昭然若揭。明治改历标志日本在脱离中华文明圈的路上越走越远,直至"脱亚入欧"。

第四,认识明治初年的改革。明治维新在当时被称为"一新",很有全盘西化的味道。"一新"是由各项改革构成的,评价明治维新应该建立在了解这些改革具体过程的基础之上。不应简单地全盘肯定或全盘否定。对有"维新第一美政"②之誉的明治改历进行深入考察,会发现实际过程鲜少美感。以下级武士为主建立的明治政府的官员对与"富国强兵""殖产兴业"没有直接联系的天文历法欠缺必要的知识与关心,因此酿成"粗暴的改历"。它是明治政府在"文明开化"的幌子下为了现实经济利益而使用的手段,只不过在表面上顺应了世界潮流而已。

---

① 福沢諭吉:『改暦弁』,慶応義塾 1873 年,第 7 頁。国立国会図書館 http://dl. ndl. go. jp/info:ndljp/pid/831094

② 黄遵宪:《日本国志》,天津人民出版社 2003 年,第 205 页。

日本历史上使用过的历法

历　法	开始年(西历)	使用年数	编纂者
元嘉历	推古十二年(604年)	93	宋(六朝)何承天
仪凤历	文武二年(697年)	67	唐李淳风
大衍历	天平宝字八年(764年)	94	唐僧一行
五纪历	天安二年(858年)	4	唐郭献之
宣明历	贞观四年(862年)	823	唐徐昂
贞享历	贞享二年(1685年)	70	日本涩川春海
宝历历	宝历五年(1755年)	43	日本安倍泰邦
宽政历	宽政十年(1798年)	46	日本高桥至时等
天保历	弘化元年(1844年)	29	日本涩川景佑等
现行历	明治六年(1873年)	至今	意大利利里乌斯

（原文刊载于《日本问题研究》2018年2期）

第五节　明治民法典论争与近代日本的家族制度

明治维新之后,在建立健全近代资产阶级法制的过程中,围绕着民法的制定与实施,在日本法学界展开了一场激烈的论战,史称"民法典论争"。这场以维护封建家族制度的保守势力最终取胜为结局的论战将明治维新的不彻底性暴露无遗,清楚地告诉人们,明治政府的官员们大部分是改良者而不是革命者,他们并不想摧毁日本的社会结构,宁愿在原有的基础上进行建设。封建的、落后的家族制度不仅不能破,还要巩固、加强,这就是民法典论争耐人寻味的结局。本文试通过对民法典论争的阐述,揭示日本近代家族制度的实质。

一、明治民法典论争

明治维新后不久,以欧洲诸国近代法律为蓝本,编纂日本近代法律的工作便被新政府提上议事日程,这是贯彻"文明开化"方针的具体一环。同时,为了修改欧美列强强加给日本的不平等条约,收回外国人的"治外法权",提高日本的国际地位,健全近代法制显得格外重要。1870 年便开始了民法的编纂工作，当时，堪称日本近代法制奠基人的江藤新平(1834—1874 年)就任太政官制度局的"中办"(后任司法卿)，他把五年之内整顿军备以达到与万国对峙作为目标，也准备五年之内完成全部法典的编纂。他指示洋学者箕作麟祥突击翻译法国革命中产生的拿破仑法典(即法国民法典，1804 年公布)，并以译稿为蓝本编写日本民法典。这种做法受到强烈反对，江藤新平也于 1873 年在政争中辞职，其民法编纂亦搁浅。

继任的司法卿大木乔任继承了民法编纂事业。1877 年，在司法省设立了民法编纂课，1880 年，又设置了民法编纂局。但是 1876 年和 1878 年两度提出的民法草案均近乎法国民法的直译。于是，从 1879 年开始，明治政府邀请法国的自然法学家伯阿索那多(Gustave Emile Boissonade，1825—1910 年)重新起草民法草案，在参考法国民法典的同时，强调考虑日本固有的习惯。根据伯阿索那多的意见，有关人事、继承等家族制度方面的内容均由日本学者执笔。数年苦心编纂、修改之后，经元老院、枢密院的审议，民法典终于在 1890 年正式公布，并决定于 1893 年开始实施。为与后来公布实施的民法相区别，这个民法史称"明治旧民法"。

"明治旧民法"共分"人事""财产""财产取得""债权担保""证据"五编，有关家族制度的内容收在人事编及财产取得编之中。实事求是地说，"明治旧民法"中有关家族制度的内容是在接受人们对最初的草案过多照搬法国民法的指责后，尊重本国的传统，由日本人自己写的。它不仅没有什么称得上新的内容，甚至与后来实施的明治民法也没有根本的不同，只不过从某些条文中稍能窥出削弱家长权的进步性，这完全是自幕末维新以来商品经济和资本主义的发展使家长权逐渐削弱这一客观事实的反映。然而，就是这样一部基本上体现了当时家族制度的民法典一经公布，便引起轩然大波。它被认为有悖于刚刚公布的《大日本帝国宪法》和《教育敕语》的基本精神而受到强烈指责。围绕着这个民法典的实施与否，"延期实施派"与"断然实施派"两军对垒，激烈争论，表面上是"英国法学派"与"法国法学派"之争，实际上是自由主义、个人主义与家族主义、国家主义之争。

"延期实施派"主要是"英国法学派"的学者。所谓"英国法学派"是指以东京大学法学部为核心的法学者，因其坚持英国法而得名。

东京大学法学部是培养官僚的摇篮，一直积极贯彻天皇专制主义，坚持实施半封建的、自由主义的英国法及半封建的、官僚主义的德国法的教育。早在"明治旧民法"公布之前的1889年，以东京大学法学部毕业生为中心的法学士会就发表《关于编纂法典的意见书》，指出当时日本的商法与诉讼法属德国法系，而民法属法国法系，互相抵触。还提出法典的制定应避免朝令夕改，应对将来的社会变化有充分的估计，目前情况下，以根据需要制定单行法律为宜，而民法的制定应待民俗风情固定之后，"广征公众批判，慢慢加以修正"①。"明治旧民法"一公布，法学士会立即在其机关刊物《法理精华》上发表社论，批评民法移植共和主义的法国民法，强调"不可放弃作为日本帝国臣民之观念"，主张延缓实施民法典。"延期实施派"的代表人物是东京帝国大学法学部教授穗积八束（1860—1912年）。他先后发表《国家的民法》《民法出则忠孝亡》等文章，公开维护封建的家族制度，鼓吹"我国乃祖先教之国，家制之乡，权力与法皆生于家"，指责民法"排斥国教"，"破灭家制"，"视三千年来之家制为敝履"②。到1892年4月议会即将就是否应延期实施民法的问题进行审议前夕，论争达到白热化。穗积八束等11名法学家又发表了《延期实施法典之意见》，反对实施民法。文中列举民法典的七大罪状：1.扰乱伦常；2.减缩宪法上的命令权；3.违背预算原理；4.欠缺国家思想；5.搅乱社会经济；6.变动税法之根源；7.以威力强制学理。穗积八束等人还攻击民法突出个人主义与民主主义，"含破坏我国体及社会之性质"，一旦实施，将带来"人事纲常之乱，国风习俗大纷更"的后果③。显然，他们极力维护传统的家族制度，不容对天皇专制主义的基础有任何动摇。

"坚决实施派"主要是"法国法学派"的学者。所谓"法国法学派"即出身于司法省明法寮及法学校，由法国法学家伯阿索那多培养的一批坚持资产阶级自由主义的法国法的学者，代表人物是东京大学教授梅谦次郎（1860—1910年）。对于"延期实施派"的攻击，他们采

① 星野通：『民法典論争史』，日本評論社1944年，第29頁。
② 宮川透等：『近代日本思想論争』，青木書店1963年，第77頁。
③ 星野通：『民法典論争史』，第145—175頁。

取"断然实施"的针锋相对态度,因而被称为"断然实施派"。他们成立明法会(1891年2月)和法制协会(1891年3月),发表一系列文章,与"延期实施派"展开论战。针对"延期实施派"所举七大罪状,他们发表《断然实施法典之意见》,阐述延期实施法典的九大危害:1. 将紊乱国家秩序;2. 将招致伦理的颓废;3. 将危害国家主权,丧失国家独立之成果;4. 将影响宪法的实施;5. 将抛弃立法权,将其委以裁判官;6. 每个人的权利将完全不能受到保护;7. 将使争讼纷乱鹊然而起;8. 每个人将丧失安心立命之运;9. 将搅乱国家经济①。

尽管"断然实施派"全力反击"延期实施派"的进攻,但是,与"延期实施派"那种"易记、上口之警句具有支配群众心理之效果"②的攻击相比,他们的理论显得苍白无力。在当时强烈的国粹主义风潮下,"延期实施派"以国家主义理论为武器,使这场论争实际上远远超出了法理的范围。而"断然实施派"则仅仅就法谈法,避开民法与国体的关系这个论争的实质性问题。实际上,他们也并非主张彻底否定封建的家族制度,而是为避免社会基础激变,于一定限度之内对其进行调和。这种不透明的理论与无力的反击使"断然实施派"始终在论争中居于劣势。再者,"延期实施派"有着更深的社会基础。明治政权的主要支柱是由政商等转化而来的带封建性的特权财阀及地主阶层,其领导集团主要是与财阀密切勾结的旧藩阀,这就决定了论争的结局是"延期实施派"与官僚、大地主、政商的同盟军的胜利。在1892年召开的第三次帝国议会上,经贵族院、众议院的激烈争论,决定延期实施民法典。这场论争以"断然实施派"败北、"明治旧民法"夭折而告终。其主要起草人、自1873年起就被聘为法学校教员和外务省、内务省顾问的法国法学家伯阿索那多于1895年悄然回国。

1893年,政府设立了法典调查会,重新起草民法典草案。在起草过程中,不再以法国民法为蓝本,而是参考德国民法,并且充分考虑日本固有的习惯。1896年政府公布了"总则""物权""债权"三编,1898年又公布了"亲族"和"继承"两编,由这五编构成的"明治民法"于1898年7月开始实施。

① 星野通:『民法典論争史』,第65—66頁。
② 穂積陳重:『法窓夜話』,肖斐閣1926年,第348頁。

民法典论争的核心问题在于是维护封建的家族制度,还是对其稍做改革,以适应资本主义的发展。从保守的"延期实施派"取胜这一结局来看,不要说摈弃旧家族制度,即便有所触动也是很难的。明治民法中有关家族制度的内容收在第四编"亲族"、第五编"继承"中,尽管在某种程度上做了一些顺应时代潮流的规定,如财产继承实行均分制原则;废除蓄妾制;给妇女以离婚的权利等等,但是,从根本上说,它维护家族主义和封建传统,以资产阶级法律的形式肯定了自幕府时代以来盛行于武家社会的家族制度,并将其推行于全体国民,从法律上、精神上束缚广大民众,成为此后近半个世纪中日本国民家族制度与家族生活的准则。

二、日本传统的家族制度

民法典论争何以造成推迟民法的颁布与实施,延缓近代法制的建立、健全过程这一结局?何以在 1898 年实施的明治民法中,倒行逆施地将受到维新浪潮冲击的封建家族制度作为近代家族生活的准则?这些问题只能从日本家族制度本身去寻找答案。因此,有必要对日本传统的家族制度加以阐述。

家庭是社会的细胞,不同的国家和民族由于不同的历史发展条件和历史发展过程,其家族制度也各有不同。日本传统的家族制度既不同于个人至上、男女平等的西欧诸国,也有别于同是以家族为社会组织的基础,强调父权家长制的中国。日本社会学家川岛武宜将日本家族制度的特征概括为"家的父权家长制"[1],并指出它是由家以及父权家长制两个要素构成的。这一特征表明,在日本的家族制度中,不仅有与中国相同的父权家长制,还有中国的父权家长制所不具备的前提——"家"的制度,而这种"家"制度正是日本家族制度中最重要的内容。

所谓"家",是指超出具体家族的血缘集团,它伴随一种信念:不管其成员发生什么样的变动(如出生、死亡、结婚等),都保持其统一性而存续下去。也就是说,这种"家"没有被人们看成是单纯的、具体的家族,而是被抽象地作为"家"来认识的,家族不过是直系的、从祖

---

① 川島武宜:『イデオロギーとしての家族制度』,岩波書店 1957 年,第 32 頁。

先到子孙这样无穷无尽繁衍下去的"家"的现象形态而已。在这种观念支配下，家族不仅是家族成员的集合体，还是以其本身为主体，从祖先贯穿到子孙的"家"的实体。当然，没有具体的父子、夫妻等家庭成员，"家"就不能成立，但是，对于家庭成员来说，立于个人之上、支配个人的这个"家"才是第一义的存在。因此，"家"的含义除了组成"家"的人员之外，还包括作为住居的房子和家产，为维持家业的生产手段以及埋葬祖先的墓地等东西。有了这种超家族的"家"，于是就有了这种家的社会机能（家业），有了这种家的名称（家名、屋号），有了这种家的名誉（家系），有了这种家的标志（家徽）。根据这些，人们可以轻易地将自己的世系上溯到几百年甚至上千年前。

概括说来，日本的"家"制度，有三个最明显的特征。

首先是家督继承制，这是"家"制度的集中体现。"家督"一词最早见于中国的《史记》，它包括家业与继承家业的人两种含义。家督继承制虽在形式上可简单地理解为直系的父子继承，但在内容上与中国的父子继承不尽相同。中国家族制度中的继承主要是指财产的继承，且采用诸子均分制。由于祖传财产的一再分割，不论多么显赫的豪门都难逃衰败的命运。而日本的家族是典型的直系家族形态，为了"家"的延续，只能实行一子继承（一般是长子），即由这个继承人继承家督——家业与家长权。对于家督继承人来说，财产只是所要继承内容的一部分。而非家督继承人只能在分得少量家产之后建立一个分家，从而成为受本家约束的旁系家族。这种本家—分家序列是典型的传统家族形态。由于受中国分割继承的影响，直到南北朝时代，日本虽然有了继嗣上的家督继承，但在财产继承方面，分割继承仍占很大比重，它与家督继承是互相矛盾的。由于财产分割继承的存在，家长无法正常发挥统制力而导致家族分裂的事情屡屡出现。故从室町时代开始，在大名和武士家族内部逐渐废弃了财产的分割继承制，使财产的继承与家长权的继承统一起来，形成家督继承人继承家长权，同时也继承家产的完整的家督继承制。需要说明的是，这里所谈的家督继承制只是在武士家族内盛行的制度，而普通农民的家庭因生活贫困，可继承的家产微乎其微而不得不实行同居共财，家长权虽也要继承，但相对来说比较平淡。

其次是复合大家族。为了维护世代永存的"家"，似乎家的规模越大,人越多越好。这种复合大家族是由家长及其亲属与他们的配偶、子女构成的,包括若干单婚小家庭。比如律令制时代的"乡户"就是这样的大家族。如前所述,乡户由若干个被称作"房户"的小家庭构成。进入庄园制时代以后,乡户的名称虽不复存在,而这种复合大家族却一直存在,而且是日本封建社会的基本家庭形态。武士家庭如此,农民家庭也如此,以至于16世纪丰臣秀吉在进行检地时,专门下令农民父子和亲属,每户不得居住两个家庭,应分别立户。尽管如此,这种大家族仍不绝于世,至德川时代,在边远山区及商品经济不发达地区还多有存在。

再次,是家族中超血缘的存在。对于家庭成员来说,"家"是至高无上的,一般人都承认抽象的、超现实的"家"比生活在这个家中的具体成员更重要这一现实,所以说,在日本的家族中,与其说重血缘,莫如说重"家"。与中国的家族是以血缘关系为唯一纽带这一基本点不同的是,日本家族的血缘不单有生理上的,还有模拟的。血缘关系的模拟之第一个表现是,家族中参与家务的用人等可以作为家族成员而存在。比如德川时代的商家中,"子饲者"(意即从小培养的人,指学徒)从小小年纪进入主家起便被视作主家的一员,经过长年的"奉公"之后,可成为主人的"别家",甚至可从主家领取资本与作为商家标志的暖帘①及各种用具而自行经营。这种情况不仅使家族关系与血缘混淆不彰,还造就了一些日本人逆来顺受和刻苦"奉公"的性格。血缘关系的模拟之第二个表现是养子制度。自永久不灭的"家"观念产生后,对于"家"来说,最大的不幸莫过于断嗣。所以,避免这种不幸的发生,是家族成员的重要任务。除了鼓励多生育之外,认领养子的方法被日本人普遍接受。有了这种办法,没有男性继承人或继承人不成器等问题便很容易得到解决。在律令制时代,由于受中国的影响,养子要在同姓近亲中认领。自进入幕府时代以后,一些武士集团的首领为了扩大自己的势力,将家臣、从者的孩子作为养子,将模拟的父子关系与主从关系结合起来。在整个幕府时代,养子的名目五花八门,反映了社会秩序的混乱。认领养子的形式除较多见的以

---

① 暖帘:商家店铺入口处悬挂的半截布帘,印有商家的商号,本用于遮光、防尘,后来逐渐被商人作为家业的象征。

其直接做继承人之外,另有一种是招婿进门,称"婿养子",婿养子从
上门之日起,便放弃自己的家系而改称养家的姓。进入近代以后的
日本,收养养子的习惯并没有多大改动,在任过内阁首相的人中有不
少是养子可资证明(如加藤高明、滨口雄幸、吉田茂、岸信介等)。

总之,"家"是基于家族之上的超家族、超血缘的集团,它重"家"
而轻个人,重祭祀而轻血缘。这一传统使日本人不仅效忠于自己的
家族,而且很容易地把对家族的效忠转化为对其他非亲属集团乃至
对国家的效忠,这一点对维护统治是十分有益的。毫无疑问,在"家"
内,家长权和家长是至高无上的,家长不仅是户主,还是家的象征和
祖先神的化身,所以家庭成员对家长的服从就等于服从通过家长而
被具体化了的"家"。家长实际上也是为了"家"而生活,"本家继承
人,承继家督,再让渡于嫡子,以接力之心,诸事严守家法为肝要"[1],
德川时代鸿池商行的家宪中对家长责任的规定正说明,家长不外是
一场接力赛中的选手,其任务是接过父祖手中的"家"的接力棒,再传
给他的继承人。因此,在一切为了"家"的号召下,家长无论怎样行使
家长权也不为过,家庭成员所处的被管辖和无权的地位绝不会因成
年和才能而有所改变。这种家族制度正是日本人崇尚权威,重视集
团利益,在面对外来威胁时表现出高度团结的社会根源。因此,它不
能受到任何触动。从维护统治的角度来说,只能强化,不能削弱,这
就是民法典论争的根本原因。直到日本在第二次世界大战中战败,
传统的家族制度与所谓"万邦无比"的国体一起,被日本人作为美德
而夸耀于世界,也是日本统治阶级用来推行"家族国家观"的有力
武器。

三、从明治民法看日本近代家族制度的实质

明治维新后的日本,尽管在科学、技术、经济等方面实现了近代
化,但是在社会方面、意识形态方面的变化却远远落在后面,正如"和
魂洋才"这一口号所体现的那样,日本人一直强烈拒绝西方资产阶级
的民主、自由观念,把传统的、封建的家族制度几乎原封不动地搬到
近代社会,并认为这种家族制度"世界古今无比"、"欧洲学者未曾知

---

① 崛江保藏:『日本経営史における「家」の研究』,臨川書店 1984 年,第 4 頁。

也",因而孤芳自赏。然而,看看经过民法典论争,于 1898 年开始实施的明治民法中有关家族制度的内容,日本近代家族制度的实质便昭然若揭了。

明治民法维护封建家族制度主要表现在以下几点。

第一,根据明治民法第 732 条"户主的亲族且在其家者,谓之家族"这一规定,合法的家族形态仍然是自古代、中世以来的"复合大家族"。这种复合家族包括若干单婚小家庭的结合,不同血缘关系的结合,进而包括不同阶级关系的结合。而亲族则是一个更大的概念,用法典起草委员富井政章的话说,"阅从来的法令、公文等,亲族一词使用意义极广,即不唯血族,也含有姻族之意义"①。1925 年,临时法制审议会又通过《民法亲族编中改正的要纲》,将亲族的范围进一步扩大为:1. 直系血族;2. 六等亲内的旁系血族;3. 配偶;4. 直系血族的配偶;5. 三等亲内的姻族及其配偶;6. 子的配偶;7. 养子的父母及子的养父母。当然,现实中户主的亲族未必都"在其家",但这些规定说明,近代日本的家族有着更复杂的内涵。

第二,明治民法赋予家长以极大的权力,意在维护家族的秩序。家长权通过户主权与亲权表现出来。户主权包括:指定家族的居住地点,若家族成员不服从其指定,户主可免除对该成员的扶养义务,直至使其离籍(第 749 条);家族成员结婚或实行收养时,应经户主同意,否则可以使其离籍或拒绝复籍(第 750 条);有关继承、分家事宜,需经户主同意(第 743 条),等等。亲权则规定,行使亲权的父或母有监护、教育未成年子女的权利及义务(第 879 条);决定儿子可否服兵役(第 881 条);决定子女可否进行经营职业(第 883 条);管理子女财产,并代表子女行使有关财产的法律行为(第 885 条)②。亲权还规定行使亲权人于必要范围内可亲自惩戒子女,或经家庭法院许可,将子女送入惩戒场(第 882 条)。民法中虽也规定户主对其家族负有扶养义务(第 747 条),但是与户主权和亲权相比,显然是微不足道的。

第三,以"家"为核心的家督继承制被法制化。法国拿破仑法典

---

① 川岛武宜:『イデオロギーとしての家族制度』,第 128 頁。

② 本书关于明治民法的内容均引自汤沢雍彦编:『日本婦人問題資料集成』5『家族制度』,ドレス出版 1976 年。

把诸子均继承制作为法定的原则,体现了法国革命中的自由平等观念。与此相反,日本民法的制定比法国革命迟几十年,但还是妥协于现实,承认近代社会以前的继承制。民法中家督继承制被列为第五编"继承"之首章,规定"家督继承人自继承开始之日起,承受前户主所有的权利义务"(第 986 条),"家谱、祭具、坟墓的所有权属于家督继承的特权"(第 987 条)。家督继承人的选择,要遵循男子本位、嫡子本位、长子本位的原则(第 970 条)。为维护家督继承制,专门规定家督继承人不得进入他家或创立另一家(第 744 条);因家督继承而成为户主者,不得废其家(第 762 条)。民法还肯定了通过收养养子传家系的传统,虽有法定推定家督继承人为男子时,不得收养男性养子的规定,但是以养子为女婿的婿养子却不受限制(第 839 页)。对养子制度缺乏限制的做法说明近代日本人仍然是重家而轻血缘的。

日本家族制度本身具有很多不合理性,明治民法不仅没有摈弃这种不合理性,反而将其合法化,阻碍了人们在家族中的平等相处。

男女不平等。主要表现在纵的父子关系重于横的夫妇关系。"明治旧民法"中有关户主及家族的定义为"户主谓一家之长,家族谓户主的配偶者及在其家的亲族、姻族",将户主的配偶者列在前面,因有提倡夫妻平等之嫌而受到抨击。在明治民法中改为"户主的亲族且在其家者及其配偶",将配偶列到家族成员的最后。妇女一旦结婚,便成了为夫家繁衍继承人的工具和奴仆,受丈夫或户主支配。她们无权管理家庭财产,连本人的财产也要由丈夫管辖,不经丈夫的允许不能有任何经济行为或诉讼行为。对丈夫的财产,妻子也只是次于直系卑属的第二位继承人,也就是说,在没有子孙的情况下,妻子才能继承丈夫的遗产,实际上等于被剥夺了继承权。根据民法的规定,母亲只能在"父不明时、死亡时、离家时或不能行使亲权时"才能行使亲权,对子女的管辖、约束能力小得可怜,甚至毫无这种能力,还不得不对子女尤其是对作为家督继承人的长子俯首帖耳。所以,我们在电视连续剧《阿信》中看到阿信的长兄对母亲毫无亲情可言,动辄呵斥辱骂,甚至虐待。日本的家族制度本身决定了妇女一生在家服从父亲,结婚服从丈夫,年迈之后服从孩子的"三界无家"的命运。

长子与次子以下子女不平等。在家督继承制下,将要继承家业的长子的地位自然而然高于其他子女。在一些农村地方,流行一句俗话"一是卖,二是留,三是防止夭后愁",即嫁出去的女儿等于是卖给人家的,所以第一胎最好生女孩;第二胎,从家的继承考虑,最好生男孩;但是仅生一个男孩怕不保险,为防止长子夭折,第三胎最好再生一个男孩。所以,长子与其他子女享受完全不同的待遇也就可想而知了。总之,在家族永续这个至高无上的命令下,作为长子,不仅是家的继承人,也是家长夫妇晚年生活的赡养者,所以在各方面受到特殊照顾,对他人表示出优越感乃至凌驾他人之上的态度。在他们未成年时如此,在成年继承家业后更是如此。按照明治民法财产均分的原则,非长子在成年后即使能领到一点家产建立分家,与长子的本家也还是统辖与服从的关系,甚至是主人与"奉公"的关系,毫无平等可言。知道这一点,就不难理解电视连续剧《阿信》中,关东大地震后,在走投无路的情况下,阿信随丈夫龙三两手空空回到丈夫的老家后,为什么受尽哥嫂及家人的白眼。家督继承制造成的长子、次子间的不平等,使次子以下的人不得不做出三个选择:要么永远在家中甘于服从长子的地位,要么去给别人当养子,要么离开家自谋生计。恰恰是这最后一条,在客观上造就了资本主义工业化所需要的雇佣劳动力大军。

结语

综上所述,明治民法典论争的结局告诉人们,明治政权虽标榜"破旧有之陋习"、"求知于世界",而实际上,"破"是有限度的,"求"是有选择的。经过民法典论争,最终于 1898 年开始实施的明治民法对传统的、封建的家族制度不是破坏、否定,而是维护、肯定。与明治维新后大力移植西方资本主义政治制度和经济制度的一系列措施相比,家族制度方面是落后的、守旧的。这种矛盾决定于明治维新的不彻底性,从而决定了日本这个以家族为社会组织基础的国家近代社会的发展方向。明治维新后确立的家族制度,是近代天皇制统治的重要支柱。随着国家主义和法西斯势力的抬头,传统的家族制度与"家"的观念,借助空前统一的中央集权国家的威力得到进一步增强,并逐渐渗入日本国民的政治生活中,形成家族国家观。日本统治阶级极力鼓吹"国君之于臣民,犹如父母之于子孙,即一国为一家之扩充,一国之国君指挥命令臣民,无异于一家之父母以慈心吩咐子孙,故我天皇陛下对全国呼唤尔臣民,则臣民皆应以子孙对严父慈母之心谨听感佩"[1],其目的无非是让国民像奉戴自己的父母那样服从天皇的统治。这种立于封建家族制度之上的家族国家观不仅驱使日本法西斯在侵华战争和太平洋战争中向中国人民和亚洲各国人民举起屠刀,造成这些地区难以估算的灾难和损失,也使日本民族几近毁灭。日本在第二次世界大战中的惨败,宣告了封建家族制度的崩溃和家族国家观的彻底破产。

(原文刊载于《天津社会科学》1992 年 6 期)

---

[1] 井上哲次郎:『敕語衍義』,『近代日本思想大系』31『明治思想集』Ⅱ,筑摩書房1977 年,第 110 頁。

第五章　日本传统社会的传统

第一节　家族制度与日本人的"家"观念

近代以来,家族制度问题是日本重要的道德问题、政治问题和法律问题,日本人的政治生活、精神生活乃至经济生活都被置于"家"的观念的束缚之下,可以认为,近代以来日本的成功与失败,都与日本传统家族制度及家族道德有密切关系。"君臣一家"、"劳资一体"、"企业一家"的观念,便是日本传统家族制度与家族道德在日本人的政治关系及经济关系中的突出反映。本文拟对日本传统家族制度和"家"观念及其影响作初步探讨。

一、日本传统家族制度的特征

在日本历史上,家族制度与家族道德曾受到中国文化的强烈影响。随着平安时代末期以后日本脱离汉文化圈的倾向日益明显,其家族制度也逐渐发生了变化。所谓日本传统的家族制度,是指在家族结构、家族道德等方面都具有本国特点的家族制度,它在幕府时代产生并不断巩固,在德川时代达到顶峰。明治维新之后,明治民法的制定,给它注入新的生命力,这种曾经盛行于武家社会的封建家族制度被推行于全体国民,成为此后一直到1945年战败为止日本国民家族制度与家族生活的准则。

具体说来,日本传统家族制度最具特色之处有以下几点:

首先是重"家"而轻个人。在日本人的家族制度与家族意识中，永远伴随着一种观念，这就是"家"。这种"家"是"依托于祖先之灵、纵式的、连续的观念式存在"①，也就是说，在以婚姻、血缘为纽带的具体的家族之上，还有"家"这个"超越个人的生命、祖孙一体的永远的生命体"②，不管家庭成员发生了什么变化（如出生、死亡、结婚、分家等），这种观念上的"家"都保持其统一性而存在下去。在这种观念支配下，人们生儿育女的具体家族不过是"家"的现象形态而已，即使家庭成员在肉体上全部不存在了，也并不意味着"家"的消失，它在观念上依然存在，因此，也就有家族再兴的可能。由此可见，日本的"家"比以婚姻和血缘为纽带的具体家族有着更深的内涵，它除了组成"家"的人员之外，还包括作为居住的房子和家产（如土地、山林等）以及为维持家业的生产手段和埋葬祖先的墓地等。这些东西被作为"家"的古往今来的整体，在人们的心目中比实际生活在这个家里的具体成员更为重要，正因如此，象征这种超家族的"家"的家徽（家的标志）、家系（家的系谱）和家号（家的名誉）等都受到日本人的格外重视。

毫无疑问，对于家庭成员来说，立于个人之上、支配个人的"家"是第一义的存在，一切为了"家"，"家"的利益高于一切，便是人们的行动准则。为了"家"的延续和兴旺，家族内实行严格的家督继承制，即由一人（一般是长子）继承家业和家长权，同时，也继承大部或全部家产，长子以下男性成员可以在结婚之后建立分家，并从本家领受一部分家产，但没有要求财产的权力。家庭成员的婚姻、从事职业、居住地的选择等都要服从"家"的利益，并由家长来决定，他们所处的被管辖和服从的地位，决不会因成年和才华的增长而改变。这种重家而轻个人的情况同样反映在家长身上。在"家"的观念下，家长就像是一场接力赛的选手，他的任务是接过父祖手中的"家"的接力棒，再传给子孙，被认为是"家"的一时的代表和家业的管理者，所以，他的品德和才能相当重要。在日本历史上，让不称职的家长隐居或与无能不才的继承人断绝关系的事例并不少见。由此看来，在日本的家

---

① 福島正夫：『日本資本主義と「家」制度』，東京大学出版会 1967 年，第 6 页。

② 福尾猛市郎：『日本家族制度史概説』，吉川弘文館 1977 年，第 1 页。

族中,至高无上的是家长权而不是家长。

其次是重家名而轻血缘。由于"家"是超家族的,所以,在日本人的家族中,血缘关系并不是构成家族的唯一纽带,模拟血缘关系也是重要组成部分。它服务于两种需要,一是为了"家"的延续。由于在日本人的家族中不仅以父子关系为核心,更强调祖孙一体,所以,自永久不灭的"家"的观念产生后,"家"的延续便成为家族成员的头等大事,断嗣意味着"绝家"。为避免这种家族最大的不幸发生,最简单易行的办法就是在没有男性继承人的情况下收养养子,或是在只有女儿的情况下招婿进门,让其继承家业。作为家业继承人的养子从上门开始就要改姓养家的姓。有了养子,养家解除了后顾之忧,养子本人也无须感到难堪,外人更不会因此说三道四。家名和血缘孰重孰轻,日本人选择的是前者。二是为了家业的经营。一些家族中往往雇佣一些用人,让他们参与家务和家业的管理,他们被视为家庭的一员,并与主人保持终身的主从关系,有的人甚至还能成为家业继承人。所不同的是,他们无须改变自己的姓氏。在这一点上最为典型的是德川时代商家的"奉公"制度,奉公人从10岁左右起进入主家作丁稚(学徒),一般要经过二十多年的时间才能成为店员。其间,奉公人的衣、食、住及教育都由主家负责,俨然是主家的一个成员。到了店员这一级,主家便根据他们长年"奉公"的业绩,给他们资金和作为商家标志的暖帘,让其作为本家的一个支店独立经营,称为"别家"。显然,这种主从关系与模拟血缘关系互为表里的"奉公"关系已远远超出单纯的契约关系,并使阶级关系混淆不彰。在整个封建时代,将主从关系模拟为家族父子关系的做法成为普遍的社会习惯,人的性格的棱角被磨光了,习惯于以服从为本分,这一点对日本国民性具有极大的影响。

三是家族道德中的孝与恩并存。对父母尽孝是中日两国家族道德的核心,但是比较起来,日本的孝与中国的孝在内容上又不完全相同。在中国的孝道中,单方面强调亲权,要求子女绝对服从父母,而在日本的孝道中,还有"恩"的内容,即子女的孝就是报父母的恩,孝是以恩为前提的。

这种以恩为基础的孝的说教在德川时代就已流行,在近代的儒家道德教育中又被进一步提倡。如在作为小学教育指导的《幼学纲要》的第一章《孝行》中这样写道："天地之间,无没有父母之人,自其最初受胎、生诞,至于成长之后,其恩爱教育之深,莫如父母,常思其恩,慎其身,竭其力以事之,尽其爱敬,子之道也。"①对孝道的反复宣传和强调是当时中小学修身课的重要内容。

子女孝的义务的根据是父母对子女有恩,因为父母对子女有恩,子女就负有报恩的义务,这就是日本家族道德中孝的伦理。那么,父母的恩包括哪些内容呢?最普遍的也是最重要的就是养育之恩,还包括为子女成家,让子女立业,也就是说将家业与家产传给儿子。由于家督继承人在众兄弟中居优先地位,他也就是格外宠受到父母之恩,所以要比他人更尽孝。孝的内容除了尊敬父母,对父母恭顺、服从之外,还有赡养父母;立身出世,扬家名于天下;为继承和发展自祖宗传下来的"家"而生儿育女。表面上看来,父母的恩与子女的孝是互为条件的,仔细分析起来,生养子女,抚育其成人,帮其成家立业,只不过是父母应尽的义务,世界古今皆如此,而在日本人的家族道德中,却被作为一种恩而反复强调,要求人们知恩、报恩,以尽孝作为回报,实际上是以更隐晦的办法强调家长权,让家庭成员心甘情愿地去服从家长的统治。所以说,在恩的外衣包藏下的日本的孝与赤裸裸的要求绝对服从的中国的孝,其作用是不一样的。对于中国人来说往往是被迫与无奈,而对于日本人来说,则多了主动与自觉。父母与子女间的这种终生的恩与孝的关系使得在"家"之内形成一种永久的恩义关系,即本家对分家有庇护之责任,有永久的恩情,分家永远对本家有报恩的义务。恩与孝的观念也同样渗入日本人的社会生活中,武士团首领与武士、领主与臣下间的"御恩"与"奉公"关系是日本封建主从关系的牢固基础。再联想到现代社会日本人的伦理观念中,十分重视"恩"和"情义",日本人说"我受某人之恩",就意味着"我对某人负有义务"②,这一点恐怕也是从家族道德中的恩与孝观念演化来的。

综上所述,对于大多数日本人来说,"家"既是他们赖以生存的物质的存在,也是他们为之奋斗并终生受其辖制的精神的存在,它基于

① 唐沢富太郎:『教科書の歴史』,創文社 1980 年,第 112 頁。
② [美]ルース・ベネティク著、長谷川松治訳:『菊と刀』,第 115 頁。

血缘而成又不唯血缘，"家"的利益至高无上，成员个人微不足道。在"家"的观念下，日本人的家族结构往往以超现实、超血缘、超阶级的"复合大家族"的形态出现，所以极易被利用和扩大，从而服务于某种目的。长期的家族生活的熏陶，也使日本人能够接受和适应社会生活的家族化。事实证明，日本近代以来，在所有的人群集中的、被日本人称作"场"的地方，如村、企业、学校、国家，都是一个被扩大了的"家"。其中最为典型的便是国家伦理中的"君臣一家"和企业道德中的"劳资一家"与"企业一家"。

二、家族传统与"君臣一家"

所谓"君臣一家"是近代日本统治者极力鼓吹的家族国家观的核心，是直到战败为止日本统治阶级控制民众的有力工具。它利用传统的"家"的原理，将国比拟为家，将君臣关系比拟为父子关系。明治维新后有两大事件为家族国家观的形成推波助澜，一个是明治民法典论争，一个是《教育敕语》的制定。

如本书第四章第五节《明治民法典论争与近代日本的家族制度》所述，明治民法典论争是明治维新后在法学界围绕民法的颁布与实施展开的一场论战，核心是维护封建家族制度，还是对其稍作改革，以适应资本主义的发展。为了建立、健全近代法制，明治政府从1870年就开始了民法的编纂工作，经过各种周折，直到1890年才正式公布（史称"明治旧民法"）。它参照了法国民法，在一定程度上反映出男女平等及削弱家长权的进步性，一经公布，便在法学界引起强烈反响。以东京大学法学部教授穗积八束为代表的"延期实施派"严厉指责这部民法具有个人主义、自由主义倾向，破坏了日本家族制度"固有的美风"。穗积八束等人明确地将国体问题与家族问题联系在一起，并提出"权力与法皆生于家"的理论，不容对作为天皇专制主义基础的传统家族制度产生任何动摇。民法典论争最终是"延期实施派"取胜，实质则是作为明治政权主要支柱的官僚、大地主、政商、藩阀的胜利，造成"明治旧民法"夭折，代之以1898年开始实施的维护和肯定封建家族制度的"明治民法"。明治民法典论争是家族主义意识形态的充分暴露和表演，通过这场论战，不仅确立了传统家族制度在日本近代史中的法律地位，也奠定了家族国家观的理论基础。

《教育敕语》的制定是家族国家观形成的标志。进入明治二十年代，教育界在"文明开化"口号下实行的欧化主义教育政策受到了一些人的指责。1879 年，天皇的侍讲、儒学者元田永孚以"圣旨"的名义，发表了"教学大旨"，批评学校教育"轻视仁义忠孝，徒洋风是竞"，主张"自今以后，基祖宗之训典，专明仁义忠孝，道德之学以孔子为主"①。此后，政府加强了对教育的控制与干涉，并采取了将过去在学校各门课程之末的修身课改列为各门课程之首，并编写解释儒家道德的《幼学纲要》，作为小学教育指导等措施。元田永孚倡导的以儒家道德教育为主的教育方针受到坚持文明开化的一些"开明派"的反对，并引发了一场包括思想家、教育家参加的"德育论争"。明治维新以来的自由教育政策和尊重实利、偏重智育的倾向并未即刻改变，因此也就出现了在学校学了几年的学生，不知君臣是指何人的情况②。1890 年初，一些地方官员上书总理大臣山县有朋，指责那些"从美国回来的学士""主张极端的西洋派学说"，致使文部省的政策偏重于智育，其后果，"将紊乱社会秩序，终将危及国家③，要求大兴德育，增加伦理修身课的时间。于是，在山县有朋的亲自策划下，1890 年 10 月，公布了明治天皇亲自签署的《教育敕语》。《教育敕语》把以"孝父母"为首的浸透了儒家道德的十多条规范作为臣民应守的德目，将儒家道德与近代资本主义社会的伦理道德混杂在一起，以神圣不可侵犯的天皇的权威为持续多年的"德育论争"画上了终止符，是明治意识形态史上的一个重要事件。

如果说在明治民法典论争和《教育敕语》公布之前，以忠孝为核心的儒家道德教育政策只是在学校中部分推行的话，那么，自明治民法典论争与《教育敕语》公布后，这种儒家道德教育不仅是学校教育的根本方针，而且由学校推向全社会，成为日本国民精神生活的主要内容。在甲午战争中，经过日本统治阶级的大力宣扬，忠君爱国由过去只是学校儿童的口号，发展为"铭刻在人们心底"的巨大精神力量，

① 唐沢富太郎：『教科書の歴史』，第 105 页。

② 石田雄：『日本政治思想史研究』，未来社 1964 年，第 32 页。

③ 信夫清三郎著、吕万和等译：《日本政治史》第三卷，上海译文出版社 1988 年，第 218 页。

全体国民作为"臣民"团结在作为"民之父母"的天皇周围。日本在甲午战争中的胜利,使得当时的统治者更加认识到家族国家观对于长期生活在家族社会的日本人来说具有难以估量的作用,因而,进一步加强了家族国家观在教育、思想、意识形态等各个领域的运用与推广。如1904年,文部省首次编纂了国定修身教科书,1911年又进一步修订,书中充满了宣传忠孝一致、君臣一家、忠君爱国的家族国家伦理道德的内容。尤其是在法西斯军国主义专制体制下,对家族国家观的宣传和鼓吹愈演愈烈,致使日本国民陷入以"忠君爱国"为号召的战争狂热之中。

所谓家族国家观就是将政治权力与家族父子关系等同起来,实现了天皇(君主、总家长)对国民(臣民、家庭成员)的统治的国家伦理观,它是在传统的家族伦理基础上派生出来的,因此,家族关系中必须遵循的一切伦理道德同样适用于国家关系中。

首先,鼓吹国就是家,家就是国,将国作为家的扩大。东京大学教授、哲学家井上哲次郎在其所著《敕语衍义》一书中赤裸裸地宣称:"国君之于臣民,犹如父母之于子孙,即一国为一家之扩充。"[1]既然国是家的扩大,那么天皇自然就成了总家长,所有日本国民则是天皇的"赤子"和"臣民",天皇与国民的关系"义为君臣,情为父子","一国之国君指挥命令臣民,无异于一家之父母以慈心吩咐子孙"[2]。这种鼓吹的目的,就是要求国民像侍奉父母那样去服从天皇的统治,使天皇专制主义统治得以顺利实现。这种将政治权力与家族关系等量齐观的做法,不能不说是日本人的一大创造。

其次是鼓吹忠孝伦理道德。由于人们将国与家等同起来,所以,忠孝一致也就成了人们的道德准则。"一切为了家"的观念被引入人们的政治生活中,变成对天皇的绝对服从。如在1910年国定高等科修身教科书中就有"个人对家之观念的厚薄关系到人民对国之观念的厚薄,爱家之心能成爱国之心,孝亲之心是爱国之心的基础"[3]的内容。持孝行是人伦之最大义,那么忠君爱国则是臣道之第一义,即

---

[1]　石田雄:『日本政治思想史研究』,第164页。

[2]　石田雄:『日本政治思想史研究』,第164页。

[3]　石田雄:『日本政治思想史研究』,第13页。

无条件抛弃自我的绝对服从国家和天皇,直至奉献个人的生命。可见,子敬父母这一人的自然的感情被用于维系君臣关系,因而极具蛊惑性。

以君臣一家相标榜、以忠君爱国相号召的家族国家观在维护天皇统治和日本军国主义发动的对外侵略战争中发挥了巨大作用。它使人们淡漠了阶级观念,安于统治和服从,并积极奉公——许多人都是自觉自愿地投入"圣战"。他们不知天皇专制主义统治正将他们一步步推向灾难与毁灭,对天皇的迷信和崇拜达到难以置信的程度,以至于在战后民主改革时,盟军总司令麦克阿瑟发现"天皇是胜过二十个机械化师团的战斗力量",并将其作为"刺激国民忠诚和爱国行动的中心"而保留下来[1]。"君臣一家"的观念造就了日本人愚昧的忠诚,使战前日本军国主义政权较为顺利地推行了对外侵略政策,其结局,不仅害了别人,也害了自己,在二战中的失败是日本民族有史以来最大的悲剧。

三、家族传统与"企业一家"

近代以来,与在意识形态领域里推行以"君臣一家"为核心的家族国家观的同时,"企业一家"、"劳资一家"也是在日本企业界盛行的口号。所不同的是,日本战败宣告了家族国家观的彻底破产,"君臣一家"受到唾弃,而"企业一家"、"劳资一家"则经过改头换面被保存下来,形成堪称"日本式经营"的现代经营管理方式的核心。

日本虽是后起的资本主义国家,而资本家对工人的残酷压榨和剥削,并不亚于老牌资本主义国家,工业化时代的工厂只不过是欧洲工业革命时代的那种黑暗的、地狱般的工厂的变种。劳动条件苛刻,工人工资低,而且没有保障,造成工人不等契约期满就中途逃跑,因而出现劳动力的高度流动性,曾作为德川时代商家经营灵魂的终身雇佣思想被彻底抛弃。同时,急速的产业革命浪潮使得文化技术基础薄弱的后进国家日本自然而然地出现人才不足。这些情况使得资本家频频哀叹,过去的工场主与雇员间"亲睦协和恰如家族师徒的关

---

① 井上清著、辽宁大学哲学研究所译:《天皇制》,商务印书馆 1975 年,第 4 页。

系渐渐消失"，"雇者、被雇者的规律紊乱"①。资本家不得不正视工人的频繁移动造成熟练工人严重不足的现实，逐渐认识到留住一个有能力的工人，比让他们逃走并另雇一个人更为合算，因而不得不改变策略，重新拾起已被抛弃的德川时代商家的家族主义经营思想，用家族式的"温情主义"掩盖对工人赤裸裸的剥削。

　　从明治末年起，一些大企业就推出了家族主义的经营方针。纺织行业的大企业钟渊纺织在当时的舆论对纺织业劳动条件恶劣的强烈指责下，学习美国和德国一些大企业的经验，率先采取了一系列改善劳务管理的措施。如建立婴儿保育所；设立职工卫生基金；建立注意箱制（即由从业员就各种困难、问题向公司方面投书，然后由公司予以解答和处理）；开办学校，进行从业员的企业内教育；发行旨在沟通劳资双方感情的社内杂志；进而于 1905 年创设了由公司和从业员共同出资、以救济从业员为目的的"钟纺共济组合"。钟纺的创始人武藤山治将这套管理体系称作"大家族主义"，他认为"吾国家族制度与西洋不同的美点在于各人按其能工作，皆基于温爱之情，其中充满尊敬与牺牲精神，即使如何思想过激者，在家族内也不得抛弃温爱之情"，"把一家内每个人之间亲密关系推广于社会，任何人也感到满足"②，因此，他提倡将存在于家族间的温情实行于雇主与被雇者之间。钟纺的"大家族主义"曾被作为日本式劳务管理的典型和样板，它同日本铁道院于明治末年提出的"国铁一家"的口号一起流传下来，至今对日本企业经营有着重大影响。

　　第一次世界大战前后，以"大家族主义"、"国铁一家"为代表的家族主义经营受到日本企业界的广泛重视，原因是世界规模的经济危机使工人的生活受到严重影响，劳资纠纷不断发生，还因为此时财阀企业已确立了垄断优势，随着大企业经营规模的扩大和技术水平的提高，尤其是重工业的发展，对工人队伍的稳定和技术熟练度的要求越来越高。在企业对熟练工人的激烈争夺中，资本家已经意识到除招雇徒工在企业内自己培养外，没有别的办法解决人才来源问题，不

---

①　堀江保藏：『日本経営史における「家」の研究』，臨川書店 1984 年，第 96 頁。
②　間宏：『日本的経営：集団主義の功罪』，日本経済新聞社 1971 年，第 91—92 頁。

得不把德川时代商家培养店员的"子饲"①制度运用到资本主义雇佣关系中。许多企业都设立了旨在培养熟练工人的见习工制度,见习期满则雇为正式工人,这些"子饲工人"逐渐成为职工队伍的主体。为了稳定现有职工队伍,也开始出现了定期提薪、发奖金、企业内福利的做法,从大正年间到昭和初年,终身雇佣制和年功序列制已经在大企业中形成惯例。与此同时,随着国家观中"君臣一家"观念的日益膨胀,企业方面也加强了对"劳资协调"的宣传,连当时的全国性工会友爱会在创立之初也推行"劳资协调"的方针,主张"劳资宜相亲不宜相背","两者的关系如鱼水,只有互相帮助,才能圆满发展事业"②。这种思想直接影响了大正年间的工人运动。

1937年日本发动全面侵华战争后,日本全国各行业都被纳入战争体制,在工厂企业界里推行的"产业报国运动"将"劳资协调"进一步发展为"劳资一家"。每个工厂都要成立"产业报国会",以厂长或社长为会长,资本家、职员、工人都是其会员,要求人们发扬事业一家、家族和睦的精神,尽职尽责,为国家和战争服务。1938年7月成立的"产业报国联盟"发布纲领,其中宣称"我等产业人,确信产业是资本、经营、劳动三者的有机的结合体,事业者以至诚承当经营指导之任,谋从业员的福利;从业员忠实尽其职分,举劳资一体、事业一家之实,以期产业之健全发展"③。在这里,资本家变成了"事业者",资本家、职员、工人都成了"产业人",成了没有身份差别的"劳动者",阶级的概念被彻底抹杀了。从表面上看,"劳资一家"与"劳资协调"都是强调劳资双方的一致,而实际内容并不相同。"劳资协调"是承认劳资双方的对立关系,在相互信赖的基础上达成双方的和解,而"劳资一体"、"劳资一家"从根本上否定劳资双方的对立关系,强调资本、经营、劳动三者是个有机体,因而,不仅更受资本家的欢迎,而且更具蒙蔽性。

日本战败后,作为民主化的一个重要内容,封建的家族制度被废

---

① 德川时代商家的使用人一般都是在很小的年纪进入商家,按照丁稚(学徒)、手代(助理店员)、番头(店头)、大番头(掌柜)的阶梯向上升进,终生为主家服务,此为"子饲"制度。

② 間宏:『日本労務管理史研究:経営家族主義の形成と展開』,御茶の水書房1978年,第78頁。

③ 堀江保蔵:『日本経営史における「家」の研究』,第69頁。

除,但是,在企业中以"劳资一家"、"劳资一体"相号召的家族主义经营却与日本人的传统家族道德一样,并未因一纸法律而销声匿迹。日本企业的经营管理者巧妙地运用日本人的家族传统与家族道德,将战前日本人"一切为了家"的观念和家族主义经营传统移植到现代企业的经营管理中,把职工的利益与企业的利益紧紧联系在一起,使劳资之间结成"命运共同体",人们将它称作"集团主义经营"或"公司主义经营",被誉为战后日本经济高速发展,在国际竞争中以优取胜的"秘诀",日本人对此也颇引为骄傲。

　　不论是战前的家族主义经营,还是战后的集团主义经营或公司主义经营,其共同点都是将传统的家族制度原理和家族道德运用于企业的经营管理。基于日本人的家族传统和家族观念,企业也可以成为以人伦关系组合的大家庭,最高经营者社长、厂长就是家长,所有从业人员都是这个家庭的一员,经营者与从业员的关系成为"父"与"子"的关系,资本家与工人的阶级关系被掩盖。企业的经营管理也是家族主义的,具体说来,在雇佣关系上,实行终身雇佣制,职工一旦被雇入某一企业,只要没有严重损害企业名誉,只要不对如父亲般的经营者进行反抗,企业就不会轻易解雇工人,这样,不仅增加了职工的安定感,也增强了职工对企业的忠诚度,同时使企业有了稳定的职工队伍。在工资制度上,实行年功序列制,如同在封建家庭的兄弟姐妹中要严格遵守长幼之序,日本的企业不仅在用人上实行明显的论资排辈,而且职工的工资也要根据在企业内的连续工作的工龄来决定,这种工资制度是"属于终身雇佣制或叫做'企业一家'的经营制度中最基本的体制"[①]。作为家族道德中"孝"与"恩"的观念的延长,在企业中除了要求职工的服从和忠诚,也提倡企业的经营者讲究"恩情主义",实行企业内福利制度,对职工的住宅、休假、婚丧嫁娶、生老病死等各种家庭事务加以关心,甚至对职工家属、子女统统给予福利待遇,这些都被视为经营者"恩情"的表现,使企业经营带有家族色彩。在劳资关系方面,推行家族主义意识形态,宣扬有了企业的繁荣才有从业员的幸福,要求大家在企业这个"命运共同体"内有福同享、

---

　　①　高桥龟吉著、宋绍英等译:《战后日本经济跃进的根本原因》,辽宁人民出版社1984年,第332页。

有难同当,对企业经营者的反抗被视为最大的"恶德"。总之,"劳资一家"的实质就是将雇佣关系和劳资关系家族化,变劳资双方的根本对立为协作。它最突出的作用是赢得了工人与企业方面的通力合作,雇佣关系稳定,使日本企业很少面临欧美国家那种大规模工人斗争造成的困境,能够建立并实现长期事业发展规划。也就是说,日本的企业从工人的忠诚中获得了极大好处,毋宁说这是战后日本经济高速发展的重要原因。

结语

以"家"为核心的传统家族制度,不仅是战前日本人家族生活的准则,也直接左右着日本人的人伦关系、伦理道德、思维习惯和行动方式。"家"的观念是日本人意识形态的重要组成部分,"君臣一家"、"劳资一家"这种日本特有的政治关系、经济生活、社会生活家族化的情况正是在日本传统家族制度与家族道德基础上产生的。它虽在一定程度上有利于日本资本主义工业化的发展,但也是导致日本在第二次世界大战中彻底失败、日本民族几近毁灭的重要的思想和社会根源。经过战后民主改革,"君臣一家"已不复存在,而"劳资一家"仍然伴随着日本人的传统家族意识和家族道德存在于企业管理当中,并作为处理劳资关系的根本指导思想至今发挥着重要作用。

(原文刊载于《世界历史》1993 年 4 期)

第二节　日本传统社会人伦关系中的非儒因素

家族人伦规范是一个国家或民族传统文化的重要组成部分,对人的影响和约束最直接,也最具体。千百年来,中国的儒家思想文化对日本产生了巨大影响,对此,已有不少论著作了论述。但是,若从整个日本社会史进行考察,就会发现日本的很多制度、习惯都是与儒家伦理背道而驰的,尤其是在传统人伦关系中存在不少非儒因素。因此,"日本是儒教国家"之类的评价并不确切。如果不进行认真的鉴别和分析,就无法了解日本社会与日本人,也无法解释为什么东方国家的现代化首先发生在日本,而不是儒家文化的故乡——中国。

只有去掉"儒教国家"的表象看本质，才能了解中日两国的社会结构与文化传统的差异。

一、家长的"任期制"对家长权的制约

日本的父权家长制虽形成和确立较迟，但非常发达。因为家长是家的继承者和家业的掌管者，所以他是一家的主宰；在十分注重祖先崇拜的日本，家长是主祭者，所以他是祖先的延续与化身，这便使家长在家中成为绝对权威；家长有权决定家庭成员的一切，包括决定儿女的婚姻和居住地，甚至可以卖儿鬻女，有权处理家庭财产，有权管教与惩罚违反家长意志的子女。正因为家长在家中拥有极大权威，所以家庭成员对家长极为敬畏，父亲被视为与地震、打雷、失火等同样令人恐怖的事物。

父亲在家庭中具有绝对统治权，这一点中国与日本是相同的。而由于中日两国家族结构与社会结构的不同，日本的父权家长制又有区别于中国的显著特征，这就是日本学者所说的"家的父权家长制"[①]，也就是说，"家"制度是日本父权家长制存在的前提。日本的"家"并不单纯是以夫妇为中心的个体家庭或由小家庭集合而成的大家族，它是从事特定家业的机能集团，这一特质使本来属于"私"的领域的家具有了强烈的"公"的性质。从"家"制度的形成过程来看，奈良、平安时代的贵族即开始以"家"的形式仕奉天皇。后来，贵族社会官职家业化的传统被武家社会所采纳，至德川幕府时期，扩大到庶民社会并被强化，各个阶层的人们都世袭地从事固定的职业，故"家"制度与身份制度是幕藩统制的两大支柱。

在"家"制度下，家业繁荣昌盛、长久延续是终极目的和家族成员为之奋斗的目标，每个家族成员都被置于"家"的整体利益的制约之下。尤其是家长，被认为是"家"的一时的代表和物质与精神产业的管理人。所以，尽管家长具有极大权力，但他们本身也置身于"家"的约束之下。由于家长的品行关系到家业的兴衰，所以"家"的利益既要求家族成员服从家长的权威，同时也要求家长必须具备良好的品格，做家族成员的榜样。在对家长进行道德约束的同时，还有实际的

---

① 川岛武宜：『イデオロギーとしての家族制度』，第32页。

制度制约,这就是家长的任期制——隐居制度。

隐居曾经是中国古代士大夫阶层的一种风气,指辞官退职,偏居乡野,自觉过一种简朴恬淡的生活。它是士人在不满社会现实而又无力改变现实时采取的一种消极对抗行为,即孔子所说的"隐居以求其志"。而日本的隐居事实上是"让位",即在家长上了年纪,或者因病乃至因品行不端而难以料理家业的情况下,把家长权让给继承人。虽然同样使用"隐居"二字,但实际内容却相去甚远。

日本的隐居制度有一个演变过程。最初,朝廷官吏致仕退隐被称作隐居。大化改新后,诸事好唐风的日本人吸收了唐代的官吏致仕制度。在"选叙令"中明确规定:"凡官人年七十以上听致仕。"耐人寻味的是,日本人把朝廷命官致仕与隐居这两件毫无关系的事情联系在一起,将官吏年老辞官称为"隐居",这种隐居并无士大夫官场失意或不满时政而辞官的消极色彩,只是官吏在辞官后的一种普通生活方式而已。进入武家社会以后,由于武士集团要在家长的率领下出征作战,承担各种公务,对家长的体力、能力及品德提出了更高的要求。于是,武家社会模仿公家社会的官僚致仕传统,在家长因各种缘故不堪统帅一家责任之时,便将其承担的公、私职务让给身体健壮及有能力的继承人,由其继续履行仕奉主君的义务,使本来在死后发生的继承行为在生前发生。这种家长生前让位的做法被称作"隐居",到德川时代,幕府与各藩就隐居的条件、年龄等方面做出严格规定,武士家庭的家长一般都是 60 岁隐居,从而使隐居形成了制度。

隐居的实质,简而言之,就是家长生前让位,即家内"退休"。这种做法虽然是封建家族制度的产物,但其积极意义是显而易见的。它保证了新旧家长的顺利交替,从而能够实现家业的健康发展。隐居制也使日本的家长制具备了择优汰劣的机制,不仅家长既达一定年龄必须让位,即使在任内被发现品行不端,或因种种原因不能胜任,随时都有"离任"(隐居)的可能。让不适任者及时"退休",代之以新人,可以使家族利益不致因为家长的老弱或昏庸而受到损害,使家长权的新陈代谢处于一种良性循环之中。由于"家"是江户时代幕藩体制下的基本单位,所以隐居制度也被导入政治体制当中。如果藩主品质不端或施政不仁,又不听劝诫,便可以在藩中重臣集体商议之后,强制让该藩主"隐居",并拥立新藩主。在久留米藩、冈崎藩、加纳藩、上之山藩等藩都发生过此类事件①。

　　明治维新以后,作为维护家长制重要手段的隐居制被法制化,隐居成为以户主权主体的更迭为目的的法律行为。明治民法规定,户主(家长)在年老或有不得已的事由等情况下要隐居。于是,本来在封建社会就已经很盛行的隐居制度,在近代社会更加普及,普通民众家庭如此,家族企业也是如此。以三井财阀为例,从 1900 年到 1945年,在三井家族各家的 29 位家长中,大体上是 30 岁前后继承家长之职,然后在位工作三十多年,60 岁左右隐居②。这种制度保证了家族企业内始终以精力旺盛、头脑清楚的人掌管家业,这是日本的家族集团与家族企业兴旺发达的重要原因之一。

　　隐居制的存在,使日本的家长制变成了"任期制",它与儒家伦理中"祖在则祖为家长,父在则父为家长"的规范是格格不入的。中国历史上的家长都是家庭内部血统关系的天然尊长——祖父或父亲自然而然地成为家长,因此,家长在家庭中绝对权威的地位是终身的。生物学角度上作为子女的父亲与社会关系角度上作为一家之长的双重角色使中国的家长权高居于家族利益之上,没有任何制约。虽然中国的封建礼教也有关于家长品德、行为的规范,但在现实生活中,这些规范往往并不能落到实处。因为伦理与法律都维护父权,子孙告父母、卑幼告尊长本身就是违法行为。而在日本,家长在隐居之后,即失去原有的一家之尊的地位,不能再享有原来的待遇(如要从原来住的大房子或大房间搬到小房子、小房间住),仅仅作为家族的普通一员而存在,被新的家长扶养,所以要服从新任家长的意志,不能因为是长辈就妄自尊大,有的家训中甚至做出"隐居之后,不可假借其子之力"③的规定,这也明显有悖于儒家的孝道。可以说,中国的家长的权威在于他是父亲,而日本的父亲的权威在于他是家长。隐居制是对家长"终身制"的否定,这样,有利于后辈的迅速成长。实现家族的长久延续和事业兴旺,需要家族代代成员的共同努力,如果已达老朽之境,仍执着于家长的权力与地位,势必使后辈囿于家长的

---

①　笠谷和比谷:『士の思想』,日本経済新聞社 1993 年,第 54—58 頁。

②　同志社大学人文科学研究所:『日本の家』,国書刊行会 1981 年,第 296 頁。

③　第一勧銀センター:『家訓』,中経出版 1979 年,第 81 頁。

权威而难伸其志。隐居制能够促进老朽者退而新锐者进,由此带来家族内部相对宽松的环境。家长的"任期制"对以家族为基础的日本政治秩序与社会秩序都有着很大影响,它有利于克服专制主义,接受西方民主制度。正因如此,在面对现代化挑战时,日本所遇到的障碍就比较小。

二、长子继承制对平均主义的挑战

在日本历史上,从律令时代开始,由于受中国法律的影响,曾在很长一段时间内实行"二元主义"的继承制度,即继嗣继承和财产继承。所谓继嗣继承,是由嫡子继承被继承人的身份,如官职、位阶等,而在财产方面则实行诸子分割继承,这一点与中国历史上基本相同。从平安时代中期起,随着社会政治经济结构的变化,日本人不仅放弃了政治上的中央集权制度和经济上的土地国有制,在财产继承方面也逐渐放弃了"二元主义"的继承制度。随着"家"制度的形成,从战国时代开始,逐渐变分割继承制为长子单独继承家业及家产的家督继承制,至德川幕府时期被制度化。"家督"一词最早见于《史记》,"越王勾践世家"中有"家有长子曰家督"。日本人在借用了这一词汇后,赋予了超过其本意的深刻内涵。所谓家督,在"长子"这一意义之外,更重要的是指伴随着家长身份而存在的权利与义务。家督继承制的特点是家系由祖先到子孙一脉延伸,而不顾及兄弟之间的关系,具有对旁系亲属的排他性;家长的地位和权力由一子(一般是长子)继承,他与其他兄弟姐妹是上下等级关系;家产和家业由继承人单独继承,有的家族中,次子以下其他成员也可得到少量财产,但份额极为有限;继承人作为父母的赡养者,结婚后要与父母一起生活,其他子女则在结婚后离开父母独立成家。家督继承制所反映出的身份继承与财产继承基本上是统一的。明治维新以后,家督继承制不仅没有被废除,反而被写进 1898 年颁布的明治民法,成为战前日本家族制度的准则。

家督继承制首先产生于武家社会。在幕藩体制下,武士的地位与俸禄是依据其家系和先祖的功绩即所谓"家格"(门第)而决定的,处于各个等级的武士是幕藩体制的基础,不容轻易发生变化。如果实行诸子分割继承,很容易使这种基础受到破坏,所以要极力避免。

因此,唯有长子继承是巩固和维护这种基础的最好办法。家督继承制确立了家长在家族中的绝对统治地位,在经济上保证了家业的完整,在政治上维护了幕府统治的基础。由于它有利于家产和家业的维持,对包括农民与町人在内的庶民阶层也产生了深刻影响,只不过庶民家庭的继承不像武士家庭那样严格,如在农家既有长子继承,也有末子继承,还有不论男女,由初生子继承(如是女儿就招婿)的现象。在町人家庭,出于家业经营的需要,一般是长子在继承家长权和家业的同时,继承大部分家产,次子以下其他成员也可以得到一定份额,但这种分配比例要以不损害家业的完整和延续为前提。大体上是按照长子六分、长子以下总计四分的"世间大法",或者是长子五分、长子以下总计五分的比例进行分配。也有的长子继承十之八九,其余十之一二由所有次子继承,如以发明清酒而闻名的关西富豪鸿池家就通过家训规定了这样的分配比例。这种继承制度带来了日本独特的家族体制——长子代表的家叫本家,也叫宗家,是一家的核心,次子以下其他成员结婚以后所建立的家称分家。本家与分家在血缘上虽是兄弟关系,但在社会属性上却是主从关系。在长子继承制下,继承人的地位高于非继承人是理所当然的事情,在日本甚至有"连炉灶前的灰尘都是长子的"说法,继承人之外的人自出生之日起便被入了另册,家庭之内因此充满了不平等,在家庭中也缺少温馨与亲情。

家督继承制具有浓厚的封建因素,是日本家庭内不平等的起源,但财产方面的单独继承制对近代日本资本主义经济的发展也具有一定客观上的积极影响。它使家产相对集中,有利于投资扩大再生产。这种在家产形态下进行的资本积累,使明治维新以后大批富豪有能力投身于新兴产业。长子继承制还割断了非继承人与生产资料的联系,促使他们离开家庭和土地。明治维新后,随着身份制的废除和工业化的发展,过去无所事事的这部分人在新的生产关系带来的社会变化中找到了出路,也弥补了由于原始积累不充分造成的缺乏雇佣劳动力这一资本主义生产关系的先天不足。这种继承制还对人们的观念具有巨大影响,日本人普遍持有这样的看法:弟弟一般都比长兄勇敢并有独创精神,因为他们不得不自食其力。家督继承制的存在使次子以下的子弟都有一种不安全感,当他们发现父母的财产跟自己无关时,只有走出家庭,赤手空拳到陌生的社会上创立事业。从德川时代到明治时代,非长子只有到社会上才能找到自己的位置,不离开家便不能出人头地已经成为全社会认同的观念。长子继承制使非长子养成了独立、竞争、勇敢和冒险的心理特征,从而为明治维新后资本主义的发展奠定了人才的基础。可以说,在家中的不平等境遇实际上转化为一种动力,促进那些被排斥在家业继承之外的人们摆脱身份上的束缚,走向社会,他们在人生设计上比家业继承人来说有更大的选择余地。在明治维新后较少束缚的社会条件下,一大批积极向上、勤奋刻苦、有知识、有才能的经营人才脱颖而出。总之,长子继承制在客观上造成了一种社会定向型人才培养机制,这种机制保证了日本的上层集团或社会的精英集团中始终能有一群奋发有为的人,这一因素无论被运用于企业经营管理人才的选拔,还是技术工人的培养,无疑都是有积极意义的。

长子继承制是对儒家"均平"观念的挑战。中国历史上不缺商人与财富,却始终由于家族的自我限制而不能发展壮大,成为改变社会的重要力量。这种自我限制表现在多方面,其中诸子析产制阻断了人们积累财富的道路,而永远重复着集聚与分散的循环。中国的家是建立在纯粹的血缘关系基础上的,同一父亲的男性成员都是父祖血缘的延续,因而在家庭中的地位基本平等。在中国封建社会,儒家的"均平"观念始终牢固地钳制着财产的分配与继承,不论是在父母生前的"分家",还是其死后的"继承",都要以平均为原则。孔子的"不患寡而患不均,不患贫而患不安"的思想被后代不断阐释与发展,成为中国人处理财产关系的一种普遍心理。人们满足于兄弟之间、前后左右的"寡而均"的生活。到了明清时期,中国的商人组织和商业经营都已经很发达,但是商人们在致富之后,往往不是继续扩大再生产,而是用大量资本购买土地与田宅,这一点除了"崇本抑末"的传统使然外,其重要原因还在于他们是为了在分家时能够做到平均。如徽州休宁商人汪某"贸易丝帛,克勤克俭,兢兢业业,迨三十年",但最后留给儿子的是"逐年所置产业"和"承祖田地",并"因其肥瘠,三子平分,设福禄寿阄书"①。历史上多少有名的老字号正是因为分家

---

① 章有义:《明清及近代农业史论集》,农业出版社1997年,第304页。

析产而逐渐衰落。可见诸子析产原则的基本出发点不是家庭的繁荣昌盛和持久永恒,而是为了维系血缘亲情不疏远,使家庭乃至社会都处于稳定状态。平均主义的析产继承制度同时也增加了人们思想上的惰性,使大家眼光向内,全力争取自己的那一份利益,其结局是导致人们共同贫困。另一方面,这种制度也抹杀了个人的创造才能与进取心,使较多的人满足于拥有少量生产资料,因而不愿离开家去开创新的事业,世世代代严重依赖于土地。这种一经财产分配便决定人的终身的家庭定向型人才培养模式很难培养和造就适应现代化需要的人才,在创新精神、竞争意识等方面都是与日本的长子继承制带来的社会定向型的人才培养机制无法比拟的。

三、"家"的利益对血缘秩序的超越

日本传统社会血缘秩序有两大特征,一是辈分秩序欠乏,二是养子制度发达。

辈分秩序欠乏。在以血缘为纽带、聚族而居的中国宗族社会当中,血缘秩序具有十分重要的意义,故用以区别长幼、规范血缘秩序的等级制度——辈分应运而生,儒家思想中的人伦等级思想实际上反映了这层关系的实质。辈分不仅是血缘阶梯的标志,还具有重要的社会意义:它体现了宗族内部的等级制度,意味着家族内部的权势划分,辈分高者为尊,辈分低者为卑;它是族人履行个人在血缘等级关系中的权利和义务的依据;还是决定收养、继承、婚姻等事宜的关键,尤其是立嗣必须选择辈分适当的人,在收养养子的原则上,与"异姓不养"并重的是"昭穆"相当。

在深受儒家文化影响的日本,却常常可以看到辈分倒错的现象。这一点在平安时代以前天皇、贵族的婚姻中最为典型。如天智天皇的女儿中有四人成为其弟天武天皇的后妃;本是同父异母姐妹的持统天皇和元明天皇成了婆媳(持统天皇是天武天皇的皇后,元明天皇是天武、持统之子草璧皇子之妃,后继承皇位)。大贵族藤原不比等为达到控制天皇的目的,先让女儿藤原宫子给文武天皇当夫人,生下首皇子,待首皇子成为圣武天皇后,藤原不比等又把另一个女儿光明子立为圣武天皇的皇后,于是,藤原宫子与藤原光明子这一对同父异母姐妹也变成了婆媳。从这样的事例看来,当时的婚姻并没有辈分的限制。尽管反映儒家宗法秩序的"昭穆"制度也随着隋唐文化的传入被写进《养老律令》，而律令的官撰注释书《令义解》对"昭穆"解释是："谓昭者为父，故曰明也。穆者，敬也。子宜敬父也。"于是，规范血缘秩序的实质内容——辈分就可以忽略不计，只剩下"子宜敬父"的道德约束了。据9世纪后期编纂的《令集解》记载，"今时人，多以己亲弟、从父弟等为养子"，即在收养养子时，在近亲中若没有合适的人选，便选择年龄相差15岁的弟弟或堂弟做养子①。如果说上述乱伦婚配与无序收养的存在是因为当时的日本尚未彻底摆脱原始群婚影响的话，那么到了封建社会的成熟期——德川幕府时代仍然存在此类现象，则是因为现实利益的驱使了。在德川幕府的十五代将军中，正常的子承父位只有七代，其他则是由养子继承。比如，第五代德川纲吉是第四代德川家纲的弟弟，第六代德川家宣是第五代德川纲吉之兄的儿子。最为典型的是第八代将军德川吉宗，他本是御三家之一的纪伊藩第二代藩主德川光贞的第三子，其两个兄长德川纲教和德川赖职在作为纪伊藩第三代、第四代藩主相继去世后，作为其兄德川赖职的养子成为第五代藩主。1716年，幕府第七代将军德川家继七岁早夭，德川吉宗便被作为养嗣子继任了第八代幕府将军。德川吉宗不仅年龄要大于前任25岁，而且在辈分上要属于其祖父辈，这显然是严重违悖儒家人伦关系的。由于这种年龄大于养父母的"年长养子"或辈分高于养父母的"尊属养子"违悖人伦，故在江户时代中期以后为幕府和各藩禁止，但孙辈作祖父养子的则很常见。江户时代儒学家、有"近江圣人"之称的中江藤树就是父亲虽健在，但被祖父收为养子，从而继承祖父的武士家业的。与祖孙养子相比，以弟弟作哥哥养子的则更多一些。明治维新以后，"不得把尊亲属或年长者收养为子女"被写进明治民法，但祖孙养子、兄弟养子仍存在，并得到法律的承认。比如三井财阀总领家的第十代家长三井高栋（1857—1948年）本是第九代家长三井高朗的弟弟，因为三井高朗体弱无嗣，他便当了长兄的养子，于是二人由兄弟变成了父子。中国人

---

① 《令义解·户令》："凡取养子者，年齿须相适……男子十五听婚，既定夫妇，理当有子。然则年十五者，则于三十者，有为子之道。年四十者，则于二十五者，有为父之端"，也就是说，在日本人的眼中，相差15岁的兄弟就有为父为子之道了，变兄弟为父子乃是正常的收养行为。

对辈分秩序的重视与日本人辈分意识的欠乏,源于对"代"的不同理解。中国人所说的"代"是依据人类血缘关系的繁衍而划定的,所谓同辈,即指兄弟姐妹,上一代,肯定是父辈,无论发生什么情况,这种客观存在的辈分关系都是不能改变的。而日本人所说的"代"是按家业继承情况而划定的,因此,即使是生就决定了的人伦关系——祖孙、父子、兄弟,也可以因家业继承的需要而改变之。在这里,根本见不到儒家的规范对日本人的约束,展现在人们面前的是十足的功利主义和对现实利益的追求。

养子制度发达。中国的家族成员是同一祖先的后代,中国人在家族成员资格的认定上强调的是血的共同。这种资格的认定既明确又牢固,它是与生俱来、永久不变的,不会受才能、地位和财富的左右。在这方面,中日两国有着很大差异。由于日本的"家"是以家业为核心的经营体,故血缘关系并不是构成"家"的唯一纽带。为了适应家业经营的需要,可以对血缘关系进行人为的调整。于是,日本的养子制度比较发达,在江户时代尤其突出。学者竹内利美根据《宽政重修诸家谱》(德川时代直属将军的大名、旗本、幕臣的谱系)对128家大名家族的3,023名男性成员做过调查,得知江户时代前期大名家的男子给他人当养子的为8%—9%,到江户时代中期,这个数字已经达到31.3%[①]。有的藩由养子继承家业的高达四成至半数。

日本自律令时代有了明确的关于养子制度的规定起,就与儒家礼教中的"异姓不养"原则有了偏差。日本的"户令"规定:"凡无子者,听养四等以上亲于昭穆合者。"这一条的原型显然是唐户令"诸无子者听养同宗于昭穆相当者"。这里的区别在于,中国的"同宗"是指同一祖先的男性后代,而日本的"四等以上亲"中包括在中国被列为"异姓"之列,从而不能成为收养对象的姐妹之子、妻妾前夫子等。在日本历史上,尽管"异姓不养"原则常常被人提及,但在现实生活中却流于形式。尤其是在武家社会,收养养子成为一种扩大势力的政治手段,同姓异姓并不重要。到江户时代后期,异姓养子越来越多。据家族社会学家汤泽雍彦对明治初年户籍的考察,从江户时代到明治初期,日本成年男子的四分之一是养子,且

---

① 竹内利美:『家族慣行と家族制度』,恒星社厚生閣1969年,第98页。

主要是婿养子①。汤泽雍彦本人的父亲与叔叔也是婿养子。所谓婿养子,即改随妻家姓氏的上门女婿,其身份既是女婿又是养子。虽然没有血缘关系,却让其继承家业与家产。明治维新之后,法律上限制了有儿子的家庭收养养子,但是招婿养子则不受限制,所以,明治以来日本家庭中的养子多是以婿养子身份出现的。如著名的东洋史学家贝塚茂树和物理学家、日本第一位诺贝尔奖获得者汤川秀树实际是亲兄弟,本是地理学家小川琢治的儿子,在成为别人家的婿养子后分别随了妻家的姓。

深受儒家文化影响的日本为什么背离了"异姓不养"的原则?笔者认为最根本的原因还是出于日本人根深蒂固的家业观念。不管对何种身份的人来说,家业都是最重要的。这种家业观直接左右了日本人的血缘观,在中国人眼中至高无上的血缘关系在日本是服从于家业需要的。异姓的养子、婿养子在改变了姓氏之后,就可以进入家庭,继承家业,是否具有血缘关系并不重要。反之,如果没有继承和管理家业的能力和良好的资质,即使亲生儿子也可能被剥夺家业继承权。这就是所谓"暖帘重于血统",充分体现了日本人的实用主义原则。家的利益对血缘秩序的超越打破了家族血缘关系的封闭性,使人们可以在关键的时候依据品德和才能标准选择家业继承人,这种态度不仅维护了家业的延续,使日本拥有百年以上、甚至数百年历史的企业或店铺屡见不鲜,也促进了经济的发展与社会的进步。因此,有人说日本的养子制度是"富过三代的秘方"②。

结语

血缘,古往今来在中国人心目中是神圣的,自从西周社会宗法制度形成以来,血缘关系就成了中国人伦理道德的基础,"同姓则同德,同德则同心,同心则同志"成为家族社会人际关系的准则。人们对血缘关系的重视造成了家族的封闭性,必然导致对知识、才能的否定和对人才的扼杀,不利于家庭、家族的进步与发展。自古以来,家族就

---

① 汤沢雍彦:「日本における養子縁組の統計的大勢」,『新しい新家族』1983 年 3 号。

② 陈其南:《婚姻家族与社会》,允晨文化实业有限公司 2002 年,第 95 页。

和手工业及传统工艺孪生共存，合为一体，为了保护家族的利益，宁可不发展，也要求家族所掌握的技术在家族内世代相袭，于是便有祖传绝技"传子不传女"、"传媳不传女"的规定，其结果是许多工艺、技能没落与失传。"非我族类，其心必异"是宗法制度下的一种狭隘心理，也是思想保守与社会封闭的重要根源。

（原文刊载于《南开学报》2006 年 3 期）

第三节　从继承制度看日本现代化的内部动因

日本历史上的继承制度是以家督继承制为主导的多元化继承制，它不仅是重要的法律问题，也是一种独具特色的文化现象，对日本近代化有着重大影响。

一、日本继承制度的演变

世界各国的家产继承制度各有特色，但基本上有两种，一是诸子分割继承制，一是长子继承制。长子继承制是西欧封建社会较为普遍的继承制度，中国是实行诸子分割继承的典型，日本则是由诸子析产制转而实行一子继承制的。

日本在律令时代实施"二元主义"的继承，即继嗣继承和财产继承。继嗣继承指由嫡长子继承被继承人的身份与特权，当然，这只是贵族社会的事情。与普通百姓有关的只有财产继承，按照《养老令·户令》规定："凡应分者，家人奴婢田宅资财总计作法。嫡母、继母及嫡子各两分，庶子一分，妻家所得，不在分限，兄弟亡者，子承父分，兄弟俱亡，诸子均分"，属于诸子不等份的分割继承。从平安时代中期开始，土地公有制逐渐被庄园领主制取代，导致社会结构发生变化，武士阶级登上了日本政治舞台，但继承制度却没有随之发生变化。在镰仓幕府时期，不论武士家庭，还是农民家庭，仍然实行财产分割继承。这样就形成一种较为特殊的现象——日本的庄园领主制在排他而独立的土地所有权、封建等级制度、自给自足的自然经济等方面与西欧诸国非常相似，但在财产继承方面却仍然保留诸子分割继承的传统。在镰仓幕府时期武士的"总领制"家族中，家族的首领称总领,由他统制族内成员(包括血缘家族成员及家臣),对幕府的义务也由总领负责完成。总领的地位由长子继承,而财产却由诸子分割继承。由于总领以外诸子均有一定财产继承权,因而不服从总领管辖,甚至拒绝承担义务的现象时有发生,致使家长无法维持正常的统制。另一方面,对祖传财产的一再分割,使许多人变得贫困不堪。武士们不得不转而投靠地方上有势力的人,大名的势力因此得以迅速膨胀。实践使人们认识到,"分割父母家产,分配至末子,乃末代之乱逆,子孙不和之基也"①。从室町时代开始,各大名为了强化家长权,维护封建秩序,纷纷改革继承制度,以长子单独继承取代诸子对财产的分割。例如,骏河大名今川氏的家法《今川假名目录》规定:"父亲的领地和职务,当然应由嫡子继承,而不允许父亲无理由地就让弟弟继承。"②陆奥大名伊达氏的家法《尘芥集》也规定:"嫡子无不孝等事由,而父祖将所领让与庶子或养子之时,主君将命其取消这一决定。"③德川家康建立江户幕府后,集战国时代以来诸大名统治经验之大成,建立了一整套严格的主从关系体制,并要求武士集中居住于城里,实行彻底的兵农分离。这样一来,武士与领地的直接联系被切断,变成了依靠俸禄为生的阶层,这种俸禄不是直接取自自己的领地,而是被折合成一定数量的米谷。从此,武家社会所有的人在通过向主君尽忠——履行各种义务而领取俸禄之外,别的一无所有。由于这种变化,对于武家来说,最不利的事情就是由几个继承者来分割这份俸禄,因此,由长子继承家业与家长权,同时也继承家产的纯粹的长子继承制得以在武家社会确立。

家督继承制所反映出的身份继承与财产继承基本上是统一的,从而确立了家长在家族中的统治地位,在经济上保证了家业的完整,在政治上维护了幕府统治的基础。以这种继承制度为核心的"家"制度成为幕藩体制的重要支柱。

家督继承制形成之初,还仅仅是武家社会的继承制度。由于它适合于家产和家业的维持,所以直接影响到农民与町人(工商业者)

---

① 《世镜抄》,引自福尾猛市郎:『日本家族制度史概説』,第 144 页。

② 石井进等编:『日本思想大系』21『中世政治社会思想』,岩波书店 1978 年,第 203 页。

③ 石井进等编:『日本思想大系』21『中世政治社会思想』,第 231 页。

阶层。对于农民来说，土地是基本的生产资料，家产的继承主要是对土地的继承。在德川幕府时期，幕府征收年贡的对象主要是经营一町左右土地的小自耕农，他们是幕藩体制统治的基础。从维护统治的角度而言，幕府十分重视农村的稳定，禁止农民分家，以防止因财产分割造成农民破产。从农民本身而言，因为所拥有的土地微乎其微，再加上生活贫困，只能实行一子单独继承。但是，农民家庭的继承人是否是长子并不很严格，由谁继承往往取决于被继承人的意志，很多情况下未必是长子。如在大阪府三岛郡三个牧村柱本这个地方，从元禄（1688—1704 年）到安永（1772—1781 年）年间，共发生财产继承 530 件，其中有 51.5％是长子继承，其他则分别由次子以下者、女儿或养子继承①。此外，在农民家庭的继承中，传统与地方色彩也比较浓。比如在信浓、尾张、土佐、日向、肥前等地长期保留着末子继承的习惯，即男子长大成人后都离家外出，或者分开另过，留下最小的儿子继承家业，并由他赡养父母。还有的地方的继承习惯是子女不分男女，以初生子继承。1880 年（明治十三年）刊行的《全国民事惯例类集》记载了一些地方"不限男女，由先出生者继承"、"男女不限，年长者有继承权"、"家产继承不拘男女，以初生者为总领，若总领早逝，亦不拘男女，以第二、第三顺序继承"的习俗②。之所以存在这种继承形式，如一些记载指出："农家纵有男子，但有长女则迎婿养子使其继承，以分力役之劳"，"农家有长女便迎婿继承，以从力役之便"③，说明主要是为解决劳动力问题。人们称招女婿继承家业的为"姐家督"。这种继承形式实际上是古代社会长期存在着的招婿婚习俗的一种表现，也说明农民家庭的继承制度要比武家灵活多样。

　　町人（商人、手工业者）家族的财产继承与武家、农家也有不同。由于其家业经营的特征所决定，一般是长子在继承家长权和家业的同时，继承较多份额的家产，次子以下其他成员则可以在继承一定份额的财产后建立分家。至于财产分配比例，大体上是按照长子六分、

---

　　① 大石慎三郎：「江戸時代における農民の家とその相続形態について」，日本法社会学会：『家族制度の研究』上，有斐閣 1956 年，第 101 頁。

　　② 法務大臣官房司法法制調査部監修：『全國民事慣例類集』，商事法務研究会 1989 年，第 393—394 頁。

　　③ 法務大臣官房司法法制調査部監修：『全國民事慣例類集』，第 393—394 頁。

长子以下总计四分的"世间大法",或者是长子五分、长子以下总计五分的比率进行分配。① 俳人井原西鹤在其作品《世间胸算用》中有一份"财产分配大法":假如有 1,000 贯财产,则总领(长子)分得 400 贯及家宅,次子分得 300 贯并得到在他处备好的住房,三子以下分得 100 贯后遣至他家当养子,女子则给予 30 贯的陪嫁钱和价值 20 贯的家具什物。② 也有比较严格的町人家族,如商人鸿池家的家训规定:"凡事要以本家安泰为重,财产十之八九当归本家继承人,其余一二分由次子以下继承。"③从这些情况看来,町人家族虽不是严格的长子单独继承,却是明显的长子优先。

考察日本历史上的继承制度后,感觉很难对其下一个明确的定义。一般来说,武家社会实行长子单独继承,而农民家庭是单独继承,却不一定是长子继承;町人家庭则是长子继承优先。总体来说,在家督继承制占主导地位的情况下,呈现出多元化特征。显然,这是社会结构变动性与社会阶层多样性的直接体现,各个社会阶层有适应各自家业需要的继承制度。

取消身份继承,废除长子继承制,子女可以依法均分遗产,实现男女两性在继承问题上的平等是现代继承制度的特征。废除以身份继承为突出特征的家督继承制,使继承仅涉及财产继承,并实行平均分配的原则,本应是明治维新的任务之一。由于明治维新改革的不彻底,它却被人为地大大延误。充满封建色彩的、原来只是通行于武家社会的家督继承制不仅被保存下来,而且被进一步推行于全体国民当中,还被写进明治民法,从而成为直到战败为止日本继承制度的准则。日本社会学家竹内利美于 20 世纪 40 年代末至 50 年代对岩手、山形、群马、爱知等地区农村进行调查发现,不少村庄都保持着长子继承的传统,只有在长子去世或者有特殊情况的前提下,第二子或第三子才有可能成为继承人。从数字上看,第二子继承的为 21.5%,第三子更少,只有 10.4%④。长子作为家督继承人,一方面继承户主的家长地位,同时又继承家产,这种制度虽然在客观上可以

---

① 中田薰:「わが国家族制度の沿革」,『法律新报』733 号,第 11 頁。

② 井原西鹤:『西鹤選集・世間胸算用』,桜楓社 1995 年重印本,第 68 頁。

③ 吉田豊:『商家の家訓』,德間书店 1973 年,第 134 頁。

④ 竹内利美:『家族慣行と家族制度』,第 18 頁。

保全家产,但基本用意是加强家督继承人即户主的权威。在战后民主改革过程中,家督继承制度虽然被废除了,但仍然在一定程度上影响着日本人。

二、日本继承制度的特征

家督继承制是日本继承制度的核心,它"在客观上是指家产继承,在功能上则是指家业继承,进而还包含着使祖先得到祭祀的目的"[①],即在家产继承的背后,体现出的是继承家业这一实质,因此日本有些与继承相关的做法颇具特色,突出表现在以下两点。

特征之一:发生继承的原因未必是继承人死亡。在现代继承法中,被继承人的死亡是引起继承法律关系发生的原因。而在家督继承制下,被继承人健在而发生继承是正常现象。这是因为在日本传统社会当中,十分注重家业的纵向延续与家族整体的利益,要求家长既有健康的身体,也要有掌管家业的能力,于是,产生了家长的"隐居"制度。所谓隐居,指家长在老龄或因病等情况下,从家长的地位上引退,将家长权让渡给继承人。隐居起源于中国周代的官吏七十而致仕的制度。在吸收隋唐文化的过程中,日本人也将其作为官僚退休制度学过去,在《养老令》的"选叙令"中规定:"凡官人年七十以上听致仕。"不同的是日本人把朝廷命官致仕与"隐居"联系在一起,致仕就是隐居,隐居就是致仕,体现出日本人对外来文化的改造。而在日本古代贵族社会,辞去官职,退居乡野,只是官吏在辞官后的一种普通的生活方式而已,全无中国士大夫在官场失意或不满时政而辞官的那种遁世逃避的消极色彩。进入武家社会后,贵族社会中的致仕——隐居的做法被导入武士的家族制度当中,武士集团的家长在因病或老衰时要隐居——将家长权让渡于继承人,使应在死后发生的继承行为在生前发生。究其原因,是因为武家社会百般制度以兵事为本,尤其是"以族制立国"的武士要以家族集团为单位仕奉主君。家长要代表一族对幕府尽各种义务。如果家长既老且衰,则无法尽武者之道;如果家长品德不良,或有犯罪、违法等行为,将有损家族集团的利益和声望。隐居的做法可以使一家之长能时时以旺盛的

---

① 尾藤正英著、王家骅等译:《日中文化比较论》,第 31 页。

精力和清醒的头脑统帅族人,从而使家族处于积极的运营状态。在家长不堪统帅一家之责任时,便将其承担的公、私职务让给身体健壮及有能力的继承人,由其继续对主君履行奉公的义务。到江户时代,身份制度与主从关系日益严格,隐居制从习惯变为严格的制度。不论幕府抑或各藩,都将隐居作为提高武士集团战斗力和保证各家(江户时代从藩士到藩主都是以家为单位)稳定的重要手段,对隐居的年龄也出现了限制性规定。如幕府规定 60 岁隐居,而有的藩规定 50 岁(如纪州藩),也有的规定为 70 岁(如金泽藩),总的说来在 50 岁至 60 岁隐居的比较普遍。从这个意义延伸开来,如果担任一家之长的武士因公务上的过失或犯罪而被剥夺家长权,被称作"罪科隐居",实际是一种惩罚。

明治维新后,由于家督继承制度被保存下来,隐居成为明确的以户主权的主体更迭为目的的法律行为,受到法律的承认与保护,明治民法专门对隐居做出相应规定,户主(家长)年满 60 岁可以隐居,因疾病或其他不得已的事由不能再执掌家政的情况下,还可以在履行了规定的手续后提前隐居(第 752 条)。于是,本来在封建社会盛行于武家社会的隐居制度进一步普及到全体国民。民俗学家大间知笃三于 1934 年曾在茨城县多贺郡高岗村进行社会调查,发现在总计 181 户中,有隐居现象的多达 76 户[1]。

隐居,简单说来,就是家长在生前将家长权让渡给继承人,也可以视之为家内退休,它是仅次于被继承人死亡的发生继承的原因。对于被继承人(隐居者)来说,从过去的一家之主变成了家庭的普通一员。隐居后的家长不再是一家的代表,过去曾经拥有的作为一家之主的所有权利都随着隐居而转移到继承人——新任家长手中。由于注重家业延续的日本人把家长视为"祖先的手代(管家)"[2],隐居也意味着家长完成了传递家业的使命,这种传递表现在多方面。除了要将家产、代代从事的家业传给继承人,由家长掌管的祖坟、祭具、坟墓及家谱等均要随之转到新家长手中由其继承,这在重视祖先崇拜的日本人那里是十分重要的权利和义务。在姓名称呼上往往也会

---

① 大間知篤三:「隠居について」,『年報社会学』5,岩波書店 1938 年,第 22 页。

② 伴篙蹊:「主従心得草」,吉田豊:『商家の家訓』,第 331 页。

发生变化。由于历史上日本人的姓名是作为家名而存在的,祖先的称呼代代流传下来成为一家的称呼,如一家先祖叫源兵卫,以后不管是哪一代继承人,只要坐上了家长之位,就要放弃幼名,改称为源兵卫。同样道理,家长隐居之后就不能再叫源兵卫,要改称其他名字,以便让新任家长袭称源兵卫这一祖名。

特征之二:继承人未必是亲生儿子。日本的家是以家业为核心的经营体,故人们对继承人的选择,可以不拘泥于是否有血缘关系。为了对维护家业延续,甚至可以对血缘关系进行人为的调整。在有儿子但不适合继承,或没有儿子的情况下,可以选择养子继承,这是人们都认可的、在历史上非常流行的做法。早在律令时代,去别人家当养子,就是当时贵族家庭长子以外男性成员的主要生活手段之一。

进入幕府时代以后,收养养子的越来越多。清末黄遵宪出使日本时就曾据所见所闻记曰:"日本赘婿为子,即冒其姓,自足利氏始。时尚武竞争,多养他人子以固党羽。"[1]一方面,在无子的情况下,以养子继承家业在武家社会形成了习惯。另一方面,一些武士集团的首领,把家臣的孩子收为养子,将模拟的父子关系与主从关系结合起来,以此作为扩大势力的手段。战国时代社会秩序混乱,大名们为在争霸战争中立足,把收养养子作为与"政略婚姻"[2]一样的扩大势力或遏制对手的手段。到江户时代,确立了严格的"家"制度,家的延续极为现实与重要,故养子之制达到前所未有的程度。其表现一是养子的形式多样化,除了在没有儿子的情况下从同族人中选择的"通例养子",以及把女儿的婚姻与收养合二为一的"婿养子"之外,还有"顺养子",顾名思义为以弟弟做哥哥的养子,另有"末期养子"(也叫"急养子",即在家长病重危笃之际,为避免一家绝嗣仓促认领的养子)、"临时养子"(在没有继承人的情况下临时外出离家,为防种种不测而临时指定的养子)、"心当养子"(防止 40 岁以上的武士无继承人而突然去世,为保险起见收养的养子)等等。另一表现是养子的人数大量增加。如前所述,有学者考证,江户时代中期,大名家的男子有三分之一给他家当养子。更有人推断,从江户时代到明治时期,日本男子

---

① 黄遵宪:《日本杂事诗》,岳麓书社 1985 年,第 688 页。

② 政略婚姻:以子女的婚姻作为结盟、议和的保证,在战国时代非常流行。

的四分之一是养子,且主要是婿养子。四分之一的人是养子,说明还
有四分之一的人需要养子,两者加在一起,即全社会有二分之一的人
置身于收养关系中,这种现象实属罕见。

由于养子继承大量存在,许多家族即使世系延绵,而实际的血缘
关系已经面目全非。因此,日本人在考察继承关系时常常需要按"家
系"和"血系"分别进行,"家系"指"家业延续的系列","血系"则是指
"家族血统的系列",日本近代妇产科医生世家的贺川家的家系传承
就是一个典型案例(见"贺川家继承情况简表")。与此相关,祖先也
被分成"家的祖先"和"男性的祖先",因为"家系"是与"家的祖先"相
联系的,"血系"则是与"男性的祖先"相联系的。由于家系和血系往
往不一致,其结果就是"除了天皇家族之外,几乎所有日本人的家族
都有与异姓混血的历史","即使再出色的家族,也不可能把血缘关系
上溯到数代以前"[1]。也就是说,任何家族,如果没有养子继承的话,
都无法延续长久。

贺川家继承情况简表[2]

代数	家系	生卒年	血系	身份
初代	贺川玄悦	1700—1777	三浦	养子
二	贺川玄迪	1739—1779	冈本	婿养子
三	贺川玄昌	1760—1804	冈本	婿养子
四	贺川延年	1784—1810	贺川	三代玄昌之子
五	贺川玄岱	1787—1821	押切	养子
六	贺川赖孝	1804—1830	贺川	四代延年之子、五代玄岱养子
七	贺川为宪	1816—1835	贺川	五代玄岱之子、六代赖孝养子
八	贺川文焕	1811—1873	奥	养子
九	贺川玄庵	1841—1904	菊池	婿养子
十	贺川一郎	1865—1941	贺川	九代玄庵之子

---

[1] 太田亮:『家系系图の合理的研究法』,第 5 頁。
[2] 根据贺川明孝 1995 年编『贺川玄悦の系譜とその周辺』制作。贺川家是自江户
时代至明治时代久盛不衰、赫赫有名的妇产科医生世家,一直位居全国妇产科宗家的地
位,各地的妇产科医生中十之八九都学习贺川流妇产科医术。

（续）

代数	家系	生卒年	血系	身份
十一	贺川丰市	1898—1948	幸田	婿养子
十二	贺川明孝	1920—2009	新居	婿养子

　　深受中国文化影响的日本为什么远离了儒家伦理中的"异姓不养"原则？为什么养子如此发达？日本家族研究学者将其归结为宗教上的必要、政治上的必要和经济上的必要。所谓宗教上的必要，即从祭祀祖先考虑。一家若断绝，则死者得不到子孙的供养，是甚为不幸的事情；所谓政治上的必要，即在日本这个贵族政体的国家，如果贵族中的名家继嗣出现中断，将导致国体的变更。在武家社会，如果家系断绝，也会使武士失去俸禄，故需要以养子制度继承；所谓经济上的必要，由于上流家庭一般是子女到达相应年龄并婚娶之后，家长便隐居，从此作为家的普通一员由继承人抚养，一般百姓家庭父母老后的生活也要完全依赖子女，故在没有孩子尤其是没有儿子的时候，便要收养养子[①]。把这些因素综合起来，笔者认为最根本的原因是出于日本人根深蒂固的家业观念。日本的家不单纯是以夫妇为中心的生儿育女的血缘家庭，而是"以保持和继承家产（所领）家业为目的、以家名的连续为象征、由父—子—孙这样的男子直系亲属继承的独自的社会单位"[②]，家的延续，不仅是血缘的延续、财产的传递，更重要的是家业的延续。日本人的家业观，直接左右了日本人的血缘观与继承观。在中国人眼中至高无上的血缘关系，在日本是要服从家业需要的。收养养子不仅是弥补血缘关系的缺陷，而是以家的延续和繁荣为基本目的。而且，不一定是在无嗣的情况下才收养养子，有儿子，照样可以收养养子。如果亲生儿子不成器，很可能以养子或婿养子取而代之。因为有了这种在继承人问题上的优选制度，使各种从事特定家业的家族世系很容易实现长久延续。

---

　　①　玉城肇：「養子制度の目的」，中川善之助教授還暦記念家族法大系刊行委員会編：『家族法大系』Ⅳ，有斐閣 1966 年，第 263 頁。

　　②　笠谷和比古：『士の思想』，第 15 頁。

三、继承制度与日本近代化的发展

继承是社会特殊财产的一种特殊的分配形式。日本的以家督继承为主导的多元化继承制,是日本历史上的经济、政治诸条件决定的。从主观结局来看是一人有、他人无,或者一人多、多人少,其不平等是显而易见的。但是从客观效果上看,这种制度适应了近代工业化的需要,并以独特的方式促进了近代工业化的发展。

首先,由于一子继承制使财富相对集中,有利于家庭财富的积累,进而使投资扩大再生产成为可能。这些财富在资本主义生产关系到来之际,可以迅速转化为资本,也就是说,封建财富也有着一种前资本的积累作用。在明治维新以后成为产业革命主体的多是江户时代的富商。不论是江户时代的富商,还是明治维新后的政商及后来的财阀,其共同之处,就是资本都采取家产的形态。为了维护家产并达到增殖,他们都千方百计地避免家产的分割,实行严格的一子继承制。例如三井财阀从创业到战后财阀被解散的三百多年时间里,经历了十几代人。三井家族的事业之所以像滚雪球一样越滚越大,实行严格的长子继承制是其重要原因之一。在三井家族由十一家组成的同族体制中,每一家除长子之外,其他成员均无家族资格和继承家产的权利。这种在家产形态下进行的资本积累,使得这些富豪有能力投身于近代产业。据 1901 年(明治三十四年)进行的统计,在当时全国持 50 万日元以上资产的富豪当中,有着数代乃至十数代发展历史的占 80%[①]。若非有严格防止财产分割的措施,这些富豪是难以维持长久不衰的。这一点对于在明治维新前后日本资本主义生产关系薄弱、资本积累水平甚低的情况下,实现资本主义工业化,具有重要意义。

其次,日本的长子继承制割断了非长子与生产资料的联系,促使非长子离开家庭和土地。家督继承制的存在使次子以下的子弟(至少占全国青少年三分之二)都有一种不安全感,当他们发现父母的财产跟自己无关时,只有走出家庭,赤手空拳到陌生的社会上谋生。在

---

① 1901 年 9 月 23 日『時事新報』,野田信夫:『日本の経営 100 年』,ダイヤモンド社 1978 年,第 13—14 頁。

江户时代,已经有一部分农村中的以非长子为主的过剩人口开始向城市流动,进入町人家族当"奉公人"。这种社会流动的意义正像俄国的彼得大帝于1714年颁布的"一子继承法"中指出的那样,实行一子继承,"其余的儿子不致游手好闲,因为他们不得不通过服役、做学问、经商与其他途径来谋取自己的面包,而且他们为了自己的生计将做的一切对国家是有益的"[①]。然而在封建生产关系之下,这些人是难以被社会彻底消化掉的。但是在资本主义生产关系迅速发展的新的社会条件下,那些无由继承家业的人能够较容易地接受"资本主义精神"——即雇佣劳动意识,很快适应社会变动的大潮,整个社会也因处于积极的流动状态而生气勃勃。恰恰是这一点,造就了资本主义工业化所需要的雇佣劳动力大军,适应了产业革命的需求。随着工业化、特别是重工业的发展,当新兴工厂企业需要劳动力时,作为非家业继承人的农家子弟便离开农村,涌向城市。过去不能继承家业、境遇不佳的这部分人在新的生产关系带来的社会变化中找到了出路,也为急剧扩大的工厂需要提供了有弹性的劳动力供给源。从这个意义上说,长子继承制在客观上促进了资本主义工业化的发展。

第三,在日本人的观念中,长兄一般不如弟弟勇敢并有独创精神。之所以如此,因为没有继承权的非长子们必须想办法独立谋生。从德川时代到明治时代,社会上形成了非长子只有到社会上才能找到出路的共识。人们迫切希望通过接受教育,在实践中增长才干,提高社会地位。非继承人通过自身努力去创立新的家业,从而成为一家的祖先(即一家的开创者)成为一种社会潮流,"立身出世"的观念应运而生。"立身出世"与中国的成语"立身处世"意义不同,是指那些无由继承家业的年轻人离开父母到城里去帮工、学徒,经过艰苦创业,至有了财力在城里有了房子,即有了"立身"之地,然后在新的生活中,又有了社会地位,便达到了"出世"的境地。久而久之,"立身出世"就成了"发迹成名"的代名词。人们称那些经过刻苦努力而成名成家、步入上流社会的贫苦人家的子弟为"立身出世"者。"立身出世"的思想牢牢扎根于日本人的头脑中,成为大多数人的人生哲学和

---

① 《外国法制史》编写组:《外国法制史料集选编》下册,北京大学出版社1982年,第818页。

奋斗的目标。长子继承制的实行,刺激了那些无产青少年出人头地、发家创业的强烈欲望,养成了独立、竞争、勇敢和冒险的心理特征,为明治维新后资本主义的发展奠定了人的基础和思想的基础,这样极有利于人才的成长。如石门心学创始人石田梅岩,幕末维新时期有名的政治家、思想家横井小楠,明治初期住友财阀的总裁广濑宰平就是典型的例子。无权继承家业的次子的处境迫使他们从小离家闯世界,经过艰苦努力而成为声名显赫的人才。从江户时代后期起,社会上便形成了一股以家中的非长子为主的新的社会势力。以幕末勤王志士为例,长子、非长子及养子的比例分别为 36%、34%、30%①。如此说来,长子与非长子在家中的不平等地位实际转化为一种动力,促使非长子离开家,投入社会大舞台。

第四,与非长子为争取创立新的家业而努力的同时,维护与繁荣既有的家业是家业继承人的责任与义务。这两者结合起来,成为明治时期新社会形成的动力②。如前所述,家长的隐居与基于能力主义选择养子做继承人,都是从家业整体利益出发的,要求精力旺盛、头脑清楚、品格优秀的人掌管家业。作为家业继承人继承了家业、成为新一代家长后,并非万事大吉。他们要明确自己所继承的家业只不过是来自祖先的"寄存品",丝毫不属于自己。他们的任务就是保管好这份"寄存品",再完好无损地传给子孙。"寄存品"意识促使他们时时刻刻勤劳敬业,不可懈怠。而且,在人们的观念中,只有使家业得到发展,家产有所增殖,才能算是成功者,而"只靠祖上积攒,凭遗嘱继承家业,死守老铺或靠店租、债利度世"的人,属迂腐无能之辈,被鄙为"靠牌位吃饭"和"不知天命"的人③。在商家当中尤其崇尚"从年轻有为的 25 岁就孜孜不懈,在身强力壮的 35 岁经营积攒,在通情达理的 50 岁上下规模大定,60 岁之前将万事托付后嗣,抽身退闲纳福"的生活方式。作为一个合格的继承人,必须立足于现实,脚踏实地,对自己所从事和管理的家业精益求精,把家业繁荣昌盛、长久延续作为终身奋斗的目标。日本不仅有百年以上、甚至绵延数百年、上千

① 神島二郎:『近代日本の精神構造』,岩波書店 1974 年,第 258 頁。
② 神島二郎:『近代日本の精神構造』,第 269 頁。
③ 井原西鶴:『日本永代蔵』,石田一良等:『日本思想史講座:近世』Ⅱ,雄山閣 1975 年,第 157 頁。

年的老字号企业与店铺,更有许许多多被称作"道"的传统文化技艺门类(如茶道、花道、剑道等等),都能够传承数百年而不辍,根本原因就是每一代继承人都如同家业传递链条上的一个环节,认真履行着家业发展与延续的使命,为之付出,为之努力。尤其是文化艺术领域,把某种艺术门类作为一个家族的事业来做,珍惜它、保护它,研究它的精髓,想办法让它发展,悠久而繁荣的"道"文化才得以存在。

结语

综上所述,日本的以家督继承制为主导的多元化继承制是社会结构变化的结果,其影响是深刻的。一方面,在家中的不平等待遇实际上转化为一种动力,促进那些被排斥在家业继承之外的人们摆脱身份上的束缚,走向社会,他们在人生设计上比家业继承人来说有更大的选择余地。另一方面,家督继承制对继承人身体健康、品格能力的要求和他们所受到的超过非继承人的培养与训练,使他们有能力承担延续与发展家业的重任,这对社会是有利的。这种继承制在客观上造成了一种社会定向型人才培养机制,增加了封建生产关系内部的活力,在新的生产关系出现后,为人们提供了实现个人价值的更广阔的舞台。这种继承制度的存在,使日本能够较为从容地应对近代化挑战,并且使幕末乃至明治维新后日本的上层集团或社会精英集团中始终能有一群奋发有为的人,对近代化政策的制定与实施,对企业经营管理与技术工人的培养,无疑都是有积极意义的。

(原文刊载于陈志强主编:《现代化研究》第五集,中国社会科学出版社 2009 年)

第四节　略论日本人的祖先崇拜传统

祖先崇拜是直到战败为止日本人政治生活与精神生活的重要内容,且在经济高度发达的今天仍然对日本人的思想意识、生活方式有着潜移默化的影响。美国记者罗伯特·G. 克里斯托弗曾在其所著《日本心魂》中记载了这样一件事:一次,一位已故日本政治家的儿子在回答美国客人对他父亲的赞誉时,一本正经地说:"下次我和父亲谈话时,一定将您的美意转告他。"①一句话令在场的美国人全都惊愕得目瞪口呆。是的,活人为什么要与死人谈话? 怎样与死人谈话? 这对于与日本具有不同文化背景的美国人来说是一个难解之谜,而谜底就在于日本人的祖先崇拜传统。因此,了解日本人的祖先崇拜传统,有助于了解日本人与日本传统文化。

一、日本人的祖先崇拜传统

所谓祖先崇拜,是把祖先视为具有超自然影响力的精神的存在,通过与所谓祖先魂灵的交流而使现实中的人们向上、纯化、发展的一种信仰。祖先崇拜是父权家长制的产物,在一切实行过父权家长制的国家中几乎都存在过祖先崇拜。自古以来,日本人就是虔诚的祖先崇拜者。在古代氏族社会,人们按照自己的民族宗教——古神道教的规矩一丝不苟地进行氏族之内的祭祀。有血缘关系的、有共同祖先的大大小小的氏族,都有整个氏族共同崇拜的守护神,即氏神。在一些规定的日子里,氏族成员集合到供奉守护神的神社里,在氏族首领的率领下进行祭祀,感谢神的恩惠,祈求神的保佑。直到今天,许多地方还保留着这种宗教仪式。佛教传入日本后,不仅在政治、伦理、思想等方面对日本产生了巨大影响,而且其因果报应、轮回转世、佛国净土、饿鬼地域等说教也与日本固有的祖先祭祀传统相融合,祖先崇拜的习俗被注入了新的内容。尤其是在日本传统家族制度形成及永久不灭的"家"观念产生之后,祖先崇拜的内容也随之发生了变化,即对自己的直接祖辈的崇拜取代了对远古的祖先的崇拜。至江户时代中期,是以家督继承制为核心的传统家族制度走向成熟的时期。与这种情况相呼应,民家在供奉神龛的同时又在佛坛中供奉祖先牌位已经成为普遍现象,日本固有的神道与外来的佛教实现了最彻底的融合。明治维新后的日本社会内保留了大量封建因素,家族制度就是主要内容之一,祖先崇拜的传统自然也受到法律的保护。明治民法第 986 条明确规定:"家督继承人自继承开始时继承前户主拥有的权利义务,家谱、祭具及坟墓的所有权属于家督继承的特权。"

---

① [美]罗伯特・G. 克里斯托弗著、贾辉丰译:《日本心魂》,中国对外翻译出版公司1986 年,第 82 页。

从明治维新直到日本战败,祖先崇拜的传统在政治、思想领域发挥了重要作用。只要稍稍注意就会看到,在所谓王政复古、开国、明治维新及近代以来有关皇位交替时的诏敕、颁布宪法的敕语、教育敕语、戊申诏书①等重要文书当中,必言及祖宗、列圣、先考等天皇家的祖先,显然是想通过世袭的、超凡的力量筑就天皇统治权力的基础。在法学界颇有影响的东京大学教授穗积八束把祖先崇拜的传统理论化为"祖先教",称日本是"祖先教之国",鼓吹"皇位乃民族始祖威灵之所在","吾人臣民归服万世一系之皇位即归服吾人之祖先的祖先、民族同始祖的威灵"②。另一东京大学教授井上哲次郎在其所著的《国民道德概论》中把日本的家族制度分为个别家族制度和综合家族制度。个别家族制度是基于婚姻、血缘关系的家族制度,综合家族制度是把个别家族制度集中在一起,举国形成一大家族国家的家族制度。井上指出,个别家族制度是孝德的胚胎,综合家族制度是忠德的胚胎,把这两种家族制度结合在一起的就是子孙祭祀共同祖先的祖先崇拜。井上哲次郎还指出:"于一家中要祭祀一家的共同祖先,于乡村中要祭祀乡村中的共同祖先即氏神,于一国中要祭祀一国的祖先","祖先崇拜成为一种向心力把血统结合起来,造就了统一的习惯,把这种习惯扩展至全国,就能形成举国一致"。③ 在对外侵略战争中,军国主义政权利用日本人的祖先崇拜传统,将"敬神崇祖"置于"健全家风"的首要位置,强调"敬神崇祖是祖孙一体之道的中枢,敬神实为归一于天皇,崇祖乃对天皇仕奉的祖先崇而祀之,敬神与崇祖相一致,是忠孝一致之大道的显现"④。因此,要求各家各户必须设神龛佛坛,每天一人不落地礼拜祭祀。将敬神崇祖与忠君爱国联系起来的宣传鼓噪通过遍及各家各户的祭祀活动,极大地毒害了日本人,他们作为"赤子""臣民",在天皇这个总家长的号令下,狂热地支持和参加战争,一步步走向毁灭的深渊。

　　日本自明治维新后迅速实现了经济的近代化,至今更成为世界

---

①　戊申诏书:1908 年二届桂太郎内阁时颁布的旨在对国民进行道德教育的诏书。

②　穗积重威编:『穗積八束博士論文集』,有斐閣 1943 年,第 433、435 页。

③　井上哲次郎:『国民道德概論』,三省堂 1912 年,第 212—213 页。

④　「战时家庭教育指导要纲」,近代日本教育制度史料编纂会:『近代日本教育制度史料』第七卷,大日本雄辯会講談社 1959 年,第 514 页。

上屈指可数的经济大国之一。然而,经济的发展并没有使日本人放弃祖先崇拜的传统。19世纪末期,法学家穗积陈重曾指出日本祖先崇拜传统的深远与牢固:"纵然说在欧美诸国曾经有过祖先祭祀的习俗,也已归于泯灭久矣。唯有日本,虽已实行立宪政治,实施以西欧法律为蓝本的法典,并已牢固确立了其他所有文明设施,然而祭祀死去的祖先的习俗依然存在,而且在法律上、习惯上对国民具有很大影响力。此习俗之渊源久远,建国以来虽经几多政治上、社会上的大变革,虽历数百代而存续至今天","在日本人的家庭中,为举行祭祀祖先的仪式,借电话之利器以召集亲族的情景,欧美人士颇感奇异。家人或穿西服,或着和服于电灯灿然之下参集于一室,在他们祖先的灵位前献供礼拜,欧美人也觉得不协调。实际上,这种新旧混淆的现象正是现代日本的特色。日本国民,不论是神道家,还是佛教徒,皆是祖先崇拜者"。[1] 日本民俗学家柳田国男曾在其所著《明治大正史·世相篇》一书中记载了发生在北九州门司这个地方的一件事:20世纪30年代后期的一个寒冷冬天,一位95岁的老人独自一人冒雨在街上步履蹒跚地走着,警察欲加以保护,便将其带到警察署。令人惊奇的是老人虽然连雨伞都没有,他身上背的包袱中却有45枚牌位,这就是老人的全部家当! 柳田国男对此不胜感慨,如此高龄的流浪老人也相信祖灵的存在而对其虔诚祭祀,这是因为老人认定自己死后如果得不到子孙后代的祭祀,就不会幸福,所以将祭祀祖先作为自己当然的权力[2]。20世纪50年代,曾有一位苏联记者记下了一位姓山田的码头工人勤于祭祖的情况:"他,一个普通农民的儿子,似乎从来就没有使他的祖先的灵魂恼怒过或激动不安过,他虔诚地遵守着那种普通的但是根本的敬祖礼仪,那种礼仪像他们日本人所说的那样,是永远比山高还比海深的。每天早晨,他在那供着祖先灵牌的家庭灵坛上,放上两小盅水和一两撮米,以供他们的饥渴。山田对他的祖先的记忆始终特别虔诚。"[3] 日本人对祖先的尊重与崇拜不仅表现为一种个人的行为,据说,在店铺失火的时候,商人们首先要抢救的

---

① 穗积陈重:『祖先祭祀と日本の法律』,有斐閣1917年,第19—21页。
② 柳田国男:『明治大正史·世相篇』,筑摩書房1985年,第307页。
③ [苏]科仁著、穆真译:《日本见闻录》,上海文艺联合出版社1955年,第13页。

不是财产，而是祖先的牌位和作为商家标志的暖帘。许多近代企业也将敬祖、崇祖的宗教信仰与企业经营结合在一起。素有"经营之神"雅誉的松下幸之助于家中设佛坛，取名"真真庵"，还在公司内建祭祀松下电器全体从业员先祖代代之灵的"大观堂"，该堂正中有松下幸之助亲题"修善奉行，诸恶莫作，奉菩提心，集和合祈"的匾额。堂内祭坛分别供奉松下先祖、父母以及松下全体员工祖先的灵位。除由主持大师每日早、晚上香诵经外，每年均由松下公司各事业部祭拜"守护神"。三井集团也是如此，位于京都市左京区的天台宗寺院"真如堂"是三井家和三井集团的菩提寺（家庙），埋葬着三井家的代代祖先，也供奉着刻有因公而死的用人名字的石塔。这里既是三井家的"总墓"，是做法事的道场，也是该集团训练员工的场所。这些事例不过是日本人祖先崇拜传统的一个缩影。

与中国包括立宗庙、建祠堂和一系列铺张而讲求繁文缛节的祭祖礼仪相比，日本人的祭祖活动相对简洁。以自己家的佛坛和神龛为中心举行的家庭祭祀便是日本人经常和最主要的祭祀活动。在家庭中设立佛坛的做法最早起源于 7 世纪，天武天皇为了促进佛教的普及，曾下诏令每户人家都建佛坛，放置佛像及佛经，进行祭拜供奉。这道诏书在多大程度上得到实行不得而知，但是到了德川幕府时期，为了禁止基督教，幕府强制要求各家都要成为某一寺庙的施主（日语称檀家），并供奉该寺庙所属流派的佛像，普通百姓在接受这种要求之后，便将佛坛同时作为祭祀祖先的祭坛，既供奉佛像也供奉祖先的牌位，以纪念祖先，佛教的祭拜供养礼仪因此成为日本人家庭中普遍的宗教习惯，这种做法从江户时代起一直保留至今，祖先崇拜与佛教信仰和谐地融合在一起。在佛坛上供奉佛像和家的祖先的牌位，以纪念较近的祖先，佛坛前通常供以花卉、茶点等供物。通过朝夕礼拜来培养家族成员的敬祖之心，使日本人的祖先崇拜意识可谓深入骨髓。日本人的家庭中设置佛坛之外，同时还设有神龛，神龛一般供奉当地的守候神——也就是家族的远祖。在战争期间，各家都要奉祀伊势神宫颁发的天照大神的神符，供以米酒、榊树枝（杨桐）。每天，家人要在神龛前礼拜，夜间也要以灯火伺候。战后，随着国家神道被废除，在家庭中供奉神龛的逐渐减少。

日本人祭祀祖先的方式主要是在忌日（每月的祖先死亡之日）、

祥月(每年祖先死亡的月日)、年忌(每一定年间祖先死亡的月日)时举行祭祀活动,时间范围通常为一年内、此后逢三、逢七、五十年、百年,百年后每五十年祭之。另一重要的家祭活动就是每年的墓祭。过去的传统是在每年的春分、秋分和盂兰盆节(7 月 13 日至 16 日)都要在家族墓地举行祭祀仪式,供奉花卉、食品、水果、为墓碑洒水。在日本人的观念中,墓地是"永远的家"①,因而对扫墓极其重视。在日本狭窄的国土上,零零星星分布着一片片家族墓地,不时有人前来修整打扫,馨香凭吊。据 NHK 广播文化研究所进行的舆论调查表明,到 20 世纪 70 年代到 80 年代后期,三分之二的日本人每年都要扫墓一至两次。如今,尽管现代大都市的人们因为工作紧张,很少在春分、秋分之日去扫墓,但是大多数日本人仍然一丝不苟地坚持着每年的盂兰盆节扫墓的习惯。除了上述固定的形式之外,敬祖、崇祖已经成为日本人生活中必不可少的内容和自觉行动,供奉佛坛或神龛的家庭仍占很大比例。比如据学者森冈清美于 1980 年对岩手县紫波町志和地区 1,022 户居民的调查,供奉祖先的家庭的比例达到82.9%②。人们在按照习俗进行祭祖活动的同时,恪守向已故的长辈汇报重大事件的传统。平时在出门之前、回家之后或发生重大事情时,在佛坛的牌位前默立,寄托哀思,以求得保佑和心灵上的安慰。即使生活在大都市的人们也是如此,于行色匆匆之中不忘与祖先之灵交谈。这些情况不能简单地用迷信之类的字眼来解释,它是日本人长期的祖先崇拜传统与祖先观使然。

二、日本人的祖先观

日本与中国都拥有祖先崇拜的传统,但两国的祖先崇拜习俗又有不同之处。例如,日本的祖先崇拜与佛教相结合,是日本人家庭中普遍的宗教习惯。通过朝夕礼拜来培养家族成员的敬祖之心,使日本人的祖先崇拜意识可谓深入骨髓。而中国人的祖先崇拜与佛教并没有必然的联系,人们注重的是固定的祭祖仪式及其对祭祖礼节的

---

① 石井满:『日本の孝道』,春秋社 1938 年,第 363 页。

② 森冈清美编:『近現代における「家」の変質と宗教』,新地書房 1986 年,第 51 页。

渲染，"一次祭祖活动简直是全族各种角色的一次大会操"[1]，而与现实中人们的生活并不像日本那样关系密切。在侵华战争中于中国从事数年"后方特殊军务"的民俗学家竹田听洲对此深有体会地说："当时，日本的佛教界顺应日华文化提携的国策而积极进出大陆，结局却仅仅停留在为在华日本人充当祭葬的工具，而与中国人的生活毫不相干，到处呈现出幻灭之态。名义上同是祖先崇拜与佛教，却恰如水和油的关系。日本的传统与中国的传统截然不同。"[2]日本人的祖先观也很有特色，即人们祭祀与崇拜的并不是远古的、年代久远的、虚无缥缈的祖先，而是极其现实的、对后代本身有直接恩泽的人，即已故的父亲、祖父这样的从感情上、辈分上离自己最近的人。

在现代日语中，表达祖先概念的有两个词：一个是"先祖"，一个是"祖先"。根据《广辞苑》的解释，先祖的概念是：①家系的初代，血统的初代，高祖。②家系之初代以后至一家现存者以前的人，宗庙里祭祀着的人，祖先；祖先的概念是：家的先代以前的人，先祖。《广辞苑》的解释比较暧昧，但还是稍有差别，即对先祖的解释的着眼点是从远到近，是从家系的初代向下至现存者以前，而对祖先的解释则是从近到远的上溯。人们对两者的解释也常常相同。比如讲谈社1975年出版的《日本类语大辞典》，就把"祖先"与"先祖"都解释为"相当于家系初代的人"。一般来讲，由于作为"家的初代"意义的"先祖"一词更符合日本人的传统，更能表达人们的情感，所以在近代以前，日本人多使用"先祖"来表示祖先的概念。不论在官方文书中，还是武将、商家的家规、家训中，多见"先祖"而很少见"祖先"。近代以后，启蒙学者中村正直在翻译《西国立志篇》（1871年）时使用了"祖先"一词，自此以后，在官方文书及正式的场合，尤其是用于义务教育的教科书当中多使用"祖先"。

即使如此，在实际生活中，日本人还是习惯于使用"先祖"一词来表达祖先的概念。在日本人的观念中，"祖先"往往用于表达抽象的事物，而"先祖"的内涵则较为具体。先祖有始祖之意，即特定的"家"的创设者，日本人常常称其为"家祖"、"元祖"。比如，古代豪族藤原

①　邵伏先：《中国的婚姻与家庭》，人民出版社1989年，第191页。

②　竹田聰洲：『祖先崇拝』，平楽寺書店1957年，第2页。

氏的分枝与后裔很多,日本人中以藤原为姓的家族,有确切证明的就达几十万。但是,在日本人的习惯中,只要不是贵族,即使他保存着能够证明其身份的家谱,也不会把古代的藤原氏作为自己的祖先,而是把家业的直接开创者及其代代继承人作为祖先。如商家的最初创业者、农家的土地开发者,再比如,大阪有名的豪商、后来发展成财阀的鸿池家的家系可以追溯到战国大名毛利氏的家臣山中鹿介幸盛,但是鸿池家一直尊开始在摄津国(今兵库县)伊丹的鸿池村从事造酒业、兴鸿池屋家业的山中新六幸元为自己的始祖。以法学家穗积八束、穗积陈重为代表的穗积家也是一个实例。据穗积家的家谱,穗积家是平安时代官撰氏族志《新撰姓氏录》中记载的穗积臣的后裔,而穗积臣是崇神天皇朝的伊香色雄命的后裔,伊香色雄命则是《日本书纪》神话中的神武天皇东征之际归顺于神武天皇的五世孙饶速日命。说起来,这个饶速日命应该是穗积家的最终祖先①。从镰仓时代起,穗积家代代居住在纪州藤白乡,姓铃木。至铃木重家时,仕奉源义经并为源义经殉死。此后代代居于陆奥,自铃木重家起第 17 代的铃木源兵卫仕奉大名伊达政宗,并随其长子秀宗分封而转居宇和岛(今爱媛县),成为世禄 250 石的家臣。穗积陈重和穗积八束是自铃木源兵卫起的第 11 代。穗积家虽有古老的、半神话般的家系,但是他们所祭祀的祖先却不是古代神话中的饶速日命及后来的伊香色雄命、穗积臣,而是开始定居于宇和岛的铃木源兵卫及其后继者(穗积家在明治维新后由铃木姓变成穗积姓)。由此可见,日本人的祖先的概念是一个具体而又现实的概念,即家的开创者或曰家的初代。除此之外,在日本人的观念中,祖先还包括自家的创始人以来的代代继承者,有的地方明确地称供奉着的牌位为"老先祖",称新故者为"新先祖"。日本人之所以视家的开创者与家的代代继承人为祖先,是因为在日本人的心目中,已故的祖父、父亲不仅是在血缘、辈分上高出自己的人,是自己的本源,还因为他们是自己赖以生存的"家"的直接开创者和传续者,是最好的、最可靠的、最有力的精神寄托,因而对这些直接的祖先有着十分现实而深厚的感情和无限的敬仰,有一种本能的内心折服感和依赖感,所以

---

① 高橋作衞:「穗積八束先生伝」,穗積重威編:『穗積八束博士論文集』,第 4—7 頁。

是最为重要的、最该供奉的偶像。

　　日本的传统家族制度与家的观念是这种祖先观的根源。日本人实行家督继承制以保证家从祖先到子孙的纵式延续，因此形成本家—分家体制（在商家同族团中还包括别家）。在这一家族体制之下，本家的每代家长都身兼两种身份——对祖先来说是子孙，对后代来说便是祖先。而分家与别家的家长既要以本家的祖先为祖先，自己本身也成为后代子孙的祖先。因此形成两种意义的祖先，一种是各个特定的家的创始者（即家的初代）及后来的代代继承者，另一种是这种特定的家的创始者出生的家——日本人称为出身的家的祖先（有贺喜左卫门称之为"出身的祖先"），也就是本家的祖先。本家的祖先既是本家代代祭祀的祖先，也是分家、别家共同祭祀的同族的祖先，而且对于分家、别家来说还有作为家系标志的重要作用。前面提到的鸿池家就是如此，既以山中新六幸元为始祖，同时又以善右卫门为初代，因为山中新六幸元是兴鸿池家业（由六家鸿池屋组成）的始祖，而善右卫门只是大阪今桥的鸿池屋的初代，这一支最发达，后来的鸿池家和鸿池财阀就是在此基础上发展起来的，所以鸿池家一直祭祀着的祖先包括同族的始祖和自家的初代。

　　由此观之，日本人的祖先并不是抽象的概念和单纯的精神上的寄托，而是具体的、直接的、现实的存在。所以，不仅祖先对后人颇具约束力，人们也容易对祖先产生现实感、亲近感，因此虔诚地顶礼膜拜，崇祖、敬祖传统经久不衰。在这种独特的祖先观的影响下，日本人对"祖先"意义的理解甚至已经超出了"他界"的范围，现实中的人也有可能成为实实在在的祖先。比如，日本人常常以"当一个祖先"来互相激励，民俗学家柳田国男曾谈到：假如有一个体格健壮、目光炯炯、聪明伶俐的少年，又是一个不能继承家业的次子的话，周围的人一定会鼓励他。但不是说要他快点成为了不起的人，而一定会说要好好做学问，当一个祖先。这样的话，说者和听者丝毫没有不吉利的感觉。当有的上了年纪的父母为儿子的前途担心的时候，也会有人来安慰或奉承："这个孩子有出息，将来一定能当祖先。"从这个意义上说，"当一个祖先"就是创立一份新的家业、具有成为新的第一代能力的同义语。而且,现实中的日本人也持有自己就是家的祖先的意识①。"当一个祖先"的口号之所以为日本人接受,就是因为它丝毫没有虚幻的、理想主义的色彩,而是一个现实的、甚至可以说是功利主义的、经过奋斗就能达到的实实在在的目标。

三、祖先崇拜与日本的家族制度

祖先崇拜与日本家族制度是一个不可分割的整体,"祖先崇拜是家族制度的精神方面,家族制度是祖先崇拜的形态方面"②,这是井上哲次郎对祖先崇拜与家族制度关系的富于哲理性的解释。在日本人的观念中,"祖先是一家创始之本源,恰如树木之根株,后裔子孙是其枝叶与花实"③。祭祀祖先的根本目的,就是"申报本返始之大义,表孝道之至情,祈家门之长久,冀子孙之繁昌"④。因此,自日本传统家族制度形成以后,祭祀祖先便成了日本人日常生活中必不可少的内容,祖先崇拜的观念根植于日本人的脑海之中。欧洲人小泉八云初到日本时曾做英语教师,因不甚了解日本人的祖先崇拜传统,就按照西方人的观念,不止一次将学生作文中"我们的本分是要将光荣给我们的祖宗"这样的话改为"给我们祖宗的纪念予以光荣"。时间一长他终于明白学生们之所以要这样写,是因为日本人从来不把祖先仅仅作为纪念,而是祖先永远活着⑤。祖先就是家得以存在的基础,祖先崇拜是联结祖先与子孙及家的过去、现在、未来的纽带。具体说来,祖先崇拜对于维护传统家族制度有着如下重要作用。

第一,使人们奉行孝道。祖先崇拜与孝顺家长、服从家长相联系。与中国儒家"事死如事生,事亡如事存,孝之至也"的思想相同,家长"权力的源泉在于祖先之灵,家之守护神具有制裁家属之威,子孙服从祖先之灵,就要移之于现世的代表"⑥。祭祖表面是祭死去的

---

① 柳田国男:『先祖の話』,筑摩書房 1975 年,第 9—10 頁。

② 井上哲次郎:『国民道徳概論』,第 212 頁。

③ 北原種忠:《家憲正鑑》,皇道出版部 1917 年,第 38 頁。

④ 北原種忠:《家憲正鑑》,第 38 頁。

⑤ 小泉八云著、胡山源译:《日本与日本人》,海南出版社 1996 年,第 212 頁。小泉八云,原名 Lafcadio Hearn(1850—1904 年),入籍日本的翻译家、作家,生于希腊。

⑥ 穂積八束:「民法出則忠孝亡」,湯沢雍彦編:『日本婦人問題資料集成』5『家族制度』,第 238 頁。

人，其实质却在于对活着的家长表示顺从与尊敬。如井上哲次郎在《国民道德之大义》中所说，"孝意味着祖先崇拜，孝就是祖先崇拜"，"对父母尽爱敬之情，就必须对父母的父母尽爱敬之情，对全体祖先、无限际的祖先尽爱敬之情，这就是孝"①。对死去的祖先的敬仰无疑需要也必定滋生对活着的家长的信爱，对死人顶礼膜拜，必须对活人尽孝，崇拜就是崇孝。因此，在许多家规、家训中，敬祖先与孝父母是互相联系着的。它要求人们遵守祖宗的家法，顺从祖先的后继者——家长的意志。

　　第二，祈盼家的延续。这里首先指的是家的生物性生命的延续。中国儒家"不孝有三，无后为大"的观念同样为日本人接受。某人如果没有具有生物性生命的后代，就是不孝之子，就等于没有留下祭祀祖先的后代而使家系断绝，"不能将祖先传之家督首尾相续乃对祖先的不孝和子孙不繁昌之故"②，因此，为了在死后每天有人在起居室的佛坛的牌位前祭奠其亡灵，为了永世不断地传宗接代并维持家族的荣誉与财产，每个男子必须要有儿子。除了家的生物性延续，更重要的还有家业的延续。家族的血缘的断绝可以用模拟的血缘关系来弥补，而家业的断绝则使人们丧失赖以生存的基础。所以，祭祀祖先的最重要目的是以祖先的创业精神相勉励，使家业永远发扬光大。这样，日本人便通过生物性繁殖和宗教性祭祀将家、祖先、子孙整合一起，每个人都是"家"的一员。死去的人是现在的人的祖先，现在的人将是子孙的祖先，把"家"的过去、现在、将来都维系在一个圈圈之中，致使任何人都不敢抛弃祖先。

　　第三，祈求祖先保佑，防灾免祸。日本人相信，祖先是家业的开创者，后代子孙皆受祖先的恩惠，只要精诚祀之，祖先之灵必能保佑子孙后代生活平安，事业成功。日本人对祖先除了有一种敬仰感，同时也有一种深深的畏惧感。他们认为怠慢祖先之时，将子孙不繁昌，招致各种灾祸，其身难保。还有人认为，人有两个灵，即魂与魄。人死之时，魂灵消散，魄灵则驻留家中，永远存在，所谓幽灵、即死人之

　　①　井上哲次郎：『国民道徳之大義』，東京府内務部学務課編：『日本教育史基本文献・史料叢書』5『修身科講義録』，大空社1991年，第156頁。
　　②　「鴻池家訓」，第一勧銀経営センター：『家訓』，第300頁。

灵的表现。所谓死灵、怨灵等缠住所恨之人及令人烦恼之事,皆魄灵留于此世、所施着数。所以"怠慢了先祖,先祖之魄灵将作祟,使各种灾害不断,身、家、子孙都面临危险"①。如何避免这种可怕的局面,只有"不怠而祭之",才能保证平安。

第四,扬名显亲,维护家的名誉。这种观念与中国人光宗耀祖的观念极为相似。"思子孙者思家之故也,思家者思先祖之故也,思先祖者,家之继承者之本意也。"②祭祖、敬祖活动实际上是家长教育子女的一种手段,即以成为家的代表或象征的祖先为楷模,通过祭祖活动,使子女向祖先认同。现任的家长死后当然也就成为子孙认同的对象,以此来保证家的代代延续和发展。日本人教育子孙"不可忘天恩、宗祖父母之恩、师恩","忘却先祖之艰难,虚度时光则败家产,子孙遭灾"③,这种教育的目的是明确的,就是要求家庭成员人人都要像祖先那样,励精图治,使家业代代发扬光大。而要做到这一点,最好的办法之一就是纪念、拜养祖先。在这里,祖先是维系家族团结的纽带,是家族成员进一步发家守业的精神源泉与动力。同时,维护家的名誉、不辱家名是家族成员的行动准则,就像近代小学修身教科书指出的那样:

> 家乃我等祖先经营之所,我等父母继承祖先之志而治家,故敬祖先,厚祭祀乃极其重要之事。家中有一人不德则损害家的名誉,故家之人人应互相守本分、慎品性,为家的名誉和繁荣尽力,以显祖先之名。昔上毛野形名为虾夷所围,计尽欲逃,其妻谏夫曰"良人之祖先以武勋扬家名,今临难而逃,污祖先之名,可耻也"。我等应常以家为重,努力做对祖先孝顺的子孙,对子孙出色的祖先。④

第五,立身出世的精神动力。做"对祖先孝顺的子孙,对子孙出色的祖先"是日本传统家族制度下的人生目标。它鼓励人们通过自

---

① 「伊勢貞丈家訓」,第一勧銀経営センター:『家訓』,第 229 頁。
② 「伊勢貞丈家訓」,第一勧銀経営センター:『家訓』,第 229 頁。
③ 「繁田家訓」,第一勧銀経営センター:『家訓』,第 317 頁。
④ 『尋常小学修身教科書』第 6 巻,湯沢雍彦編:『日本婦人問題資料集成』5『家族制度』,第 411 頁。

己的努力来开创一份新的家业，从而使自己也成为一个实实在在的祖先而为后代所尊崇。祖先崇拜与立身出世联系起来，无疑是人们发家创业的精神源泉，给人以追求上进、出人头地的强烈动力。在明治维新后较少社会束缚的条件下，这种意识是日本资本主义经济发展过程中强有力的支柱和精神动力。许多近代企业都是在立身出世的号召下，经下级武士之手建立并发展起来的事实，便充分证明了这一点。例如，三菱财阀的创始人岩崎弥太郎本来出身于一个破落武士家庭，"下决心兴巨大一家"的强烈愿望是他创业的出发点。后来三菱成为在日本首屈一指的大财阀，岩崎弥太郎自然而然成为岩崎家族后代尊崇的祖先。再如，明治维新的功臣山县有朋是一个虔诚的祖先崇拜者，在他被叙位、授勋、授爵后，归其宅邸，便立即在佛坛前礼拜，向祖先报告，使周围的人"莫不受其德之感化"，也为家人和后代做了榜样。山县有朋在功成名就之后，于 1891 年（明治二十四年）让他的第三个儿子建立萩原家。萩原一姓系根据山县有朋在倒幕维新运动中使用的萩原鹿之助这一化名而来①，建立萩原家的目的是为了让子孙后代永远记住萩原鹿之助（山县有朋）在倒幕维新运动中的功绩。萩原鹿之助（山县有朋）也就是萩原家当然的祖先。前面谈到的"当一个祖先"的口号，在很大程度上还是对那些不能继承家业的非长子的鼓励。在日本传统家族制度之下，虽然家督继承制带来了家业继承人与非继承人之间的不平等，但并不意味着非家业继承人永无出头之日。只要他们勤奋努力，就有可能开创一个新家，建立一份新的家业，也就因此成了一个祖先。这无疑给那些被嘲弄为"吃冷饭的"家中的老二老三们带来了立身出世的希望。这一点在明治维新后废除了封建身份制和各种束缚的社会条件下，是有利于社会流动和经济发展的。正如柳田国男所说，"实际上明治年间的新华族有一半是这些人"，出人头地是他们"对祖先唯一的供物"②。祖先崇拜与出人头地意识刺激着那些在家中境遇不佳的人们在社会上奋力拼搏，事业有成者层出不穷。据对明治二十年代 102 名成功的创业者的经历进行的调查发现，其中平民出身者占七成以上，而赤手

---

① 德富苏峰：『公爵山县有朋伝』下，原书房 1980 年，第 1049 頁。
② 柳田国男：定本『柳田国男集』第二十四卷，筑摩书房 1985 年，第 317 頁。

空拳出来闯世界的用人出身者及贫困农家子弟竟占四成之多①。在商业都市大阪,至明治末年有近 124 万人口,其中属于"丁稚(学徒)"身份者不下七八万,而且,他们的雇主几乎全部是过去的"丁稚"出身者。其中百人以上有百万富翁之称,拥财七八十万至三四百万者不下 50 人。这就是在资本主义制度下那些在家中难以度日的无产青少年参加社会竞争与奋斗、努力的结果。

结语

综上所述,日本人的祖先崇拜不仅在于表达人们对祖先的感激和怀念之情,不纯粹是一种对血亲关系确认、追溯的冲动,各种形式的祭祖活动也不仅是出于简单的祈祷亡灵赐福保佑的迷信观念,而是有着十分重要的文化价值,说明人们对家族关系的无限崇尚。它包含着对家族繁衍与家业兴旺的期待,是保证家族和人生的过去、现在、未来之间连续性的纽带。至高无上的"家"观念作为一种潜意识在支配着人们的祭祀行为,祖先崇拜的传统又在维护着"家"观念,二者有着密不可分的联系。当今,日本经济高度发达,已很少有人相信祖先有灵之类的说法,但是许多日本人仍然在自觉不自觉地参加各种祭祖活动,说明人们头脑中崇拜祖先的意识连同"家"的观念仍然存在,并已经沉淀在文化的深层结构中了。

(原文刊载于南开大学日本研究院:《日本研究论集》第二集,天津人民出版社 1998 年)

第五节　现代与传统:战后七十年日本家庭的变化

战后七十年来,日本的家庭形态、家族观念都发生了翻天覆地的变化,这其中有民主化的成果,有现代化的结果,也因为传统因素至今在影响日本人的生活。

一、战后家族制度的改革

战前日本的家族制度保存了大量封建残余,注重"家"的纵式延

---

① 野田信夫:『近代日本経営史』,産業能率大学出版部 1988 年,第 114 頁。

续,突出户主的权力,家长在一家之中具有绝对权威的地位,强调妻对夫、子对父的绝对服从,造成家族内部的严重不平等。这种家族制度是束缚日本人的精神枷锁,影响和制约着整个近代日本历史的发展。家族制度被延伸与扩大到政治生活中,导致日本特有的国家主义泛滥成灾。

确立以民主、平等为基础的家族法,否定家对个人的控制,树立与此相适应的家族道德,本应是明治维新的任务之一。然而它却被人为地大大延误,并导致近代日本步入歧途,直到战败后在外力的强制下,这场社会改革的任务才痛苦而艰难地完成,旧的家族制度得到清算。

1945 年,日本战败投降。随后,在美国占领当局的直接干预下,进行了一系列民主改革。针对战前在家长制下充满不平等的"家"制度,战后民主改革的重要任务是对家族制度进行改革。1946 年 11月,公布了《日本国宪法》,第 24 条中就家庭、婚姻等问题做出规定:婚姻基于男女双方之合意即得成立,且须以夫妻享有同等权利为基础,以相互协力而维持之;配偶的选择、财产权、继承、居住之选定、离婚以及其他有关婚姻及家庭之事项,法律应以个人之尊严及两性平等为依据而判定之。根据新宪法的精神,在新民法(1948 年 1 月 1日开始实施)中对有关家族制度的内容(亲属编和继承编)进行了重大修改:首先,废除明治民法框架下的"家"制度,户主的权力、家督继承及有关"家"制度相关内容亦随之被全部取消。其次,改革婚姻制度,保护成年男女婚姻自主的权利;姓氏由双方协议确定;夫妻互负同居的义务。第三,改革继承制度,继承仅因死亡而发生,仅涉及财产继承,不再有家长权利、义务、地位的继承,子女平等继承遗产。第四,保障女性权益,配偶者有不贞行为时,即可提起离婚诉讼,不因其为夫或妻而不同;离婚时当事人的一方有权向另一方要求分割财产;被继承人的配偶有权继承被继承人的财产;母亲成为亲权人,等等。战后家族制度的改革,使自幕府时代以来充满不平等的"家"制度归于瓦解,在此后七十年里,家庭形态及家庭关系发生了根本变化。

小家庭获得真正的独立

战前日本,随着工业化的发展,以父子关系为核心的纵式家族已经呈瓦解之势,以一对夫妇为核心的小家庭越来越多,但明治民法仍然维护以父子关系为核心、祖孙一体、纵式延续的"家"制度,不承认小家庭的独立。在战后废除"家"制度以后,家庭不仅将旁系血亲排除在外,即使在直系血亲的几代人当中,也逐渐排除了几代人同堂,社会学术语所称的核心家庭(Nuclear Family)即包括由一对夫妻组成的家庭、由一对夫妻及未婚子女组成的家庭取代了大家庭。根据1947年12月颁布的户籍法,以基于婚姻关系的一对夫妻与其未婚子女为单位进行户籍登录,实行一本户籍一对夫妇的原则,子女一旦结婚,必须另立户籍。这样,以法律促进了大家庭解体,一夫一妻的小家庭拥有了单独的户籍,从"家"制度下的大家族脱离出来。随着企业需要大量劳动力,大批青壮年离开家乡汇入都市,几代同居的大家庭越来越少。小家庭的比例逐年提高:1955年为62%,1960年为63.4%,1975年为74.1%,1990年为77.6%,2000年为81.1%,2010年达到84.62%①。

家庭规模缩小

战后日本告别大家族制度,家庭规模明显缩小。1950年,平均每个日本家庭的人口为5.02人;到1975年,已经下降到3.48人;到1990年,进一步减少为3.01人;2010年,降至2.46人②。造成家庭规模缩小的原因,除了小家庭确立和人口流动的促进作用外,还由于年轻人独立性增强,既达成年就脱离家庭独身生活的日益增多。此外,出生率下降也是一个重要原因。从20世纪50年代开始,日本的出生率急速下降,合计特殊出生率(女性一生中所生孩子的平均数)从1950年的3.65人,降至1960年的2.00人,从1975年开始到2014年,一直在2人以下③。由于一般家庭至多只生两个孩子(一个男孩,一个女孩),故人们将此现象称作"长男长女时代"。

① 国立社会保障・人口問題研究所:『人口統計資料集』,2013年,表7—11「家族類型別世帯数および割合:1920—2010年」。http://www.ipss.go.jp/syoushika/tohkei/Popular/P_Detail2016.asp? fname=T07—11.htm

② 同上,表7—4「世帯の種類別平均世帯人員:1920—2010年」。http://www.ipss.go.jp/syoushika/tohkei/Popular/P_Detail2016.asp? fname=T07—09.htm

③ 内閣府:「近年の出生率の推移」。http://www8.cao.go.jp/shoushi/shoushika/whitepaper/measures/w—2013/25webhonpen/html/b1_s1—1.html.

女性在家庭中地位的变化

在以男子优先、父子关系为本位的家转变为以男女平等为前提、以夫妇关系为本位的家庭以后，女性在家庭中的地位明显提高。她们有了结婚、离婚的自由，有了财产继承权，就业比例也逐年提高[1]，改变了过去忍气吞声、逆来顺受的形象。虽然传统的"男工作，女家庭"的社会分工并未彻底改变，但是男人应该参与家务劳动的观念已经深入人心。近年由于经济不景气，生活压力增大，主妇参加工作的"夫妇共稼"（共同劳动）家庭也越来越多，女性经济地位得以提高。在现实生活中，绝大多数的日本家庭中是由主妇"拉着钱口袋绳子"，掌管家计，安排家庭的生活。20世纪90年代以来，出现了中老年离婚热（日语称"熟年离婚"），其特点是发生在过去崇尚"男主外，女主内"的人群中，也从一个侧面反映出女性在家庭中的地位在提高。

家庭功能转变

家庭功能与社会功能密切相关，并随着社会的发展而变化。战前日本的家是人们赖以生存的基础，家不仅具有生产与生活的经济功能，养育子女、传宗接代的生育功能，家庭成员的教育功能，还有决定人们社会地位的政治功能，以及祈求祖先神灵保佑家业永续的敬神崇祖的宗教功能。战后，由于"家"制度被废除，门第观念大大削弱，家庭决定人们社会地位的政治功能和敬神崇祖的宗教功能已不复存在。随着家庭结构的变化和家庭规模缩小，家庭的生产功能被社会化大生产取代，教育子女的功能有相当一部分被学校取代，过去长期作为经济生活共同体的家越来越成为消费中心，在日常生活上和精神上互相照顾、家庭成员尤其是夫妻之间感情交流的功能日益凸显。仅以内阁府1994年实施的"国民生活选好度调查"中对"家庭的作用"的回答为例，54.1％的人回答是"休息和得以安宁的场所"（与此相似的2000年在内阁府实施的"关于男女共同参画社会舆论调查"中，77.4％的人认为是"精神得以安宁的场所"），其次是"互相扶助、互相支持的场所"（48.4％）、"家人共同成长的场所"（39.0％），

---

① 女性雇佣者占全体雇佣者的比例：1985年为35.4％，2005年为41.5％，2010年为42.9％。厚生劳働省：『働く女性の実情』，平成二十二年度。http://www.mhlw.go.jp/stf/houdou/2r9852000001c7u6—att/2r9852000001c7vn.pdf

显然都注重精神层面的机能,而"支撑经济生活的场所"(13.6%)、"生养子女及教育场所"(11.4%)、介护与抚养等福祉的场所(1.8%)之类具有传统意义的内容显著低下①。

家族制度改革是战后民主改革的重要内容之一,是日本有史以来空前深刻的伴随着法律变化而发生的社会变革和观念上的变革。家族制度是民主化得以贯彻的基础,由于明治维新的不彻底性而被大大延误了的社会改革的任务最终得以完成。

二、家庭关系弱化倾向明显

毫无疑问,战后七十年间,日本的家庭已经从传统家族转变为现代家庭,这不仅是战后民主改革的成果,也是战后日本经济发展带来的人们生活方式变化的结果。由于经济发展带来社会保障制度不断完善,民主化思想深入人心,西方生活方式大力渗透,人们越来越追求个人享乐及独立,同时由于生活成本的提高,职场工作压力大等原因,家庭关系弱化的倾向也凸显出来。主要表现在:

晚婚与不婚、不育

从 1898 年明治民法颁布起,日本的法定结婚年龄就是男 18 岁、女 16 岁,战后民法继承了这一规定,但日本人的实际结婚年龄大大晚于法定结婚年龄。据统计,1947 年的平均结婚年龄为男 26.1 岁、女 22.9 岁,此后,仅有经济高速增长的 1970 年为男 26.90 岁、女 24.2 岁,此后男女平均初婚年龄一直呈上升之势,到 2009 年,平均初婚年龄为男 30.4 岁、女 28.6 岁②。晚婚的结果是带来晚育,育龄女性生第一胎的年龄逐年推迟,1980 年为 26.4 岁,到 2005 年已经到 29.1 岁,2011 年进一步达到 31.1 岁。

在晚婚的同时,不婚者也呈增加趋势。尤其是从 20 世纪 70 年代中期石油危机以后,日本经济进入低成长期,由于男性的收入下降,终身不婚率从 1975 年的 2.12% 增至 2000 年的 12.57%(女性为

---

① 厚生労働省:『厚生白書』,平成八年度。http://www.mhlw.go.jp/toukei_hakusho/hakusho/kousei/1996/

② 厚生労働省:『子ども・若者白書』,平成二十三年度,「平均初婚年齢の推移」。http://www8.cao.go.jp/youth/whitepaper/h23honpenhtml/html/zuhyo/zu1103.html

4.32％和5.82％）①。在日本广播协会（NHK）实施的舆论调查中，认为"人生中应该结婚"的，从1993年的45％降到2008年的35％，而认为"没必要结婚"的从51％增加到60％，其中在25—29岁年龄段的女性中从75％增至90％②。近年来，原来人们认同的既达成年就离开父母独自生活的生活方式悄然变化，成年男女不结婚而和父母一起生活的"啃老族"（Parasite single，日语称规制独身者③）大量出现（见"未婚青壮年与父母同居情况推移表"）。虽然统计方面解释数字中除了"啃老族"之外，也包括不依靠父母的收入而生活及为了照顾父母而与其同居的人，但以2012年为例，48.9％的青年及超过300万的壮年（16.1％）不结婚，本身已经说明日本不婚问题成为相当严重的社会问题。

未婚青壮年与父母同居情况推移表④

（单位：万人）

年次	青年人口	与父母同居未婚数	％	壮年人口	与父母同居未婚数	％
1980	2,765	817	29.5	1,755	39	2.2
1985	2,507	879	35.1	1,988	68	3.4
1990	2,492	1,040	41.7	1,970	112	5.7
1995	2,689	1,147	42.7	1,676	124	7.4
2000	2,732	1,201	44.0	1,590	159	10.0
2005	2,584	1,170	45.3	1,689	212	12.6
2010	2,237	1,064	47.5	1,839	295	16.1
2012	2,116	1,035	48.9	1,889	305	16.1

注：青年人口为20—34岁，壮年人口为35—44岁。

---

① 内閣府：『国民生活白書』，平成十七年度，「子育て世代の意識と生活」。http://www5.cao.go.jp/seikatsu/whitepaper/h17/01_honpen/html/hm01010003.html

② NHK放送文化研究所：『日本人の意識変化の35年の軌跡——第8回「日本人の意識・2008」調査から』。http://www.nhk.or.jp/bunken/summary/yoron/social/030.html。

③ 此提法为日本中央大学教授山田昌弘1999年在《パラサイト・シングルの時代》（《啃老的时代》）（ちくま新書）一书中首次提出，此后成为流行语。

④ 根据西文彦「親と同居の未婚者の最近の状況」制作。総務省統計局：www.stat.go.jp/training/2kenkyu/pdf/zuhyou/parasi10.pd。

还有不少人甘当"丁克"族,结婚却不生孩子。从舆论调查结果来看,2008 年认为"结婚后可以不生孩子"的人已经达到 48％,超过七成的年轻女性(16—39 岁)认为"结婚后可以不生孩子"①。2008年,已婚但没有孩子的家庭已经占所有家庭的 22.4％②。晚婚、不婚,不育不仅挑战了家庭伦理,也带来少子化和人口下降的严重后果。

离婚率提高

长期以来,日本一直以维护传统、重视家庭、离婚率低的形象示人。20 世纪 90 年代以前,在发达国家中,日本的离婚率长期处于较低水平。自 20 世纪 90 年代中期以来,日本的离婚率明显上升,从 1999 年开始,连续 12 年离婚总数超过 25 万件,其中 2002年接近 29 万件,创造了 2.3‰这一自 1898 年明治民法颁布以来离婚率最高纪录,较之 1960 年的 69,410 件,增长了 3 倍多(见"日本离婚数字年次统计表")。人们惊呼,每三对夫妇中就有一对离婚的时代已经到来。引人注意的是,在离婚热中,婚龄在 20 年以上的中老年离婚(日语称"熟年离婚")成为仅次于 10 年以下婚龄的最大离婚群体。如 2000 年,有 13,402 对结婚 35 年的夫妇离婚;2003 年,7,032对婚龄在 30—35 年的夫妇离婚;2007 年,5,507对婚龄 35 年以上的夫妇离婚③。中老年离婚的特征一是多由女性提出,二是多伴随男性退休而发生。居高不下的离婚率及中老年离婚热,对日本社会产生了很大震动与影响。从家庭关系角度而言,曾经被认为是弱者的女性,在丈夫退休之际提出离婚的现象反映出有"企业战士"之称的男性在家庭生活中角色的缺失,带来贫困、流浪者增加、孤独死、自杀人数居高不下等社会问题,也引起社会对婚姻、家庭模式的思考。

---

① 根据西文彦「親と同居の未婚者の最近の状況」制作。総務省統計局:www. stat. go. jp/training/2kenkyu/pdf/zuhyou/parasi10. pd.

② 厚生労働省:『国民生活基礎調査の概況』,平成二十年度。http://www. mhlw. go. jp/toukei/saikin/hw/k—tyosa/k—tyosa08/1—1. html

③ 厚生労働省人口動態統計特殊報告「離婚に関する統計」,平成二十一年度。http://www. mhlw. go. jp/toukei/saikin/hw/jinkou/tokusyu/rikon10/01. html

日本离婚数字年次统计表

年份	1960	1970	1980	1990	1995	2000	2002	2007	2009
总数（件）	69,410	95,937	141,689	157,608	199,016	264,246	289,836	254,832	253,408
离婚率（‰）	0.74	0.93	1.22	1.28	1.60	2.10	2.30	2.02	1.99

资料来源：根据厚生劳动省《各年次人口动态统计月报年计概况》制作。

传统家庭养老功能丧失

战前日本在"家"制度下，强调家的纵式延续，在继承方面实行一子（一般为长子）继承制，与此权利相应，赡养老人也是继承人责无旁贷的义务。这种制度在战后民主改革中被废除，法律规定家庭子女不分男女，都有平等的继承权，也就意味着大家都有赡养义务。随着战后核心家庭成为主要家庭形态，社会福利加强，个人及小家庭至上观念的普及，赡养老人的功能已经越来越退出家庭功能，如前述1994年内阁府实施的"国民生活选好度调查"对"家庭的作用"的回答中，只有1.8％的人认为家庭是"介护与抚养等福祉的场所"。

在当今日本，由于老龄化加剧，所谓养老，对老人老后生活的照顾尤其是对患病老人的护理，远远超过了对老人提供经济上的援助。在"男主外，女主内"意识主导的时期，往往主妇（或儿媳）作为约定俗成的护理责任人，承担照顾公婆、自己丈夫晚年生活的责任。但由于女性参与社会活动的热情高涨和男女平等意识在各个领域不断渗透，这一观念也日益淡薄。婚后与父母同住的年轻人越来越少，家庭间彼此在经济和生活上的独立在一定程度上淡化了家庭成员在精神上和心理上的互相依赖感。很多女性婚后继续工作，加之与长辈分居，很难发挥护理家庭成员的作用，传统的养老模式也发生了变化。根据近年来的调查显示，在问及自己年老不便时希望由谁来照顾时，已经很少有希望由儿媳照料，而希望自己配偶照顾的人大幅上升（见下表"家庭成员中晚年生活的日常照料人"），说明家庭结构简单化之后，家庭成员代际间的责任感和依赖感正在逐渐减退，传统家庭养老优势已经丧失，"老老看护"（即由高龄者照顾高龄者）成为日本社会老年人照顾的重要模式。

面对家庭养老功能的缺失，越来越多的人选择了社会养老的方式。某种意义上说，家庭链条的松动导致了社会养老的发展，而社会养老的发展又进一步促进了家庭成员间责任与义务感的消失。但无论时代怎样发展,人与人之间的血缘亲情却是无法改变的,社会养老设施发展再完善也不过是提供了一种选择和辅助手段,如果没有与家庭成员间的紧密沟通,也终将会成为一座功能齐备的现代化的"弃老山"。

家庭成员中晚年生活的日常照料人

（单位：%）

日常照料人	1991 年	1995 年	2003 年
配偶	47.3	54.8	60.7
儿子	29.1	5.7	7.2
女儿		19.4	17.3
儿媳	2.8	12.1	6.0
女婿		0.4	0.2
孙子	—	0.2	0.3
其他亲属	0.5	2.0	2.6
国家、地方公共团体	11.3		
民间服务	2.7		
志愿者	1.0		
不知道	5.2	5.3	5.7
其他	0.1		

资料来源：内閣府政府広報室：「長寿社会に関する世論調査」(1991 年)，「高齢者介護に関する世論調査」(1995、2003 年)。

三、传统因素对家庭关系的催化作用

虽然战后家族制度改革及现代化促进了传统家庭的解体,但是千百年来根深蒂固的家族伦理已经凝缩成日本传统文化的组成部分,其重要作用与影响在战后日本社会仍有显现。对于战后七十年日本家庭关系弱化的原因,在从现代化视角进行分析的同时,不可忽视传统因素对家庭分解过程中的催化作用。

传统家庭本身凝聚力不强

1972 年中日恢复邦交后,不少在日本侵华战争中被遗弃而为中国人收养的"残留孤儿"回到日本,这些已经习惯中国生活方式的人回到日本后,往往感觉不到来自亲人的关爱,甚至很难融入自己所出身的家庭。这件事情的背后实际上隐含着一种文化冲突。中国的家庭是基于血缘关系形成的集团,以平等为核心的家庭秩序(如实行诸子析产制)的基本出发点是维护家庭的稳定及血缘亲情不疏远。而日本传统的家是以家业为中心的共同体,为了实现家业的长久延续,实行家督继承制,即在数个子女当中,只能由一个人继承家长权、家业与家产的大部或全部,还要继承牌位、墓地等等。在这种制度下,牺牲兄弟姐妹的利益,建立起一种单一的、纵式延续的家族序列。在这一序列中,亲子关系重于夫妇关系和兄弟姐妹关系,亲兄弟关系可能变为主从关系,家业继承人与非继承人之间存在着严重的不平等,因此日本的家庭不像中国的家庭那样具有凝聚力和亲和力,而具有明显的离心倾向,亲情淡漠。早在江户时代后期,许多非家业继承人便义无反顾地离开家,去社会上谋求生存手段和自己的社会地位。尽管战前民法一直以法律维护已经瓦解了的"家"制度,但实际上家的意识已经淡薄,经过战后家族制度改革,缺乏凝聚力的家的迅速瓦解是必然趋势。

没有强烈的多子多福观念

在传统中国人看来,无后是人生的失败,多子意味着多福。与中国人注重生物学意义上的传宗接代,具有浓厚的"不孝有三,无后为大"观念相比,日本人更注重的是家业的长久延续,而不是单纯强调"人丁兴旺"、"多子多福"。日本人的传统观念是,一个人不需要一大堆子女以求得经济保障和传宗接代,一个人口众多的大家庭不但不是宝贵财富,反而是个累赘。所以,就生育顺序与子女数量来说,"一姬两太郎"(一个女孩两个男孩)曾经是日本人的理想生育模式。从室町时代到江户时代,人为堕胎、杀婴是较为普遍的现象。江户后期经济学者佐藤信渊曾指出,"百姓困穷,十室之邑年年堕胎阴杀赤子者,不下二三人,或一国及七八万者往往有之。况乎四海之大,可胜算乎? 然皆惯习,绝无有咒其国君之不仁者"[①],说明当时杀婴现象比较严重。在中国,如果一个家庭有兄弟三人,老大、老二都有男孩,

---

① 佐藤信渊:「鎔造化育論」,引自関山山直太郎:『近世日本人口の研究』,龍吟社1948年,第199頁。

唯有老三无子,那么这个老三就会为"无后"惶惶不可终日。相反,在日本的家庭中遇到同样情况,老三就会比较坦然,因为老大、老二都有男孩,家族已经有人延续其家业,至于他个人,有后无后都无关紧要。实际上,直到战前,日本人家庭中长子以外的男性成员有许多人都是终身不娶。这样的传统观念的影响使当今日本人尤其是男性很容易选择不婚、不育的生活方式。

孝道对家庭成员的道德约束有限

孝,主要指"事亲之孝",善事父母。除了对父母的恭敬与顺从外,最重要的就是赡养父母。让老年人有安逸幸福的晚年,是对子女是否尽孝的基本道德考评。中国历史上之所以大力提倡孝道,是因为法律在为分家析产提供保障的同时,并没有给老年人在退出生产领域后的生活保障予以足够的关注,故只能通过强调"孝道"——通过社会舆论和道德教化来保证子女对父母的赡养。日本传统的继承制度,强调权利和义务的完全匹配,在赡养老人问题上责权分明,具有很强的可操作性,即继承人必须负担起父母赡养责任。在父母年迈的时候,这个继承人自然而然地就应该赡养父母,如果做得不好就是不孝,就会被社会舆论所唾弃。其他没有赡养义务的子女表现得如何不会受到社会"不孝"的指责。也可以说,孝道的约束力主要体现在继承人身上。战后日本实现了子女对父母财产的平均继承,意味着都有赡养义务,但在实际操作中多是按照父母的意愿优先分给某个继承人(一般是长子),在父母年迈的时候,这个继承人理所当然地应该赡养父母。这种观念实际上仍是战前"家"制度与"家"观念的体现。据日本广播协会1975年进行的舆论调查,认为"家是需要继承人的"占63%,有39%的人认为"最好由长子继承家并承担照顾双亲的义务"①,现实生活中抚养和照料父母的责任往往落在长子身上。2005年《读卖新闻》进行舆论调查时,多数人将长子置于"继承人"的位置,并认为长子应该履行赡养父母的义务。由于照料老人生活并不轻松,所以当今许多女性不愿嫁给长子,使长子尤其是农村家庭的长子处于结

---

① 日本放送協会放送世論調查所『図説戦後世論史』,日本放送出版協会1982年,第42頁。

婚难的境地。另一方面,长子以外的人往往既不负赡养义务,却又主张继承财产的权利,最后只得诉诸法律,本来就不亲密的兄弟姐妹关系就更加淡漠了。就养老而言,原本有限的"孝道"约束力越来越小,有人说日本社会已经进入"上不必养老,下不想养小"的状态,这些已经不能简单地用传统孝道伦理去解释了。

结语

在日本,"家"制度绵延存在千年以上时间,直到战后民主改革才被废除,家庭从此获得了真正的独立。七十年来经济的发展创造了较为发达的福利制度和安居乐业的社会环境,让人们减少了对家庭的依赖和养老的后顾之忧。然而,家庭关系的弱化同时带来少子化、老龄化问题加剧。一个国家中既不想承担家庭责任,也不愿承担人类再生产的社会责任的人多了,谈何可持续发展?因此,对于曾经创造了高速增长奇迹的日本政府与国民来说,解决家庭危机是与解决人口危机同样重要的课题。

（原载日本战后 70 年编委会编:《战后日本 70 年:轨迹与走向》,中国社会科学出版社 2015 年）

第六章　日本历史中的女性

第一节　日本历史上的女帝

从公元 6 世纪末到 18 世纪的一千多年中,曾经有 10 代、8 位女天皇(其中二人两次即位)出现在日本历史舞台上,其人数之多,在世界历史上绝无仅有。日本古代效仿中国之处颇多,但是,若从第一个称帝的推古天皇算起,要比中国大周皇帝武则天称帝的时间(690年)早 98 年,亦在朝鲜新罗第 27 代国王暨第一代女王善德女王(622—647 年在位)之前。可见,诸多女子称帝,非学习中国之制的结果。本文拟对日本历史多女帝的原因作以探讨,并介绍女帝在日本历史上的特殊作用及功绩。

一、"女帝的世纪"

6 世纪末到 8 世纪这段时间,史称飞鸟、奈良时代,是日本历史上非常重要的时期,其特点是正处在大规模学习中国文化的前夜及唐风文化遍地开花的时期,而且,在 18 代天皇(从推古天皇到桓武天皇)中,有 8 代、6 位是女天皇,故这段历史有"女帝的世纪"之称。

"女帝的世纪"女天皇在位时间表

代数	天皇名	在位年数、时间
33	推古	36(592—628 年)

（续）

代数	天皇名	在位年数、时间
35	皇极	3(642—645 年)
37	齐明	6(655—661 年)
41	持统	11(称制 686 年、在位 690—697 年)
43	元明	8(707—715 年)
44	元正	9(715—724 年)
46	孝谦	9(749—758 年)
48	称德	6(764—770 年)

"女帝的世纪"这 8 代、6 位女天皇的身份,具体说来有三位皇后(推古、皇极[重祚齐明]、持统),一位太子妃(元明),两位皇女(元正、孝谦[重祚称德])。

二、日本历史上何以女帝累出

一个国家的历史上竟有这么多女天皇,本身就是很有意思的问题,何况,10 代女帝中,除江户时代的明正、后樱町两天皇外,都集中出现在 6—8 世纪之间。这是什么原因呢?

日本素来有女子秉政的传统

原始社会盛行女性崇拜,皇室的祖先天照大神是女神,日本农业的开创者也是女神,绳纹时代人们崇拜最多的偶像是女性偶像,女性是繁荣、和平、丰产的象征,受到人们的敬仰,因此女子一直具有较高的社会地位。

说起女子秉政,推古等女帝的前辈们早就在历史舞台上大显身手了,其中,当首推邪马台国女王卑弥呼。据中国史书《三国志》中的《魏书·东夷传》倭人条(简称《魏志·倭人传》)记载,公元 1 世纪末至 2 世纪初,卑弥呼上台时,面临国内大乱,她凭借"事鬼道,能惑众"的本领,很快平息了动乱,而国内的安定又由于卑弥呼死后更换男王被打破,人们认为女子为王更合适,不得不又拥立卑弥呼的宗女壹与为王,国内才恢复平静。此时日本列岛尚未形成统一的国家,卑弥呼只是一个女酋长,远不能与后来女帝的地位同日而语。日本史书中对女子秉政的记载,最早的是神功皇后。仲哀天皇死后,神功皇后摄政达 69 年,这一记载有编造、附会的成分,未可尽信,然而,《日本书纪》的编纂者将她与其他天皇同等相待,为其在正史《日本书纪》中专立神功皇后纪,说明她是一个事实上的天皇,至少,当时的人们是这样看的。

到 5 世纪末年,又出了一位临朝称制的女子,这就是饭丰皇女。据《日本书纪》记载,清宁天皇死后无嗣,其远房兄弟弘计、亿计两位皇子互让皇位,"久而不处",于是,履中天皇的女儿(一说是履中之孙女)"于忍海角刺宫,临朝秉政,自称忍海饭青尊",《日本书纪》中还记载"饭丰青尊崩,葬葛城填口丘陵"①。《日本书纪》未承认饭丰皇女是天皇,但是,在记载中使用的"尊"、"崩"、"陵"等字样,均是对天皇使用的特殊的敬称。《古事记》中也记载:"忍海郎女,亦名饭丰王,坐葛城忍海之高木角次宫也。"②这些记载都说明饭丰皇女实际上具有天皇的地位,故平安末期的《扶桑略纪》中称"饭丰天皇,廿四代女帝",室町时代编撰的记载皇室系图的《本朝皇胤绍运录》中,也清清楚楚写道"饭丰天皇,忍海部女王是也"。

6 世纪初年,在宣化天皇死后,本应立即即位的钦明天皇对群臣说:"余幼年浅识,未闲政事",力荐"明闲百揆"的山田皇后继承皇位。山田皇后是仁贤天皇的皇女,钦明庶兄安闲天皇之皇后,钦明既然举荐她即位,说明她定有掌权之能力。山田皇后称"万机之难,妇女安顶",固辞不受。从这些事例来看,在人们心目中,女子为王并非有悖于常理,女性天皇与男性天皇具有同等的地位。女子秉政的传统为后来女子称帝奠定了基础。

尚无严格的皇位继承制度所致

因得益于大陆文化,日本从人类历史的野蛮阶段向文明时代过渡这一进程大大缩短,但这一过程中缺乏社会内部深刻的变革。时至公元 6 世纪,日本古代国家内仍保存大量氏族制度的残余,社会发展处于较低水平。皇位继承混乱无序,既有兄弟相承,也有父子相承,还有姐弟相承,兄承弟位。这种混乱有诸多表现,如皇位继承人

①　《日本书纪》显宗纪即位前纪。
②　倉野憲司等校注:『日本古典文学大系』1『古事記·祝詞』,岩波書店 1958 年,第 322 頁。

的选择不分嫡庶,钦明天皇本是继体天皇的嫡子,仍要在两个庶兄之后才继承皇位。那么,长幼之序是否是唯一的准则呢? 又不尽然,如安康天皇就是允恭的第三皇子。在这种情况下,皇位继承人可以随时变动,皇太子可以由内亲王(皇女)充任,如 749—758 年在位的孝谦女帝就是先被立太子,然后继承皇位的,因此女帝的出现也不足为奇了。更何况,越是在这种混乱的情况下,越体现出女帝的特殊作用。总之,日本古代皇位继承错综复杂,肇始于母系氏族社会的兄终弟及制与代表父权和皇权的直系继承同时起作用,再加上豪族插手皇位继承,女帝多有出现也就可以理解了。

三、女帝的特殊作用

总体而言,日本历史多女帝有其必然性,然而每一代女帝的出现,都有一定具体原因,故女帝在日本历史上的作用亦较为特殊。主要表现是女帝多以皇后或准皇后的身份,在后继的天皇年龄幼小,或因某种情况不能马上即位时起中继作用,故人们习惯称女帝为"中天皇"。

第一个称帝的女帝推古天皇(592—628 年在位)是钦明天皇皇女(额田部皇女)、用明天皇的同母妹。18 岁时被异母兄敏达天皇纳为妃子,23 岁时被立为皇后,32 岁时敏达天皇去世。在其异母弟崇峻天皇被杀后,皇室面临严重危机。在这种情况下,"姿色端丽,进止轨制"的额田部皇女以先帝皇后的身份即位为推古天皇,从此治世 36 年,保证了皇室的稳定安泰。由于当时尚无让位的习惯,且因推古女帝长寿,使她的继承人、摄政圣德太子未得到继位的机会便离开人世,这并不是推古天皇改变了以圣德太子继承皇位的初衷,完全是出于历史的偶然。

7 世纪中期,舒明天皇的皇后曾两次践祚,是为皇极和齐明天皇,与其丈夫老实、正直但碌碌无为的性格相比,皇极(齐明)女帝更具备政治家的资质和才能,养育了天智、天武这样有为的政治家。她为什么两次即位? 如果说当初皇极天皇以舒明皇后身份继承皇位,是由于其子均未成年,长子中大兄也不过 16 岁,那么,在孝德天皇死后,早在皇极朝即被立为皇太子的中大兄已届成年,经过大化改新的洗礼,不仅有了丰富的政治经验,而且控制了宫中局势,正处于势力鼎盛时期。以母亲身份继承皇位,大概是由于中大兄皇子感到孝德天皇的儿子有间皇子是他继承皇位的威胁与障碍。生性多疑的中大兄皇子不容有人对他将来继承皇位有任何妨碍,在此之前,他就以谋反的罪名杀掉异母兄古人大兄皇子,这次,又以同样的手段除掉有间皇子,然后,才平平稳稳登上皇位。所以说,齐明女皇两次即位,既维系了舒明天皇的皇统,又使其子天智天皇有了足够的时间以铲除所有政敌。

齐明女帝逝世几十年后,日本又接连出现数位女帝。686年,在"壬申之乱"中取胜的天武天皇去世,其皇后鸬野赞良皇女立即称制掌握大权,四年以后正式即位,这就是持统天皇。鸬野赞良皇女是天智天皇的女儿,论辈分是天武天皇的亲侄女。在"壬申之乱"之前,曾与天武天皇一起隐居,度过了一段艰苦的生活。"壬申之乱"后被立为皇后,并辅佐夫君执掌政事,颇有政治才能。持统天皇所生的唯一的皇子草壁皇子被立为皇太子,在天武天皇去世时已经25岁,立即践祚乃顺理成章,而以母后称制实出于持统女皇的深谋远虑和政治手段。原来,草壁皇子虽为皇太子身份,但未必说明他能稳坐一代天皇的宝座。鸬野赞良皇女很清楚,天智天皇指定的皇位继承人大友皇子就是被她的丈夫天武天皇以武力赶下台的。天武天皇有诸多皇子,其中,对草壁皇子最具威胁的一个是大津皇子,一个是高市皇子。大津皇子的母亲与持统天皇是同母姐妹,他"状貌魁梧,器宇峻远",能文能武,"尤爱文笔,诗赋之兴,自大津始也"①,其优秀的资质与体弱多病的草壁皇子形成鲜明对比,故天武天皇晚年,以其"听朝政",表明天武天皇有意以大津皇子继承皇位。高市皇子则是天武天皇的长子,生母身份低(非皇族,是地方豪族的女儿),但很有才能,年仅19岁就在"壬申之乱"中担任吉野方面军队的总指挥,为其父取胜立下汗马功劳。这两位皇子的才能远在草壁皇子之上,故继承皇位的呼声也不低。面对这种情况,鸬野赞良皇女意识到,硬将病弱的皇太子推上皇位并非上策。于是,她断然决定亲自称制,利用天智皇女、天武皇后的声望掌握大权,为其子日后继承皇位扫清障碍。她称制后的第一件事,是以"谋反"的罪名将大津皇子赐死,除掉了草壁皇子

①《日本书纪》持统天皇称制前纪。

继承皇位最有力的竞争者。但是,鸬野赞良皇女满怀期待的草壁皇子未及即位就离开人世,留下年仅 7 岁的皇孙轻皇子,为了让嫡孙将来继承皇位,鸬野赞良皇女再次决断,结束称制,即位为天皇,并任命高市皇子为太政大臣。按照持统女皇的旨意,697 年,15 岁的轻皇子被立为皇太子。同年,轻皇子即位为文武天皇。

持统女皇继续以太上天皇的身份总揽朝政。遗憾的是,文武天皇身上过多继承了其父体弱多病的基因,25 岁就结束了短暂的一生,其子首皇子刚刚 7 岁。文武天皇的母亲、持统女帝的异母妹妹阿部皇女即位为元明天皇,并宣布"不改常典"①。所谓"常典",即天智天皇定下的"与天地同长,与日月同远"的父系相承的规定,用以强调元明天皇即位的正统性。她虽不是皇后,却是早逝的草壁皇子的妃子及文武天皇的生母,故有"准皇后"之称。在她因"精华渐衰,耄期斯倦"而考虑退位时,担心首皇子"年龄幼稚,未离深宫"②,更担心天武天皇之孙长屋王等人对皇位的威胁,决定暂时让位于文武天皇的同父异母姐姐,即首皇子的姑姑、38 岁的冰高内亲王,是为元正女皇。直到 724 年,24 岁的首皇子才继承了皇位,即圣武天皇。

当然,有的女帝的出现是出于某种政治需要,必然要受制于某种势力,孝谦女皇即如此。孝谦女帝即阿倍内亲王,圣武天皇的皇女,是唯一一个先被立太子而后即位的女帝。立女性为太子,在日本历史上空前绝后。此时,藤原氏在朝廷中已颇有势力。孝谦女帝之父圣武天皇是藤原氏嫁女于天皇家所生的第一个天皇,在藤原氏操纵下,右大臣藤原不比等之女光明子被立为圣武天皇的皇后,从此打破了皇后必须出自皇族的习惯,置圣武天皇的其他皇子于不顾,硬立光明皇后所生的阿倍内亲王为皇太子,明显系出自藤原氏的旨意。不久,有希望继承皇位的阿倍内亲王的异母弟安积亲王突然因脚疾去世,真正死因不得而知。孝谦女帝即位后,行动完全受到母后及藤原氏所控制,实为傀儡皇帝,相反,其母光明皇后却有"幻影的女帝"之称。这种情况在光明皇后死后才得以改变,孝谦女帝以太上皇的身份,废掉与藤原氏关系甚密的淳仁天皇,第二次登上皇位,是为称德

---

① 《续日本纪》元明天皇庆云四年七月条。
② 《续日本纪》元明天皇灵龟元年条。

女皇。这个独身的女帝是七八世纪间的最后一位女帝。

　　纵观几位女帝即位的历史，表面上看她们继承皇位是为年幼的嫡子或嫡孙成年后继承皇位做铺垫，或是在他们即位时机尚不成熟时起一定过渡作用，而实质上是受大陆制度与文化影响的必然结果。此时的大唐及朝鲜半岛的新罗的社会发展水平远远高于日本，其皇位继承都以"父死子继"为最高原则。在日本与唐朝及朝鲜半岛国家的交往中，定会对日本的皇位继承产生影响。女帝的出现乃是代表父权制的父子继承制的一种特殊表现形式，并通过女帝执政，使王权的父子传承得以强化。虽然女帝在位时间长短不一，但作用是明显的，不仅带来政治和社会的稳定，亦减少了兄终弟及制下皇室内部的自相残杀，保证了皇室的稳定。在"女帝的世纪"中，"大兄"制已被废除，确立了立太子制，即需要通过立太子的仪式确立皇位继承人，直系的父子继承制度基本确立。由于父子继承取代了过去的兄终弟及传统，在孝谦—称德天皇以后，日本再无女帝出现。在皇室衰落的江户时代虽有两位女性继承皇位，但实际权力与作用同奈良时代的女帝已无法相比。

四、女帝的治世政绩

　　"女帝的世纪"不仅日本历史上是社会、经济、文化繁荣发展的时期，也是日本皇室史上最辉煌的时代。诸位女帝在位期间在内政、外交和文化方面颇有建树，在中央集权制封建国家的建立方面功绩卓著。女帝的权力与地位及治世政绩毫不逊于同时期的男性天皇。这段历史时期是日本女性在政治上表现最为杰出的时代。在此仅介绍几例。

圣德太子改革的支持者——推古天皇

　　公元 592 年，推古天皇即位。她在位长达 36 年，著名政治家圣德太子即于此间活跃于政治舞台，实施一系列改革，使日本的面貌为之一新。圣德太子的改革是与推古女帝的支持分不开的。

　　首先，立厩户皇子（圣德太子）为皇太子是推古女帝的英明之举。天皇是权力的象征，在日本古代，围绕着皇位继承的争夺异常激烈，豪族、权臣争权夺利，千方百计插手其间。推古天皇即位后，究竟立谁为皇太子，将来继承皇位，是大家所关心的问题。当时，条件最有利的一是用明天皇的长子厩户皇子，二是推古天皇所生、她最宠爱的竹田皇子，但是，圣德太子的才能为大家所公认。推古天皇不仅耳闻其先辈中许多人在争夺皇位中招致杀身之祸，更目睹了异母兄弟穴穗部皇子与崇峻天皇的死，为了皇室的利益，她决定立厩户皇子为皇太子，这种不顾私情的做法在当时是十分可贵的。这一决策使得推古天皇在位36年中未出现争夺皇位的动乱，并带来社会稳定的局面。同时，也为圣德太子提供了一展才华的机会，坚定了他进行改革的信心。

其次，推古天皇对圣德太子"录摄政，以万机悉委焉"，并不是说她毫无实权，任由圣德太子主宰朝政。事实上，推古天皇的政治才能在即位之前就已表现出来。她处事稳重，在《日本书纪》中多有记载。如在用明天皇去世后，出现了争夺皇位的动乱，推古天皇以敏达皇后的身份下诏声讨，使动乱迅速平息。她还出面举荐其异母弟即位为崇峻天皇，可见，推古女帝在人们心中是有相当威信和号召力的。她既全力支持圣德太子的改革事业，又亲自掌握朝廷的大政方针。

由此观之，若无推古女帝立厩户皇子为皇太子，若无她本人的统治才能，飞鸟时代的历史完全有可能是另一番情景。可以说，推古女帝不仅是圣德太子改革的推动者，也是这个时期内政、外交、文化成就的缔造者。

持统女帝与律令体制的完成

686年，天武天皇去世，其皇后鸬野赞良皇女称制，并于三年后即位为持统天皇。此时距大化改新已有四十多年，其间，每代天皇都有本朝政务要点，许多应该实行的政策未来得及实施。以中国为样板，走上法制完备的轨道，建立巩固的中央集权体制，一直是历代天皇渴望完成但未能完成的任务，持统女帝为此付出了巨大努力。

制定法典一直是持统天皇以前几代天皇的愿望。大化改新后制定的第一部律令是668年的《近江令》（也称《近江朝廷令》），但处于不完善阶段，且只有令而没有律。天武天皇时期继续制定法律，但未能完成便去世。持统天皇继承了这项事业，终于在称制的第三年（689年）将法典编纂完毕，定名为《飞鸟净御原朝廷令》，并立即颁布实施。701年，在持统天皇让位后成为太上天皇时期，进一步"以净御原朝廷令为准正"，增纂律令，制成律6卷，令11卷，是为《大宝律令》。717 年，为使法律更适合日本国情，元正女帝时期又着手以《大宝律令》为基础，编撰《养老律令》。其间因为编撰者之一藤原不比等去世而告停，直到孝谦女帝治世，由律 10 卷、令 10 卷构成的《养老律令》于 757 年开始实施。由此可见，日本律令国家的法制建设，主要是由女帝主持完成的。从此，国家有了根本大法，标志日本古代国家走向成熟。

根据《飞鸟净御原令》，持统女帝大刀阔斧地实行了新的改革。她改变了天武天皇不曾任用一个大臣的独裁统治，任命了太政大臣和具有一定政策审议权的议政官，强化了官僚体制。然后，着力解决中央集权制的基础——土地制度问题。在她之前的几代天皇均未解决好这一问题，虽有实施班田制的意图，但条件尚不成熟，且时时受到旧习惯势力的干扰，持统天皇为实施班田制做了扎扎实实的准备工作。689 年至 690 年，命令诸国国司依据户令制作户籍，这次造籍史称"庚寅年籍"，与二十多年前旨在"为姓氏之根本，遏奸欺之乱真欤"的"庚午年籍"不同，主要登载户主的身份、性别、年龄，是否课口等，"庚寅年籍"是实施班田必不可少的依据。在掌握了全国基本人口的情况下，两年之后，朝廷始向大和、河内、摄津、山背"四畿内"派遣"班田大夫"，以中国为样板的编户齐民制与班田制至此才真正得以实施，这不能不说是持统女帝的杰出贡献。

元明女帝与平城迁都

都城是一个国家执掌和行使最高权力的地方，也是一个国家的政治经济中心。从古到今，都城凝结了一个国家文明社会成果的最高成就，代表了文化的最高水平。日本古代早期并没有定都的概念，也不存在都城，仅仅是在天皇的居所即所谓宫中开展行政上的事务而已。由于政治环境不稳定，历代天皇更替往往都要建立新宫，但基本上是在大和地区（今奈良地区）移动。迁宫的传统直到 7 世纪才发生一些改变。推古天皇时期，相继于 592 年和 603 年在奈良盆地东南角的飞鸟地区建设丰浦宫和小垦田宫，此后历代天皇的王宫大多建在飞鸟地区，寺院、官衙、邸宅随之相继建立，日本学者评价丰浦宫和小垦田宫"具备了倭国唯一都城的性质"[①]，但是飞鸟之都并没有

---

① 吉川真司：『聖武天皇と仏都平城京』，講談社 2011 年，第 54 頁。

整然的都市计划,相关设施分散,在都城史上的地位仍然局限于"宫"而非"都"。直到 694 年 12 月持统天皇从飞鸟迁都到藤原京①,才真正具有了都城的意义。从 694 年到 710 年之间,持统天皇、文武天皇、元明天皇三代天皇以此为都。

然而藤原京所处地形东南高、西北低,唯一的水源飞鸟川从东南流向西北,藤原宫正处于河水遭污染的下方向,污水全部流经位于低湿地的宫殿,甚至常有粪便、尸体飘过,因而造成环境急剧恶化。如同《续日本纪》的记载,"京城内外多有秽臭"②,同时,天皇所居之藤原宫所处地势明显低于东南,有皇都被臣下俯视之嫌,有违以天皇为顶端的中央集权秩序结构的要求。因为存在这些明显的缺陷,藤原京启用仅仅 13 年,文武天皇就于 704 年召集诸王及五位以上贵族商议迁都事宜。707 年,文武天皇病逝,其母元明天皇即位后继续文武天皇未竟的迁都事业,选中了风水宝地"平城之地",于 708 年(和铜元年)2 月发布迁都诏书:

> 朕祇奉上玄,君临宇内,以菲薄之德,处紫宫之尊。常以为,作之者劳,居之者逸。迁都之事,必未遑也。而王公大臣咸言,往古已降,至于近代,揆日瞻星,起宫室之基。卜世相土,建帝皇之邑。定鼎之基永固,无穷之业斯在。众议难忍,词情深切。然则京师者,百官之府,四海所归,唯朕一人独逸豫,苟利于物,其可远乎。昔殷王五迁,受中兴之号,周后三定,致太平之称,安以迁其久安宅。方今平城之地,四禽叶图,三山作镇,龟筮并从,宜建都邑。宜其营构,资须随事条奏。亦待秋收后,令造路桥,子来之义勿致劳扰。制度之宜,合后不加。③

---

① 藤原京,位于今奈良县橿原市,被大和三山(亩傍山、耳成山、香具山)包围,其建设究竟是模仿长安还是洛阳,一直没有定论。但藤原京之所以被认定为日本最早的正规都城,在于它是由人工设计建造的都城,即进行了较为详细的街坊空间规划,采用的条坊制是对中国古代里坊制的模仿,在天皇的居所"宫"之外修建东西路"条"与南北路"坊",和用于交易的"市"等建筑设施。

② 《续日本纪》文武天皇庆云三年三月条。

③ 《续日本纪》元明天皇和铜元年二月条。

这份迁都诏书一改文武天皇以来使用的宣命体①,直接用汉文写成,表明元明天皇及朝廷以唐朝为样板,建立"定鼎之基永固,无穷之业斯在"之帝都的决心。

在建设平城京过程中,元明天皇多次前往工地"巡幸",709 年,下令免除当年租调,到 710 年 3 月就完成了新都城的建设,并完成迁都。这座以长安城为范本建成的都城成为日本的政治经济文化中心,同时也带有向内外展示天皇权威的意涵,八代(七位)天皇(元明、元正、圣武、孝谦、淳仁、称德[重祚]、光仁)以此为皇都②。

结语

日本古代多女帝是当时女性有较高社会地位的象征,虽然她们多起中继作用,但女帝中不乏才能出众、政绩辉煌的政治家。女帝是人们赞美、讴歌的对象,是日本妇女的骄傲,丝毫没有被贬损的色彩,这些正是当时日本女性具有较高社会地位的最好证明。

(原文刊载于《日本研究》1990 年 3 期,本书收录时有修改)

第二节 日本妇女地位的沦丧与儒家女性观的影响

男女不平等的现象,并不是从来就有的,而是历史发展到一定阶段的产物。与世界上其他民族一样,日本妇女在历史上也曾经有过光辉灿烂的一页,随着封建社会的发展及儒家女性观影响的加深而逐步走向沦落。

一、日本古代女性的辉煌

中国从汉代开始就已确立了妇女的被压迫地位。而由于母系制残余的存在,迟于中国二千多年迈进阶级社会门槛的日本妇女,仍然

---

① 宣命体,与"诏敕"相对,是将天皇的命令用汉字直接记载日语所写成的公文,用于朝贺、即位、改元、立皇后、立太子等仪式中。

② 平城京を掘る奈良市埋蔵文化財センター 30 周年記念 http://www.city.nara.lg.jp/www/contents/1227078972143/files/heijyoukyou.pdf

在此后很长时间内居于自由和受尊敬的地位。

　　首先，虽然在日本古代的律令中，已经明显贯穿了中国儒家的男尊女卑思想，但在实际生活中并没有得到全面贯彻，女性仍然在较长的时间内受到社会的尊重。这是由于日本长期流行着反映母系制残余的招婿婚。所谓招婿婚，就是以女方为婚姻的主体、招婿上门的婚姻形态，与男娶女嫁正相反。在这种婚姻形态下，子女主要由母亲抚养，家政由妻子掌管，妻子是家庭的中心。即使是到了武士称雄的幕府时代初期，贱视妇女的观念已经产生，但男尊女卑的观念并未发展到极致，妇女的地位也没有一落千丈。在人们心目中，夫妇乃人伦之大纲，父子兄弟由此所生，在镰仓幕府法律《贞永式目》中，尚把父母均作为亲权人。幕府的法律与现实中也认同父亲去世后，由母亲担任家长和由寡妻代替亡夫担任御家人。这些事实说明人们还能较为正确地认识妇女，正确认识夫妇关系。

　　其次，在日本古代社会，由于妇女一直是生产活动中的主力，加上日本自古以来的原始平等思想，使妇女在经济上与男子有较为平等的权利，尤其是有较为稳定的财产权。如女性可通过劳动获得财产，通过垦荒获得土地私有权；在财产继承方面，女儿也有与男子同样的分割继承财产的权利；女性在娘家得到的财产，婚后并不归丈夫管辖，其所有权、处分权仍在女性本人，甚至到了镰仓时代，女子能继承的份额仍相当于次子的一半；妻子有权继承丈夫的一定份额的遗产。据福尾猛市郎的考证，在现存的镰仓时代庶民阶层的有关土地、房产的买卖文书当中，有 30％ 的买主与卖主是妇女[①]。这样就从根本上保证了妇女的权益。

　　第三，日本妇女具有较高社会地位最明显的标志是在政坛上曾有过出色的表现。继 6 世纪末至 8 世纪的"女帝的世纪"后，在镰仓幕府时期，又出现了一名政坛女杰，这就是武家政权的创立者源赖朝的妻子北条政子。北条政子与流亡中的源赖朝私定终身（这一点也从一个侧面反映出当时的妇女还存在一定程度的婚姻自主），后来又协助源赖朝建立镰仓幕府，在源赖朝死后继续掌握幕政，在困难的环境中巩固了幕府统治，北条政子也因其出色的才能被称为"尼姑将

----

① 福尾猛市郎：『日本家族制度史概説』，第 90 頁。

军"(源赖朝死后,北条政子削发为尼)。与中国历史上像吕后、武则天、西太后等掌握过大权的女性统治者都受到格外的贬低,甚至被唾为窃国之贼相比,日本历史上这些杰出的女性是人们歌颂的对象,是日本妇女的骄傲。

二、日本女性地位的沦丧

女性统治被推翻,或迟或早发生在世界上绝大多数国家与民族的历史上。社会生产力的发展和私有制的出现,是导致妇女地位发生变化的根本原因。私有制的出现,要求妇女保持贞节,以为丈夫生出纯血统的财产继承人;妇女被排除于社会生产劳动之外,从而要求妇女只能成为家庭的奴隶和生儿育女的工具。在这一人类发展史上共同规律的基础上,日本妇女地位的沦落,还有其本民族内部的原因。

曾经在日本历史上长期存在的招婿婚这种婚姻形态逐渐走向没落,并逐渐被嫁娶婚所取代,这是日本妇女从辉煌走向衰落的第一个原因。随着从平安时代开始的封建土地所有制的变化,私有财产不断增加,男人开始在生产和家庭中谋求统治地位。镰仓幕府建立后,武家社会更成为讲求弓马之道的地地道道的男人社会,因此,发生了对招婿婚的否定,代之以男娶女嫁的嫁娶婚。婚姻形态的变化首先从武家社会开始,然后逐渐普及于庶民各阶层。这个过程开始于12世纪末期,到14—15世纪的室町幕府时期基本完成。嫁娶婚的确立使女性在婚姻关系中由主导变为从属。

"家"制度的成立将妇女置于无权的地位。室町、战国时代,以家业为核心、以家督继承制为基础、实行家长制统治的"家"制度逐渐形成,到江户时代,更成为幕藩统治的支柱之一。人们重视的是家族整体的利益,为了家业的延续,弃诸子分割继承制,实行严格的一子继承制(一般说来是长子)。长子以外的人,即使是男子也很难染指家业与家产,女子更被完全排斥在家业之外。"家"制度的形成加速了日本妇女地位的沦落。到江户时代,日本妇女昔日的辉煌已消失得无影无踪。

日本妇女地位的沦丧主要表现在以下几个方面:

首先,妇女成为政治斗争的牺牲品,这主要从日本妇女在婚姻关系中的角色反映出来。自从"家"制度形成之后,访妻婚、招婿婚时期婚姻的自由、浪漫色彩一扫而光,婚姻成了把祖先开创的"家"延续下去的一种必要手段,而不再意味着新的家庭的建立。尤其是在近七百年的武家社会中,大部分时间战乱不断。武士们以族与家为核心结成武士团,武士团之间亦在一定利益驱使下结成同盟,然而这种同盟屡屡分裂,又不断重新组合,婚姻成了扩大自己势力的手段。在此过程中,婚姻往往被作为武力的补充。大名武士纷纷以儿女婚姻作为扩展势力、攀龙附凤或遏制对手的手段,以致在群雄割据、弱肉强食、社会动荡的室町、战国时代,出现了一种普遍的、独特的社会现象——"政略婚姻"。据说战国武将之间的婚姻,十有八九是"政略婚姻"。婚姻关系成为武士、大名之间同盟和议的副产物,互结同盟的时候,必伴有婚姻;结婚的时候,必进行和谈①。例如,德川家康的嫡子信康与织田信长的女儿结婚时都是年仅 9 岁的孩子,他们的婚姻不过是德川家康与织田信长的同盟之证②。织田信长除把女儿嫁给德川家康之子,还把妹妹阿市嫁给近江大名浅井长政。待灭掉浅井长政后,杀掉妹妹和浅井长政所生的儿子,又将已生有五个子女的妹妹嫁给部将柴田胜家。再如,甲斐大名武田信玄与信浓国的诹访赖重是多年的对头,屡屡会盟不见效果,便将自己的妹妹嫁给赖重,从而达到了目的。战国大名毛利元就之兄有一女儿,先后嫁了四位丈夫,可谓"政略婚姻"的典型。"政略婚姻"完全是为了"家"的利益(大名领国实际上也是一种扩大的"家")的一种政治交易,不惜牺牲子女、姐妹的情感、青春甚至生命,其中最大的受害者就是女性。在这种婚姻中,她们的作用仅仅是实现媾和、结盟的筹码,或曰一种人质,可以被人任意使用,个人的意志完全被无视。在充满强权与血火交融的战争和争夺中,以毫无反抗能力的妇女维系某种力量的平衡,不过是一种自欺欺人的权宜之计。联姻双方家族利益不一致或盟约破裂时,往往造成婚姻当事人悲惨的结局,妇女注定是"政略婚姻"的牺牲品。如丰臣秀吉为了笼络人心,稳住自己的江山,把妹妹嫁给部将德川家康。不想德川家康在其主君尸骨未寒之际就灭其寡妻弱子,夺取丰臣秀吉统一日本的成果,建立了德川幕府。织田信长的妹妹阿市被迫嫁给武

---

① 大塚久:『政略結婚と武将の家庭』,雄山閣 1929 年,第 11 页。

② 1561 年,德川家康(当时称松平元康)宣布与织田信长议和,并会盟于尾张国的清洲城,史称"清洲会盟"。

将柴田胜家,在丈夫兵败丰臣秀吉时与丈夫双双自杀。与中国历史上强烈的重男轻女倾向相比,在日本历史上的许多时候,人们甚至希望多生女孩。比如在平安时代的贵族就是如此,他们希望多生女孩,以便与天皇或大贵族联姻,换得荣华富贵。而在武家社会内,尤其是幕府时代后期,武士大名更希望生女孩,以在争权夺势中有更多的筹码。希望生女,表面上看似乎是对妇女的重视,而事实正相反,妇女已经无形中沦为男性的奴隶,成为政治斗争中的工具。

其次,在婚姻关系中的男女不平等。在"家"制度下,人的再生产即生育的职能是家庭的第一位职能。男女婚配、构成家庭的主要目的,就在于取得子嗣,延续家族的世系。"家"是人们赖以生存的基础,延续家业,祭祀祖先,生儿育女便成为婚姻的最高目的,尤其是妇女的首要任务。女性结婚后,被作为繁衍后代的工具,女人被称作"借肚子的",成了一架生殖机器。于是,丈夫休弃不能生子的妻子,为生子而纳妾,一夫多妾都成为天经地义的事情。在封建家族制度达到顶峰的德川时代,上至幕府将军,下至庶民百姓,蓄妾之风盛行,将军德川家康的妾仅仅知名的就不下 15 人。他还在遗训中要求人们遵守"天子十二妃,诸侯八嫔,大夫五嫱,士二妾,以下是匹夫"的礼教。一些文人学者公开维护一夫多妻制,如攘夷论学者会泽正志斋鼓吹"男女之道亦如亿兆臣民事一君。一家一夫而有妻有妾,众女共事一男,天地之道也","娶妻之事乃重祖先之后、子孙不绝之义也。随天地之道,蓄妻妾,广继嗣,圣贤之教也"①。被作为领主楷模的"名君"上杉鹰山在自己的孙女结婚时,将"男子娶妻是为了传宗接代,所以,丈夫无论纳多少妾都不能嫉妒","如有比自己好的女人就推荐给丈夫"当作"作妻子的道理"告诫孙女遵守。当时的社会上流行着"女人和席子,都是新的好","女人和衣服一样,可以随便换"这样的说法。丈夫可以随意纳妾,寻花问柳,而妻子必须保持贞节,这就是封建家族制度下人们奉行的双重道德标准。因此,日本社会内一妻多妾的陋习长期存在,在 1870 年颁布的《新律纲领》中甚至模仿古代的律令,还将妾与妻同作丈夫的二等亲对待,公然承认妾的地位,1871 年内务省的指令也声称"臣民一般不厌妾的称呼"。到 19

---

① 会泽正志斋:『新論・迪彝篇』,岩波書店 1969 年,第 275 頁。

世纪 80 年代的社会状况仍然是"凡平民间允许公然置妾,法制上亦将与婢女所生子记入户籍,以二男三男相称,而无嫡庶之别"①,说明一夫多妾制在明治维新后仍维持了很长时间,迟至 1882 年才在社会舆论尤其是启蒙思想家的强烈指责下而被从法律上废除,但是实行得很不彻底。不仅日本近代历史上的最高统治者明治天皇在婚姻生活中依然故我,实行一夫多妻制,而且许多标榜文明开化、在欧化洋风熏陶之下成长起来的政治家们也对婚外之情津津乐道,很不符合他们极力倡导的近代文明国家的形象。

再次,女性不论在法律上还是在道义上都没有离婚的权力。在离婚问题上,男子独断专行,拥有对妻子的"七去"权。"七去"(也称"七出")本是中国封建婚姻制度下男子单方面休弃妻子的理由,日本人几乎原封不动地加以继承,每一条都反映出男女不平等。所谓"七去",即"不顺舅姑之妇须去之;无子之妇须去之;淫乱则去;过啬啬则去;有癫病等恶疾则去;多言不慎,过酿物议,不见容于亲戚,紊乱家规者则去;有盗物之心者则去"。在江户时代,"七去"被作为"圣人之教"。在这七条理由中,唯有最后一条涉及到女性本人的道德行为,其他六条都是为男人及男人一方家庭的利益盘算的。这实际是给丈夫以无限的权利,可以用任何借口休弃妻子。江户时代男子休妻极为简单,只要写上一纸休书,就算结束了夫妻关系。如果作丈夫的不会写字,便只须在纸上划三行半的直道道,妻子——这个对于妇女来说生命攸关的地位就轻而易举地被抹掉了,"三行半"便成了休书的代名词。对于女性而言,不论在婆家境遇如何,都必须履行与丈夫同居的义务,对于离婚是连想也不能想的。当妻子因种种原因离家不归时,丈夫有权对女方娘家提起诉讼,娘家必须将女儿送回夫家,还要被科以罚款。唯一能使妇女得到解脱的是逃到寺庙寻求保护,经确认实属不堪丈夫虐待而要求离婚的,便被寺庙收留下来,由寺方出面召集丈夫及妻子的父母、媒人进行谈判。如果丈夫同意离婚并写出休书,女子即可随父母回家。如果丈夫执意不写休书,妻子则必须在寺院内当三年尼姑,才算结束夫妻关系。妇女为达到离婚的目的,

---

① 生田精编:『全国民事慣例類集』第一篇七章三款"嫡庶之别",司法省 1880 年,第 297 頁。

要付出很大的代价。想逃进寺庙并非易事，往往在未进寺庙前便被抓回。三年的苦行生活，也是对妇女精神上的极大摧残。按照寺院的规定，入寺者要自带粮食，一般贫苦人家的女子多负担不起，所以必须在寺内从事各种劳动。当时人们称这种接纳要求离婚妇女的寺院为"缘切寺"（离婚寺），以相模国（今神奈川县）镰仓郡的东庆寺和上野国（今群马县）新田郡的满德寺最为有名。尽管寺内生活非常艰苦，但妇女们仍将"离婚寺"视为摆脱丈夫压迫的唯一救星，要求入寺离婚的人很多。据说，在江户时代后期的 150 年间，仅逃进东庆寺的女性就超过二千人①。明治维新后，在反对封建主义的变革中，赋予妇女与男子同样的离婚自由，这不啻是历史的巨大进步。然而日本妇女却未能真正享受到这一权益。明治民法虽然承认了妇女拥有离婚的权利，但同时又在离婚理由上做出不利于妇女的规定：如果妻子与人通奸，丈夫便可以提出离婚，而丈夫在犯奸淫罪、并被判刑的情况下，妻子才能提出离婚。这一不平等的法律的制定与实施，实在是日本妇女的悲哀。

三、儒家女性观对日本的影响

造成日本妇女的地位从辉煌走向衰落，除了上述婚姻形态的变化、"家"制度的约束等原因外，儒家女性观的影响也是极其重要的因素。

中国儒家的典籍早在大和时代就已传入日本。在律令时代，日本模仿中国的法律，制定了有关礼婚、"七出"、夫妇同财等方面的法律条文。朝廷还要求地方官要随时奏闻"孝子"、"贞妇"，以行表彰。这些做法表明，儒家男尊女卑的道德观念已经传入日本。但是，以父权和夫权为中心的儒家女性观因距当时母权制残余较强、招婿婚盛行的社会现实太远而没有真正发挥作用。进入幕府时代，尤其是在 14 世纪以后，随着封建秩序的巩固和嫁娶婚的发展，儒家女性观的核心——"三从四德"遂成为日本妇女生活的准则。江户时代是日本儒学发展的顶峰，也是日本妇女受压迫最重的时期。

儒家女性观对日本的影响主要是通过形形色色的女训书表现出

---

① 高木侃：『三くだり半と縁切寺』，講談社 2000 年，第 166 頁。

来的。根据文献的记载，中国的女训书在 9 世纪末就已传入日本。但是，以维系男性统治，强调对丈夫和夫家的服从为基本内容的女训并不适应当时日本的社会状况，因而未能产生什么影响。日本人自己编纂的女训、庭训之类的女性修身书从镰仓时代开始出现，如镰仓时代阿佛尼的《乳母之文》、室町初期的《乳母草子》（作者不详）、室町后期的《身之遗物》（作者不详）等等。不过江户时代之前的女训不仅数量少，而且不像后来那样极力倡导女性对男人的从属性，有的女训反而强调女性的自主性。如《乳母草子》中就讲："对谁都不能过于亲近、轻信，男人也不例外"，"虽然可以听别人的，但是不能把心交给任何人。做事可以适当地告诉别人，也可以听别人所说，但要用心判断善恶"，"喜欢做什么事情，就要用心去做，若敷衍了事，随随便便，就不能达到目的"。[①] 又由于最初致力于吸收朱子学的是禅宗的僧侣，儒家学说被置于禅宗附庸的地位，所以江户时代以前，尽管贱视妇女的思想已经产生，但并非完全是儒家思想，有些则是佛教中的思想，如出现了"女子成佛"论。最初在天台宗、真言宗中都主张女子有"五障"，所以不能成佛。13 世纪以后，日莲开创法华宗，提出"女子成佛说"，即女子"不仅今世，而且来世都要依赖丈夫"，也就是说，女子服从丈夫，依赖丈夫的功德就可以成佛。室町初期的《世镜抄》中，强调"贤女"的形象应该是"纵使丈夫在京、在战场、在郡里，常年不在家，也不忘先祖的祭日，祈神拜佛保佑夫之家业，不近男子，不让坏女人上门，不梳妆打扮"[②]，这些与"女子成佛说"也如出一辙。

　　进入江户时代，由于主张修身齐家治国和大义名分的儒家思想更适合幕府的统治，幕府遂尊崇儒学，使儒学成为官学。在武家、商家纷纷制定家训家规以齐家自律的同时，用以规诫女性的女训也发达起来。中国儒家的女训书以最快的速度传入日本，如被认为《女四书》最初版本的《闺阁女四书集注》是在 1624 年（天启四年）出版的，而在日本出现《女四书》的翻印本是 1656 年（日本明历二年），其间只有 32 年之隔，可见日本人对中国女训吸收之迅速。江户时代初期的女训主要有两种形式：一种是把中国女训书原封不动地标以假名，或

---

① 井上清：『日本女性史』，三一書房 1956 年，第 96 頁。
② 引自家永三郎：『日本道徳思想史』，岩波書店 1977 年，第 108 頁。

在保留原文的同时,加以日文的解说,实际上是对中国女训书的直接和译,如北村季吟的《假名列女传》、中江藤树的《鉴草》、熊泽蕃山的《女子训》等都属此类。另一种是模仿中国女训的内容和体例,但以本国的事例为素材,如黑泽弘忠的《本朝列女传》和浅井了意的《本朝女鉴》就是模仿中国的《列女传》而编撰的。成书于元禄年间(1688—1704年)的《唐锦》(作者成濑维佐子)几乎包罗了女子教育全部内容,由女则五卷、装束抄一卷(妻子的装束及四季应时之样式)、姿见一卷(中国的贤妃)、写绘一卷(本朝之贞女)、古教训一卷(学习之道)、柳樱集四卷(拾遗)组成。其中最基本的部分是开头的女则五卷,由九章构成:第一学范、第二卑弱、第三婚礼、第四孝行、第五贞烈、第六内治、第七胎养、第八母道、第九妇功。一看便知是采用中国女训书的写作风格和体例,而且从题目看上去容易使人认为这是汉文文章,实际上,完全用的是日文。其中不仅有中国的掌故,也充分引用了日本各种文献的内容,该书之博识令人惊叹。

　　江户初期虽然有不少女训书问世,但共同特点是篇幅冗长,内容难懂,如果没有相当的学问素养是难以理解的,故仅在上流社会流行,在庶民女性中影响不大。江户时代中期以后,作为幕藩体制支柱之一的“家”制度更强调妇女的服从精神和维护“家”的作用,儒家学说越来越受到推崇。与此同时,商品经济的发展促进人们提高了对教育尤其是女子教育的必要性的认识,视读书写字为必要的女性明显增加。为了使儒家女性观进一步在庶民中普及,内容简明扼要、浅显易懂的女训书开始在社会上流行。人们刻意将实用性放在第一位,根据此前内容繁杂的女训的主要精神,写成文字简捷的作品。“女实语教系”、“女今川系”、“女大学系”等不同风格的女训书纷纷问世。这种女训书既是女性必读修身书,同时也是女子习字用的读本。不仅是寺子屋(江户时代的私塾)的教科书,也是家庭使用的基本女教书,因此能够迅速普及。

　　在众多女训书中,《女大学》(全称《女大学宝箱》,1716年出版)堪称集大成者。《女大学》是根据儒学家贝原益轩(1630—1714年)所著《和俗童子训》的第五卷中的“教女子法”编撰而成的。作者模仿朱子学中将《四书》中的《大学》作为“成人之书”的做法,以《女大学》命名该书,意即此书为女子成人之必读书,尤其是为了“女子长大成人后去他人之家侍奉公婆"而必读的"圣典"。《女大学》因影响大、流传广而成为日本儒教女训的代名词。全书由十九条构成,其主要内容是:①

  (1)女儿自幼要在父母的教育下成长;

  (2)女子应心胜于容;

  (3)正男女之别,女子必须具有独自的德性;

  (4)女性真正的家是夫家,恪守七去之法;

  (5)尽孝养于公婆胜似亲生父母;

  (6)须以夫为主君,敬慎侍奉,不可轻侮;

  (7)对丈夫的兄弟姐妹敬而和睦相处;

  (8)勿生嫉妒之心,委婉劝谏丈夫;

  (9)说话谨慎;

  (10)常思用心,谨守其身,勤劳节俭,女红不息;

  (11)勿为巫与觋所惑;

  (12)妻子须精通理家之道;

  (13)不可与夫家亲友、下人之年轻男子亲近;

  (14)衣着整洁、不事奢华;

  (15)善待夫家的亲戚;

  (16)对待公婆应比娘家父母更热心;

  (17)身为主妇须不辞劳苦、亲力亲为;

  (18)身为主妇要精通遣使下人之法;

  (19)女性心性不好的五种毛病,严守顺从之德。

  《女大学》的思想核心是阐述儒家男尊女卑的道德,作者一方面吸取中国《女四书》等女训的基本思想,另一方面,又对中国女训的基本思想进行发挥,使其奴役和蔑视女性的立场更直接、更露骨、更极端化。例如,作者毫不隐晦贱视女性的观点:"大凡女性在心性上的毛病是不柔顺、怒怨、长舌、贪心和智浅。她们十之七八有这五种毛病,这是女人不及男人的地方","女人属阴性,和夜晚一样黑暗,所以女人比

---

  ① 荒木見悟等校注:『日本思想大系』34『貝原益軒・室鳩巣』,岩波書店 1977 年,第203—204 頁。

男人愚笨"。这些无非是要说明男尊女卑的正当性，是《女大学》思想的典型。中国的女训书虽然强调服从、无妒是女人的本分，却没有如此赤裸裸地诬蔑女性。与中国的女训书相比，《女大学》真可谓"青出于蓝而胜于蓝"，这是日本人对中国女训的歪曲地吸收[1]。随着这些以《女大学》为代表的女训的广泛流传，男尊女卑的观念遂越发强烈。

正因为女人有上述"毛病"，所以《女大学》第六条强调妇女要以夫为天，"妇人别无主君，以夫为主君，敬慎侍奉，不可轻侮；妇人之道，一切贵在从夫"。按照其要求，妻从夫与仆从主、子孝亲一样，是武家社会乃至全社会妇女必须遵守的行动准则。为人妻者，要遵守"为妻之道"，这就是要"对夫之词色应殷勤而恭顺，不可怠慢与不从，不可奢侈而无理，此女子之第一要务。夫有教训，不可违背。疑难之事问诸夫，听其指示。夫有所问，须正答之，返答有疏者，无礼也。夫若发怒，畏而顺之，不可争吵，以逆其心。女子以夫为天，若逆夫而行，将受天罚"。《女大学》中的以夫为天，强调的是妻子对丈夫的绝对服从，而无任何自由、爱情可言，因此有人称《女大学》第六条是中国《女论语·事夫章》（唐代女学士宋若莘、宋若昭姐妹撰）的翻版[2]。《女论语·事夫章》中的确有"女子出嫁，夫主为亲"，"将夫比天，其义匪轻"的内容，也有"夫有言语，侧耳详听""夫若发怒，不可生嗔。退身相让，忍气低声"的教诲，但作者的出发点是通过妻子的忍让来创造和睦的家庭，而非单纯的以服从为本分，这毋宁说还是有积极意义的。《女论语·事夫章》一方面讲为妻之道，同时也强调夫妻恩爱，同甘共苦，"夫刚妻柔，恩爱相因。居家相待，敬重如宾"，而这在《女大学》中根本不见踪影。

对待婚姻关系，中国的女训与日本的女训都强调以男人为中心，但角度是不同的。中国女训多是站在女性的角度教女性如何恪守妇道，讨男人的欢心，目的是不被男人休掉；日本的女训则是站在男人的角度，告诫女性只有丈夫的家才是自己真正的家，作为女性，要有一旦结婚就永远不再回娘家的觉悟。可见，一个女性一

---

① 筧久美子：「中国的女訓と日本的女訓」，女性史総合研究会編：『日本女性史』3「近世」，東京大学出版会1990年，第323页。

② 张萍：《日本的婚姻与家庭》，中国妇女出版社1984年，第74页。

且结婚为人妻,丈夫的家就成了她的世界,她就成了这个家的奴仆。她的职责就是小心翼翼侍奉丈夫、公婆,操持家务,为夫家生儿育女。她们的人生哲学就是忍耐——育儿、持家的辛劳,婆婆的虐待,丈夫的寻花问柳。中国古代的"七去"——男子单方面休弃妻子的特权在《女大学》中也被夸大地引用了。在中国,去妻虽源于礼,但至少在战国时代商鞅"改法为律"之后便已入律,也就是说,男子的去妻权利在一定程度是受到法律限制的。尽管中国古代社会的天平鲜明地偏向男人一方,但男人也不能全凭个人的好恶休妻重娶。为了避免男子以"七去"做借口,随心所欲地休弃妻子,造成家庭与社会秩序的混乱,法律同时设置了"三不去"(《唐律疏议·户婚》云:三不去者谓:一,经持舅姑之丧;二,娶时贱后贵;三,有所受无所归)的限制性规定,而且即使去妻也要履行较为严格的程序。如元朝规定"若以夫出妻妾者……写立休书,赴官告押执照,即听归宗"①,从中可见去妻虽是男人的特权,却并非男人个人的绝对任意行为。正因去妻是严肃的法律行为,所以,在"七去"发源地中国,尽管它作为男人单方面离婚的特权而广为人知,但在历代女训书中却无此内容。而在"教女子法"和《女大学》中,"七去"成了"圣人之教"被大肆渲染,礼彻底代替了法。丈夫可以利用其中的任何一条休弃妻子,甚至可以扔下一纸三行半的休书,以"我愿意这样做"、"没缘分"等不是理由的理由将妻子休掉,而没有任何法律限制,这一点与中国相比是有过之而无不及的。

以《女大学》为代表的日本的女训是对中国女训忠实而全面的模仿,同时在许多方面对妇女规诫之严又甚于中国,为什么如此?除了维护封建统治和"家"制度的需要之外,笔者认为,中国历代女训的作者主要是女性,而日本的女训则多出自男性之手,这恐怕是更直接的原因。中国的历史远远长于日本,以男性为中心的私有制社会经过几千年的发展,女性被剥夺了政治上的参与权,经济上的自立权,文化上的受教育权,婚姻上的自主权,彻底丧失了女性应有的主体地位。为了维护男性社会的秩序,女性便用男性的标准以一种奴性的自律方式去自觉地评价、监督、调节、控制自己在

① 《元典章·户部》。

家庭和人际关系中的活动,这种奴性的自律,集中体现在历代女性作者编撰的女训书中。在汉代,有班固作《女诫》;在唐代,陈邈之妻郑氏作《女孝经》,宋若莘、宋若昭姐妹作《女论语》;在明代,有明成祖的皇后徐皇后作《内训》和王晋升之母刘氏的《女范捷录》。女性所作的女训书,其数量之多,质量之高——具体、细致、全面、系统,远非男性之作可比。但是,在历代以儒家道德为主体的文化氛围中,尽管女性的自我意识一步步向着迎合男性需求的方面倾斜,但她们毕竟是作为男性对立面而存在的。女训的作者多是女人,而且是上流社会的女人,她们作女训的目的不过是在告诫自己的同胞姐妹如何适应男人社会,在严酷的现实面前求得生存之路,而不愿让包括自己在内的女性任男人凌辱。在某种意义上来说,女性作女训也是在无奈之中的自我保护。所以,在她们所作的女训中,有自卑和自律,却少有自贱与自残。比如,为了讨男人的欢心,她们可以做出牺牲和付出,委曲求全;她们宁可教女子如何不让丈夫休掉,也不愿让男人以"七去"断送自己的前程。

　　日本的情况就不同了。由于母权制长期存在,女性在较长时间内占据了生活资料生产与人类自身再生产中的优势地位,从而造就了女性的社会主体意识。在父权制确立之后,这种主体意识虽在淡化,日本的女性却不像中国女性那样主动与自觉地服从男人社会的需要,母权制的残余仍时时表现出来。日本妇女的地位在较短的历史过程中(相对于中国而言)由盛而衰,完全是在男人社会的强制之下完成的。因此,女训书大都出自男人之手,这些女训站在男人的立场上要求女人绝对服从,根据男人的好恶评判女人的价值。如果说中国女训的女性作者还有一点良知的话,那么,日本女训的男性作者们对妇女则是赤裸裸的剥夺和摧残。所以,尽管在日本编撰儒家女训规诫妇女的历史不如中国时间长,女训数量远不如中国女训多,但是,日本的女训之严,压迫妇女之酷与中国相比有过之而无不及,从而使日本妇女地位"后来居下"。

　　(原文刊载于南开大学日本研究院《日本研究论集》第五集,南开大学出版社 2001 年)

第三节　女性角色的变迁与日本的现代化

在日本历史上,女性曾拥有较高的社会地位。直到武家社会形成之后,随着婚姻形态的变化和"家"制度的形成,她们才逐渐失去了昔日的辉煌,由受尊重变成受贬损,女人一生的命运是"三界无家"。明治维新以后,由于日本的近代化没有社会改革相伴而行,女性角色仍然处于矛盾与扭曲的状态,一方面为了近代国家建设,需要女性劳动,需要有知识的女性;另一方面置女性于法律上的无权地位。这种现象直到战后民主改革才得以改变。

一、近代日本女性角色的法律定位

女性的法律地位是对女性角色的最好诠释。近代日本有关女性的法律呈两大基本趋势,一是顺应时代潮流,对涉及女性权益的法律做出一些调整;一是通过民法的制定将女性进一步置于无权的地位。

明治维新后,"文明开化"的浪潮使西方资产阶级学说潮水般涌进日本列岛,在知识分子的推动下,出现了传播自由民主思想的启蒙运动。在这场运动中,压抑人的个性的封建家族制度与男尊女卑观念第一次受到强烈批判冲击,"男女同权之论说蜂起于世上"[①]。启蒙思想家福泽谕吉、森有礼等人尖锐批判封建家庭中男尊女卑的不合理性及纳妾陋习,报刊杂志上进行了较大规模的关于男女平等之是非的讨论。在"文明开化"大潮中,明治政府不得不做出一些有利于女性的改革。

第一是从法律上否定妾的存在,实现了一夫一妻制。由于古代社会长期存在访妻婚传统,使日本长期存在一夫多妻现象。在法律上,妾与妻同属于丈夫的二等亲,具有合法的配偶身份。在"家"制度形成后,延续家业,祭祀祖先,生儿育女便成为婚姻的最高目的,女性被作为繁衍后代的工具。于是,妻子因不能生子而被抛弃,丈夫为生子而纳妾,都是常见的事情。直到明治初年,蓄妾之风依然盛行,在1870 年颁布的《新律纲领》中规定,如果没有嗣子(即家督继承人)时

---

① 明治七年 12 月 9 日『朝野新聞』,外崎光広:『近代日本の家庭』,高知市立市民図書館 1966 年,第 11 頁。

便可以纳妾,甚至模仿古代律令,将妾与妻同做丈夫的二等亲对待。1873 年的太政官指令还要求在登录户籍时,把户主的妾在妻之次、父亲的妾在母之次、祖父的妾在祖母之次进行登录,实际上等于承认妾的地位。妾被合法化严重抹杀了女性的人格,不符合近代文明国家的形象,因而受到社会舆论尤其是启蒙思想家的猛烈批判。1874 年,森有礼在《明六杂志》上发表"妻妾论",指出虽时已至明治初年,日本却存在蓄妾陋习,而且"国法妻妾同视,所生子亦权利平等",这种现象说明日本还没有确立人伦之根本,其后果是"害其风俗妨碍开明",在外国人看来,日本实为"地球上一大淫乱国",因此,主张必须及早除其恶弊,实行一夫一妻制①。在舆论的批判面前,1878 年开始编纂刑法之际,废妾被提上了日程,几经讨论,在 1880 年(明治十三年)颁布刑法(1882 年实施)时终于删掉了"妾"字,千百年来的蓄妾陋习在法律上得以废除,从此实行一夫一妻制。从王政复古算起到1882 年已经过了 24 年,才在法律上否定了妾的身份,足见废妾之艰难。但是长期存在的纳妾陋习并未一朝消失,不少人仍然热衷于此。

　　第二是赋予女性离婚的权利。在封建时代,女性不论在法律上还是在道义上都没有离婚的权利。如前所述,在离婚问题上,日本人继承了中国古代男子单方面休弃妻子的"七去"权,女性为达到离婚的目的,要付出很大代价。这种情况到明治维新后有了改变,1873年,明治政府发布了第 162 号太政官布告,承认妻子有提出离婚的权利,饱受压迫的女性总算有了一条出路,一时间离婚案迅速增多。在始有婚姻统计的 1883 年,结婚数为 337,456 件,而离婚数为127,163件②,离婚的几近结婚的三分之一。

　　废妾及妻子获得离婚权是轰轰烈烈的文明开化、启蒙运动及自由民权运动仅有的女性解放成果。明治维新后的日本,对传统社会的改造远远落在经济、技术变革的后面。前近代的"家"制度本身具有严重的贱视女性、男尊女卑的不合理性,这种不合理性在明治维新的变革中并没有被抛弃,1898 年开始实施的明治民法进一步将女性

<hr />

① 大久保利謙:『森有礼全集』第一巻,宣文堂書店 1972 年,第 242 頁。
② 人口動態統計,総務省統計局,政策統括官,統計研修所 http://www.stat.go.jp/data/chouki/zuhyou/02—23—a.xls

置于无权及从属的地位。

第一，从夫妇别姓到夫妇同姓。前近代社会日本女性的地位尽管低下，但一直实行夫妇别姓，已婚女性仍然使用娘家的姓氏。明治民法颁布后，日本女性的最后一点权利被剥夺了。根据民法第 746 条"户主及家族称户主家之姓氏"和第 788 条"妻因婚姻而入夫家"的规定，女性结婚后就自动放弃了娘家的姓氏而改称夫家的姓氏。妻随夫姓，表面上看是与欧美社会基于基督教的"夫妇一体"思想，采用夫妇同姓的原则接轨，实质上与人们着意强化"家"制度、尊重家系的传统做法十分吻合，所以，它不是简单的称呼问题，而是女性丧失独立人格的标志之一。从此，夫妇同姓的习惯一直沿袭至今。1947 年，修改后的民法规定"夫妇必须同姓"，夫妻双方可根据约定或随夫姓，或随妻姓。然而，在实际生活中，都是女子婚后选择随夫姓，这一方面是受根深蒂固的传统风俗影响，另一方面，如果女子婚后不改姓，会在亲子关系、财产继承等很多方面遭遇困扰。因此，从表面上看，以大陆法系为基调的战后民法并没有产生"谁随谁"的强制性问题，但改随夫姓的婚姻至今高达 97％。民法的规定也因此成为女性被强行改姓的幕后推手。

长期以来，在日本社会一直有要求夫妇别姓的呼声，旨在修改民法中"夫妇必须同姓"条款的提案多次被提出，但均未撼动根基深厚的现行姓氏制度。长期执政的自民党的很多议员认为夫妇别姓"将破坏家人间的纽带"、"在涉及到作为国家根本的家族制度时必须慎重"、"夫妇别姓对子女会带来不良影响"，因而反对实行夫妇别姓[①]。2009 年进行众议院大选时，民主党战胜自民党，其竞选口号中有一条就是"争取早日实现有选择性的夫妇别姓"，但直到民主党下台也没有实质性进展，以至于多次发生普通市民以民法违宪的理由把国家告上法庭这样的离奇诉讼。诉讼者认为夫妇同姓让他们蒙受了精神痛苦，因此提出精神损害赔偿要求，这些诉讼最终都以败诉而终。总之，看似简单的姓氏问题在日本不啻为一场社会变革，只是实现夫妇别性看来遥遥无期。

第二，纵向的父子关系重于横向的夫妇关系。从祖先到子孙的

---

① 『毎日新聞』，2001 年 8 月 22 日東京朝刊。

纵向延续是日本传统家族制度存在的根本目的,牢固的"家"观念和祖先崇拜传统使婚姻的意义仅仅在于是延续家系的手段,夫妇关系只能从属于父子关系。近代社会的家族关系仍然处于这种不合理的状态。"明治旧民法"将"户主及家族"定义为"户主谓一家之长,家族谓户主的配偶及在其家的亲属、姻族",因将户主的配偶排列在靠前的位置,被认为是提倡夫妻平等、男女平等,从而受到保守派的攻击。故在明治民法中将家族的定义改为"户主的亲属且在其家者及其配偶",将户主配偶列在家族成员的最后。这不仅仅是行文顺序的变更,而是体现了近代法律对女性的定位。根据明治民法的规定,母亲只能在"父不明时、死亡时、离家时或不能行使亲权时"才能行使亲权(第 877 条),所以对子女的管辖、约束能力很有限。夫妇关系从属于父子关系最明显的表现莫过于对丈夫遗产的处理,妻子不过是次于直系卑属的第二位的继承人。也就是说,只有在没有子女的情况下,妻子才能继承丈夫的遗产,实际上继承丈夫遗产的希望极其渺茫。

第三,女性在法律上无权。明治民法维护男尊女卑的原则,在法律上,不承认女性有独立的人格。首先,视女性为法律无能力者,她们无权管理家庭财产,不经丈夫的允许不能有任何经济行为和诉讼行为,实际与精神有障碍者在法律上是同等待遇。即使妻子比丈夫有能力、有知识,也被作为无法律能力者对待。其次,在离婚权利上男女有别。尽管民法规定"双方在协议基础上可以离婚",但实际上仍然是男子居主动地位。比如,明治民法规定妻子与人通奸就可以成为丈夫要求离婚的理由,而妻子只有在丈夫犯奸淫罪并被判刑的情况下,才能提出离婚(第 813 条),这是极其不平等的。再次,单方面要求女性的贞操。法律虽废除蓄妾,禁止重婚,但同时又规定可以认领私生子,并不须得到配偶的承诺。其区别在于丈夫认领的私生子称庶子,妻子认领的只能称私生子。法律规定"庶子虽为女子亦先于私生子"。这样,不仅表现出男女之间的不平等,也在事实上承认了婚姻之外的性关系。可见,这些规定不过是蓄妾制在新的社会条件下的变相存在而已。它无非是要求女性严守贞操,而男子则可不受婚姻的限制。

总的说来,近代日本女性的法律地位虽比封建社会有些改观,但从根本上说依然不能与男子平等相处,这是近代日本社会改革不彻底的集中体现。

二、良妻贤母——国家期待与塑造的女性角色

近代以来,随着社会和家庭生活的变化,封建社会完全无视女性人格的传统道德已经落后于新的社会现实。为了实现"富国强兵"、"殖产兴业"、"文明开化"的国策目标,国家对女性角色的期待已经不是只知顺从丈夫和公婆的女性,而是既有知识、又守妇道的良妻贤母。而对良妻贤母的塑造与培养,是通过近代女子教育完成的。

江户时代被称作"教育爆发的时代"[①]。在近 270 年的和平时期,社会稳定,经济繁荣,使教育的发展有了较好的环境。江户时代教育发展的最大特色是以寺子屋为中心的平民教育迅速发展。值得注意的是,当时男尊女卑的思想虽然大行其道,但"女子无才便是德"的观念并不像中国那样根深蒂固。江户时代后期,在全国多达15,506 所的寺子屋中,超过一半招收女学生[②]。明治维新后,由于文明开化运动的影响和西方文化的传入,人们进一步认识到进行女子教育、提高母亲素质的重要性。明治政府对包括女子教育的近代教育事业付出了很大努力,到开始实施六年制免费义务教育的 1907年,女子入学率已达到 96.14%[③],即用了不到 40 年时间就基本上实现了 1872 年颁布"学制"时确定的"邑无不学之户,家无不学之人"及"幼童不分男女皆须入小学"的目标。

近代日本女子教育始终注重对女子的性别教育,"良妻贤母主义"的教育理念贯穿于女子教育的始终。在明治初期,女子教育的起步是从培养有知识的"良母"做起的。启蒙思想家中村正直、森有礼等人从实现国家繁荣富强的角度认识女子教育,突出了女子教育的社会作用。明治初期,启蒙思想家心目中的良妻贤母是欧美社会中与丈夫有平等人格的妻子、具备足以教育子女之教养的母亲。为了培养这样的良妻贤母,当时的女子教育很有欧化色彩,学校教育实行

---

① 如 2006 年,江户东京博物馆专门举办了"江户的学习——教育爆发的时代"特别展览。

② 石川谦、石川松太郎编:『日本教科书大系·往来篇』15『女子用』,講談社 1973年,「解説」第 7—8 頁。

③ 文部省:『学制百年史·資料篇』,帝国地方行政学会 1975 年,第 497 頁。

男女共学,教科、教材也完全相同,甚至使用翻译教材。然而,从明治中期开始,日本放弃了文明开化政策,国家大力宣扬的国家主义与儒家伦理相结合的主流意识形态也反映在女子教育政策上。1899 年 2月,根据日益增长的女子中等教育的需求,明治政府颁布了"高等女学校令",要求到 1903 年之前,全国各府县至少要设立一所公立的高等女学校。所谓"高等女学校",实际上是女子中学,意味着对女子实施的最高教育,而结婚之前在高等女学校的学习阶段被认为是培养良妻贤母的最佳教育时期。当时的文部大臣桦山资纪指出:"高等女学校的教育在于培养学生于他日嫁到中流以上家庭后成为贤母良妻的素养。"①"高等女学校令"的颁布,标志着培养良妻贤母已经成为国家公认的教育理念,也体现出国家对女性角色的期待。良妻贤母主义的教育观念一经提出,便左右了近代日本女子教育的发展方向,不仅在各高等女学校得到贯彻,各私立女学校也积极响应。如女教育家下田歌子创办的实践女子学校在校则中写道:"本校教授女性社会所需实学知识,以启发我国固有女德,实践先进学问,培养良妻贤母。"②私立三轮田高等女学校的建校宗旨即"通过校风感化,培养出至真至善的良妻贤母"③。在高等女学校中,对女子的性别教育被固定化,家务、裁缝、手工艺授课内容增加,教课内容注重家庭实用技术的培养,而外语、数学、理科的内容相应减少,女子修身课的重点是以儒教式的温良、贞淑为美德的教育。这样,桦山资纪为倡导中等女子教育而提出的"良妻贤母"口号随着中等女子教育体制的建立而成为女子教育的方针。

从 19 世纪末期开始,日本统治集团为转嫁国内社会矛盾,争夺国外市场,推行侵略扩张的大陆政策,走上了对外侵略与战争的道路。进入昭和时代,随着日本国内法西斯势力的日益猖獗,为实现长期以来对外扩张的梦想,日本又发动了全面侵华战争和太平洋战争。在对外侵略战争中,大部分青壮年被送上战场,作为母亲和妻子的女

---

① 『教育時論』,1899 年 7 月 25 日。

② 实践女子学园八十年史编纂委员会编:『实践女子学园八十年史』,实践女子学园 1981 年,第 74 頁。

③ 三輪田真佐子:『三輪田真佐子—教へ草/他』,日本图书センター 2005 年,第 135 頁。

性在家庭中的作用尤其重要。战争体制要求树立适应战争需要的新的良妻贤母形象:胸怀国家观念;通晓日本妇道;具有作为母亲的自觉;具备科学的素质;富有健全的情趣;身体健康,一言以蔽之,就是要"排除个人主义思想,具备日本女性固有的顺从、温和、贞淑、忍耐、奉公等美德"①。很明显,战时对女性角色的要求不仅贯穿了儒家女性道德,也染上了浓重的军国主义色彩。

尽管近代日本各个时期良妻贤母的内涵各有不同,但总的说来,要具备以下素质:

第一,安于"男主外、女主内"这种社会分工,恪守贞淑、顺从的妇德,以善理家务的良妻、教子有方的贤母为本分;

第二,为了担负起教育子女的责任,要接受教育,有知识;

第三,要有国家观念,有作为近代国家国民的自觉,把相夫教子的家务劳动与国家的繁荣与发展联系起来。

良妻贤母思想的出现并不是偶然的,它是畸形的日本近代化的矛盾产物。它将女性的角色局限在家庭之内,具有明显的保守色彩。但是如果进行历史的分析,不能否认近代良妻贤母的女性角色塑造在客观上具有一定积极意义:

首先,反映出女性在家庭中地位的提高,由在家庭内的完全从属关系发展为对等的关系,如文部大臣菊池大麓所说,"女子结婚后要为人妻,为人母,男女要互相帮助,各有各的本分"②。虽然只是将女性的作用局限在家庭之内,不符合近代国家的形象,但与封建时代相比仍然是一个了不起的进步。

其次,良妻贤母首先是被作为女子教育理念而提出的,而且日本政府为推进女子教育做了大量工作,女性有了与男性平等的受教育的权利。"良妻贤母"因此成为近代女子教育的代名词。占全人口半数的女性在知识、教养水平提高以后,作为子女的天然教师,对国民素质的提高有着不可忽视的积极作用,日本女性因此享有"教育妈妈"的美称,这对经济发展与社会进步的促进作用是难以估量的。

---

① 文部省:"关于战时家庭教育指导的文件",三井为友编:『日本婦人問題資料集成』4『教育』,ドメス出版 1976 年,第 733 頁。

② 『教育時論』,1902 年 5 月 5 日。

第三,日本近代国家期待的女性角色不单纯是恪守妇德、践行女教的好妻子、好母亲,其是否"良"与"贤",还有一个重要标准,就是是否有作为近代国家国民的自觉。尽管良妻贤母角色的塑造是以家庭的存在为前提的,而且在多数情况下,女性的"职业"仅仅是料理家务、相夫教子而已,但是,这些都被与国家的利益联系起来。近代著名教育学家、日本女子大学创始人成濑仁藏曾提出把"作为人的教育"、"作为女人的教育"、"作为国民的教育"作为女子教育的方针[①],也就是说,要通过教育,把女性培养成为一个社会的人、一个尽职的女人、一个近代国家的国民,这三者是良妻贤母的必不可少的条件。这说明,近代日本人已经认识到家庭与女性的角色对于社会和国家的重要作用,并且使其在国家发展的实践中在一定程度上发挥了这种作用。

三、女性角色从家庭向社会的转换

在前近代日本社会,家庭是女性个体一辈子的生命和活动中心。明治维新后,尽管法律置女性于不公平地位,但在现实中,一系列政治、经济和社会变革带来人们思想观念的变化,女性的角色开始了从家庭向社会的转换。

职业女性的出现

近代科技进步与产业革命的发展离不开人力资源,仅仅依靠男性是远远不够的,通过接受近代教育而提高了文化素养的女性正适应了这一需要,一大批职业女性应运而生。

女性就职最早涉足的是纤维产业。在世界资本主义工业化体系形成和发展过程中,包括棉纺织业、缫丝业和毛纺织业在内的纤维产业因与人类物质生活紧密相连和较容易形成集约型大生产的特点,在各国经济发展中都占据首要位置,日本也是如此。1882年,在著名实业家涩泽荣一指导下,拥有15,000锭的大阪纺织投产,是为日本第一家近代大规模纺织工厂。此后一大批近代私营纺织工厂相继诞生。进入纺织厂的工人大多数是女性,女工在纺织行业工人中所

---

① 成濑仁藏:『女子教育』,三井为友编:『日本婦人問題資料集成』4『教育』,第329頁。

占的比率,1891 年为 70%,1898 年达 77%[①],到 1899 年,在全国 35.7 万产业工人中,有 25 万是纤维产业的工人,占 70%,其中女工高达 86%[②]。其他多种类型的工厂、渔场、甚至矿山也开始把招工对象面向女性。1912 年,在工厂就业的人群中,女工已达到五成左右[③],成为产业工人的重要组成部分。

19 世纪晚期,在各个领域都出现了女性的身影。最具典型性的有女教师、女医生等。

女教师 早在江户时代后期,在江户、京都、大阪等大城市中就涌现出很多女性经营的寺子屋及女师匠(教师)。在近代教育事业中,很多女性从被动的受教育者成长为出色的教育者。明治以后,随着女子教育的普及和发展,特别是政府大力发展女子师范教育,女教师人数日益增加。以小学女教师为例,1873 年(明治六年)全国只有311 名,仅占全体教员的 1.2%。到 25 年后的 1898 年,已经有9,901人,比例升至 11.8%;再到 25 年后的 1923 年(大正十二年),已达65,350 人,所占比例达到了 32.7%;到二战结束后的 1946 年,人数增至 151,079 人,占总数的 49.9%[④],几乎与男教员持平。尤其难能可贵的是在近代日本教育发展史的各个阶段,都涌现出了一批女教育家以及她们独自或参与创办的女子学校,这些学校大多延续至今。女性办女校是近代日本女子教育的突出特色,由女性办女校,更能准确地掌握女性的心理与生理特点,实施适合女性的教育。

女医生 女医生最早出现于 1885 年(明治十七年)。日本从 1875年开始仿照西欧国家实施医生开业资格考试制度,但参加考试者只限于男性。以优秀成绩毕业于东京女子师范学校和私立医学校好寿院的荻野吟子(1851—1913 年)多次申请考试都未获准许。直到 1884年,政府才允许女性可以参加医生开业资格考试。这年 9 月,荻野吟子和另外三名女性参加了前期考试,只有荻野吟子一人合格。1885 年3 月,荻野吟子又顺利通过了后期考试,成为近代日本医学史上第一位

---

① 安藤良雄:『近代日本経済史要覧』,東京大学出版会 1981 年,第 77 頁。
② 女性総合史研究会:『日本女性史』4「近代」,東京大学出版会 1982 年,第 82 頁。
③ 女性総合史研究会:『日本女性史』4「近代」,第 163 頁。
④ 日本女子大学女子教育研究所:『大正の女子教育』,国土社 1975 年,第 330 頁。

女医生。这一年,34 岁的荻野吟子在东京汤岛开设了"荻野妇产科医院",开启了日本女性行医之门。此后,女医生的数量逐年增加,到 1935 年,已经有四十多名女医学博士,3,200 名女医生,仅次于美国(八千余人)、英国(五千余人),居世界第三位①。这 3,200 人中,有三分之一的人独立开办了医院和诊所。女医生的产生和女医生队伍的壮大打破了男性主宰医学的传统局面,是医学史上的一次大变革,尤其是女医生在妇产科的出现,深受女性的欢迎。女性进入医生这一历来受人尊敬的职业,大大提高了女性的社会地位。

从 20 世纪初期到大正时代,女性的就业范围进一步扩大,"职业女性"、"摩登女"之类的词汇开始流行。1912 年(大正元年)11 月,《内外新闻》杂志列举了二十多种"女性的职业",如医生、护士、药剂师、助产士、教师、音乐家、新闻记者、摄影师、电话接线员、打字员、专卖局女工、西装裁缝等等。到大正时代中期,又增加了外交官、美容师、杂志女编辑、汽车乘务员(1920 年,东京市街汽车公司首次录用 37 名女乘务员)等等。据 1923 年的调查,仅东京市的职业女性就达到 43 万人之多②。根据东京市役所 1932 年发表的"女性职业战线的展望"可知,1930 年,全国的女性求职者就有 874,154 人③,几乎所有行业中都有了女性的身影。女子就职的理由,除了为解决生活所需之外,追求自由、独立是重要的因素。如三越百货店创始人日比翁助所说:"以往女性衣食都依赖男性,所以其权利遭到蹂躏,其自由受到束缚。女性参加了工作,很多人是相当能干的,是可以过独立自在的生活的。"④虽然当时的女性在就业数量上还属于少数,报酬和待遇都比较低,然而这批走向社会、取得一定经济自立的女性可以称得上是"新女性"思想最早的实践者。她们通过从事新的职业,密切了与社会的联系,生活方式和思维方式都发生了不同程度的变化。这是 20 世纪初日本女性解放运动产生

---

①　吉冈弥生:『吉冈弥生選集』第一卷,杢杢舍 2000 年,第 110、107 頁。

②　経済企画庁:『平成九年国民生活白書:働く女性 新しい社会システムを求めて』。http://wp. cao. go. jp/zenbun/seikatsu/wp—pl97/wp—pl97—01102. html

③　赤松良子編:『日本婦人問題資料集成』3『労働』,ドメス出版 1977 年,第 116 頁。

④　日比翁助:「女子事務員」,『女学世界』1906 年 6 卷 4 号。赤松良子編:『日本婦人問題資料集成』3『労働』,第 111 頁。

并发展的基础。

女性参政的艰辛历程

教育的力量是无法估量的。在以造就良妻贤母为目标的近代教育中,培养出来的并不都是教育者们所希望的良妻贤母。在经济与社会生活中的作用与日俱增也促进了女性在政治上的觉醒。

明治时代的女性很早就开始了争取参政权的努力。在自由民权运动中,出生在土佐的女权活动家楠濑喜多(1836—1920 年)在丈夫去世后,作为女户主积极纳税,但是在 1878 年参加区议会议员选举时却遭到拒绝,理由仅仅因为她是女性。楠濑喜多向高知县厅发出抗议信,并向内务省提交申诉。此后,她开始在各地演讲,要求获得选举权,被称为"民权欧巴桑"和日本提出女性参政权要求的第一人。岸田俊子(后改名中岛湘烟[1864—1901 年])也是明治时代著名的女性参政运动领导人。从 1884 年 5 月起,岸田在自由党的报纸《自由灯》上发表连载"告同胞姐妹",提出男女"同等同权",这是日本女性主张男女同权、要求获得参政权的第一篇檄文。

但是,女性的参政诉求并没有得到支持。1889 年,依据《大日本帝国宪法》制定了"众议院议员选举法",规定缴纳直接国税 15 日元以上的 25 岁以上男子才有选举权。根据该法,有权参加选举的只有45 万人,占当时总人口的 1.1%,女性完全被排斥在外。第一届众议院于 1890 年选举产生之后,明治政府又颁布了"集会及政社法",明确规定政治集会的组织者仅限于拥有公民权的成年男子;女性不得参加政治集会;女性不得加入政治结社[①]。这是日本近代史上第一个明文禁止女性参加政治活动的法律,女性被彻底排除在政治之外。1900 年,又出台了"治安警察法",规定"禁止女性参加政治结社","禁止女性政谈集会",重申了禁止女性参政的规定。

20 世纪初期,欧美发达国家女权运动的影响波及到日本,1911年(明治四十四年)9 月,女性解放运动家平塚雷鸟(1866—1971 年)与一批知识女性建立了青鞜社,并创办《青鞜》杂志,在发刊词中,写下了"原本,女性是太阳,是真正的人。如今,女性是月亮。依他人而

---

① 市川房枝编:『日本婦人問題資料集成』2『政治』,ドメス出版 1977 年,第 132—134 頁。

生存，借他人之光而生辉，有着病人般苍白的脸庞"，第一次向世人提出了女性自身的真正价值在哪里的质问，"女性原本是太阳"的呼声成为日本最早的"女权宣言"和女性争取自由的象征。一批接受资产阶级启蒙思想教育而觉醒的进步女性，如与谢野晶子、伊藤野枝、奥梅绪（音）、福田英子、山川菊荣等相继加入或参与活动，她们批判封建家族主义，提倡女性解放，《青鞜》成为当时女性问题的专门刊物。此后，围绕在《青鞜》周围的进步女性和其他女性运动家一起，开始了真正的争取参政运动。1920 年，平塚雷鸟与市川房枝（1893—1981年）等人成立了日本最早的女性运动团体"新女性协会"，此后相继成立了"日本女性参政权协会"（1921 年）、"女性参政同盟"（1923 年）、"女性获得参政权期成同盟会"（1924 年，后改称妇选获得同盟），开展争取女性参政权运动。但是战前女权运动的成果仅停留于举行请愿活动，迫使政府修改了阻止女性集会自由的"治安警察法"（1922年），经过力争，1933 年，女律师得以合法化。经过女性团体的多方呼吁与努力，"女性公民权法案"在 1930 年滨口雄幸内阁时期第 58次帝国议会上得到了政友会、民政党两党的支持获得了众议院的通过。"女性公民权法案"赋予 25 岁以上的女性（男性是 20 岁）公民权，同时规定女子只能参加市町村议会的选举，若当选市町村议会的议员要首先征得丈夫的同意。显而易见，这是一个带有限制性的议案。即便如此，在众议院获得通过后，却遭到以华族势力为核心的贵族院的否决，理由是"给予女性参政权不符合日本家族制度"。此后，女性无权参政的情况一直持续到日本战败。

四、当今民主社会的女性角色

战败后的日本，经过民主改革，最终完成了由于明治维新的不彻底性而被大大延误了的社会改革任务，一向处于家庭与社会底层的女性从家长制及男尊女卑的旧制度下解放出来，女性角色终于走向与男性平等。但传统观念仍在一定程度上影响着现代社会的人们，阻碍着男女平等的真正实现。

女性角色的法律平等

战后日本女性角色的变化首先是法律地位的提高。1946 年 11月颁布的《日本国宪法》明确提出"全体国民都作为个人而受到尊重"

和"全体国民在法律面前一律平等"的基本原则,并应用到婚姻和家庭生活方面,在第 24 条规定:"婚姻基于男女双方之合意即得成立,且须以夫妻享有同等权利为基础,以相互协力而维持之","关于配偶的选择、财产权、继承权、居所之选定、离婚以及其它有关婚姻及家庭之事项,法律应基于个人之尊严及两性平等原则而判定之。"根据新宪法的精神,新民法也于 1948 年 1 月 1 日起开始实施。

战后新宪法与新民法,结束了日本女性千百年来在法律上无权的历史,获得了与男性平等的权利。首先是婚姻关系中实现了男女平等,成年男女可以自己决定自己的婚姻;姓氏由双方协议确定;规定夫妻互负同居的义务。其次,女性的权益得到了保障,规定配偶有不贞行为时,即可提起离婚诉讼,不因其为夫或妻而不同;母亲成为亲权人,获得了独立、平等的人格。第三,女性财产权受到保护,女子获得与男子平等的继承权,妻子有权继承丈夫的遗产,在家庭中的地位真正得到提高。

战后近七十年来,日本政府基于新宪法和新民法的基本精神,制定和完善了一系列法律法规,以维护女性的权益,提高女性的地位。1977 年,制定了有关女性问题政策实施的"国内行动计划";1985 年,颁布了《男女雇用机会均等法》,批准了联合国大会通过的"消除对女性歧视公约";1996 年制定了"男女共同参画 2000 年计划",1999 年,颁布实施《男女共同参画社会基本法》。这些法律法规赋予女性和男性同样的权益,保障了女性的人权。为了贯彻和落实这些法律法规,日本政府建立了相应的机构,如 1975 年,在总理府设立女性问题企划推进本部;1994 年,在总理府设立"男女共同参画推进本部"、"男女共同参画审议会"、"总理府男女共同参画室",显示了日本政府对女性角色的重视。

女性走上参政之路

战后,女性参政权的获得是在占领军的推动下实现的。1945 年 12 月,修改后的众议院选举法公布,女性得到了与男性平等进行普通选举的权利。1946 年 4 月 10 日进行的第 22 届众议院选举,是日本女性首次行使投票权,全国 2,056 万有选举权女性中的 70% 参加了投票,在此次选举中当选的第一代女众议院议员有 39 名之多,这次选举促进了日本女性的政治觉醒。在 1969 年进行的第 32 届众议院选举中,女性投票率首次超过男性,此后,无论是众议院还是参议院的选举,女性的投票率一直高于男性。投票率是衡量选民政治参与行为的最基本指标,女性投票率走高,表明她们的参政意识正在不断提高。在 1989 年的海部俊树内阁、1993 年的细川护熙内阁、1994年的羽田孜内阁、2001 年的小泉纯一郎内阁,女性的支持率甚至超过了男性,因此当今不论哪个政党或政治家,都越来越重视女性选民的力量。同时,女性参政还表现在积极参加竞选。在众议院,女议员的比例曾长期徘徊于 1%—2% 之间。进入 20 世纪 90 年代后,女议员人数明显增长,1996 年第 41 次选举导入小选区比例代表制后,女众议员达到 23 人,所占比率为 4.6 %。在 2000 年以来的历次选举中,女性议员进一步增加(2000 年第 42 届 35 人,7.3%;2005 年第44 届 43 人,8.9%)。在政权交替、民主党当政的 2009 年,共有 54名女议员当选,占议员比例 11.3%,创历史最高水平。

在日本政界,政治家成功的龙门是入阁。1960 年,曾任长崎市市立高等女学校教师的中山真佐子出任池田勇人内阁的厚生大臣,从此改写了内阁大臣完全由男性垄断的历史。1989 年 8 月,海部俊树首相组阁时破天荒地任命了高原须美子(经济企划厅长官)和森山真弓(环境厅长官)两位女大臣(森山真弓还是第一位女官房长官)。从海部内阁起到今天,日本政坛更替频繁,但每届内阁中都有女大臣的身影。在 2001 年 4 月至 2006 年 9 月的三届小泉纯一郎内阁时期,更是先后起用了八位女大臣,是日本女性在政坛上最出色、最活跃的时期。此外,日本政坛还有女议长、女政党领袖、女知事等。

法律界过去一直是男性垄断的领域,法官、检察官、律师是社会地位很高的职业,资格取得非常困难。1950 年,在占领军督促下成立女法律家协会的时候,只有女律师 10 人,法官 3 人,检察官 1 人。到 2010 年该协会成立 60 年的时候,女律师已经超过 4,500 人,女法官超过 600 名,占法官总数 15%,女检察官超过 350 人,占检察官总数 13%[①]。与此同时,越来越多的女性挑战这一职业,参加司法考试

　　① 田中美登里:「日本女性法律家協会の果たすべき役割——男女共同参画社会の実現と司法制度改革」,日本女性法律家協会創立 60 周年記念特集号。http://www.j—wba.com/images2/activities_1010_tanaka.pdf0。

的人数虽远远低于男性,但合格率却一直高于男性。

如今,日本女性在国家政治活动中已经成为不可忽视的力量,这是日本实现女性解放、"男女共同参画社会"的成果。

女性从家庭走向社会

在战前日本,"男主外,女主内"被认为是一种当然的社会分工,女性就业的机会远远少于男性。战后新宪法的颁布,奠定了男女平等的基础。在劳动就业方面,日本政府颁布了一系列相关法律,为女性就业提供政策保障。例如1947年实施的《劳动基本法》,规定实行男女同工同酬原则,并规定对女性在孕产期实施各种劳动保护。1985年,议会通过了《禁止歧视女性法案》,强调女性在求职、学习培训、晋升、社会福利、退休养老等方面享有与男子同等的权利。1986年,又颁布了旨在保证男女就业机会平等的《男女雇用机会均等法》。这些法律为女性走出家门,参加工作创造了良好的条件。相对宽松的社会条件及诸多促进因素,使越来越多的女性走出家庭,就业比率逐年上升。1950年以前,在年满15岁以上劳动人口中,女子的雇佣劳动者比率不超过30%,到20世纪70年代,已达到60%,到80年代则超过70%[1]。1953年,有467万女子雇佣者,占全体雇佣劳动者比例28.1%,到2004年,女子雇佣者数达到2,203万人,占雇佣劳动者比例41.2%[2],女性人力资源得到进一步利用。

从女性从事的工作来看,就业最多的领域为服务业、商饮业和制造业这三大行业,护士、秘书、打字员、事务员、中小学教师等是女性的传统职业。随着女性学历的提高,越来越多的人向国家公务员、企业经营管理人员、医生、律师等高层次发展,也有不少人涉足房地产业、金融保险业、通讯运输业。在竞争日趋激烈的公务员考试中,经考试合格进入公务员行列的女性也呈上升趋势。

从女性就业形态来看,基本上呈"M"型曲线状态。"M"型就业是由于女性结婚、生育造成的劳动周期的变化,即女性进入劳动就业期后就职参加工作,到结婚育儿期退出劳动力市场,待孩子长大后再

① 人口問題審議会等編:『日本の人口、日本の家族』,東洋経済新報社1988年,第93頁。

② 厚生労働省:『労働女性の状況』。http://wwwhakusyo.mhlw.go.jp/wpdocs/hpwj200401/b0001.html.

次进入劳动力市场,这种就业模式在 20 世纪 60 年代后期形成,至今没有发生大的变化。尽管国际舆论对这种就业模式褒贬不一,但在素有"男主外,女主内"传统的日本社会,面对社会福利还不十分发达的现实,让婚育期的女性退出劳动力市场,可以使她们摆脱兼顾工作和家庭的两难境地,有利于母亲、孩子的身心健康与家庭的稳定,并降低了经济发展的社会成本。另一方面,虽然日本职业女性比重有所增加,但是"专业主妇"仍然被人们看作是女性的一种职业。在人们看来,结婚后辞去工作,全心全意相夫教子,让丈夫毫无后顾之忧地在外面发展事业,挣钱养家,不失为一种不错的生活方式。从劳动经济学的角度分析,专业主妇虽然没有直接投入社会劳动,但其家务劳动也是社会劳动的一部分。可以说,日本经济发展与社会和谐都离不开女性的贡献。

女性在家庭与婚姻中角色的改变

随着传统家族制度瓦解,在以男子优先、父子关系为本位的家族转变为以男女平等为前提、以夫妇关系为本位的家庭的过程中,女性的地位普遍得到提高。20 世纪 50 年代初期,日本就有这样的流行语:战后的女人和袜子结实起来了。现如今,在绝大多数家庭中,都是由主妇"拉着钱口袋的绳子",即由主妇掌管家计,安排家庭生活。男人们不认为让妻子管理钱财是一件束缚手脚、丢人现眼的事情,反而愿意让主妇做"一家之主",这反映了人们家庭观念发生了明显变化。

在婚姻问题上,随着女性上学、就业的机会增多,社会交往范围扩大,自己寻找志同道合者的恋爱婚姻逐渐增多。20 世纪 60 年代末期,"恋爱结婚"就已经超过战前占主流的"相亲结婚"。另一明显变化是人们为追求个人幸福及生活自由、进而为了延长工作时间而尽量晚婚晚育,并出现了"不婚族"。可见在现代社会,婚姻不仅要由个人的意志来决定,而且对于许多女性来说已经不是唯一的选择。

在离婚问题上,与战前明显不同的是,女性由被动转为主动,由女方提出离婚的越来越多,过去不可能存在的"性格不合"、"与丈夫的家人不合"等成为离婚的主要理由。近年来,尤其引人注目的是"熟年离婚"明显增加。根据厚生劳动省的统计,2008 年婚龄 20 年以上者的离婚占 16.5％①，且绝大多数是由女方提出来的。"熟年离婚"的增加说明社会对离婚的容忍度有了很大提高，同时反映了长期以来的社会问题，这就是在"男主外，女主内"的分工模式下，持有"大男子主义"观念的丈夫们缺乏对婚姻的经营及与妻子的沟通，引起独立意识日益增强的女性的反感。到了老年，儿女都已独立，女性便在丈夫退休领取养老金的之际，比较容易获得赡养费和分割财产的情况下，提出离婚。"熟年离婚"的增加说明女性不再是丈夫的附属品，而成为自己命运的主人，毋宁说是社会在走向进步。

结语

战后近七十年来，日本女性在参政、受教育、就业、家庭关系等方面的角色已经发生了明显的变化，日本现代化的实现离不开女性的贡献。然而，由于传统观念根深蒂固，她们的地位依然低于男性，实现真正的男女平等还是长期的任务。这个过程既需要有法律上的规定，更需要道德上的认同。在家庭关系中，很多人依然认为家庭主妇就是女性的终身职业，操持家务、照料孩子是女性的本分，无微不至地伺候丈夫是女性必须具备的美德。即使是双职工家庭，也应由女性承担全部或绝大部分家务。女子就业的人数虽然逐渐增多，但总的趋势是"M"型就业，这使女性一生大部分时间都离不开家庭，从而难于实现真正的男女平等，女性的就业层次也因此难以提高，在政府部门和企业重要岗位上的几乎全是男性，进入管理层及领导层的更是少而又少，而且，日本是发达国家中性别工资差距最大的国家。在女性参政、议政方面，虽然近年来进步明显，在议会、内阁、地方长官中有了女性的身影，但还是势单力薄，无法与男性平起平坐。一般来说，衡量一个国家女性参政水平的重要指标是女性在议会中的议席占有率，日本在 2009 年共有 54 名女议员当选，占议员比例 11.3％，虽然创历史新高，但在世界 187 个国家中仅排在第 134 位，远远没有达到 18.5％这一世界平均女性议员比例。2001 年，日本第 87 任首相小泉纯一郎启用了田中角荣的女儿田中真纪子任外务大臣。田中

---

① 厚生労働省：「離婚に関する統計」の概況，平成二十一年度。https://www.mhlw.go.jp/toukei/saikin/hw/jinkou/tokusyu/rikon10/01.html

真纪子被认为是日本历史上最有个性、最有魅力的政治家之一,但是她在男人当道的政坛艰难奋战,受到来自政界及媒体的多方指责和攻击,最终不得不辞职。其中的原因如同田中真纪子在接受 TBS 电视台采访时所说:"我在外务省今天的处境,有一半原因是因为我是个女人,又当上了外务大臣!"可以说,当今世界经济发达国家日本,也是名副其实的"大男子主义"国家,使其民主国家形象大打折扣,实现真正的男女平等依然路远。

(原文刊载于《南开日本研究》2012 年刊,世界知识出版社 2013年)

第四节　"良妻贤母"与"贤妻良母"的不同命运
——近代中日女子教育比较

完善的近代教育体系与保守、落后的教育内容并存,是近代日本教育的突出特征,在女子教育方面尤为明显。良妻贤母主义教育是贯穿了近代日本女子教育全过程的主线,并在清末中国人学习日本的热潮中"逆输入"到中国。然而,近代中日两国的不同社会性质使两国女子教育事业的发展进程迥异,也使处在"贤妻良母"与"良妻贤母"号召下的两国妇女面临着完全不同的命运。

一、前近代中日两国的女子教育

在以男性为中心的中国封建社会,女性的位置只局限在家庭。封建礼教一直注重妇女的贤与良,"贤妻"与"良母"是社会与家庭对女性的最高要求。所谓贤妻,就是温柔驯服,克己事夫,恪守三从四德,自觉为丈夫奉献一切的妻子。中国历代女训中有关事夫的训诫连篇累牍。所谓良母,如同刘向在《列女传》中所说的"行为仪表,言则中仪,胎养子孙,以渐教化,既成其德,致期功业",既要求母亲做子女的处世楷模,又要承担起养育子女的重担。可以看出,作为妻子与母亲,不论多么"贤"与"良",都与"学"无甚关系。在旧中国,女子教育历来不受重视。妇女最重要的本分是"在家从父,既嫁从夫,夫死从子"。"从"也就不必有才,有了才反而会不安分。"女子无才便是

德"，"妇人识字多海淫"一直是旧中国评价女性的道德标准。班昭在
《女诫》中所说的"妇德，不必才明绝异也"，也是说女子不必读书明
智。社会和舆论推崇的不是恪守妇道的节妇，就是视贞洁为生命的
烈女。也有主张妇女识字的，不过很有限度。不仅男人认为"女子通
文识字而能明大义者，固为贤德，然不可得。其他便喜看曲本小
说，挑动邪心，甚至舞文弄法，做出无耻丑事，反不如不识字，守拙安
分之为愈也"①，连出自女性之口的《温氏母训》也说，"妇女只许粗识
柴米鱼肉数百字，多识，无益而有损也"，意思是说能持家足矣，多了
反倒是麻烦。在这种观念指导下，在旧中国，绝大多数劳动妇女是目
不识丁的文盲。当然，在官宦家庭和书香门第，女孩子也要读书识
字。但如同《蒋氏家训》所言："女子但令识字，教之孝行礼节，不必多
读书。"②也就是说，即使读书，也只能读些以"三从"、"四德"为内容
的女教书籍。这种女子教育并不是让女性认识社会，进而改造社会，
而是让她们知妇礼、懂妇道。

日本是处于儒家文化圈的国家。中国儒家的典籍早在大和时代
就已传入日本。但是，儒家女性观的核心——"三从四德"成为日本
妇女生活的准则，是进入幕府时代，尤其是 14 世纪以后的事情。日
本人虽接受了儒家男尊女卑的思想，使妇女在被压迫这一点上与中
国殊途同归，但"女子无才便是德"的观念却没有在日本生根。从妇
女拥有较高社会地位的奈良、平安时代开始，在贵族社会内便形成了
让女孩子从小接受教育的传统。贵族们为了争权夺利，不惜以女儿
作为攀龙附凤的工具，女子有了才学，便多了一份筹码。这种动机并
非纯正的女子教育造就了许多才华横溢的女性，出现了像清少纳言、
紫式部那样的著名女作家。武家社会在掌握政权后也比较重视女子
的教养，识字与否是女子出嫁的资本和地位的标志。进入江户时代，
社会安定，町人阶层发展起来，视读书写字为必要的人不断增多，各
地陆续兴办了一些平民学校——寺子屋。据统计，当时接受女学生
入学的寺子屋共有 8,636 所，占寺子屋总数的 63%，进入其中学习

① 徐梓：《家训——父祖的叮咛》，中央民族大学出版社 1996 年，第 323 页。
② 徐梓：《家训——父祖的叮咛》，第 323 页。

的女学生共有 148,138 名,占学生总数的 20％。[1] 在江户、大阪、京都等大城市,寺子屋中的女学生更多,相对男子 100 的在校学生数,女学生数可达 89.5[2]。到江户时代后期,在大城市还涌现出很多女性经营的寺子屋及女师匠(教师)。尽管江户时代女子教育形式及内容都有难以逾越的时代局限性,但寺子屋作为一种教育机构,已经把女性作为教育对象,在教育机构的准备、教育人才的储备、入学动员等方面,都为明治以后近代女子教育的普及奠定了良好的基础。之所以能做到这一点,是因为虽然贱视妇女的观念到江户时代达到顶峰,但女子教育却在一定程度上受到提倡。由于分处于武士、商人及手工业者、农民不同阶层的人们家业经营的需要,女子具有一定读写能力受到提倡,比如在一些女训中可以看到提倡女子学习文化的内容:

> 如不晓文习字,见识浅薄,便难于相夫教子。
>
> 女人不分地位高低,各有所爱,然首先应学艺、写文章。如不谙此道,则一生中不识善事也不辨恶事,既无乐趣,又无慰藉(《女式目》)。[3]
>
> 品优不为贵,以心正为贵,容姝不为贵,以有才为贵(《女实语教》)。[4]
>
> 出嫁的女子,若不通文字,即使容貌娇美,娘家富足,也会被丈夫及其亲族蔑视(《女子手习状》)。[5]

成濑维佐子[6]在作女训《唐锦》时,其至将“学范”列入首章首条,并且列举了一系列包括中国与日本文学典籍在内的女子应学的书目,体现了作者希望女子在知识教养方面有所长进的愿望。这些都

---

①　石川謙、石川松太郎編:『日本教科書大系・往来篇』15『女子用』,「解説」第 7—8 頁。

②　国立教育研究所編:『日本近代教育百年史』3『学校教育』,文唱堂 1974 年,第 159 頁。

③　黒川真道編:『日本教育文庫・女訓篇』,日本図書センター 1977 年,第 649、672 頁。

④　三井為友編:『日本婦人問題資料集成』4『教育』,第 329 頁。

⑤　志賀匡:『日本女子教育史』,琵琶書房 1977 年,第 320 頁。

⑥　成濑维佐子(1660—1699 年),伊予松山藩儒大高坂芝山之妻。《唐锦》是元禄年间应藩主松平定直夫人的要求而作。

表明，即使是在妇女受压迫的年代，日本人也是提倡妇女识文断字的，并力求让妇女都懂得掌握知识和文字对人一生得失的重要性。

二、良妻贤母主义的近代日本女子教育

明治维新后，由于文明开化运动的影响，人们逐渐认识到进行女子教育、提高母亲素质的重要性。1875 年，启蒙思想家中村正直在《明六杂志》上发表了题为《造就善良的母亲说》的文章。指出"人民改变情态风俗进入开明之域必须造就善良的母亲，只有绝好的母亲，才有绝好的子女"，而"造就善良的母亲要在教女子"①。另一位启蒙思想家森有礼也认为，"女子教育比男子教育更重要"。1885 年，在他就任伊藤博文内阁的文部大臣后，大力宣传振兴女子教育的重要性。1887 年，森有礼在视察地方的教育情况并发表演说时明确指出："女子教育的重点在于培养女子为人之良妻，为人之贤母，管理家庭、熏陶子女所必须之气质才能。国家富强之根本在教育，教育之根本在女子教育，女子教育发达与否与国家安危有直接关系。"②森有礼是从实现国家繁荣富强的角度认识女子教育的，他把教育对象看作"作为国民的女性"，实际上体现了教育中的男女平等思想，突出了女子教育的社会作用。可以说，中村正直的《造就善良的母亲说》及森有礼的培养"良妻"和"贤母"的女子教育观是近代新的女性观即"良妻贤母论"的起源。

19 世纪末期，日本女子教育进入迅速发展时期。其原因一方面是当时社会舆论普遍认为，教育的发展是日本在甲午战争中取胜的原因之一，人们对女子教育的认识有了提高。另一方面，战争的胜利刺激了产业革命的发展，女子就业的机会大大增加，社会需要有文化的女性。根据文部省编撰的《学制百年史》的统计，1897 年，女子小学入学率超过 50％，1900 年已达到 71.7％。到开始实行六年制义务教育的 1907 年，女子小学入学率已经达到 96.1％③，几乎达到适龄女子全部入学的程度。小学入学率提高了，希望进一步学习的人

---

①　湯沢雍彦編:『日本婦人問題資料集成』5『家族制度』，ドメス出版 1976 年，第 384—389 頁。

②　大久保利謙編:『森有礼全集』第一卷，宣文堂書店 1972 年，第 611 頁。

③　文部省調查局:『日本の成長と教育』，帝国地方行政学会 1963 年，第 180 頁。

也随之增加,发展中等教育成为必然趋势。1899 年 2 月,日本政府颁布了《高等女学校令》,要求到 1903 年以前,各县至少要设立一所高等女学校。当时的文部大臣桦山资纪(1837—1922 年)就发展高等女学校的目的指出:

> 只有男子的教育是不能达到健全的中流社会的,要有善理其家的贤母良妻,才能增进社会的福利……高等女子学校的教育在于培养学生于他日嫁到中流以上家庭后成为贤母良妻的素养,故而在涵养优美高尚的气质和温良贞淑的性情的同时,要令其通晓中流以上生活所必需的学术技艺。[①]

继任的文部大臣菊池大麓(1855—1917 年)也将推进女子中等教育作为重要任务。1902 年,他在高等女学校校长会议上的演讲中指出:"良妻贤母是女子的天职,家庭主妇是一个很重要的工作……高等女学校是为了实现这种天职而进行必要的中流以上的女子教育机关。"[②]桦山资纪和菊池大麓两位文部大臣的公开讲话将高等女学校的办学思想和教育目标说得再明确不过:仅仅有男子是不能实现国家的发展的(即建成"中流社会"),必须培养与之相适应的良妻贤母。《高等女学校令》颁布,标志着培养"良妻贤母"已经纳入国家的教育理念,也促进了女子教育的发展。在战前日本社会,女子一般都在十六七岁结婚。尽管后来随着近代教育事业的发展,结束了中等教育(即高等女学校毕业)的女子又有了进入女子专门学校(相当于中国的大专)继续接受教育的机会,但是,对当时的大多数女孩子来说,高等女学校实际上是最终教育机关。在《高等女学校令》颁布的1899 年,日本全国只有七个县设有县立高等女学校,到 1903 年,所有的县都设立了一所以上高等女学校,完成了既定目标。中等家庭竞相把女孩子送入高等女学校,以至于要经过竞争才能入学,如东京第一高等女学校 1902 年录取与报名的比例为 1:4.3[③]。

近代日本经历了曲折的发展历程,作为女子教育理念的"良妻贤母论"也随着政治的需要被不断变换其内涵。在明治初期大力吸收

---

①　樺山文相在地方視学官会議上的講演,『教育時論』1899 年 7 月 25 日。
②　菊池大麓在高等女子学校長会議上的講演,『教育時論』1902 年 5 月 5 日。
③　深谷昌志:『良妻賢母主義の教育』,黎明書房 1981 年,第 184 頁。

西方文明的所谓欧化时代,启蒙思想家心目中的良妻贤母是像西欧社会,尤其是基督徒那样的与丈夫有平等人格的妻子、具备足以教育子女之教养的母亲。为了培养这样的良妻贤母,当时的女子教育颇具欧化色彩。中村正直在他亲自创办的同人社女学校中,将密尔的《男女同权论》、斯宾塞的《教育论》、基佐的《文明史》作为教材。当时居女校最高水平的东京女学校,专门在校园内建立洋式建筑,聘请外国人教授欧式家政、家务,"良妻贤母"这一新名词成为当时文明开化的象征。从明治时代中期起,明治政权开始放弃文明开化政策,转而强调尊重日本的固有传统。一些人提出要塑造既不像东洋女子那样陷于卑屈,也不要像西洋妇女那样过于开放的"日本独特的女性形象",这种女性形象"不是能讲流利的外语,精于算术理科之学,却拙于家事,尤其是盲目于现今社会风俗的欧化妇女;也不是长于咏歌弹琴却迂于育儿的职业妇女,而是适应此过渡时期的国情,足以培育下一代国民的妇女"①。明治启蒙期开明的、进步的良妻贤母观遂转变为日本式的儒教型的良妻贤母观。"良妻贤母"的口号也随着中等女子教育体制的确立而逐渐改变了其本来意义,由"有知识的妻子与母亲"变成了"有知识的女子不要背离妇职与妇德",这种"良妻贤母"实际上成了有文化的高级保姆。

三、近代中国女子教育的艰难发展

日本在明治维新后,仅仅几十年的时间就迅速发展成为资本主义强国。曾几何时,受中国文化熏陶的区区东隅小国突然间令中国人刮目相看。一些有识之士认识到仅靠"中体西用"并不能拯救中国,于是开始学习日本,并通过日本学习西方,使女子教育有了一定发展。但是,这个过程艰难而又缓慢,如果与日本相比,在原有落后的基础上,差距又进一步加大。

首先,中国近代女子教育起步较迟。19世纪70—80年代,当启蒙思想家在日本提出"国家富强之根本在教育,教育之根本在女子教育"的时候,中国仅有一些西方传教士为培养女基督徒而创办的女子学校。不仅没有中国人自己办的女子学校,就连提倡女子教育的人

① 深谷昌志:『良妻賢母主義の教育』,第 146 页。

也不多见。中国在甲午战争中的失败，使以康有为、梁启超等人为代表的资产阶级改良主义者认识到"欲强国必由学校"，因而，开始为创办女学而奔走呼号。19世纪末期，陆续出现了一些民办和私立的女子教育机构。而此时，日本文部省已发布了《高等女学校令》，确定了良妻贤母的女子教育理念，开始发展中等女子教育了。可见，中国近代女子教育的起步要比日本晚二十多年。

其次，官办女学的创立更迟。日本近代女子教育事业之所以能较快发展，主要是得力于政府的大力推动。明治政府早就注意到女子教育问题，1871年就派遣津田梅子、永井繁子、山川舍松等五名少女随岩仓使节团同时赴美国留学。在1872年颁布的学制中，要求人民本着"四民平等"的精神，做到"邑无不学之户，家无不学之人"，并通过法律、政令敦促女子入学。而19世纪末期，中国历史上出现了第一次由中国人创办女学的热潮，但仅仅是民间和个人的行为。1905年清政府设立学部，仍将女学归入家庭教育法。直到1906年，迫于高涨的反帝反封建运动的压力，清政府不得不开始将女学列入学部职掌。1907年，始拟定《女子小学堂章程》和《女子师范学堂章程》。女子教育从此才在中国教育系统中有了位置。而就在同一年，日本女子的小学入学率已经达到96.1%，女子中等教育也如火如荼地发展起来。故若论官办女学的创办，中国至少要比日本迟三十多年。

第三，近代女子教育的结局不同。明治维新后，日本从官到民都重视女子教育，在中国女子教育刚刚起步的时候，日本就已经普及了六年制义务教育。与此同时，高等女学校也有了较大发展。到1910年，全国已有高等女学校193所，学生56,239人[1]。相比之下，中国的女子教育情况与日本形成巨大反差。根据教育部颁布的1915—1916年的教育统计，当时中国的女学生数字只有180,940人。时人对此颇为感叹："女子教育无可言矣，若大学校、专门学校，女子竟无一校无一人，不更可羞耶？"[2]总之，由于帝国主义的掠夺和长期的战

---

① 森秀夫:『日本教育制度史』,学芸图书株式会社1991年,第80页。

② 黄炎培:《读中华民国最近教育统计》(1919年),陈学恂:《中国近代教育史教学参考资料》下,人民教育出版社1987年,第356页。

乱阻碍了中国资本主义工业化进程，教育事业受到严重制约，绝大多数劳动妇女不能接受学校教育。据统计，中华人民共和国成立之前，我国女童的入学率不足 15％[①]，而日本 1873 年就已经达到了这个水平(15.4％)[②]。故从女子教育的普及情况来看，旧中国要比日本落后将近八十年。

四、良妻贤母与贤妻良母的不同命运

"良妻贤母"曾经是近代日本女子教育的代名词，中国也曾受其影响，以培养良妻贤母为目标。然而，中日两国近代社会的不同性质给两国妇女带来了不同命运，也对妇女的贤良观产生不同的影响。

日本自明治维新以来经过一系列改革，迅速摆脱了沦为殖民地的命运，并跻身于资本主义强国之列。如前所述，近代国家要求的女性形象已经不仅是恪守妇德、践行女教的好妻子、好母亲，还有一个重要的"良"、"贤"标准，就是是否有知识、有文化，是否有作为近代国家国民的自觉。虽然"良妻贤母"是被局限在家庭之内，仅仅是完成料理家务、生养子女而已。但是，这些都被与国家的利益联系起来。近代著名教育家成濑仁藏毕生从事女子教育，并于 1904 年创建了日本女子大学。身为男性的他曾长期到美国留学并考察女子教育，归国后不久出版《女子教育》(1896 年)，提出要把"作为人的教育"、"作为女人的教育"、"作为国民的教育"作为女子教育方针，也就是说，近代"良妻贤母"的要素是一个社会的人、一个尽职的女人、一个近代国家的国民。可以说日本的贤妻良母论具有强烈的资本主义色彩，因而在整个日本近代史上，不仅有一批有志于女子教育的教育家(包括女教育家)，而且有较为系统的女子教育理论，使女子教育能够快速普及并发展。

中国自鸦片战争以后沦为半殖民地半封建国家。甲午战争之后，更是面临着亡国的危险。当日本的"良妻贤母论"传入中国[③]的

① 中华全国妇女联合会妇女研究所和陕西省妇女联合会研究室：《中国妇女统计资料(1949—1989)》，中国统计出版社 1991 年，第 128 页。

② 森秀夫：「日本教育制度史」，第 32 页。

③ 关于日本"良妻贤母论"对中国的"逆输入"，见李卓：《中国的贤妻良母观及其与日本良妻贤母观的比较》，《天津社会科学》2002 年 3 期。

时候,反帝反封建是中国社会的主要任务。维新派奋起救国,深感力量单薄,于是想到发动占人口一半的妇女参加挽救民族危亡的斗争。他们以不缠足和兴女学为出发点,争取妇女在身体和精神上的解放。可见,倡办女学的直接目的是为了救亡图存,此时人们对妇女解放的热情实际上远远超过了女子教育。对于长期受压迫的女性来说,争取个人的生存权利,争取与男性平等的地位,要比做一个有文化的贤妻良母更为迫切和实际。于是在中国近代史上出现了像秋瑾那样的反封建的进步女士,从她走上革命道路之日起,便不得不放弃做贤妻良母而抛夫弃子离家而去。1904年,秋瑾到日本留学,在下田歌子创办的实践女子学校就读。但是下田歌子培养良妻贤母的办学宗旨与秋瑾所追求的精神和理想格格不入,一年之后,她就离开了实践女子学校。秋瑾的经历很能说明当时的人们对贤妻良母的看法,在秋瑾身上,可以看到追求解放的女性与贤妻良母观念的对立。在秋瑾同时或稍后,一批生长在较为开明的富裕家庭或知识家庭的女性,也不约而同地鄙视并拒绝贤妻良母的角色,进入到要求妇女解放和女子参政的队伍中来。在新民主主义革命中,涌现出许许多多女革命家,论其数量和影响,远远超出了女教育家。为了妇女解放和挽救民族危亡,这些本来有可能是贤妻良母的出色女性放弃了自己在家庭中的角色。至于广大生活贫困、无法入学的劳动妇女,知识和学问根本无从谈起,因此很难成为有知识的贤妻良母。中国半封建半殖民地的社会状况使广大妇女不可能像日本妇女那样在相对安稳的环境下去接受教育和知识的熏陶,国尚且难保,谈何有家? 谈何有教育的发展? 于是,被压迫与被奴役的社会现实一方面造就出远远多于日本的女革命家,另一方面却很少培养出有知识的妻子与母亲。久而久之,在中国人的心目中就形成这样的心理定式:贤妻良母与受教育、有知识并无直接联系;贤妻良母与女性的事业是对立的,一个女人,要么离开家庭搞事业,要么守在家里做贤妻良母,二者难以两全。如著名文学家老舍先生在1936年写的《婆婆话》一文中谈娶妻标准时写道:

> 要娶,就娶个能作贤妻良母的。尽管大家高喊打倒贤妻良母主义,你的快乐你知道。这并不完全是自私,因为一位不希望作贤妻良母的满可以不嫁而专为社会服务呀。假如一位反抗贤妻良母的而又偏偏去嫁人,嫁了人又连自己的袜子都不会或不

肯洗,那才是自私呢。不想结婚,好,什么主义也可以喊;既要结婚,须承认这是个实际问题,不必弄玄虚。①

老舍的一席话实际上反映出人们不能把贤妻良母与有知识统一起来,虽然已事隔数十年,今天看来这番话仍然有一定代表性。

由于上述原因,日本的"良妻贤母"与中国的"贤妻良母"在两国社会和人们心目中的地位是完全不同的。在日本,"良妻贤母主义"虽然在明治后期一度受到社会主义者的批判,但是,由于这种教育思想与战前日本国家主义意识形态非常吻合,所以不仅作为国家公认的女子教育理念而存在,而且一直是女性的行为规范和战前日本女性观的主流,可以说,"良妻贤母主义"在日本是深入人心的。中国则不同,自"良妻贤母"口号在 20 世纪初出现后,并没有带来日本那样的推动女子教育迅速发展的盛况,而是很快成为人们批判的对象。1909 年 2 月,陈以益在《女报》第 2 期上发表《男尊女卑与贤母良妻》的文章,指出"今之贤母良妻,犹识字之婢女,而其子其夫犹主人。贤母良妻之教育,犹教婢女以识字耳,虽有若干之学问,尽为男子所用"。作者呼吁妇女"勿以贤妻良母为主义,当以女英雄豪杰为目的"②。在五四新文化运动中,一大批先进的知识分子和急进的民主主义者猛烈抨击封建专制主义和传统道德,他们尤其关注妇女问题,也对贤妻良母观念提出否定。有人撰文指出,依"贤妻良母"的教育方针,"不过造成一多知识之顺婢良仆,供男子之驱策耳"③,"如忠臣孝子贤妻良母之规范,为新教育所不容"④。1918 年,胡适在北京女子师范学校发表题为"美国的妇人"的演讲,其中指出:"我是堂堂的一个人,有许多该尽的责任,有许多可做的事业,何必定须做人家的良妻贤母才算尽我的天职,才算做我的事业呢?"胡适提出了"超贤妻良母主义的人生观",也就是"自立"的观念。"自立"的意义,就是"要发展个人的才性,可以不倚赖别人,自己能独立生活,自己能替社会

---

① 老舍:《婆婆话》,《中流》1936 年 1 卷 1 期。

② 张枬、王忍之:《辛亥革命前十年间时论选集》第三卷,生活·读书·新知三联书店 1977 年,第 482、484 页。

③ 高素素:《女子问题之大解决》,《新青年》1917 年 3 卷 3 号。

④ 华林:《社会与妇女解放问题》,《新青年》1918 年 5 卷 2 号。

作事"①。近代著名教育家罗家伦指出："中国办女学的人到现在却开口还只是谈良妻贤母主义，并不愿意女子做独立的人，这种奴隶教育有什么用处呢？所以中国女子精神上最重要的解放就是打破良妻贤母的教育，而换以一种'人'的教育，女子知道自己是'人'，才能自己去解放！"②在抗日战争时期，针对社会上出现的主张妇女回家的"新贤妻良母主义"，各界对贤妻良母论的批判又一次达到了高潮。当时任中共南方局书记的周恩来亲自撰写了题为《论贤妻良母与母职》的文章，指出"贤妻良母"是"专门限于男权社会用以束缚妇女的桎梏，其实际也的确是旧社会男性的片面要求"③。可见，在中国，自"贤妻良母"的口号出现以后，大部分时间是作为男尊女卑的产物和歧视妇女的陈腐观念而受到唾弃的，即使在今天，"贤妻良母"也未必是对女人的恭维，相反却有着一定的讥讽之意。

结语

　　日本近代教育事业尤其是作为其重要组成部分的女子教育事业的发展，曾经是日本近代化过程中最值得称道的事情。笔者多次赴日留学、考察，不论是在繁华的都市，还是在偏僻的乡间，都曾目睹不少温文尔雅、知书达礼的老妪。她们就是近代日本女子教育之发达的最好见证。而长期处于半封建、半殖民地统治的中国，由于女子教育的不振，大多数妇女处于无学状态，极少数能入学之幸运女子又多受儒家女教的熏陶。于是在中国，妇女的"贤"与"良"，很少同"知识"和"教养"联系在一起，而只是恪守妇德、贞淑顺从的好妻子、好母亲。近代日本具有"有知识的妻子与母亲"内涵的"良妻贤母"的口号在中国一直是胸无大志、碌碌无为女性的代名词。"学"与"不学"就是日本的良妻贤母与中国的贤妻良母的根本差异。

　　如今，不论在日本抑或在中国，重提"良妻贤母"或"贤妻良母"，都有隔世之感。但是，我国至今仍有不少女文盲，农村女童辍学现象

---

　　① 胡适：《胡适文存》第四卷，东亚图书馆1928年，第41页。

　　② 罗家伦：《妇女解放》，梅生编：《中国妇女问题讨论集》第一册，新文化书社1923年，第10页。

　　③ 《妇女之路》1942年38期。

尤为严重的现实,说明提高妇女的知识与教养,造就有知识的贤妻良母仍是我们面临的艰巨任务。女性承担着抚养教育子女的重任,母亲的素质与教养关系着中华民族的明天。文盲母亲必然会对子女的智力开发产生不利影响。从这个意义上说,近代日本"良妻贤母主义"的女子教育是值得我们研究并借鉴的。

(原文刊载于《日本学论坛》2001 年 1 期)

第五节　近代以来日本女子教育的发展历程及特征

在东亚国家历史上,儒家的男尊女卑思想及"女子无才便是德"的观念对女性带来不同程度的束缚,使女性长期处于无学状态。而日本却较早冲破这种束缚,开启女子教育之门。明治时代迄今,日本的女子教育事业迅速发展,并居于亚洲国家乃至世界的前列。本文简要回顾近代以来日本女子教育事业的发展历程及其特征,以助对日本女子教育事业的了解,或可为发展中国女子教育提供借鉴。

一、近代日本女子教育事业的曲折发展

在封建时代的日本,除了少数贵族及武家女性外,大多数劳动女性处于无学状态,至江户时代,社会稳定,文化繁荣,实用主义教育显著发展,平民教育机构寺子屋已经把女性作为教育对象,因而有了15％左右的女性识字率,为近代女子教育的普及奠定了基础。

与中国近代女子教育起步于教会学校一样,欧美国家的基督教传教士对近代日本的女子教育也起了很大的推进作用。不过,日本教会女子学校的建立要晚于中国①。1870 年,美国女传教士玛丽·基德尔(Mary E. Kidder)于横滨设立了菲利斯和英女子学校,次年又有三名美国女传教士在横滨设立共立女子学校。在她们的带动下,东京的樱井女子学校、立教女子学校、处于开港地长崎的梅香崎女子学校、活水女子学校,神户的英和女子学校,大阪的照暗女子学

---

① 一般认为,1844 年英国女传教士爱尔德赛创办的宁波女学是中国第一所教会女校。

校、梅花女子学校,京都的同志社女子学校等相继成立。教会女子学校首开近代日本女子学校教育先河,向日本女性传播欧美文化,对其新的人生观的产生具有很大影响。

在明治维新后的文明开化浪潮中,介绍欧美各国教育体制的资料相继被译出,欧美各国的女子教育思想源源不断传入日本。受这些因素的影响,尽管与同时期欧美国家相比,明治初期日本的教育水平并不逊色,但维新改革派及新政府成员仍然感到本国教育的不足,尤其是教育内容、教育体制及学校数量上不能适应"富国强兵"这一明治维新总目标的要求。1871 年 7 月,新政府成立最高教育行政机构文部省,将建立近代教育体制作为自己的重要任务,并开始关注女子教育问题。同年 12 月,文部省颁布"关于设立官办女子学校的布告",指出"人所以能昌其家业者,端赖男女各知其职分也。今虽有男子学校,而女子之教未备,故此番雇西洋女教师,开官办女子学校。自华族至平民,若纳资费皆可许其入学"[1]。在文部省的积极推动下,东京女子学校、京都府立新英学校及女红场(后改称京都府女子学校)、开拓使女子学校三所女子学校在 1872 年内相继成立,这是近代日本最早的官立女子学校,从此拉开近代女子教育事业的序幕。1872 年 8 月,日本近代史第一个教育法令——《学制》正式颁布,女子教育被摆在重要位置:"兴小学之教,洗从来女子不学之弊,期兴女学之事与男子并行也"[2],要求适龄儿童不分男女都要入小学学习。为培养女教师,1874 年 11 月,位于东京神田的官办东京女子师范学校开学。

《学制》颁布后,各级政府从办小学开始大力兴办学校,到 1879 年,在全国已设置了 28,025 所小学。但是,在近代教育起步时期,女子教育发展得并不顺利,1879 年时女子的小学入学率仅为 22.59%[3],离《学制》中"邑无不学之户,家无不学之人"的预期目标相去甚远。造成这种现象有多种因素,如忽视了现实的教育基础及人们的传统观念,小学教育中大量采用翻译教材,脱离现实需要;由于女孩

---

① 三井为友编:『日本婦人問題資料集成』4『教育』,第 142—143 页。

② 文部省:『「学制」施行に関する当面の計画』,三井为友编:『日本婦人問題資料集成』4『教育』,第 144 页。

③ 文部省:『学制百年史』资料编,帝国地方行政学会 1975 年,第 496 页。

子要帮助家里劳动,不少农民家庭不愿意让女孩子上学;等等。除此之外,最主要的还是经济原因。日本在颁布《学制》以后,教育经费基本上是"受益者负担主义",即由学生的父母、监护人缴纳学费。当时小学的学费为月额 50 钱(1 日元等于 100 钱,1878 年时有业者的年收入为 21 日元)①,对劳动大众家庭来说是很大负担。1890 年颁布的第二次"小学校令"规定,市町村有设立小学并负担包括小学教师工资在内的教育费用的义务,即由"受益者负担主义"向"设置者负担主义"转化,但学生上学仍然要缴学费,因此影响了学生入学。

近代日本女子教育真正得以发展是在《学制》制定二十多年后的19 世纪晚期。由于日本在甲午战争中获胜,刺激了产业革命的发展,国民收入明显提高,社会对有文化女性的需求随之增加,女子小学入学率迅速提高,1897 年已超过 50%。经济的增长,也促进了政府加大教育投入,1900 年,日本政府制定了"市町村立小学校教育费国库补助法",按照学龄儿童人数与入学儿童人数的比例,由国库支付小学教师工资的不足部分,由此明确了国家对教育经费应负的责任,从而为义务教育的实施提供了财政保障。尤其应提到的是,此前的 1899 年 3 月,日本政府颁布了"教育基金特别会计法",以甲午战争后清政府赔偿金的 3%、约 1,000 万日元设立教育基金,其利息用作每年普通教育费的补充。有了政府的财政支持,日本从 1900 年开始免除学生的学费,实施了真正意义上的四年制义务教育。这是促进女子入学的根本措施,当年的女子小学入学率猛增到 71.7%,比1899 年的 59.04% 提高了近 13 个百分点。1907 年,又将义务教育的时间延长到六年,当年女子的小学入学率为 96.14%(男子为98.53%),几乎达到适龄儿童全部入学的程度。

随着小学入学率的提高,发展女子中等教育成为必然趋势。1891 年,日本政府颁布"中学校令",规定"高等女子学校对女子进行必要的高等普通教育,归入普通中学之列"②,女子中等教育始被纳入国家教育体系之中。1899 年 2 月,根据日益增长的中等教育需

① 「明治期の有業人口一人当たり国民所得」,文部省:『日本の成長と教育——教育の展開と経済の発達』,帝国地方行政学会 1975 年,第 33 頁。

② 文部省:『学制百年史』資料編,第 130 頁。

求,明治政府颁布了"高等女学校令",规定高等女学校是以"传授女子必需的高等普通教育知识"为目的的四年制女子学校[1],教育对象是12岁以上、高等小学二年级以上的女学生。名曰"高等女学校",实际上就是女子中学,是对女子实施最高教育的机构。在"高等女学校令"颁布的1899年,日本全国只有七个县设有高等女学校,到1903年,所有府县都设立了一所以上高等女子学校,完成了"高等女学校令"的既定目标。1907年,日本已经有官办高等女学校108所,在校学生33,776人[2]。到1925年,高等女学校达到806所(其中包括一部分实科高等女学校),在校学生301,447人,首次超过了普通中学的男学生人数(296,791人)[3]。

近代日本官办女子学校基本上止步于高等女学校即女子中等教育,当时舆论的主流认为办女子大学为时过早。在政府不认可官办女子高等教育的情况下,民间的有识之士开始自发创办女子高等教育,如首批赴美女留学生之一津田梅子创办的女子英学塾(1900年)、著名女子教育家成濑仁藏创办的日本女子大学(1904年)、农学家及教育家新渡户稻造与女教育家安井哲子共同创建的东京女子大学(1918年)等等,呈现出战前女子高等教育中私立女校独树一帜的特点。但是文部省对这些学校只作为专门学校加以认定,升格为女子大学还是战后的事情。

较为完善的教育体系与保守的教育内容并存,是近代日本教育的突出特征,在女子教育方面尤为明显,表现在"良妻贤母主义"的教育理念贯穿于近代女子教育的全过程。1879年颁布的"教育令"规定:"凡于学校之内,男女不得同室而学",把原有的男女同校制改为男女分校制,尤其在中学里实施严格的男女分校。在战前日本社会,女孩子大都在十六七岁结婚,而结婚之前在高等女学校的学习阶段被认为是培养良妻贤母的最佳教育时期,故高等女学校被定位为"培养学生于他日嫁到中流以上家庭后成为贤母良妻的素养","让女孩子实现良妻贤母这一天职而设置的女子教育机关"。1899年颁布

---

① 文部省:『学制百年史』资料编,第134—135页。

② 高等女学校研究会:『高等女学校の研究——制度的沿革と設立過程』,大空社1994年,第30页。

③ 文部省:『学制百年史』资料编,第489页。

"高等女学校令"后,各高等女学校积极贯彻培养"良妻贤母"的教育方针,女子的特性教育被固定化,涵养妇德的修身课及家务、裁缝、手工艺授课内容增加,而外语、数学、理科的内容大大减少。

"良妻贤母主义"的女子教育与战前日本主流意识形态非常吻合,它将女性的作用局限在家庭之内,有保守、落后的一面;同时也强调女子教育的必要性,有知识、懂学问是女子堪称贤与良的重要标准,亦有其积极、开明的一面。这种充满矛盾的教育带来双重性结果:一方面培养出大批近代化国家建设需要的有用人才,女性成为产业工人中的重要组成部分。1912年,在工厂就业的人群中已经有一半是女工,女医生、女教师、女记者、女事务员等职业女性大量出现。另一方面,这种教育把多数女性塑造成家庭中的良妻贤母,固然有益于提高家庭生活质量,也对子女教育有利,但作用毕竟多表现于家庭层面,培养出来的女学生大多知识和视野有限,社会适应性较差,战前女子参政不发达、劳动就业率低与这种教育有着直接的关系。在近代日本发动的一系列对外侵略战争中,女子教育被染上强烈的军国主义色彩,培养服务于战争的"军国之母"、"军国之妻",成为战时女子教育的核心目标,要求女性具有忠君爱国的"皇国观念",极力排除个人主义,宣扬恪守顺从、温和、贞淑、坚忍等"皇国传统之妇道"。在太平洋战争中,女学生们被动员到兵工厂、医院、农村中参加劳动,以补充战争带来的劳动力不足,仅战败前的1945年上半年,就有130多万女学生不得不到军需产业、农村、防空等岗位参加劳动①。"皇国国民"教育被发挥到极致,近代教育事业的成果几被彻底葬送。

二、战后日本女子教育事业的繁荣

第二次世界大战结束后,伴随民主化改革与经济的高速增长,日本女子教育迎来新的繁荣发展。战后初期,在占领当局的压力下,日本进行了民主化改革,其中在女子教育方面的改革也取得了显著成果。

第一,通过立法保障女子教育。占领当局于1945年10月向日本政府下达了五项"改革指令",第一条就是"解放妇女"。同年12

---

① 小柴昌子:『高等女学校史序説』,银河书房1988年,第211頁。

月，日本政府制定了《女子教育刷新要纲》，提出要"促进男女间的教育机会均等、教育内容平等以及男女互相尊重之风气"①。此后，1946 年颁布的《日本国宪法》、1947 年的《教育基本法》及《学校教育法》都赋予女性与男性平等地接受教育的权利，《教育基本法》尤其强调教育机会均等："必须平等地给予所有国民与其能力相应的受教育机会，不因人种、信条、性别、社会身份、经济地位及门第而有教育上的差别"，女子接受教育的权利有了法律保障。

第二，实施九年免费义务教育。日本从 1907 年开始实施六年制免费义务教育，经历了 40 年时间，已经有了相当的教育基础。1947 年颁布的《学校教育法》确定了"六三三四"学制体制（小学六年，初中三年，高中三年，大学四年），同时规定"国民负有使子女接受九年普通教育的义务"，将义务教育从六年延长到九年，并实行免费就学。《学校教育法》同时规定，对违犯义务教育法，不让子女接受义务教育的保护者（学生父母）及雇佣学龄少年、影响其接受义务教育的企业法人代表都要处以 10 万日元以下罚金等惩罚。九年义务教育的法律确保了男女平等接受有利于其身心发展的基础教育。

第三，改男女分校为男女同校。针对战前的"男女分校"制度，"男女共学"条款被写入《教育基本法》，规定"必须确立男女生同校受教育的原则"，《学校教育法》中也不再单列女子学校。战后新制初中（1947 年 4 月开始）、高中（1948 年 4 月开始）都不同程度地实施了"男女共学"。截止到 1949 年度，日本全国 1,826 所全日制公立高中的 57.8%（1,056 所）实施了男女同校学习②。

第四，大学向女子开放。战前的女子大学教育发展缓慢，表现在一是女子大学以私立的专门学校为主，二是女子接受高等教育的机会很少，三是能进入帝国大学者更是凤毛麟角。在战后教育改革过程中，着力发展女子的大学教育，1945 年 12 月颁布的《女子教育刷新要纲》规定"向女性开放高等教育机关"，"废除阻碍女子入学的规定，创设女子大学并在大学采用男女共学制"。发展女子高等教育有

---

① 三井為友編：『日本婦人問題資料集成』4『教育』，第 899 頁。

② 文部省調査局企画課：『我が国の教育の現状』1953 年度，大蔵財務協会 1954 年，第 138 頁。

以下几个步骤:第一步是从 1946 年起,允许女子报考大学,旧制大学向女子全面开放,东京大学也于 1947 年首次招收 20 名女大学生;第二步是建立新制女子专门学校,至 1947 年,新建女子专门学校 26 所[①];第三步是文部省于 1948 年 4 月批准设立 12 所战后首批新制大学,其中包括 5 所私立女子大学,前述 20 世纪初建立的日本女子大学、东京女子大学、在女子英学塾基础上建立起来的津田塾大学均名列其中;第四步是 1949 年改组建立于 1890 年的东京女子高等师范学校为国立御茶水女子大学、建立于 1908 年的奈良女子高等师范学校为国立奈良女子大学;第五步是针对战前旧制专科学校向新制大学转型中有些在师资、设备等方面尚达不到大学标准的情况,从 1950 年起,允许成立以培养专业技能为目标,学制为 2—3 年的短期大学,当年成立的短期大学就有 149 所。通过上述途径,日本女子接受高等教育的机会大大增加。1935 年时,高等教育机构中女学生总数量大约 18,000 人,而在战后新学制刚刚起步的 1951 年,就超过了48,000 人,到 1964 年,已经达到 225,000 人[②]。

教育民主化改革措施,革除了战前女子教育的诸多弊端,为战后女子教育的发展奠定了新的制度基础。从 20 世纪 50 年代后期起,日本经济开始高速增长,使包括女子教育在内的整个教育事业有了更快的发展。自 1947 年实行九年义务教育后,女子的入学率一直都在99％以上。在此基础上,女子的高中升学率也逐年提高,1950 年时还只有 36.7％,仅仅经过 20 年,到 1970 年,就已经达到 82.7％,并于1969 年首次超过男子的高中升学率(女 79.5％,男 79.2％),1973 年提高到 90.0％以上[③]。在高等教育方面,尽管大学在战后才向女子敞开大门,但发展速度很快,从女子大学的数量上看,女子短期大学由1953 年的 111 所增至 1960 年的 140 所,女子大学由 1955 年的 32 所增至 1969 年的 82 所[④];高等教育机构的女在校生人数由 1960 年的

---

① 文部省:『学制百年史』资料编,第 736 页。
② 文部省:『我が国の教育水準』1964 年度,帝国地方行政学会 1964 年,第 27—28 页。
③ 総務省統計局:「就学率及び進学率」(昭和二十三年—平成十七年)。http://www.stat.go.jp/data/chouki/zuhyou/25—12.xls.
④ 小山静子:『戦後教育のジェンダー秩序』,勁草書房 2009 年,第 113、156 页。

14.2 万人增至 1975 年的 67.5 万人①；女子的大学本科与短期大学合计入学率，由 1955 年的 5.0％提高到 1975 年的 32.4％，向女子高等教育大众化迈进了一大步。

20 世纪 70 年代中期，联合国将 1975 年定为"国际妇女年"，以此为契机，妇女问题被国际社会广泛重视，"女性的教育与训练"被列为发展女性事业的重要领域。在这样的大趋势下，日本政府也开始重视女性发展事业，把"充实教育与训练"、"推进男女共同参画、充实可以多样选择的教育与学习"作为女子教育的方针。1985 年《男女雇用机会均等法》颁布实施，增加了女性就业机会，女子学校教育得以进一步发展。在女子高中升学率稳居高位（1992 年起稳定在 96％以上，2006 年至今一直在 98％以上）的基础上，女子的大学及短期大学合计入学率由 1975 年的 32.4％提高到 1999 年的 49.6％，进而在 2010 年达到 56％，高等教育机构的女在校生人数由 1975 年的 67.5 万人增加到 132.7 万人，增加近 1 倍②。在这一发展过程中，女性在短期大学的入学率逐年下降，而进入四年制大学的比率相应提高。如 1975 年时，在 32.4％的女子大学升学率中，进入四年制大学的仅有 12.7％，到 1995 年，升至 22.9％，2009 年进一步提高为 45.2％③，表明女子接受教育的质量显著提高。

在发展女子学校教育之外，日本政府还把"终身学习"作为基本国策。1990 年，颁布了《终身学习振兴整备法》，强调在家庭、学校教育基础上，着力开发女性的社会教育。主要形式包括向社会女性开放学校教育，提供其接受大学及研究生教育的机会，到 2008 年，有 1.9 万社会女性就读大学的研究生院；面向女性举办各种公开讲座，内容主要包括教养教育、职业知识及技术等等；建立各种服务于女性的教育设施，日本政府于 1977 年建立了由文部省管辖的国立女性教育会馆，此后相继在地方建立了形式多样的女性教育设施。2008

---

① 文部省：『我が国の教育水準』1975 年度，大藏省印刷局 1976 年，第 220—221 页。

② 文部省：『我が国の教育水準』1975 年度，第 215、221 页；文部省：『我が国の文教施設』1999 年度，大藏省印刷局 1999 年，第 507 页；文部科学省：『文部科学白書』2010 年度，佐伯印刷株式会社 2011 年，第 400、402 页。

③ 男女共同参画局：『男女共同参画白書』2011 年度，中和印刷株式会社 2011 年，第 103 页。

年,全国的女性教育设施有 380 个,各地的公民馆、图书馆、博物馆等社会教育设施也为女性提供学习机会。这些教育设施经常组织女性举办研修、交流等教育活动,仅 2007 年就举办面向女性的各种讲座9,936 个,听众 336,113 人①。日本政府提倡的终身学习,还包括体育运动、趣味爱好、娱乐及志愿者活动等。在文化中心、学习俱乐部、文化沙龙等各种社会教育设施中,越来越多的女性参加学习,内容既有家庭教养型很强的茶道、花道、烹饪、文学,还有社会性突出的政治、经济、法律、教育、福利等等。这些社会教育活动有力促进了女性知识与技能的提高,成为女子教育的重要组成部分。

三、日本发展女子教育事业的特点

明治时代以来,日本政府与民间大力发展女子教育事业,战后至今更有了新的成就(见"战后日本入学率及升学率(1948—2010年)"),并形成了自己的特色,其中有成功的经验,也有存在的问题。

战后日本入学率及升学率(1948—2010 年)②

(单位:人)

年份	义务教育入学率(%)	高中升学率(%)		大学升学率(本科、短期大学)(%)		研究生升学率(%)	
		男	女	男	女	男	女
1948	99.27						
1950	99.20	48.0	36.7				
1955	99.92	55.5	47.4	15.0	5.0		
1960	99.93	59.6	55.9	14.9	5.5		
1965	99.91	71.7	69.6	22.4	11.3	4.7	1.9
1970	99.89	81.6	82.7	29.2	17.7	5.1	1.5
1975	99.91	91.0	93.0	43.0	32.4	5.1	1.7
1980	99.98	93.1	95.4	41.3	33.3	4.7	1.6

---

① 文部科学省:『社会教育調査』2008 年度,日経印刷株式会社 2010 年,第 338、405—406 頁。

② 総務省統計局:『就学率及び升学率(1948—2005)』(http://www.stat.go.jp/data/chouki/zuhyou/25—12.xls),内閣府男女共同参画局:『男女共同参画白書』2011 年度,第 103 頁。

（续）

年份	义务教育入学率（%）	高中升学率（%）		大学升学率（本科、短期大学）（%）		研究生升学率（%）	
		男	女	男	女	男	女
1985	99.99	92.8	94.9	40.6	34.5	6.5	2.5
1990	99.99	93.2	95.6	35.2	37.4	7.7	3.1
1995	99.99	94.7	97.0	42.9	47.6	10.7	5.5
2000	99.98	95.0	96.8	49.4	48.7	12.8	6.3
2005	99.98	96.1	96.8	53.1	49.8	14.8	7.2
2010	99.98	97.8	98.3	52.8	56.0	7.4	7.1

（一）民间办学在女子教育中占有重要地位

近代以来,在日本政府大力推动女子教育的同时,民间人士也创建了一大批私立女子学校,论数量远远超过国立与公立女校。这是因为在日本教育体系中,私立学校始终有着合法地位。1879年颁布"教育令"时,首次明确提出了"公立学校"、"私立学校"的概念,赋予私立学校合法地位。1899年8月出台的"私立学校令",是第一个以私立学校为对象的教育法令,该法令的意义在于把私立学校与公立学校同样纳入国家教育体系中,这是私立女校得以发展的制度保证。1945年日本战败后,国力衰退,国家无力大规模兴办教育,鉴于日本具有私人办学的传统,遂鼓励和提倡民间办教育。日本政府于1949年颁布了《私立学校法》,规定了尊重私立学校的自主性、实现私立学校的公共性和政府资助私立学校这三条基本原则,成为战后包括私立大学在内的私立学校办学、发展的基本法律根据。当年日本就新设了私立大学81所。此后,国公立、私立并举的双轨制教育体系一直延续下来。如今,国立大学是日本高等教育的核心,私立大学则是高等教育的主体,承担了七成以上高等教育的任务。这其中,私立女子大学及女子短期大学更是女子高等教育的重要组成部分。据统计,2011年,日本共有女子大学80所,其中73所是私立大学;在全国112所女子短期大学中,私立学校更多达109所[1]。可以说,民间

---

① 文部科学省:『学校基本調査報告書』2011年度,日経印刷株式会社2012年,第4、366頁。

办学推动了日本女子教育事业的发展，尤其是有利促进了女子高等教育的大众化。

（二）男女分校传统延续至今

男女同校与男女分校的优劣利弊，一直是教育界争论的话题。包括日本在内的教育发达国家都有男女分校的传统。如前所述，日本的男女分校学习制度始自 1879 年。是年颁布的"教育令"改变了 1872 年的《学制》所规定的男女共学制度，这是日本近代教育由开放转为保守的表现之一，从此关上男女共学之门，战前中学全部实行男女分校。由于当时公立女子中、高等教育机构尚不发达，官方开设的最高层次的女子学校只有东京女子高等师范学校与奈良女子高等师范学校，无法满足社会需求。在这种情况下，私立女子学校便应运而生，并填补了由于政府忽视而带来的女子高等教育的空白及女子中等教育中的薄弱环节，从而扩大了男女分校学习的趋势，对男女生的差别教育也因此大行其道。

在战后改革过程中，作为教育民主化的重要内容，实行"男女共学"被写入《教育基本法》，但由于男女分校传统长期存在，一纸法律难以立即促成全部实行男女同校。据文部省中等教育课 1950 年对 204 所学校进行的"公立初中、高中男女共学实施情况调查"，51％的学校（172 校）以"设备不全，时机尚早，影响风纪，带来男性的女性化、女性的男性化"等理由表示反对①，有的地方甚至恢复了男女分校。但男女共学毕竟是时代潮流，战后以来，在九年义务教育阶段全部实施了男女同校学习，只是在高中阶段尤其是在私立学校中，男女分校的情况还广泛存在。尽管 20 世纪 90 年代以来，单纯的女子高中、女子大学数量减少，男女共学的学校数量增加，但到 2011 年，日本全国除了现有 80 所女子大学、112 所女子短期大学外，还有女子高中 334 所（国立 1 所，公立 44 所，私立 289 所），约占全国高中总数（5,060所）的 6.6％，远远多于男子高中（130 所）②，说明男女分校仍然被认同，并有一定存在空间。

---

① 文部省調査局企画課：『我が国の教育の現状』1953 年度，第 138 頁。
② 文部科学省：『学校基本調査報告書』2011 年度，第 191 頁。

（三）女教育家热衷创办女子学校

女性占人口的一半，缺乏女教育家参与的教育是不完整的。在日本女子教育事业发展过程中，女教育家办女校是一个突出特点，尤其表现在女子教育事业的起步期。办教育离不开教育者，得益于前近代女子教育的积累及人们对女子教育重要性的积极认识，日本女性已经不仅是被动的受教育者，许多人还成长为教育家，热心创办女子学校。比如迹见花蹊于1875年创办了迹见女子学校（今迹见女子学园），这是由日本女性创办的第一所女子学校。此后，相继有下田歌子创办的桃夭女塾（1882年，今实践女子学园，曾经招收包括秋瑾在内的大批清末女留学生）；鸠山春子参与创办的共立女子职业学校（1886年，今共立女子学园）；三轮田真佐子创办的三轮田女子学校（1902年，今三轮田学园）等等。20世纪初期，女性办学朝着实学职业教育方向发展，如1900年吉冈弥生创办东京女医学校（今东京女子医科大学）、1901年横井玉子等人创办女子美术学校（今女子美术大学）、1908年大妻小鹰（音译）创办裁缝私塾（今大妻女子大学）等。由女教育家办女校，能更准确地把握女性的心理与生理特点，实施适合女性的教育。这些女教育家们都提出了各自的教育理念，并在教育实践活动中加以实施。尽管这些女教育家们的教育理念有着无法摆脱的时代局限性，但她们的办学热情及教育实践活动有力推动了女子教育的发展进程，她们创办的女子学校至今仍是女子学校中的佼佼者。

（四）教育中的男女不平等长期存在

纵观日本女子教育发展的全过程，虽然成果显著，但是长期以来"男主外、女主内"的传统社会分工意识一直影响着女子教育事业的发展，使教育中的男女不平等长期存在。

首先是高等教育结构中男女不均衡。日本普及九年义务教育的时间并不晚（1947年），高中的升学率在1979年已超过95％，但是战后发展起来的女子高等教育却较为落后。虽然20世纪70年代中期以来，女子的大学升学率明显增加，到80年代中期，已接近男子的大学升学率，在20世纪的最后十年间甚至超过男子，但是直到1995年，进入大学的女生一半以上都就读于以职业教育为主的短期大学，而男子多就读四年制大学(男子就读短期大学的比例一直在 2% 左右徘徊,2000 年后进一步下降,至 2010 年仅有 1.3%)。这种情况在 20 世纪 90 年代末才有明显改变,进入四年制大学就读的女生比例大幅提高,进入短期大学的比率逐年下降,2010 年,在女生 56% 的大学升学率中,进入短期大学的降至 10.8%,但仍然远远高于男生①。而全日本现有的 395 所(公立 26 所,私立 369 所)短期大学的 15.5 万名学生中,女生的比率高达 88.7%,短期大学几乎成为"女儿国"。高等教育中"女生短大,男生四大(四年制大学)"的结构性差距的存在,造成女性在接受高等教育时间、质量上远远逊于男性,尤其是能进入一流大学的明显少于男性。以东京大学为例,2012 年在籍的 14,028 名的本科生中,女生仅占 18.1%(2,566 人)②。

再就是学校中依据性别的专业分化较为严重。20 世纪 70 年代以前,女学生所学明显偏于人文科学、教育和家政专业。70 年代中期以后,女学生学习社会科学及理学、工学专业的有所增加,但是如下表"四年制大学各专业学生的性别构成表(2011 年)"所示,2011 年度四年制大学中的理学与工学学科的女生分别占 25.9% 和 11.2%,而在包括家政学、食物学、被服学、住居学、儿童学在内的家政学科中,女生以 90% 的比例高居女生专业榜首,以下依次为艺术(71.4%)、人文科学(66.2%)、教育(59.0%)、保健(58.1%,包括医科、齿科、药学、护理学等在内)。"短期大学各专业学生的性别构成表(2011 年)"的数据显示,以文科为主的短期大学的专业布局,更是将女子局限于传统的女性专业领域。

四年制大学各专业学生的性别构成表(2011 年)③

(单位:人)

学　　科	男女合计	男　生	女　生	女生占比(%)
人文科学	385,268	130,219	255,049	66.2
社会科学	879,173	591,994	287,179	32.7

---

① 文部科学省:『文部科学白書』2010 年度,第 403 頁。
② 東京大学概要。http://www.u—tokyo.ac.jp/gen03/book_j.html.
③ 文部科学省:『学校基本調査報告書』2011 年度,第 44 頁。

（续）

学　　科	男女合计	男　　生	女　　生	女生占比（%）
理　　学	80,960	59,980	20,980	25.9
工　　学	394,474	350,290	44,184	11.2
农　　学	75,770	44,102	31,668	41.8
保　　健	270,786	113,512	157,274	58.1
家　　政	69,503	6,967	62,536	90.0
教　　育	172,971	70,834	102,137	59.0
艺　　术	72,073	20,640	51,433	71.4
其　　他	168,371	86,528	81,843	48.7
总　　数	256,9349	1475066	1,094,283	42.6

短期大学各专业学生的性别构成表（2011 年）[①]

（单位：人）

学　　科	男女生合计	男　　生	女　　生	女生占比（%）
人文科学	15,869	1,464	14,405	90.8
社会科学	15,994	3,464	12,530	78.3
教　　养	1,965	19	1,946	99.0
工　　业	4,220	3,489	731	17.3
农　　业	1,377	764	613	44.5
保　　健	12,996	1,760	11,236	86.5
家　　政	28,223	1,200	27,023	95.7
教　　育	47,972	2,678	45,294	94,5
艺　　术	5,755	674	5,081	88.3
其　　他	10,676	959	9,717	91.0
总　　数	145,047	16,471	128,576	88.6

　　具有性别差异的教育注重女子特长的培养和教育内容的实用性，对女性文化素质及教养水平的普遍提高具有积极作用，但也存在明显弊端，最明显的就是女子研究生升学率不尽如人意。日本在 20 世纪 60 年代中期就已经开始女子的研究生教育，但升学率在 1982 年才超过 2%，1989 年达到 3%，2004 年升至 7.1%，2011

---

　　① 　文部科学省：『学校基本調查報告書』2011 年度，第 44 页。

年也仅为 7％,不如男子(16.4％)的一半。女子较多在短期大学就读及专业重文轻理的结果,就是很多女性毕业后从事服务性、一般性社会工作,或者成为家庭主妇。女性继续深造及研究高深学问的机会明显低于男子,很难培养出有能力活跃于社会的精英女性。据总务省 2011 年的统计,在大学及各种研究机构从事研究工作的女性只有 123,181 人,占总研究队伍的 13.8％[①],远远低于拉脱维亚(52.4％)、立陶宛(50.9％)、俄罗斯(41.7％)、英国(39.9％)、美国(34.3％)等国[②],在高端研究领域和高科技研究领域中的女性更是凤毛麟角。这种情况很不符合日本的经济大国、科技大国、教育大国的形象。

结语

有哲人说过,"摇摇篮的手推动世界",母亲的素质决定人类和民族的未来。高素质的国民是一个国家的人力资源。在现代化进程中,经济技术的发展是核心,人的现代化是主体,占人口一半的女性的知识水平与教养是衡量一个国家现代化水平的重要标志。日本的女子教育事业在近代以来取得相当的进步,经过战后教育改革及 1975—1985 年 的"联合国妇女十年"项目的推动,在普及高中教育、高等教育大众化及社会教育方面的成就为世人瞩目。而日本社会根深蒂固的"男主外、女主内"的性别分工意识在很大程度上左右着女性生活模式的同时,也影响着人们的教育选择。从近代以来日本女子教育事业发展历程及经验教训来看,民间人士热心办女校,女性积极参与办学等做法值得我们参考和借鉴,而男女分校学习已经不符合中国的国情,可以适当做些办女校的尝试性试验,大可不必追求形式,不顾效果地一哄而上办女校。至于教育中的男女不平等现象,在中国也存在,更应当以日本为鉴而加以避免。

(原文刊载于《日本学刊》2013 年 1 期)

---

① 総务省:『科学技术研究调查』2011 年度。http://www. e—stat. go. jp/SG1/estat/Xlsdl. do？ sinfid=000012663453.

② 男女共同参画局:『男女共同参画社会の形成及び状况』2011 年度。http://www. gender. go. jp/whitepaper/h24/zentai/pdf/111—115. pdf.

第七章　传统社会的中日比较

第一节　家族制度与中日经济发展及社会结构

　　中日两国同是以家族为社会组织基础的国家,两国的政治、经济、思想、道德都能追根溯源到家庭与家族。不能否认,由于中国文化的影响,中日两国在家族制度方面呈现出一些共同的表象,如父权家长制的存在,以孝道为家族伦理的核心,重男轻女,这种家族制度反映在政治制度上,则表现出家国一体,实行家族式统治等等。然而,如果进行深入考察,就会发现在这些共同的表象背后,两国在家的发展史、家的结构、家的伦理、家的功能等方面都存在着明显的差异,在此基础上形成的国家伦理体系与国民道德准则也相去甚远。中日两国家族制度的不同特点不仅影响了两国的历史发展进程,甚至还影响着当今两国的社会与经济发展。所以,只有去掉表象看本质,才能了解中日两国的社会结构与文化传统的差异。而且,对于在文化方面与日本有着浓厚的亲缘关系,当今正在探索强国之路的中国人来说,认识两国社会与文化的差异比仅仅认识其共同之处更为重要。本文拟对中日家族制度的差异及其对两国经济发展与社会结构的影响谈谈粗浅看法。

一、中日家的差异

　　有学者曾指出中国传统的家主要有十大特征:第一,父家长制;

第二,祖先崇拜;第三,尊老敬宗;第四,男系制度;第五,重男轻女;第六,大家庭观念;第七,多子主义;第八,蓄妾制度;第九,父子世袭;第十,孝亲意识①。从表面看来,这些特征中的绝大部分同样存在于日本传统家族制度当中。然而,通过对中日两国的历史、家的制度与家的伦理进行考察,便可知中日两国家族制度在这些共同的表象背后,存在着很大差异。

第一,家的结构。中国的家是基于血缘关系形成的集团。它是有着很强伸缩性的概念——小到一夫一妻的小家庭,大到聚族而居的宗族。中国的家首先是一个由父亲所代表的家庭单位,包括由其几个儿子所构成的"房",一旦父亲去世,则各"房"分家独立,过若干年以后,在"房"中再形成新的"房"。如此世世相衍,代代裂变,以夫妻为基本单位的个体小家庭日益增多,原先由某一始祖开创的家庭便逐渐扩展为宗族。可见,中国的家就是同一祖先生命的扩大,这种扩大的意义主要是家族成员的生物性生命的繁衍与延续。在中国的家族中,父—子—孙之间的纵向联系固然受到重视,但是相同辈分的人之间的横向联系往往更现实、更重要。

日本的家是以家业为中心的经营体,家得以存在的根本是家业。日本也有作为家族扩大的集团——同族,看起来同族与宗族有相似之处,但实际上同族主要不是家族分支、族人繁衍的结果,而是适应家业经营的需要而形成的家业经营体制。在同族中,本家是家和家业经营的核心,本家家长是一家的最高统治者;分家由次子以下成员所建;很多情况下还有由长期服务于该家的用人建立的别家。本家与分家、别家是纵式的统属关系、主从关系,在这种结构的家中,"只允许在亲子系列上几辈人家庭的纵向连接,而没有横向的各辈诸兄弟的家庭组合"②,兄弟之间的同胞亲情受到排斥。

对于中日两国家的结构,用一位日本学者的话说,中国的家是"组合式"的,日本的家则是"财团式"的③。用一位中国学者的话说,如果把中国人的家庭和日本人的家庭各比作一棵树的话,中国家庭

① 岳庆平:《中国的家与国》,吉林文史出版社 1990 年,第 7 页。
② 中根千枝著、陈成译:《纵向社会的人际关系》,商务印书馆 1994 年,第 15 页。
③ 滋贺秀三:『中国家族法の原理』,創文社 1967 年,第 68 頁。

这棵树枝干繁多，看不出主次，而日本家庭这棵树有一个主干，为了维护这个主干，要不断地砍掉分枝①。

第二，家的功能。家庭功能包括天然功能（生育功能、性功能）、基础功能（生产功能、消费功能）、派生功能（教育功能、宗教功能、政治功能）等诸多功能，其中首要的是人的生产功能，即生育的功能，中国的家与日本的家皆如此。以血缘关系为纽带的中国的家始终是一个人口生产单位，人的繁衍——传宗接代，人丁兴旺，族属众多体现了家的功能的有效发挥，人们在生育意愿上的早生、多生、重男轻女等观念是家的生育功能较强的反映。至于其他的功能都是从这个功能引申出来，又服务于这个功能的。

日本的家是一个血缘亲属集团，更是从事特定家业的机能集团。所谓家业，不只是房屋土地、金银财宝，还是人们赖以谋生的技能。故中国人追求的子孙满堂在日本不是家庭与家族发达的标志，家业繁荣昌盛、长久延续才是家的终极目的和家族成员为之奋斗的目标。它表现在武士与主人结成牢固的主从关系；商人的买卖兴隆，事业长久延续；农民代代与土地相伴；艺能人的技艺不断发扬光大。在"家"制度下，家庭的生育功能是首要的，但不是绝对的，它要从属于家的利益，即使生育功能有所欠缺，为了家业经营的需要，也可以通过收养养子和招婿成为婿养子等方式进行人为地调整。

第三，家的成员。中国的家族成员是同一祖先的后代，身上流着同一祖先的血，中国人在家族成员资格的认定上强调的是血的共同。这种资格的认定明确而又牢固，它是与生俱来、永久不变的，不会受才能、地位和财富的左右。如果没有极特殊的情况，谁也不用担心有一天会失去家族成员的资格，所以，中国的家一般都能发展到很大规模，由某一始祖开创的家庭，很容易发展成为雄踞一方的巨姓大族。对血缘关系的认同给中国的家带来很强的封闭性，没有血缘关系的人永远是外人，封建礼制与法制均以"异姓乱宗"为禁。即使表面上能够进入家庭（如通过收养、入赘等途径），但人们在心理上也是难以真正接受他们的。

---

① 尚会鹏：《中国人与日本人——社会集团、行为方式和文化心理的比较研究》，北京大学出版社 1998 年，第 38 页。

日本的家实际上是超血缘的存在，由配偶关系和血缘关系结成的人的群体仅仅是家的具体体现而已。与中国的家在血缘传承方面的封闭性相比，日本的家相对开放。家业继承人的选择，可以不必受血缘和系谱关系的限制。只要家业经营需要，便可以让没有血缘关系的养子、婿养子进入家庭，甚至允许长期服务的用人作为家的一员参与家业经营。在中国受到鄙视的赘婿在日本能以婿养子的身份堂而皇之地继承家业，且无论在法律上还是习俗上，都被认为是正当的。另一方面，即使是父母的亲生子女，也未必具有作为家的一员的资格，亲生儿子因无能或不才被取消继承权的事实多有存在，家庭成员因各种原因改变姓氏、进入其他家庭的现象常有发生。血缘不是作为确定家族成员资格唯一标准的做法，使日本的家无法形成同姓聚居的大家族组织，在日本也不可能出现中国那种姓氏高度集中的现象。

第四，家的秩序。中国作为血缘关系集团的家的结构，以人的生产为主的家的功能，以血缘关系为基准的家族成员的资格认定，都导致一个结局——同胞兄弟的地位基本平等。参加祭祀祖先的活动，使用共同的姓氏及被规定好的辈字，平均继承家产，名字及其功德被载入族谱，这些无一不是这种平等关系的体现。兄弟关系不像亲子关系那样等级严格，也不像夫妻关系那样具有从属性质，但却是维系家庭安稳的基本因素。同胞和睦相处，则家庭幸福；兄弟阋墙，则对家庭破坏力极大。平等是家庭的稳定剂，维持着血缘亲情不疏远。然而，在现实生活中，尽管大家都努力维护这种平等，但由于个人资质的不同，私利的驱使等因素存在，真正的平等是很难实现的。于是就会导致矛盾冲突，从而兄弟分家，一个家庭就此分解。

同胞兄弟之间也存在明显的上下尊卑之别是日本家族伦理的突出特色。由于日本实行家督继承制，只能由一个人继承家业与家产，这样就通过牺牲横向的兄弟姐妹的利益，建立起一种单一的、纵式延续的家族序列。在这一序列中，亲子关系重于夫妇关系和兄弟姐妹关系，家业继承人与非继承人之间存在着严重的不平等。与中国不同的是，在"家"制度下，社会对这种不平等是认同的，作为非继承人只能接受这种不平等。故中国的家具有凝聚力和亲和力，而日本却存在明显的离心倾向，许多非家业继承人都是早早离开家，去社会上闯荡,以谋求生存和自己的社会地位。

通过比较研究,可以看出中国的家与家族伦理有着重亲情等优点,日本的家与家族伦理有着不平等、亲情淡漠的缺点。但是在近代社会,日本的家所具有一些有利于近代化的因素,促进了资本主义生产关系的产生与发展。

二、家与经济发展

日本是较早实现近代化的东方国家。近代以来经济发展因何取得令世人瞩目的成就? 1984 年《日本经济白皮书》中有一段话:"在当前政府为建立日本产业的努力中,应该把哪些条件列为首要的呢?可能既不是资本,也不是法律和规章,因为这两者本身都是死的东西,是完全无效的,使资本和法规运转起来的是精神……如果用有效性来确定这三个因素的分量,则精神应占十分之五,法规占十分之四,而资本只占十分之一。"[1]这段话切中要害地指出近代以来日本经济发展的原因,也使人联想起马克斯·韦伯在《新教伦理与资本主义精神》一书中提出的那个影响深远的命题:任何事业背后都存在着某种决定该项事业发展方向和命运的无形的精神力量,而这种力量必有其特定的社会文化背景。日本并不存在韦伯所说的"新教伦理",那么促使日本资本主义经济发展的精神动力究竟是什么? 神岛二郎在《近代日本的精神构造》一书中提出将日本独特的家族主义精神作为日本社会"新教伦理"替代物的思考。日本的家族主义传统毋宁说是一种精神,在近代日本经济发展过程中具有非常现实而有效的作用。也有学者提出,要探讨现代东亚经济圈的社会文化基础,也许传统的家族制度和家族伦理才是最主要的契机之所在,而不是缺乏明确意指的"儒家伦理"[2]。

由于祖孙一体、家族永续是日本人家族观念的核心内容,为了家业代代相传,永不衰退,在财产继承方面实行长子继承制。长子继承制是对中国儒家"均平"观念的根本否定,是家族内部不平等的根源。但这种制度在客观上促进了日本经济的发展,其表现首先是集中家

---

① 　経済庁编:『経済白書』,大藏省印刷局 1984 年,第 24 页。
② 　陈其南:《家族与社会》,台北联经出版事业公司 1990 年,第 298 页。

庭财富,适应投资扩大再生产的需要,这些财富在资本主义生产关系产生之际,因其可以迅速转化为资本,而促进了工业化的发展;其次是割断了非长子与生产资料的联系,促使他们离开家庭,实际上就是离开了土地。在资本主义生产关系迅速发展的新的社会条件下,那些与家业无缘的人能比较容易地受到资本主义的雇佣劳动意识的影响,加入近代工厂所需要的雇佣劳动力行列;再次是培养了人们的独立、竞争意识,为明治维新后资本主义的发展奠定了人的基础和思想的基础。

家族制度和家族伦理对近代日本企业经营的积极影响也是显而易见的。日本企业的家族主义经营传统(以终身雇佣制、年功序列工资制、企业内福利制度及劳资关系中的家族主义意识形态为特征),作为一种经营理念、经营习惯,在日本近代化和战后经济高速发展过程中发挥了巨大作用。其中终身雇佣制是日本独特的雇佣制度,它是"日本式经营"的核心内容。而终身雇佣制并不是近代以后才出现的新事物,它起源于江户时代商家的经营,在近代以至战后不断被完善。它之所以能发挥功效,说到底,是因为"它能和日本的家族制度水乳交融"①。

模拟血缘关系的存在是日本家族制度的突出特点之一,没有血缘关系的人可以在被认定具有家族成员资格后作为家的一员参与家业经营。只要能维持家的存续,长期参与家务的用人、管家也能按模拟父子关系成为家族的一员,进而成为主家的一个别家。以家业为纽带的超家族、超血缘的同族集团的重要性,远远超过血缘关系本身。这一传统使日本人不仅效忠于自己的家庭,而且很容易从对家族的效忠转化为对其他非亲属集团的效忠。从江户时代起,一些町人便得力于管家们的鼎力相助。如三井家族最高事业本部"大元方"虽由有家族资格的十一家家长共同组成,而常务役员都是管家。他们被称为"守家之第一役人"②,其重要作用亦被写进最早的家训《宗竺遗书》当中。在三井家族史上有突出贡献的人物可举出明治维新

---

① 高桥龟吉著、宋绍英等译:《战后日本经济跃进的根本原因》,辽宁人民出版社1984年,第322页。

② 『宗竺遗书』,『三井事业史·资料篇』1,三井文库1973年,第14页。

前后的三野村利左卫门、明治中期的中上川彦次郎及以后的益田孝等大管家的名字，三井家族也因经营人才济济而博得"人才的三井"之美誉。住友家族的大管家制则更为典型，住友虽是单一家制，但并不搞家长独裁，而是由管家行使经营权。住友的家宪就是经大管家广濑宰平之手制定的，足见住友的管家在住友家族中举足轻重的地位。所以，有的学者称住友的大管家如同一国日理万机的总理大臣，而住友的家长则像英国式的立宪君主，君临而不统治。即便是实行家长独裁的三菱家族，也有以石川七财、川田小一郎、近藤廉平（人称三菱创业三杰）为代表的一批经营人才。在不少企业的家宪当中都规定登用人才是家长的主要任务之一。在企业"爱才"的背后，实际上是日本传统的家族伦理在起作用，那些事主忠诚的用人、管家，虽没有血缘上的联系，却是商人家业经营不可缺少的力量。这一特点带来了家的灵活性与开放性，为近代企业经营注入了活力。由资本所有者家族世袭经营者地位的家族企业，是世界各国经济发展初期阶段的经济主体。实现资本与经营的分离，是家族企业实现近代化的前提。日本家族制度的上述特点能够适应近代化的这种需要，将具有优秀经营管理才能的人置于经营第一线，有利于吸收通晓近代科技的人才，打破家族的封闭性，从而实现企业经营的扩大与发展。

中国历史上不乏商人与财富，却始终由于家族的自我限制而不能发展壮大，成为改变社会的重要力量。这种自我限制表现在多方面。平均主义的继承方式一方面维护了血缘亲情不疏远，稳定了家庭关系，另一方面也阻碍了商品经济的发展和新的生产关系的成长，并使家族企业规模较小而难成大气候。同时这种继承制度带来人们思想上的惰性，难以适应新的经济结构。除继承制之外，中国人浓重的血缘观念造成家的封闭性、排外姓，也使得家族企业的发展困难重重。一个企业就像一个堡垒，从外部很难进入。从家族企业发展成公司结构是近代工业化的一个必经过程，日本独特的家体制与继承制度使得家族企业较为顺利地实现了这一转变。而中国工业化最突出的一点是私营企业在实现从家族向专业型管理转化这一过程中举步维艰。家长及家族成员为了控制企业，往往身兼多职，独裁倾向和专制作风严重，实行家长式的管理。在经营者的任用上以家族血缘亲情为纽带，任人唯亲。一般外来人员难以融入其中，其心态永远只是打工者。另外,由于难以吸收外部人才,使企业更高层次的发展容易受到限制。单纯在家族成员中选择人才的结果,就是选择面会变得越来越窄,可用的人会越来越少,从而不利于新技术、新观念的引进,这种天然的封闭特性是与近代企业管理制度格格不入的。

中国家族企业还有一个致命弱点,那就是企业的所有权由家族牢牢控制并在家族内代代相传,在选择接班人的问题上,人们认同"子承父业"。但是,这种接班方式存在很大局限性,因为不是每一个创业者的后代都是最好的接班人。创业者的后人往往躺在前人的福荫里,只图享受,不思进取,以致难于产生德才兼备的继承人。更为棘手的是,如果有多位条件相当的继承人选,那么权力的交接可能会导致家族利益团体的分裂,进而导致企业的分裂。结果上一代辛辛苦苦创下的家业毁在第二代、第三代的手上,即所谓"富不过三代"。这便赋予了中国家族企业以一个显著特性:企业不断地产生、发迹,然后消亡。王安电脑在美国从红极一时到销声匿迹只有短短十多年的时间,就是最好的例证。中国历史上不仅鲜有像日本的三井、住友那样拥有数百年历史、规模庞大的家族企业,即使是海外的华人企业也是以小规模为主,多年来在美国和日本占统治地位的等级式的、专业管理型的大型企业,实际上很少出现在华人社会中。当然并不是说中国和海外华人社会不能产生大型企业,包玉刚的香港船运公司一度是亚洲最大的公司,李嘉诚也是闻名世界的商业巨子、获得国际杰出企业家大奖的华人企业家,他们的办事处遍及世界各地。但是,这些大型公司仍然是由家族管理的,李嘉诚的公司已经被他的两个在美国受过教育的儿子接管。而包氏帝国主要由四个女婿运作,1991年包玉刚去世,其公司一分为四,被家族的四个支系瓜分,昔日的世界船王渐渐被人淡忘①。中国改革开放以来,经济取得了举世瞩目的发展,但除了一些大型国有企业之外,还没有一个真正的"航

---

① 就在人们渐渐淡忘昔日船王包玉刚的时候,2003年4月,包玉刚的航运生意继承人——大女婿赫尔墨特·苏海文主掌的香港环球航运成功控股挪威航运业老大本格森集团(Bergesen)。环球航运集团船队由此增加108艘,总载重量近2200万吨,这已经是目前世界上总吨位最大的航运公司,苏海文被加冕成为新"世界船王",甚至已经超越了"老船王"包玉刚巅峰时期2100万吨的规模。(《包玉刚后人重夺船王宝座》,2003年4月27日《北京青年报》。)

空母舰"般的跨国公司和世界知名品牌,很重要的原因就是家族经营的自我限制,使它难以发展壮大。至今在中国及遍及世界的华人经济圈中困扰私营企业的依然是如何从"家族企业"转型为"现代企业"。这种转型并非仅仅依赖制度约束就可以实现,它背后还有深层的文化惯性。

三、家与社会结构

在日本艺能界,有一种独特的传授传统技艺的制度——家元制度。所谓家元制度,就是以师徒主从关系为纽带构成的模拟家族制度的集团,实际是传授艺能的机构和以艺能为媒介的经济组织的中枢。在传统艺术领域中,不论是"花道"还是"茶道"、"歌舞伎"[①]、"舞道"、"能",都是以家元(意为宗师)世袭地立于该组织的顶点,在集团内,通过师徒关系建成遍及全国的传授技艺的网络。家元制要求,一旦建立起师徒之间的垂直关系,就要维护这种关系,不仅不与同一领域其它流派的人来往,即使在同一流派里也不变换师傅。这种制度使同一艺术领域中的不同家元集团之间横向关系薄弱。例如,在茶道中,仅千利休(1522—1591年,茶道之集大成者)的后代就分为有名的"里千家"、"表千家"、"武者小路千家"。在"能"这一剧种中分成五大流派,花道中也有"小原流"、"草月流"、"池坊流"等流派。尽管每个流派内部结构与职能完全相同,但各个流派却严格保持独立,拒绝艺术上的合作。演艺界的不同流派可以使用相同的剧本,却从不在同一舞台演出。

家元制的特点在于,家元与弟子的主从关系是家元制集团的核心;这种主从关系结构呈"金字塔型";集团内部以家元的家长式权力进行统制;家元组织是一个模拟血缘关系的大家族集团。"家元制度是了解日本社会结构的有利线索"[②],日本社会人类学家中根千枝将家元制反映出的这种结构称为"纵式社会"或曰"纵式结构"。中根千枝从社会人类学的角度出发,指出社会集团是由构成该集团的一定

---

① 歌舞伎虽不使用"家元"这一称呼,但其内部组织实际上是一种家元制度。

② 川岛武宜:『イデオロギーとしての家族制度』,第322頁。

个人的"资格"和"场所"两个因素组成的①,并把"资格"与"场所"作为"分析集团的钥匙"。所谓"资格"就是把人们区别开来的社会属性,如生来就有的性别、姓氏、性格,后天获得的学历、地位、职业、身份等等。"场所"是把许多个人联结成一个集团的某种关系,也可称其为机构。某人是"车工"或"董事",指的是"资格",而"某公司成员"则指的是"场所"。中根千枝指出,以"资格"构成的集团与以"场所"构成的集团是不同的。在以"场所"因素为主的社会集团内(如家、村落、企业、学校、机关等),包含了不同"资格"的人,维系其成员关系的方法就是纵式关系,如亲子关系、主从关系、师生关系、上下级关系。反之,在注重"资格"的集团内(如种姓、阶级、等级等),是横式关系在发生作用,如同胞兄弟姐妹关系、同学关系、同事关系。基于这一理论,中根千枝认为日本是典型的重视"场所"的社会,人际关系自然是纵式关系。中根千枝的"纵式社会"理论,对了解日本社会结构的特征很有帮助,自她 1967 年在《纵式社会的人际关系》一书中提出这一理论以来,很少有人对此提出异议。

日本社会的纵式结构,从根本上来说源于家的纵式结构。借用社会学的语言,即日本的家是"主干家庭",不仅夫妻间横向关系要服从纵向的亲子关系,即使同胞兄弟姐妹这种本来属于相同"资格"、居于平等地位的成员,也有可能变成具有主从之分的"纵式关系"。这种特性在融入社会集团生活以后,自然形成了一种以亲子关系为核心的相互依存关系。这种集团能够把不同资格的成员包括进来,同时又能把相同资格的成员排除出去。从中世纪的由家族成员及家臣组成的"一族郎等"(即武士团),到近代社会中的"国铁一家"、"矿山一家"式的企业集团,都是这种组合式社会集团的范例。战后,尽管经过民主改革和经济高速发展,企业及集团的家族关系被大大削弱,并在全新的基础上建立了新的社会组织,纵然它的外形近似于现代西方社会中的组织结构,而其内在结构却未必完全一致,以一定的组合为基础组成各色各样的集团依然是日本社会结构的特征。在现代

①　中根千枝著、陈成译:《纵向社会的人际关系》,第 12 页。根据她于 1970 年出版的英文版 *Japanese Society* 译成的中文版《日本社会》一书,"资格"与"场所"分别译成"类属"与"组合"。

日本社会中，人们仍然习惯于将自己的工作单位、所属的组织、办公处或学校称为"我家"。在上下级关系方面，人们从不使用"领导"（Leader）这个词，而是以"亲子关系"表达这个概念。就其内涵来说，"亲子"除了一般理解的血缘上的父子关系之外，更主要的是用于社会关系当中。战前农村中的地主与佃农可以称为"亲子"关系，企业主（资本家）与工人（劳动者）的关系可以称为"亲子"关系，整个国家也是以天皇为家长，以国民为子女的"亲子"关系。所以，在中国难于两全的忠与孝在日本能有机地结合在一起。战后，尽管"亲子"的内涵随着社会的变化而表现形式有所不同，但几乎所有社会关系中的主从关系、上下级关系仍可以用"亲子"这个具有普遍意义的概念来形容和理解，整个社会结构就是按照家族的形式来组合的。在一个集团里，领导就相当于父辈，其余的人都是晚辈，晚辈必须服从长辈，而且在晚辈之间也要依据进入该集团时间的长短形成兄弟关系。不仅公司、企业是这样，就连政党内部、各种组织、团体内部，甚至属于黑社会的暴力团内部也是如此。整个日本因这种社会结构而"像一块花岗岩一样结合在一起"①。日本的人际关系及国民性的特点均可以从"纵式关系"上得到解释。中根千枝指出，对这种结构不能贴上"封建的"、"前近代"的标签，它是"近代的、非常有效的组织方法"，"日本人能够实现令人瞩目的近代化的原因之一，便可求之于百分之百地使用和发挥了这一纵向联系的结构"②。

纵式结构的"家"是日本纵式社会结构的原点，在我们分析中国社会结构时，也可以从中根千枝"纵式社会"的理论中引出一些思考。如前所述，中国的家与日本的家在结构和性质上有明显不同，表现为以父系血缘为基础、实行财产均分制和对家族世系、传宗接代的最大重视。尽管中国人也崇拜祖先，重视长幼之序，强调家的纵式延续，但是生活在家中的同辈兄弟的地位是平等的，家的成员间的横向联系既现实又重要。故建立在此基础上的社会结构和在这种社会结构中生活的人们，所遵循的原则与日本是不同的。我们不能简单地将中国规定为"横向社会"，但人们在社会生活中的横向关系很强却是事实。所以

---

① 林语堂：《中国人》，浙江人民出版社 1988 年，第 190 页。
② 中根千枝著、陈成译：《纵向社会的人际关系》，第 67 页。

有"中国社会是横向关系很强的纵式社会"这样的评价①。

横向关系很强这一特点使同是以家为社会组织基础的中日两国社会产生了不同的偏向，与宛如一块花岗岩般的日本社会相比，中国的社会结构是比较松散的。中国的家是父系血缘单位，相同的血缘就是一种"资格"，尽管家族内部的人们联系非常紧密，但与家庭之外的人的联系却相当薄弱。我们在谈到自己的国家的历史时，总是说它像"一盘散沙"，这每一颗沙子其实并不代表每一个人，而代表每一个家庭。其结果便是一种奇特的二律背反——表面上形成了强大的中央集权体制，实质上整个帝国未必坚固；表面上家庭成为社会生活的核心，实际上信任从来也没有超出过家庭之外。如果把日本人所属的社会看作是一个链条的话，那么，中国人所处的社会更像是一张网。中国的家族组织是具有强大向心力和相互依赖的关系网络，随着其规模的扩大及其对社会控制的加强，家族观念便被无限扩大。人们可以随时随地根据实用及功利的要求扩展家庭与家族的外延，由追求家的利益，扩展为重视乡族的利益、行政区域的利益乃至方言区域的利益，由此形成严重的帮派观念、乡党意识。中国人闯世界时往往去借助更实在、更具体的帮助，这就是家族和朋友。所以中国人十分注意协调人与人之间的关系，只要是同族、同学、同乡、同事、朋友，一有"同"的关系，人情就浓厚到几乎被滥用的程度，原则、政策、法律、规范统统可以为人情让位。尤其是在官场上，为立稳脚跟，一些利益相投的官员因各种关系相互照应，壮大力量，结成千丝万缕、纵横交错的关系网，共荣共损。网内之人互相利用，利益均沾，一人得道，鸡犬升天。关系网的发达使得人事关系僵化，即使再有能力，只要不进入关系网，便难有出头之日。虽然人们都看清了关系网的社会危害，但是，时至今日，谁也没有办法完全摆脱它，甚至还会常常不由自主地花费时间与精力乃至财力去精心编织这张网。毛泽东同志曾批判这种现象为"宗派主义"，指出它是社会进步的一大障碍。长期以来，我们虽然把关系网或人情网作为侵害社会健康肌体、特别是毒化正常人际关系的不正之风来反复批判，但是，关系网不但没有

① 松本一男著、周维宏等译：《中国人与日本人》，渤海湾出版公司 1988 年，第 80 页。

被拆散,反而愈演愈烈。隐藏深厚而又强大无比的关系网,已深深败坏了社会风气,成为滋生腐败的温床。正如邓小平同志所说:"到现在,任人唯亲、任人唯派的恶劣作风,在有些地区、有些部门、有些单位,还没有得到纠正。可见宗法观念的余毒决不能轻视。"①

结语

不论古今,中国都堪称世界上家庭数量最多和幸福家庭数量最多的国家。然而,血缘关系的封闭性、家族内部结构的松散性、诸子析产继承带来的资本的分散性等等因素又明显具有不利于近代化的因素。千百年来,中国的家族文化造就了中华民族重亲情、尊老爱幼等传统美德,另一方面又太过沉重了,沉重到束缚了人们的创造力和社会发展的步伐。而在日本,传统家族制度一方面导致亲情的淡薄与家庭关系的疏远,另一方面又具有一定合理性,适应并促进了日本社会经济的发展。儒家文化虽然也对日本社会发生了重要影响,但它毕竟属于外来文化,不像在中国那样根深蒂固,有些与日本本土文化有抵触的东西还被拒绝接受,所以日本受其束缚比较轻,实行变革的阻力也就比较小,因而易于吸收西方文化,使变革取得成功。中日两国家族制度的不同特点不仅影响了两国的历史发展进程,而且还影响着今天两国的社会与经济发展步伐。

(原文刊载于南开大学日本研究院《日本研究论集》2004 年刊,南开大学出版社 2004 年)

第二节　近代中日家庭的缩影
——岛崎藤村的《家》与巴金的《家》

在战前的日本和旧中国,家庭与家族不仅是人们物质生活的单位,也是精神文化生活的舞台。它以其深刻的主题、沉重的内涵、多

---

① 邓小平:《党和国家领导制度的改革》,《邓小平文选》第二卷,人民出版社 1994 年,第 335 页。

彩的世界,成为文学家们创作的源泉。在中国,巴金的小说《家》,以
大家庭作为小说的背景,通过对高公馆的描写,把一幅典型的走向没
落的中国封建家庭的形象呈现在读者面前。一部小说,不知把多少
人引向对家族制度的反思!无独有偶,日本也有一部描述没落大家
庭生活的名著,连书名也惊人的一致——《家》,其作者是自然主义文
学家岛崎藤村。这两部《家》是活生生的近代中日两国家族制度的
缩影。

一、两部《家》的相似之处

明治维新是一场不彻底的改革,大量封建残余被保存下来。
1898 年颁布实施的明治民法以维护封建家族制度为基本原则,使
家长权、家督继承制、男尊女卑成为近代日本家族制度的三大支
柱。从明治末年到大正年间,在进步法学家呼吁废除旧的家族制
度、修改民法的同时,一些文学家也通过文学创作来批判扼杀人性
和自由的家族制度,探讨解决个人与家的矛盾的方法,甚至不惜暴
露自己家族的污秽,这一风潮被称作自然主义文学风潮。而岛崎
藤村的《家》是最有代表性的一部。岛崎藤村(1872—1943 年),原
名岛崎春树,生于长野县一个破落地主家庭。1887 年考入明治学
院,毕业后开始在《女学杂志》上发表翻译作品。1893 年,与北村
透谷等浪漫主义文学家共同创办文学刊物《文学界》。1897 年,出
版诗集《若菜集》,从此开始文学创作生涯,后又转向小说创作。
1906 年,他的长篇名著《破戒》问世,这部具有鲜明批判现实主义
色彩的杰作奠定了岛崎藤村在日本文坛中的显赫地位。其后,他
创作了《春》、《家》等一系列以家庭生活为题材的小说。其中《家》
于 1910 年至 1911 年在《读卖新闻》和《中央公论》上连载,1911 年
出版。1919 年出版小说《新生》,1929 年又完成《黎明之前》。在他
长达三十多年,跨越明治、大正、昭和三个时期的文学生涯中,究竟
哪篇作品是其代表作,由于观点和角度不同而众说纷纭,但是,岛
崎藤村亲眼看到的旧家庭的没落和亲身经历的家庭生活的磨难,
无疑是他毕生的创作主题。

岛崎藤村的《家》出版二十年后,中国也有了一部同名小说,那
就是巴金的《家》。巴金生于 1904 年,原名李尧棠,出生在四川成

都一个官宦家庭。巴金的青少年时代，深受五四新文化运动的影响，对封建家族制度深恶痛绝。1931 年，《家》作为"激流三部曲"之一在《时报》上连载，"对于不合理的封建大家庭制度的愤恨才有机会倾吐出来"①。巴金曾说过，夏目漱石、田山花袋、芥川龙之介、武者小路实笃、有岛武郎等日本文学家都是他的老师，而是否受过岛崎藤村的影响不得而知。但很巧合的是，除了《家》之外，巴金与岛崎藤村还都著有名为《春》、《新生》的小说。虽然创作于不同国度的《家》在发表时间上相差二十年，然而，大概出于相似的历史背景，及作者本人在旧式家庭的共同遭遇，两部《家》却有着太多的相似之处。

《家》讲述的都是大家族如何走向衰落的故事。岛崎藤村的《家》是一部自传性小说，取材于岛崎藤村本人及其家庭的生活，其内容从作者 26 岁（1898 年）开始，直到 38 岁（1910 年）为止。岛崎藤村因在家中排行第四而与家业继承无缘，从少年时代开始就备尝艰辛，因而对封建家族制度对人们的束缚有着深刻的体验。《家》以岛崎家自身和岛崎藤村姐姐的婆家为生活原型，反映了明治末年两大家族日趋衰败的过程，生动描述了长野县木曾马笼地方旧驿站老板、大地主小泉家和福岛镇经营药材批发的桥本家的悲剧性命运及生活在封建大家族中的青年小泉三吉（即藤村本人）和桥本家长子桥本正太等人充满艰辛的生活道路。作品中十几个主要人物形象大都以生活中的人物作为依据，因此，该小说是作者长期生活在封建家族制度下个人苦恼生活的记录，通过一个个小小的场景，展现了近代日本家族的全貌。因此，《家》这部小说被誉为日本近代自然主义文学的里程碑。

巴金的《家》是一部现实主义力作，它以五四运动后数年间的四川成都为背景，通过一个四世同堂的封建官僚大家庭高公馆没落的故事，控诉了封建家长制和旧礼教吃人的罪恶，赞颂了年轻一代的觉悟和反抗，揭示了封建家族制度必然灭亡的历史命运。与岛崎藤村及其《家》一样，这部小说的原型就是巴金生长的大家庭，用他自己的话说："我自己就是在那样的家庭里长大的，我如实地描写了我的祖父和我的大哥——一个'我说了算'的专制家长和一个逆来顺受的孝

---

① 巴金：《和读者谈〈家〉》，《收获》1957 年 1 期。

顺子弟,还有一些钩心斗角、互相倾轧、损人利己、口是心非的男男女女——我的长辈们,还有那些横遭摧残的年轻生命,还有受苦、受压迫的'奴隶'们。我写这小说,仿佛挖开了我们家的坟墓。"①小说中的每一个人物,都能找到自己家庭成员的影子:那位具有叛逆精神、敢于追求幸福的高觉慧就是作者巴金本人,专横的高老太爷就是巴金的祖父,而作者着墨最多、在封建大家庭中苦苦挣扎的高家长孙高觉新,就是作者"一生爱得最多的人"——大哥李尧枚。巴金所以想写这么一部书,就是挽救他的那些在家族中饱受压抑的兄弟姐妹,特别是他的大哥。而在作品正式发表的第二天,便传来大哥因破产而自杀的噩耗。不论在作品中,还是在现实中,大哥年轻有为的生命都是被封建家庭摧毁了的。

二、《家》与中日两国的家族制度

在两部《家》中,作者淋漓尽致地揭露了家族制度的腐朽与黑暗,中日家族与家庭结构的特征跃然纸上,而经过明治维新冲击的日本近代家族与在半封建半殖民地社会中苟延残喘的中国封建大家族毕竟有很大不同。中国近代以来尽管随着社会经济的发展,大家庭趋于减少,小家庭即核心家庭的比例在上升,但累世同居的大家庭仍然存在,巴金笔下的高公馆就是人们熟知的典型的中国旧式大家庭,有着四世同堂的家庭结构。书中有一处对全家四代人济济一堂吃年夜饭场景的描写:"老太爷端起酒杯,向四座一看,看见堂屋里挤满了人,到处都是笑脸,知道自己有这样多的子孙,明白他的'四世同堂'的希望已经实现,于是脸上浮出了满足的微笑。"②作者表达的"四世同堂"希望其实是高老太爷所代表的世世代代中国人的理想。作者还描述了高公馆的家长、辈分最高者高老太爷的经历,"从前怎样苦学出身,得到功名,做了多年的官,造就了这一份大家业,广置了田产,修建了房屋,又生了这些儿女和这许多孙儿、孙女和重孙。一家人读书知礼,事事如意,像这样兴盛、发达下去,再过一两代他们高家

---

① 巴金:《巴金自传——文学生活五十年》,引自时代书城:http://www.mypcera.com/book/ji/p/b/bajing/001.htm

② 本文所引巴金《家》的内容,参照人民出版社1979年版。

不知道会变成一个怎样繁盛的大家庭"，展现了中国传统社会士人读书升官发财的模式和大家庭的场景。

　　岛崎藤村笔下的两个主要家庭——小泉家与桥本家都是古老的世家，都有着引以自傲的历史。然而社会的发展和岁月的流逝，使他们早已失去了昔日的荣华。桥本家的祖上是武士出身，在屋内壁龛上悬挂着的桥本家的祖先、药店的开创者书写的字画，炫耀着家世的久远，他们经营的药材批发行当是"祖先传下来的家业"。即使到了被写进小说的年代，仍然是个"光是男用人，从大管家到小伙计就有六口人吃饭"的大户人家。小泉家是最早开拓木曾马笼地区的居民，曾拥有村内多半土地。后来破落了，祖上的房产也被大火烧毁，只好挤在东京的狭小的房子里。虽然还维持着"小泉商店"的门面，但早已失去了昔日的荣华，连挂在壁龛里的画轴都是假充名家的手笔。两家都是再传统不过的结构：桥本家的成员有家长达雄、妻子阿种、长子正太及一个"身心发育迟一些"的女儿。小泉家有兄弟四人，其中老大继承家业，老二给别人当养子，老三因生活放荡导致身罹重病，依赖长兄扶养，是个"吃冷饭的"（"吃冷饭的"是日本封建家族制度下对无缘继承家业，并依赖长子抚养的次子、三子等人的蔑称），无缘继承家业的老四（作者本身）不得不"八岁时就离开了家"，到外面谋生，"从少壮时代起就经历许多的磨难"。这两家的结构正说明了明治后期日本的家庭状况：一方面旧的"家"制度继续存在，实行长子继承制，长子以外成员或依赖家长抚养（如小泉家老三宗藏），或给他家当养子（如老二森彦），或离开家到外面谋生（如老四三吉）。另一方面，随着资本主义工业化的发展，家庭成员越来越多地离开家乡到城里找工作，以一对夫妇为核心的小家庭（即核心家庭）已经成了主要的家庭形态（如桥本家）。日本人的家是超血缘的存在这一点也在书中得到体现。只要对家业经营有利，参与家务的用人也可以按模拟的血缘关系而成为家的一员，体现了家业重于血统的精神。如桥本家雇用了若干奉公人（用人），这些奉公人的家庭都有从两三代以前就一直在此"奉公"的历史，他们与主人的关系与其说是雇佣关系，莫如说"是近乎主从的关系"，"祖传的家业不用说，就是桥本家的门面，从经营到交际，也都靠他们支撑着"，他们已成为桥本家的一部分。吃饭的时候，主仆同席，只是要"分别在自己的位子上就座"。吃完饭,"按照传统的习惯,从主人到用人,各自收拾好自己的饭盘……然后才离开座位"①,完全是一幅亲情融融的家族场景。用人们对主人忠心耿耿,主人也视他们为自己家的成员,连给少爷娶媳妇的事也少不了与大管家嘉助商量。二管家幸作"举止端庄"、"具有桥本家人的风度",因而被收作桥本家的养子,继承了桥本家的家业,这件事对桥本家主妇阿种来说"是期盼已久的一天"。书中还有这样的片段:小泉家长子小泉实没有儿子,原打算为次女阿鹤招女婿,以延续小泉家的香火,阿鹤却突然病故。尽管小泉实还有一个即将嫁人的长女,弟弟三吉也有儿子,但人们还是认为世代相传的小泉家"事实上是完了",这不仅是因为当时的人们注重的是长子的血统和长子继承制,而且寓意着有着辉煌历史的小泉家的家业已经彻底衰败了。

三、《家》中的人物命运

历史已经发展到 20 世纪,但家长制在中日两国仍然顽强地存在着。家长具有至高无上的权力,家庭的每个成员都要绝对服从家长的命令。在两部《家》中,作者控诉了家长制对家庭成员人格与生命的摧残。巴金笔下高公馆中那位"全家所崇拜、敬畏的人,常常带着凛然不可侵犯的神气"的高老太爷,就是立于高公馆四房家庭之上的太上家长。觉新父亲在世时,他"垂帘听政";大房长孙觉新成为家长后,他更是直接指挥加幕后操纵。他专横、霸道,凭借着封建家长的权威,独断专行地统治着这个封建大家庭,他的每一句话都是法律,他的意志就是无声的命令,谁也不能违抗,"我说是对的,哪个敢说不对? 我要怎样做,就要怎样做!"为了挽救大家庭的衰亡,他极力反对新思想,扼杀儿孙们的自由——中止觉新的学业,包办他的婚姻;禁止觉慧出门从事进步事业;强迫觉民按家长的意志办事,制造了一幕幕悲剧。虽然《家》中直接写高老太爷的章节并不多,但却给人很深的印象。在这个如同"一个狭的笼"的家庭中,一切都是绝对的、刻板的、唯命是从的,"就跟关在监牢里一样"(书中人物觉慧语),逃婚在外的觉民更是心怀恐惧,觉得自己"好像是一个逃狱的犯人,连动也不敢动,恐怕一动,就人被捉回到死囚牢中去。死囚牢就是我的家

---

① 本文所引岛崎藤村《家》的内容,参照枕流译:《家》,江苏人民出版社 1981 年。

庭，刽子手就是我的家"。

　　岛崎藤村的《家》的时代背景已经是明治后期，明治维新已经过去几十年，而日本人仍无法摆脱家长制的束缚，只是其形式与中国有所不同而已。由于隐居制度存在，日本的家族与家庭中没有像高老太爷那样的高高在上、盛气凌人的"太上家长"，但作为家业继承人的长子——本家的家长对家庭成员有着绝对的支配权。小泉家的长子小泉实在父亲死后继承了小泉家。因为他是家长、长兄，因而对弟弟总是颐指气使。"实一直没有改变他作为家长的威严。他在外面为人处世显得极为圆滑，可对待家里人实在太严酷了。"小说的主人公、排行第四且从小离家谋生的小泉三吉常常要在他的家长威严之下忍气吞声。小泉实不顾三吉只是一个乡村教师、生活并不富裕的情况，常常打电报要弟弟给他寄钱，"电报的口气就像命令似的"。更有甚者，在三吉连丧三个女儿以后，长兄"又来命他筹一笔款"，并不由分说指定弟弟拿家具什物为他的借款做抵押。"他既没有心思拉着弟弟的手，畅叙昔日的辛酸，也不想对自己不在家期间给弟弟增添了不少麻烦，说几句深表歉意的话"，而永远是以一副世家的家长对晚辈的态度对待"吃冷饭的"三吉，根本无骨肉之情可言。对弟弟三吉的婚事，不管本人再三推迟，小泉实却一口应承下来，毫无商量的余地。至于小泉家的老三、重病缠身的宗藏的命运就更惨了，"虽说是实一家嫌弃他，巴不得他早日归天"，可是他仍然活着。于是，他就成了一家的累赘。一提起宗藏，长兄实总是咬着嘴唇发牢骚。小说中多次出现小泉家的人嫌弃他的描述："他要是一头牲畜的话，真想给他踩死了"，"宗藏这家伙真叫人难办……"，他的命运就是在寄人篱下的处境中度过凄凉的一生。在桥本家也是如此，父子二人的关系总是不那么和谐，"正太一走进屋子，达雄立即变得严肃起来，沉默不语了"，"这间屋子里的气氛，没能引起年轻的正太的任何兴趣，在他眼里一切都显得那样拘束、阴森、单调，令人感到气闷。他在父母身边似乎再也待不下去了"。作为家长制的牺牲品，正太不得不中途辍学，并放弃自己喜欢的女子而娶了"让大伙都非常高兴"的媳妇。

　　两位作者都以饱蘸悲哀和怜惜之情揭示了生活在封建家庭中的人物的命运。巴金笔下的高家长孙觉新与岛崎藤村笔下桥本家的家长达雄及其继承人桥本正太、小泉家长子小泉实都是塑造得很成功人物的形象。尽管他们生活在不同的国度,但封建家族伦理赋予他们的共性是,作为长子或长孙,要忍辱负重,为了家庭而被迫放弃自己的追求与前途。高觉新是个典型的悲剧人物,"觉新在这一房里是长子,在这个大家庭里又是长房的长孙。就因为这个缘故,在他出世的时候,他的命运便决定了"。虽然他接受了新思想,渴慕新生活,愿意做一个新青年,但是作为长房长孙,他必须按照祖父、叔父们的意愿,以维护封建家庭秩序、封建礼教为最高职责。在封建家族道德和家长制的重压下,他无力反抗封建秩序,不得不服从家长的安排。为了实现祖父早点抱曾孙子,实现四世同堂的愿望,这个有抱负的青年被迫放弃要去上海学习自己喜欢的化学专业,将来去德国深造的理想,也忍痛割舍和深深相爱的梅表妹的感情。他的软弱、妥协使自己身边的女子一个个走上绝路。觉新是这个封建大家庭的牺牲品。在日本,家业繁荣是家庭成员为之奋斗的目标,尤其是家业继承人生活的全部内容。为了延续家业,多少青年牺牲了个人的事业和幸福。如小泉家长子小泉实17岁就早早地承担起家业,一方面,他是威严而独断的家长,另一方面,他也有难言的苦衷。他要承担延续家业的重任,而现实好像总和他作对,事业经营失败,经济上亏空不断,他要还债,还要养活瘫痪了的老三。他不堪重负,拼命工作却痛感不论走到哪里,都在背负着一个老朽衰败的家,他甚至想"砸烂这个家",这也是作者本人从心底里发出的呼唤。桥本家的家长达雄在青年时期曾经怀着抱负到国外去过,但最终不得不用车子载着老母、妻子重新回到山里来,挑起家业的重担。他曾经以一种奋发图强的精神,专心致力于祖先传下来的家业,但家业的重压使他心灰意冷,变得追求放浪的生活,最终选择了离家出走。桥本家的长子正太也是背负着家的重担而至毁灭的典型人物。他心地善良,"生来就对一切事物富有很强的接受能力",颇有抱负,立志于从事商业,并到东京求学。他厌恶山间森林的沉郁气氛,不愿意"一辈子就闷在这山里头",总想有一天到外面去,施展自己的抱负;他本来情有所属,只因他是桥本家的独生子,是家业继承人,便只能听从家长的安排,不能与自己所爱但门第不同的姑娘结婚;他渴望自由,桥本家继承人的身份却将他与家业紧紧地连在一起,使他感到自己在被别人监视的沉闷空气中生活。在父亲撂下一个难以维持的家和一大堆债务弃家出走之后,不得不收拾烂摊子，挑起家庭重担。他拼命干以至于身心交瘁，病魔缠身，年轻轻的便离开人世。临终前他说："我为家尽了力"，一语道出了他不幸的根源。他和高觉新一样是家族制度的牺牲品。

四、《家》中的女性

女性题材历来倍受作家的青睐，巴金和岛崎藤村也不例外。在近代社会，受压迫是中日两国妇女的共同命运。两位作家不约而同地通过对几位女性的描写，鞭笞了吃人的封建礼教。巴金的《家》主要描写了官宦家庭三位女性的婚姻：梅表妹与高觉新真诚相爱，然而父母之命轻而易举地扼杀了这段感情，使梅表妹抑郁而死；瑞珏是高家长辈用拈阄儿的方法选定的长孙媳妇，她温柔贤惠，安分守己。但临产前高家长辈人认为高老太爷的灵柩停在家里，如果有人在家生孩子，会有血光之灾。一句无稽之谈，迫使她迁居乡下冷屋，死于难产；鸣凤是高家的丫头，高家不允许她与三少爷相爱，要把她送给权贵做妾，绝望的鸣凤投进了晶莹的湖水中。三人的悲剧是近代社会女性婚姻生活的真实写照，巴金在谈创作《家》的体会时说："我写梅，写瑞珏，写鸣凤，我心里充满了同情和悲愤。我庆幸我把自己的感情放进了我的小说。我代那许多做了不必要的牺牲品的年轻女人叫出了一声：'冤枉！'"①这实际是对封建礼教的血泪控诉。岛崎藤村在《家》中对女性描写的视角与巴金略有不同，主要描述了两个下层社会妇女的生活。这两人一位是桥本家主妇阿种，一位是小泉家长房媳妇阿仓。阿种自嫁到桥本家就足不出户，"从来没有到镇上赶过一次集"，整天为家务忙个不停，因为人们认为"女人命里注定就是看家的"。她遵守父亲的告诫：贞操和献身是女人的美德，把丈夫的放荡带给她的巨大痛苦埋藏在心里，忍气吞声地生活。最后，丈夫带着艺妓离家出走，将她彻底抛弃，这就是对她的贞淑的报答！而她却一直惦念着丈夫，恪守妇节，等待着出走的丈夫归来，"婚后从夫"的观念是何等顽固地盘据在女性的心灵深处！小泉家长房媳妇阿仓则是另外一番处境，她的丈夫并非花天酒地，也不拈花惹草，但却是个威严十足的家长，他和妻子几乎没有感情，阿仓平时在丈夫面前有话也不

---

① 巴金：《和读者谈〈家〉》，《收获》1957 年 1 期。

敢说,从未听丈夫对她推心置腹地说过话。丈夫从不和她谈自己事业的情况,自从嫁到小泉家后连和丈夫在一起相处的日子都是十分短暂的,"跟男人在一块儿过的日子还不到你(指阿种)的三分之一呢",就这样度过了寂寞孤独的一生。这两个妇女形象是家长制和夫权束缚下的近代日本妇女命运的真实反映。透过作者的笔触可以看到,虽然已经到了明治后期,但封建礼教依然大行其道。她们死死地守着那个"家",一辈子操劳,却得不到丈夫的体谅。男人可以寻花问柳,而"女儿一旦出嫁,纵令饿死也不能返回娘家的大门"。可见,在近代社会里,无论是中国的妇女还是日本的妇女,命运都是悲惨的。

结语

中国与日本两部《家》展现在人们面前的是一个疮痍满目的社会,一个个备受摧残的人生,作品弥漫着封建家族制度尚未被摧毁的时代气氛。明治维新虽已过去几十年,中国也经过了辛亥革命、五四运动,但人们还在封建家族制度下苦苦挣扎。《家》中家族内部的形形色色的矛盾与冲突,老一代人物的顽固与堕落,年轻一代的痛苦与牺牲,勾画出近代中日两国家族制度的面貌,与其说是个人和家庭的悲剧,毋宁说是时代的不幸。

值得提出的是,中日两部的《家》唯一不同的是,由于两位作家所处的社会环境不同,因此作品的结尾所展示的前景也有所不同。岛崎藤村创作《家》的时候,除了由于明治维新的不彻底,封建时代武士的家族制度被以法律的形式推广到全体国民这一大的背景外,日俄战争前后,明治政府把国民引向国家主义,传统的家族伦理不仅未见削弱,反而被极力强调和提倡。"屋外仍是一片漆黑",这是岛崎藤村的《家》意味深长的结束语,似乎在告诉着人们,还要生活在家族制度的黑暗中,人们所向往的真正的自由还显得那样遥远。现实生活的确如此,直到战败后日本实行民主改革,随着新民法的颁布,旧的"家"制度才被废除。这是距《家》的发表三十多年以后的事情。

巴金创作《家》时,正是中国革命走向深入之时,许多青年人逃脱封建家庭的羁绊,投身于革命事业。巴金的《家》最后,高家年轻的三少爷高觉慧离开了充满阴沉、压抑与痛苦的家,就像巴金本人一样,远赴上海,去追求自己的理想与人生。这一结尾显示了希望和光明的存在,预示着一种新生活的到来。

（原文刊载于南开大学世界近现代史研究中心《世界近现代史研究》第1辑,中国社会科学出版社2004年）

第三节　中日家训特征之比较(上)

家训是家长对家庭成员或长辈对晚辈的训诫。以家训齐家、教子是中国传统文化的显著特征,对东邻日本产生了深远的影响。有"古今家训之祖"之称的《颜氏家训》在问世一个半世纪以后,日本也有了第一部家训——吉备真备(695—775年)所作的《私教类聚》。吉备真备曾作为遣唐留学生和遣唐副使两度到唐朝,在唐朝前后生活20年,后官至右大臣。他在《私教类聚》中参考了《颜氏家训》,首开日本家训先河。从此,家训发挥了齐家治国的重要社会作用。然而,由于中日两国社会结构尤其是家族结构不同,尽管日本人借鉴了中国古人创造的家训这一家庭教育形式,在实际运用中,日本的家训在内容、功能、教育对象等方面与中国的家训有很大不同。因此熟悉中国家训的人,再读日本的家训,会有似曾相识却又似是而非的感触。与中国的家训比较起来,日本的家训具有以下显著特征。

一、家训功能:注重实用

中国儒家主张修身齐家治国平天下,创造了家训这一包含着丰富的齐家教子思想的文化载体。家训不仅是用以规范家人行为、处理家族事务的准则,也是社会意识形态在家庭领域和家庭关系上的体现。历代家训典籍浩繁,其中所蕴含的思想十分丰富,涉及的领域极其广阔。不同家族的家训也有着不同的侧重点:有的突出思想修养,有的强调礼节仪表,有的注重行为准则。但就总体而言,中国家训的核心与精髓乃是对子孙的伦理道德教育,加之传统义利观念的束缚,故中国古代连篇累牍的家训著作中,最主要的内容就是有关家庭伦理道德的论述。举凡修身做人、勉学成才、治家之道、交友处世,有关家庭成员伦理道德的训诫构成了中国古代家训的主体。当然并不是说中国古代家训没有涉及经济问题的内容,只是这些内容无法与道德伦理的内容相比。有些本身是经济方面的内容也往往作为伦理道德的一部分而被提出来。比如提倡节俭、反对奢侈本是治家的一种经济手段，但中国的家训更多的是把它与人的品行联系起来，认为如果一味追求奢侈的生活，在经济条件不允许时，必然会走邪路，做出丧失廉耻的事情来。如宋人倪思在《经锄堂杂志》中说："俭则足用，俭则可以立身，俭则可以传子孙。奢则用不给，奢则贪求，奢则掩身，奢则破家，奢则不可以训子孙。"再如，有关财产分配的问题，是个典型的家庭经济管理问题。历代家训作者均主张奉行均平原则，反对偏袒任何一方。耐人寻味的是，尽管分户析产往往会造成家庭的破产或使之陷于贫困，这是大家都明白的道理，但是，人们却从未对指导析产的均平原则表示过怀疑。这是因为在儒家传统道德观念的支配下，人们对于财产分配首先考虑的是家庭关系的维系和稳定，而财产均平无疑是维持大家庭团结的最好办法，所以，均平这一在封建社会数千年中公认的家庭经济准则一直是由一种道德的力量所支撑着的。这些都充分体现了中国传统文化的重礼节欲、重义轻利的特征。

日本的家是以家业为中心的，家训的制定也是出于延续家业的目的，被运用于家业管理。这一特点使得家训能够适应社会阶层和家族制度不断发生变化的情况而长期存在，并发挥有效的作用。家训的内容不是仅停留于伦理道德方面的说教，而是有切切实实的具体内容，使人们有章可循，有法可依，因此具有现实的约束力。

与中国官僚仕宦家训居多这一点不同的是，日本的武士、町人家训比较发达。而武士与町人分别处于"四民"之首与末，由于他们之间社会地位的差距，其人生观、价值观截然不同，在家训的内容上也有着明显的不同。作为统治阶级的武士是寄生阶级、特权阶级，同时在武士阶级内部又有着严格而复杂的等级秩序。处在各个等级序列上的武士惟有忠诚奉公，才能根据按家格确定的"石高"从主君那里领取禄米，他们离开了主君就无以为生。对于食禄的武士来说，实现领地内统治的安稳就是保全了家业，因而武士的一切活动就是为了维护"奉公"这份家业而展开的。加之武士阶级是作为知识阶级而存在的，故武家家训最强调的是事主以忠，"对上忠信，对祖先尽孝"之类的训诫及与此有关的伦理道德的训诫是武家家训中主要而且普遍的内容。

除此之外,对于作为统治阶层的武士来说,从日常用度、衣食住行、作战指挥、武具装备、家臣管理、为人处事等各个方面都有具体的要求。

若从实用性来讲,町人家训要比武家家训更具典型性。商人以商贾买卖为业,他们虽没有与将军、大名之间的主从关系的约束,完全是依靠自身的实力闯世界,但在严格的等级身份制度之下,能够开创一份家业并在社会上立足实属不易。要维护这份家业,仅靠道德的力量和伦理的约束是远远不够的。町人们虽也提倡服从朝廷、幕府,强调奉公意识,却远远不及武士那样强烈。他们最关心的是如何使自己的家业长久延续下去,十分注重经商致用之道和治家理财的经验,希望得到子孙后代的认同与遵守。所以,与中国官僚仕宦家训偏重道德训诫这一点不同的是,商家家训更多体现了治家传家方面的实用因素。我们可以从以下几个方面考察:

墨守祖业。一般来讲,商人家训都是在其家业经营达于一定规模后才着手编撰的。此时,商人们在创业时期的冒险和竞争意识渐趋淡化,守成已成为商人活动的重心。这种倾向一方面说明商人经商的谨慎,同时也反映出商人意识保守的一面。日本人的传统观念是,手握留有父母手印的锄锹,在踏满父母足迹的园圃中耕耘,是最可贵的农夫;拈父母指痕尚存的算盘,操父母笔迹犹在的簿札,是最幸福的商人。商人家业的创业者或曰中兴者,留给后代的教训都是小心守成,力求安稳,不可冒险。祖先所定之营业种类、形态、规范是绝对正确的,必须严格遵守。商人家训中多在"坚守祖先之家风"的信条下强调"绝对不许从事本业以外的商卖"(《鸿池家家训》),"守祖传之家业,决不许从事投机事业"(《伊藤松坂屋之家宪》)[1],"专一于家业,勿起徒衒虚名之念"(《若尾家家宪》)[2]。如果要从事新的经营,也要谨慎小心,"欲在家传之商卖之外新增业务时,须店中一统协议后方可实施"(《市田家家则》)[3]。强调墨守祖业是与祖先崇拜紧密联系在一起的。祖先崇拜是日本传统家族制度的基础,日本人的祖先并不是抽象的概念和单纯的精神上的寄托,而是具体的、直接

① 北原種忠:『家憲正鑑』,家憲制定会 1920 年,第 396 頁。

② 北原種忠:『家憲正鑑』,第 362 頁。

③ 吉田豊:『商家の家訓』,第 93 頁。

的、现实的存在,甚至具有很强的功利性,所以对人们颇具约束力,几乎所有商人家训都强调要崇祖、敬祖,不忘祖先之恩。要"每天早早起床,在神龛、佛坛前礼拜祖先之灵后再开始一天的工作"(《水口屋店方掟书》)①,山形商人本间家把尊崇祖先作为家庭教育的基础,"敬神崇佛,可唤起诚心诚意之心,一日不可无信仰之念",因此,"一家之大事必先奉告祖先而后行之"。这些宗教性礼仪后面的真正用心是提示子孙后代要明确并时刻牢记:确保祖先传下来的家业是神圣的义务,今日之安乐皆是祖先所赐之物。通过祭祀祖先,达到继承祖先的创业精神,把家业发扬光大的目的。这种做法或许会在一定程度上维护和实现家业的稳定,但是过于注重祖先之恩德,过分强调遵守先规先例,实际上是故步自封的表现。正因如此,在幕末和明治初期的变革之际,许多老店由于长期固守陈旧的业种和经营方式而趋于没落。

正直经商。武家社会的信誉,只体现于个人之间的相互信赖,而商人的信誉则具有广泛的社会性特点。重信誉,即讲究商业道德,以树立商家在顾客心目中的良好形象。商家的信誉始终是与商家的家业相联系的,信誉好,则家业发达,反之,则家业衰败。倡导"商人之道"的石门心学创始人石田梅岩(1685—1744 年)以一升水和一滴油的关系来告诫商家,"如果把一滴油滴入一升水中,水的表面看上去就都是油,水就不好用了。买卖之利也是如此,百目(秤等计量器具上的刻度为目)不义之钱可以使九百目之钱皆成为不义之钱。为赚百目不义之钱而使九百目之钱皆成不义之钱,犹如因一滴油而舍一升水,是走向子孙毁灭之路,而不知此道理者甚多"②。石田梅岩实际是通过一滴油可以污染一升水的浅显例子提醒商人,贪图小利会因小失大,最终导致家业衰败,不讲究商业道德,不守法,企图一夜暴富的做法等于自取灭亡。在石门心学的影响下,许多商人为创立和维护信誉做出了不懈努力,并在家训中谆谆告诫家庭成员要重信誉,正直经商。从这个意义上说,商人的家训尤其是店则型家训,归根结底是商人为树立自己的信誉所做出的规定。如 1785 年创业的从事

---

① 吉田豊:『商家の家訓』,第 194 頁。
② 京都府編集兼発行:『老舗と家訓』,京都府 1970 年,第 27 頁。

装裱业的京都老店宇佐美松鹤堂在家训中规定了经商的原则：正直五两，思量三两，宽容四两，判断二两，客气一两①。在这里，"正直"被置于首要位置，其它的如"宽容"、"客气"也都与树立商家的良好形象有直接关系。千叶县茂木家从18世纪中期就开始从事酱油酿造业，以"龟甲万"为商标的酱油至今名扬日本全国。茂木家之所以能长盛不衰，不能不说与其奉行"德义为本，财为末，勿忘本末"②的家训有关。茂木家将这一内容置于家训之首，数百年来为其家族与企业严格遵守。如何树立信誉？许多商家都有自己的具体规定。例如，当今日本著名的百货店高岛屋（创业于19世纪上半期）的创始人饭田新七曾立下如下家训："廉价贩卖确实无误的商品，不仅考虑自己，也要考虑顾客的利益；明码标价，言不二价；商品的良否要明确告诉顾客，不得有一点虚伪；平等待客，不论贫富贵贱不得差别对待。"③

像这样的规定还有很多，在此仅举几例：

> 要选购优质商品来贩卖，切勿购入劣质商品。（《山中家慎》）

> 金银、米谷、药材等商品，绝对不要进行不正当的交易。（《若狭屋捉书》）

> 进货的时候，要在店中统一商议之后，进来路正当明白的商品。如商品来路有暧昧之处，纵令如何廉价，也不要购买。（《市田家家则》）

> 对待买一钱商品的顾客要比对待买百元商品的顾客更要热情。百元之顾客容易受到优待，而一钱之顾客往往受到怠慢，顾客也因此而有所顾忌，此事尤其要注意。（横须贺杂货屋《商训》）

这些家训规定毋宁说是近世日本商人的精明之处，是有经营眼光的做法。不仅在当时行之有效，即使对近代以来乃至今天的企业经营都有宝贵的启迪。

---

① 第一勧銀経営センター：『家訓』，第274頁。
② 第一勧銀経営センター：『家訓』，第406頁。
③ 邦光史郎：『豪商家訓名言集』，講談社1984年，第127頁。

俭约传家。尽管商人中多有腰缠万贯者,但是"始末"(节俭)始终是商人崇尚的信条。这是因为商人们在商海沉浮中深深懂得"创业易守成难"的道理。不论是像三井、住友、鸿池那样的历史悠久的富商,还是那些新兴商人都深信此道。勤俭持家是商家家训中必不可少的内容。与中国的家训相比,同样是强调节俭,中国人把它与人品道德相连,而日本人考虑的是家业的存亡。"勤俭以持家,骄奢以灭身。勤此戒彼,是为同族繁荣、子孙长久之基"(三井家《宗竺遗书》),作为无禄之商人"致力于俭约为第一要义"(《钱屋五兵卫家宪》)。商人家训不仅停留于讲道理,而且从实际需要出发,对如何节俭、节省开支做了许多详细而具体的规定。例如:

> 朝夕饭米每人一年定为一石八斗,如杂以蔬菜与大麦食之,则一石三斗、四斗足矣。(《岛井宗室遗书》)

> 店内生活万事宜行简素,朝夕饭食一菜一汤,不许喝酒。(《住友长崎店家法书》)

> 平素在店内不得穿棉布以外的衣服,腰带也勿用绢物。(《伊藤吴服店家训》)

> 菜一日一度,一人三文至四文,再多就是浪费。(《伊藤家家宪》)

> 不图华美,但求质素,穿干净的棉服即可。(《诸户清六遗言》)

比较起来,中国的家训往往对此停留于道德上的训诫,仅仅是循循善诱式的讲道理,很难找到像日本商人那样算细账的例子。

处世哲学。商人的处世哲学是在严酷的社会现实和竞争中形成的。处于四民之末的商人,对自己的社会地位有清醒的认识。他们无法与社会制度抗争,只能严于律己,适应社会,在"分限"(适合于身份的言行界限)范围内求得自身的发展。商人们特别要求自己要忍耐、知足、精勤。

(1)忍耐

石门心学者胁坂义堂在《忍德教》中强调忍耐之重要:

> 忍为德,夫大矣哉;
>
> 可以修身,可以治国;

可以昌家，可以兴国；

学以之成，业以之盛；

功以之立，名以之著。①

有的商家把"治家以忍耐为第一"(《矢谷家家训》)、"俭勤与忍耐乃货殖之道"(《安田多七家家训》)写进家训。作为处在社会下层的商人，必须忍耐身份制度带来的社会地位的不公；为了自家的生存，必须忍耐顾客的各色各样的挑剔；为了家的利益，必须抑制个人的种种私欲。以积极的态度奉行消极的忍耐，这大概是他们在无奈之中的唯一选择了。

(2)知足

在商人的人生观中，知足安分是很重要的内容。老子"知足者富"的说教深得商人们的认同。

知足，则家虽贫心也是富者；不知足，则家虽富心也是贫者。(《矢谷家家训》)

水满则溢，福满则危，知者事不求满，亦能补不足。天之道日盈而至亏，是则此义也。(向井家《家内谕示记》)

勿多言，言多败多；勿多事，事多患多。(向井家《家内谕示记》)

九分不足，十分过之。(宇佐美松鹤堂《家训》)

透过这些家训内容，可以了解身份制度重压之下的商人因无法与命运抗争，只能安于现状，以求家业稳定的心理。

(3)精勤

在以忍耐、知足这种消极的人生态度面对社会的同时，在商人的人生哲学中，还有非常积极的一面，即勤奋努力，创造和增加财富，使家业巩固发达。这是在当时的社会条件下商人实现自身价值的唯一出路，故在商人家训中多有强调：

额头不出汗，则得不到真财产。(《本间家家训》)

人活一代，名存后世，保家之道在勤与俭。(外村与左卫门家《谨言》)

---

① 足立政男：『老舗の家訓と家業経営』，広池学園出版部 1974 年，第 135 頁。

光阴如箭,勤勉乃幸福之母。(外村与左卫门家《谨言》)

勤为富之本,俭乃富之源。(向井家《家内谕示记》)

勤奋要从一点一滴做起,有的商家家训甚至连一些细微之处也做出规定,如中山人形(玩偶)店的《町人之教则》规定:"每天要早早开店,洒扫店铺,整列商品,准备迎接顾客的到来。"因为先于他家开店,可以"表示自家的勤勉,是赢得信用之手段";每天对店铺门前进行清扫,"往来方便了,行人必到这个店来,这是吸引顾客的一种手段"①。在家训中规定清晨要早起的也不在少数。

像上述这样的既具体又实际的家训内容对家族成员有着切实的约束力,难怪不少家训在制定的同时即规定对家训要熟读、牢记,如商人岛井宗室要求家人"每日诵读两至三次,不可丝毫忘却",鸿池家规定"每月 9 日与规定之日,集合全体手代(管家),即席诵读,并盟誓遵守"②,使日本的家训在一定程度上具有家法的性质,且在家训中处处体现出一种浓浓的家业意识。即使是涉及家族成员道德培养的内容,也染上了鲜明的经济色彩。

二、训诫对象:超越血缘

中国的家是基于血缘关系形成的集团,从一夫一妻的小家庭,到聚族而居的大家族,都是血缘单位。毫无疑问,家族成员是同一祖先的后代,中国人在家族成员资格的认定上依据的是具有共同的血缘。中国的家是传宗接代的功能单位,家的终极目的是家族血缘的延续,家在中国人的生活中,实现生殖繁衍,即生命范围的延长与扩大,就是最基本的价值。其他的功能都是从这个功能引申而来,又服务于这个功能的。这种家的结构与功能在家训中的直接反映,就是以血缘亲属为教育与训诫的对象。这种家庭教育与受教育的关系,是以血缘关系为前提的。也就是说,先有血缘关系,然后才有教育关系,超出了家族血缘成员的范围,家训就失去了意义。

如前所述,日本的家是超血缘的存在。家业继承人的选择,可以

---

① 京都府编集兼发行:『老舗と家訓』,第 94—95 頁。

② 足立政男等编:『商壳繁盛大鑑:日本の企業経営理念』4『富豪の系譜・経営の合理化と創意』,同朋舍 1984 年,第 54 頁。

不受血缘和系谱关系的限制,可以以有能力的外人取代无能不才的亲生儿子。只要家业经营需要,可以让没有血缘关系的养子、婿养子进入家庭,甚至允许长期服务的用人作为家的一员参与家业经营。在中国受到鄙视的赘婿在日本可以以婿养子的身份堂而皇之地继承家业,且无论在法律上还是习俗上,都被认为是正当的。

日本家族制度的这一特点在家训上也有明显的反映,即日本家训的训诫对象不仅局限于家族成员,也包括服务于该家族的非血缘关系成员,如武家的家臣、商家的用人。他们为主家服务被称作"奉公",其本人也因此被称作"奉公人"。所谓"奉公",本来是指在贵族和武家社会内,臣下或仆从忠心效劳于主人或主家,以作为对得到的恩顾的报答。至近世社会,随着工商业的发达,在庶民阶层尤其是商人家庭中,也开始采用"奉公人制度"(即雇用用人进行经营),这是商人家业经营的需要和家业扩大的结果。由于近世日本通过株仲间(行会)培养经营人才和熟练工人的制度始终没有充分发展起来,所以,商家只有自己培养经营人才。"奉公人"一般都是在十岁左右进入主人家,要经过二十年以上时间的学徒、见习才能成为经营者。用人虽与主人家无血缘关系,却是商人家业经营不可缺少的部分,在模拟的家族关系下被视为家族的一员。当时商人社会流行着这样一句话:"时间是金钱,事业在于人才。"①凡是经营好的商家,都与其有得力的伙计或管家有关。故对用人的培养与管理是关系到商人家业前途的大事,自然也是商人家训中的重要内容。

用人自从进入主家起,就要受到"把主人看作真正的父母"的教育。商人要求用人首先要有"奉公"意识。所谓"奉公"意识,就是要求用人具备事主不二的忠贞品格,用人要明确"奉公人即把我身献给主人,虽为我身但无一我物,皆为主人所有",即"我是主人的我"②。在商人家训中多有"尽忠节于主人,主人家由此达于繁荣,也是奉公人自身之繁荣"(《住友总手代勤方心得》)、"为人欲所惑奉公有疏而给主人添麻烦的行为,曰不忠不孝"(八代仁兵卫家《定目》)之类的内

---

①　足立政男:『老舗の家訓と家業経営』,第225页。

②　『商家見聞集』,日本経済叢書刊行会編:『通俗経済文庫』第三卷,日本経済叢書刊行会1916年,第25页。

容。作为用人，要不忘主人之恩，全心全意为主家服务，在建立别家之后，更要"忠诚不怠不忘本家永久之守护的身份"（《外村家心得书》）。有这样一例很能说明问题：石门心学的创始人石田梅岩从11岁起就到商人家当用人，可是这家商人由于经营不善而濒临破产，连按季节给用人发放日用品都做不到。四五年后石田梅岩回家探亲，穿的还是离家时的衣服。当母亲问他为什么一直忍受到现在时，石田梅岩回答说："自己奉为父亲的人无论有何不周，岂能和外人说长道短？"①这是因为他一直信守着当初受到的视主如父、好好当用人的教诲。

用人既是商人家业经营不可缺少的成员，那么约束与规范用人的行为便很有必要。商人大都在家训中对用人做出各种具体规定，如在以经营小百货起家、后经营衣料及皮棉贩卖的近江商人市田家的《家则》（共十条）中，有五条内容涉及到用人：

> 店内之人都要幼从长，手代服从番头，番头对于贩卖上的一切事务都要听从支配人的吩咐；
>
> 年少者不得担任支配人及番头，在经商方面的有能之人，即使他是中途来的奉公人，也要予以提拔，对他委以重任；
>
> 对于不服从支配人和番头的指挥、任性傲慢的奉公人，即使他很有能力，也要速速解雇，然后录用新人；
>
> 资金收支结账时，支配人及番头都要在场，注意在资金周转方面不要有漏洞；
>
> 奉公人的着装，分为两季，衣料只用木棉、麻布，此原则须严守。由支配人及番头按照奉公人的等级发放，不得紊乱顺序。奉公人中若有随便着装者，支配人要在仔细斟酌之后，予以制止。

在该《家则》的末尾，还特别说明"严格遵守以上各条，即可立身出世"②。

还有的商家专门以用人为对象制定家训，如《住友总手代勤务心

① 山本七平著、莽景石译：《日本资本主义精神》，生活·读书·新知三联书店1995年，第93页。

② 吉田丰：《商家の家訓》，第94页。

得》、《佐野屋菊池家店铺教训》、《冈谷家店则》等店则型家训。

　　除了约束用人的规范之外，不少商人家训对家族成员做出善待用人的规定。在对待用人的态度上，人们奉行"家内和合"、"一统和熟"、"朋辈和合"，即强调"和"的精神。如住友家家训中专门有"慎重培养丁稚（学徒）"一条："对于町家来说，丁稚极其重要。为了将来让他们尽忠义，使用上定要爱惜"，要照料好有病的用人，因为"如果对病人简单对待，就会导致他对主人的不忠"（《住友总手代勤方心得》）[1]。善待用人，表现在方方面面，如要关心他们的衣食住行，"注意奉公人朝夕的饮食，无论如何也要让他们吃应季的蔬菜和鱼"（《町家式目》）；对用人进行必要的文化教育，"每晚，由手代轮流教丁稚打算盘和习字"（《水口屋店方掟书》），"日落至晚上十点，为丁稚习字与学习算术的时间"（《绘具屋手代昼夜心得事》）[2]。当然，并不是所有商人从一开始就能做到善待用人的。商人对待用人的态度最初也很粗暴，无视用人的人格。随着商业的发达和商人经营组织的复杂化，粗暴对待用人的办法已明显不适应商人家业经营的需要。商人在认识到用人的培养关系到商人本身家业的盛衰这一道理之后，才重视并发展家族式的主从关系的。这一点对日本近代以后的企业经营有着深远的影响，在近代家族企业的家宪中也多有关于善待用人的规定。

三、发展趋势：推陈出新

　　进入近代社会以后，中日两国走上截然不同的发展道路。本来是封建时代产物的家训亦随着两国的社会结构与人们思想意识的变化展现出不同的发展趋势。

　　鸦片战争以来，西方列强以武力打开了中国封闭的国门，中国逐渐沦为半殖民地半封建国家。虽然人们所处的时代已经明显有别于古代社会，但是按照以儒家文化为主导的社会文化的要求，家训这种深入到家庭的社会意识形态载体，仍然不能超越社会意识形态的主题——用传统的礼法制度、伦理道德规范、行为准则指导人们处理家

---

①　吉田豊：《商家の家訓》，第122页。
②　吉田丰：《商家の家訓》，第191、224頁。

庭关系,教育子女成长。就家训的内容和形式而言,并未能逾越传统家训的规范,而是因循旧套,少有新意。其内容与过去一样,依然是对传统的勉学修身、孝亲教子、为官从政、治家理财、交友处世原则的重复强调。其中既有对中华民族的诸如诚实守信、勤俭持家、吃苦耐劳、和家睦族、清正廉洁、克己奉公等传统美德的继承与发扬,更有忠孝之道、封建迷信、宿命论、男尊女卑、明哲保身、封建家长制的糟粕。既然没有超越原有家训的境界,那么,尽管近代也有像曾国藩那样的家训大家,但整个近代很少有超过前代的家训名篇,也少有广为流传之作。因此有人把《曾文正公家训》视为"传统家范终结的标志"①。历史进入近代,社会毕竟是前进了,随着反帝反封建运动的高涨,封建传统受到批判,家族规模逐渐变小,产生传统家训的社会土壤日益受到新思想和新文化的侵蚀,家训的生命力和适用范围都在逐步萎缩。这种情况的直接反映不仅是传统家训受到冷落,数量渐少,而且形式上也出现了明显的变化。有感而发、针对性强的家书成了家训的重要形式。以曾国藩的《曾文正公家训》为代表的近代家训多是由家书编集而成的。尤其是进入新民主主义革命阶段后,许多革命志士仁人和进步民主人士通过大量家书,以先进思想教育子女。他们继承传统思想的精华,剔除封建意识的糟粕,使家庭教育达到了全新的境界。然而,从家训到家书的蜕变,说明家训这种传统而古老的形式已经远远落后于时代,它注定要被送进历史博物馆。

　　与中国的情况恰好相反,近代以后,日本的家训进入了大发展时期。家训,本来是封建时代的产物。进入明治时代,武家家训随着武士阶级的消亡退出历史舞台。然而,商家的家训却随着日本近代资本主义企业的兴起而进入一个全新的发展阶段。这是因为近代日本企业有相当一部分是江户时代商家的延续,即使是明治维新后建立的新企业,也无不是在"家"的基础上形成和发展起来的,家族企业成为近代初期日本工业化的主体,日本独特的家族体制和"家"制度在一定程度上适应了家族企业的发展,所以传统的以家训治家的习惯被运用于企业管理当中。于是,过去用于治家的家训,在新的社会条件下有了更广阔的发展空间。

---

　　① 　徐梓:《中国文化通志·家范志》,上海人民出版社 1998 年,第 254 页。

　　近代家训的延续首先表现在那些有着较长历史的家族企业,在继承了近世商家以家训治家、管家传统的同时,针对过去商家家训基本上是以习惯与礼教为准则,内容欠完备、可操纵性欠缺等问题,纷纷修改或制定新的家训,使其系统化、具体化,乃至注入近代的思想内容。在形式上,近代以后的家训多以"家宪"相称,以突出家训作为家之法律的效力,使家训在家族企业的管理中充分发挥了作用。三井家族就是其典型。1722 年,三井家第二代总领(家长)三井高平根据其父的遗言制定了三井家训,因三井高平号"宗竺",故称该家训为《宗竺遗书》。在此后的一百七十多年里,《宗竺遗书》一直被严格遵守,虽历经几代人,但约束力不减当初。1900 年,为了适应时代潮流,三井家聘请了著名的法学家、明治民法的起草人之一穗积陈重等人制定了新的家训——《三井家宪》。《三井家宪》共分 10 章,109 条。举凡同族范围、家族资格、同族义务、同族会组织乃至婚姻、养子、分家、继承、制裁等内容,堪称近代日本最系统、最完整的家宪。住友财阀也于 1896 年经第十五代家长住友吉左卫门友纯之手制定了"关于一家继承之根本法的新家宪"和"关于一家经营之运用法的家法"。

　　如果说三井、住友这样的老字号企业制定家宪是有传统可依的话,那么,在明治维新后发展起来的新企业则是在充分认识到家宪的重要性之后才制定家宪的,因而更能反映出近代日本企业的家族特征。如安田财阀的创始人安田善次郎出身于农民家庭(至其父辈时购买了士籍),当过六年丁稚(学徒)。他从赤手空拳开始创业,在幕末维新的混乱之中,因从事金融兑换业务积累了财富,仅仅几十年时间就确立了四大财阀之一的地位。在他发了家,成为屈指可数的富豪之后,便汇集诸家家规、家宪,参照比较,取长补短,于 1887 年制定了《安田家家宪》。三菱财阀的家宪则更有独到之处。1885 年,三菱创始人岩崎弥太郎去世,其遗言被作为《岩崎家家宪》,虽只有约法三章似的几条,却对后人有严格的约束力:

　　　　(1)龌龊于小事之人难成大事,要有经营大事业的方针。
　　　　(2)事业一旦着手必期成功。
　　　　(3)断不可涉足投机事业。
　　　　(4)以国家观念经营所有事业。

（5）奉公至诚之赤心寸时不忘。

（6）勤俭持身，慈惠待人。

（7）认真鉴别人格技能，适才适用。

（8）优遇部下，事业收益尽量多分与之。

（9）大胆创业，小心守成。

家训与家宪是日本人家族制度与家族意识的真实反映。在企业经营的实践中，日本人深深体会到"家宪的有无直接关系到一家的盛衰兴亡"①，进入 20 世纪尤其是进入昭和时代以后，随着大批新兴企业的建立，人们模仿家宪创造了社训（也称社则、社是）的新形式，将企业的经营理念、指导方针、经营规范浓缩成若干格言，用以约束员工。社训与以前的家训、家宪虽代表的主体不同，约束的对象不同，但其实质的功能是完全相同的，家训、家宪是为了一族永续而定，社训是为了企业永续而定。比较起来，社训更具有言简意赅、感召力强、易于记忆的特点，且由于内容和体例的简化而带有明显的现代色彩，所以在企业中极为流行。如丰田汽车公司于 1935 年 10 月制定了《丰田纲领》，直到日本战败为止，一直被丰田汽车公司作为社是：

（1）上下一致，至诚服务于业务，举产业报国之实。

（2）专心研究与创造，领先于时代潮流。

（3）戒华美，尚质实刚健。

（4）发挥温情友爱的精神，作兴家庭式美风。

（5）崇神佛，于报恩感谢中生活。②

战后，该纲领因其中一些条文已不合时宜而不再使用，但其精神实际上至今仍为丰田人所遵守。

随着日本现代企业的发展，简明扼要、高度概括企业经营方针、经营理念的社训、社是渐渐取代了家宪，成为企业的行动指南，在现代企业管理中发挥了重要作用。多数企业把社是、社训装裱在镜框中，悬挂在墙上，也有的则将其制成标语，有的甚至将其刻在石碑上，

① 北原種忠：『家憲正鑑』，第 207 頁。

② 日本経営政策学会編：『経営資料集成』1『経営理念集・社訓社是集』，日本総合出版機構 1967 年，第 311 頁。

还有的企业将社是、社训印在公司手帐（记事簿）上，或制作印有社
是、社训的小册子、卡片之类发给全体员工，目的是让大家耳濡目染，
铭记在心，并化作自己的行动。日本很多企业都有"朝礼"制度，即每
天早晨上班铃声响起，人们都在自己的位置上站立，或集中在一起，
在值日员的带领下齐声朗诵社训、社是。据说时至今日，著名的松下
电器公司的职员每天早上上班时，还要一起背诵由公司创始人松下
幸之助于 1933 年制定的"松下七精神"——产业报国的精神、公明正
大的精神、和亲一致的精神、力斗向上的精神、礼节谦让的精神、顺应
同化的精神、感谢报恩的精神。"朝礼"的目的在于使员工精神饱满
地投入一天的工作，齐诵社训则是为了增强员工的责任感。

　　从家训到家宪，再到现代企业的社是、社训，从形式上看，家训的
使用范围离"家"越来越远，但实际作用却越来越广泛。这一过程体
现了日本人对家训传统的继承与扬弃。社训、社是与以前的家训、家
宪虽代表的主体不同，约束的对象不同，但其功能是相同的。家训、
家宪是为了一族的延续而定，社训、社是乃为企业的繁荣而定，所以
在企业中极为流行。

结语

　　日本既是对外来文化依赖程度相当高的国家，也是对传统文化
保留得很好的国家。日本人选择了儒家文化中家训这种齐家治家的
形式，在历史实践中，又按照自己的需要不断进行改造，已经完全变
成了自己传统文化中的组成部分。家训不仅用于治家，还用于治国、
治社（企业）。正是因为这种改造，日本的家训才避免了中国的家训
在近代以后走向衰落的结局，因本身具有较强的社会功能和开放性
的特点，在新的社会条件下被运用于现代企业管理之中。

　　（原文刊载于北京大学日本研究中心《日本学》第 14 辑，世界知
识出版社 2008 年）

第四节　中日家训特征之比较（下）

以家训治家是中国传统家族文化中的显著特色，也是东邻日本

在吸收中国文化过程中积极借鉴和模仿的内容之一。然而，日本的家训在很多方面明显有别于中国的家训，体现了日本家族结构与社会结构的特征。除了前述日本家训注重实用功能、训诫对象的超血缘性及在近代社会以后进一步发展这三个基本特征之外，在存在的范围、编撰的风格、发挥的作用三个方面也存在着与中国家训的不同之处。

一、各个阶层普遍存在

通观中国历代的传世家训，尽管各个时代有不同的特点，但有一个明显的共同之处，即这些家训几乎都是官僚仕宦家训，不少作者还是正史中立传的人物，而几乎不见普通农民或商人的身影。其原因一方面在于家训是有着丰富文化内涵的治家、教子形式，它是以文化修养为基础的。而中国历史上专制统治的存在是以民众（主要是农民）的贫困无知为条件的，他们生活在社会最底层，物质生活贫乏，以衣食温饱为最大满足，不敢奢望精神上的更高追求，很多人都是文盲。所以，普通百姓是说不出更写不了什么家训的。这样的家庭即使有家训，也只能是耳提面命，口口相传。对儿女的教育，不过是言教加身教而已。家训能够成为文化并且流传下来的，大多是那些具有较高社会地位和经济基础的官宦人家或富庶家庭。另一方面，从家训的本来意义上说，是对本家族成员的约束，是家庭中的事情，故家训只在家族内部流传，如附记在族谱上或作为传家之物由家长单独掌管。家训要在社会上流传，不仅必须是成文的，还得是具有普遍指导意义的，这样就更需要有其社会地位、文化修养作为前提。由此说来，家训虽然在中国历史上具有极大的普遍性，但是，能够得以刊行、流传于世的家训，必是杰出人物所作，而所谓杰出人物，则出自豪门巨富之家无疑。

随着日本历史上社会结构与社会阶层的变化更替，家训遍及日本各色人等的"家"之中，皇室、贵族、武士、商人之家皆有之。

皇室、贵族家训　在891年作成的《日本国见在书目录》一书里，有"古今家训之祖"之称的《颜氏家训》已经名列其中，说明《颜氏家训》至迟在9世纪末期便传入日本。实际上，早在此前一个多世纪，日本就有了第一部家训——吉备真备所撰的《私教类聚》。吉备真备曾以遣唐留学生和遣唐副使的身份两次被派往唐朝,在唐朝生活二十多年的他对唐文化有深入的了解,回国在朝廷任官,最后官至右大臣。《私教类聚》为吉备真备晚年所作,原文虽已散失,但通过散在各种书籍逸文中的记录,也可知其大概。据说吉备真备在撰写《私教类聚》时参考了《颜氏家训》,文中多处引用《论语》、《礼记》、《史记》等中国典籍的内容,倡导儒家思想和佛教,宣传忠孝之道。《私教类聚》以后,陆续在皇族与贵族中出现一些对后代的训诫。比较有名的有宇多天皇于897年让位于12岁的醍醐天皇后,总结自己的政治经验而写成的《宽平御遗诫》,书赠新天皇。《宽平御遗诫》有一部分已经亡逸,它一直被后来的历代天皇奉为金科玉律。此外,还有朝廷大臣菅原道真的《菅家遗训》(一说是伪书)、右大臣藤原师辅的《九条殿遗诫》等等。不过,皇室与贵族家训的特点一是数量少,二是内容简单,尚未形成体系,像较为有名的《宽平御遗诫》只是有关天皇政务、起居方面的训诫;《九条殿遗诫》的核心也多是有关每天生活礼仪的内容,严格说来,并不是意义完备的家训。自平安时代开始至整个幕府时代,皇室与贵族势力(即所谓"公家")逐渐衰落,造成日本历史上皇室、贵族家训没有发达起来。

武家家训　进入幕府时代,掌握了政权的武士仿效贵族社会的做法,开始制定家训。之所以如此,首先是出于武士教育的需要。在幕府建立以前,受教育是贵族社会的特权,因此,除了贵族出身的武士之外,多数武士都疏于文道。在武士阶级成为统治阶级后,加强自身道德和文化修养成为当务之急。另一个重要原因是当时的武士团是以家族为中心的集团,建立在血缘的和模拟的血缘关系基础上的主从关系是武士团的纽带。为了增强家族集团意识,形成强大的内聚力,必须以一定的规范来约束一族成员。初期的武家家训往往不拘形式。有的是郑重的书状,有的是遗言或谈话记录,写在匾额或铭文、壁题之上。自镰仓幕府末期至室町幕府时期,社会动荡,总领制家族处于瓦解之中,武士家族内部纷争不断。面对严峻的现实,作为家族内部行为准则的武家家训更趋实用,内容简明扼要,直接切中现实的家训开始出现。《菊池武茂誓文》、《竹马抄》、《新田左中将义贞教训书》(一名《义贞记》)、《今川了俊制词》、《伊势贞亲教训》等都是如此。战国时代以后,日本各地处于割据状态,大名领国的"家"与

"国"融为一体,既约束家族成员也约束家臣的"分国法"(亦称战国家法)开始出现,国法与家法实现了统一。《伊达家尘芥集》、《武田家甲州法度》、《今川假名目录》等是战国家法的代表作。德川家康在建立江户幕府后,总结了数百年来武家社会秩序混乱、主从关系松懈的教训,通过建立幕藩体制和身份制度,实现了对大名及武士的有效控制。出于维持武家社会秩序的需要,江户时代武家家训数量迅速增加,现存武家家训大部分是江户时代所作。随着社会趋于安定,家训的风格也为之一变,家训中明确体现出治国安民的思想,对家臣品行的要求超过了对"弓马之道"的强调。这一时期,朱子学被作为官学,成为维护幕府统治的精神支柱,故此时期家训深受朱子学影响,君臣关系、身份差别尤其受到重视和强调,体现出德川时代幕藩体制的基本特征。

商家家训 日本的商人最早产生于镰仓幕府时期,后来,随着兵农分离,至室町幕府时期,商人的身份渐趋固定。在群雄割据的战国乱世,各国大名为增强领国的军事与经济实力,纷纷在自己的城堡周围建立作为其政治与经济据点的"城下町",让武士与工商业者集中在此居住,一批敢于冒险的商人乘机聚敛了财富。近世社会严格的身份制度加深了社会对商品经济和商人的依赖,商人因此势力大增,豪商辈出。但是,商人被置于士、农、工、商"四民"之末,没有社会地位,还时常受到武士的侵害。在险恶的社会条件下生存,他们更珍惜得来不易的家业与家产。商人最关心的是如何使自己的家业代代延续,为了实现这一目标而制定的家训不过是祈盼家的长久存续之迫切心情的结晶。商家家训开始引人注目是在德川时代中期以后,在"元禄繁荣"中发了家的富商们纷纷制定家训,其作者或主持制定家训的人一般都是奠定了家业基础的初代(家业创始人),或者是扩大了经营规模、实现了家业振兴的人(日本人习称"中兴之祖"),由他们将自己的经营理念、生活信条总结成文,作为家训传于后人,以期子孙后代继承父祖开创之家业,使家族世代繁荣。商家家训有的是遗嘱形式,有的是应时的训诫,三井的《宗竺遗书》、住友的《住友总手代勤方心得》、《鸿池家家训》都是此时期商家家训的代表作。在商家家训中反映出的不仅是关于生活规范、道德观念、经营理念的抽象说教,而且有防止家产分散、家族成员生活准则、家业运营与管理、与用人关系的具体规定，颇具家法的色彩。随着商家经营规模不断扩大，家政和经营渐渐分离，作为家训副产物的店规、店则也随之产生。但当时的经营与家业的分离并不彻底，店仍是家的组成部分，所以家训与店则并没有严格的区分，往往在家训中包括店则，在店则中也有家训的内容，"店则就是关于家业经营的规定"①。商家家训既受武家家训的影响，也反映了庶民阶层的价值观，而且数量多，流传广。

农家家训　到江户时代，一些农民家庭也制定了成文家训。但农家家训与武家家训和商家家训相比，数量少且不普遍，且主要存在于富裕的上层农家。农家制定家训的目的与武家和商家一样，也是希求"家"的长久延续与家业繁荣，所不同的是，因为身份制度的限制和职业的关系，农家强调的是"我家常以锹镰为职"（越后岩船郡豪农渡边家《家之掟》）②，注重把农业知识和技术传与子孙。

由上述可见，日本的家训肇始于皇族与贵族社会，发达于武家社会和町人社会，从对后世影响而论，以武家家训与商家家训最具典型性。

二、编纂风格简单随意

我们常见的中国传世家训的作者，非饱读经书的宿儒，就是久经官场的老臣。他们丰富的处世经验及深厚的文化修养在家训写作中自然会流露出来。尤其是在科举选官制度下，诗书文章的水平与个人仕途紧密相连，官僚士大夫作家训的一个重要目的就是勉励子弟读书作文，在写作家训的过程中亦当然用心于此道。因此以官僚士大夫为主要作者的家训多为佳作美文，体裁灵活多样，有书有诗，还有格言警句，文采飞扬，其中不乏入木三分的分析，切实可行的忠告，精彩的至理名言，体现出中国诗书传家的价值观与传统文化的博大精深。

比较而言，日本的家训不论在思想内涵方面，还是在编撰形式方

---

①　足立政男：『老舗の家訓と家業経営』，第 182 頁。

②　入江宏：『近世庶民家訓の研究——「家」の経営と教育』，多賀出版 1996 年，第355 頁。

面,都难以与中国的家训相比。熟悉中国家训的人再读日本家训,会感到语言苍白,不成体系,缺乏思想性与可读性。笔者在组织撰写《日本家训研究》一书时,曾将日本有代表性的传世家训译成中文,以为中国的读者提供学习与研究的便利。大家在翻译中最大的感触就是日本的家训与中国的家训在编撰水平上的距离。

由于武士阶级是日本封建社会长达近七百年的统治者,他们不仅掌握权力,也掌控教育,故武家家训的编纂水平可以反映日本家训的整体水平。

从体例来看,武家家训有的只是寥寥数条,如战国武将加藤清正制定的《加藤清正掟书》只有7条:

(1)奉公之道不可大意。

(2)在外游乐,仅限于猎鹰、鹿狩、相扑。

(3)衣着只穿棉布,于衣饰耗费银钱,以致家计困穷,当判其罪。

(4)与同僚交往,一主一客之外,莫置旁人,食用糙米。

(5)作战之法,为侍须知。有追求奢华者,当判其罪。

(6)禁止一切歌舞游艺。操刀只为杀人,万事系于一心。是故,有武艺之外执刀习舞者,命其切腹。

(7)学问须精励。要紧在读兵书,励忠孝,禁止读诗作歌。①

这样的内容给人的感觉是没有条理可言,随意性很强。也有的家训篇幅很长,如武田信繁的《古典厩寄语其子长老》洋洋99条,没有分类,不分轻重,大到仕奉主人,修习弓马之道,小到武具装备,豢养马匹,事无巨细,皆有涉及,且杂乱无章。不论家训长短,都给人感觉没有条理,很少把相关内容归纳为同一项目,大都是一条一条罗列下来,说明家训作者并没有具体、清晰的思路,想到哪写到哪,突出体现出武家社会讲求现实及武断的色彩。

从修辞来看,更无多少文采可言,大多叙述直白,有一说一,有二说二。如战国武将多胡辰敬在家训中强调"家"之团结和睦的重要性

---

① 李卓等:《日本家训研究》(天津人民出版社2006年)附有部分日本家训译文,本书所引家训内容除专门注释之外,均出自此书,在此不一一注释。

时说:"家如房舍,一家之主为房顶,亲属为横梁,家老、代官为柱,奏闻、传达者为大门,家中往来奔走之用人为内门,此外其他人为庭中草木篱墙,百姓为榻榻米铺板。欠缺一处,则家不为家。"语言极为简单平实,毫无修饰及夸张,这显然与武士以战争戎马为业,缺乏文化底蕴有关。

以下通过在日本家训史上最具代表性的《今川了俊制词》之例,便可对武家家训的编纂水平有所了解。

(1)不知文道,武道终不能得胜。

(2)戒好玩鹈鹕猎鹰,以无益杀生为乐。

(3)戒处置微小过失不能明察,致人死罪。

(4)戒处置大科罪犯,有所庇护,致获减免。

(5)戒横征暴敛,毁坏神社,穷奢极侈。

(6)戒轻公务,重私用,不惮天道。

(7)戒坏先祖山庄寺塔,装饰私宅。

(8)戒不辨臣下忠奸,不正赏罚。

(9)戒忘却君父重恩,有违忠孝。

(10)我知臣下之仕奉,主君亦知我。

(11)戒蛊惑兴乱,以人愁为己乐。

(12)戒不量身份,或逾分或不足。

(13)戒悖情理,生贪欲,意募权望。

(14)戒恶贤臣,爱佞人,致不太平。

(15)非道而昌不可羡,正路而衰不可轻。

(16)戒耽于酒筵游兴赌赛,忘家职。

(17)戒自恃聪明,嘲弄他人。

(18)戒有客来时伪称病,不肯接见。

(19)独享安乐,不肯施人者,令其隐居。

(20)戒武具衣裳己逾应有之份,而令臣下不足。

(21)戒不辨贵贱因果道理,耽于现世之乐。

(22)对出家沙门者尤须尽礼尊敬。

(23)戒于分国立诸关,烦扰往来行旅。

以上诸条，日夜在心。①

这23条按内容基本可以分为四类：

第一类是对继承人及其一族人在修养方面的要求，将"不知文道，武道终不能得胜"置于首条，表示当时武士开始注意加强自身修养，认识到文道的作用，其他是强调忠孝之道(9)，努力奉公(6)，遵守武士的本分(12)，嘱咐大家走正道(15)。

第二类是身为武家的治家原则，如明察秋毫，不偏不倚(3、4)；在使用臣下方面要知人善任(10)，识别忠奸(8、14)；第5条是讲善待领地内的百姓，第20条则是要保护臣下，第23条是不要在领地内设关卡。

第三类是对家人行为做出规范，有泛泛的讲道理(11、13、17、21)，也有具体的行为规定(2、16、18、19)。

第四类是有关信仰方面的，第7条是不忘祖先，第22条是礼遇出家者，第5条中还有保护神社的内容。

《今川了俊制词》的23条均是家训作者的人生经验之谈，无华丽词藻，内容也实实在在，只是各条之间没有逻辑上的联系，更谈不上思想性，有的还前后重复。或许由于该家训最初是写在墙壁上的(因而称《今川壁书》)，不是一气呵成写完，因此表现出很强的随意性。不过有一点可以肯定，该家训的作者今川贞世是日本历史上有名的和歌学者，所以我们有理由视该家训代表了当时家训的最高水平。

武家家训的编撰与写作水平是与当时武士所处的社会环境有着直接关系的。由于武士最初大多来自社会基层，武家赖以生存的是武力，以战争为业，对弓马武艺的追求远远超过诗书文章。尽管他们在成为统治阶级后逐渐认识到修文与尚武同等重要，但环境的局限及其社会现实的需要，使武士很难具有中国士大夫那种深厚的知识修养。江户时代实现了数百年和平，武士得以利用掌握的文化资源接受教育，以丰富修养，许多人转变为知识分子，但尚武毕竟是武士

---

① 《今川了俊制词》，也称《今川壁书》，作者今川贞世(1325—1420年?)，仕奉室町幕府足利义诠、义满、义持三代将军，任九州探题29年，出家后号了俊。该家训是作者为训诫其养子(本为其弟)今川仲秋所作，后被作为儿童读本和习字课本的内容，其内容及体例对庶民家训及女训颇有影响。

的最高价值。还有一个重要原因,即日本没有实行科举制度,幕府时代又是严格的身份制社会,不存在通过考试改变身份和提高社会地位的预期,作为统治阶级的武士也就没有必要在饱读诗书、做精美文章上下功夫。因此,相对于文辞来说,武士更重视行动。当然,从发展的眼光看,武家家训的水平也随着武士文化水平的提高而有所提高,例如,江户时代中期的典制学者、幕臣伊势贞丈(1717—1784 年)所作《伊势贞丈家训》的内容就分为五常、五伦、先祖、家业、衣食住行、神佛信仰、酒色财弈、苦乐、慎独、省身、改过、非理法权天、俭约、堪忍、自暴自弃等十五节,分门别类进行阐述,语言明显丰富起来,思想性也大有提高。著名的朱子学者室鸠巢(1658—1734 年)撰写的《明君家训》更是引经据典,思想深刻,讲述作为家臣的行为规范,在江户时代中后期广泛发行,甚至有登城之士人皆怀揣一册之说。

尽管有一些家训名作,但总体来说日本武家家训的编撰水平很难与中国的士大夫家训媲美。近世以后,商人受武家家训的影响,也开始制定家训。随着江户时代庶民教育的发展,商人的文化水平普遍提高,商人制定的家训也在文化内涵上丰富起来。尤其是在近代以后,武家家训随着武士阶级的灭亡而退出历史舞台,商人家训取而代之成为近代家训的主体,在系统性、思想性方面有了很大提升,家训的文采也明显增强。如安田财阀创始人安田善次郎在"家训之铭"中告诫继承人:"主人乃一家之模范,我勤众何怠,我俭众何奢,我公众何私,我诚众何伪。"该家训意义深远,充满哲理,表述也很美。再如,生产酱油的茂木家将家训编成《忠孝带》这一教训歌:

> 每天将这腰带,好好系整齐。
> 重要的是注意,不让它松落。
> 干了又干,仍干不完,工作就是这样。
> 做了又做,一做到底,幸福便在其后。

被称为日本实业界泰斗的涩泽荣一(1840—1931 年)亲自撰写了《涩泽家家宪》,在"处世接物纲领"、"修身齐家要旨"、"子弟教育方法"三则下,分别进行教诲,呈现出很强的系统性,堪称日本家训的典范,也代表了近代家训的最高水平。

三、齐家治世融会贯通

修身、齐家、治国、平天下，是中国古人的政治理想，而且把修身、齐家与治国、平天下置于同等位置。尽管在历史长河中，无数富有哲理、充满启迪的家训文献已经跨越了家族的界限，衍化为全社会共同信守的价值观念，并与治国理念得以统一，但从家训的功能来看，它始终是用以规范家庭成员行为、处理家庭事务的准则，并未脱离家庭教育的范畴。在中国的家训中，大都以处理家庭关系的内容占主要篇幅，即使是强调修身做人、勉学成才、交友处世，也意在促进家庭成员完成修身——人格的自我完善，进而实现齐家的目的。"父母之爱子，第一望其康宁，第二冀其成名，第三愿其保家"[1]，清代张英在《聪训斋语》中的这段话，充分表达了家训作者们的良苦用心。可见，中国家训所体现出的主要是家庭教育功能，而家训的社会功能只是家庭教育功能的延长，是相对的、客观的存在，也就是说，家训的制定在主观上不会直接与"治国、平天下"联系起来。

在这一点上，日本的家训与中国的家训有很大不同，通读日本的家训，可以看到很多关于治世的内容，在一些家训中治世的内容甚至远远多于治家的内容，其中武家家训尤为典型。这是因为，作为统治阶级的武士，其社会组织与家族组织是融为一体的。不论是幕府前期的"族"，中期的"大名领国"，还是后期的"藩"，都是建立在血缘、拟血缘关系之上，并以主从关系为纽带而形成的集团。这种集团对于武家社会而言是作为家而存在的，家对于幕府是社会基本单位，对于武士是基于主从关系的归属。显然武士的家不单纯是在结婚后生儿育女的具体的生活集团和生活场所，它还是构成武家统治的政治单位和经济实体，因而具有强烈的政治和社会功能。在这种"家"中，"私"的家庭生活只是其生活的一部分，重要的是奉公——为主君服务的"公"的生活，也就是说，武家的治世任务（包括治理大名领国与近世的藩国）要远远重于教育血缘家庭成员的治家任务。所以，家训不仅是一家之内教子的齐家之训，更重要的是一国之内安邦的治国之训，这一点越到封建社会后期就越明显。

---

① 从余编：《中国历代名门家训》，东方出版中心 1997 年，第 219 页。

于是,作为武士伦理道德、行为规范载体的武家家训中也就体现出齐家治世融会贯通的显著特征,治家与治世、治国密切相连,甚至可以说治家就是治世、治国,治世、治国也就是齐家,两者是相通的。从前引《今川了俊制词》的内容中也可以看出,有一半的内容讲的不是作为血缘家庭成员的行为规范,而是作为家长——武家集团的首领与家臣的行为规范,即治世的内容重于治家。如安土桃山时代著名的武将岛津义久(1533—1611年)所作的《岛津义久教训》就很典型:

(1)怜恤百姓,法之根本。思民饥寒,知民贫苦。

(2)营造华丽屋舍,古来贤王所禁。

(3)薄惩罚,厚劝赏。

(4)使民以耕作之暇。

(5)以君之利为本,不可贪私利。

(6)以民之利为先,己之利次之。

(7)不得肆意攫取民财。民困顿,则君无财。木枯自本,君竭自民,不可轻忽。

(8)得人心者情也,要顾念眷属。

(9)以威势压人,其身从心不从。以正直使民,民弃身家性命而不背反。

(10)不可责下郎①之过,不可责下郎无礼。

(11)谗言不可用,密告不可信。

(12)吾喜之人,有罪亦当罚。吾厌之人,忠君亦当赏。

(13)能齐家者,亦可治国。怜恤下民者,君之器也。

(14)谩骂诽谤,不可以为责人之据。

(15)见不得人之丑事,万不可为,人眼关天。

(16)独言独语,亦不可语出猥琐,隔墙有耳。

(17)不可逞聪明。

(18)不可读故纸,不可取观他人文字。

(19)不可用恶若党②。

(20)不可交恶友。

---

① 下郎,服务于武士家庭的身份低下者。

② 若党,武士的年轻随从。

以上二十条，务要严守，诉讼时依此裁断。

以上 20 条中，至少有 15 条是谈为君者如何"使民"的，只有 5 条涉及到如何做人。

与大量的治世之训相比，在武家家训中有关处理家庭内部事务的训诫反倒不多。如战国武将武田信繁撰写的《古典厩寄语其子长老》，共有 99 条内容，只有"父母不可不孝"、"兄弟不可稍有轻慢"两条是此类内容。上述《岛津义久教训》中根本没有涉及到家庭内部关系。

最能体现家训治世功能的就是战国家法。战国家法，也称分国法，是战国时代各大名领国制定的法律。由于当时的大名领国实际上是以大名及其家族为核心的家臣集团，是家族的扩大，故国法就是家法，家法又等于国法，反映出这一时期大名领主权确立的现状与社会关系的特征。战国家法虽从家训发展而来，但比家训更为严格，更具实际约束性。江户时代以后，战国家法发展成为各藩的藩法，进一步体现出武家社会"家国一体"的特征。不论是作为家训还是作为家法，都是以维护"家"（即大名领国）的利益为根本目的的。例如：

禁止将先祖传来以及恩赏所得之土地随意买卖。（《信玄家法》）

严禁不经许可向他国寄出信件。（《信玄家法》）

服从主君，不可批判、反对之。（《长宗我部元亲百条》）

严禁随意娶他国女子，或将女儿婚配他国之婿。（《今川假名目录》）

争斗者，不论理非，惩罚双方（喧哗两成败）。（《尘芥集》）

在分析了武家家训后，再来看看商家家训。商人处于士农工商"四民"之末，是被统治阶层，商人制定家训完全是为了自律，目的是维护家业并使其延续。从主观上来说，商人的社会地位决定了商人家训不可能具有"治世"功能，但由于商人家业经营的特质所决定，商人家训也在客观上具有明显的社会功能。如前所述，商人的社会组织也像武家社会那样以"家"为基本构成单位，实行同族经营。所谓同族，就是以本家为中心，血缘分家、非血缘分家（也称别家）分别经营，相互扶助，共同经营的集团，参与经营者既有家族成员，也有无血缘关系的用人,这种同族经营集团既是家族组织,也是经营组织。这一特点在商人家训中的体现就是在有关家庭成员行为规范、处理家庭关系准则之外,还有很多关于经商原则的规定。如开创住友家业的初代家长住友政友(1585—1652 年)所作《住友政友遗训》的全文如下:

> 商业买卖,万事不可疏忽,要尽心慎重处之。
>
> 无论何种商品,若来路不明且卖主缺乏信用,纵使低于市价,亦断不可买之,应将其与赃物同等视之。
>
> 无论何人,一晚亦不可让其在家中借宿。同样,即便斗笠等轻小之物,也不可寄存于本店。
>
> 不可为他人作保。
>
> 绝不许赊账。
>
> 无论被问及何种问题,亦不可急躁而与人争论,应聆听对方意见,而后再言明自身想法。

以上家训内容所及完全是家业经营,是从"店"的立场出发的。像这样的内容在商人家训中不胜枚举。

在商人家训中,还有很多店规、店则型家训。这类家训较多出现于江户中后期,是以店的经营为核心的家训。如《住友长崎店家法书》《水口屋店方掟书》《冈谷家店则》等等。店则型家训已不涉及家族事务,主要是对店铺经营管理的具体规定。店则型家训因家而异,但基本上大同小异,主要内容包括:

(1)遵法,即遵守幕府与各藩诸法度,遵守行会规约、町内规约及家训家法;

(2)信用,如要早起,做好待客准备,要保持店堂的清洁,经营讲究优质薄利,坚持正直、正路的交易,礼貌待客等等;

(3)商才,如要研究经商的要领,以求日日进步,进货渠道和贩卖的时间、方法不得有误,禁止投机交易等等;

(4)俭约,对店员的饮食、服装及日常生活的用度、待客与赠答等做出详细规定;

(5)信守职责,依店员的职务决定其任务与报酬,赏罚严明;

(6)团结,奉行和合第一主义,讲究慈悲、恩爱,以主家为中心,协力奉公。

　　由于近世商家的家政与店铺经营已开始分离,此中已经孕育了近代企业的萌芽,上述家训内容中体现出的经营理念具有充分的合理性,不仅为当世商人遵守,从而为资本主义企业及其经营者的产生奠定了基础,也对近代企业经营产生了深远影响,这是商家家训独特的社会功能之所在。

结语

　　日本家训的内容直接体现了各个阶层的人们在不同历史时期的人生观、价值观及行为规范,透过家训,可以了解日本历史上的人们从治家到治国的理念及政策、制度的演变过程。今天我们研究日本家训的意义不仅在于它是修身教科书,更是因为它具有非常重要的史料价值和实用价值。解读与分析这些家训,对于了解日本历史颇有助益。通过阅读一篇篇凝结着日本人修身、齐家、治国思想的家训,可以较为直观地窥视日本人的内心世界与精神风貌,这是观察日本人与日本文化的新视角。

　　(原文刊载于北京大学日本研究中心《日本学》第 15 辑,世界知识出版社 2009 年)

第五节　关于中日家族制度与国民性的思考

　　所谓国民性,指在一个国家或民族的范围内比较普遍的、甚至是居于主导地位的心态、倾向、潜意识。构成国民性主要特征的是规定人们行为方式的价值取向和道德规范,它以潜移默化的形式影响和制约着一个国家或民族的社会发展。中日两国的国民性,不少与家族制度有关。

一、现实主义与保守主义

　　维护家族人伦关系,是儒家礼教与法律的重要内容。日本作为中国的近邻,在国家形成及后来发展、繁荣的过程中深受中国文化的影响,但是在人伦关系的很多方面一直与儒家礼教格格不入。通过对日本家族制度进行探讨,一个强烈的印象油然而生——日本人是一个很注重现实利益的民族，即使是制度、法律已经规定了的东西，也可以进行灵活的调整，以适应实际利益的需要。

比如，同姓不婚的婚姻制度作为中国文明的重要因素传到了朝鲜半岛，却最终没有渡过海峡传到日本。日本人在8世纪初期制定律令的时候，许多内容都是对中国相关律令条文的照搬照抄，却对"十恶"中属于近亲相奸、紊乱人伦的"内乱"罪和近亲买卖的"不睦"罪弃之不取，将"十恶"变成"八虐"。究其原因，是因为当时日本社会内近亲结婚是普遍的现象，皇室与王朝贵族尤为典型，参与制定律令者本身就是如此。

再如，中国人恪守"神不歆非类，民不祀非族"的古训，时时以"异姓乱宗"为忧，在立嗣、收养时以"异姓不养"为原则，但是这些在中国至关重要的人伦规范在日本能够得到轻易变通。异姓的养子、婿养子在改变了姓氏之后，就可以进入家庭并继承家业，是否具有血缘关系并不重要。反之，如果没有继承和管理家业的能力及良好的资质，即使亲生儿子也可能被剥夺家业继承权。这就是所谓"暖帘重于家业"，十足体现出日本人的现实主义原则。日本人重家而轻血缘的态度打破了家族血缘关系的封闭性，使人们可以在关键的时候，依据品德和才能标准选择家业继承人，这种态度不仅维护了家业的延续，使日本拥有百年以上、甚或数百年历史的企业或店铺屡见不鲜，也促进了经济的发展与社会的进步。

又如，日本人为了家的整体利益，连自然的、血缘的辈分秩序也可以进行调整。辈分是在中国家族内部用以区别长幼、规范血缘秩序的等级制度，儒家思想中的人伦等级思想实际上反映了这层关系的实质。辈分秩序不仅深深刻在人们的意识中，也显现在人的姓名中。而对于注重纵式家族秩序的日本人来说，只要家能够代代延续下去，辈分也就无足轻重了。日本人所说的"代"是按家业继承情况而划定的，即使出生就决定了的人伦关系——祖孙、父子、兄弟，也可以因家业继承的需要而改变。例如，在日本古代，无子之时，"听养四等以上亲于昭穆合者"（《养老令·户令》），但法律对"昭穆合者"的解释，不是指辈分相当，而是做到"子宜敬父"就可以了，于是，弟弟以事父之礼对待年长15岁的哥哥，就可以逾越辈分的限制，成为哥哥的养子。怕是再有勇气的中国人也不敢如此冒天下之大不韪的。在这里，人们见到的只是对现实利益的追求，而没有"礼"对日本人的束缚。

此外，独特的祖先观也体现了日本伦理道德的特色。祖先崇拜是儒家文化的基础，是传统社会人们精神信仰的基本内容。中国人崇拜的祖先是自己的根——纯粹的血缘的祖先，崇拜祖先最好的行动是使祖先血脉不断，并谋求家族的不断发展，即所谓耀祖光宗。祖先崇拜虽然增强了一家一族的凝聚力，却使人们因循守旧，革新精神受到压抑，不利于社会进步。日本人也崇拜祖先，但日本人崇拜的祖先不是遥远的、虚幻的祖先，而是特定家业的开创者及其后继者，他们对活在世上的人有直接的恩泽与影响，但未必都有血缘上的联系。更具现实意义的是，祖先不仅是指已故之人，经过踏踏实实的努力，开创一份新的家业，他对于后代就成了一个祖先。所以，日本的祖先崇拜很少束缚人们的思想，相反却鼓励人们奋斗、创新，成为立身出世的精神动力，从而有利于社会的进步。

都说日本人是善于吸收外来文化的民族，历史上每一次大规模吸收外来文化的过程，都是形成本民族文化模式的过程：古代日本虔诚地吸收唐风文化，然后转化为本民族的和风文化；明治维新后实行改革，积极吸收欧洲文化，使本国成为唯一在东方世界发展了近代工业化的国家；第二次世界大战后，在吸收美国文化的基础上，形成了具有特色的日本现代文化。日本文化是通过吸收、选择外来文化，并融合本民族文化传统才得以形成的混合文化，吸收、选择、融合，三者缺一不可。在这个过程中，贯穿了日本人强烈的务实精神。这种务实，不仅表现在他们积极吸收外来优秀文化方面，也表现在他们对外来文化中不适于自己的内容进行鉴别和改造方面。日本人接受了儒家文化，却只吸收了有益于其统治的部分政治伦理，而对作为儒家人伦根本的婚姻、家族伦理或加以排斥，或进行变通，以适应本国的国情及实际利益的需要。虽然这个过程往往伴有功利主义的目的，但不能否认，儒家礼教对日本人的束缚远较中国人为轻，因此，他们的家族关系较为开放，建立在此之上的人际关系与社会关系也相对简单。在面对近代化挑战时，日本所遇到的障碍也就比中国小得多。

与日本人按照才能标准选择继承人和制约家长的做法形成强烈对比的是，中国在宗祧继承方面必须严守嫡长子继承的原则，即立男不立女,立嫡不立庶,立长不立幼,三者相互联系、相互交织决定家长的世代交替。在此基础之上的身份世袭教条是"立嫡以长不以贤,立子以贵不以长"。嫡长子继承制是封建礼教中最基本的宗法原则,并受到法律保护。从一般百姓家庭的家长权交替到贵族官僚的封号、爵位,乃至王朝皇位的传递都是如此,它成为人们的一种心理定势和道德指向,违反它就破坏了人们的心理平衡。中国历史上不知有多少因立嗣不礼而引起的不同程度的政治混乱,甚至军事行动和暴力流血事件。嫡长子继承制被绝对化,必然导致对知识、才能的否定和对人才的扼杀,极不利于家庭与家族的进步与发展。对于血缘的认同心理,也使中国古代优秀的手工业技术和传统技艺限于自我束缚而不能发展。

二、国家主义与家族主义

如前所述,日本的家族结构是纵式的,建立在家之上的社会结构也是纵式的。纵式家族中的祖先崇拜与纵式社会中的天皇崇拜有机地联系在一起,皇室处于所有纵式家族构成的纵式社会结构的顶点。因此,日本人极易发动整个民族的一致行动,在需要整体动员时形成高度的团结。近代日本军国主义发动的对外侵略战争不仅给中国人民与亚洲各国人民带来深重的灾难和难以估量的损失,也使日本民族几近毁灭。我们在追究这场罪恶战争之所以极具疯狂性与野蛮性的时候,在认识日本天皇专制主义政权和军国主义分子的侵略本质的同时,也应该看到这场战争的社会基础与群众基础。

在日本近代史上,天皇专制主义政权通过鼓吹家族国家观,对国民进行思想统治与战争动员。家族国家观即运用日本传统家族制度的原理,将家族关系与政治关系等同起来,把统治与被统治关系比拟为家族父子关系,依靠被神化了的天皇的权力,实现总家长(天皇)对臣民(全体国民)进行家族式统治的国家伦理观。在家族国家观的影响之下,整个日本成为以天皇为总家长的巨大的家族集团。将国家首脑与国民比作家族父子关系,委实为日本人的一大发明。家族国家观将国家主义推向极致,使战争动员达于老弱妇孺,煽起举国上下的战争狂热。只要是天皇的诏敕,只要是来自军国主义政权的声音,人们都义无反顾地全力服从与支持。在战争中,全国上下同心协力,都为所谓"圣战"抱有自豪感和使命感，自觉实践"忠君爱国"这一最高国民道德。

所谓"忠君爱国"，就是在国家至上信念的引导下，抑制和放弃自我，无条件地、绝对地服从天皇和国家。正如当时的有识之士所讥讽的那样，"什么都是、连蚊子也是为了国家，一是国家，二是国家，三、四都是为了国家"①。在日本军国主义者发动的一系列对外侵略战争中，剥夺自我、抹杀人性的家族国家观被作为军人思想教化的工具，酿成狭隘的民族主义，造就了无数愚昧无知的军人。他们只知效忠于天皇，狂热代替了理性。许多人都是抱着"作为皇国民，应生死一贯扶翼无穷之皇运"、"七生报国，一死心坚"②的信念，喊着"天皇陛下万岁"的口号而丧命战场的。我们不能不承认，日本军国主义在发动一系列对外侵略战争中，在国民动员方面是成功的，这种成功不是一时的宣传与说教而能奏效的，它来自于在长期的家族生活中养成的牺牲精神与惟命是从的精神。只是这种成功越显赫，它给被侵略国家造成的伤害就越大，其自身的失败也就越惨重。

对曾经把日本国家与人民引入战争歧路的家族国家观，理应予以批判。但在从分析日本国民性的角度考察家族制度时，我们不能不对家族制度作为日本民族凝聚力的核心，在培养国民的国家观念、形成民族团结方面的巨大威力叹为观止。自古代大和国家统一日本以来直到今天，大概只有在"家"制度确立前，曾有一段数百年的武家社会内部互相攻伐的历史。除此之外，在整个日本历史发展过程中，恐怕难以找出足以导致改朝换代的阶级对抗，更少有能够改变历史进程的内部不同派别的殊死拼杀。因此，尽管日本是个"开化"甚迟的国家，但是，较强的民族凝聚力使日本人减少了内耗，得以实现社会经济相对稳定的发展，从而做到"后来居上"。而一旦国家与民族受到外来威胁（如元朝曾对日本用兵、幕末西方殖民者以武力叩关）或需要一致对外（近代以来发动一系列对外侵略战争）时，全体国民就表现出高度的团结与统一，作出献身式的奉献。第二次世界大战之前，日本军国主义利用这种民族凝聚力，发动了那场旷日持久的不

---

① 石田雄：『明治政治思想史研究』，未来社 1964 年，第 10 頁。
② 長嶺秀雄：『日本軍人の生死観』，原書房 1982 年，第 159、175 頁。

义之战。二战后,日本人仍然是依靠这种高度的民族凝聚力,在战败的废墟上迅速重新崛起。

在近代处于被侵略状态下的中国情况如何呢?林语堂在《中国人》一书中有这样的描写:

> 1935年在日本和中国旅行过的人可以尽可能地在这几方面作一个比较。日本人每天忙忙碌碌,总是在电车火车里读着一张报纸。一副固执的神情,坚定的下巴,眉梢上挂着民族灾难即将到来的阴云,坚信在下次的大决战中,日本要么摧毁整个世界,要么被世界摧毁,并在为这一天作着准备。而中国人则穿着长袍大褂,宁静安详,心满意足,逍遥自在,无忧无虑,似乎没有什么东西可以使他从梦中醒来。你不可能同时在中国人家中做客、在中国餐馆用膳、在中国街道上散步,同时又相信民族灾难或世界灾难即将降临。①

作者的这段话实际是在说国家观念或民族主义在中国没有得到很大的发展,大祸临头人们却麻木不仁。传统中国社会一直是家庭或家族独大的社会,中国之民,尽管有着职业、身份、地位的不同,但每一个人都毫无例外是家族的成员。特别是社会下层的人们,生活在自给自足的小农经济社会,活动和交往主要在家族内进行,很少同社会、国家发生直接的关系。他们同外界发生联系,也往往以家为中介。因而,中国人对所属家庭或家族的认同要优先于其他团体或个人。在家族主义的土壤上,很难发展出强烈、鲜明的国家观念,对一般人而言,国家只是个天高皇帝远的抽象存在。国家观念是近代西方文化传入后才逐渐在中国社会萌芽的,但即使萌芽了,也不易成长、苗壮。事实上,在家族主义的笼罩下,家庭以外的团体,如国家、社区或志愿团体等,都是不被重视的。狭隘的家族观念及由此产生的乡党意识、帮派观念往往使人们囿于一家一族之利,对国家、民族的利益漠不关心,缺乏应有的社会责任感。只有到民族灾难危及自己的宗族、家庭的时候,才能真正动员起来。所以,从历史上到现代,中国人面对外来势力的入侵,常常用"保家卫国"之

---

① 林语堂:《中国人》,浙江人民出版社1988年,第190页。

类的口号相动员,即首先要保的是"家",然后才是"国"。从 19 世纪后期开始,西方列强在对中国的侵略角逐中,逐渐形成了一种概念:中国人的爱国心不如小国国民那样强。① 于是,他们便放心大胆地推行侵略计划。

中国封建社会后期封建王朝的土崩瓦解及近代中国的被动挨打,都与国民缺乏国家观念、民族凝聚力不强有密切关系。有关这一点,孙中山先生早就一针见血地指出:

> 中国人最崇拜的是家族主义和宗族主义,所以中国只有家族主义和宗族主义,没有国族主义。外国旁观的人说中国人是一盘散沙,这个原因是在什么地方呢? 就是因为一般人民只有家族主义和宗族主义,没有国族主义。中国人对于家族和宗族的团结力非常强大,往往因为保护宗族起见,宁肯牺牲身家性命……至于说到对于国家,从没有一次具极大精神去牺牲的。所以中国人的团结力,只能及于宗族而止,还没有扩张到国族。②

只有家族主义、没有国家主义的状况是建立现代化国家的障碍,孙中山先生为改变这种状况付出了毕生的努力。在抗日战争中,由于各方面力量没有集中起来,老百姓、有被充分发动起来,中国人多的优势未能得到发挥,使得日本一个弹丸小国在中国广阔的土地上肆虐十几年之久,让中国人付出数以千万计生命的代价。还有那么多汉奸卖身投靠侵略势力(仅在抗战中被八路军、新四军歼灭的伪军就有一百多万人),在国家、民族存亡之时,助纣为虐,全副武装拿起枪来对准自己的同胞,他们为一己私利或一个集团的利益,可以置国家与民族利益于脑后,这难道不与我们的国民性有关系吗?

在中日两国近代以来的交锋之中,我们曾经输得很惨,失败的耻辱使中国人曾经在世界上被人瞧不起。为了让中国真正自立于世界民族之林,对我们的国民性进行深刻地反省,摈弃孙中山先生批判过的家族主义与宗族主义、增加国族主义是刻不容缓且十分必要的。

---

① 松本一男著、周维宏等译:《中国人与日本人》,第 74 页。

② 孙中山:《三民主义·民族主义》第一讲,《孙中山全集》第九卷,中华书局 1986 年,第 185 页。

三、集团主义与个人主义

　　日本人具有强烈的集团性特征,这是人们随着日本近代化的成功及战后经济高速发展所形成的共识。当一个使用同一语言的人群身居异乡,面临生存竞争的时候,能够做到团结一致,这种集团主义是很好理解的。就像明清时期在京城及各大城市都有同籍贯或同行业的人建立的会馆,当今在海外华人多的地方都有唐人街,说明中国人也具有集团聚集的习性。但是中国人的这种集团性是在缺乏政府和国家保护的情况下,为了自卫和对付当地人的排挤而采取的不得已的手段。而在不受外人排斥,除了第二次世界大战之外,没有任何一个国家能以战争的形式登陆的岛国日本,人们仍然习惯以集团的原则行事。

　　日本人的集团主义特征如同思想家加藤周一所说,在日本,"超越集体的价值决不会占统治地位"①。在行为方式上,日本人与中国人和西方人最大的不同莫过于喜欢合群和重视集团的共同行动,人们总是自觉地把自己纳入集体之中。一位西方评论家表达过这样的看法:日本人就像池子中的一群小鱼,秩序井然地朝着一个方向游动,直到一块石子投入水中,搅乱了这个队列,它们就转变方向朝相反的方向游去,但仍然队列整齐,成群游动②。在思维方式上,日本人具有强烈的集团归属意识,人们时时意识到自己属于集团的一员,"自我"是以社会群体方式体现的。个人应该属于某一集团,集团成员由一种共同命运和共同利益联系在一起。这种集团的概念,对于现代日本人来说,最重要的是自己所供职、求学的企业、机关、学校,乃至于整个国家。所以,日本人在与别人交往时,往往首先要向对方通报自己所属的机构,然后才是自己的姓名。几乎所有的集团,不论是企业、学校、机关,集团与个人的关系都不像西方社会那样冷淡和疏远。在价值观念上,中国人与西方人都重视个人的天赋,强调个人的作用,而日本人更多的是重视集团的作用。有人曾将日本人与美

---

　　①　加藤周一、武田清子等:『日本文化のかくれた形』,岩波書店 1991 年,第 32 页。

　　②　[美]埃德温·赖肖尔著、孟胜德译:《日本人》,上海译文出版社 1980 年,第 133 页。

国人作比较:美国人奉行的原则是,我只要做别人尚未做的事,发挥出个人的能力就会成功;日本人奉行的原则刚好相反,只要我认准社会的主流,坚定不移地把自己汇入社会的洪流中去,就一定会成功。美国人总是极力显示自己的与众不同,而日本人则千方百计地证明自己与大家一样①。日本人与中国人都强调人的能动作用,都认为在世间一切事物中,人是最可宝贵的,但是中国人与日本人强调人的价值在实现方式上有着相当大的差别。日本人个人价值的实现途径主要是服从集团,具体通过年功序列表现出来,在某种意义上说,实际含有吃大锅饭的倾向。日本的集团内部反对个人竞争,人们崇尚"出头的钉子要先遭到敲"的处世哲学。日本的机关、企业不评"劳模",也不认可以英雄模范人物的先进事迹带动大家的做法,他们认为鼓舞大家工作热情的动力不是英雄人物的先进事迹,而是集团主义精神。通情达理、体谅别人、合作精神是最值得称道的品德,而个人奋斗、刚直不阿、坚持自己的权利却往往不受人们喜欢。这种反对冒尖的心理避免了集团内部的内耗,而在集团内部受到压抑而产生的竞争和嫉妒心理却在对其他集团的关系上得到释放,得以转换成强大的竞争力量。

日本人集团主义的形成,除了日本国土狭小、人口密度大、自然条件恶劣等客观原因外,还有其深厚的文化传统。集团主义精神正是家族主义社会结构在意识形态领域的反映。在日本人的人格形成过程中,从小就受到"家"的影响,非常重视家族整体的利益。处处在行动上与其他成员保持统一,如果破坏了这种统一,要受到"勘当"与"义绝"——与其断绝家族关系的制裁。在村落共同体内,也流行着"村八分"的制度,即所有村民与破坏村内秩序者断绝一切往来,逼得他难以生存,所以要想避免出局,就得和大家抱成一团。可见"和"是贯穿于家和社会集团的基本理念,培养了日本人的协调精神,在长期的家族生活的熏陶下,使日本人习惯于以家族社会的价值观念处理社会事务。人们在家族内部必须奉行的准则,也成为在家族以外的社会里奉行的准则。再者,模拟血缘关系是贯穿集团社会关系的重要支配原则。日本人的家实际上是一个以家业为核心的家族经济共

---

① 王文元:《樱花与祭——日本经济奇迹之根源》,北京出版社 1993 年,第 66 页。

同体,家族关系带有明显的主从关系的色彩。在这个意义上说,"集团就是家族的扩大"①,即家族本身就是一个独特的社会集团。家族的社会集团化与社会集团的家族化二者是互为表里的,人们可以轻而易举地将日本独特的家族关系移植到家族以外的社会机能集团当中。所以,"日本人几乎是完美无缺的有组织的人"②,无时不在集团中生存。

日本人的集团主义"是在纯纯粹粹的日本文化中哺育出来的道地的日本因质。日本在其近代化进程中,自西方输入了许多文化内容,但这些舶来文化支离破碎,始终未能渗入到我们的体制中来"③。传统家族制度已经泯灭了,但是与家族主义息息相关的集团主义在日本社会和日本人的观念中深深扎根,并形成一种普遍的国民性格。毫无疑问,集团主义对于日本经济的发展有着重大推动作用,同时也存在很多弊端。日本人就个体来说都是小心翼翼地行事,而一旦形成集团便胆大妄为。日本人在国内生活中的温文尔雅和井井有条与日本军人在第二次世界大战中的残忍和野蛮之间的巨大反差就是最好的例证。同时,强烈的集团主义指向也使许多日本人至今不能对当年的侵略战争进行深刻地反省。当年盲从军国主义政府,积极参加侵略战争的人可以获得荣誉,而反对侵略战争的人却一直被另眼相看。因为许多人认为,当年的战争不是个别人发动的,而是全民族的集体行动,不应怪罪个人。这种集团主义不仅为战争罪犯开脱了罪责,同时也为军国主义思潮的死灰复燃保留了思想根基。

在中国历史上,人们居住以族,生产以族,械斗以族,祭祀以族,迁徙以族,丧葬以族,血缘、亲缘关系便成为人们重要的人际关系。通过血缘和亲缘,人们结成政治上、经济上相互依赖、具有某种共同利益的亲属集团,形成宗法社会的基础。所以,表面看来,中国也是讲究集团主义的国家,但这种集团是以家族为主的小集团,人们的效忠对象仅仅是自己的尊长而已。不同的家,就构成不同的"宗",各个"宗"都有各自的利益。在家与族这个小集团之外便很难产生信任,

---

① 〔澳〕Gregory Clark:『日本人—ユニークさの源泉—』,サイマル出版会1977年,第75頁。

② 〔美〕埃德温・赖肖尔著、孟胜德等译:《日本人》,第139页。

③ 中根千枝著、陈真译:《日本社会》,天津人民出版社1982年,第137页。

也就很难形成超然于家族的集团。因此可以说,中日两国集团性的根本区别在于:日本是以忠为本的集团主义,中国则是以孝为本的集团主义。

说中国是以孝为本的集团主义,只是相对于集团与集团之间的关系而言,而实际上,在这种小集团之内,个人的利益是非常重要与现实的,家庭内部只能实行平均主义,容不得分配上的不公。从这个意义上说,中国人才是彻底的个人主义者。中国人的集团只能是建立在个人利益之上,并使个人利益得到平衡的血缘集团或亲属集团,而难以形成将个人利益完全融于集体利益的社会利益集团,即使有这种集团也难以维持长久。所以,与其说中国人是集团主义的,莫如说是个人主义的。林语堂先生对此有直白的阐述:"中华民族是一个由个人主义者所组成的民族。他们只关心自己的家庭而不关心社会,而这种家庭意识又不过是较大范围内的自私自利。"①

我们的传统道德虽重人伦、礼教,族规、家训发展完善,而现代工业化社会乃至信息化社会所需求的公共道德、公共社会生活规范却没有大力地长期加以弘扬。时光已经进入 21 世纪,国人的道德状况还不能令人满意。公共道德水准的高低,代表一个国家、一个民族的文明程度。虽然我国近年来在经济建设方面取得了骄人的成绩,但是要真正成为现代文明国家,必须有高度的公共精神相伴,这是与每个中国人都有直接关系的现实任务。

（原文刊载于《日本学刊》2004 年 2 期）

---

① 林语堂:《中国人》,第 177 页。

附录1：中国的日本社会研究综述

从 1980 年代初期开始，伴随中国的改革开放及中日经济、文化交流的发展，中国的日本研究逐渐走向深入。日本社会研究是其中的重要组成部分，本文在回顾三十多年中国日本社会研究的基本发展趋势及其特点的基础上，参照"中国知网"的检索数据（见文末"知网"有关日本社会研究相关论文数字表）①，着重总结 21 世纪以来的研究状况及存在的问题，以为推动研究的发展与深入提供参考与借鉴。

一、中国日本社会研究总体回顾

概括起来，从 1980 年代、1990 年代至 21 世纪的前 15 年，中国的日本社会研究基本上以每十年一个阶段，循序渐进发展。

（一）1980 年代：探索与积累时期

在 1980 年代之前，中国的日本社会研究长期处于停滞状态。原因一是由于 1953 年教育部进行院系调整时，整体取消社会学学科，造成数十年学科断裂和研究人才枯竭，也导致人们对社会学的忽视。二是到 1972 年中日邦交正常化为止，两国长期处于敌对状态，日本研究中虽然也有一些较高水平的学术成果，但几乎不见有关社会学

---

① 中国知网，http://www.cnki.net/. 因有些期刊并未登录该网，相关数据并不能反映全部实际情况，故仅作参考。本文在检索中使用"精确检索"。

视野的日本研究。

20 世纪 70 年代末 80 年代初,中国结束十年"文革"动乱,进入改革开放时期,被取消几十年的社会学研究与教学开始恢复与重建,但最初关注的主要是如何运用社会学理论解释中国的社会问题,还无暇顾及对外国的研究,故日本社会研究在 1980 年代还没有真正进入中国日本学者的研究视野。从当时主要从事日本研究的人员来看,基本上属于有日本研究基础、在改革开放后恢复研究工作的研究机构①,其研究重点侧重于历史与经济。但此时期中国的日本研究者已经注意到日本社会研究的重要性,敏锐地认识到鉴于国内研究薄弱的现状,必须在研究机构及人才培养方面及早做准备。这就是1981 年成立中国社会科学院日本研究所时专门设立日本社会文化研究室,以及 1985 年北京外国语大学日本学研究中心自成立之始就开设日本社会研究专业的契机。

基于上述的历史背景,总体说来,1980 年代中国的日本社会研究基本上处于探索与积累的阶段,学者们虚心向国外同行学习社会学的理论与方法,并了解国外日本社会研究动态,一批影响很大的译著就是在这一时期翻译出版的。1979 年,美国哈佛大学教授 Ezra F. Vogel(中文名傅高义)的著作 *Japan as No. 1——Lessons for America* 在美国出版,在我国于 1980 年 12 月便由世界知识出版社出版了中译本《日本名列第一——对美国的教训》(谷英、张柯译)。此后不久,日本社会人类学家中根千枝教授 1967 年撰写的《タテ社会の人間関係》由天津人民出版社以《日本社会》的书名翻译出版(1981 年,许真、宋峻岭译),其"纵式社会"的理论为人们认识日本社会提供了新视角。相比这部注重理论阐述的著作,战后日本新社会学旗手福武直的《日本社会结构》(广东人民出版社,陈曾文译)与《现代日本社会》(黑龙江人民出版社,张佐译)在 1982 年的翻译出版,从实践层面阐述了日本社会现代化的历程及存在的问题,为中国读者认识战后日本社会提供了更为现实的参考。

此时期国内学者的研究处于相对冷清的状态,由于出版条件有

① 如南开大学历史研究所日本史研究室、天津社会科学院历史研究所、辽宁大学日本研究所、吉林大学日本研究所、东北师范大学日本研究所等。

限，研究著作不多。从社会学视野研究与观察日本的可举出张萍的
《日本的婚姻与家庭》(中国妇女出版社 1984 年)，该书堪称中国日本
社会研究的拓荒之作。从论文角度而言，关注比较多的是日本的人
口问题研究，这与中国作为人口大国历来重视人口问题研究有关。
还有女性与青少年问题也是当时相对热点的研究，但其共同特点都
是注重现实的介绍，理论与实践相结合的研究欠缺。

（二）1990 年代：研究起步时期

1990 年代，迟于日本政治、经济、历史、语言文化研究的日本
社会研究开始有了明显的起色，最明显的是研究队伍开始成长。
从国内日本研究学者的构成来看，1979 年恢复日本研究硕士生招
生及 1985 年恢复博士生招生以来培养的研究人才开始进入研究
领域，这部分人被称为"新中国第三代日本研究学者"，既继承了老
一辈的优良学风，也富于创新精神，逐渐成为 1990 年代日本研究
的主力。不少学者开始利用社会学的理论与方法研究日本，成功
实现研究领域拓宽或曰"转型"，北京大学的尚会鹏是典型代表。
他较早运用社会学中的文化人类学理论与方法研究与观察日本，
接连出版了《认识日本人》(重庆出版社 1997 年)、《中国人与日本
人——社会集团、行为方式和文化心理的比较研究》(北京大学出
版社 1998 年)两部著作，产生很大影响。新人涌现是 1990 年代日
本社会研究学者队伍的另一亮点，一批年轻有为、既懂社会学专业
理论与方法、又精通外语的学者崭露头角。如出版《日本农村的社
会变迁——富士见町调查》(中国社会科学出版社 1999 年)的李国
庆、围绕"日本农村都市化"、"日本农村的社会保障"等问题发表多
篇论文的宋金文都是从这一时期开始活跃于日本社会研究领域的
新晋学者。

这一时期中国日本社会研究的另一特征是不同学科的学者利用
或参考社会学的理论及方法研究日本。中国社会学研究在 1980 年
代初恢复以后，经过学者们十多年的努力，在学科建设方面取得了很
大成就，社会学理论对其他人文社会学科的研究产生了很大影响。
即使不是专门从事社会学研究的学者，也力图借用社会学的理论和
方法，把认识日本社会的目光转向关注社会关系、社会群体和社会生
活。此时期研究涉及比较多的是对日本家族制度及家庭形态的研

究,如李卓的《家族制度与日本的近代化》(天津人民出版社 1997 年)从社会史的角度探讨日本近代化的成败;侯庆轩、王巍巍的《日本的家论理与现代化》(吉林人民出版社 1998 年)重点分析了日本企业和社会组织中源于家制度的"家论理"。从发表的论文来看,通过以"日本·家族"、"日本·家庭"这一关键词检索"中国知网",共获得 128 条论文信息,是日本社会研究相关内容中最多的。这一时期学者们已经开始关注日本的社会保障问题。除了陈建安的专著《战后日本社会保障制度研究》(复旦大学出版社 1996 年)外,也有一些论文发表。通过以"日本·社会福利"、"日本·社会保障"这样的关键词检索"中国知网",共得到 33 条论文信息(1980 年代只有 10 条),其中多是客观介绍或阐述对中国的启示。显示出人们从急于从日本"取经"的现实主义心态。

(三)21 世纪以来:初步发展时期

进入 21 世纪以来,中日两国国力发生了巨大变化,日本进入"失去的二十年",少子老龄化加剧,各种社会问题不断出现。面对这一变化,中国学者的研究视角也逐渐从原来的视日本为现代化的楷模转为直面各种社会现实问题,并以"日本的今天可能就是我们的明天"的心态,通过研究日本,以从中吸取日本现代化发展过程中的经验教训。这样的背景促进了中国的日本社会研究出现明显进步。这一时期日本社会研究具有以下特点:

第一是专业学者队伍初步形成。2000 年后,国内日本研究学界比以往更加重视日本社会研究,研究机构与研究队伍得到了相应的充实。如从 2009 年开始,作为国家智库的中国社会科学院日本研究所把原有的"日本社会文化研究室"进行重组,专门成立了"日本社会研究室"。该研究室从 2013 年开始实施创新工程"日本老龄化社会应对战略研究"。专业研究人才成长的标志之一是高级研究人才的培养,较早开始培养博士研究生的南开大学日本研究院从 2001 年开始招收日本社会史研究的博士研究生,北京外国语大学日本学研究中心也从 2007 年开始招收日本社会专业的博士研究生。

第二是较高水平的研究专著与学术论文不断问世。近 20 年的探索与积累提高了学者们的专业理论素养,研究水平逐步提高,同时，国家及各级政府对学术研究的投入也在逐渐增加①。这些有利条件促进了 2000 年以后日本社会研究上了一个台阶，涌现出具有理论深度的研究成果。仅从专著来说就可以举出不少代表性作品，如李国庆的《日本社会——结构特性与变迁轨迹》，作为高等教育出版社 2001 年出版的"日本学基础精选丛书"之一，自出版以来先后五次被重印的罕见现象说明了该书受欢迎及社会需求程度。边静的《新日本社会》（北京大学出版社 2015 年）是用日语撰写的著作，尤其适用于高等院校日语社会教材。

第三是社会史的研究著作大量出版。在中国的日本研究学者队伍中，高校历史教师历来是日本研究的主力。他们在研究过程中，探索将历史学与社会学的理论与方法相结合研究日本。尤其是在对日本历史上不同社会阶层的研究方面，从揭示日本现代化的动因入手的研究，较有代表性的如刘金才的《町人伦理思想研究——日本近代化动因新论》（北京大学出版社 2001 年）、李文的《武士阶级与日本的近代化》（河北人民出版社 2003 年）等等。娄贵书的《日本武士兴亡史》（中国社会科学出版社 2013 年）是国内第一部研究武士这一社会阶层演变的著作。南开大学是中国日本研究的重镇，日本社会史研究的成果不少与这里有关，如李卓相继出版了《中日家族制度比较研究》（人民出版社 2004 年）、《日本家训研究》（天津人民出版社 2006 年）、《日本近现代社会史》（世界知识出版社 2010 年）、《"儒教国家"日本的实像——社会史视野的文化考察》（北京大学出版社 2013 年）。李卓还指导了一批日本社会史研究的博士生，已经有十余部相关博士论文出版。

第四是出现日本社会学著作的翻译出版热。与以往不同的是有组织、有选择、动员集体力量实施翻译，通常以丛书的形式体现。如北京外国语大学日本学研究中心组织策划、商务印书馆在 2004—2005 年间出版的《日本社会学名著译丛》选择了 10 部 1990 年代以后在日本出版的、在日本学术界有很好评价的社会学著作。另一方

① 仅以国家社科基金资助项目为例，有关"日本"的研究立项，1990 年代为 54 项，2000—2009 年为 113 项，2010—2015 年为 213 项，见国家社科基金项目数据库：http://fz.people.com.cn/skygb/sk/index.php/Index/seach。

面,由出版社与专家共同选择书目并组织翻译,增加了翻译书目的权威性,如由社会科学文献出版社与日本笹川和平财团于 2010 年共同发起的"阅读日本书系"即是如此。该项目计划在 10 年左右时间翻译介绍 100 种日本图书,目前已有多家出版社加盟,并有数十部已经出版。

综合上述,改革开放 30 多年来中国的日本社会研究历程可用"起步迟缓、扎实积累、初具规模"来形容。有了前 20 年的积淀,才有了进入 21 世纪以来研究的进步,表现为队伍初建、方法创新、领域拓宽、成果突出。

二、日本社会研究的热点问题

社会学的学科特点决定了日本社会研究涉及的内容非常宽泛,对此进行全面总结堪称工程巨大,非本人力所能及。所幸已有若干综述①为我们提供了较为清晰的线索及有益的参考。本文仅按社会结构、社会治理、社会保障、社会问题的分类简单归纳 21 世纪以来日本社会研究中的热门问题。

(一)关于社会结构的研究

在社会学中,庞大的中产阶级一直被作为现代民主、富裕、发达社会的人群结构特征。战后日本收入和财富差距较小,生活水平的均等化程度较高,是号称"一亿总中流"的社会。而自 1990 年代泡沫经济崩溃以来,与日本进入长期经济低迷的同时,收入差距也开始拉开。日本的"中流社会"是何种状况,它为何发生变化等是 21 世纪以来国内学者非常重视的问题。王奕红在《"中流社会"的名与实——日本中间层研究初探》(《日本学刊》2003 年 6 期)中对"中流社会"概念的演变进行探讨,李培林在《重新崛起的日本》(中信出版社 2004年)中从日本企业组织特征、日本的平等化意识等角度分析了日本"中产阶级"的自我认同率为何超过美国、瑞典等发达国家的原因。

---

① 参见王伟:《中国的日本社会研究 30 年综述》、胡澎:《中国的日本妇女与家庭研究 30 年综述》,李薇主编:《当代中国的日本研究(1981—2011)》,中国社会科学出版社2012 年;胡澎:《日本社会研究的轨迹、特点及问题——中国的日本社会研究综述》,《东北亚学刊》2014 年 1 期。

胡欣欣在《社会差距问题及日本的相关研究》中指出，总的来看，日本的基尼系数仅仅略高于 OECD 成员国的平均水平。

与弥漫于日本社会的"中间阶层消失"的悲观论及产生"胜组"与"败组"两极分化格局的担心相比，作为"旁观者"的中国学者的认识则趋理性。如崔世广早在 90 年代末的《日本社会结构的变迁前景》（《日本学刊》1999 年 5 期）一文中指出，"基本可以断言，一旦围绕日本的国际国内环境获得改善，日本所面临的压力变得缓和，特别是摆脱了现在的状况又重新获得发展时，向传统的人际关系回归的风潮会再度刮起，带有日本固有特色的社会结构又会稳固地获得重建"。刘琴的《泡沫经济崩溃后的日本中流意识》（《南昌航空大学学报》2013 年 3 期）认为泡沫经济的崩溃的确产生了很多社会不平等的因素，但是日本人对危机的过分敏感，使其过分地夸大了这种不平等。

中产阶层（或中产阶级）是社会稳定的基石，能否形成以中产阶层为主体的"橄榄型"社会结构，是一个国家或地区能否稳定发展的重要基础。尽管日本在 1990 年代以来发生了一系列社会变动，"格差社会"一词使用的频率越来越高，但日本仍是一个贫富差别相对较小、消费水准相对均衡的社会。故不少研究者从"对中国的借鉴意义"上进行考察，如邓玮的《日本中间阶层发展的可借鉴之处》（《社会》2004 年 5 期）、刘军红的《认识日本的"中流社会"》（《瞭望》2007 年 14 期）、李国庆的《"国民皆中流"历史背后的日本社会阶层流动》（《人民论坛》2014 年 2 期）等文都谈到日本经验的借鉴意义。

（二）关于社会治理的研究

"社会治理"是近几年来我国学术界广泛使用的一个学术概念，是现代文明国家治理方式的一种新发展，是推进社会建设、实现社会现代化的重要环境保障。在立足我国国情探讨和寻求解决之道的同时，汲取具有相似文化背景的近邻日本社会治理过程中的经验与教训，成为近年来（尤其是 2010 年以来）日本社会研究学者的最新关注热点。

陈承新在《日本社会治理管窥》（《社会学》2012 年 2 期）一文中指出，日本的社会治理经验教训对中国的启示在于，有效社会治理需要调动民间社会积极性；需要法律保障；需要执政党、政府的正确支持引导。俞祖成在《日本社会治理：兴起过程与发展态势》（《中国发展简报》2013 年 3 期)一文中指出,近年来,虽然伴随执政党的更迭,其社会治理的政策口号从"新公共社会构建"转变为目前的"互助性社会建设",但社会治理之理念却一直得以继承和发展。胡澎在《从"中央集权"到"官民共治":日本社会治理的新走向》(《国家治理》2014 年 23 期)一文中,着重介绍了 20 世纪 90 年代以来,面对一系列严重的社会问题,日本在社会治理方面的一些做法。

由于社会治理在中国是比较新的研究领域且宏观而庞大,学者们多从不同的角度进行分析与研究。如王名的著作《日本非营利组织》(北京大学出版社 2007 年)、胡澎的《日本非营利组织参与社会治理的路径与实践》(《日本学刊》2015 年 3 期)、孙丽斌的《日本 NPO社会体育组织的构建》(《体育世界》2009 年 9 期)、蔡成平的《公民社会的成熟标志:地震助推日本 NPO/NGO》(《世界博览》2011 年 18期)等论著分别对日本 NPO 在不同领域发挥社会治理中发挥作用的情况作了介绍;又如对作为社会治理重要内容的农村治理问题的研究,有周维宏的《现代日本乡村治理及其借鉴》(《国家治理》2014年 4 期)、祁建民的《从村落构造到自治传统:中国和日本的乡村治理比较》(《国家治理》2014 年 13 期)、渠桂萍的《日本农村基层组织功能变迁对新农村建设的启示——基于日本土库市町村与中国山西赤桥村的对比研究》(《太原理工大学学报》2012 年 2 期)、武春芳、付少平的《日本农协对中国新农村建设的启示》(《世界农业》2009 年 1期)等论文。再如从分配制度方面考察日本缩小贫富差别的具体措施,有崔成、牛建国的《日本国民收入分配格局及反垄断措施》(《中国经贸导刊》2011 年 5 期)、孙章伟的《日本基尼系数与再分配制度研究》(《现代日本经济》2013 年 2 期)、王彩波的《优良的社会治理与相对的平等——日本经验的再思考》(《东北亚论坛》2010 年 6 期)、朴京玉的《日本社会低收入群体产生的原因及其对策》(《黑龙江社会科学》2010 年 4 期)等等。

总之,对日本社会治理的研究是近年来学界才开始关注的话题,但可以预测,随着日本社会的变化及中国社会治理需要的加强,这方面的研究将会进一步扩大并走向深入。

(三)关于社会保障的研究

进入 21 世纪以来,中国社会保障事业有了很大发展,但是还有很大的提升空间，民众对这一关乎切身利益的事情越来越关心。因此探讨发达国家的经验，自然成为学者的关注重点。在这样的背景下，有关日本社会保障研究的著作呈密集出版之势。仅专著就可举出吕学静的《日本社会保障制度》（经济科学出版社 2000 年）、沈洁的《日本社会保障制度的发展》（中国劳动社会保障出版社 2004 年）、宋金文的《日本农村社会保障：养老的社会学研究》（中国社会科学出版社 2007 年）、韩君玲的《日本最低生活保障法研究》（商务印书馆 2007 年）、赵立新的《德国日本社会保障法研究》（知识产权出版社 2008 年）、崔万有的《日本社会保障研究》（北京师范大学出版社 2009 年）、郭晓宏的《日本劳动安全管理与工伤保险体制研究》（中国劳动社会保障出版社 2010 年）、宋健敏的《日本社会保障制度》（上海人民出版社 2012 年）、赵永生的《日本国民皆保险研究》（中国劳动社会保障出版社 2013 年）、王伟的《日本社会保障制度》（世界知识出报社 2014 年）、田香兰的《日韩老年社会福利政策研究》（天津社会科学院出版社 2014 年）等等。从 2000 年以来发表的研究论文来看，以“日本·社会保障”“日本·社会福利”这样的关键词检索“知网”，得到 93 条信息，数倍于 1980—1990 年代 20 年论文的总和。

日本的社会保障究竟有哪些内容？其特征是什么？周颂伦、孙志鹏著《战后日本转型真相》（新华出版社 2014 年）一书中专设“日本社会保障制度及其经验是什么”，对此进行解读；杨栋梁、沈士仓在《日本社会保障体系的特点及现存问题探析》（《日本研究》2002 年 3 期）一文中对日本社会保障从发展过程、特点、存在的主要问题、近年来日本社会保障改革等进行了全面阐述。

与 1990 年代一样，研究日本社会保障的目的仍然是从中得到有益的启示，这样的研究如《日本社会保障基金制度的经验启示》（郭殿生，《现代日本经济》2002 年 6 期）、《日本年金制度及对我国的启示》（年志远等，《现代日本经济》2007 年 5 期）、《日本社会保障预算编制及其启示》（崔晓冬，《日本研究》2010 年 1 期）《日本农村社会保障制度的特色及其启示》（黄雄，《亚太经济》2011 年 3 期）、《日本低保制度的嬗变及其对我国的启示》（吴兴国，《国外社会科学》2011 年 9 期）、《日本护理保险制度对我国社会保障发展的启示》（张映芹等，《社会保障研究》2015 年 3 期）等论文题目所示，此时期的研究更加注重应用性。

目前,中国已经成为世界上老年人口最多的国家,又由于曾经实行多年"独生子女"政策,民众对社会保障最关心的话题非养老莫属。日本的养老情况及养老政策如何、能提供给我们什么启示,便成为近年来出版物较多问世及论文较多发表的契机。例如,仅 2010 年以来,就相继出版了探讨日本养老问题的《日本老年社会保障制度》(王莉莉、郭平,中国社会出版社 2010 年)、《老化预防、老年康复与居家养老:日本社会养老服务体系的成功经验与启示》(蔡林海,上海科技教育出版社 2012 年)、《人口老龄化背景下的日本公共养老金制度》(张伊丽,华东师范大学出版社 2015 年)等著作。从研究论文看,"知网"上检索到的 2000 年以来与"日本·养老"有关的论文 119 篇。

(四)关于社会问题的研究

社会研究具有应用性、对策性研究的特点。21 世纪以来,借助现代传媒的高度发达,几乎日本社会发生的任何变化及新动向都会引起国内学者的关注与解读。由于篇幅有限,本文只简单介绍以下问题。

女性与婚姻家庭研究　这是三十多年来中国日本社会研究不变的主题。从"妇女"到"女性"称呼的改变①,反映出学者及民众观念的变化,即"妇"(婦)这个概念陈旧的词已经跟不上时代的进步,作为性别指代的"女性"取代"妇女"成必然趋势。学者们对日本女性问题的关注可谓全方位,近几年出版的专著有《战时体制下的日本妇女团体(1931—1945)》(胡澎,吉林大学出版社 2005 年)、《全球化语境中的日本女性文学》(肖霞,山东大学出版社 2009 年)、《性别视角下的日本妇女问题》(胡澎,中国社会科学出版社 2010年)、《日本女性教育家与女子学校(1868—1945)》(周萍萍,世界知识出版社 2010 年)、《东亚社会发展与女性参与》(李卓、胡澎主编,中国社会科学出版社 2013 年)、《老人·孩子·女性:中日社会的现状和问题》(周洁主编,世界知识出版社 2014 年)、《〈青鞜〉与日本近代女性问题》(于华,中国社会科学出版社 2014 年)、《现代日

① 1980 年代多以"妇女"相称,1990 年代,"女性"的表述已经超过"妇女",2000 年以来,在检索到的论文信息中,"日本妇女"为 109 条,"日本女性"则上升为 612 条。

本女性权益问题研究》(张冬冬，中国社会科学出版社 2015 年)等等。这些研究日本女性问题的力作全部出自女性学者，一方面说明女性学者在学术研究领域中居不可忽视的地位，另一方面也反映出男性学者对性别研究的缺位。

及时跟踪现实中的日本女性问题，也是近年来研究的特点。如对于 1990 年代以来出现的中老年离婚问题，吴卫平的《对日本中老年离婚的探讨和启示》(《湘潭师范学院学报》2009 年 1 期)、张冬冬的《现代日本中老年离婚热背后的伦理考察》(《道德与文明》2011 年 2 期)等文章及时进行了介绍与原因分析。师艳荣在《日本女性 M 型就业模式的变迁及发展趋势》(《日本问题研究》2013 年 1 期)、杨春华在《日本女性回归家庭意愿上升的社会学分析——基于社会性别差异的视角》(《南开学报》2015 年 4 期)中分析了近年来女性就业的新趋势。胡澎的《日本婚姻暴力的现状及对策》(《日本学刊》2010 年 6 期)则介绍了日本政府消除婚姻暴力的法律建设与相关政策。

少子老龄化问题研究 现阶段中国已经进入老龄化社会，"少子化"现象萌生并受到广泛关注，因此，深入研究日本"少子化"问题及其对策具有重大的理论和现实意义。通过以"日本·老龄化、少子化"为关键词检索"知网"，获得 2000 年以来相关论文信息 85 条。陈鸿斌的《老龄化、低出生率——日本无法破解的难题》(《日本学刊》2003 年 3 期)、车维汉的《日本的老龄社会：现状·影响·对策》(《日本问题研究》2004 年 4 期)、薛光明的《经济学视角下日本"少子化"问题的思考与启示》(《经济论坛》2014 年 12 期)等论文指出了日本少子老龄化问题的严重性及对日本经济、社会的危害。多篇文章对"少子化"成因进行分析，如黄小葵的《日本少子化的现状及成因分析》(《广播电视大学学报》2005 年 2 期)、师艳荣的《从日本妇女生活方式的改变析少子化问题的成因》(《前沿》2009 年 2 期)、梁颖的《日本的少子化原因分析及其对策的衍变》(《人口学刊》2014 年 2 期)等等。

青少年问题研究 从 1990 年代以来，与经济衰退同时，日本青少年问题也日益突出，如青少年犯罪增加、校园暴力事件频发，青少年"蛰居"现象突出等等。这些问题不仅引起日本政府与社会各界的关注,也是中国青少年问题研究学者比较重视的课题。尽管仅有《日本少年法研究》(尹琳,中国人民公安大学出版社 2005 年)、《中小学生心理压力的中日比较研究:基于比较文化心理学的视角》(金玉花,厦门大学出版社 2014 年)、《日本青少年活动空间与工作者的专业性研究(日文版)》(李智,上海交通大学出版社 2015 年)等为数不多的研究著作,但是仅以"日本·青少年"这一关键词检索"知网"上 2000年以来的研究论文,即可获得 181 条论文信息,及 24 条博士、硕士论文信息。校园暴力是当今日本比较突出的社会问题之一。师艳荣的《日本校园暴力的现状及原因探析》(《青少年犯罪研究》2010 年 7期)、许明玲的《日本校园暴力现状原因及对策研究》(《读与写》2011年 7 期)、史景轩等人的《日本校园暴力团伙的形成、特征及指导对策》(《青少年犯罪问题》2013 年 3 期)等论文分析了日本校园暴力问题现状及成因。对于近年有加重趋势的青少年自我封闭、脱离社会的"蛰居"(引き籠り)问题,师艳荣的《日本青少年蛰居问题分析》(《当代青年研究》2010 年 2 期)、《日本青少年蛰居的现状与对策》(《当代青年研究》2012 年 8 期),黄喜珊、刘鸣的《日本青少年的闷居现象:现状、危害、背景及应对》(《比较教育研究》2011 年 5 期)等都从家庭、社会性及心理因素方面分析了"蛰居"产生的原因,并介绍了日本政府与社会的对策。

三、问题及展望

在肯定中国日本社会研究的进步与成就的同时,还应看到在中国的日本研究中,社会研究尚处于滞后状态,具体表现在以下几方面:

第一,专业研究领域仍处于初级阶段。比日本经济、政治与外交及中日关系的研究处于明显劣势。仅以中国日本研究的权威期刊《日本学刊》为例,在该刊 2015 年出版的的增刊"纪念《日本学刊》创刊三十周年专辑"中,对 30 年间的研究论文是按照"专稿"、"政治"、"外交"、"经济"、"社会文化"、"历史"等进行分类的①,其中并没有单

---

① 《日本学刊》2015 年增刊"纪念《日本学刊》创刊三十周年专辑"后附《日本学刊》总目录(1985—2014 年)。

独的"社会"分类。笔者尝试对"社会文化"类揭示的 462 篇论文进行区分，属于"社会"的论文约为 162 篇，在全部 2,042 篇研究论文中仅占 7.93％（见"《日本学刊》论文分类比例表（1985—2014 年）"），可见社会研究在日本研究整体中所占比例不大，且在研究中没有确立稳固的专业地位，称其为"弱小学科"①也算符合实际。

第二，研究队伍还没有充分发展起来。国内冠名"日本社会研究"的机构比较少，专业从事"日本社会研究"的学者人数也不多，不少撰写了相关著作及论文的学者实际上分布在不同的学科领域，研究的连续性、系统性比较差。最近一次实施的中国日本研究调查②表明，日本社会研究尚未形成单独的、稳定的研究领域，现有从事"日本社会研究"的学者大多不是专业社会学研究人员，故研究成果中多为介绍性、描述性的，缺乏用社会学理论武装的专业的、深入的、高水平的研究成果。今后，研究队伍的建设与人才的培养是亟待解决的问题，尤其是日本研究学者需要加强社会学理论的修养。

第三，目前国内的日本社会研究基本上处于单兵独立状态，随意性比较强，缺乏学者之间的交流与研究单位之间的协作，课题较分散，系统性差。国内学术交流与国际学术交流不够，就国内学术交流来说，日本社会研究的学术交流一般只停留于研究者参加日本研究的相关学会会议。从学术团体来看，除 1990 年成立的北京市社会学会中日社会学会之外，不仅没有全国性日本社会研究学会，也未见其他地方性学术研究团体成立。有鉴于此，有必要成立中国日本社会研究学会，以统筹全国的学术研究及学术交流，促进完整的研究体系的建立。

---

① 王伟：《中国的日本社会研究 30 年综述》，见李薇主编：《当代中国的日本研究 1981—2011》，第 255 页。

② 2008—2009 年，中华日本学会、南开大学日本研究院与日本国际交流基金合作，进行了第三次中国的日本研究调查。按日本研究者人数多少排序，依次为日本语言文学（43％）、日本历史（18％）、日本经济（14％）、日本政治及对外关系（12％）、日本哲学和思想（5％）、日本教育（2％）、日本研究综合（2％）、其他（4％）。有关情况参考杨栋梁：《中国的日本研究新动态》，载《南开日本研究》2010 年刊，世界知识出版社 2010 年，第 161—172 页。

"知网"有关日本社会研究相关论文数字

时间	社会保障	人口	养老	Npo	家族家庭	妇女女性	青少年	社会治理
1980 年代	10	126	2		66	103	53	
1990 年代	33	104	5		128	292	51	0
2000—2015 年	93	221	121	34	251	721	181	7
总计	136	451	128	34	445	1,116	285	7

《日本学刊》论文分类比例表(1985—2014 年)

分类	经济	外交	文化	政治	社会	人物	历史	专稿	总计
数字	627	340	300	284	162	125	99	105	2,042
比例(%)	30.71	16.65	14.69	13.91	7.93	6.12	4.85	5.14	100

（原文刊载于《南开日本研究》2016 年刊，天津人民出版社 2016 年）

附录 2：研习日本古代史心得谈

一、我的日本古代史研究之路

　　1982 年，作为七七级大学生，在结束了南开大学历史系世界史专业四年的学习之后，我考入南开大学历史系日本史研究室（今南开大学日本研究院的前身），师从吴廷璆先生攻读日本史硕士学位。当时，在学问上尚处懵懵懂懂状态的我，按照吴先生的要求做日本古代史研究，在吴先生指导下，完成了硕士学位论文《论乡户》。1985 年研究生毕业后，我被留在日本史研究室任教（那个时代硕士学位还可以留在大学工作），继续从事日本古代史研究与教学。那时候系里和研究室非常重视对青年教师的培养，要求打下扎实的基本功。所以毕业后我一直是以研究、积累为主，在最初的几年，发表的一些不成熟的文章全是日本古代史方面的。在教学方面，1992 年 3 月，我第一次为研究生开设"日本古代史"课程。记得当时由于研究生的招生指标很少，听课的学生只有来自三个年级的三位硕士研究生。此后几年内，也是因为研究生人数少，这门课程做不到每年都开①，实际上当时其他课程也是这种情况。进入 21 世纪，由于招生指标有所增

---

　　① 如 1994 年 3 月，面向 1992 年入学与 1993 年入学的研究生共五人讲"日本古代史"。1995 年 9 月讲这门课也是 1994 年与 1995 年两届研究生共五人。1997 年 9 月讲课时，听课研究生第一次达到八人，包括 1996、1997 两届硕士研究生及一位博士研究生，但 1999 年入学的硕士生又降到三人。

加,还有一些博士研究生也加入听课的行列,"日本古代史"这门课才做到每年都讲(其间赵德宇老师从 2001 年开始参与进来,2016 年,创价大学博士毕业后归国的王玉玲老师接手这一课程),并一直延续至今。据我所知,国内开设日本通史课程的高校不少,但讲"日本古代史"的并没有几家,而南开日研①的"日本古代史"这门课却能从 20 世纪 80 年代初持续到今天②,数十年间不曾中断,这里面有几代教师的努力和传承,说这门课是南开日研教学的一个品牌也不为过。作为一名任课教师,通过一门课程见证了南开日研的研究生培养过程,回顾起来感到很有意义,这与我国高校教育事业的发展壮大紧密联系在一起。

　　因为写硕士论文《论乡户》,我开始关注日本的家族制度问题,并于 1993 年成功申报国家教委研究课题"家庭道德与日本近代化的道路",当时的课题经费是八千元。1994 年 9 月,为了进一步提升个人的研究水平,我又一次通过考试,开始师从吴廷璆、王家骅先生在职攻读博士学位。在读博过程中,出于对"日本近代以来所有的成功与失败,都与家族制度有关"的基本认识,选择了"家族制度与日本的近代化"作为博士论文题目,并以相同题目参加了吴廷璆先生主持的"日本近代化研究"课题(该书 1997 年由商务印书馆出版)的写作。在学习与研究中随着认识的提高,1996 年,我第一次申请国家社科基金的课题,以"中日家族制度比较研究"获得了重点题目的立项,此时的研究经费已增加至六万元。1997 年以论文《家族制度与日本的近代化》获得南开大学博士学位后,由于研究视野的进一步开阔及学术积累的增加,我的研究范围也从日本家族制度史扩展到日本社会史研究。2001 年杨栋梁教授主持"日本现代化历程研究丛书"立项时,我承担了其中《日本近现代社会史》的写作。顺着这样的研究思路,2005 年,又一次申请国家社科基金课题"'儒教国家'日本的实像——社会史视野的文化考察",

---

　　① "南开日研"经历了 1964 年 2 月成立南开大学历史系日本史研究室、1988 年 4 月成立南开大学日本研究中心、2000 年成为校属独立实体研究机构、2003 年 4 月成立日本研究院的历程。

　　② 南开日研的日本古代史教学,最早的是 20 世纪 80 年代初由武安隆先生讲授的"日本古代史专题"。

最终成果也是一部日本社会史，这部书有幸入选 2012 年度的国家社科基金优秀成果文库。

我的学术生涯从研究日本古代史做起，到日本家族制度研究，再到日本社会史研究，兜兜转转近 40 年时间，虽然研究领域有所扩大，但"初心"一直在日本古代史研究，研究重点也在这一领域。在退休之前最后一次申请立项的国家社科基金课题便是"中日古代社会结构比较研究"（2012 年），其初衷也是想为自己的学术道路做一个总结，并以此告慰引领我走上日本古代史研究之路的吴廷璆先生。在我的职业生涯结束之际，院里安排这次"荣休讲座"，感谢之余，我愿意利用这个宝贵的机会谈谈关于研习日本古代史的心得。

二、中国日本古代史研究现状概述

新中国成立后，以吴廷璆、周一良、邹有恒等先生为代表的老一辈历史学家为建立中国的日本史学，辛勤耕耘，做了大量基础性的工作，并培养了一批研究人才。中国日本古代史研究的真正发展是在改革开放以后，1980 年中国日本史学会成立是一个重要契机。20 世纪 80—90 年代，是我国日本古代史研究的第一个黄金收获期①，其标志一是有若干日本古代史研究的代表专著出版，如汪向荣的《邪马台国》（1982 年）、王金林的《简明日本古代史》（1984 年）、武安隆的《遣唐使》（1985 年）、王家骅的《儒家思想与日本文化》（1994 年）等；二是以吴廷璆主编的《日本史》②为代表的多部通史性著作问世；三是多部著作在日本出版发行，最具代表意义的是在日本引起强烈反响的、由六兴出版社出版的 13 卷本《东亚中的日本历史》中，有 5 本是日本古代史的内容③，以实际行动回应了某些日本学者对"中国的日本史研究只有小学生水平"的评价。

进入 21 世纪以来，随着改革开放带来的经济发展，国家加大社科研究的投入，国际学术交流日渐繁荣，不少海归博士学成归来，诸多因素促进学术研究事业迅速发展。从日本古代史领域来说，21 世

---

① 限于篇幅，本文所列成果只限于出版的著作。

② 该书至今已经印刷了 12 次。

③ 分别是《倭国と東アジア》（沈仁安）、《奈良文化と唐文化》（王金林）、《織豊政権と東アジア》（张玉祥）、《近世日本と日中貿易》（任鸿章）、《日中儒学の比較》（王家骅）。

纪以来的研究特色有以下几个方面：

一是多部通史性著作相继出版。由于民众对日本的关注度越来越高，为满足需求，通史性著作的出版远远超过前 20 年。相继有浙江大学日本文化研究所的《日本历史》，王新生的《日本简史》，王保田的《日本简史》，王仲涛、汤重南的《日本史》等出版；冯玮著 80 余万字《日本通史》更是创新国内个人独撰日本通史字数的记录。在这些"通史"著作中，古代史均占很大比例。更值得称道的是，《日本古代史》（王海燕）、《日本中世史》（王金林）、《日本近世史》（李卓、许译兮等），作为国内首部专门研究日本古代史的通史性系列著作，入选《东方文化集成》而得以出版。

二是研究领域不断拓宽。经过多年的研究积累，21 世纪以来日本古代史研究在通史性著作基础上，呈现出全方位发展之势，领域不断拓宽，涌现出不少专业性强、理论上有深度的成果。如刘毅的《高天原浮世绘——日本神话》、《悟化的生命哲学——日本禅宗》，沈仁安的《日本史研究序说》、《日本起源考》，王金林的《日本天皇制及其精神结构》、《日本人的原始信仰》、《日本神道研究》，王海燕的《古代日本的都城空间与礼仪》、《日本平安时代的社会与信仰》，刘晓峰的《东亚的时间——岁时文化的比较研究》，王勇的《日本文化：模仿与创新的轨迹》，徐建新的《好太王碑拓本研究》（在日本出版），韩昇的《正仓院》、《遣唐使和学问僧》，娄贵书的《日本武士兴亡史》，范景武的《神道文化与思想研究》，蔡凤书的《中日考古学的历程》，林娜的《日本古代律令制国家时期后宫制度研究》等等。也有不同领域的通史性著作，如杨曾文的《日本佛教史》，王维坤的《中日文化交流的考古学研究》，王维先的《日本垂加神道的哲学思想》，彭恩华的《日本俳句史》、《日本和歌史》等从不同领域补充和丰富了日本古代史研究。

三是近世史研究成为热点。近年来，学界已经摈弃了近世日本是"黑暗""落后""封闭"社会的传统观点，尤其是出于对日本近代化转型研究的需要，加强了对近世史的研究。北京大学在此方面做出了开创性的工作，2001 年刘金才的《町人伦理思想研究——日本近代化动因新论》、2003 年沈仁安的《德川时代史论》及李文的《武士阶级与日本的近代化》等开启了中国的日本近世史研究。此后仅以"近世日本"为题的著述，就可以举出韩东育的《日本近世新法家研究》、王青的《日本近世儒学家荻生徂徕研究》、《日本近世思想概论》，蒋春红的《日本近世国学思想——以本居宣长研究为中心》，朱玲莉的《日本近世寺子屋教育研究》，杨晶鑫的《近世日本汉方医学变迁研究》等专题性研究著作。此外还有大量从不同角度研究近世史的著作出版，如探讨西学对日本影响的就有赵德宇的《西学东渐与中日两国的对应》、于桂芬的《西风东渐——中日摄取西方文化的比较研究》、李虎的《中朝日三国西学史比较研究》；研究日本对外认识的有冯天瑜的《"千岁丸"上海行——日本人一八六二年的中国观察》、郭丽的《近代日本的对外认识——以幕末遣欧美使节为中心》、邢永凤的《前近代日本人的对外认识》等；探讨近代化转型的如唐利国的《武士道与日本的近代化转型》、谭建川的《从往来物看日本前近代教育的嬗变》；研究宗教及民间信仰的如戚印平的《日本早期耶稣会史研究》、刘琳琳的《日本江户时代庶民伊势信仰研究》等；研究日本儒学的如赵刚的《林罗山与日本的儒学》、龚颖的《"似而非"的日本朱子学：林罗山思想研究》等。近世史研究成果的突出特点是涉猎广泛，具有近代化研究的视野。

　　四是研究资料集从无到有。21 世纪以来日本古代史研究中尤其值得称道的成就之一是相关资料集的出版。2016 年，上海交通大学出版社出版了王勇主持的国家古籍整理出版基金资助项目《历代正史日本传考注》，该"考注"由五卷本组成，对中国从汉魏到明清时代正史中的 17 篇"日本传"以解题、注释、杂考、研究余录四种形式加以系统整理与研究，为读者提供了日本研究的基础史料及权威解读。2017 年，《日本历史基本史料集》第一卷由王金林编撰出版。该书主要选取日本古代有关大和时代，奈良、平安时代和镰仓时代的文献，以概说叙述各时代历史特点与发展历程。该书可以作为一般读者了解日本古代史与文化的权威读物，也可以作为日本史研究者资料索引工具书。期待《日本历史基本史料集》的后续内容尽早出版。

三、中国日本古代史研究还要继续努力的问题

　　回顾我国的日本古代史研究，成绩显著。但据对改革开放以来日本史论文的数据统计，明治维新后的相关论文占比 75.5%，明治

维新以前的论文占比 24.5%①,说明日本史研究中存在着明显的"厚今薄古"倾向。具体而言,从我国的日本古代史研究现状来看,还存在以下问题需要改进。

首先,日本古代史研究需要更多青年学者的参与。从迄今已经出版的研究著作来看,多是中老年学者的成果。老一辈日本古代史研究学者如沈仁安、王金林、赵建民等至今笔耕不辍,著书立说,他们是我们的楷模。此外,诸多研究成果多是被称为"第三代"②的著作,如徐建新的好太王碑研究,韩昇的日本古代大陆移民研究,娄贵书、李文的武士道研究,刘金才的町人文化研究等等。由于古代史研究写作难度大,论文发表难等现实问题的存在,使青年学者参与古代史研究的积极性受到影响。如何继往开来,实现日本古代史研究的创新与超越,是日本史学界面临的课题。近年来,不仅有海归博士加入到日本古代史研究队伍中来,也有南开大学、清华大学、浙江大学、中国社会科学院世界历史研究所等机构培养了一批与日本古代史研究相关的博士研究生。他们是中国日本古代史研究的未来,衷心希望他们在这一领域坚守下去,并尽快在学术研究上成熟起来,承担起研究的重任。再创 20 世纪 80 年代王仲殊、王金林等先生对邪马台国地理位置所在的观点在日本引起轰动,及被日本学者称为"迄今为止一个由中国人来把握日本儒学的壮举"的王家骅先生对日本儒学研究那样具有国际化影响的成果是学者们的责任。

其次,研究领域需要进一步拓宽。以往的日本古代史研究有两个重点,一是比较重视中国对日本的影响,因而对大化改新、律令时代制度与文化、中央集权制的关注及成果比较多;另一重点是古代中日关系的研究。以王勇为领军的浙江工商大学日本研究团队取得了傲人的成就,其组织参与的中日学者合编的十卷本《中日文化交流史大系》在 90 年代中期就在中日两国同时出版,还在中日两国出版了

---

① 杨栋梁、郭循春:《改革开放 40 年来我国的日本史研究——基于"大数据"统计的分析》,《历史教学问题》2019 年 3 期。

② 关于中国日本研究学者的研究队伍,一般认为民国时期培养的、在 20 世纪五六十年代活跃于日本史坛的以周一良、吴廷璆、邹有恒、吴杰为代表的老一辈学者为第一代学者;"文革"前培养的日本研究学者是第二代学者;20 世纪 80 年代以后成长起来的学者是第三代学者;21 世纪初崛起的日本研究学者被称为第四代学者。

大量古代中日关系研究与中日文化交流的著作与论文，是学术研究国际化程度最高的研究机构。相比之下，恰如徐建新在做"中国的日本古代中世纪史研究 30 年综述"时指出的，我们还存在"政治制度与经济制度社会等级与阶级、宗教等问题的研究相对薄弱"的问题，对日本古代社会自身政治、经济、社会结构及历史发展过程中的矛盾与特征还有进一步深入了解的必要，以回答深受中国文化影响的日本为何走上了不同于中国的发展道路这一问题。尤其是平安时代以后的社会变化、幕府时代社会政治经济结构的研究，也应该探讨以皇权为核心的中央集权制度为什么在日本没有走下去的原因。

第三，需改变断代研究布局有欠均衡的局面。总体看来，20 世纪 80 年代至 90 年代中期，古代研究成果较为集中，进入 21 世纪以后，由于一些青年学者的加入，出现了一些对律令制、官僚制等研究的新成果，近世研究也急速升温，而对中世的研究一直较为薄弱。由于资料匮乏、史料解读能力有限等因素的影响，从研究著作上看，很长时间内只有王金林的《日本中世史》及童云扬的论文结集著作《十五十六世纪日本社会经济史论》。两部著作的作者都是年过八旬的高龄学者，这也是该领域后继乏人的缩影。近年来，随着人文社科研究环境的改善及海归博士的加盟，日本中世史的研究开始有了起色。如郝祥满的新著《禅宗东渐与中世日本的社会转型》是系统研究中世日本社会的断代专门史。也有一些水平较高的学术论文发表[①]，更有了在日本出版著作的中世史研究著作，如钱静怡的《战国初期的村落与领主权力》及康昊的《中世的禅宗与日元交流》等。期待以海归博士为主力的日本中世史研究者能够基于出色的语言功底及史料发掘与解读能力，再经过辩证唯物主义与历史唯物主义理论的武装，取得更新更高质量的研究成果。

第四，要努力确立日本古代史研究在整个世界史研究体系中应有的位置。迄今为止，日本古代史研究似缺乏与世界史研究的同行开展学术交流，多年来曾参加过一些世界古代、中世史研究的学术会议，有明显的被"边缘化"的感觉，日本古代史研究的课题立项也有一

---

① 如王玉玲的《日本室町时期的德政一揆及其影响》(《世界历史》2018 年 4 期)，钱静怡的《14—16 世纪日本村落共同体的形成与自治》(《复旦学报》2020 年 5 期)等等。

定难度。个人认为，在从事日本古代史研究的学者不多的情况下，主动参与的积极性不够是主要原因。故日本史研究学者们要开阔视野，树立"世界史中的日本史"的学术意识，加强在世界史学术圈的学术交流，改变满足于在日本史圈内自说自话的局面。

四、广义与狭义日本"古代史"分期及其影响

日本古代史的分期，是多年来我一直思考的问题。

如大家所知，当今日本历史分期也是日本近代化的产物。明治维新以后，在近代西方史学影响下，日本的史学研究逐步摆脱了传统的王朝史学，在历史分期方面引进了文艺复兴以来西方史学的古代、中世、近代的历史三分断代法。20世纪初年，兰克学派史学家路德维希·利斯（1861—1928年）的学生、已是京都大学教授的内田银藏（1872—1919年）首次把日本封建社会晚期的德川幕府时期称作"近世"，并出版了第一部《日本近世史》，此后，把德川时代作为"近世"的历史分期法开始被日本史学界采用，即在传统的"三分法"之外再加上"近世"的"四分法"即古代—中世—近世—近代（现代）的历史分期被普遍接受，并成为日本史学界和历史教育中的主流分期方法。显而易见，在这种分期中，"古代史"指的是从原始时代到国家形成、发展的时代，时间上应为原始社会到12世纪末期镰仓幕府建立为止，包括按政权所在地划分的大和时代、飞鸟时代、奈良时代、平安时代。

中国史学界遵循马克思主义的"世界史基本法则"——人类社会的发展遵循原始、奴隶、封建、资本主义这样必由之路的历史分期，把资本主义社会之前都纳入"古代史"范畴。从中国历史分期而言，对古代与近代采用"两分法"，即以鸦片战争为界，之前为古代，之后为近代。而对世界历史的分期，比较流行的观点是将1500年前后发生的一系列重大事件如文艺复兴、地理大发现、宗教改革作为近代史的开端，以吴于廑、齐世荣主编《世界史·近代史编》为代表。不过世界通史的分期与采用"两分法"的中国通史分期稍有不同的是采用"三分法"，即把从人类的产生到5世纪西罗马帝国的灭亡为止称为"古代"或"上古"，此后到1500年前后为"中世"或"中古"，此后则为"近代"。

我国在日本史研究与教学中对日本历史的分期参照了中国历史

的分期方法，即以明治维新为界，把此前的历史统统视作"古代"，此后的历史作为"近代"。从上述日本历史分期、中国历史分期及日本历史分期来看，对日本古代史的时代概念就出现了差异，我把这种差异称作日本古代史的广义与狭义之分：广义的日本古代史即从原始社会到明治维新的历史，是中国的分期方法；狭义的日本古代史是指从原始社会到镰仓幕府成立的历史，是日本的分期方法。日本"古代史"的广义与狭义之分期的存在，带来我们与国内外学术界的两个不一致之处：一是中国的广义的日本"古代史"与狭义的日本"古代史"在时间段上明显不同；二是与中国的世界史分期不一致，中国的世界通史中对日本史的表述并没有"近世"的概念，当今权威高校世界历史教科书《世界史·近代史编》（吴于廑、齐世荣主编）把战国时代及江户时代纳入近代史部分，而按照我国的日本历史研究与教学传统，这一部分应该属于日本"古代史"范畴。

与日本的历史分期不统一，与中国的世界史分期也不统一，这个看似不是问题的问题实际上一直在某种程度上影响着我国的日本历史研究，尤其是日本古代史研究。它影响了研究走向细化和专业化，也在研究中常常遇到如何恰当表述的问题。如我们研究"日本古代土地制度"，如果集中考察的是奈良、平安时代的土地制度，那么，了解日本历史的人不会感到题目有何不妥；但是如果不十分了解日本历史的人就会对这样的题目有不解，即奈良、平安时代并没有把"古代"全部包括进来，那么就应该在题目上表现为"奈良、平安时代的土地制度"或"律令时代的土地制度"。分期方法的不统一，也影响了中国学者与国际学者进行深入的学术交流，如中国研究日本近世史的学者，他虽然也是研究"古代史"，但却很难与日本的"古代史"学者交流。多年来每每与国外同行（也包括日本同行）谈及中国日本史学界的"古代史"概念，往往要进行特别的解释，无形中会遇到一些麻烦。

近年来，学者们在研究与教学中已经越来越注意与强调广义"古代史"中的"古代"、"中世"、"近世"不同阶段的区分，但是从整体上来说，仍然以"古代史"涵盖直到明治维新以前的日本历史。在现实中"日本古代史"概念很难变化的大环境下，作为日本史研究与教育工作者，应该有意识地对"日本古代史"的具体分期进行强调与引导，以明了狭义与广义的"古代史"的区别,这样有利于学生在确立研究方向和论文选题时有明确的"古代"概念,少走弯路。

当然,我们平时在研究与教学中,对笼统称为"古代史"的这段漫长的历史,除了越来越多地采用古代、中世、近世这样的分期,常用的还有按照帝王政权所在地的划分,如飞鸟时代、奈良时代、平安时代……若讨论两种分期方法有何不同,简单地说,前者是世界史意义的划分,即这种分期方法是世界通行的,反映了时代发展与社会性质的变化;后者则是日本史的划分,是朝代的概念。个人认为,作为历史分期,使用"古代"、"中世"、"近世"这样的历史分期,比按王朝时代划分更能全面反映社会的发展与进步。这样的分期,比把明治维新前的历史一概归为"日本古代史"要细密、科学得多。

随着国内日本史学界学术水平的提高,已经趋向于更详细、更实证的断代史研究。如前所述,《东方文化集成》在"日本文化编"的选题中,把传统意义的"日本古代史"一分为三,分别出版了《日本古代史》、《日本中世史》、《日本近世史》,毋宁说这是国内日本史研究领域的一项重要突破。南开大学日本研究院承担的国家社会科学基金重大项目"新编日本史"也分为"古代卷"、"中世卷"、"近世卷"。这些不仅是分期问题,也反映了学界对日本史研究在走向深入。

五、日本社会与文化的基本格调是在古代社会形成的

毫无疑问,经过几代学者的薪火相传,中国的日本古代史研究已经取得了许多令人瞩目的研究成果。但客观地说,日本古代史中的不少内容我们还缺乏深入研究,有的已经有所涉及的领域还需要继续深化研究甚至有重新认识的必要。尽管当今人们比较重视中日关系中与现实有关问题的研究,但我一直认为,钓鱼岛问题不是中日关系的全部,中日关系也不是日本研究的全部。一个国家的历史发展是有连续性的,鉴古知今,了解日本古代史是认识当今日本社会的前提与基础。随着历史研究理论与方法的丰富及研究条件的改善,我们应该继续拓展研究领域,开展全面深入的日本古代史研究,因为日本文化的基本格调是在日本古代社会就已经形成的。

比如"象征天皇制"的存在。相对于二战后法制上的象征天皇制,现实生活中的象征天皇制早在一千多年以前就已经存在于日本

社会当中。日本是文明社会的迟到者，但这并没有影响到这个国家拥有世界上最古老的皇室，但日本皇室却是君主制国家中最尴尬的皇室，直到明治维新前，只有极其短暂的天皇亲政的历史。早在大和时代，皇室与豪族的博弈，已经凸显了这个千年皇室的命运。大和政权实际上是由诸豪族组成的松散的联合体制，皇室尚未树立起至高无上的绝对权威。因此，削弱豪族势力，确立天皇的最高权威，就成了皇室与朝廷内有识之士在 645 年发动"乙巳之变"的根本原因。大化改新后，日本开始了模仿隋唐的政治、经济制度进行改革的进程，在此后的奈良时代，天皇制进入鼎盛时期。然而，从平安时代开始，天皇的地位便随着中央集权制的衰落而渐趋下降。先是长达两个世纪的藤原氏贵族集团以外戚身份专擅朝廷、独揽大权的摄关政治时代，天皇权力被架空；继而是武家政权建立后镰仓、室町、江户三个幕府政权对朝廷日益严密的制约，天皇已经失去对国家的控制权。在日本历史的绝大多数场合下，天皇不是作为权力的代表，而是作为最高权威的象征而存在。

比如贵族的强权统治。考察日本历史，可以发现一条清晰的轨迹：自日本古代国家形成到明治维新这漫长的岁月里，日本历史舞台的主角其实并不是天皇与皇族，而是贵族——从大和时代的豪族，到律令时代的公家贵族，再到幕府社会的军事贵族。虽然三个阶段的贵族并非一脉相承，但实行强权统治是相同的。相比较而言，幕府军事贵族与古代豪族更为接近，其强权统治是崇尚武力的强权统治。在一定意义上说，大化改新后模仿唐制建立的文官官僚制度实际上偏离了日本历史本来的轨道。从平安时代开始，贵族再度登场，架空天皇的权力，是社会秩序向固有贵族传统的第一次回归；而幕府军事贵族的产生则是第二次回归——向武力、强权的贵族统治的回归，这才是日本历史的本来面貌。当然，这种回归不是单纯的回归历史原点，而是回归了原有的社会结构与传统。认识这一社会结构的特点，我们就不难理解为何明治维新后日本出现了藩阀政治，以及一步步走上军国主义的道路。

比如族制与家制统治。日本早期的历史与世界上的文明古国相比，其落后要以几千年计。但在从公元前 3 世纪到公元后 3 世纪的弥生文化时代，得益于大陆文化的影响，快速摆脱蒙昧，建立了古代国家。由于这一过程比较短暂,使原有的氏族组织来不及充分削弱与分化。与氏族共同体关系的天然联系,使大和国家利用氏族组织实行了集团式统治,通过氏族制、部民制等将被征服民进行集体奴役,以掩盖复杂的阶级与身份差别。这一传统对后来的历史影响深远。建立幕府统治的武士集团是典型的以族制为核心的社会单位,被称作"古代氏族制度的复活"。德川时代建立了一整套严格的主从关系体制,用"家"取代了"族"。"家"不仅是各级领主、武士生活的场所,也是构成幕藩体制的政治单位和经济实体。在以族制与家制为统治基础的幕府时代,族与家的秩序的混乱是社会动乱的根源。如同福泽谕吉所说:"我国的战争只是武士与武士之间的战争,而不是人民与人民之间的战争;是一家与另一家之间的战争,而不是国家与国家之间的战争。"①在这种社会结构下,阶级矛盾始终被包容在统治集团内部的矛盾对立中而得不到凸显,从而减少了暴力对抗对社会生产力与人类文明的破坏。这是日本经济建设有相对和平的环境,文化传承不曾中断的重要社会原因。

比如身份等级制度。日本是个等级观念极强的国家,这一点与其民主政体及经济大国的地位形成强烈的反差。在现代日本社会中,人与人之间是一个从上到下的等级序列,每个人都处于一定的等级秩序位置上。判别人的社会地位,衡量人的社会价值的尺度不是以能力,而是以公认的等级秩序。日本的等级秩序有着悠久的历史。早在大和时代,日本就实行等级分明的贵族政治,由大王(天皇)分别给贵族颁赐"臣""连""造""君""直""史"等"姓",这些"姓"是根据各个氏的出身世系、与朝廷关系的亲疏而决定的,用以区分贵族地位的尊卑、等级的高低。在这种制度下,血统、出身、世系是一个人的立身之根本。日本在大化改新后吸收中国文化的时候,并没有彻底接受中国的科举制,这并不是一个疏忽或偶然现象,而是因为科举制与贵族世系决定一切的传统相距太远,能力主义与血统主义相背离。建立幕府的武士是后起的特权身份,经过16世纪末期"兵农分离"政策实施后,身份制度被固定下来,到德川幕府时期作为统治阶级的武士不足总人口的一成,却统治着全国90%以上包括农工商在内的庶

①　福泽谕吉著、北京编译社译:《文明论概略》,第139页。

民,并人为地制造了区别于其他身份阶层的各种特权。士农工商各种身份世袭传承,永远不可僭越,力图靠才能和努力去改变这种现状是不可能的。明治维新之后,身份制度并没有废除,只是进行了重组,日本人真正实现不靠继承、家族背景,而是靠个人的努力和接受正规教育获得在社会上完全平等的地位,还是在战后的事情。

六、认识中日两国文化的个性比强调共性更重要

　　研究日本历史尤其是日本古代史,有一个无法回避的话题,即如何评价中国文化对日本的影响。古代日本人曾经多方面学习与模仿中国制度与文化,这是长期以来对古代中日关系的基本共识。而疑惑又难免产生:为什么接受了很多中国文化的日本在发展道路上与中国大相径庭? 个人认为,这在一定程度上与学界在日本历史研究及中日关系史的研究与介绍中,较多关注中国文化对日本的影响,较少阐述日本历史自身的特点有关,也与历史研究中研究者侧重不同的领域,缺乏融会贯通有关。大化改新后,在隋唐制度的影响下,日本进入古代国家繁荣发展时期,但是大化改新后及律令时代对隋唐文化的模仿,多停留于制度层面,却不曾触及旧有秩序,或者说外来制度未必适合日本社会的风土,源自中国的制度在与日本原有社会秩序的博弈中,并未存在多久便淡出日本,社会秩序重新回归传统。前述皇室重蹈衰落覆辙,贵族政治的出现,幕府时代军事贵族的强权统治,身份等级制度的实施等等,都是对中华制度文明的否定。

　　舆论普遍认为日本是善于吸收外来文化的民族,但这只注意到问题的一面而忽视了另一面。实际上,日本对外来文化并不是无原则的照搬照抄。仅就日本学习中国文化而言,就是有所选择,有所鉴别的。归纳起来,历史上日本吸收中国文化有四种类型。第一种是积极模仿型,如汉字的使用,年号的运用,服装、建筑的样式等等,这些是看得见、摸得着的,主要表现在物质文化、表层文化方面。第二种是先学后弃型,即最初模仿实施,但在实践中发现并不符合本国国情,便中途放弃,主要表现在制度层面,如律令官制、法律、户籍制度、班田制度、科举制度、历法等等,均没有坚持多久或被放弃。第三种类型是吸收改造型,即对中国文化进行改造性吸收,以适应本国的国情及统治的需要,主要体现在社会结构、伦理道德方面,如取中国的

"士农工商",却把职业划分变成身份制度;同样以家族为社会基本单位,却忽略了血缘因素、平等因素,独创了以家业为中心、强调纵式延续的"家"制度;同样重视集团主义,却把中国以孝为本的集团主义改造成以忠为本的集团主义。第四种类型是抗拒不受型,即对中国文化中不符合日本国情的内容,从一开始就不予接受,主要表现在生活方式、风俗习惯、"国体"方面,如作为儒家至关重要的人伦规范的"同姓不婚"、"异姓不养"始终未被日本人接受,因强调天皇"万世一系"而彻底抵制了"异姓革命"思想,更不消说没有学习中国历史上一些消极的东西——"唐时不取太监,宋时不取缠足,明时不取八股,清时不取鸦片"。凡此种种,认真对日本社会进行观察便可以发现,许多内容在似曾相识中却似是而非。凡是在日本得以长期存在的中国因素,都是上面提到的第一个层面的东西,即物质的、表层文化的内容,而日本固有的传统与精神则始终居于日本文化的最深层,任凭世事变幻而不离其宗。

对日本历史进程进行客观地分析,正因为日本的社会结构与社会矛盾与中国不同,自从律令体制瓦解之后,虽然日本与中国在文化上的联系仍在继续,仍然按其所需摄取中国文化的营养,而实际却走上了与中国完全不同的发展道路。可以毫不夸张地说,日本的"入欧"始于明治以后,而"脱亚"—"脱华"在平安时代就已经开始了。

古代中国文化把日本从蒙昧引向文明,这是历史的事实。肯定中国文化对日本的影响是必要的,而正视以中央集权制为代表的中华制度文明淡出日本也是必要的,唯其如此,才能有正确的历史观。我们也应客观看待中华文明对周边国家的影响。从文化传播的角度而言,同样的文化会由于传播方与受人方的客观环境不同而呈现出某些变化,就好比中秋节在中国是合家团圆的日子,在日本则只是单纯赏月的日子,到韩国就变成了祭祀祖先的日子。古代日本在引进中华制度文明的过程中,由于人文风土、社会结构并不相同,差异的存在不可避免。只有去掉表象看本质,才能了解中日两国间社会结构与文化传统的差异,并明确一点:虽然中国与日本在历史发展进程上"分道扬镳"表现在近代,而两国在社会结构与文化传统方面的差异在古代社会就已显现。正因为日本社会结构与中国不同,尽管它在表面经过中国文化粉饰,呈现出某些与中国相似的表象,实际上发展道路却大不相同。尤其是中世以后的日本与前资本主义的欧洲有着相近的社会结构，这使它比之于中国能够更顺利地接受近代资本主义生产关系，因此，当两国同样面临西方殖民冲击的时候，日本能够较为从容地摆脱危机，直至最后加入资本主义阵营。

七、寄语青年学者

回顾过往，老一辈学者为中国的日本古代史研究奠定了扎实而丰厚的基础，树立了优良的学风。展望未来，日本历史还有许多问题有待了解、认识、研究。作为中国的研究者，应该坚持中国学人的全方位整体思维方式，运用唯物史观和辩证法指导日本史研究。尤其要站在中国大地上看日本，要用世界史的视野看日本。在研究方法上，既要以实证主义的史料收集、考证为基础，更要有宏观的史学理论分析，从发现历史现象中阐释历史发展规律，这样才是历史研究的真正意义所在。

（本文根据 2021 年 3 月 27 日在南开大学日本研究院的"荣休讲座"修改而成）